545 RECETAS PARA TRIUNFAR

KARLOS ARGUIÑANO

545 RECETAS PARA TRIUNFAR

KARLOS ARGUIÑANO

NOTA

SOBRE EL USO DEL HORNO

Siempre que se indique la temperatura a la que se ha de hornear un alimento, el horno habrá de calentarse previamente, hasta alcanzar los grados requeridos, antes de introducirlo.

SOBRE EL USO DE LA OLLA RÁPIDA

Todos los tiempos de cocción han de contarse a partir del momento en que suba la válvula.

Una licencia de Atresmedia Corporación para Editorial Planeta

Av. Diagonal, 662-664, 08034 Barcelona
www.editorialplaneta.es
www.planetadelibros.com

Fotografías e ilustraciones del interior: © José Luis López de Zubiría, © Laura 10m

Estilismo: Enara Roteta

Diseño de interior y composición: Burman Comunicación - Zigor Urrutia (Dirección de arte y diseño), Raúl Gazapo (Automatización) y Sua Canga (Ilustraciones y maquetación)

Primera edición: noviembre de 2024
Depósito legal: B. 17.204-2024
ISBN: 978-84-08-29446-7
Preimpresión: Safekat, S. L.
Impresión: Gráficas Estella
Printed in Spain – Impreso en España

SUMARIO

INTRODUCCIÓN

La cocina, estarás de acuerdo conmigo, va mucho más allá de la alimentación. Cuando nos encontramos entre fogones preparando un plato, estamos creando sabores y momentos que quedarán grabados en nuestra memoria y en la de nuestros seres queridos. Cocinamos para contentar al estómago, pero también para buscar la sonrisa, propia y ajena. Si lo logramos, hemos triunfado.

No hace falta complicarse la vida para conseguirlo. Valoro y defiendo la cocina casera, esa plena de sabor y con sustancia, que empieza en el mercado y termina en una mesa en la que se moja pan. Esa cocina de productos frescos y de temporada, de guisos socorridos y entrantes refrescantes, que se adapta a nuestro ritmo de vida y nos proporciona energía y salud.

En este libro he incluido nada más y nada menos que 545 recetas para inspirarte. Aquí encontrarás elaboraciones asequibles y fáciles de seguir, con ingredientes que puedes encontrar en cualquier tienda o mercado y que te garantizarán el éxito en la mesa. He elegido platos completos, vistosos y, sobre todo, muy sabrosos para contentar a todos los paladares. Unas alubias blancas con codornices y setas, un *risotto* de calamar, una tarta de queso con arándanos... ¡Ideas no te van a faltar! Encontrarás opciones de todo tipo para tu día a día y también para las ocasiones especiales.

Si algo he aprendido a lo largo de todos estos años es que, a la hora de cocinar, los detalles pueden marcar la diferencia, y por eso he incluido consejos y trucos que te ayudarán a resolver dudas e imprevistos y a no desperdiciar comida. Además, para que puedas localizar rápidamente lo que más te apetezca según el momento, he organizado las recetas en secciones: entrantes, ensaladas, sopas y cremas, verduras y hortalizas, legumbres, huevos, arroces, pastas y masas, carnes y aves, pescados y mariscos y postres. Como ya viene siendo costumbre, también hay una sección dedicada a las recetas de mi hijo Joseba. Sus ñoquis a la boloñesa y su tortilla de patata cremosa son lo que yo llamo «recetas ricas ricas y con fundamento». Y, como no podía ser de otra forma, en la sección de postres he contado con la valiosa ayuda de mi hermana Eva, que siempre consigue que todo sepa de maravilla.

Si el triunfo se mide en sonrisas, espero que con estas 545 recetas logres sacar muchas. ¡A disfrutar!

Karlos Arguiñano

ENTRANTES

BATIDO DE PLÁTANO, MANZANA Y ESPINACAS

INGREDIENTES (4 P.)

2 plátanos

1 manzana

70 g de espinacas

50 g de nueces peladas

1 cucharadita de semillas de chía

hojas de menta

sal

ELABORACIÓN

Lava las espinacas, sécalas, pícalas un poco e introdúcelas en una batidora de vaso.

Pela la manzana, trocéala, retírale el corazón y añádela a las espinacas. Agrega 500 ml de agua y tritura todo bien.

Pela los plátanos, trocéalos e incorpóralos a la batidora. Añade las nueces, la chía y una pizca de sal y tritura los ingredientes hasta conseguir un batido homogéneo.

Sirve en 4 copas y adórnalas con unas hojas de menta.

CONSEJO

Puedes sustituir el agua por leche o una bebida vegetal (de coco, de soja, de almendra, de avena...) que sea de vuestro agrado.

BATIDO DE TOMATE, ZANAHORIA Y SANDÍA

INGREDIENTES (4 P.)

4 tomates de rama (maduros)

2 zanahorias

500 g de sandía

1 cucharada de miel

8 cubitos de hielo

10 g de pistachos pelados

hojas de menta

ELABORACIÓN

Pela las zanahorias, córtalas en rodajas y ponlas en una batidora de vaso. Pela la sandía, trocéala e incorpórala. Pela los tomates, córtalos en dados y añádelos. Agrega la miel y los cubitos de hielo y tritura todo bien.

Sirve el batido en 4 vasos. Aplasta un poco los pistachos con la ayuda del lado plano de un cuchillo y repártelos entre los 4 vasos. Decóralos con unas hojas de menta.

CONSEJO

Si no tienes una batidora potente para picar el hielo, puedes sustituir los cubitos de hielo por 1 vaso de agua fría.

CARPACCIO DE SANDÍA CON *MOZZARELLA* Y ANCHOAS

INGREDIENTES (4 P.)

800 g de sandía
2 bolas de *mozzarella* (250 g)
16 anchoas en aceite
1 cucharada de alcaparras
60 g de rúcula
aceite de oliva virgen extra
30 hojas de albahaca
perejil
sal

ELABORACIÓN

Pela la sandía, córtala en láminas finas y resérvalas.

Corta la *mozzarella* de la misma manera y resérvala.

Para preparar un aceite de albahaca, mezcla en una picadora o en un vaso batidor las hojas de albahaca con 100-125 ml de aceite, sazona y tritura todo bien. Resérvalo.

Distribuye las láminas de sandía en 4 platos, sazónalas y úntalas con un poco de aceite de albahaca. Reparte sobre ellas las láminas de *mozzarella* y coloca encima las anchoas (4 en cada plato). Salpica los platos con las alcaparras y aderézalos con otro poco de aceite de albahaca.

Pon unas hojas de rúcula en el centro de cada plato y alíñalas con otro poco de aceite de albahaca. Decóralos con unas hojas de perejil.

CONSEJO

La *mozzarella* es un queso fresco que habitualmente se presenta embolsado con su suero. Una vez abierta, lo mejor es consumirla cuanto antes.

CHORIZO A LA SIDRA

INGREDIENTES (4 P.)

4 chorizos frescos (400 g)
300 ml de sidra natural
1 barra de pan
aceite de oliva virgen extra
1 hoja de laurel
perejil

ELABORACIÓN

Calienta 1 cucharada de aceite en una sartén, añade los chorizos y dóralos durante 4-5 minutos.

Pon la sidra a calentar en una cazuela y añade la hoja de laurel. Introduce los chorizos en la cazuela, tápalos y cuécelos a fuego lento durante 20 minutos. Retíralos de la cazuela y córtalos por la mitad.

Corta 8 rebanadas gruesas de pan y sirve 2 en cada plato. Coloca 1 trozo de chorizo sobre cada trozo de pan y pínchalos con un palillo. Decora los platos con unas hojas de perejil.

CONSEJO

También puedes cocer los chorizos directamente en la sidra, sin dorarlos antes. Pínchalos primero un poco para que suelten la grasa.

CROQUETAS DE CHORIZO Y HUEVO COCIDO

INGREDIENTES (6 P.)

100 g de chorizo fresco
2 huevos
60 g de harina
600 ml de leche
2 dientes de ajo
1 cebolleta
harina, huevo batido y pan rallado (para rebozar)
aceite de oliva virgen extra
perejil
sal

CONSEJO

Es conveniente cocinar la bechamel sin dejar de remover (con una cuchara de madera) hasta que la masa se despegue fácilmente de los laterales de la cazuela.

ELABORACIÓN

Pon los huevos en un cazo, cúbrelos con agua y cuécelos durante 10 minutos (contados desde el momento en que el agua empiece a hervir). Retíralos, refréscalos, pélalos y resérvalos.

Calienta una cazuela con 2 cucharadas de aceite. Pela los ajos, pícalos finamente y añádelos a la cazuela. Corta la cebolleta en daditos y agrégala. Sazona y cocina las hortalizas a fuego medio durante 5-6 minutos. Retira la piel del chorizo, desmenúzalo, incorpóralo y rehógalo brevemente.

Añade la harina a la cazuela, rehógala durante 2-3 minutos y agrega la leche poco a poco sin dejar de remover. Sazona y cocina la bechamel a fuego suave durante 15-20 minutos sin dejar de remover.

Pica los huevos cocidos finamente, incorpóralos a la bechamel y mezcla bien. Pasa la masa a una fuente, cúbrela (a piel) con film transparente y espera a que se temple. Introdúcela en el frigorífico y deja que se enfríe bien.

Retira la masa del frigorífico, desmóldala, córtala en porciones, redondéalas y luego alárgalas un poco. Pásalas por harina, huevo batido y pan rallado.

Calienta abundante aceite en una sartén, añade una tanda de croquetas y fríelas hasta que se doren. Retíralas y escúrrelas sobre una fuente cubierta con papel absorbente. Repite el proceso hasta freír todas las croquetas.

Reparte las croquetas en 6 platos y decóralos con unas hojas de perejil.

PIQUILLOS RELLENOS DE CARNE

INGREDIENTES (4 P.)

16 pimientos del piquillo

150 g de carne de ternera picada

150 g de carne de cerdo picada

1 diente de ajo

1 cebolleta

1 pimiento verde

1 yema de huevo

harina y huevo batido (para rebozar)

aceite de oliva virgen extra

perejil

pimienta

sal

Para la salsa:

2 cebolletas

1 cucharada de harina

100 ml de vino tinto

300 ml de caldo de carne

sal

ELABORACIÓN

Para preparar la salsa, calienta 3-4 cucharadas de aceite en una sartén. Corta las cebolletas en daditos, introdúcelas en la sartén y rehógalas a fuego suave-medio durante 8-10 minutos. Añade la harina, rehógala un poco y vierte encima el vino y el caldo. Sazona y cocina los ingredientes durante 10-12 minutos a fuego suave-medio. Pasa los ingredientes a un vaso batidor y tritúralos con una batidora eléctrica. Reserva la salsa.

Pela el diente de ajo y córtalo en daditos. Corta la cebolleta de la misma manera. Retira el tallo y las semillas al pimiento verde y córtalo también en daditos. Calienta una sartén con 2-3 cucharadas de aceite, introduce en ella las hortalizas y rehógalas a fuego medio durante 6-8 minutos. Retíralas, escúrrelas y ponlas en un bol.

Incorpora las carnes, la yema y 1 cucharadita de perejil picado al bol con las hortalizas, salpimienta a tu gusto y mezcla bien.

Rellena los pimientos con la farsa, pásalos por harina y huevo batido y fríelos por los dos lados en una sartén con aceite. Retíralos y escúrrelos sobre una fuente cubierta con papel absorbente.

Pon la salsa en una tartera (cazuela amplia y baja), introduce en ella los piquillos rellenos y cocínalos durante 4-5 minutos por cada lado.

Sirve los pimientos en una fuente y decórala con unas hojas de perejil.

RULOS DE POLLO CON MAYONESA DE AJO

INGREDIENTES (4 P.)

8 filetes de pollo

8 lonchas de beicon

4 lonchas de queso havarti

harina, huevo batido y pan rallado (para rebozar)

aceite de oliva virgen extra

perejil

pimienta

sal

Para la mayonesa de ajo:

1 huevo

1 diente de ajo

150 ml de aceite de oliva virgen extra

1 cucharada de vinagre

1 pizca de sal

ELABORACIÓN

Para preparar la mayonesa, casca el huevo, ponlo en un vaso batidor, agrega el diente de ajo pelado y cortado en láminas, el vinagre, la sal y el aceite y tritúralos con una batidora eléctrica hasta que emulsionen.

Calienta una sartén, introduce en ella las lonchas de beicon y cocínalas brevemente. Corta las lonchas de queso por la mitad.

Salpimienta los filetes de pollo y extiéndelos sobre la tabla de cocina. Coloca encima 1 loncha de beicon y ½ loncha de queso sobre cada filete y enróllalos. Pásalos por harina, huevo batido y pan rallado.

Calienta una sartén con aceite, introduce en ella los rulos de pollo y fríelos hasta que queden crujientes. Retíralos y escúrrelos sobre una fuente cubierta con papel absorbente.

Sirve los rulos de pollo y acompáñalos con la mayonesa de ajo. Decora los platos con unas hojas de perejil.

ENDIBIAS RELLENAS DE SALMÓN, QUESO Y AGUACATE

INGREDIENTES (4 P.)

3 endibias

125 g de salmón ahumado

1 rodaja de rulo de queso de cabra (70 g)

1 aguacate

2 huevos

aceite de oliva virgen extra

perejil

sal

CONSEJO

Los contrastes de sabor y de texturas combinan bien con las hojas de endibia. Puedes probar otras mezclas con queso roquefort, atún, anchoas, gambas, bacalao, naranja, pera, manzana, frutos secos...

ELABORACIÓN

Pon agua en un cazo, introduce en él los huevos y cuécelos durante 10 minutos (contados desde el momento en que el agua empiece a hervir). Retíralos, refréscalos, pélalos y resérvalos.

Corta la base de las endibias, quítales las hojas más largas (16) y resérvalas. Pica finamente el resto de las endibias y ponlas en un bol grande.

Pica 1 de los huevos finamente e incorpóralo al bol. Separa la clara de la yema del otro huevo, pícalas finamente y resérvalas por separado.

Retira la corteza del queso, ponlo en un plato, májalo con un tenedor e incorpóralo al bol.

Pela el aguacate, córtalo en daditos, reserva la mitad y agrega el resto al bol.

Corta la mitad del salmón en daditos y añádelos al bol. Corta el resto en tiras y resérvalas.

Sazona la mezcla del bol, añádele 2 cucharadas de aceite y mezcla bien. Rellena las hojas de endibia con la mezcla y sirve 4 hojas rellenas en cada plato.

Adorna la superficie de las hojas de endibia (jugando con los colores) con el salmón, el aguacate, la clara y la yema reservados. Decóralas con unas hojas de perejil.

EMPANADILLAS DE PATATA, JAMÓN Y QUESO

INGREDIENTES (4 P.)

16 obleas para empanadillas
2 patatas medianas
150 g de jamón cocido
150 g de queso *mozzarella*
aceite de oliva virgen extra
perejil
pimienta
sal

ELABORACIÓN

Lava las patatas y ponlas en un bol. Cubre el bol con film transparente, pínchalo e introdúcelo en el microondas durante 8 minutos. Retira las patatas del microondas y deja que se templen.

Pela las patatas, pásalas a un bol, aplástalas bien con un tenedor, salpimiéntalas, riégalas con 1 cucharada de aceite y mezcla.

Corta el jamón en daditos y agrégalo al bol. Corta el queso de la misma manera y añádelo. Mezcla todo bien y espolvorea con un poco de perejil picado.

Extiende las obleas de empanadilla (con su papel) sobre la encimera y rellénalas con la mezcla de patata, jamón y queso.

Dóblalas y ciérralas presionando los bordes con un tenedor.

Calienta abundante aceite en una sartén, añade las empanadillas (en tandas) y fríelas por los dos lados. Retíralas y deja que escurran sobre una fuente cubierta con papel absorbente.

Sirve 4 empanadillas en cada plato y adórnalos con unas hojas de perejil.

CONSEJO

También puedes cocinar las empanadillas en el horno. Si lo haces así, para que cojan un bonito color dorado, os recomiendo que antes de hornearlas las untéis con huevo batido.

ROLLITO DE SALMÓN Y RÚCULA

INGREDIENTES (4 P.)

4-6 lonchas grandes de salmón ahumado

50 g de hojas de rúcula limpia

1 pan de semillas

1 diente de ajo

1 cucharada de mostaza a la antigua

aceite de oliva virgen extra

perejil

ELABORACIÓN

Corta 16 rebanadas de pan y tuéstalas en un tostador.

Pela el diente de ajo y unta con él (suavemente) las tostadas.

Mezcla la mostaza con 2 cucharadas de aceite en un bol. Reserva el aderezo.

Corta cada loncha de salmón en 3 tiras. Extiende 1 tira sobre la encimera, pon 1 ramillete de hojas de rúcula encima de uno de sus extremos y enrolla el salmón alrededor de las hojas de rúcula. Monta los otros rollitos de la misma manera.

Coloca 4 tostadas de pan sobre 4 platos, pon 1 rollito de salmón y rúcula sobre cada una y aliña con el aderezo de aceite y mostaza. Decora los platos con unas hojas de perejil.

CONSEJO

Lo mejor es que montes los rollitos en el último momento para que el pan no se empape y se reblandezca.

HORMIGÓN MALAGUEÑO

INGREDIENTES (4 P.)

1 kg de patatas

1 rape limpio (1 kg aprox.)

½ kg de gambones (o langostinos)

50 ml de *whisky*

aceite de oliva virgen extra

perejil

sal

Para la mayonesa:

1 huevo

250 ml de aceite de girasol

50 ml de aceite de oliva virgen extra

1 cucharada de agua templada

sal

ELABORACIÓN

Retira las cabezas de los gambones y pélalos. Reserva por separado las cabezas y las colas.

Calienta 3-4 cucharadas de aceite en una cazuela. Introduce en ella las cabezas de los gambones y rehógalas a fuego fuerte durante 4-5 minutos. Vierte encima el *whisky* y dale un hervor fuerte. Agrega 2 litros de agua, sazona y cuece las cabezas a fuego suave durante 20-25 minutos. Cuela el caldo.

Pasa el caldo a otra cazuela y ponlo a calentar. Cuando empiece a hervir, introduce en él los gambones y cuécelos durante 2 minutos. Retíralos (reserva el caldo en la cazuela), pásalos a un plato, reserva 4 enteros y corta el resto en dados.

Corta el rape por la mitad, introdúcelo en la cazuela con el caldo y cuécelo durante 10 minutos. Retíralo, córtalo en dados y resérvalo.

Pela las patatas, trocéalas (cascándolas) introdúcelas en la cazuela con el caldo y cuécelas durante 25-30 minutos. Escúrrelas bien, ponlas en un bol y deja que se templen. Agrega al bol las colas troceadas de los gambones y los dados de rape.

Para hacer la mayonesa, pon el huevo en un vaso batidor, añade el aceite de girasol y el de oliva, sazona y tritura los ingredientes con una batidora eléctrica hasta que liguen. Para aligerarla, agrégale el agua templada y mezcla bien. Incorpora la mayonesa (reserva un poco para el emplatado) al bol con las patatas, los gambones y el rape y mezcla bien.

Reparte el hormigón en 4 platos. Nápalos con una capa fina de la mayonesa reservada, coloca 1 gambón en la parte superior de cada uno y decóralos con unas hojas de perejil.

CONSEJO

El caldo resultante de la cocción de las gambas, el rape y las patatas es muy sabroso. Podéis tomarlo tal cual o aprovecharlo para hacer una sopa o un arroz.

FRITOS DE PULPO CON ACEITE DE AJO Y PIMENTÓN

INGREDIENTES (4 P.)

4 patas de pulpo cocidas
2 dientes de ajo
aceite de oliva virgen extra
1 cucharadita de pimentón picante
perejil
sal

Para la masa:

250 ml de agua
60 ml de aceite de oliva virgen extra
75 g de harina
2 huevos
sal

ELABORACIÓN

Para preparar la masa, pon a hervir el agua junto con el aceite y una pizca de sal en una cazuela grande. Tamiza la harina e incorpórala poco a poco a la cazuela, batiendo con una varilla manual. Agrega los huevos de uno en uno sin dejar de batir. Retira la masa y deja que repose durante 15 minutos.

Corta el pulpo en trozos de bocado, introdúcelos en la masa y mezcla bien, hasta que los trozos de pulpo queden bien impregnados.

Calienta abundante aceite en un cazo y fríe en él unos trozos de pulpo hasta que se doren. Retíralos y escúrrelos sobre un plato cubierto con papel absorbente. Repite el proceso con el resto del pulpo.

Para preparar el aceite de ajo y pimentón, pela los dientes de ajo, córtalos por la mitad y rehógalos en una sartén con 8 cucharadas de aceite. Cuando empiecen a dorarse, retira la sartén del fuego, agrega el pimentón, mezcla bien y deja que se temple. Pasa todo a un vaso batidor, sazona y tritura bien con una batidora eléctrica.

Coloca los fritos de pulpo en una fuente y acompáñalos con el aceite de ajo y pimentón. Adorna la fuente con unas hojas de perejil.

PINCHOS DE HUEVO COCIDO Y ANCHOA

INGREDIENTES (4 P.)

6 huevos
12 filetes de anchoa en aceite
12 rebanadas de pan
aceite de oliva virgen extra
perejil

Para la mayonesa:

1 huevo
150-175 ml de aceite de oliva virgen extra
1 cucharada de vinagre
1 pizca de sal

ELABORACIÓN

Pon los huevos en un cazo con agua y cuécelos durante 10 minutos (contados desde el momento en que el agua empiece a hervir). Retíralos, refréscalos, pélalos, córtalos por la mitad y resérvalos.

Calienta aceite en una sartén, introduce en ella las rebanadas de pan y fríelas hasta que estén bien doradas (si quieres que tengan menos grasa, puedes tostarlas en el horno o en un tostador). Retíralas y escúrrelas sobre un plato cubierto con papel absorbente.

Para preparar la mayonesa, pon el huevo, el vinagre, el aceite y la sal en un vaso batidor y tritúralos con una batidora eléctrica hasta que liguen.

Para montar los pinchos, extiende las rebanadas de pan frito sobre una fuente y coloca, sobre cada una, ½ huevo, un poco de mayonesa y 1 filete de anchoa enroscado. Decora la fuente con unas hojas de perejil.

TOTOPOS CON CREMA DE GUACAMOLE

INGREDIENTES (4 P.)

6 tortillas de maíz
2 aguacates
1 tomate
½ cebolleta
zumo de 1 lima
1 cucharadita de salsa picante
aceite de girasol
10 g de hojas de cilantro
perejil
sal

ELABORACIÓN

Calienta el aceite en una sartén grande. Corta las tortillas en 8 triángulos, añádelos a la sartén y fríelos por los dos lados hasta que se doren. Escúrrelos sobre un plato cubierto con papel absorbente y resérvalos.

Para preparar el guacamole, corta los aguacates por la mitad, retírales el hueso, sácales la pulpa y ponla en una picadora. Retira el tallo del tomate, córtalo en gajos y agrégalo. Corta la cebolleta en dados y añádela. Incorpora el zumo de lima, la salsa picante, las hojas de cilantro y sal (al gusto). Tritura los ingredientes hasta conseguir una crema homogénea.

Reparte la crema de aguacate en 4 platos y acompáñala con los totopos. Decora los platos con unas hojas de perejil.

CONSEJOS

1. Para hacer los totopos en casa, es mejor abrir el paquete de las tortillas la víspera y dejar que se sequen antes de cortarlas y freírlas.
2. Si no vais a consumir la crema de guacamole inmediatamente, conviene taparla a piel con film transparente (es decir, que el film esté en contacto con el guacamole) para evitar que el aire lo oxide.

EMPANADILLAS DE PATATA Y CHISTORRA

INGREDIENTES (4 P.)

16 obleas para empanadillas
2 patatas
100 g de chistorra
2 dientes de ajo
8 pimientos del piquillo
100 ml de vino blanco
aceite de oliva virgen extra
perejil
sal

ELABORACIÓN

Calienta 4 cuchadas de aceite en una sartén. Pela los dientes de ajo, córtalos en láminas y añádelos a la sartén. Corta los pimientos en tiras, incorpóralos, sazónalos y cocínalos a fuego medio durante 6-8 minutos. Vierte encima el vino y dale un hervor fuerte. Agrega 100 ml de agua y cocina los pimientos a fuego medio durante 5-6 minutos más. Pásalos a un vaso batidor y tritúralos con una batidora eléctrica. Reserva la salsa.

Pon las patatas en un cazo, cúbrelas con agua y cuécelas durante unos 30 minutos. Retíralas, refréscalas, pélalas y pásalas a un bol. Aplástalas con un tenedor hasta conseguir un puré fino, sazónalo y resérvalo.

Calienta una sartén sin aceite. Retira la piel de la chistorra, desmenúzala y rehógala en la sartén a fuego medio hasta que se dore un poco. Retírala, escúrrela bien, agrégala al bol del puré de patatas y mezcla bien.

Extiende las obleas sobre la encimera, rellénalas con la farsa de patata y chistorra y ciérralas presionando los bordes con un tenedor.

Calienta una sartén con abundante aceite y fríe en ella las empanadillas (en tandas) a fuego medio hasta que se doren. Retíralas y escúrrelas sobre un plato cubierto con papel absorbente.

Sirve las empanadillas en una fuente, acompáñalas con la salsa de pimiento y decórala con unas hojas de perejil.

OSTRAS CON SALSA HOLANDESA

INGREDIENTES (4 P.)

12 ostras
1 puerro
aceite de oliva virgen extra
perejil
sal gruesa

Para la salsa holandesa:
4 yemas de huevo
200 g de mantequilla
25 ml de *txakoli*
sal

ELABORACIÓN

Para preparar la salsa holandesa, derrite la mantequilla en el microondas y deja que se temple un poco. Pon las yemas en un bol y comienza a batirlas con la batidora de varillas. Cuando se monten, ve añadiendo poco a poco la mantequilla fundida y sigue batiendo hasta que la salsa espese. Añade el *txakoli* y una pizca de sal y mezcla bien. Reserva la salsa.

Calienta aceite en una sartén. Limpia el puerro (retirándole la parte inferior, la superior y 2 capas de hojas), lávalo bien, córtalo en juliana fina, añádelo a la sartén y fríelo a fuego medio hasta que quede crujiente. Retíralo y escúrrelo sobre un plato cubierto con papel absorbente.

Abre las ostras (tira las conchas planas) y suéltalas. Reserva la carne y el jugo. Coloca las conchas profundas sobre una bandeja de horno cubierta con sal gruesa. Coloca en ellas las ostras con su jugo, cúbrelas con un poco de salsa holandesa y gratínalas en el horno durante 2-3 minutos.

Sirve las ostras y ponles encima un poco de puerro crujiente. Decora los platos con unas hojas de perejil.

HUMMUS DE CALABAZA

INGREDIENTES (4 P.)

300 g de calabaza
250 g de garbanzos cocidos
2 cucharadas de tahín
1 diente de ajo
zumo de ½ limón
½ barra de pan de la víspera
1 cucharada de sésamo negro
1 cucharada de sésamo blanco
2 zanahorias
aceite de oliva virgen extra
perejil
1 cucharadita de comino molido
1 ½ cucharada de pimentón
sal

ELABORACIÓN

Pela la calabaza, córtala en dados, colócala en un recipiente apto para el horno y hornéala a 200 °C durante 20-25 minutos. Retírala y deja que se enfríe.

Introduce en una batidora de vaso la calabaza, los garbanzos, el tahín, el comino, el diente de ajo (pelado y troceado), el zumo de limón y 50-60 ml de agua. Tritura los ingredientes hasta conseguir una pasta homogénea. Pon a punto de sal, añade 1-2 cucharadas de aceite y vuelve a triturar hasta que los ingredientes queden bien integrados.

Corta el pan en rodajas finas, tuéstalas en un tostador y resérvalas.

Calienta una sartén sin aceite y tuesta en ella el sésamo negro y el blanco a fuego suave. Retíralos y resérvalos.

Pela las zanahorias y córtalas en bastones.

Sirve el hummus en 4 platos, espolvoréalos con un poco de pimentón y aderézalos con un poco de aceite. Acompáñalos con los bastones de zanahoria y las tostadas de pan. Salpícalos con el sésamo tostado y decóralos con unas hojas de perejil.

CONSEJO

Puedes enriquecer el hummus añadiéndole aceitunas, alcaparras, cebollitas o guindillas en vinagre o unos frutos secos.

ROLLITOS DE PRIMAVERA CON GAMBAS

INGREDIENTES (4 P.)

8 hojas de pasta *brick*
200 g de gambas peladas
200 g de col
1 pimiento verde
1 diente de ajo
2 zanahorias
50 g de brotes de soja
aceite de oliva virgen extra
perejil
sal

Para la salsa agridulce:

50 ml de vinagre de arroz
10 ml de salsa de soja
20 g de kétchup
½ cucharadita de salsa picante
50 g de azúcar
1 cucharadita de harina de maíz refinada
150 ml de agua fría

ELABORACIÓN

Calienta 3-4 cucharadas de aceite en un wok. Corta la col en juliana fina y añádela al wok. Retira el tallo y las semillas del pimiento, córtalo en juliana fina e incorpóralo. Pela el diente de ajo, córtalo en juliana y agrégalo. Pela las zanahorias, córtalas en juliana fina e introdúcelas en el wok. Añade una pizca de sal a las hortalizas y rehógalas a fuego suave-medio durante 8-10 minutos.

Añade los brotes de soja y saltéalos durante 1-2 minutos. Pasa las hortalizas a una fuente y resérvalas.

Calienta 2 cucharadas de aceite en el wok, sazona las gambas y saltéalas durante 1 minuto. Incorpora las hortalizas reservadas y saltea conjuntamente durante 1 minuto. Pasa la mezcla a una fuente y deja que se enfríe.

Pon a calentar en un cazo el vinagre, la salsa de soja, el kétchup, la salsa picante y el azúcar. Remueve los ingredientes con una varilla manual hasta que se integren. Pon la harina de maíz en un bol, añade el agua fría y mezcla bien. Agrega la mezcla de harina y agua al cazo y cocina los ingredientes a fuego suave, sin dejar de remover con la varilla, hasta que espesen. Apaga el fuego y deja que se enfríe la salsa.

Extiende las hojas de pasta *brick* sobre una superficie lisa. Pon una buena porción de la mezcla de hortalizas y gambas en el centro de cada hoja, dobla dos de los lados hacia el centro y después enróllalas hasta formar los rollitos.

Calienta abundante aceite en una sartén, introduce en ella los rollitos (en tandas) y fríelos hasta que se doren bien. Retíralos y escúrrelos sobre una fuente cubierta con papel absorbente.

Sirve 2 rollitos en cada plato (1 de ellos abierto), acompáñalos con la salsa agridulce y decóralos con unas hojas de perejil.

CONSEJO

Aunque estamos acostumbrados a que los rollitos de primavera sean salados, también existen versiones dulces que se sirven como postre.

RELÁMPAGOS RELLENOS DE PATÉ DE AGUACATE Y ATÚN

INGREDIENTES (4 P.)

2 aguacates

100 g de atún en aceite

1 cebolleta

zumo de ½ limón

1 cucharada de semillas de sésamo

aceite de oliva virgen extra

12 hojas de cebollino

perejil

sal

Para la masa:

150 g de harina

4 huevos

90 g de mantequilla

250 ml de agua

sal

ELABORACIÓN

Para preparar la masa, pon a calentar el agua y la mantequilla en un cazo. Cuando se funda la mantequilla, sazona la mezcla, aparta el cazo del fuego, incorpora de golpe la harina (tamizada) y remueve los ingredientes con una varilla hasta que queden bien integrados. Agrega 1 huevo y sigue removiendo hasta que quede bien integrado. Incorpora el resto de los huevos de uno en uno y repite el proceso (es importante que no se añada el siguiente huevo hasta que el anterior esté perfectamente integrado). Introduce la masa en una manga pastelera con boquilla lisa.

Cubre la base de 2 bandejas de horno con papel de hornear y extiende 12 porciones alargadas de masa sobre cada bandeja. Espolvorea la masa con las semillas de sésamo y hornéala a 200-220 °C durante 15-20 minutos. Retira los relámpagos del horno y deja que se enfríen.

Pela los aguacates, trocéalos y ponlos en una picadora. Añade el atún escurrido. Corta la cebolleta en dados y agrégala. Vierte encima el zumo de limón y 1 cucharada de aceite y sazona la mezcla. Tritura los ingredientes hasta conseguir un paté cremoso e introdúcelo en otra manga pastelera.

Corta los relámpagos por la mitad (como si fueran bollos de pan para hacer bocadillos), cubre la parte inferior con el paté de aguacate y atún, espolvoréalos con el cebollino picado y tápalos con la parte superior de los profiteroles.

Sirve 3 relámpagos en cada plato y decóralos con unas hojas de perejil.

CONSEJO

El paté de aguacate y atún de esta receta también es un entrante estupendo si lo acompañas con unos picos, unas regañás o unas tostadas de pan.

CROQUETAS DE BACALAO Y AJOS FRESCOS

INGREDIENTES (4 P.)

200 g de bacalao desmigado desalado

12 ajos frescos

1 cebolleta

60 g de harina

600 ml de leche

harina, huevo batido y panko (para rebozar)

aceite de oliva virgen extra

perejil

sal

ELABORACIÓN

Calienta una cazuela con 4 cucharadas de aceite. Corta la cebolleta en daditos, añádela a la cazuela y rehógala a fuego medio durante 6-8 minutos. Limpia los ajos frescos, retirándoles la parte inferior, la superior y 1-2 capas de hojas, lávalos bien, córtalos en rodajas finas, agrégalos a la cazuela y rehógalos a fuego medio durante 3 minutos.

Incorpora el bacalao a la cazuela y rehógalo brevemente. Añade la harina, cocínala durante 2 minutos y vierte encima la leche poco a poco, sin dejar de remover. Cocina la masa (sin dejar de remover con una varilla manual) durante 15-20 minutos a fuego suave. Espolvoréala con un poco de perejil picado, ponla a punto de sal, mezcla bien y pásala a una fuente. Unta la superficie con un poco de aceite o cúbrela a piel con film transparente para que no le salga costra y espera a que se temple un poco. Introdúcela en el frigorífico y deja que se enfríe bien.

Cuando la masa esté fría, córtala en porciones y moldea las croquetas. Enharínalas, pásalas por huevo batido y panko y fríelas (en tandas) en una sartén con abundante aceite caliente. Retíralas y escúrrelas sobre un plato cubierto con papel absorbente.

Sirve las croquetas en una fuente y decórala con unas hojas de perejil.

CROQUETAS NEGRAS DE CALAMAR

INGREDIENTES (4 P.)

2 calamares medianos (400 g)

1-2 bolsas de tinta de calamar

300 ml de caldo de pescado

1 cebolleta

70 g de harina

300 ml de leche

harina, huevo batido y pan rallado (para rebozar)

aceite de oliva virgen extra

perejil

nuez moscada

sal

ELABORACIÓN

Limpia los calamares, pícalos finamente y saltéalos en una sartén con 2-3 cucharadas de aceite. Escúrrelos y resérvalos.

Para preparar la salsa de calamar, pon en un vaso batidor la tinta de los calamares y el caldo de pescado y tritúralos con la batidora eléctrica. Cuela la salsa y resérvala.

Para preparar la bechamel, corta la cebolleta en daditos y rehógala a fuego medio en una cazuela con 3-4 cucharadas de aceite durante 6-8 minutos. Añade la harina y cocínala durante 2 minutos. Vierte (poco a poco) la leche y la salsa de calamar, mezcla bien, pon a punto de sal y cocínala a fuego suave sin dejar de remover durante 15-20 minutos. Ralla una pizca de nuez moscada encima, incorpora los calamares y mezcla bien. Pasa la masa a una fuente amplia, tápala a piel con film transparente y espera a que se temple. Introdúcela en el frigorífico y deja que se enfríe bien.

Corta la masa en cuadrados de bocado, pásalos por harina, huevo y pan rallado y fríelos (en tandas) en una sartén con abundante aceite caliente. Retíralos y escúrrelos sobre una fuente cubierta con papel absorbente.

Sirve las croquetas en una fuente y decórala con unas hojas de perejil.

PATÉ DE ANACARDOS

INGREDIENTES (4 P.)

150 g de anacardos

1 diente de ajo

zumo de ½ limón

2 cucharadas de leche vegetal

aceite de oliva virgen extra

5 hojas de albahaca fresca

15 hojas de orégano fresco

perejil

sal

Para los palitos de pan:

100 g de harina

100 ml de agua

1 cucharada de semillas de sésamo

sal

ELABORACIÓN

La víspera, pon los anacardos en un bol, cúbrelos con agua y déjalos a remojo durante 8 horas.

Para preparar los palitos de pan, pon la harina, el agua y una pizca de sal en un bol y mezcla los ingredientes con una varilla manual. Pasa la masa a una manga pastelera. Cubre 2 bandejas de horno con papel de hornear y forma encima con la masa unas tiras (o palitos) dejando un poco de espacio entre ellas. Espolvorea los palitos con las semillas de sésamo y hornéalos a 200 °C durante 15 minutos (hasta que se tuesten y tomen color). Retíralos del horno y deja que se templen.

Retira el agua de remojo de los anacardos y ponlos en una picadora. Pela el diente de ajo y añádelo. Agrega el zumo de limón, la leche vegetal, las hojas de albahaca y las de orégano, ½ cucharadita de perejil picado, 1 cucharada de aceite y 1 pizca de sal. Tritura los ingredientes hasta conseguir una pasta homogénea.

Sirve el paté de anacardos y acompáñalo con los palitos de pan. Decora los platos con unas hojas de perejil.

CONSEJO

Puedes sustituir los anacardos por cualquier otro fruto seco que sea de vuestro agrado, como, por ejemplo, almendras, avellanas o nueces.

CROQUETAS DE BOLETOS Y JAMÓN

INGREDIENTES (4 P.)

200 g de boletos
100 g de jamón serrano
70 g de mantequilla + 10 g
1 cebolleta
1 diente de ajo
70 g de harina
700 ml de leche
harina, huevo batido y pan rallado (para rebozar)
aceite de oliva virgen extra
perejil
sal

ELABORACIÓN

Trocea los 70 g de mantequilla y ponla a calentar a fuego suave en una cazuela. Corta la cebolleta en daditos e introdúcela en la cazuela. Pela el diente de ajo, córtalo de la misma forma y agrégalo. Rehoga las hortalizas durante 4-5 minutos a fuego medio.

Limpia los boletos, pícalos finamente, añádelos a la cazuela y cocínalos durante 3-4 minutos.

Corta el jamón en daditos, incorpóralo a la cazuela y rehógalo brevemente. Añade la harina, cocínala durante 2 minutos y vierte encima la leche poco a poco, sin dejar de remover con una varilla de mano. Pon a punto de sal y cocina la masa a fuego suave y sin dejar de remover durante unos 15-20 minutos. Espolvoréala con un poco de perejil picado, mezcla bien y pásala a una fuente amplia. Unta la superficie con el resto de la mantequilla (10 g) para que no se forme costra. Deja que se temple un poco a temperatura ambiente, introdúcela en el frigorífico y enfríala bien (mejor si es de un día para otro).

Divide la masa en pequeñas porciones (tamaño croqueta), redondéalas y forma las croquetas. Pásalas por harina, huevo batido y pan rallado y fríelas (en tandas) en una sartén con abundante aceite caliente hasta que se doren. Retíralas y escúrrelas sobre una fuente cubierta con papel absorbente.

Sirve las croquetas en una fuente y decórala con unas hojas de perejil.

EMPANADILLAS DE GAMBAS Y CALABACÍN

INGREDIENTES (4 P.)

16 obleas para empanadillas
24 gambas
1 calabacín
2 dientes de ajo
1 cebolla
aceite de oliva virgen extra
10 hojas de albahaca fresca
perejil
sal

ELABORACIÓN

Calienta una sartén con 3-4 cucharadas de aceite. Pela los dientes de ajo y la cebolla, córtalos en daditos, introdúcelos en la sartén y rehógalos a fuego medio durante 8-10 minutos. Lava el calabacín, córtalo en daditos, agrégalo a la sartén, sazona y cocina todo junto durante 10 minutos más. Pica las gambas finamente, sazónalas, añádelas a la sartén y cocínalas durante 1 minuto. Apaga el fuego, pica las hojas de albahaca finamente, incorpóralas y mezcla bien. Pasa la farsa a un plato y espera a que se temple.

Extiende las obleas sobre la encimera y rellénalas con la farsa. Dóblalas y ciérralas presionando los bordes con un tenedor.

Calienta una sartén con aceite, introduce en ella 4 empanadillas y fríelas por los dos lados hasta que se doren. Retíralas y escúrrelas sobre un plato cubierto con papel absorbente. Fríe el resto de las empanadillas de la misma manera.

Sirve 4 empanadillas en cada plato y decóralos con unas hojas de perejil.

PATÉ DE HIGADITOS CON MERMELADA DE HIGOS

INGREDIENTES (8 P.)

500 g de higaditos de pollo (limpios y troceados)

150 g de mermelada de higos

50 g de mantequilla

1 cebolleta

4 cucharadas de nata líquida

2 cucharadas de *brandy*

1 hogaza de pan de maíz

perejil

¼ de cucharadita de clavo (en polvo)

¼ de cucharadita de pimienta en polvo

sal

ELABORACIÓN

Pon la mitad de la mantequilla a fundir en una sartén. Corta la cebolleta en daditos y rehógala en la sartén a fuego suave durante 8-10 minutos.

Sazona los higaditos y añádelos a la sartén. Agrega el clavo y la pimienta y mezcla bien. Cocina los higaditos a fuego suave-medio durante 4-5 minutos.

Pasa los higaditos a una picadora, incorpora el resto de la mantequilla, la nata y el *brandy* y tritúralos bien. Pon el paté en un bol, cúbrelo (a piel) con film transparente, introdúcelo en el frigorífico y deja que se enfríe.

Aligera la mermelada añadiéndole 1 cucharada de agua, tritúrala, ponla en un biberón y resérvala.

Corta el pan en rebanadas finas y tuéstalas en una tostadora.

Unta las tostadas con el paté y sirve 4 por ración. Salpica los platos con unas gotas de mermelada de higos y decóralos con unas hojas de perejil.

CONSEJO

Este plato es perfecto para cuando tengas invitados en casa, ya que, además de cundir, lo puedes preparar con antelación.

CREPES DE ESPINACA CON SETAS Y QUESO

INGREDIENTES (4 P.)

150 g de setas
150 g de queso *mozzarella*
2 dientes de ajo
1 cebolla
50 ml de vino blanco
50 g de nueces peladas
aceite de oliva virgen extra
perejil
sal

Para la masa de los crepes:
125 g de espinacas
2 huevos
125 g de harina
240 ml de leche
nuez moscada
sal

ELABORACIÓN

Calienta una sartén con 3 cucharadas de aceite. Pela los dientes de ajo y la cebolla, córtalos en daditos y añádelos a la sartén. Sazona y rehoga las hortalizas a fuego medio durante 6-8 minutos.

Corta las setas en daditos, incorpóralas a la sartén y saltéalas durante 3-4 minutos.

Agrega el vino blanco y cocínalo hasta que se evapore el alcohol.

Corta el queso en dados, pica un poco las nueces y añádelos a la sartén. Mezcla bien y cocina todo junto durante 2-3 minutos, hasta que el queso se derrita y se integre con los demás ingredientes. Reserva.

Para preparar la masa de los crepes, pon las espinacas en una batidora de vaso, agrega los huevos, la harina, la leche, un poco de nuez moscada y una pizca de sal. Tritura los ingredientes hasta conseguir una masa homogénea.

Calienta una sartén, ponle un poco de aceite, vierte encima un poco de la masa, extiéndela por toda la base de la sartén y cocínala hasta que empiece a burbujear. Dale la vuelta y cocínala por el otro lado. Repite el proceso hasta terminar toda la masa (8 crepes).

Rellena cada crepe con la mezcla de setas, queso y nueces. Coloca los crepes sobre una bandeja de horno untada con un poco de aceite y hornéalos a 180 °C durante 2-3 minutos.

Sirve 2 crepes en cada plato y decóralos con unas hojas de perejil.

CONSEJO

Puedes hacer los crepes a tu gusto, ajustando el tamaño y el grosor y jugando con distintos ingredientes. Si empleas harina de trigo sarraceno, conseguirás unos crepes sin gluten muy decentes.

GAMBAS EN TEMPURA CON MAYONESA DE SOJA

INGREDIENTES (4 P.)

16 gambas
harina de tempura
agua fría
aceite de oliva virgen extra
perejil
sal

Para la mayonesa de soja:
2 cucharadas de salsa de soja
1 huevo
1 cucharada de vinagre
175 ml de aceite de oliva virgen extra

ELABORACIÓN

Pela las gambas y resérvalas.

Para preparar la mayonesa, pon el huevo, el vinagre, la salsa de soja y el aceite en un vaso batidor y tritúralos con una batidora eléctrica hasta que liguen.

Calienta una sartén con abundante aceite. Mezcla la harina de tempura con agua fría en la proporción que indique el paquete. Sazona las gambas, introdúcelas en la tempura y fríelas en la sartén brevemente, hasta que se doren. Retíralas y escúrrelas sobre un plato cubierto con papel absorbente.

Sirve las gambas en una fuente y acompáñalas con la mayonesa de soja. Decora los platos con unas hojas de perejil.

BOCADOS DE QUESO, MELÓN Y JAMÓN

INGREDIENTES (4 P.)

200 g de queso fresco
200 g de melón
200 g de jamón cocido en taco
1 barra de pan
aceite de oliva virgen extra
1 cucharada de orégano picado
perejil
sal

ELABORACIÓN

Pon el orégano en un bol, añade 4 cucharadas de aceite y 1 pizca de sal y mezcla bien.

Corta 12 rebanadas de pan, úntalas con el aceite de orégano (reserva parte para aliñar), colócalas en una bandeja de horno y hornéalas a 180 °C durante 5 minutos.

Corta el queso, el jamón y el melón en 12 tacos.

Inserta en un palillo de brocheta 1 taco de queso, 1 taco de melón y 1 taco de jamón, riega la brocheta con el aceite de orégano y pínchala en 1 rebanada de pan. Repite el proceso hasta formar 12 brochetas.

Sirve 3 bocados de queso, melón y jamón en cada plato y decora los platos con unas hojas de perejil.

BRICKS DE BACALAO, CEBOLLA Y PIMIENTO

INGREDIENTES (4 P.)

8 hojas de pasta *brick*
250 g de bacalao desalado desmigado
2 cebollas
2 pimientos verdes
aceite de oliva virgen extra
perejil
sal

ELABORACIÓN

Calienta una sartén grande con 6 cucharadas de aceite. Pela las cebollas, córtalas en juliana fina e introdúcelas en la sartén. Retira los tallos y las semillas de los pimientos, córtalos de la misma manera y agrégalos a la sartén. Sazona las hortalizas y rehógalas a fuego medio durante 20 minutos.

Incorpora el bacalao y cocínalo durante 3-4 minutos. Escurre la mezcla y deja que se temple.

Extiende las hojas de pasta *brick* sobre la encimera y rellénalas con la mezcla de bacalao, cebolla y pimiento. Ciérralas formando unos paquetitos, como si fueran unos rollitos de primavera, y colócalos sobre una bandeja de horno cubierta con un trozo de papel de hornear. Hornéalos a 200 °C durante 15 minutos.

Sirve 2 *bricks* en cada plato y adórnalos con unas hojas de perejil.

GAMBAS GABARDINA CON MAYONESA DE LIMA

INGREDIENTES (4 P.)

24 gambas
1 huevo
100 g de harina
60 ml de agua con gas
aceite de oliva virgen extra
perejil
sal

Para la mayonesa de lima:
1 huevo
1 lima
175 ml de aceite de girasol
sal

ELABORACIÓN

Retira las cabezas de las gambas, pélalas (dejando la punta de las colas sin pelar) y resérvalas.

Para preparar la mayonesa, casca el huevo y ponlo en un vaso batidor. Exprime la lima (reserva la cascara de media) y añade el zumo al vaso. Agrega el aceite de girasol, sazona y tritura los ingredientes con una batidora eléctrica hasta que liguen. Reserva la mayonesa.

Para hacer la pasta orly (masa de la gabardina), pon el huevo en un bol y bátelo bien con una varilla manual. Añade la harina e incorpora poco a poco el agua con gas. Sazona, agrega 1 cucharadita de perejil picado y sigue batiendo hasta conseguir una masa homogénea.

Calienta abundante aceite en una sartén. Sazona las gambas, introdúcelas (en tandas) en la pasta orly, pásalas a la sartén y fríelas hasta que se doren. Retíralas y escúrrelas sobre una fuente cubierta con papel absorbente.

Reparte la mayonesa en 4 platos y ralla encima un poco de la cáscara de lima reservada. Sirve 6 gambas en cada plato y decóralos con unas hojas de perejil.

CONSEJO

Puedes aprovechar las cabezas y las cáscaras de las gambas para hacer un fumet que siempre vendrá muy bien para hacer una sopa o un arroz.

EMPANADILLAS DE GAMBAS CON ALIOLI

INGREDIENTES (4 P.)

12 obleas para empanadillas
24 gambas
1 diente de ajo
1 cebolleta
25 g de harina
200 ml de leche
1 huevo batido
aceite de oliva virgen extra
perejil
sal

Para el alioli:

1 diente de ajo
1 huevo
150 ml de aceite de oliva virgen extra
1 cucharada de vinagre
1 pizca de sal

ELABORACIÓN

Separa las cabezas de las gambas (reserva por separado las colas).

Calienta 3 cucharadas de aceite en un cazo, introduce en él las cabezas de las gambas y rehógalas bien. Vierte encima 250 ml de agua, sazónalas y cuécelas durante 8-10 minutos. Cuela la mezcla y reserva el caldo.

Calienta 3 cucharadas de aceite en un wok. Pela el diente de ajo, pícalo finamente y agrégalo al wok. Corta la cebolleta en daditos y añádela. Sazona las hortalizas y rehógalas a fuego suave durante 6-8 minutos.

Pela 12 colas de gamba dejándoles la punta de la cola sin pelar, sazónalas y resérvalas. Pela las otras 12 colas de gamba, córtalas en rodajas finas, incorpóralas al wok y rehógalas brevemente. Añade la harina y cocínala un poco. Vierte encima, poco a poco, la leche y 100 ml del caldo reservado sin dejar de remover con una varilla manual. Cocina la mezcla a fuego suave-medio durante 10 minutos y espolvoréala con un poco de perejil picado. Pásala a una fuente y deja que se enfríe.

Extiende las obleas sobre la tabla, pon un poco de la masa en el centro de cada una y coloca 1 gamba encima, dejando que la punta de la cola sobresalga de la oblea. Dóblalas y ciérralas presionándolas con un tenedor. Extiende las empanadillas sobre una bandeja de horno cubierta con papel de hornear, úntalas con un poco de huevo batido y hornéalas a 200 °C durante 8-10 minutos. Retíralas del horno.

Para preparar el alioli, pela el diente de ajo, córtalo en daditos e introdúcelo en un vaso batidor. Agrega el huevo, la sal, el vinagre y el aceite y tritura los ingredientes con una batidora eléctrica hasta que emulsionen.

Sirve 3 empanadillas y un poco de alioli en cada plato y decóralos con unas hojas de perejil.

CONSEJO

Las empanadillas se pueden hornear o freír. Si se hornean, es importante barnizarlas con huevo batido para que queden doradas.

CHAMPIÑONES AL JEREZ

INGREDIENTES (4 P.)

800 g de champiñones
150 ml de vino de Jerez
5 dientes de ajo
1 cebolla
1 tomate
harina de maíz refinada
aceite de oliva virgen extra
perejil
1 cucharadita de pimentón dulce
sal

ELABORACIÓN

Calienta una cazuela con 4 cucharadas de aceite. Pela los dientes de ajo, pícalos finamente e introdúcelos en la cazuela. Pela la cebolla, córtala en daditos y añádela. Sazona las hortalizas y rehógalas a fuego medio durante 15 minutos.

Lava los champiñones, sécalos, córtalos por la mitad y agrégalos a la cazuela. Mezcla y cocínalos a fuego suave durante 15 minutos.

Corta el tomate por la mitad, rállalo sobre las hortalizas y mezcla bien. Incorpora el pimentón y el vino de Jerez, pon a punto de sal, tapa y cocina todo a fuego suave durante 10 minutos.

Si la salsa quedara muy ligera, puedes ligarla añadiendo un poco de harina de maíz refinada diluida en agua fría y dándole un hervor.

Sirve y decora los platos con unas hojas de perejil.

CHAMPIÑONES CON SALSA TERIYAKI

INGREDIENTES (4 P.)

32 champiñones
2 cucharadas de salsa teriyaki
125 ml de vino blanco
1-2 cucharadas de mostaza a la antigua
1 cucharada de miel
1 trozo de piel de naranja
1 trocito (2 cm) de jengibre fresco
16 rebanadas de pan
aceite de oliva virgen extra
1 rama de canela
perejil
sal

ELABORACIÓN

Lava los champiñones y sécalos.

Calienta una sartén con 4 cucharadas de aceite, introduce en ella los champiñones, sazónalos y dóralos a fuego fuerte. Vierte encima el vino y deja que reduzca un poco.

Incorpora a la sartén la mostaza, la miel, la salsa teriyaki, la canela y la piel de naranja. Pela el jengibre, córtalo en 4 y agrégalo. Cocina los champiñones a fuego medio durante 4-5 minutos.

Sirve los champiñones y acompáñalos con el pan. Decora los platos con unas hojas de perejil.

ENSALADILLA DE CALABACÍN

INGREDIENTES (4 P.)

1 calabacín

30 g de pasas

2 huevos

1 tomate

8 pepinillos

2 tomates secos en aceite

15 g de pipas de calabaza (peladas)

15 g de pipas de girasol (peladas)

8 filetes de anchoa (en aceite)

8 aceitunas arbequinas

perejil

sal

Para la lactonesa de ajo:

1 diente de ajo pequeño

60 ml de leche

175 ml de aceite de oliva suave

zumo de ½ limón

sal

ELABORACIÓN

Pon las pasas en un bol, cúbrelas con agua tibia y deja que se hidraten.

Pon los huevos en un cazo, cúbrelos con agua y cuécelos durante 10 minutos (contados a partir del momento en que hierva el agua). Retíralos, refréscalos, pélalos y resérvalos.

Pela el tomate, córtalo en dados y ponlo en un bol grande. Corta los huevos en dados e incorpóralos. Escurre las pasas e introdúcelas en el bol. Corta los pepinillos en rodajas finas y agrégalos. Corta los tomates deshidratados en daditos y añádelos. Pela el calabacín, córtalo en daditos e incorpóralo. Añade también las pipas de girasol y de calabaza y sazona.

Para preparar la lactonesa, pela el diente de ajo, córtalo un poco y ponlo en un vaso batidor. Vierte la leche, el zumo de limón y el aceite y sazona. Tritura los ingredientes hasta que liguen.

Agrega la lactonesa al bol con la ensaladilla y mezcla bien.

Sirve la ensaladilla en 4 platos y coloca, encima de cada ración, 2 filetes de anchoa y 2 aceitunas. Decora los platos con unas hojas de perejil.

CONSEJO

Si la lactonesa quedara muy espesa, puedes aligerarla añadiéndole 1-2 cucharadas de agua hasta conseguir el espesor deseado.

ENSALADAS

ENSALADA PARA LA PLAYA

INGREDIENTES (4 P.)

250 g de judías verdes

220 g de arroz

1 diente de ajo

2 huevos

75 g de maíz (en conserva)

1 cucharada de pipas de girasol (peladas)

aceite de oliva virgen extra

perejil

sal

Para la vinagreta:

1 cebolleta pequeña

1 cucharada de mostaza antigua

4 cucharadas de aceite de oliva virgen extra

1 cucharada de vinagre

perejil

sal

ELABORACIÓN

Calienta 1 cucharada de aceite en una cazuela. Pela el diente de ajo, añádelo (entero) a la cazuela y rehógalo brevemente. Incorpora el arroz, vierte encima el agua (el doble y un poco más que de arroz), sazónalo y cuécelo a fuego medio durante 18 minutos. Pásalo a un bol grande y deja que se enfríe.

Calienta agua en cazo. Retira el extremo duro de las judías, córtalas en trocitos de 1 cm, introdúcelas en el cazo, sazónalas, tápalas y cuécelas durante 10-12 minutos. Escúrrelas, ponlas en una fuente y deja que se enfríen.

Pon agua a calentar en otro cazo, introduce en él los huevos y cuécelos durante 10 minutos (contados a partir del momento en que el agua empiece a hervir). Retíralos, refréscalos, pélalos, córtalos en cuartos y resérvalos.

Para la vinagreta, corta la cebolleta en daditos y ponla en un bol. Añade la mostaza, 1 pizca de sal, el aceite, el vinagre y un poco de perejil picado y bate los ingredientes hasta que queden bien integrados.

Agrega al arroz las judías, el maíz, la vinagreta y una pizca de sal y mezcla todo bien.

Para servir, pon un aro de emplatar sobre un plato, llénalo con ¼ parte de la ensalada de arroz y retira el molde. Monta otros 3 platos de la misma manera. Salpica las ensaladas con unas pipas de girasol y pon, encima de cada una, 2 cuartos de huevo. Decora los platos con unas hojas de perejil.

CONSEJO

Puedes usar el arroz que prefieras, pero para esta receta son mejores las variedades en las que el arroz queda suelto, como basmati, jazmín o arroz vaporizado.

ENSALADA DE BACALAO Y NARANJA CON MOSTAZA

INGREDIENTES (4 P.)

2 lomos de bacalao desalado

4 naranjas

1 cucharada de mostaza antigua

1 cebolla morada (pequeña)

32 aceitunas moradas (tipo kalamata)

30 g de brotes de rúcula

3 cucharadas de aceite de oliva virgen extra

perejil

ELABORACIÓN

Pela 3 naranjas en vivo (eliminándoles toda la piel blanca que envuelve los gajos), córtalas en rodajas de 1 centímetro y resérvalas en una fuente.

Corta la otra naranja por la mitad, exprímela y pon el zumo en un bote (que tenga una tapa que cierre herméticamente). Añade la mostaza y el aceite, tapa el bote y bate los ingredientes enérgicamente.

Corta la cebolla en juliana fina y resérvala.

Elimina la piel de los lomos de bacalao y córtalos en rodajas.

Pon las rodajas de naranja en 4 platos (4 en cada uno) y reparte sobre ellas las rodajas de bacalao. Coloca encima una cuarta parte de la cebolla y 8 aceitunas en cada plato.

Aliña las ensaladas con la vinagreta y salpícalas con los brotes de rúcula. Decora los platos con unas hojas de perejil y sirve.

CONSEJO

Tal vez pienses que, al combinar la naranja con la cebolla, esta última puede ocultar el sabor de la primera, pero la verdad es que sucede todo lo contrario: la cebolla potencia el sabor de la naranja.

ENSALADA DE BONIATO

INGREDIENTES (4 P.)

2 boniatos

2 huevos

1 escarola

1 granada

200 g de bonito o atún en aceite

4-6 cucharadas de aceite de oliva virgen extra

1-2 cucharadas de vinagre de Módena

perejil

sal

CONSEJO

Los dados de boniato se cocinarán más uniformemente si les das la vuelta a los 2 minutos.

ELABORACIÓN

Pon los huevos en un cazo con agua y cuécelos durante 10 minutos (contados a partir del momento en que el agua empiece a hervir). Retíralos, refréscalos, pélalos y resérvalos.

Pela los boniatos y córtalos en dados. Ponlos en un recipiente apto para el microondas, sazónalos, tápalos con film transparente y cocínalos en el microondas durante unos 5 minutos. Retíralos y deja que se enfríen (si lo prefieres, también puedes usarlos templados).

Pon en un bol el vinagre, el aceite y una pizca de sal y bate los ingredientes con una varilla manual hasta que emulsionen. Reserva la vinagreta.

Suelta la escarola en hojas, lávalas bien, sécalas, trocéalas y ponlas en una ensaladera grande. Sazónalas y alíñalas con un poco de la vinagreta (reserva el resto para el final).

Corta la granada por la mitad y golpéala (sobre un bol) por la parte de la piel con una cuchara hasta que salgan todos los granos.

Reparte la escarola en 4 platos. En cada uno de ellos, desmenuza encima de la escarola ¼ parte del bonito, salpícala con ¼ parte de la granada y coloca sobre ella ¼ parte de los dados de boniato. Corta los huevos por la mitad y pon 1 mitad en cada plato. Aliña las ensaladas de nuevo y decóralas con unas hojas de perejil.

COGOLLOS DE LECHUGA A LA PLANCHA CON ATÚN

INGREDIENTES (4 P.)

6 cogollos de lechuga
200 g de atún en aceite
1 cebolla roja pequeña
aceite de oliva virgen extra
perejil
sal

Para la vinagreta:

2 cucharadas de vinagre de manzana
100 ml de aceite de oliva virgen extra
1 cucharada de miel
10 g de pistachos pelados
10 g de avellanas peladas
1 cucharada de arándanos deshidratados
sal

ELABORACIÓN

Para hacer la vinagreta, mezcla en un bol la miel con el vinagre y el aceite y una pizca de sal. Bate los ingredientes con una varilla de mano.

Pica los pistachos, las avellanas y los arándanos y agrégalos al bol. Remueve los ingredientes y reserva la vinagreta.

Calienta una plancha con 2 cucharadas de aceite. Corta los cogollos por la mitad a lo largo y colócalos sobre la plancha (dejando la parte interior en contacto con la plancha). Cocínalos a fuego medio durante 3 minutos (1 minuto y medio por cada lado).

Pela la cebolla, córtala en juliana fina y resérvala.

Sirve en cada plato 3 mitades de cogollo, sazónalas y reparte por encima la cebolla roja y el atún. Aliña con la vinagreta y decora los platos con unas hojas de perejil.

CONSEJO

Si lo prefieres, puedes batir los ingredientes de la vinagreta introduciéndolos en un bote con tapa y agitándolo enérgicamente durante 30 segundos.

ENSALADA DE LENTEJAS CON PAVO

INGREDIENTES (4 P.)

300 g de lenteja negra (caviar)

150 g de pechuga de pavo cocida (1 loncha gruesa)

8 tomates secos (deshidratados)

50 g de alcaparras

20 aceitunas verdes deshuesadas (pequeñas)

20 avellanas

1 manzana (Granny Smith)

6-8 cucharadas de aceite de oliva virgen extra

1 cucharada de vinagre de Jerez

1 cucharada de salsa de soja

15 hojas de cebollino

perejil

sal

ELABORACIÓN

Pon las lentejas en la olla rápida, cúbrelas con agua abundante y sazónalas. Cierra la olla y cuécelas durante 6 minutos. Retíralas, escúrrelas, ponlas en un bol y deja que se enfríen.

Calienta un cazo con agua. Introduce en él los tomates secos y cuécelos durante 6 minutos (contados a partir del momento en el que agua empiece a hervir). Retíralos, sécalos, córtalos en dados y pásalos al bol con las lentejas.

Corta la pechuga de pavo en daditos e incorpórala al bol junto con las alcaparras y las aceitunas. Aplasta un poco las avellanas y añádelas.

Lava la manzana, quítale el corazón, córtala en daditos y agrégala también al bol.

Pica el cebollino finamente e incorpóralo.

Para preparar la vinagreta, pon en un bote de cristal (que tenga tapa) el vinagre, la salsa de soja y 6-8 cucharadas de aceite, tapa el bote y agítalo hasta que los ingredientes emulsionen. Aliña la ensalada y mezcla bien.

Decora los platos con unas hojas de perejil.

CONSEJO

Si prefieres emplear lentejas cocidas en conserva para esta receta, enjuágalas bien con agua antes de utilizarlas.

ENSALADA DE CUSCÚS Y GARBANZOS

INGREDIENTES (4 P.)

150 g de cuscús precocinado
200 g de garbanzos cocidos
250 g de caldo de hortalizas
½ diente de ajo
zumo de ½ limón
40 g de avellanas
40 g de almendras
40 g de uvas pasas sin semillas
½ cebolla roja
aceite de oliva virgen extra
6-8 hojas de menta fresca
20 hojas de cebollino
perejil
½ cucharadita de comino molido
½ cucharadita de canela molida
1 cucharadita de pimentón dulce
sal

ELABORACIÓN

Pica las hojas de menta y de cebollino muy finamente y pásalas a un cuenco. Pica también finamente el medio diente de ajo y añádelo al cuenco. Agrega el comino, la canela, el pimentón, el zumo de limón y un buen chorro de aceite, mezcla y reserva el aliño.

Calienta el caldo en una cazuela hasta que empiece a hervir. Pon el cuscús en un bol grande, vierte encima el caldo hirviendo, añade una pizca de sal, mueve un poco el bol para que se mezcle, tápalo con film transparente y déjalo reposar durante unos 10 minutos. Retira el film y suelta el cuscús con la ayuda de dos cucharas.

Agrega al cuscús los garbanzos cocidos y mezcla. Riega con la mitad de la vinagreta (reserva el resto), mezcla bien y reserva.

Pica las avellanas e introdúcelas en el cuenco con el resto de la vinagreta. Añade también las almendras y las pasas.

Corta la media cebolla en juliana, incorpórala a la vinagreta y mezcla todo bien (agrega un poco de aceite si queda seco).

Para servir, pon un aro de emplatar sobre un plato, llénalo con ¼ parte del cuscús con garbanzos, retira el molde, coloca encima 1 cucharada de la vinagreta con los frutos secos y adorna con unas hojas de perejil. Monta otros 3 platos de la misma manera.

CONSEJO

Si lo prefieres, puedes usar caldo de carne o de pollo para preparar el cuscús.

ENSALADA DE ROBLE, ESPINACAS, GRANADA Y ATÚN

INGREDIENTES (4 P.)

150 g de lechuga hoja de roble
150 g de espinacas *baby*
1 granada
125 g de atún en aceite
25 g de pasas
30 g de avellanas peladas
aceite de oliva virgen extra
vinagre
perejil
sal

ELABORACIÓN

Lava las espinacas y las hojas de lechuga roble, sécalas, trocéalas, ponlas en una fuente grande y sazónalas.

Agrega las pasas y el atún desmenuzado.

Aplasta las avellanas y espolvorea con ellas la ensalada.

Corta la granada por la mitad, golpéala con una cuchara por la parte de la piel hasta que caigan todos los granos y agrégalos a la ensalada.

Adereza la ensalada con aceite y vinagre. Decora los platos con unas hojas de perejil.

ENSALADA DE TOMATE, PASTA Y PAVO

INGREDIENTES (4 P.)

2-3 tomates
200 g de coditos (o cualquier pasta pequeña)
400 g de pechuga de pavo
30 g de maíz en conserva
30 g de pipas de girasol tostadas
aceite de oliva virgen extra
vinagre
perejil
pimienta
sal

ELABORACIÓN

Pela los tomates, córtalos en rodajas finas y repártelas en 4 platos.

Pon a calentar abundante agua con una pizca de sal en una cazuela. Cuando el agua empiece a hervir, añade la pasta y cuécela durante el tiempo que indique el paquete. Retírala, escúrrela, refréscala y resérvala.

Calienta una sartén con 3 cucharadas de aceite. Corta la pechuga en daditos, salpimiéntalos, añádelos a la sartén y saltéalos durante 3-4 minutos. Retíralos a un plato.

Reparte la pasta y los dados de pavo sobre los 4 platos y salpícalos con el maíz y las pipas.

Sazona y aliña la ensalada con aceite y vinagre. Adorna los platos con unas hojas de perejil.

ENSALADA DE PATATA Y PIMIENTO CON VINAGRETA PICANTE

INGREDIENTES (4 P.)

4 patatas
2 pimientos morrones
1 cebolleta roja
20 aceitunas negras
aceite de oliva virgen extra
sal

Para la vinagreta picante:

1 diente de ajo
4 anchoas en aceite
6 cucharadas de aceite de oliva virgen extra
vinagre
1 cucharadita de perejil picado
1 cucharadita de pimentón
¼ de cucharadita de pimienta cayena molida
sal

ELABORACIÓN

Lava las patatas y cuécelas en una cazuela con agua durante 35-40 minutos. Retíralas, escúrrelas y deja que se templen. Una vez templadas, pélalas, córtalas en rodajas gruesas y resérvalas.

Lava los pimientos, colócalos en una fuente apta para el horno, riégalos con un poco de aceite, sazónalos y hornéalos a 190 °C durante 25-30 minutos. Retíralos y déjalos reposar durante unos 20 minutos. Pélalos, retírales las semillas, córtalos en tiras y resérvalos.

Para preparar la vinagreta, pela el diente de ajo, trocéalo y ponlo en un mortero. Corta las anchoas en trocitos y agrégalas al mortero. Añade el pimentón, la cayena, el perejil picado y una pizca de sal gruesa y maja todo bien. Agrega el aceite y vinagre (al gusto) y mezcla bien.

Reparte las rodajas de patata en 4 platos y sazónalas. Corta la cebolleta en juliana fina y agrega ¼ parte a cada plato. Reparte por encima 5 aceitunas y ¼ parte de las tiras de pimiento en cada plato. Aliña las ensaladas con la vinagreta picante.

CONSEJO

Para asegurarte de que los pimientos se cocinan por igual cuando los hornees, procura que sean de un tamaño similar.

ENSALADA DE LECHUGAS VARIADAS, PATATA Y ALCAPARRAS

INGREDIENTES (4 P.)

200 g de lechugas variadas
4 patatas medianas
1 cucharada de alcaparras
1 cebolleta
1 pimiento verde pequeño
1 tomate
aceite de oliva virgen extra
vinagre
perejil
sal

ELABORACIÓN

Calienta abundante agua en una cazuela. Lava bien las patatas, introdúcelas en la cazuela y cuécelas durante 35 minutos. Retíralas, refréscalas, pélalas y córtalas en rodajas.

Lava las hojas de lechuga, sécalas, córtalas en juliana fina y repártelas en 4 platos. Coloca encima las rodajas de patata y sazónalas.

Para preparar el aliño, corta la cebolleta en juliana y ponla en un bol. Retira el tallo y las pepitas del pimiento, córtalo en daditos y añádelo al bol. Pela el tomate, córtalo de la misma manera e incorpóralo. Agrega también las alcaparras. Añade 6 cucharadas de aceite, 1 de vinagre y 1 pizca de sal y mezcla bien.

Riega las ensaladas con el aliño y decora los platos con unas hojas de perejil.

ENSALADA DE LOMBARDA Y POMELO

INGREDIENTES (4 P.)

150 g de lombarda
1 pomelo rosa
150 g de lechuga
30 g de pipas de girasol tostadas
1 cucharada de miel
6 cucharadas de aceite de oliva virgen extra
1 cucharadita de vinagre
perejil
sal

ELABORACIÓN

Lava las hojas de lechuga, sécalas, trocéalas y ponlas en una fuente.

Lava las hojas de lombarda. córtalas en juliana fina y agrégalas a la fuente.

Pela el pomelo, saca los gajos en vivo, córtalos por la mitad y añádelos.

Incorpora las pipas de girasol y sazona la ensalada.

Mezcla la miel con el vinagre y el aceite y aliña la ensalada con la mezcla.

Sirve y decora los platos con unas hojas de perejil.

ENSALADA DE MELÓN CON JAMÓN

INGREDIENTES (4 P.)

½ melón

100 g de jamón serrano

16 tomates cherry

1 lechuga

1 cucharada de pipas de calabaza tostadas (peladas)

4-6 cucharadas de aceite de oliva virgen extra

1-2 cucharadas de vinagre de frambuesa

perejil

sal

ELABORACIÓN

Con ayuda de una cuchara parisién (sacabolas), saca bolitas de melón y resérvalas.

Corta los tomates por la mitad y resérvalos.

Suelta las hojas de lechuga, lávalas bien, escúrrelas, sécalas, córtalas en juliana gruesa y resérvalas.

Pon en un tarro de cristal (que tenga tapa) el vinagre, el aceite y una pizca de sal. Cierra el bote y agítalo hasta que los ingredientes emulsionen.

Reparte la lechuga en el fondo de 4 platos. Coloca las bolitas de melón en el borde de los platos, y los tomates, en el centro. Sazona y aliña las ensaladas.

Corta el jamón en tiras finas y colócalas sobre los tomates. Salpica los platos con las pipas de calabaza y decóralos con unas hojas de perejil.

CONSEJO

Si no tienes una cuchara parisién, puedes cortar el melón en daditos.

ENSALADA DE PERA Y GRANADA CON NUECES

INGREDIENTES (4 P.)

2 peras grandes

1 granada

100 g de nueces peladas

150 g de hojas de rúcula limpias

1 cucharada de azúcar moreno

1 cucharada de mostaza

1 cucharada de miel

4-6 cucharadas de aceite de oliva virgen extra

perejil

sal

ELABORACIÓN

Pela las peras, córtalas en 4 (a lo largo), retírales el corazón y ponlas en un bol grande (apto para el microondas).

Pon 200 ml de agua en un vaso, agrega el azúcar y mezcla bien. Vierte el agua azucarada sobre las peras, tapa el bol con film transparente, introdúcelas en el microondas y cocínalas a máxima potencia durante 12 minutos. Retíralas del microondas, quita el film y deja que se templen.

Para preparar la vinagreta, mezcla en un bote de cristal (que tenga tapa) la mostaza, la miel y el aceite. Cierra el bote y agítalo hasta que los ingredientes queden bien integrados.

Corta la granada por la mitad y golpea las 2 mitades, por la parte de la piel, con una cuchara, sobre un bol hasta que salgan todos los granos.

Distribuye las hojas de rúcula en la base de 4 platos y sazónalas. Corta cada cuarto de pera por la mitad y pon 4 trozos en cada plato. Agrega las nueces, aliña las ensaladas y salpícalas con los granos de granada. Decora los platos con unas hojas de perejil.

CONSEJO

Si compras granadas y no las vas a utilizar pronto, puedes guardarlas en el frigorífico, donde aguantarán durante 15-20 días sin problemas.

ENSALADA DE REPOLLO, ZANAHORIA Y MANZANA

INGREDIENTES (4 P.)

½ repollo verde
½ repollo morado
3 zanahorias
1 manzana Granny Smith
perejil
sal

Para el aliño de mostaza:

2 cucharadas de mostaza de Dijon
150 g de mayonesa
zumo de 1 limón
2 cucharadas de vinagre de manzana
1 cucharada de semillas de hinojo

ELABORACIÓN

Para preparar el aliño, pon en un bol la mostaza, la mayonesa, el zumo de limón, el vinagre y las semillas de hinojo. Mezcla los ingredientes y remuévelos con una varilla manual hasta que queden bien integrados. Resérvalo.

Corta los repollos en juliana fina y ponlos en un bol grande.

Pela las zanahorias, rállalas, agrégalas al bol, mezcla todo bien y sazónalo. Vierte en el bol ⅔ partes del aliño (reserva el resto) y vuelve a mezclar. Tapa el bol con film transparente, introdúcelo en el frigorífico y deja que la ensalada repose durante 2-3 horas.

Saca la ensalada del frigorífico y repártela en 4 platos.

Lava la manzana, retírale el corazón, córtala en láminas finas y decora con ella los platos.

Aligera el aliño reservado agregando un poco de agua templada y adereza con él las ensaladas. Decora los platos con unas hojas de perejil.

CONSEJO

La mayor dificultad de esta receta es la de cortar los repollos y rallar las zanahorias, pero siempre puedes acelerar el proceso utilizando para ello una mandolina o una picadora.

ENSALADA DE TOMATE, SANDÍA, RÚCULA Y BONITO

INGREDIENTES (4 P.)

2 tomates
400 g de sandía
100 g de rúcula
150 g de bonito en escabeche
8 guindillas en vinagre
30 g de maíz en conserva
aceite de oliva virgen extra
perejil
sal

ELABORACIÓN

Pela la sandía y el tomate, córtalos en dados, ponlos en un bol y aderézalos con una pizca de sal y 3 cucharadas de aceite.

Desmenuza el bonito.

Corta las guindillas en rodajas finas.

Lava las hojas de rúcula y sécalas.

Reparte los dados de sandía y tomate en 4 platos. Salpícalos con el bonito, las guindillas y el maíz y reparte encima las hojas de rúcula. Decóralos con unas hojas de perejil.

ENSALADILLA DE PATATA, MANZANA Y JAMÓN COCIDO

INGREDIENTES (4 P.)

2-3 patatas medianas
1 manzana
150 g de jamón cocido (2-3 lonchas gruesas)
12 aceitunas verdes sin hueso
30 g de maíz frito
perejil
sal

Para la mayonesa:

1 huevo
200 ml de aceite de oliva virgen extra
1 cucharadita de zumo de limón
1 pizca de sal

ELABORACIÓN

Lava las patatas, ponlas en un plato, cúbrelas con film transparente, introdúcelas en el microondas y cocínalas durante 12-15 minutos. Deja que se templen, pélalas, córtalas en dados y ponlas en un bol.

Pela la manzana, córtala en daditos e incorpórala al bol.

Corta las aceitunas en rodajas finas y añádelas.

Corta el jamón en dados y agrégalo.

Sazona los ingredientes.

Para preparar la mayonesa, pon el zumo de limón, el huevo, la sal y el aceite en un vaso batidor y tritura los ingredientes hasta que liguen. Añade la mayonesa al bol y mezcla suavemente.

Reparte la ensaladilla en 4 platos.

Aplasta los granos de maíz y salpica con ellos las ensaladillas. Decora los platos con unas hojas de perejil.

ENSALADA TEMPLADA CON QUESO Y FRUTOS SECOS

INGREDIENTES (4 P.)

1 escarola

1 rulo de queso de cabra (180 g)

25 g de nueces peladas

20 g de pasas (sin pepitas)

20 g de pipas de calabaza (peladas)

8 orejones de albaricoque

15 g de piñones (pelados)

3 cucharadas de aceite de oliva virgen extra

1 cucharada de vinagre

perejil

sal

ELABORACIÓN

Suelta las hojas de la escarola, lávalas, escúrrelas bien, trocéalas, ponlas en un bol grande y resérvalas.

Pica un poco las nueces y ponlas en un bol pequeño. Añade las pasas y las pipas de calabaza. Corta los orejones en rodajas finas e incorpóralos. Riega la mezcla con el aceite y el vinagre, remueve los ingredientes y reserva la vinagreta.

Calienta una sartén pequeña (sin aceite). Introduce en ella los piñones, saltéalos hasta que se tuesten un poco y resérvalos.

Calienta una sartén grande (sin aceite). Corta el rulo de queso en 8 rodajas, añádelas a la sartén, dóralas por los dos lados y resérvalas.

Reparte la escarola en 4 platos y sazónala. Alíñala con la vinagreta y coloca 2 rodajas de queso en cada plato. Salpica las ensaladas con los piñones y decora los platos con unas hojas de perejil.

CONSEJO

Para que las ensaladas de hoja sean verdaderamente apetecibles, las hojas deben estar lo más frescas posible. Una vez cortadas y manipuladas, la humedad y el calor son sus peores enemigos.

ENSALADA DE ENDIBIAS, MANGO Y NUECES

INGREDIENTES (4 P.)

4 endibias
2 mangos
100 g de nueces peladas
1 tallo de apio
8 rabanitos
8 tomates cherry
aceite de oliva virgen extra
1-2 cucharadas de vinagre
perejil
sal

ELABORACIÓN

Retira 2-3 hojas externas de cada endibia (reserva el resto), córtalas en dados y ponlas en un bol. Corta el tallo de apio en daditos y agrégalo. Pela los mangos, córtalos en dados e incorpóralos. Lava los rabanitos, córtalos en rodajas finas y añádelos. Pica las nueces un poco y agrégalas. Sazona y mezcla bien.

Para preparar la vinagreta, pon el vinagre, 5-6 cucharadas de aceite y una pizca de sal en un bol y remueve los ingredientes con una varilla hasta que emulsionen.

Suelta el resto de las hojas de las endibias y extiéndelas en 4 platos (1 endibia en cada uno) formando los pétalos de una flor. Pon 1 porción de la mezcla de mango y hortalizas en el centro de cada plato. Corta los tomates cherry por la mitad y coloca 2 en cada plato. Sazona y aliña las ensaladas con la vinagreta. Decora los platos con unas hojas de perejil.

CONSEJO

En esta receta se ha utilizado mango, pero puedes sustituirlo por cualquier otra fruta que sea de vuestro agrado.

ENSALADA CAMPERA

INGREDIENTES (4 P.)

600 g de patatas nuevas (pequeñas)

2 huevos

1 pimiento verde italiano

¼ de pimiento rojo

20 aceitunas negras (sin hueso)

80 g de bonito en aceite (escurrido)

1 limón

12 tomates cherry

12 ramilletes de canónigos

aceite de oliva virgen extra

perejil

sal

CONSEJO

Las ensaladas son perfectas como entrante, pero también como plato principal.

ELABORACIÓN

Lava bien las patatas. Calienta abundante agua en una cazuela y, cuando empiece a hervir, sazónala e introduce en ella las patatas (con piel). Cuécelas durante 20 minutos, escúrrelas, deja que se templen un poco, córtalas (con piel) en rodajas de 1 cm de grosor y resérvalas.

Calienta agua en un cazo y, cuando empiece a hervir, sazónala e introduce en ella los huevos con cuidado. Cuécelos durante 10 minutos (contados a partir del momento en que el agua vuelva a hervir). Retíralos, refréscalos, pélalos, córtalos en daditos y resérvalos.

Retira el tallo y las semillas del pimiento verde y pela el pimiento rojo, córtalos en daditos y ponlos en un bol grande.

Añade los huevos, las patatas, las aceitunas y el bonito y sazona los ingredientes.

Exprime el limón y pon el zumo en un bol pequeño. Agrega 6-8 cucharadas de aceite y un poco de perejil picado y bate bien los ingredientes hasta que liguen un poco. Vierte la mezcla en el bol grande y remueve los ingredientes suavemente hasta que queden bien impregnados con la vinagreta.

Reparte la ensalada en 4 platos y decóralos con los tomates cherry (cortados por la mitad) y los ramilletes de canónigo. Adórnalos con unas hojas de perejil.

ENSALADA DE ESCAROLA, REMOLACHA, PERA Y NUECES

INGREDIENTES (4 P.)

1 escarola
1 remolacha
1 pera
12 nueces
aceite de oliva virgen extra
vinagre
perejil
sal

ELABORACIÓN

Lava la remolacha, ponla en una olla rápida, cúbrela con agua, cierra la olla y cuécela durante 5-6 minutos. Cuando baje la válvula, retira la remolacha, espera a que se temple y pélala. Córtala en lascas finas y resérvala.

Suelta las hojas de escarola, lávalas, sécalas, trocéalas y ponlas en un bol grande.

Pela la pera, córtala en daditos y agrégalos al bol.

Sazona la ensalada y aderézala con aceite y vinagre.

Reparte la ensalada en 4 platos y añade las lascas de remolacha.

Casca las nueces, pícalas un poco y agrégalas.

Sirve y adorna los platos con unas hojas de perejil.

ENSALADA DE ESPÁRRAGOS Y JAMÓN COCIDO

INGREDIENTES (4 P.)

4 espárragos blancos frescos
100 g de jamón cocido (2 lonchas gruesas)
1 lechuga
50 g de canónigos
aceite de oliva virgen extra
vinagre
perejil
sal

ELABORACIÓN

Suelta las hojas de lechuga, lávalas bien, sécalas, trocéalas y ponlas en un bol grande. Lava los canónigos y añádelos al bol. Distribuye las hojas de lechuga y de canónigo en 4 platos.

Pela los espárragos y córtalos en tiras finas con un pelador de hortalizas. Calienta una sartén con 2 cucharadas de aceite, introduce en ella los espárragos y saltéalos a fuego medio-alto durante 4-5 minutos. Repártelos sobre los 4 platos.

Corta el jamón en dados y salpica con ellos las ensaladas.

Sazona y aliña con aceite y vinagre.

Decora los platos con unas hojas de perejil.

BOQUERONES MARINADOS EN ENSALADA

INGREDIENTES (4 P.)

12 boquerones

500 ml de vinagre blanco

2 patatas

2 dientes de ajo

400 g de pimientos morrones en conserva

½ cucharadita de azúcar

1 lechuga

aceite de oliva virgen extra

perejil

sal

CONSEJO

Para evitar riesgos de anisakis, una vez marinados los boquerones, puedes colocarlos (bien escurridos) muy juntos en un recipiente, cubrirlos con una capa de aceite y dejarlos en el congelador durante 48 horas.

ELABORACIÓN

Limpia los boquerones (retirándoles las cabezas, las tripas y las espinas centrales), sácales los filetes (2 por cada boquerón) y extiéndelos (boca arriba) en una fuente. Sécalos un poco con un trozo de papel absorbente y sazónalos.

Pon los filetes (boca arriba) en un recipiente hondo, cúbrelos con el vinagre (reserva 1 cucharada) y déjalos marinando durante 30 minutos. Escúrreles el vinagre, colócalos (boca abajo) de nuevo en el recipiente y cúbrelos con aceite.

Calienta abundante agua en una cazuela, introduce en ella las patatas, sazónalas, tápalas y cuécelas durante 25-30 minutos. Retíralas, deja que se templen un poco, pélalas y córtalas en rodajas de 1 cm de grosor. Resérvalas.

Calienta 3-4 cucharadas de aceite en una sartén. Pela los dientes de ajo, córtalos en láminas y dóralos un poco en la sartén. Corta los pimientos en tiras, incorpóralos a la sartén, añade el azúcar y una pizca de sal, mezcla bien y cocínalos a fuego suave-medio durante 15 minutos. Retíralos y resérvalos.

Limpia la lechuga, sécala y córtala en juliana fina.

Sirve 5 rodajas de patata (formando una flor) en cada plato y sazónalas. Pon los pimientos en el centro y encima los boquerones marinados (6 filetes por ración). Sirve al lado la lechuga y alíñala con aceite, vinagre y sal. Decora los platos con unas hojas de perejil.

ENSALADA DE LECHUGAS VARIADAS, ACEITUNAS Y RABANITOS

INGREDIENTES (4 P.)

200 g de lechugas variadas
16 aceitunas (verdes y negras)
6 rabanitos
2 huevos
8 nueces peladas
aceite de oliva virgen extra
vinagre
perejil
sal

ELABORACIÓN

Cuece los huevos en un cazo con agua durante 10 minutos (contados a partir del momento en el que hierva el agua). Retíralos, refréscalos, pélalos, pícalos y resérvalos.

Lava las hojas de lechuga, sécalas, trocéalas y repártelas en 4 platos.

Lava los rabanitos, córtalos en rodajas finas y añádelos.

Casca las nueces y agrégalas.

Añade también las aceitunas y los huevos picados.

Sazona las ensaladas y alíñalas con aceite y vinagre. Decora los platos con unas hojas de perejil.

ENSALADA DE LECHUGA, TOMATES CHERRY Y QUESO FRESCO

INGREDIENTES (4 P.)

1 lechuga
16 tomates cherry de colores
100 g de queso fresco
2 pepinillos
4 rebanadas de pan
aceite de oliva virgen extra
vinagre
perejil
sal

ELABORACIÓN

Lava la lechuga, sécala, trocéala y repártela en 4 platos.

Lava los tomates cherry, córtalos a tu gusto y agrégalos.

Corta los pepinillos en rodajas finas y espárcelas por encima.

Corta el queso en taquitos y salpica con ellos los platos.

Corta el pan en daditos. Calienta una sartén pequeña con 6 cucharadas de aceite, introduce en ella los dados de pan y fríelos hasta que se doren. Retíralos, escúrrelos sobre un plato cubierto con papel absorbente y espárcelos sobre los 4 platos.

Sazona las ensaladas. Pon 6 cucharadas de aceite y 1 de vinagre en un bol, tápalo, bátelo bien y adereza las ensaladas con el aliño. Decora los platos con unas hojas de perejil.

ENSALADA DE CECINA, QUESO Y MANGO

INGREDIENTES (4 P.)

12 lonchas de cecina

16 perlas de queso de cabra rellenas de higo

1 mango

40 g de pistachos pelados

40 g de nueces peladas

1 cucharada de mostaza a la antigua

1 cucharada de miel

2 cucharadas de vinagre

100 g de rúcula (limpia)

aceite de oliva virgen extra

perejil

sal

ELABORACIÓN

Pela el mango, córtalo en dados y resérvalo.

Pon los pistachos en una sartén, tuéstalos un poco y pásalos a un plato. Agrega las nueces a la sartén, tuéstalas un poco y pásalas al plato. Reserva 16 pistachos y 4 nueces para decorar, pon el resto en un mortero y májalos un poco.

Para preparar el aliño, pon los frutos secos majados en un bol, agrega la mostaza, la miel, el vinagre y 4-6 cucharadas de aceite y mezcla bien.

Reparte las hojas de rúcula en 4 platos y sazónalas. Riégalas con un poco del aliño y extiende encima, en cada plato, 3 lonchas de cecina, 4 perlas de queso y unos dados de mango. Riega las ensaladas con el resto del aliño y decora los platos con unas hojas de perejil.

CONSEJO

Para saber si un mango está maduro y listo para comer, debe notarse ligeramente blando al presionarlo suavemente con los dedos. Si se hunde mucho, puede estar pasado, y si está duro, todavía no es el momento de consumirlo.

ENSALADILLA DE POLLO Y MANZANA CON BEICON CRUJIENTE

INGREDIENTES (4 P.)

2 muslos de pollo

1 manzana

4 lonchas finas de beicon

3 patatas medianas

aceite de oliva virgen extra

1 rama de romero

perejil

sal

Para la mayonesa:

1 huevo

200-250 ml de aceite de girasol

1 cucharada de salsa de soja

1 cucharada de zumo de limón

ELABORACIÓN

Calienta agua en la olla rápida e introduce en ella los muslos de pollo y la rama de romero. Lava las patatas e incorpóralas. Sazona, cierra la olla y cuece los ingredientes durante 5-8 minutos (según el tamaño de las patatas).

Abre la olla, retira el pollo y las patatas y deja que se templen.

Una vez templados, retira la piel de los muslos de pollo, corta la carne en daditos y ponla en un bol. Pela las patatas, córtalas de la misma manera y añádelas. Pela la manzana, córtala en daditos e incorpórala. Sazona los ingredientes y resérvalos.

Para preparar la mayonesa, casca el huevo, ponlo en un vaso batidor, agrega la salsa de soja, el zumo de limón y el aceite y tritura los ingredientes hasta que liguen. Añade la mayonesa al bol y mezcla bien.

Con ayuda de un aro de emplatar, reparte la ensaladilla en 4 platos.

Calienta una sartén con 2 cucharadas de aceite. Corta el beicon en tiritas, introdúcelas en la sartén y dóralas bien. Retíralas y escúrrelas sobre un plato cubierto con papel absorbente.

Salpica los platos con las tiras de beicon y adórnalos con unas hojas de perejil.

CONSEJO

Si quieres darle un toque diferente a la ensaladilla, prueba a añadirle algún encurtido (aceitunas, pepinillos, alcaparras) finamente picado.

SOPAS Y CREMAS

CREMA DE GUISANTES Y CALABACÍN A LA MENTA

INGREDIENTES (4 P.)

300 g de guisantes congelados
2 calabacines
1 cebolla
150 g de panceta fresca
1 rodaja fina de calabaza (150 g)
aceite de oliva virgen extra
25-30 hojas de menta
perejil
sal

ELABORACIÓN

Pon a calentar 3-4 cucharadas de aceite en una olla rápida. Pela la cebolla, córtala en dados, introdúcela en la olla, sazónala y rehógala a fuego medio durante 5 minutos.

Lava los calabacines, córtalos en cuartos de luna e incorpóralos a la olla. Añade los guisantes congelados y mezcla bien. Cubre con agua (750 ml), sazona, cierra la olla y cocina todo durante 5 minutos. Espera a que la válvula baje y abre la olla.

Pasa los ingredientes al vaso americano, agrega las hojas de menta y tritura bien hasta conseguir una crema homogénea.

Calienta una sartén con 1-2 cucharadas de aceite. Corta la panceta en tiras finas, dóralas en la sartén, retíralas a un plato y resérvalas. Corta la calabaza en daditos, añádela a la sartén y saltéala durante 4-5 minutos.

Sirve la crema en 4 platos y reparte por encima las tiras de panceta y los daditos de calabaza. Decora los platos con unas hojas de perejil.

CONSEJO

Cuando guardes los calabacines, procura no colocarlos al lado de los tomates, ya que estos desprenden etileno, un compuesto orgánico gaseoso que puede acelerar el deterioro del calabacín.

SOPA DE ESPÁRRAGOS BLANCOS CON ACEITE DE TOMATE

INGREDIENTES (4 P.)

24 espárragos blancos

6 tomates deshidratados en aceite

1 cebolleta

1 calabacín

250 ml de leche evaporada

aceite de oliva virgen extra

perejil

nuez moscada

sal

ELABORACIÓN

Corta los tomates deshidratados en 4 y ponlos en un vaso batidor junto con 125 ml de aceite y una pizca de sal y tritúralos con una batidora eléctrica. Cuela el aceite de tomate y resérvalo.

Pica la cebolleta y ponla a rehogar en una cazuela con 2 cucharadas de aceite. Pela los espárragos, córtalos en rodajas y añádelas. Pela el calabacín, córtalo en cuartos de luna finos e incorpóralo. Sazona las hortalizas y rehógalas a fuego medio durante 5 minutos. Agrega la leche y 1 litro de agua, sazona, tapa la cazuela y cuece los ingredientes durante 15-20 minutos.

Pasa 2 cazos de la sopa a un vaso batidor, tritúralos con una batidora eléctrica hasta conseguir una crema homogénea y viértela en la cazuela. Ralla encima un poco de nuez moscada y mezcla bien.

Reparte la sopa en 4 platos, salpícala con el aceite de tomate y decora los platos con unas hojas de perejil.

SOPA DE OTOÑO

INGREDIENTES (4 P.)

3 puerros

300 g de boletos

1 boniato

500 g de calabaza

1 hueso de jamón

1 diente de ajo

100 g de jamón serrano (2 lonchas)

40 g de fideos

aceite de oliva virgen extra

perejil

sal

ELABORACIÓN

Calienta una cazuela con 2 cucharadas de aceite. Limpia los puerros retirándoles la parte inferior, la superior y 2 capas de hojas, lávalos bien, córtalos en cuartos de luna finos, introdúcelos en la cazuela y rehógalos durante 4-5 minutos.

Limpia los boletos, córtalos en daditos, agrega ⅓ a la cazuela (reserva el resto) y rehógalos brevemente. Pela el boniato y la calabaza, córtalos en daditos e incorpóralos. Sazona, mezcla bien y rehoga conjuntamente durante 2 minutos. Vierte encima 1.500 ml de agua, agrega el hueso de jamón y cuece todo durante 20-25 minutos.

Retira de la sopa el hueso de jamón, añádele los fideos y cuécelos durante el tiempo que indique el paquete.

Calienta una sartén con 2 cucharadas de aceite. Pela el diente de ajo e introdúcelo (entero) en la sartén. Corta el jamón serrano en daditos y añádelo. Agrega los boletos reservados y saltéalos brevemente.

Incorpora el salteado de boletos y jamón a la cazuela y dale un hervor.

Sirve la sopa en 4 platos hondos y adórnalos con unas hojas de perejil.

CREMA DE JUDÍAS VERDES CON POLLO

INGREDIENTES (4 P.)

500 g de judías verdes
1 muslo de pollo
1 l de caldo de pollo
2 patatas
1 diente de ajo
aceite de oliva virgen extra
perejil
pimienta
sal

ELABORACIÓN

Pon el caldo de pollo a calentar en una olla rápida. Limpia las judías verdes, quitándoles las puntas de la parte que está unida a la planta, y córtalas en trozos de unos 2 cm. Pela las patatas y trocéalas (cascándolas). Cuando el caldo empiece a hervir, añade las judías y las patatas, pon a punto de sal y cuécelas durante 4 minutos.

Espera a que baje la válvula. Retira parte del caldo y resérvalo para otra ocasión. Tritura los ingredientes con una batidora eléctrica (o en una batidora de vaso) hasta conseguir una crema homogénea.

Retira la piel del muslo de pollo, deshuésalo y córtalo en daditos. Calienta una sartén con 1 cucharada de aceite, pela el diente de ajo, córtalo en daditos y agrégalo a la sartén. Salpimienta el pollo, incorpóralo a la sartén y saltéalo brevemente. Espolvorea con un poco de perejil picado.

Reparte la crema de judías en 4 platos hondos, pon unos dados de pollo en el centro de cada uno y decóralos con unas hojas de perejil.

CONSEJO

Si las judías no son muy tiernas, será necesario quitarles los hilos. Para hacerlo, lo mejor es que utilices un pelador de patatas.

CREMA DE LENTEJAS CON JAMÓN Y COSTRONES DE PAN

INGREDIENTES (4 P.)

300 g de lentejas
4 lonchas finas de jamón serrano
4 rebanadas de pan
2 dientes de ajo
6 chalotas
3 zanahorias
200 ml de leche
aceite de oliva virgen extra
perejil
sal

CONSEJO

Una buena forma de introducir legumbres en vuestra dieta es preparar cremas y legumbres. Además, son fáciles de hacer, sientan bien y nos ayudan a entrar en calor.

ELABORACIÓN

Calienta una olla rápida con 3 cucharadas de aceite. Pela los ajos, córtalos en dados y agrégalos. Pela las chalotas, córtalas en dados y añádelas. Pela las zanahorias, córtalas en medias lunas finas e incorpóralas. Sazona las hortalizas y rehógalas durante 4-5 minutos a fuego medio.

Introduce las lentejas en la olla, cúbrelas con abundante agua (4-5 dedos por encima), sazónalas, cierra la olla y cocínalas durante 8 minutos.

Tritura las lentejas con una batidora eléctrica hasta conseguir una crema fina. Agrega la leche y vuelve a triturar hasta que los ingredientes queden bien integrados. Reserva la crema.

Calienta una sartén con bastante aceite. Corta el pan en dados pequeños y fríelos en la sartén (en dos tandas) hasta que se doren. Retíralos y escúrrelos sobre un plato cubierto con papel absorbente.

Sirve la crema en 4 platos y coloca unos costrones de pan y 1 loncha de jamón cortada por la mitad en cada uno. Decóralos con unas hojas de perejil.

PORRA ANTEQUERANA

INGREDIENTES (4 P.)

800 g de tomate maduro

2 huevos

1 hogaza de pan de 425 g (de la víspera)

¼ de pimiento morrón rojo

½ pimiento verde

2 dientes de ajo

100 g de atún en aceite

200 ml de aceite de oliva virgen extra

1-2 cucharadas de vinagre

perejil

sal

ELABORACIÓN

Pon los huevos en un cazo con agua y cuécelos durante 10 minutos (contados a partir del momento en que el agua empiece a hervir). Retíralos, refréscalos, pélalos, córtalos en gajos y resérvalos.

Retira la corteza del pan, trocea la miga (300 g), ponla en un bol grande con 100 ml de agua y deja que se remoje un poco.

Pela los tomates y el trozo de pimiento rojo. Corta los pimientos (rojo y verde) y los tomates en dados. Coloca las hortalizas en una batidora de vaso y tritúralas bien. Pela los ajos, pícalos y añádelos. Incorpora el pan (escurrido) y vuelve a triturar.

Sazona, añade el vinagre y 160 ml de aceite (reserva el resto) y tritura de nuevo hasta conseguir una crema homogénea. Introduce la porra en el frigorífico y deja que se enfríe bien.

Reparte la porra en 4 platos hondos. Sirve 2 gajos de huevo y un poco de atún desmigado dentro de cada uno, riégalos con un chorrito del aceite reservado y decóralos con unas hojas de perejil.

CONSEJO

En esta receta se acompaña la porra con atún y huevo, pero también puedes servirla con unos taquitos de jamón serrano o unos picos de pan o regañás.

CREMA DE COLIFLOR Y QUESO AZUL CON NUECES

INGREDIENTES (4 P.)

1 coliflor pequeña
150 g de queso azul
16 nueces
1 cebolla
2 zanahorias
aceite de oliva virgen extra
perejil
sal

ELABORACIÓN

Calienta una olla rápida con 2 cucharadas de aceite. Pela la cebolla y las zanahorias. Corta la cebolla en dados grandes y las zanahorias en rodajas, añádelas a la olla y rehógalas a fuego medio durante 10 minutos. Suelta la coliflor en ramilletes e incorpórala. Cubre todo con agua, sazona, cierra la olla y cuece las hortalizas durante 5 minutos. Espera a que baje la válvula y abre la olla.

Pasa los ingredientes a una batidora de vaso, agrega el queso y tritura bien hasta conseguir una crema homogénea. Resérvala.

Casca las nueces y pícalas un poco. Calienta una sartén pequeña con 1 cucharada de aceite, introduce en ella las nueces y saltéalas brevemente.

Reparte la crema en 4 platos, salpícalos con las nueces y decóralos con unas hojas de perejil.

CREMA DE COLIFLOR CON PASAS Y JAMÓN

INGREDIENTES (4 P.)

1 coliflor pequeña
25 g de pasas sin semilla
125 g de jamón serrano
2 puerros
1 patata
1 hueso de jamón
2 dientes de ajo
aceite de oliva virgen extra
perejil
sal

ELABORACIÓN

Pon las pasas en un bol con agua y déjalas a remojo durante 20 minutos. Escúrrelas, sécalas bien y resérvalas.

Calienta 3 cucharadas de aceite en una olla rápida. Limpia los puerros (eliminándoles la parte inferior, la superior y 1-2 capas de hojas), lávalos bien, córtalos en medias lunas, introdúcelos en la olla y rehógalos durante 5 minutos. Suelta la coliflor en ramilletes, lávalos bien e incorpóralos. Pela la patata, trocéala (cascándola) y agrégala. Sazona las hortalizas y rehógalas durante 10 minutos. Cubre todo con agua (2-3 dedos por encima), añade el hueso de jamón, cierra la olla y cuece todo durante 10 minutos.

Retira el hueso de jamón, pasa el resto de los ingredientes a una batidora de vaso y tritúralos bien hasta conseguir una crema homogénea. Prueba y pon a punto de sal.

Calienta a fuego suave 6 cucharadas de aceite en una sartén. Pela los dientes de ajo, córtalos en daditos e incorpóralos. Corta el jamón en daditos y añádelos. Añade también las pasas, sube un poco el fuego y saltea el conjunto durante 1-2 minutos. Espolvorea con un poco de perejil picado y mezcla bien.

Reparte la crema en 4 platos y salpícala con el refrito de ajo, jamón y pasas. Decora los platos con unas hojas de perejil.

SOPA DE AJO CON HUEVO ESCALFADO

INGREDIENTES (4 P.)

7 dientes de ajo

125 g de pan tostado para sopa *(zopako)*

1 l de caldo de pollo

4 huevos

aceite de oliva virgen extra

perejil

1 guindilla cayena

1 cucharada de pimentón

sal

ELABORACIÓN

Calienta 3 cucharadas de aceite en una cazuela. Pela los dientes de ajo, introdúcelos en la cazuela y deja que se doren. Agrega la cayena. Pica el pan e incorpóralo. Añade el pimentón y mezcla bien. Vierte encima el caldo y cocina los ingredientes a fuego suave durante 20-25 minutos. Remueve la sopa con una varilla manual para que el pan y los ajos se vayan deshaciendo.

Calienta abundante agua en una tartera (cazuela amplia y baja) con una pizca de sal. Casca un huevo sobre una espumadera y deja que la clara escurra un poco. Introdúcelo en la tartera, cuécelo durante 3 minutos y retíralo. Haz lo mismo con los otros 3 huevos.

Reparte la sopa en 4 platos, coloca 1 huevo escalfado en el centro de cada uno y sazónalos. Decora los platos con unas hojas de perejil.

CONSEJO

Si notas que la sopa queda muy espesa, puedes aligerarla agregando agua o caldo. Dale un hervor y cuece los ingredientes durante 5 minutos más.

PURÉ DE BRÓCOLI Y CALABAZA

INGREDIENTES (4 P.)

1 brócoli (300 g)
400 g de calabaza
1 cebolla
50 g de arroz
4 rebanadas de pan viejo
15 g de brotes de rúcula
aceite de oliva virgen extra
perejil
1 cucharadita de *curry*
sal

ELABORACIÓN

Calienta una cazuela con 4 cucharadas de aceite. Pela la cebolla, córtala en dados e introdúcela en la cazuela, sazónala y rehógala a fuego suave durante 5 minutos (sin que llegue a dorarse).

Pela la calabaza, córtala en dados, añádela a la cazuela y rehógala bien. Pela el tallo del brócoli, córtalo en daditos y agrégalo. Suelta el brócoli en ramilletes e incorpóralos. Cocina todo a fuego medio durante 5 minutos.

Añade el arroz, cubre todo con agua (1.200 ml aprox.), sazona y cuece los ingredientes durante 18-20 minutos. Retira una parte del líquido y resérvalo por si tuvieras que aligerar el puré. Pasa los ingredientes a una batidora de vaso y tritúralos hasta conseguir un puré homogéneo.

Calienta aceite en una sartén. Corta el pan en dados, añádelos a la sartén y fríelos hasta que se doren. Retíralos y escúrrelos sobre un plato cubierto con papel absorbente. Pon el *curry* en un colador y espolvorea con él los costrones de pan.

Sirve el puré en 4 platos y coloca unos costrones de pan y unos brotes de rúcula en cada uno. Adorna los platos con unas hojas de perejil.

CONSEJO

El tallo del brócoli se puede utilizar de la misma manera que los ramilletes. Solo hay que pelarlo y trocearlo antes de cocinarlo, como se hace en esta receta. Podéis comerlo cocido o bien añadirlo a salteados, cremas o purés.

SOPA DE ALMEJAS AL AZAFRÁN

INGREDIENTES (4-6 P.)

500 g de almejas
80 g de fideos (n.º 4)
1 cebolleta
1 zanahoria
1 puerro
1 pimiento verde
125 ml de vino blanco
2 cucharadas de salsa de tomate
aceite de oliva virgen extra
perejil
20 hebras de azafrán
sal

ELABORACIÓN

Calienta 3-4 cucharadas de aceite en una cazuela grande. Corta la cebolleta en dados grandes e introdúcela en la cazuela. Pela la zanahoria, córtala en cuartos de luna y añádela. Limpia el puerro (retirándole la parte inferior y la superior y 2-3 capas de hojas), lávalo bien, córtalo en medias lunas y agrégalo. Retira el tallo y las semillas del pimiento, córtalo en dados e incorpóralo. Sazona las hortalizas y rehógalas a fuego medio durante 8-10 minutos.

Vierte el vino en la cazuela y dale un hervor fuerte. Añade la salsa de tomate, las hebras de azafrán y 1 litro de agua. Tapa la cazuela y cuece las hortalizas a fuego medio durante 15-20 minutos.

Pasa los ingredientes a una batidora de vaso y tritúralos bien hasta conseguir un caldo homogéneo. Pásalo a la cazuela, agrégale otro litro de agua y ponlo a calentar. Introduce los fideos en la sopa y cuécelos durante 10 minutos. Incorpora las almejas, tapa la cazuela y cocínalas hasta que se abran (entre 1 y 2 minutos).

Reparte la sopa en 4 platos hondos y adórnalos con unas hojas de perejil.

CONSEJO

Puedes sustituir las almejas por cualquier otro bivalvo que sea de vuestro agrado, como berberechos, coquinas, mejillones o chirlas.

SOPA DE ARROZ CON ESPINACAS

INGREDIENTES (4 P.)

100 g de arroz
150 g de espinacas (limpias)
2 dientes de ajo
1 cebolleta
1 puerro
1 patata
1 zanahoria
4 rebanadas de pan (de la víspera)
aceite de oliva virgen extra
perejil
sal

ELABORACIÓN

Calienta 3 cucharadas de aceite en una cazuela. Pela los dientes de ajo, córtalos en láminas e introdúcelos en la cazuela. Corta la cebolleta en dados e incorpórala. Limpia el puerro (eliminándole la parte inferior, la superior y 2 capas de hojas), lávalo bien, córtalo en cuartos de luna finos y agrégalo. Pela la patata y la zanahoria, córtalas en daditos y añádelas. Sazona las hortalizas y rehógalas a fuego suave durante 6-8 minutos. Cúbrelas con agua (1.250 ml aprox.), cuécelas durante 10-12 minutos y tritúralas con una batidora eléctrica. Resérvalas.

Calienta abundante agua en otra cazuela. Cuando empiece a hervir, introduce en ella el arroz, sazónalo y cuécelo durante 15 minutos.

Lava las espinacas, córtalas en juliana e incorpóralas a la cazuela de las hortalizas trituradas. Añade también el arroz (escurrido) y mezcla bien (si notas que la sopa queda demasiado espesa, puedes aligerarla agregándole un poco del agua de la cocción del arroz).

Calienta 8 cucharadas de aceite en una sartén. Corta las rebanadas de pan en daditos y fríelos en la sartén hasta que se doren. Retíralos y escúrrelos sobre un plato cubierto con papel absorbente.

Sirve la sopa en 4 platos, coloca unos costrones de pan en el centro de cada uno y decóralos con unas hojas de perejil.

CONSEJO

Para que la sopa no siga absorbiendo el caldo y termine convertida en un arroz caldoso, es importante servirla nada más hacerla.

SOPA DE CALABAZA Y CASTAÑAS

INGREDIENTES (4 P.)

400 g de calabaza
500 g de castañas
20 g de mantequilla
2 chalotas
1 l de caldo de verduras
50 ml de nata líquida
40 hojas de espinaca *(baby)*
1 rama de romero
2 hojas de laurel
perejil
pimienta
sal

ELABORACIÓN

Calienta agua en una cazuela. Haz un pequeño corte (muesca) a cada castaña por la parte inferior, introdúcelas en la cazuela, sazónalas, añade la rama de romero y las hojas de laurel y cuécelas durante 25-30 minutos. Retíralas y pélalas.

Funde la mantequilla en una cazuela grande. Pela las chalotas, córtalas en dados y agrégalas. Pela la calabaza, córtala en dados y añádela. Sazona las hortalizas y rehógalas a fuego suave-medio durante 12-15 minutos.

Reserva 4-5 castañas para decorar, trocea el resto e incorpóralas a la cazuela. Vierte encima el caldo, pon a punto de sal, tapa la cazuela y cocina los ingredientes durante 15-20 minutos.

Pasa los ingredientes a una batidora de vaso y tritúralos bien.

Trocea las castañas reservadas.

Reparte la crema en 4 platos, muele un poco de pimienta encima de cada uno, riégalos con un chorrito de nata y colócales en el centro unas castañas troceadas y unas hojas de espinaca. Decora los platos con unas hojas de perejil.

CONSEJO

Cuando compres castañas deben estar sanas, con la piel tersa y firme y sin manchas. Conviene conservarlas en un lugar seco y ventilado, sin bolsa de plástico.

SOPA DE *GALETS* CON PELOTAS

INGREDIENTES (6 P.)

150 g de *galets* (pequeñas)

400 g de carne picada (cerdo y ternera)

2 rebanadas de pan de molde (sin corteza)

125 ml de leche

2 dientes de ajo

1 huevo

2 l de caldo de pollo y verduras

harina (para rebozar)

perejil

pimienta

sal

ELABORACIÓN

Corta el pan de molde en dados y ponlo en un bol. Cúbrelo con la leche y deja que se hidrate bien.

Pon la carne picada en un bol. Pela los dientes de ajo, pícalos finamente e incorpóralos. Agrega el huevo y salpimienta. Añade un poco de perejil picado y el pan bien escurrido y mezcla bien hasta que los ingredientes queden bien integrados. Toma pequeñas porciones de la masa, redondéalas formando unas pelotas y pásalas por harina.

Pon el caldo a calentar en una cazuela grande. Cuando empiece a hervir, añade las pelotas y cuécelas durante 5 minutos.

Incorpora los *galets* a la cazuela y cuécelos durante 12 minutos (o el tiempo que indique el fabricante).

Sirve la sopa en 5 platos, espolvoréalos con un poco de perejil picado y decóralos con unas hojas de perejil.

CONSEJOS

1. Como tiene pasta y carne, este plato suele gustar a los más pequeños.
2. Si te sobra sopa de *galets*, puedes guardarla en el frigorífico en un recipiente hermético y consumirla en un plazo máximo de 2-3 días para asegurar su frescura y sabor óptimos. Además, la sopa de *galets* se puede congelar fácilmente, lo que te permitirá disfrutarla en otro momento. Para congelarla, asegúrate de que primero esté completamente fría y guárdala en recipientes individuales o bolsas de congelación.

SOPA DE GARBANZOS

INGREDIENTES (4-6 P.)

200 g de garbanzos (remojados desde la víspera)

1 puerro

1 tallo de apio

30 g de manteca de cerdo

2 dientes de ajo

2 hojas de acelga

100 g de tomate triturado

100 g de pasta (orzo)

aceite de oliva virgen extra

1 rama de romero

perejil

sal

ELABORACIÓN

Calienta 2 litros de agua en una olla rápida. Cuando empiece a hervir, escurre los garbanzos e introdúcelos en la olla.

Limpia el puerro (retirándole la parte inferior, la parte superior y 2-3 capas de hojas), lávalo bien, córtalo por la mitad y añádelo a la olla. Limpia el tallo de apio, córtalo por la mitad y agrégalo. Sazona, cierra la olla y cuece los garbanzos durante 20-22 minutos. Apaga el fuego y, cuando baje la presión, abre la olla. Retira el puerro y la rama de apio a una fuente, sazónalos, riégalos con un chorrito de aceite y resérvalos para tomar como aperitivo. Por otro lado, reserva el caldo con los garbanzos.

Calienta la manteca de cerdo en una cazuela. Pela los dientes de ajo, pícalos finamente y añádelos a la cazuela. Limpia las acelgas, córtalas en daditos, agrégalas y rehógalas durante 2-3 minutos. Corta las hojas de la rama de romero e incorpóralas junto con el tomate triturado y el orzo, mezcla bien, sazona y añade el caldo con los garbanzos. Cuece los ingredientes durante 5 minutos.

Sirve y decora los platos con unas hojas de perejil.

CONSEJOS

1. Para hacer una sopa basta con tener ganas, echar un vistazo en el frigorífico, comprobar las hortalizas que tienes y ponerte manos a la obra. Para redondearla basta con añadirle un puñado de fideos o un poco de arroz.
2. En esta receta se ha empleado manteca de cerdo, pero, si lo prefieres, puedes sustituirla por aceite o grasa de pato.

SOPA DE CHAMPIÑONES Y ARROZ

INGREDIENTES (4 P.)

500 g de champiñones
75 g de arroz
2 cebolletas
4 dientes de ajo
1.500 ml de caldo de verduras
aceite de oliva virgen extra
15 hojas de cebollino
perejil
sal

ELABORACIÓN

Calienta 3-4 cucharadas de aceite en una cazuela grande. Corta las cebolletas en daditos y añádelas a la cazuela. Pela los dientes de ajo, córtalos en daditos y agrégalos. Rehoga las hortalizas a fuego medio durante 10 minutos.

Limpia bien los champiñones, córtalos en láminas e incorpóralos a la cazuela. Sazona y rehoga conjuntamente durante 5 minutos. Añade el arroz, rehógalo un poco y vierte encima el caldo. Pon a punto de sal y cuece todo a fuego medio durante 20 minutos.

Pica finamente las hojas de cebollino y espolvorea con ellas la sopa.

Reparte la sopa en 4 platos y decóralos con unas hojas de perejil.

SOPA DE ALMEJAS

INGREDIENTES (4 P.)

700 g de almejas
1 cebolleta
2 zanahorias
2 puerros (la parte blanca)
200 ml de salsa de tomate
75 ml de vino blanco
20 g de arroz
aceite de oliva virgen extra
perejil
sal

ELABORACIÓN

Calienta 1.500 ml de agua en una cazuela. Cuando empiece a hervir, introduce en ella las almejas y cuécelas hasta que se abran. Retira las almejas, sácales la carne y resérvalas. Cuela el caldo y resérvalo.

Calienta 3 cucharadas de aceite en una cazuela. Corta la cebolleta en daditos y añádela a la cazuela. Pela las zanahorias, córtalas en daditos y agrégalas. Limpia los puerros (eliminándoles la parte inferior, la superior y 1-2 capas de hojas), lávalos, córtalos en daditos e incorpóralos. Sazona las hortalizas y rehógalas durante 10 minutos a fuego medio. Añade la salsa de tomate y cocínala durante 5 minutos. Vierte encima el vino y dale un hervor fuerte.

Agrega el arroz a la cazuela, rehógalo un poco y vierte encima el caldo reservado. Pon a punto de sal y cuece todo a fuego medio durante 20 minutos.

Incorpora la carne de las almejas y 1 cucharadita de perejil picado.

Sirve y decora los platos con unas hojas de perejil.

SOPA DE HORTALIZAS CON PASTA

INGREDIENTES (4 P.)

100 g de conchitas (pasta corta)

1 cebolleta

2 zanahorias

1 rama de apio

½ pimiento verde

1 calabacín

1 loncha de panceta ahumada (50 g)

2 tomates pera

2 yemas de huevo

50 g de queso parmesano

aceite de oliva virgen extra

1 cucharadita de orégano

perejil

sal

ELABORACIÓN

Calienta 3 cucharadas de aceite en una cazuela. Corta la cebolleta en daditos e introdúcela en la cazuela. Pela las zanahorias, córtalas en daditos y agrégalas. Lava la rama de apio, córtala en daditos e incorpórala. Corta el pimiento de la misma manera y añádelo. Sazona las hortalizas y rehógalas a fuego medio durante 8-10 minutos.

Lava el calabacín, córtalo en daditos y agrégalo a la cazuela. Corta la panceta en daditos, incorpórala y rehoga todo durante 4-5 minutos.

Lava los tomates, córtalos por la mitad, rállalos y añádelos a la cazuela junto con el orégano. Cubre las hortalizas con abundante agua, pon a punto de sal y cuécelas durante 10 minutos.

Agrega la pasta a la cazuela y cuece todo durante 5-7 minutos más.

Incorpora las yemas a la sopa y remuévelas con una varilla manual hasta que se integren.

Sirve la sopa en 4 platos hondos, ralla un poco de queso encima de cada uno y adórnalos con unas hojas de perejil.

CONSEJO

La mayoría de las sopas se conservan bien durante 5-6 días en el frigorífico, pero también se pueden congelar en raciones para disfrutarlas en cualquier momento. Para descongelarla, solo tendrás que sacarla del congelador y dejarla en el frigorífico desde la noche anterior.

CREMA DE ESPINACAS Y QUESO

INGREDIENTES (4 P.)

500 g de espinacas
100 g de queso azul
2 huevos
25 g de harina
1.250 ml de caldo de pollo
40 g de piñones
4 lonchas de panceta (100 g)
aceite de oliva virgen extra
perejil
sal

ELABORACIÓN

Pon los huevos en un cazo, cúbrelos con agua y cuécelos durante 10 minutos (contados a partir del momento en que el agua empiece a hervir). Retíralos, refréscalos, pélalos, córtalos en daditos y resérvalos.

Calienta 4 cucharadas de aceite en una cazuela grande, añade la harina y rehógala un poco. Corta las espinacas en juliana fina, incorpóralas y rehógalas durante 4-5 minutos. Vierte encima el caldo de pollo, pon a punto de sal, tapa la cazuela y cocina los ingredientes durante 15 minutos a fuego suave.

Pasa los ingredientes a una batidora de vaso, añade el queso y tritura bien hasta conseguir una crema homogénea.

Calienta una sartén sin aceite, introduce en ella los piñones, saltéalos hasta que se doren y retíralos a un plato. Corta la panceta en dados, añádelos a la sartén y saltéalos hasta que se doren.

Sirve la crema en 4 platos y pon unos piñones, un poco de panceta y un poco de huevo picado en el centro de cada uno. Decóralos con unas hojas de perejil.

CREMA DE PATATA CON HUEVO ESCALFADO, HABITAS Y PANCETA

INGREDIENTES (4 P.)

3 patatas
4 huevos
150 g de habitas frescas desgranadas
6 lonchas de panceta ahumada
2 cebolletas
150 ml de leche
aceite de oliva virgen extra
perejil
pimienta
sal

ELABORACIÓN

Calienta agua en un cazo, introduce en él las habitas, sazónalas y cuécelas durante 6-8 minutos. Retíralas, escúrrelas y resérvalas.

Calienta 3 cucharadas de aceite en una olla rápida. Corta las cebolletas en dados, agrégalas a la olla y rehógalas durante 5-6 minutos. Pela las patatas, trocéalas (cascándolas) y añádelas. Vierte encima la leche, cubre todo con agua, salpimienta, cierra la olla y cuece durante 5 minutos. Espera a que baje la válvula, abre la olla y tritura todo con una batidora eléctrica hasta conseguir una crema homogénea. Resérvala.

Calienta agua en una tartera (cazuela amplia y baja). Cuando empiece a hervir, baja el fuego un poco, casca los huevos, introdúcelos en la tartera y escálfalos durante 3 minutos. Retíralos y resérvalos.

Calienta una sartén con 2 cucharadas de aceite. Corta la panceta en tiras, dóralas un poco en la sartén e incorpora las habitas. Saltea todo junto durante 2 minutos.

Reparte la crema en 4 platos hondos, coloca 1 huevo en el centro de cada uno y salpícalos con el salteado de panceta y habas. Decóralos con unas hojas de perejil.

SOPA DE MIJO Y HORTALIZAS

INGREDIENTES (4 P.)

100 g de mijo
1 cebolleta
1 puerro
2 tallos de apio
2 zanahorias
¼ de apio nabo (250 g)
1 hueso de jamón
aceite de oliva virgen extra
1 hoja de laurel
perejil
1 cucharadita de cúrcuma
sal

ELABORACIÓN

Calienta una cazuela con 3 cucharadas de aceite. Corta la cebolleta en daditos e introdúcela en la cazuela. Limpia el puerro (retirándole la parte inferior, la superior y 2-3 capas de hojas), lávalo bien bajo el grifo de agua, córtalo en daditos e incorpóralo. Corta los tallos de apio de la misma manera y agrégalos. Pela las zanahorias, córtalas en cuartos de luna y añádelas. Pela el apio nabo, córtalo en dados e incorpóralo. Sazona las hortalizas y rehógalas a fuego medio durante 8-10 minutos.

Añade a la cazuela el hueso de jamón, la hoja de laurel y la cúrcuma, cubre todo con 1.500 ml de agua y cuece las hortalizas a fuego medio durante 10 minutos.

Pon el mijo en un colador, lávalo bien y escúrrelo sobre una fuente cubierta con papel absorbente.

Calienta una sartén sin aceite, introduce en ella el mijo, tuéstalo un poco, agrégalo a la cazuela y cuécelo durante 15-20 minutos.

Pon a punto de sal y sirve. Decora los platos con unas hojas de perejil.

CONSEJO

Antes de cocinar el mijo es imprescindible lavarlo bien. Para potenciar su sabor y que aparezcan sus característicos toques de mantequilla y nuez, te recomiendo que lo tuestes antes de cocinarlo.

CREMA DE ACELGAS CON AJOS FRESCOS

INGREDIENTES (4-6 P.)

6 hojas de acelga
16 ajos frescos
4 zanahorias
2 patatas
3 lonchas de panceta ahumada
aceite de oliva virgen extra
perejil
sal

ELABORACIÓN

Calienta agua (1.500 ml aproximadamente) en una olla rápida. Lava las acelgas, trocéalas e introdúcelas en la olla. Pela las zanahorias, córtalas en medias lunas y añádelas. Pela las patatas, trocéalas (cascándolas) e incorpóralas. Sazona, cierra la olla y cuece las hortalizas durante 4-5 minutos. Apaga el fuego, deja que baje la válvula, abre la olla y retira parte del caldo (resérvalo para otra ocasión). Tritura las hortalizas con una batidora eléctrica hasta conseguir una crema homogénea.

Calienta 2-3 cucharadas de aceite en una sartén. Corta la panceta en dados y agrégala a la sartén. Limpia los ajos frescos (retirándoles la parte inferior, la superior y 1-2 capas de hojas), córtalos en rodajas de 1-2 centímetros, añádelos y rehoga todo durante 3-4 minutos.

Reparte la crema en 4 platos hondos, salpícalos con el salteado de panceta y ajos frescos y decóralos con unas hojas de perejil.

CONSEJO

Antes de cocinar las acelgas hay que lavarlas bien, porque es habitual que vengan con bastantes restos de tierra.

CREMA DE GUISANTES Y ESPINACAS

INGREDIENTES (4 P.)

500 g de guisantes frescos desgranados

100 g de espinacas frescas

1 cebolleta

1 patata

700 ml de caldo de verduras

15 g de mantequilla

30 g de maíz para palomitas

1 cucharada de pipas de calabaza tostadas

aceite de oliva virgen extra

perejil

½ cucharadita de *curry* en polvo

sal

ELABORACIÓN

Calienta una cazuela con 3 cucharadas de aceite. Corta la cebolleta en dados, introdúcela en la cazuela, sazónala y rehógala a fuego medio durante 4-5 minutos.

Añade los guisantes y las espinacas a la cazuela, mezcla bien y rehógalos un poco (3-4 minutos). Pela la patata, trocéala (cascándola) e incorpórala. Vierte encima el caldo, pon a punto de sal, tapa y cuece todo a fuego suave durante 20-25 minutos. Pasa las hortalizas a una batidora de vaso y tritúralas bien. Añade la mantequilla y vuelve a triturar.

Calienta 1 cucharada de aceite en una sartén. Mezcla el maíz con el *curry* e introdúcelo en la sartén. Tapa la sartén y espera a que los granos de maíz revienten. Sazona las palomitas y resérvalas.

Sirve la crema en 4 platos y salpícalos con las palomitas y las pipas de calabaza. Decóralos con unas hojas de perejil.

CONSEJO

Puedes aprovechar las vainas (limpias) de los guisantes para preparar un caldo de hortalizas.

SOPA DE HABITAS Y PASTA

INGREDIENTES (4 P.)

200 g de habas frescas desgranadas

100 g de pasta corta (piñones)

1 huevo

2 dientes de ajo

1 cebolleta

1 patata

4 cucharadas de salsa de tomate

2 l de caldo de verduras

aceite de oliva virgen extra

15-20 hojas de menta

perejil

sal

ELABORACIÓN

Pon agua en un cazo, agrega el huevo y cuécelo durante 10 minutos (contados a partir del momento en que el agua empiece a hervir). Retíralo, refréscalo, pélalo, pícalo y resérvalo.

Calienta 1 litro de agua en una cazuela. Cuando empiece a hervir, introduce en ella las habas, sazónalas y cuécelas durante 10 minutos a fuego medio. Escúrrelas y resérvalas.

Pela los ajos y pícalos finamente. Corta la cebolleta en daditos. Calienta 3 cucharadas de aceite en una cazuela. Añade las hortalizas, sazónalas y rehógalas a fuego medio durante 6-8 minutos.

Pela la patata, córtala en daditos e incorpórala a la cazuela junto con la salsa de tomate y el caldo de verduras. Cuando el caldo empiece a hervir (unos 10 minutos), agrega la pasta y cuécela durante 6 minutos.

Incorpora las habitas, el huevo y las hojas de menta finamente picadas a la cazuela, pon la sopa a punto de sal y sirve. Decora los platos con unas hojas de perejil.

CONSEJO

Si estás buscando una forma de hacer que los más pequeños se emocionen por la comida, la sopa de estrellas o de letras es la respuesta.

SOPA FRÍA DE CALABAZA Y NARANJA CON GAMBAS

INGREDIENTES (4 P.)

800 g de calabaza
3 naranjas
12 gambas
1 trozo de jengibre (3-4 cm)
aceite de oliva virgen extra
perejil
sal

CONSEJO

La calabaza combina a la perfección con la naranja. Aunque parezca una receta de postre, en realidad es un entrante estupendo, ligero y suave, con un toque de naranja y jengibre que lo hacen muy especial.

ELABORACIÓN

Calienta una cazuela con 3-4 cucharadas de aceite. Pela la calabaza, córtala en dados, introdúcela en la cazuela, sazónala y rehógala durante 6-8 minutos.

Ralla la cáscara de ½ naranja y exprime el zumo de las 3. Añade a la cazuela la ralladura, el zumo de las naranjas y agua (hasta cubrir la calabaza). Pela el jengibre y rállalo encima. Cuece la calabaza a fuego suave-medio durante 15-20 minutos. Deja que se enfríe. Pasa los ingredientes a una batidora de vaso y tritúralos hasta conseguir una mezcla homogénea. Reserva la sopa.

Calienta 4 cucharadas de aceite en una sartén pequeña. Pela las gambas (reserva las colas), añade las cabezas a la sartén y rehógalas brevemente (1-2 minutos). Pásalas a un colador, coloca el colador sobre un bol, aplástalas un poco y reserva el aceite de gamba.

Pon de nuevo la sartén al fuego y agrégale 1 cucharada de aceite. Sazona las colas de las gambas, introdúcelas en la sartén y saltéalas brevemente. Pincha las gambas de 3 en 3 con 4 palillos de brocheta.

Reparte la sopa en 4 platos y salpícalos con el aceite de gamba. Pon 1 brocheta de gambas en cada plato y decóralos con unas hojas de perejil.

TTORO

INGREDIENTES (6-8 P.)

1 cabracho (400 g)
600 g de congrio
12 langostinos
12 mejillones
1 cabeza de merluza
1 cabeza de rape
1 zanahoria
2 cebollas
1 puerro
350 ml de vino blanco
1 guindilla
2-3 cucharadas de pulpa de pimiento de Ezpeleta (o Espelette)
½ barra de pan
2 dientes de ajo
1 patata
2 tomates
3 cucharadas de harina
aceite de oliva virgen extra
6 ramas de estragón fresco
10 hojas de cebollino
perejil
1 cucharada de pimentón
pimienta
sal

ELABORACIÓN

Corta la cabeza del cabracho y sácale los lomos. Limpia el congrio, retirándole la espina central y la piel. Reserva por un lado la carne de los pescados y por otro las cabezas y las espinas.

Calienta una cazuela con 2-3 cucharadas de aceite. Pela la zanahoria y 1 cebolla. Corta la zanahoria en cuartos de luna y agrégalos a la cazuela. Corta la cebolla en dados e incorpórala. Limpia el puerro (retirándole la parte inferior, la superior y 2-3 capas de hojas), lávalo bien, córtalo en medias lunas y añádelo. Sazona las hortalizas y rehógalas a fuego medio durante 10-12 minutos.

Introduce en la cazuela las cabezas del cabracho, el congrio, la merluza y el rape, las espinas del cabracho y las espinas y la piel del congrio. Agrega 4 ramas de estragón y el vino blanco y dale un hervor fuerte hasta que reduzca a la mitad (unos 7 minutos). Cubre con abundante agua, agrega la guindilla troceada y la pulpa de pimiento de Ezpeleta y sazona. Mezcla y cuece los ingredientes a fuego suave durante 35-40 minutos. Cuela el caldo y resérvalo.

Corta el pan en rebanadas (de 1 cm) y tuéstalas hasta que se doren. Resérvalas.

Calienta una cazuela grande con 3-4 cucharadas de aceite. Pela los dientes de ajo, córtalos en láminas e introdúcelos en la cazuela. Pela la otra cebolla, córtala en dados y agrégala. Pela la patata, córtala en dados e incorpórala. Sazona las hortalizas y rehógalas a fuego medio durante 6-8 minutos.

Corta los tomates en dados y añádelos a la cazuela. Rehoga todo junto durante 5 minutos. Añade 2 ramas de estragón, el pimentón y 2 rebanadas de pan tostado (troceado) y mezcla bien. Vierte encima el caldo, mezcla y cuece conjuntamente a fuego medio durante 20 minutos. Tritura los ingredientes con una batidora eléctrica. Reserva el caldo triturado.

Calienta una sartén con aceite. Corta la carne del cabracho y del congrio en dados, salpimiéntalos, pásalos por la harina y fríelos brevemente en la sartén. Retíralos y pásalos a una cazuela grande apta para el horno.

Añade a la cazuela (con el cabracho y el congrio) los langostinos, los mejillones y el caldo triturado, introdúcela en el horno y hornea la sopa a 250 °C durante 10 minutos.

Reparte la sopa en 4 platos, espolvoréalos con el cebollino picado y decóralos con unas hojas de perejil y 2 rebanadas de pan tostado.

CONSEJOS

1. Si te sobra algo de caldo, no dudes en congelarlo para utilizarlo en otra ocasión.
2. Si no consigues pimiento de Ezpeleta (*Espelette* en francés), puedes sustituirlo por pulpa de pimiento choricero.

CREMA DE CALABAZA CON ACELGAS SALTEADAS

INGREDIENTES (4 P.)

700 g de calabaza
2 hojas de acelga
1 cebolla
2 puerros (la parte blanca)
1 patata
2 dientes de ajo
100 g de jamón serrano
aceite de oliva virgen extra
perejil
sal

ELABORACIÓN

Calienta una cazuela con agua. Limpia las acelgas, corta las pencas en daditos y las hojas en juliana fina, introdúcelas en la cazuela, sazónalas y cuécelas durante 15 minutos. Retíralas, escúrrelas bien y resérvalas.

Calienta 2 cucharadas de aceite en una olla rápida. Pela la cebolla, córtala en daditos y agrégala a la olla. Limpia los puerros, córtalos en cuartos de luna finos y añádelos. Sazona las hortalizas y rehógalas a fuego medio durante 5-6 minutos. Pela la calabaza, córtala en dados e incorpórala a la cazuela. Pela la patata, trocéala (cascándola) y añádela. Mezcla bien, cubre con agua (1 l aproximadamente), sazona, tapa la olla y cocina los ingredientes durante 5 minutos. Pasa los ingredientes a una batidora de vaso y tritúralos hasta conseguir una crema homogénea. Resérvala.

Pela los dientes de ajo y pícalos finamente. Corta el jamón en daditos. Calienta una sartén con 3 cucharadas de aceite, introduce en ella los ajos y el jamón y rehógalos durante 30 segundos. Incorpora las acelgas y saltéalas brevemente.

Sirve la crema en 4 platos y coloca la ¼ parte del salteado de acelgas en el centro de cada uno. Decora los platos con unas hojas de perejil.

CREMA DE COL CON MORCILLA Y PICATOSTES

INGREDIENTES (4 P.)

1 col (1 kg)
1 morcilla de verdura (pequeña)
2 rebanadas de pan
2 puerros
1 patata
1 diente de ajo
aceite de oliva virgen extra
perejil
sal

ELABORACIÓN

Calienta 3 cucharadas de aceite en una olla rápida. Limpia los puerros, eliminándoles la parte inferior, la superior y 1-2 capas de hojas, lávalos bien, córtalos en cuartos de luna finos, añádelos a la olla y rehógalos a fuego medio durante 5 minutos. Corta la col en juliana fina y agrégala. Sazona las hortalizas y rehógalas durante 5 minutos. Pela la patata, trocéala (cascándola) e incorpórala. Cubre con agua (1 l aproximadamente), sazona, cierra la olla y cuece todo durante 10 minutos. Pasa los ingredientes a una batidora de vaso y tritúralos bien hasta conseguir una crema homogénea.

Calienta una sartén pequeña con bastante aceite. Corta el pan en dados y fríelos en la sartén hasta que se doren. Retíralos y escúrrelos sobre un plato cubierto con papel absorbente. Pela el diente de ajo y pásalo suavemente sobre los dados de pan. Resérvalos.

Calienta una sartén sin aceite. Retira la piel de la morcilla, añádela a la sartén y rehógala durante 4-5 minutos.

Sirve la crema en 4 platos, coloca en el centro de cada uno un poco de morcilla y reparte alrededor los picatostes. Decora los platos con unas hojas de perejil.

SOPA DE HORTALIZAS CON JAMÓN Y HUEVO COCIDO

INGREDIENTES (6-8 P.)

2 puerros
1 calabacín pequeño
2 zanahorias
6 champiñones
300 g de repollo
1 patata
100 g de jamón serrano
2 huevos
1 pastilla de caldo de pollo
aceite de oliva virgen extra
perejil
sal

CONSEJO

Esta sopa admite casi cualquier hortaliza. Prueba a añadir algunas distintas o a quitar otras hasta conseguir la combinación que más os guste.

ELABORACIÓN

Limpia los puerros (retirándoles la parte inferior, la superior y 2-3 capas de hojas), lávalos bien y córtalos en daditos. Lava el calabacín y córtalo de la misma manera. Pela las zanahorias y córtalas en cuartos de luna finos.

Calienta 3-4 cucharadas de aceite en una cazuela. Corta el jamón en daditos, introdúcelo en la cazuela y rehógalo brevemente. Agrega los puerros, el calabacín y las zanahorias. Lava los champiñones, sécalos, córtalos en cuartos de luna finos y añádelos. Corta el repollo en dados e incorpóralo. Sazona las hortalizas y rehógalas a fuego medio durante 10-15 minutos.

Pela la patata, córtala en daditos y agrégala a la cazuela. Cubre todo con 1.500 ml de agua, desmenuza encima la pastilla de sabor y cocina los ingredientes durante 15 minutos.

Pon los huevos en un cazo, cúbrelos con agua y cuécelos durante 10 minutos (contados a partir del momento en que el agua empiece a hervir). Retíralos, refréscalos, pélalos, córtalos en daditos y añádelos a la cazuela.

Sirve la sopa en 4 platos y decóralos con unas hojas de perejil.

GAZPACHO DE FRUTOS ROJOS

INGREDIENTES (4 P.)

200 g de moras
200 g de arándanos
200 g de grosellas
200 g de fresas
250 g de cerezas
120 g de pan
1 cebolleta pequeña
1 pimiento verde pequeño
1 pepino pequeño
100 g de queso fresco
4-6 cucharadas de aceite de oliva virgen extra
2 cucharadas de vinagre blanco
perejil
sal

ELABORACIÓN

Trocea el pan, ponlo en un bol, cúbrelo con 150 ml de agua y deja que se hidrate bien (30 minutos).

Corta la cebolleta en dados y ponla en una batidora de vaso. Retira el tallo y las semillas del pimiento, córtalo de la misma manera y agrégalo. Pela el pepino, córtalo en dados e incorpóralo.

Reserva unas moras, unos arándanos y unas grosellas para decorar y agrega el resto de las moras, los arándanos y las grosellas a la batidora. Vierte encima el agua del remojo del pan y tritura bien.

Lava las fresas, retírales los tallos y córtalas por la mitad. Lava las cerezas, córtalas por la mitad y retírales los huesos. Incorpora las fresas (reserva algunas para decorar), las cerezas y el pan (remojado) a la batidora y vuelve a triturar.

Cuela la mezcla, ponla de nuevo en el vaso batidor, añádele el aceite y el vinagre, sazona y tritura de nuevo hasta que los ingredientes queden bien integrados.

Corta el queso en daditos.

Reparte el gazpacho en 4 platos, acompáñalos de las frutas reservadas y los dados de queso y decóralos con unas hojas de perejil.

CONSEJOS

Para hacer que esta receta sea apta para celíacos, tan solo tienes que emplear un pan sin gluten.
Si no te entran todos los ingredientes en la batidora de vaso, tritúralos en dos tandas.

SOPA DE ZANAHORIA CON ESPELTA Y RABANITOS

INGREDIENTES (4 P.)

650 g de zanahorias
100 g de espelta
4 rabanitos
1.500 ml de caldo de verduras
1 diente de ajo
1 cebolleta
1 tomate
100 g de ricota
1 naranja
aceite de oliva virgen extra
perejil
sal

ELABORACIÓN

Deja la espelta a remojo durante 2 horas como mínimo.

Escurre la espelta y pásala a un cazo. Viértele encima 500 ml del caldo de verduras, tápala y cuécela a fuego medio durante 30 minutos. Escúrrela bien y resérvala.

Calienta 3 cucharadas de aceite en una cazuela. Pela el ajo, pícalo un poco y agrégalo a la cazuela. Corta la cebolleta en dados y añádela. Sazona las hortalizas y rehógalas a fuego medio durante 5-6 minutos. Pela las zanahorias, córtalas en rodajas, incorpóralas a la cazuela, sazónalas y rehógalas durante 5 minutos.

Pela el tomate, córtalo en dados y agrégalo a la cazuela. Mezcla bien, vierte encima el resto del caldo y cocina las hortalizas a fuego medio durante 18-20 minutos. Retira parte del caldo (resérvalo), pasa el resto (caldo y hortalizas) a una batidora de vaso y tritúralo bien. Si notas que queda muy espesa, puedes añadir un poco del caldo reservado hasta conseguir el punto de espesor deseado.

Corta la ricota en trocitos. Sirve la sopa en 4 platos y reparte por encima la ricota y la espelta. Lava los rabanitos, córtalos en láminas finas y coloca unas cuantas sobre cada plato. Lava la naranja y ralla un poco de la piel sobre cada uno. Adereza las sopas con unos hilos de aceite y decora los platos con unas hojas de perejil.

CONSEJO

Conviene que la espelta esté a remojo como mínimo durante 2 horas antes de cocinarla, pero, si te acuerdas, es mejor que la dejes remojando desde la víspera.

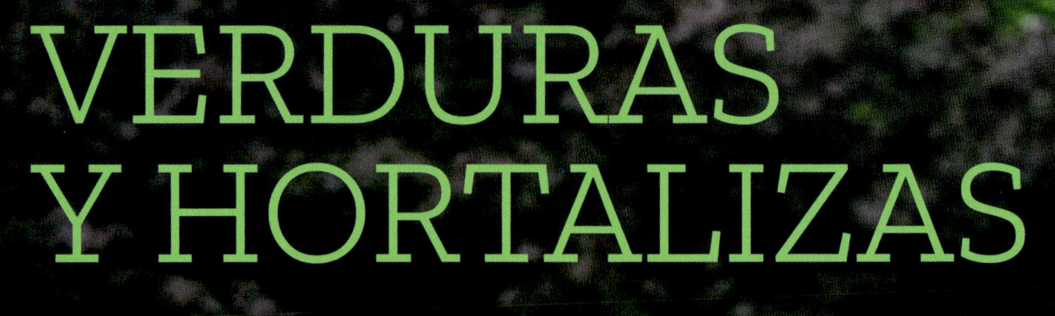

VERDURAS Y HORTALIZAS

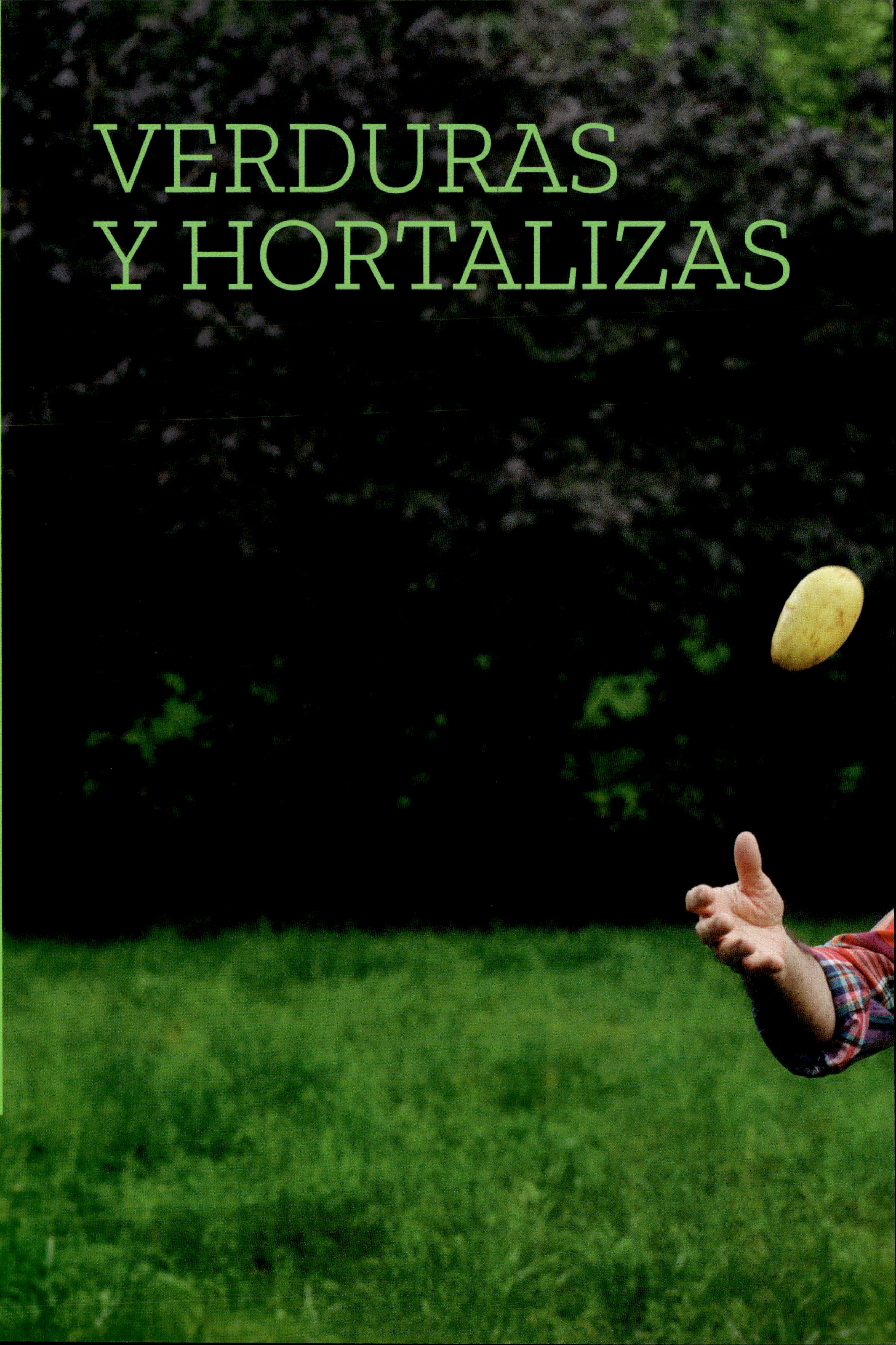

ACELGAS A LA EXTREMEÑA

INGREDIENTES (4 P.)

1 kg de acelgas
4 patatas
2 dientes de ajo
1 cebolla
aceite de oliva virgen extra
perejil
1 cucharadita de pimentón
sal

CONSEJO

En esta receta hemos utilizado pimentón de la Vera por el toque ahumado que aporta al plato. Según vuestras preferencias, puedes emplear pimentón dulce, picante o agridulce.

ELABORACIÓN

Calienta abundante agua en una cazuela y sazónala. Lava las acelgas y separa las pencas de las hojas. Corta las pencas en dados, agrégalas a la cazuela y cuécelas durante 12 minutos. Pica las hojas finamente, añádelas y cuece todo durante 3 minutos más. Escurre las acelgas y resérvalas. Reserva también el caldo.

Calienta una tartera (cazuela amplia y plana) con 10 cucharadas de aceite. Pela los dientes de ajo, córtalos en láminas y añádelos a la tartera. Pela la cebolla, córtala en daditos y agrégala. Sazona las hortalizas y rehógalas a fuego medio durante 3-4 minutos. Pela las patatas, córtalas en dados (de unos 2 cm), incorpóralas a la tartera, sazónalas y fríelas hasta que se doren. Escurre las patatas, con la ayuda de un colador, y resérvalas. Reserva también el aceite.

Calienta en la tartera 2 cucharadas del aceite reservado, añade las acelgas y las patatas y mezcla bien. Espolvorea todo con el pimentón y vuelve a mezclar.

Sirve y decora los platos con unas hojas de perejil.

ALCACHOFAS CON MAYONESA DE ANCHOAS

INGREDIENTES (4 P.)

8 alcachofas

10 g de brotes de rúcula

perejil

sal

Para la mayonesa de anchoas:

4 filetes de anchoa (en aceite)

1 huevo

200 ml de aceite de girasol

1 cucharada de vinagre

1-2 cucharadas de agua templada

sal

ELABORACIÓN

Calienta agua con sal en una olla rápida. Pela las alcachofas retirándoles las hojas externas. Córtales el tallo, redondéalas y córtales la parte superior. A medida que las vayas preparando, introdúcelas en la olla. Tapa la olla y cuécelas durante 4 minutos. Abre la olla, retira las alcachofas y escúrrelas boca abajo sobre una fuente cubierta con papel absorbente.

Para preparar la mayonesa, pica las anchoas e introdúcelas en un vaso batidor. Agrega el huevo y tritura los ingredientes un poco con la batidora eléctrica. Añade el vinagre y el aceite y vuelve a triturar hasta que ligue la mayonesa. Ponla a punto de sal y aligérala añadiendo el agua templada.

Corta las alcachofas por la mitad y sirve 2 (4 mitades) en cada plato. Salséalas con la mayonesa de anchoa y salpica los platos con los brotes de rúcula. Decora los platos con unas hojas de perejil.

CONSEJO

Los tallos de las alcachofas se pueden aprovechar: córtalos y pélalos con un cuchillo pequeño retirándoles la capa exterior más fibrosa. Puedes prepararlos salteados, rebozados o al vapor.

ALCACHOFAS CON PURÉ DE PATATA Y YEMA FRITA

INGREDIENTES (4 P.)

12 alcachofas

4 patatas

4 yemas de huevo

1 loncha gruesa de jamón serrano (100 g)

pan rallado (para rebozar)

aceite de oliva virgen extra

perejil

sal

ELABORACIÓN

Calienta abundante agua en una cazuela. Pela las patatas, trocéalas (cascándolas), añádelas a la cazuela y sazónalas, Tapa la cazuela y cuécelas durante 18-20 minutos. Retíralas, escúrrelas y pásalas a un bol. Espolvoréalas con un poco de perejil picado y aplástalas con un majador de patatas. Vierte encima 1 cucharada de aceite, mezcla bien y tapa el bol con film transparente para que el puré se mantenga caliente.

Calienta agua en una olla rápida. Retira las hojas externas de las alcachofas, córtales los tallos y las puntas, introdúcelas en la olla y sazónalas. Cierra la olla y cuece las alcachofas durante 3 minutos. Abre la olla, retira las alcachofas, escúrrelas boca abajo sobre una fuente cubierta con papel absorbente, córtalas por la mitad y resérvalas.

Calienta abundante aceite en una sartén pequeña. Pasa las yemas por el pan rallado, con ayuda de una cuchara, y fríelas (de una en una) brevemente. Retíralas a un plato y resérvalas.

Cuela el aceite para eliminar los restos del pan rallado. Pon a calentar 2 cucharadas de aceite en la misma sartén. Corta el jamón en taquitos, agrégalos a la sartén y saltéalos brevemente.

Sirve una porción de puré de patata en cada plato, coloca una yema en el centro y, alrededor, 3 alcachofas (6 mitades). Salpica las alcachofas con los taquitos de jamón y decora los platos con unas hojas de perejil.

CONSEJO

Salvo que uses guantes, es difícil evitar que el óxido de las alcachofas te manche las manos al manipularlas. Para ayudarte a eliminar esas manchas oscuras, corta un limón a la mitad y frótate con él las manos.

BERENJENAS RELLENAS DE ATÚN

INGREDIENTES (4 P.)

2 berenjenas grandes
200 g de atún en aceite
1 cebolleta
1 pimiento rojo
200 ml de salsa de tomate
2 cucharadas de pan rallado
aceite de oliva virgen extra
perejil
sal

CONSEJO

Puedes sustituir el atún por bonito y si utilizas ventresca, quedarán todavía más jugosas. También puedes rellenarlas con pescado fresco; con merluza o rape, el éxito está asegurado.

ELABORACIÓN

Calienta abundante agua en una cazuela. Corta las berenjenas por la mitad a lo largo, introdúcelas en la cazuela, sazónalas, tápalas y cuécelas durante 10-12 minutos. Retíralas y ponlas a escurrir sobre una fuente cubierta con papel absorbente. Vacíalas con una cuchara, teniendo cuidado de no romperles la piel. Corta la pulpa en daditos y resérvala. Reserva también las pieles.

Calienta 3-4 cucharadas de aceite en un wok (o una sartén grande). Corta la cebolleta en dados e introdúcela en el wok. Pela el pimiento rojo, córtalo de la misma manera e incorpóralo. Sazona y rehoga las hortalizas a fuego medio durante 10-12 minutos. Agrega al wok la pulpa de las berenjenas y saltea todo brevemente. Desmenuza el atún e incorpóralo. Vierte encima la salsa de tomate y cocina todo a fuego medio durante 4-5 minutos más.

Rellena las berenjenas con la mezcla y colócalas en una bandeja de horno.

Mezcla el pan rallado con 1 cucharadita de perejil picado y cubre con la mezcla la parte superior de las berenjenas. Introdúcelas en el horno y gratínalas hasta que se doren (4-5 minutos).

Sirve ½ berenjena en cada plato y decóralos con unas hojas de perejil.

CHAMPIÑONES A LA PLANCHA CON JAMÓN Y AJO

INGREDIENTES (4 P.)

24 champiñones grandes (sin pie)

2 lonchas finas de jamón serrano

2 dientes de ajo

aceite de oliva virgen extra

perejil

sal

ELABORACIÓN

Pela los dientes de ajo, pícalos finamente y ponlos en un bol.

Corta las lonchas de jamón en daditos y agrégalos al bol. Añade 4-5 cucharadas de aceite, remueve los ingredientes y reserva la mezcla.

Calienta una plancha con 1-2 cucharadas de aceite. Coloca los champiñones encima dejando la parte superior hacia arriba. Sazónalos, riégalos con un poco de aceite y cocínalos durante 3-5 minutos (según tamaño).

Da la vuelta a los champiñones y sazónalos. Añade un poco de perejil picado a la mezcla reservada y pon 1 cucharadita en el centro de cada uno. Cocínalos durante 3-5 minutos más (según tamaño).

Sirve 6 champiñones en cada plato y decóralos con unas hojas de perejil.

CONSEJO

Si os gusta el sabor que aporta el vino, salpícalos con él durante la cocción, y si os gusta el picante, puedes darles un toque añadiendo al relleno un poco de cayena molida.

BERENJENAS RELLENAS DE CARNE Y TOMATE

INGREDIENTES (4 P.)

4 berenjenas

300 g de carne picada de ternera

20 tomates cherry

2 dientes de ajo

150 g de queso *mozzarella* (fresco)

150 g de queso *mozzarella* (rallado)

aceite de oliva virgen extra

1 cucharadita de orégano

perejil

pimienta

sal

ELABORACIÓN

Pon la carne picada en un bol grande y agrega el orégano. Pela los dientes de ajo, pícalos finamente y añádelos. Salpimienta y mezcla bien.

Corta la *mozzarella* fresca en daditos y ponla en otro bol junto con la *mozzarella* rallada. Corta los tomates por la mitad y agrégalos. Incorpora la carne y mezcla bien.

Lava las berenjenas y golpéalas suavemente (teniendo cuidado de que no se abran) con un rodillo hasta que queden blanditas. Ábrelas haciéndoles un corte desde el tallo hasta la parte inferior, pero dejándolas unidas por la parte superior.

Sazona las berenjenas y rellena cada mitad con ¼ de la farsa. Colócalas sobre una bandeja de horno, riégalas con un chorrito de aceite y hornéalas a 200 °C durante 30 minutos.

Sirve 1 berenjena en cada plato y decóralos con unas hojas de perejil.

CONSEJO

Si lo prefieres, puedes cambiar los ingredientes para el relleno de las berenjenas. La mezcla de hortalizas y atún también resulta exquisita.

REPOLLO CON PATATAS Y PANCETA AHUMADA

INGREDIENTES (4 P.)

1 repollo

2 patatas

175 g de panceta ahumada (beicon)

4 dientes de ajo

aceite de oliva virgen extra

perejil

2 cucharaditas de cúrcuma molida

sal

ELABORACIÓN

Calienta una cazuela con abundante agua. Corta el repollo en juliana e introdúcelo en la cazuela. Pela las patatas, trocéalas (cascándolas) y añádelas. Sazona, tapa la cazuela y cuece todo durante 25 minutos.

Retira el repollo y las patatas, escúrrelos bien y resérvalos. Reserva también el agua de la cocción.

Pela los dientes de ajo y córtalos en láminas finas. Corta la panceta en tiritas.

Calienta 4 cucharadas de aceite en una tartera (cazuela amplia y baja). Agrega los ajos a la tartera y dóralos un poco. Incorpora la panceta y rehógala brevemente. Retira los ajos y la panceta a un plato y resérvalos. Deja el aceite en la tartera.

Añade la cúrcuma a la tartera y mezcla un poco. Incorpora el repollo y las patatas y rehógalos brevemente. Vierte encima 1 cazo del caldo de la cocción y mezcla bien.

Reparte el repollo con patatas en 4 platos hondos y coloca, encima de cada uno, unas láminas de ajo y unas tiras de panceta. Decóralos con unas hojas de perejil.

BORRAJA CON BACALAO

INGREDIENTES (4 P.)

800 g de borraja

250 g de bacalao desmigado desalado

2 dientes de ajo

30 g de almendra en láminas

aceite de oliva virgen extra

perejil

sal

ELABORACIÓN

Corta la borraja en trozos de 3 centímetros y lávala bien. Calienta una sartén amplia (que se adapte al tamaño de la vaporera) con agua y sazónala. Pon la borraja en la vaporera, sazónala y tápala. Coloca la vaporera sobre la sartén y cuece al vapor la borraja durante unos 12 minutos. Retírala y resérvala.

Calienta un wok (o sartén grande) con 3-4 cucharadas de aceite. Pela los ajos, córtalos en láminas, agrégalos al wok y dóralos un poco. Añade el bacalao y saltéalo brevemente. Incorpora la borraja y saltea conjuntamente.

Calienta una sartén (sin aceite) y saltea en ella las láminas de almendra hasta que se doren. Retíralas a un plato y resérvalas.

Reparte la mezcla de borraja y bacalao en 4 platos, espolvoréalos con las almendras y adórnalos con unas hojas de perejil.

CONSEJO

Antiguamente se recomendaba que las borrajas se limpiaran antes de cocerlas, pero las que se encuentran hoy en los mercados son lo suficientemente tiernas como para que este paso haya dejado de ser necesario.

BROCHETA DE CHAMPIÑONES Y PIMIENTO

INGREDIENTES (4 P.)

16 champiñones grandes
2 pimientos verdes
2 dientes de ajo
2 cucharadas de miel
2 cucharadas de vinagre
2 cucharadas de vino blanco
aceite de oliva virgen extra
perejil
sal

ELABORACIÓN

Para preparar el aceite con el que se cocinarán las brochetas, pela los dientes de ajo, pícalos finamente y ponlos en un bol. Agrega la miel, el vinagre, el vino y 125 ml de aceite y bate todo con una varilla manual. Resérvalo.

Enjuaga los champiñones en un bol con agua, retíralos, sécalos un poco, córtalos por la mitad y resérvalos. Retira el tallo y las semillas de los pimientos, córtalos en dados de unos 4 cm y resérvalos.

Monta las brochetas alternando, en cada palillo de brocheta (8), 4 trozos de champiñón y 3 de pimiento. Colócalas en una fuente, riégalas con el aceite reservado y úntalas bien. Si quieres que cojan más sabor, puedes dejarlas marinando durante 30 minutos.

Calienta una plancha, coloca encima las brochetas, sazónalas y cocínalas durante 2 minutos por cada lado. Durante la cocción puedes untarlas con un poco más del aceite del marinado.

Sirve 2 brochetas en cada plato y adórnalos con unas hojas de perejil.

CONSEJO

Si usas brochetas de madera y vas a prepararlas a la parrilla, deja primero las brochetas a remojo durante 10-15 minutos para evitar que se quemen.

BRÓCOLI CON SALSA *POULETTE*

INGREDIENTES (4 P.)

800 g de brócoli
16 champiñones
1 cucharada de harina
100 ml de vermut blanco
125 ml de nata líquida
1 limón
2 yemas de huevo
aceite de oliva virgen extra
1 hoja de laurel
2-3 ramas de tomillo
perejil
sal

CONSEJO

Hay muchas maneras de cocinar el brócoli: al vapor, frito, al horno, hervido, a la plancha..., pero para aprovechar todos sus beneficios es preferible elegir siempre cocciones cortas.

ELABORACIÓN

Enjuaga los champiñones en un bol con agua. Retíralos, sécalos y córtalos en láminas.

Calienta una sartén con 3 cucharadas de aceite, incorpora los champiñones, sazónalos y saltéalos durante 4-5 minutos. Retíralos a una fuente y resérvalos.

Agrega 2 cucharadas de aceite a la sartén, incorpora la harina y rehógala un poco. Vierte encima el vermut y la nata y remueve la mezcla. Añade la hoja de laurel y las ramas de tomillo y cocina la salsa durante 5 minutos a fuego suave.

Retira el laurel y las ramas de tomillo e introduce en la salsa los champiñones.

Exprime el limón y pasa el zumo a un bol. Agrega las yemas al bol y bate todo. Vierte la mezcla en la sartén y remueve hasta que los ingredientes estén bien integrados. Si la salsa quedara demasiado espesa, puedes aligerarla agregando un poco de agua.

Limpia el brócoli y sepáralo en ramilletes. Introduce el brócoli en una vaporera, sazónalo, tápalo y cuécelo durante 8-10 minutos.

Reparte el brócoli en 4 platos, salséalos con la salsa *poulette* y decóralos con unas hojas de perejil.

BRÓCOLI CON SALTEADO DE CHAMPIÑONES Y CALABAZA

INGREDIENTES (4 P.)

2 brócolis (800 g)
300 g de champiñones
300 g de calabaza
2 dientes de ajo
aceite de oliva virgen extra
perejil
nuez moscada
sal

ELABORACIÓN

Pela los dientes de ajo y córtalos en daditos. Enjuaga los champiñones en un bol con agua, escúrrelos y córtalos en 4.

Calienta un wok con 4 cucharadas de aceite, añade los ajos y rehógalos un poco. Incorpora los champiñones, sazónalos y cocínalos durante 3-4 minutos.

Pela la calabaza, córtala en dados e incorpórala al wok. Sazona y cocina conjuntamente a fuego medio durante 5-6 minutos más.

Limpia el brócoli, sepáralo en ramilletes y cocínalo al vapor durante 8-10 minutos.

Reparte el brócoli en 4 platos hondos. Ralla encima un poco de nuez moscada y corónalos con 2-3 cucharadas del salteado de champiñones y calabaza. Decora los platos con unas hojas de perejil.

CONSEJO

Para cocinar el brócoli al vapor, calienta agua en una sartén o cazuela que se adapte al tamaño de tu vaporera. Pon el brócoli en la vaporera y esta sobre la sartén o cazuela (de manera que no toque el agua). Sazona el brócoli, tapa la vaporera y cocínalo durante 8-10 minutos (según el punto que os guste).

CARDO CON BORRAJA Y ALCACHOFAS

INGREDIENTES (4 P.)

500 g de cardo
300 g de borraja
6 alcachofas
4 chalotas
1 cucharada de harina
aceite de oliva virgen extra
perejil
sal

ELABORACIÓN

Calienta abundante agua en una cazuela. Limpia las pencas de cardo retirándoles los hilos, córtalas en trozos de bocado e introdúcelas en la cazuela. Sazónalas, tápalas y cuécelas durante 15 minutos.

Retira las hojas de la borraja, corta los tallos en trozos de 3-4 centímetros e introdúcelos en la cazuela donde se está cociendo el cardo. Tapa la cazuela y cuece todo junto durante 5-6 minutos más. Retira el cardo y la borraja y resérvalos. Reserva también el caldo de la cocción.

Calienta agua en una olla rápida. Pela las alcachofas (retirándoles las hojas exteriores y cortándoles las puntas) e introdúcelas en la olla. Sazónalas, tapa la olla y cuécelas durante 3-4 minutos. Cuando baje la válvula, abre la olla, retira las alcachofas y escúrrelas boca abajo en una fuente cubierta con papel absorbente.

Calienta 4-5 cucharadas de aceite en una tartera (cazuela amplia y baja). Pela las chalotas, córtalas en daditos, añádelas a la tartera y rehógalas brevemente. Agrega la harina y rehógala durante 1 minuto. Vierte encima 150-200 ml del caldo de la cocción reservado y mezcla bien. Introduce el cardo y la borraja en la tartera. Retira la primera hoja de las alcachofas, córtalas en 4 e incorpóralas. Remueve la cazuela y cocina todo junto durante 5 minutos.

Sirve y decora los platos con unas hojas de perejil.

CONSEJO

Recuerda que la temporada de cardo empieza en el mes de noviembre y se prolonga durante todo el invierno.

CARDO CON MORCILLO

INGREDIENTES (4 P.)

2 pencas de cardo
700 g de morcillo
250 g de judías blancas
1 cabeza de ajos
2 patatas
aceite de oliva virgen extra
perejil
½ cucharadita de hebras de azafrán
pimienta
sal

ELABORACIÓN

La víspera, pon las judías a remojo en un bol con agua. Escúrrelas, ponlas en una cazuela grande, cúbrelas con agua (3-4 dedos por encima), sazónalas, agrega las hebras de azafrán y ponlas a calentar.

Calienta 4 cucharadas de aceite en una sartén e introduce en ella la cabeza de ajos (entera y sin pelar). Corta la carne en trozos de bocado, salpimiéntala, agrégala a la sartén y dórala bien. Retira la cabeza de ajos, pasa la carne con los jugos que haya soltado a la cazuela de las alubias, tápala y cuece todo a fuego suave durante 40-45 minutos.

Calienta agua en un cazo. Limpia las pencas de cardo, eliminándoles las hebras duras, córtalas en trozos de 2-3 cm, introdúcelas en el cazo y escáldalas durante 5 minutos.

Añade el cardo a la cazuela con las alubias y la carne. Pela las patatas, cáscalas e incorpóralas a la cazuela (si hiciera falta, puedes agregar un poco más de agua). Tapa la cazuela y guisa todo junto a fuego suave durante 20 minutos más.

Sirve y decora los platos con unas hojas de perejil.

CONSEJO

Si no es temporada de cardo, o no lo consigues, puedes hacer la receta utilizando cardo en conserva.

CAUSA LIMEÑA

INGREDIENTES (4 P.)

4 patatas
2 huevos
1 cucharada de ají amarillo
zumo de 1 lima
1 cebolla morada
150 g de atún en aceite
5-6 cucharadas de mayonesa
2 aguacates
10 g de hojas de cilantro
perejil
sal

ELABORACIÓN

Pon los huevos en un cazo, cúbrelos con agua y cuécelos durante 10 minutos (contados desde el momento en que empiece a hervir el agua). Retíralos, refréscalos, pélalos y resérvalos.

Lava las patatas, introdúcelas en una olla rápida, cúbrelas con agua, cierra la olla y cuécelas durante 10 minutos. Abre la olla, retira las patatas y deja que se templen. Una vez templadas, pélalas, trocéalas y ponlas en un bol grande. Agrega al bol el ají amarillo, el zumo de lima y una pizca de sal y maja las patatas hasta que queden reducidas a puré. Resérvalo.

Para preparar el relleno, pela la cebolla, córtala en daditos y ponla en otro bol. Corta 1 de los huevos en daditos y agrégalo. Desmenuza el atún e incorpóralo. Pica el cilantro finamente y añádelo. Agrega la mayonesa y mezcla todo bien. Reserva el relleno.

Pela los aguacates y córtalos en láminas finas. Corta el otro huevo en cuartos. Resérvalos.

Para montar, pon un aro de emplatar sobre un plato, rellena ⅓ con puré de patata, cubre otro ⅓ con una capa de relleno, coloca sobre él unas láminas de aguacate y finalmente cubre otro ⅓ con otra capa de puré de patata. Decora la parte superior con 2 láminas de aguacate, 1 cuarto de huevo cocido y unas hojas de perejil. Retira el aro y monta los otros 3 platos de la misma manera.

CONSEJOS

1. El ají amarillo suele venderse en grandes superficies, pero, si no lo encuentras, puedes sustituirlo por algún otro picante que tengas a mano.
2. Esta receta se toma en frío y es excelente como entrante o como aperitivo. Su textura suave y cremosa la hace muy agradable para tomar en verano, cuando apetecen platos ligeros y frescos.

CHIPS DE ALCACHOFA CON SALSA ROSA DE QUESO

INGREDIENTES (4 P.)

6 alcachofas

aceite de oliva virgen extra

sal

hojas de perejil

Para la salsa rosa de queso:

100 g de queso fresco (tipo Burgos)

1 huevo

1 cucharada de mostaza de Dijon

2 cucharadas de kétchup

½ cucharadita de salsa picante

1 cucharadita de salsa inglesa

zumo de ½ naranja

sal

ELABORACIÓN

Calienta agua en una cazuela. Introduce en ella el huevo y cuécelo durante 10 minutos (contados a partir del momento en que el agua empiece a hervir). Retíralo, refréscalo, pélalo y trocéalo.

Para preparar la salsa rosa de queso, introduce en una picadora el huevo troceado, el queso, la mostaza, el kétchup, la salsa picante, la salsa inglesa, 40 ml de agua y el zumo de naranja. Tritura los ingredientes hasta conseguir una salsa homogénea. Pon a punto de sal y mezcla bien. Resérvala.

Calienta abundante aceite en una sartén. Pela 1 alcachofa, retirándole las hojas externas, córtale el tallo y la parte superior, córtala en láminas finas e introdúcelas en la sartén. Fríelas hasta que se doren, retíralas y escúrrelas sobre una fuente cubierta con papel absorbente. Repite el proceso con el resto de las alcachofas.

Reparte los chips de alcachofa en 4 platos, sazónalos y acompáñalos con la salsa rosa de queso. Decóralos con unas hojas de perejil.

CONSEJO

Es importante que peles bien las alcachofas para evitar que, al comerlas, os encontréis con algunas hojas demasiado duras.

COLES DE BRUSELAS CON ARROZ

INGREDIENTES (4 P.)

500 g de coles de Bruselas
300 g de arroz
1 l de caldo de pollo con jamón
500 g de calabaza
3 dientes de ajo
1 cebolla
60 ml de vino blanco
1 loncha de jamón serrano (100 g)
150 ml de leche de coco
1 cucharada de pipas de calabaza
aceite de oliva virgen extra
perejil
sal

ELABORACIÓN

Calienta el caldo en una cazuela. Pela la calabaza, córtala en dados, introdúcela en la cazuela y cuécela a fuego medio durante 10 minutos. Tritura el caldo con la calabaza y resérvalo.

Calienta una cazuela con 3 cucharadas de aceite. Pela los dientes de ajo y la cebolla, córtalos en daditos y agrégalos a la cazuela. Sazona las hortalizas y rehógalas a fuego suave-medio durante 10 minutos.

Incorpora el arroz a la cazuela y rehógalo brevemente. Vierte encima el vino y dale un hervor. Añade 2-3 cazos del caldo reservado y cocina el arroz a fuego suave removiéndolo a menudo. Cuando el arroz haya absorbido el líquido, agrega otros 2-3 cazos de caldo y repite el proceso las veces que haga falta hasta que el arroz esté hecho (16-18 minutos aproximadamente). Agrega la leche de coco, mezcla suavemente y cocina el arroz durante 2 minutos más.

Calienta abundante agua en otra cazuela. Retira la base y las hojas externas de las coles, introdúcelas en la cazuela, sazónalas, tápalas y cuécelas a fuego medio durante 12-14 minutos. Retíralas y escúrrelas bien.

Calienta una sartén grande con 2-3 cucharadas de aceite. Corta el jamón en daditos, añádelo a la sartén y saltéalo muy brevemente. Incorpora las coles y las pipas de calabaza y saltea todo junto durante 3-4 minutos.

Reparte el arroz en la base de 4 platos, coloca encima las coles de Bruselas y adórnalos con unas hojas de perejil.

CONSEJO

Si quieres disfrutar de una versión vegetariana de esta receta, sustituye el caldo de pollo y jamón por uno de verduras y no añadas jamón. El resultado seguirá siendo estupendo.

COLIFLOR BRASEADA CON TOMILLO Y ROMERO

INGREDIENTES (4 P.)

1 coliflor

3 dientes de ajo

aceite de oliva virgen extra

4 ramas de tomillo

2 ramas de romero

perejil

1 cucharadita de ají seco molido

pimienta

sal

ELABORACIÓN

Calienta 3-4 cucharadas de aceite en una tartera (cazuela amplia y baja). Pela los dientes de ajo, agrégalos y dóralos un poco. Añade las ramas de tomillo y de romero.

Lava la coliflor, sepárala en ramilletes pequeños, incorpórala a la tartera, sazónala, tápala y cocínala a fuego medio durante unos 15 minutos removiéndola de vez en cuando.

Sirve y espolvorea la coliflor con un poco de ají y de pimienta. Decóralos con unas hojas de perejil.

CONSEJO

Esta receta constituye por sí sola un sabroso primer plato, pero también puede ser una guarnición perfecta para acompañar cualquier plato de carne o pescado.

COLIFLOR CON PANCETA Y SALSA DE QUESO

INGREDIENTES (4 P.)

1 coliflor grande

4 lonchas de panceta ahumada (150 g)

150 g de queso de vaca

25 g de harina

25 g de mantequilla

500 ml de leche

aceite de oliva virgen extra

perejil

sal

CONSEJO

La cocina al vapor, además de preservar el sabor, la textura y el aroma original de los alimentos, hace que conserven mejor sus nutrientes.

ELABORACIÓN

Pon a calentar agua con una pizca de sal en una sartén grande (que se adapte al tamaño de la vaporera). Suelta la coliflor en ramilletes, ponla en la vaporera, tápala, colócala sobre la sartén y cuécela durante 12-15 minutos.

Funde la mantequilla en una cazuela. añade la harina, rehógala bien y agrega la leche poco a poco. Cocina la bechamel a fuego suave, sin dejar de remover, durante 10 minutos.

Ralla casi todo el queso (100 g), incorpóralo a la bechamel y remuévela hasta que el queso se funda. Pon a punto de sal, añade un poco de perejil picado y mezcla bien.

Calienta una sartén con 2 cucharadas de aceite. Corta las lonchas de panceta en dados, introdúcela en la sartén y saltéala hasta que se dore.

Reparte la coliflor en 4 platos. Nápala con la bechamel de queso y agrega los dados de panceta. Ralla encima el resto del queso y decora los platos con unas hojas de perejil.

CURRY DE CALABAZA Y ESPINACAS CON ARROZ

INGREDIENTES (4 P.)

700 g de calabaza
200 g de espinacas (sin tallo)
150 g de arroz (jazmín, basmati...)
1 diente de ajo
1 cebolla
2 zanahorias
1 pimiento verde
200 ml de leche de coco
aceite de oliva virgen extra
5 g de hojas de cilantro
perejil
2 cucharaditas de *curry*
sal

ELABORACIÓN

Calienta una cazuela con 1-2 cucharadas de aceite. Pela el diente de ajo e introdúcelo en la cazuela. Cuando empiece a dorarse, agrega el arroz, rehógalo y cúbrelo con agua (la misma cantidad que de arroz). Sazónalo, remuévelo, tápalo y cocínalo a fuego medio durante unos 12 minutos.

Calienta un wok con 3 cucharadas de aceite. Pela la cebolla, córtala en daditos y añádela. Pela las zanahorias, córtalas en cuartos de luna finos e incorpóralas. Retira el tallo y las semillas del pimiento, córtalo en dados y agrégalo. Sazona las hortalizas y rehógalas a fuego medio durante 10 minutos.

Pela la calabaza, córtala en dados grandes (2 cm), incorpórala al wok y sazónala. Tapa el wok y cocina las hortalizas durante otros 15 minutos.

Lava las espinacas, sécalas bien, pícalas y resérvalas.

Añade al wok el *curry* y la leche de coco. Mezcla bien y, cuando empiece a hervir, añade las espinacas picadas. Mezcla y cocina todo durante 3-4 minutos más.

Reparte el guiso de calabaza y el arroz en 4 platos. Pica las hojas de cilantro finamente y espolvorea con ellas los platos. Decóralos con unas hojas de perejil.

CONSEJO

La leche de coco es muy popular en la cocina india y tailandesa. Puedes añadirla a sopas o guisos para aportarles una textura cremosa.

ESPAGUETIS DE CALABACÍN CON ALMEJAS

INGREDIENTES (4 P.)

3 calabacines
800 g de almejas
2 dientes de ajo
100 ml de vino blanco
250 ml de salsa de tomate
aceite de oliva virgen extra
perejil
1 guindilla cayena
sal

ELABORACIÓN

Calienta 2 cucharadas de aceite en una sartén. Pela 1 diente de ajo, pícalo finamente y añádelo a la sartén. Cuando se dore un poco, agrega la cayena. Vierte encima el vino y dale un hervor fuerte. Incorpora la salsa de tomate, mezcla, sazona y cocina a fuego suave durante 8-10 minutos.

Introduce las almejas en la sartén, tápalas y cocínalas a fuego fuerte hasta que se abran.

Con un sacapuntas de hortalizas, forma los espaguetis de calabacín y resérvalos.

Calienta un wok con 3 cuchadas de aceite. Pela el otro diente de ajo, pícalo finamente, agrégalo al wok y dóralo un poco. Incorpora los espaguetis de calabacín al wok, sazónalos y saltéalos durante 2-3 minutos.

Sirve los espaguetis en 4 platos, reparte encima las almejas y decóralos con unas hojas de perejil.

CONSEJO

Si cocinas los espaguetis de calabacín tal como se indica en la receta, quedarán al dente. Si os gustan más blandos, lo mejor es que los hagas en dos tandas y los saltees durante 5 minutos.

ESPINACAS CON PATATAS

INGREDIENTES (4 P.)

400 g de espinacas frescas (limpias)

3 patatas

2 dientes de ajo

2 zanahorias

25 g de piñones

25 g de pasas

aceite de oliva virgen extra

perejil

sal

ELABORACIÓN

Calienta una cazuela grande con 3-4 cucharadas de aceite. Pela los dientes de ajo, córtalos en láminas, agrégalos a la cazuela y rehógalos a fuego suave durante 2 minutos. Pela las patatas, trocéalas (cascándolas) y añádelas a la cazuela. Pela las zanahorias, córtalas primero en cuartos (a lo largo) y después en bastones de 3 cm de largo e incorpóralas. Rehoga las hortalizas durante 3-4 minutos, cúbrelas con agua, sazónalas, tapa la cazuela y cocínalas a fuego suave-medio durante 18-20 minutos.

Introduce las espinacas en la cazuela, sazónalas y mezcla bien. Tapa la cazuela y cocina todo junto durante 4-5 minutos más.

Calienta una sartén sin aceite y tuesta un poco en ella los piñones. Incorpora las pasas y saltea todo brevemente.

Escurre las espinacas con patatas, sírvelas en 4 platos hondos y reparte por encima el salteado de piñones y pasas. Decora los platos con unas hojas de perejil.

CONSEJO

Siempre que utilices espinacas en una receta es importante que las laves primero muy bien, pues es habitual que tengan restos arenosos que resultan muy desagradables en boca.

FRITOS DE JUDÍAS VERDES

INGREDIENTES (4 P.)

500 g de judías verdes
3 huevos
150 g de harina
1 diente de ajo
100 ml de salsa de soja
aceite de oliva virgen extra
perejil
sal

ELABORACIÓN

Pon a calentar una cazuela con abundante agua.

Limpia las judías y córtales la punta de la parte que está unida a la planta. Corta cada judía en 3 trozos y después en bastones finos.

Añade las judías a la cazuela, sazónalas y cuécelas durante 8-10 minutos. Retíralas y escúrrelas bien sobre una fuente cubierta con papel absorbente.

Casca los huevos, ponlos en un bol grande, sazónalos y bátelos con una varilla manual. Incorpora la harina y sigue batiendo hasta que los ingredientes queden bien integrados. Introduce las judías en el bol y vuelve a mezclar hasta que queden bien impregnadas.

Calienta abundante aceite en una sartén y añádele el diente de ajo (con piel). Cuando el aceite empiece a burbujear, con ayuda de 2 cucharas, toma pequeñas porciones de judías (necesitarás 16 fritos de judías), agrégalas a la sartén y fríelas brevemente por los dos lados. Retíralas y escúrrelas sobre una fuente cubierta con papel absorbente.

Sirve 4 fritos de judías en cada plato, acompáñalos con la salsa de soja y decóralos con unas hojas de perejil.

CONSEJO

Si notas que la mezcla de harina y huevo queda muy espesa, agrega otro huevo y bátelo hasta que quede bien integrado.

JUDÍAS VERDES CON CREMA DE PARMESANO

INGREDIENTES (4 P.)

800 g de judías verdes

100 g de queso parmesano rallado

3 huevos

125 ml de leche

perejil

sal

CONSEJO

Si lo prefieres, puedes cocer las judías al vapor. En ese caso, cuécelas durante 15-20 minutos.

ELABORACIÓN

Calienta agua en una cazuela. Lava las judías, retírales las puntas y los hilos laterales (si los tuvieran). Córtalas por la mitad a lo largo y después en trozos de 3-4 cm. Introdúcelas en la cazuela, sazónalas, tápalas y cuécelas durante unos 12 minutos. Retíralas del fuego, cuélalas y resérvalas. (Puedes reservar también el caldo para hacer una sopa.)

Casca los huevos, ponlos en un bol, sazónalos y bátelos. Añade la leche y el parmesano y bate de nuevo hasta que los ingredientes queden bien integrados.

Sirve las judías en 4 cazuelas de barro. Reparte sobre ellas la crema de leche, huevo y queso, introdúcelas en el horno y hornéalas a 180-200 °C durante 10-12 minutos.

Sirve y adorna las cazuelitas con unas hojas de perejil.

PATATAS CON SETAS Y JAMÓN

INGREDIENTES (4 P.)

4 patatas
400 g de setas shitake
125 g de jamón serrano (2 lonchas gruesas)
2 dientes de ajo
1 pimiento verde
8 chalotas
1 l de caldo de pollo con jamón
aceite de oliva virgen extra
perejil
sal

ELABORACIÓN

Calienta 3 cucharadas de aceite en una cazuela grande. Pela los dientes de ajo, córtalos en daditos y agrégalos. Retira el tallo y las semillas del pimiento, córtalo en dados y añádelo. Pela las chalotas, córtalas en daditos e incorpóralas. Sazona las hortalizas y rehógalas a fuego suave-medio durante 10 minutos.

Corta el jamón en dados de 2 cm, incorpóralos a la cazuela y rehógalos brevemente.

Pela las patatas, trocéalas (cascándolas) y añádelas a la cazuela. Vierte encima el caldo, tapa las patatas y guísalas a fuego medio durante 20 minutos.

Calienta una sartén con 2 cucharadas de aceite. Limpia las setas, córtalas en láminas, introdúcelas en la sartén y saltéalas durante 3-4 minutos. Espolvoréalas con un poco de perejil picado e incorpóralas a la cazuela. Cocina todo conjuntamente durante 5 minutos más.

Sirve y decora los platos con unas hojas de perejil.

CONSEJO

En esta receta se utilizan setas shitake, pero puedes emplear cualquier otra seta de cultivo que sea de vuestro agrado. Y si tienes la suerte de conseguir unos boletos, el resultado será espectacular.

PATATAS RELLENAS DE BERENJENA Y CARNE PICADA

INGREDIENTES (4 P.)

4 patatas

1 berenjena

200 g de carne picada de ternera

1 cebolla

1 zanahoria

2 dientes de ajo

200 ml de salsa de tomate

50 g de queso emmental rallado

aceite de oliva virgen extra

1 cucharada de orégano

perejil

sal

ELABORACIÓN

Unta una bandeja de horno con un poco de aceite y sazónala. Lava bien las patatas, córtalas por la mitad y colócalas boca abajo sobre la bandeja del horno. Riégalas con otro chorrito de aceite y hornéalas a 190 °C durante 30 minutos. Retíralas del horno, dales la vuelta y deja que se templen. Una vez templadas, vacíalas con una cuchara parisién (o sacabolas) teniendo cuidado de que no se les rompa la piel. Resérvalas (pulpa y pieles).

Calienta una sartén grande con 3 cucharadas de aceite. Pela la cebolla, córtala en daditos, introdúcela en la sartén y rehógala durante 3-4 minutos. Pela la zanahoria, córtala de la misma manera, incorpórala y cocina conjuntamente a fuego medio durante 5 minutos más. Corta la berenjena en daditos y agrégala a la sartén. Sazona las hortalizas y rehógalas a fuego medio durante 15 minutos.

Pela los dientes de ajo, pícalos finamente y ponlos en un bol. Añade al bol el orégano, la carne picada y una pizca de sal y mezcla bien. Incorpora la carne a la sartén y cocina todo durante 3-4 minutos más. Pica la pulpa de las patatas y añádela. Vierte encima la salsa de tomate y mezcla bien.

Rellena las patatas con la mezcla, espolvoréalas con el queso y gratínalas en el horno hasta que se doren.

Sirve 1 patata en cada plato y adórnalos con unas hojas de perejil.

CONSEJO

La carne picada es un alimento que requiere un manejo cuidadoso para evitar intoxicaciones alimentarias. Cuando la compres, procura que se mantenga lo más fría posible hasta que la puedas guardar en un recipiente hermético dentro del frigorífico e intenta consumirla el mismo día de la compra o, a más tardar, al día siguiente.

PATATAS ROCHA

INGREDIENTES (4 P.)

4 patatas
2 huevos
4 cebollas
1 kg de tomates
4 lonchas de panceta ahumada
1 loncha gruesa de jamón serrano (100 g)
aceite de oliva virgen extra
perejil
sal

ELABORACIÓN

Pon los huevos en un cazo, cúbrelos con agua y cuécelos durante 10 minutos (contados desde el momento en que el agua empiece a hervir). Retíralos, refréscalos, pélalos y resérvalos.

Calienta 3 cucharadas de aceite en una cazuela. Pela las cebollas, córtalas en dados, introdúcelas en la cazuela, sazónalas y rehógalas a fuego medio durante 15 minutos.

Pela los tomates, córtalos en dados, añádelos a la cazuela, sazona y cocina todo junto durante 40-45 minutos más. Pasa los ingredientes a una batidora de vaso y tritúralos hasta conseguir una salsa homogénea. Resérvala.

Calienta abundante aceite en una sartén. Pela las patatas, córtalas en dados de unos 2 cm y añade la mitad a la sartén. Fríelas y escúrrelas sobre una fuente cubierta con papel absorbente. Fríe el resto de las patatas y pásalas a la fuente. Sazónalas y resérvalas.

Calienta 2-3 cucharadas de aceite en una tartera. Corta la panceta en tiras, agrégalas a la tartera y rehógalas un poco. Corta el jamón de la misma manera, añádelo y saltéalo un poco. Corta los huevos a la mitad y luego en rodajas y añádelos también. Incorpora las patatas fritas a la tartera, vierte encima la salsa de tomate y mezcla bien.

Sirve y adorna los platos con unas hojas de perejil.

CONSEJO

Aunque para freír las patatas se necesita emplear bastante aceite, recuerda que este se puede aprovechar después para cocinar cualquier otro plato.

PENCAS RELLENAS GRATINADAS

INGREDIENTES (4 P.)

8 hojas de acelga (que tengan pencas anchas)

4 lonchas finas de jamón cocido

4 lonchas de queso

1 diente de ajo

150 ml de salsa de tomate

20 g de harina

20 g de mantequilla

300 ml de leche

aceite de oliva virgen extra

perejil

nuez moscada

sal

ELABORACIÓN

Calienta abundante agua en una cazuela grande. Lava las acelgas y separa las hojas (resérvalas) de las pencas. Elimina los hilos de las pencas, introdúcelas en la cazuela, sazónalas, tápalas y cuécelas a fuego medio durante 15 minutos. Retira las pencas de la cazuela, córtalas por la mitad y resérvalas.

Corta las hojas de las acelgas en juliana fina y resérvalas.

Calienta una tartera (cazuela amplia y baja) con 3-4 cucharadas de aceite. Pela el diente de ajo, córtalo en daditos y añádelo. Incorpora las hojas de acelga picadas, sazónalas y rehógalas durante 3-4 minutos. Agrega la salsa de tomate y mezcla bien.

Corta las lonchas de jamón por la mitad y enróllalas. Corta las lonchas de queso en 4 tiras. Extiende la mitad de las pencas sobre una fuente, cúbrelas con las hojas de acelga, pon encima de cada una 1 trozo de jamón y sobre cada uno de estos, 2 tiras de queso. Tápalas con los otros trozos de penca, ponlas sobre una bandeja de horno y resérvalas.

Funde la mantequilla en un cazo. Añade la harina y rehógala un poco. Incorpora la leche poco a poco, sin dejar de remover, y cocina la bechamel a fuego suave durante 6-8 minutos. Sazónala, agrégale un poco de perejil picado, ralla por encima un poco de nuez moscada y mezcla bien.

Pon un poco de bechamel sobre cada penca rellena y gratínalas en el horno durante 4-5 minutos, hasta que se doren.

Sirve 2 pencas en cada plato y decóralos con unas hojas de perejil.

CONSEJO

Las hojas de las acelgas necesitan la mitad del tiempo de cocción que las pencas, por lo que es mejor cocinarlas por separado, como se hace en esta receta.

PIMIENTOS RELLENOS DE PAVO

INGREDIENTES (4 P.)

16 pimientos del piquillo
300 g de carne picada de pavo
2 dientes de ajo
2 cebollas
1 cucharada de harina
150 ml de leche
200 ml de vino de Jerez
200 ml de caldo de carne
200 ml de salsa de tomate
harina y 2 huevos batidos (para rebozar)
aceite de oliva virgen extra
perejil
pimienta
sal

ELABORACIÓN

Para preparar el relleno, calienta 3-4 cucharadas de aceite en un wok (o sartén grande). Pela 1 diente de ajo y 1 cebolla, córtalos en daditos, añádelos al wok, sazónalos y rehógalos a fuego suave-medio durante 10 minutos.

Incorpora la carne al wok, salpiméntala y cocina conjuntamente durante otros 3-4 minutos. Añade la cucharada de harina y rehógala un poco. Vierte encima la leche, espolvorea con un poco de perejil picado y mezcla. Cocina todo a fuego suave durante 5 minutos, hasta que los ingredientes queden bien integrados. Pasa el relleno a un bol y deja que se enfríe.

Para preparar la salsa, calienta una cazuela con 3 cucharadas de aceite. Pela el otro diente de ajo y la otra cebolla, córtalos en dados y agrégalos a la cazuela. Rehoga las hortalizas a fuego medio durante 8-10 minutos. Añade el vino, el caldo y la salsa de tomate y pon a punto de sal. Cocina la salsa a fuego medio durante unos 10 minutos, hasta que reduzca un poco. Pásala a una batidora de vaso y tritúrala hasta conseguir una salsa homogénea. Resérvala.

Rellena los pimientos, pásalos por harina y huevo batido y fríelos (en tandas) en una sartén con abundante aceite caliente. Retíralos, pásalos a una tartera (cazuela amplia y baja) y vierte la salsa por encima. Cocina los pimientos en la salsa durante 4-5 minutos.

Sirve 4 pimientos rellenos en cada plato y decóralos con unas hojas de perejil.

CONSEJO

Los pimientos rellenos dan mucho juego en la cocina. Podéis rellenarlos con los ingredientes que más os gusten: hortalizas, pescado o carne.

PIPIRRANA DE TOMATE Y PIMIENTOS

INGREDIENTES (4 P.)

3 tomates maduros

6 pimientos del piquillo

2 huevos

2 dientes de ajo

150 g de atún en conserva (al natural)

28 aceitunas verdes

aceite de oliva virgen extra

perejil

sal

CONSEJO

La pipirrana es una receta muy fresca, ideal para los días calurosos de verano. Se puede disfrutar tanto como plato principal como de acompañamiento de carnes o pescados.

ELABORACIÓN

Pon los huevos en un cazo, cúbrelos con agua y cuécelos durante 10 minutos (contados a partir del momento en que el agua empiece a hervir). Retíralos, refréscalos y pélalos. Separa las yemas de las claras y resérvalas.

Calienta una sartén con 1 cucharada de aceite, introduce en ella los pimientos, sazónalos y cocínalos a fuego suave durante 10 minutos. Retíralos, córtalos en tiras y resérvalos.

Pela los tomates, córtalos en dados y ponlos en un bol grande. Incorpora al bol las tiras de pimiento. Pica las claras finamente y añádelas. Agrega también el atún desmigado. Reserva.

Pela los dientes de ajo, pícalos un poco, ponlos en un mortero y májalos bien. Añade las yemas y sigue majando hasta conseguir una pasta homogénea. Agrega, poco a poco, 2 cucharadas de aceite, una pizca de sal y un poco de perejil picado. Remueve y vierte el aliño en el bol de los tomates. Sazona y mezcla bien.

Reparte la pipirrana en 4 platos y decóralos con las aceitunas y unas hojas de perejil.

PUERROS CON VINAGRETA DE GRANADA

INGREDIENTES (4 P.)

8 puerros gruesos
1 granada
½ cebolla morada
aceite de oliva virgen extra
1 cucharada de vinagre
10-12 hojas de cebollino
perejil
sal

ELABORACIÓN

Calienta una cazuela grande con abundante agua. Limpia bien los puerros, retirándoles la parte inferior, la superior y 2-3 capas de hojas, y lávalos bien. Córtalos a la mitad (a lo ancho) e introdúcelos en la cazuela. Sazónalos, tápalos y cuécelos durante 18-20 minutos. Retíralos, escúrrelos bien y resérvalos.

Corta la granada por la mitad y golpéala (sobre un bol) con una cuchara por la parte de la piel hasta que caigan todos los granos.

Corta la cebolla en daditos y agrégala al bol. Pica las hojas de cebollino finamente e incorpóralas. Sazona, vierte encima el vinagre y 4-6 cucharadas de aceite y mezcla bien.

Haz un corte longitudinal a los puerros (dejando la parte inferior sin cortar), ábrelos y pon 4 en cada plato. Rellénalos con la vinagreta y decóralos con unas hojas de perejil.

CONSEJO

Si no vas a comer la granada en el día, lo mejor es que la guardes en el frigorífico, donde puede aguantar hasta 20 días. Cuando la granada esté en temporada, puedes aprovechar para congelarla desgranada y tenerla así disponible para cuando la necesites.

GUISO DE BORRAJA Y ARROZ CON CHORIZO

INGREDIENTES (4 P.)

600 g de borraja
100 g de arroz
150 g de chorizo fresco
1 cebolleta
2 zanahorias
3 dientes de ajo
aceite de oliva virgen extra
perejil
sal

ELABORACIÓN

Calienta 3 cucharadas de aceite en una olla rápida. Corta la cebolleta en daditos y añádela a la olla. Pela las zanahorias, córtalas en rodajas e incorpóralas. Sazona las hortalizas y rehógalas a fuego medio durante 6-8 minutos.

Corta el chorizo en rodajas, añádelas a la olla y rehógalas brevemente. Agrega el arroz y mezcla bien.

Limpia las borrajas, córtalas en trozos de 3 centímetros e incorpóralas a la olla. Cubre todo con abundante agua, sazona, cierra la olla y guisa todo durante 5 minutos. Apaga el fuego, espera a que baje la válvula y abre la olla.

Calienta una sartén con 4 cucharadas de aceite. Pela los dientes de ajo, córtalos en láminas, añádelos a la sartén y rehógalos hasta que se doren un poco.

Sirve el guiso en 4 platos, riégalos con el refrito y decóralos con unas hojas de perejil.

CONSEJO

El chorizo fresco es perfecto para utilizarlo en recetas de legumbres, sopas o guisos, pero también para comerlo frío o cocido en un rico bocadillo.

ALCACHOFAS EN SALSA

INGREDIENTES (4 P.)

12 alcachofas
8 huevos de codorniz
2 dientes de ajo
1 cebolla
1 cucharada de harina
75 ml de *txakoli*
400 ml de caldo de verduras
aceite de oliva virgen extra
perejil
sal

CONSEJO

Para que las alcachofas duren más tiempo, guárdalas (sin retirarles los tallos) en una bolsa de plástico y mantenlas en el frigorífico hasta el momento de prepararlas.

ELABORACIÓN

Pon los huevos en una cazuela, cúbrelos con agua y cuécelos durante 5 minutos (contados a partir del momento en que el agua empiece a hervir). Retíralos, refréscalos, pélalos y resérvalos.

Calienta agua en una olla rápida y añade unas ramas de perejil.

Pela las alcachofas retirándoles 4-5 capas de hojas. Recórtalas por la base y por la parte superior e introdúcelas en la olla. Sazónalas, cierra la olla y cuécelas durante 4 minutos. Retíralas y escúrrelas boca abajo en una fuente grande. Córtalas por la mitad y resérvalas.

Calienta 3-4 cucharadas de aceite en una cazuela. Pela los dientes de ajo, córtalos en láminas y agrégalos a la cazuela. Pela la cebolla, córtala en dados e incorpórala. Sazona las hortalizas y rehógalas a fuego suave-medio durante 6-8 minutos. Añade la harina y rehógala un poco. Vierte encima el *txakoli*, mezcla bien y dale un hervor. Agrega el caldo de verduras y cocina conjuntamente a fuego suave durante 10 minutos. Pasa todo a una jarra y tritura los ingredientes con una batidora eléctrica hasta conseguir una salsa homogénea.

Pon las alcachofas en una tartera (cazuela amplia y baja), viérteles la salsa por encima y cocínalas durante 3-4 minutos. Corta los huevos por la mitad.

Reparte las alcachofas y los huevos en 4 platos, espolvoréalos con un poco de perejil picado y decóralos con unas hojas de perejil.

PUERROS GRATINADOS CON QUESO AZUL

INGREDIENTES (4 P.)

8 puerros

100 g de queso azul de oveja

30 g de mantequilla

2 cucharadas de harina

500 ml de leche

8 lonchas finas de jamón cocido

8 cucharadas de salsa de tomate

perejil

sal

ELABORACIÓN

Calienta abundante agua en una tartera (cazuela amplia y baja). Limpia los puerros (retirándoles la parte inferior, la superior y 2-3 capas de hojas), lávalos e introdúcelos en la tartera. Sazónalos, tápalos y cuécelos a fuego medio durante 14-16 minutos. Retíralos, escúrrelos y resérvalos.

Funde la mantequilla en un cazo, incorpora la harina y rehógala un poco (removiéndola con una varilla). Añade la leche poco a poco, sin dejar de remover. Cocina la bechamel a fuego suave y sin dejar de remover durante 10-12 minutos. Desmenuza el queso, incorpóralo a la bechamel y mezcla hasta que quede bien integrado.

Corta los puerros por la mitad y envuelve cada mitad con ½ loncha de jamón cocido. Repártelos en 4 recipientes aptos para el horno. Extiende un poco de salsa de tomate en la parte central de los puerros. Cúbrelos (también por el centro) con la bechamel y gratínalos en el horno hasta que se doren (unos 5 minutos).

Sirve y decora con unas hojas de perejil.

CONSEJO

La parte verde del puerro se usa normalmente para hacer caldos o fondos de verduras y la blanca, para cocer, freír o rehogar, ya sea como ingrediente único o como parte de otras recetas.

BRÓCOLI CON CHAMPIÑONES Y PATATAS

INGREDIENTES (4 P.)

2 brócolis

6 champiñones

2 patatas

4 dientes de ajo

125 g de jamón serrano (en lonchas finas)

aceite de oliva virgen extra

perejil

sal

CONSEJO

Si tienes tiempo, te recomiendo que pongas las patatas paja a remojo durante 30 minutos en un bol con agua fría. De esta manera soltarán parte del almidón y quedarán muy sueltas.

ELABORACIÓN

Calienta agua en una sartén y sazónala. Lava los brócolis, suéltalos en ramilletes, colócalos en el accesorio para cocer al vapor y ponlo sobre la sartén. Tápalo y cuece los brócolis al vapor durante 12-15 minutos.

Calienta 3 cucharadas de aceite en una sartén. Pela los ajos, córtalos en láminas, introdúcelos en la sartén y rehógalos un poco. Corta las lonchas de jamón en tiras gruesas, incorpóralas y saltéalas brevemente. Lava los champiñones, sécalos, córtalos en láminas y añádelos. Rehoga todo durante 3-4 minutos.

Calienta abundante aceite en una sartén. Pela las patatas, córtalas en paja (tiras delgadas como cerillas), introdúcelas (en tandas) en la sartén y fríelas hasta que se doren. Retíralas, escúrrelas sobre una fuente cubierta con papel absorbente y sazónalas.

Reparte el brócoli en 4 platos, salpícalos con el salteado de ajo, jamón y champiñón y corónalos con las patatas paja. Decora los platos con unas hojas de perejil.

ESPÁRRAGOS A LA PLANCHA CON VINAGRETA DE FRESAS Y AGUACATE

INGREDIENTES (4 P.)

16 espárragos blancos frescos

4-6 fresas (dependiendo del tamaño)

½ aguacate

1 lima

aceite de oliva virgen extra

12 hojas de cebollino

perejil

sal

azúcar

ELABORACIÓN

Lava los espárragos, córtales la parte inferior de los tallos y pélalos.

Calienta abundante agua en una tartera (cazuela amplia y baja), introduce en ella los espárragos, agrega una pizca de sal y otra de azúcar, tápalos y cuécelos durante 15 minutos. Retíralos, escúrrelos, sécalos y resérvalos.

Saca la pulpa del aguacate, córtala en daditos y ponla en un bol. Lava las fresas, retírales el tallo, córtalas en daditos e incorpóralas al bol.

Lava la lima y ralla un poco de la piel sobre el bol. Exprime la mitad de la lima y vierte el zumo en el bol. Agrega 4-6 cucharadas de aceite y una pizca de sal. Pica finamente las hojas de cebollino, añádelas y mezcla suavemente. Reserva la vinagreta.

Calienta 2-3 cucharadas de aceite en una plancha, extiende los espárragos en ella y cocínalos a fuego medio durante unos 4 minutos.

Sirve 4 espárragos en cada plato, aderézalos con la vinagreta y decóralos con unas hojas de perejil.

CONSEJO

Si quieres que tus espárragos se conserven en perfectas condiciones durante un par de días, humedece un paño limpio, tápalos con él e introdúcelos en el frigorífico.

ESPÁRRAGOS BLANCOS EN TRES TEXTURAS

INGREDIENTES (4 P.)

17 espárragos blancos frescos
1 diente de ajo
10 g de brotes de rúcula
1 cucharada de vinagre
1 cucharada de mostaza a la antigua
aceite de oliva virgen extra
perejil
sal (fina y gruesa)

ELABORACIÓN

Calienta agua en una cazuela y sazónala. Lava los espárragos, córtales y retírales la parte inferior del tallo (unos 2 cm) y pélalos. Reserva 1 de ellos entero. Corta las puntas del resto de los espárragos, introdúcelas en la cazuela y cuécelas durante 10 minutos

Calienta una sartén grande con 3 cucharadas de aceite. Corta los tallos de los espárragos en 4 a lo largo y agrégalos a la sartén. Sazónalos y cocínalos a fuego medio durante 10 minutos. Baja el fuego y cocínalos durante 5-6 minutos más.

Pela el diente de ajo, córtalo en dados, ponlo en un mortero junto con un poco de sal gruesa y májalo bien. Incorpora la mostaza y maja de nuevo. Añade el vinagre y 3 cucharadas de aceite, mezcla bien y reserva el aliño.

Reparte los tallos salteados en la base de 4 platos. Coloca encima las puntas (4 en cada uno). Corta el espárrago reservado en láminas finas con ayuda de un pelador y repártelas encima.

Aliña los espárragos con la vinagreta y decora los platos con los brotes de rúcula y 1 hoja de perejil.

CONSEJO

Te recomiendo que aproveches el agua de cocción de los espárragos para hacer sopas o arroces.

GUISANTES CON ALMEJAS

INGREDIENTES (4 P.)

600 g de guisantes frescos (desgranados)
500 g de almejas
1 cebolleta
12 ajos frescos
1 cucharadita de harina
50 ml de vino blanco
1 diente de ajo
aceite de oliva virgen extra
perejil
sal

ELABORACIÓN

Calienta una cazuela con 3 cucharadas de aceite. Corta la cebolleta en daditos y agrégala. Limpia los ajos frescos (retirándoles la parte inferior, la superior y 1-2 capas de hojas), córtalos en cilindros pequeños y añádelos. Sazona las hortalizas y rehógalas a fuego suave-medio durante 6-8 minutos.

Agrega la harina a la cazuela con las hortalizas y rehógala bien. Vierte encima el vino y dale un hervor fuerte. Añade 250 ml de agua. Incorpora los guisantes, sazónalos, tápalos y cocínalos a fuego medio durante 8-10 minutos (dependiendo del tamaño de los guisantes).

Calienta 2 cucharadas de aceite en una sartén. Pela el diente de ajo, pícalo finamente, añádelo y rehógalo brevemente. Introduce las almejas en la sartén, tápala y espera a que se abran (unos 2 minutos).

Reparte los guisantes en 4 platos, coloca ¼ parte de las almejas encima de cada uno, riega con un poco del caldo (colado) que han soltado las almejas y decóralos con unas hojas de perejil.

CONSEJO

Lo mejor es consumir los guisantes frescos justo después de su recolección. De esta manera evitaremos que pierdan textura, sabor y vitaminas.

LES CEBOLLES RELLENES

INGREDIENTES (4 P.)

4 cebollas chatas

130 g de bonito o atún en aceite (escurrido)

2 huevos

3 pimientos del piquillo

250 ml de salsa de tomate

harina de maíz refinada diluida en agua fría

perejil

sal

Para la salsa:

125 ml de vino blanco

200 ml de salsa de tomate

1 cucharada de carne de pimiento choricero

1 hoja de laurel

sal

ELABORACIÓN

Corta la parte superior de las cebollas, pélalas y vacíalas con cuidado (sin llegar a la base) con una cuchara parisién.

Pon los huevos en un cazo, cúbrelos con agua y cuécelos durante 10 minutos (contados a partir del momento en que el agua empiece a hervir). Retíralos, refréscalos, pélalos, pícalos finamente y ponlos en un bol grande. Pica también los pimientos e incorpóralos. Agrega el bonito y la salsa de tomate y mezcla bien. Sazona las cebollas y rellénalas con la mezcla.

Para preparar la salsa, pon el vino, la salsa de tomate, 125 ml de agua, la carne de pimiento choricero, el laurel y una pizca de sal en una cazuela y mezcla bien. Introduce las cebollas en la cazuela, tápalas y cocínalas a fuego suave durante 4 horas.

Retira las cebollas y sirve 1 en cada plato.

Agrega a la salsa un poco de harina de maíz diluida en agua, mezcla bien, dale un hervor y lígala. Espolvoréala con un poco de perejil picado y salsea las cebollas. Decora los platos con unas hojas de perejil.

CONSEJO

Para que las cebollas no se desmoronen durante la cocción es conveniente colocarlas en una cazuela que se adapte a su tamaño.

MENESTRA DE PRIMAVERA CON ZIZAS

INGREDIENTES (4 P.)

8 alcachofas

200 g de guisantes desgranados

1 patata grande

2 zanahorias

12 chalotas

300 g de zizas (setas de primavera)

125 g de jamón serrano (2 lonchas)

1 cucharada de harina

harina y huevo batido (para rebozar)

1 diente de ajo

aceite de oliva virgen extra

perejil

sal

ELABORACIÓN

Calienta abundante agua en una cazuela hasta que empiece a hervir. Pela la patata y las zanahorias. Corta la patata en dados y las zanahorias en medias lunas gruesas (2 cm) e introdúcelas en la cazuela. Agrega los guisantes, sazona, tapa y cuece todo a fuego suave-medio durante 15-18 minutos. Escurre las hortalizas y resérvalas. Reserva también el caldo de cocción.

Calienta agua en una olla rápida. Pela las alcachofas (retirándoles 2-3 capas de hojas), córtales el tallo y redondéalas por la parte inferior, córtales también la punta superior y agrégalas a la olla. Sazónalas, cierra la olla y cuécelas durante 4 minutos. Retíralas, escúrrelas bien, córtalas por la mitad y resérvalas.

Calienta 4 cucharadas de aceite en una tartera (cazuela amplia y baja). Pela las chalotas, introdúcelas en la tartera y confítalas a fuego suave hasta que se doren (10-12 minutos). Corta el jamón en dados, añádelo y rehógalo brevemente. Agrega la harina y cocínala durante 1 minuto. Vierte encima 300 ml del caldo de la cocción de las hortalizas reservado, incorpora las hortalizas escurridas (patata, zanahoria y guisantes), pon a punto de sal y cocina todo junto a fuego suave durante 4-5 minutos.

Calienta abundante aceite en una sartén. Pasa las alcachofas por harina y huevo batido, introdúcelas en la sartén (en tandas) y fríelas por los dos lados. Retíralas, escúrrelas sobre una fuente cubierta con papel absorbente y añádelas a la tartera.

Calienta 3 cucharadas de aceite en una sartén. Pela el diente de ajo, córtalo en daditos y agrégalo a la sartén. Trocea las setas a mano, incorpóralas, sazónalas, saltéalas brevemente y espolvoréalas con un poco de perejil picado.

Sirve la menestra en 4 platos y salpícalos con las setas salteadas. Decora los platos con unas hojas de perejil.

CONSEJO

La menestra se puede preparar de muchas maneras, pero os aconsejo que aprovechéis las hortalizas de temporada.

PASTEL DE PURÉ DE PATATA Y HORTALIZAS

INGREDIENTES (4 P.)

5 patatas
60 ml de leche
2 huevos
2 dientes de ajo
1 cebolla
1 pimiento verde
1 zanahoria
2 alcachofas
10 champiñones
100 ml de salsa de tomate
100 g de queso *mozzarella* rallado
aceite de oliva virgen extra
perejil
pimienta
sal

ELABORACIÓN

Calienta una cazuela con abundante agua hasta que hierva. Pela las patatas, trocéalas (cascándolas), introdúcelas en la cazuela, sazónalas y cuécelas a fuego medio durante 20 minutos. Retíralas, escúrrelas y pásalas a un bol. Aplástalas con un majador de patatas hasta conseguir un puré homogéneo. Vierte encima la leche, salpimienta y mezcla bien. Bate los huevos en un bol, agrégalos al puré y vuelve a mezclar hasta que los ingredientes queden bien integrados. Reserva el puré.

Calienta 4 cucharadas de aceite en una sartén grande. Pela los dientes de ajo, pícalos finamente e introdúcelos en la sartén. Pela la cebolla, córtala en daditos y añádela. Sazona las hortalizas y rehógalas a fuego medio durante 6-8 minutos.

Retira el tallo y las semillas del pimiento, córtalo en daditos y resérvalo. Pela la zanahoria, córtala en cuartos de luna finos y resérvala. Pela las alcachofas, córtalas en dados y resérvalas. Lava los champiñones, sécalos, córtalos en láminas y resérvalos. Incorpora todas las hortalizas a la sartén, sazónalas y cocínalas a fuego medio durante 10-12 minutos. Vierte encima la salsa de tomate, mezcla bien y cocina todo a fuego suave durante 4-5 minutos.

Cubre el interior de un molde de horno de fondo desmontable con papel de hornear. Cubre la base con la mitad del puré de patata, extiende encima las hortalizas y tápalas con el resto del puré de patata. Espolvorea el queso por encima y hornea a 200 °C durante 18-20 minutos.

Deja que se temple el pastel, desmóldalo, córtalo en porciones y sirve. Decora los platos con unas hojas de perejil.

CONSEJO

Los pasteles de patata admiten todo tipo de rellenos. El más clásico es el de carne picada, pero podéis rellenarlo de hortalizas, como en esta receta, o de pescado, marisco o legumbres.

PATATAS CON BACALAO A LA RIOJANA

INGREDIENTES (4-6 P.)

6 patatas (1.300 g)

300 g de bacalao desalado desmigado

2 dientes de ajo

1 cebolla roja

1 pimiento verde

1 pimiento rojo

1 chorizo fresco (125 g)

125 ml de vino blanco

3 alegrías riojanas

aceite de oliva virgen extra

1 hoja de laurel

perejil

1 cucharada de pimentón

sal

ELABORACIÓN

Calienta 4 cucharadas de aceite en una cazuela grande. Pela los dientes de ajo, córtalos en daditos e introdúcelos en la cazuela. Pela la cebolla, córtala en dados y añádela. Retira el tallo y las semillas de los pimientos, pela el rojo, córtalos en daditos e incorpóralos. Sazona las hortalizas y rehógalas a fuego suave durante 10-12 minutos.

Corta el chorizo en rodajas, agrégalo a la cazuela y rehógalo un poco. Incorpora el bacalao y mezcla bien. Vierte encima el vino y dale un hervor fuerte para que se evapore parte del alcohol. Añade la hoja de laurel y el pimentón.

Pela las patatas, trocéalas (cascándolas) y agrégalas a la cazuela. Mezcla bien, cubre todo con agua y cocina los ingredientes a fuego suave durante 40 minutos.

Corta las alegrías riojanas en juliana, ponlas en un plato y condiméntalas con aceite y sal.

Sirve el guiso en 4-6 platos, coloca unas tiras de alegría riojana en cada uno y decóralos con unas hojas de perejil.

CONSEJO

Para que las patatas queden más melosas, dales media hora más de cocción a fuego muy suave.

PATATAS EN AJOPOLLO CON HUEVO ESCALFADO

INGREDIENTES (4 P.)

6 patatas (1.300 g)
2 dientes de ajo
6 almendras crudas
1 rebanada de pan
4 huevos
aceite de oliva virgen extra
perejil
¼ de cucharadita (2 mg) de azafrán molido
sal (fina y gruesa)

CONSEJO

Si lo prefieres, puedes sustituir el azafrán en polvo por hebras de azafrán.

ELABORACIÓN

Calienta abundante agua en una cazuela grande hasta que hierva.

Calienta 3 cucharadas de aceite en una sartén. Pela los dientes de ajo, pícalos un poco y añádelos a la sartén. Pica las almendras e incorpóralas. Corta el pan en dados y agrégalos. Rehoga los ingredientes hasta que se doren un poco. Pasa la mezcla (escurrida) a un mortero (reserva la sartén con el aceite), añade una pizca de sal gruesa y maja todo bien. Agrega el azafrán y un poco de agua y mezcla bien.

Pela las patatas, trocéalas (cascándolas) y ponlas en una cazuela. Añádeles el aceite de la sartén y el majado y cúbrelas con agua hirviendo. Sazónalas, tápalas y cocínalas a fuego suave-medio durante 40-45 minutos. Espolvoréalas con un poco de perejil picado.

Calienta agua en una tartera (cazuela amplia y baja), sazónala y, cuando esté hirviendo, baja el fuego a una temperatura media. Casca los huevos, introdúcelos en la tartera y escálfalos durante 3 minutos. Retíralos y resérvalos.

Reparte las patatas en 4 platos, coloca 1 huevo escalfado en el centro de cada uno y sazónalos con un poco de sal gruesa. Decora los platos con unas hojas de perejil.

PENCAS REBOZADAS EN SALSA DE ALMENDRAS

INGREDIENTES (4 P.)

8 pencas de acelga (grandes)

40 g de almendras enteras (crudas)

5 g de almendra fileteada (cruda)

1 diente de ajo

1 cebolleta

1 puerro

1 pastilla de caldo de pollo

harina y huevo batido (para rebozar)

aceite de oliva virgen extra

perejil

1 cucharadita de pimentón dulce

sal

ELABORACIÓN

Calienta abundante agua en una cazuela grande y sazónala.

Corta las pencas por la mitad a lo largo, retírales los hilos y corta cada trozo en 3. Cuando el agua empiece a hervir, introdúcelas en la cazuela y cuécelas a fuego suave-medio durante 8-10 minutos. Retíralas, escúrrelas bien y deja que se enfríen.

Calienta 3 cucharadas de aceite en una cazuela. Pela el diente de ajo, córtalo en láminas, dóralo en la cazuela y pásalo a un mortero. Pica las almendras un poco, agrégalas al mortero y maja todo bien. Reserva el majado. Reserva también la cazuela con el aceite.

Corta la cebolleta en dados. Limpia el puerro (retirándole la parte inferior, la superior y 2 capas de hojas), lávalo y córtalo en cuartos de luna. Incorpora las hortalizas a la cazuela donde has dorado el ajo y rehógalas a fuego medio durante 8-10 minutos. Añade el pimentón y 400 ml de agua y desmenuza encima la pastilla de caldo. Agrega el majado, mezcla bien, tapa la cazuela y cocina conjuntamente durante 8-10 minutos. Pasa todo a una jarra y tritura con una batidora eléctrica hasta conseguir una salsa homogénea. Resérvala.

Calienta abundante aceite en una sartén grande. Pasa las pencas por harina y huevo batido, introdúcelas en la sartén (en tandas) y fríelas por los dos lados hasta que se doren. A medida que las vayas friendo, ponlas en una tartera (cazuela amplia y baja).

Vierte en la tartera con las pencas la salsa de almendra y calienta todo junto durante 4-5 minutos.

Calienta una sartén pequeña, introduce en ella las almendras laminadas y tuéstalas bien.

Sirve las pencas, salpica los platos con unas láminas de almendra y decóralos con unas hojas de perejil.

CONSEJO

Para evitar que las pencas queden grasientas es importante que se frían en tandas, sin sobrecargar la sartén.

PIMIENTOS RELLENOS DE CALAMARES

INGREDIENTES (4 P.)

16 pimientos del piquillo
4 calamares limpios (350 g)
5 dientes de ajo
1 cebolleta
40 g de harina
400 ml de leche
1 cebolla
1 pimiento verde
2 puerros
2 tomates grandes maduros
2 sobres de tinta de calamar
200 g de arroz
aceite de oliva virgen extra
perejil
sal

ELABORACIÓN

Calienta 3-4 cucharadas de aceite en un wok. Pela 2 dientes de ajo, pícalos finamente y dóralos un poco en el wok. Corta la cebolleta en daditos y agrégala. Sazona las hortalizas y rehógalas a fuego suave durante 10 minutos.

Corta los calamares finamente, añádelos al wok, sazónalos y cocínalos un poco. Incorpora la harina y cocínala un poco (1-2 minutos). Vierte encima la leche poco a poco y cocina la bechamel a fuego suave durante 10 minutos sin dejar de remover. Espolvorea con un poco de perejil picado y mezcla bien. Pasa la farsa a una fuente y deja que se temple.

Calienta 2-3 cucharadas de aceite en una cazuela. Pela 2 ajos, córtalos en 4 e introdúcelos en la cazuela. Pela la cebolla, córtala en dados y agrégala. Retira el tallo y las semillas del pimiento verde, córtalo en dados y añádelo. Limpia los puerros (retirándoles la parte inferior, la superior y 1-2 capas de hojas), lávalos, córtalos en medias lunas e incorpóralos. Sazona las hortalizas y rehógalas a fuego suave durante 10-15 minutos.

Corta los tomates por la mitad, rállalos y agrégalos a la cazuela junto con 1 vaso de agua y las tintas de calamar. Mezcla bien y cocina la salsa a fuego medio durante 30 minutos. Pásala a una batidora de vaso, tritúrala bien y resérvala.

Calienta 2-3 cucharadas de aceite en una sartén grande. Introduce en ella los pimientos del piquillo, sazónalos y cocínalos durante 2-3 minutos por cada lado. Retíralos y deja que se templen.

Calienta 1 cucharada de aceite en un cazo. Aplasta el otro diente de ajo (con piel), añádelo y rehógalo un poco. Incorpora el arroz, cúbrelo con agua (el doble y un poco más que de arroz), sazónalo y cocínalo a fuego medio durante 18-20 minutos.

Rellena (no demasiado) los pimientos con la farsa, colócalos en una bandeja de horno y hornéalos a 200 °C durante 5 minutos.

Sirve 4 pimientos en cada plato, nápalos con la salsa y acompáñalos con 1 porción de arroz. Decora los platos con unas hojas de perejil.

CONSEJO

Para asegurar que la farsa no se salga de los pimientos, puedes cerrarlos por la parte superior pinchándolos con un palillo.

BERENJENAS A LA CREMA

INGREDIENTES (4 P.)

3 berenjenas (1 kg)
4 dientes de ajo
harina (para rebozar + 2 cucharadas)
24 gambas
60 g de jamón serrano (4 lonchas finas)
1 cebolla pequeña
500 ml de leche
150 ml de caldo de carne
60 g de queso gruyer rallado
aceite de oliva virgen extra
perejil
sal

ELABORACIÓN

Calienta abundante aceite en una sartén grande, pela los ajos y fríelos (enteros) en ella a fuego medio hasta que se doren. Retíralos y tíralos.

Pela las berenjenas, córtalas en rodajas de 1 cm de grosor, extiéndelas en una fuente y sazónalas. Pásalas por harina, introdúcelas en la sartén (en tandas) y fríelas por los dos lados. Retíralas y escúrrelas sobre una fuente cubierta con papel absorbente.

Cubre la base de 4 cazuelitas individuales (aptas para el horno) con las rodajas de berenjena. Pela las gambas, retírales el intestino y repártelas sobre las berenjenas. Corta el jamón en tiritas finas y salpica con ellas las berenjenas.

Para preparar la bechamel, calienta 3-4 cucharadas de aceite en una cazuela. Pela la cebolla, córtala en daditos, agrégala a la cazuela, sazónala y rehógala a fuego suave-medio durante 10-12 minutos. Añade las 2 cucharadas de harina (50 g) y rehógala bien. Incorpora la leche y el caldo de carne, poco a poco y sin dejar de remover con una varilla manual. Cocina la salsa bechamel durante 10 minutos, sin dejar de remover, y sazónala.

Cuela la bechamel y cubre con ella las berenjenas. Espolvoréalas con el queso y gratínalas en el horno durante unos 10 minutos.

Sirve y decora las cazuelitas con unas hojas de perejil.

CONSEJO

Para que las berenjenas no absorban demasiado aceite durante la fritura, es recomendable sazonarlas y dejarlas reposar durante 30 minutos. Tras el reposo, se secan y se fríen de la manera que indique la receta.

ALCACHOFAS CON CHAMPIÑONES Y HUEVO COCIDO

INGREDIENTES (4 P.)

12 alcachofas

250 g de champiñones pequeños

2 huevos

12 ajos frescos

2 dientes de ajo

50 ml de vino blanco

aceite de oliva virgen extra

perejil

sal

ELABORACIÓN

Pon los huevos en un cazo, cúbrelos con agua y cuécelos durante 10 minutos (contados a partir del momento en que el agua empiece a hervir). Retíralos, refréscalos, pélalos, córtalos en daditos y resérvalos.

Calienta una cazuela con abundante agua. Pela las alcachofas, retirándoles las hojas externas, córtales las puntas y los tallos y, a medida que las vayas preparando, introdúcelas en la cazuela. Sazónalas, tápalas y cuécelas durante 15 minutos. Retíralas, escúrrelas bien boca abajo sobre una fuente cubierta con papel absorbente, córtalas en cuartos y resérvalas.

Limpia los ajos frescos y córtalos en cilindros. Calienta una sartén con 3 cucharadas de aceite y rehoga en ella los ajos frescos durante 2 minutos. Incorpora las alcachofas y saltéalas durante 3-4 minutos. Retíralos y resérvalos.

Lava los champiñones en un bol con agua, retíralos y sécalos bien. Pela los dientes de ajo y córtalos en láminas. Calienta un wok con 3 cucharadas de aceite, introduce en él los dientes de ajo y los champiñones, sazónalos y saltéalos durante 3-4 minutos. Vierte encima el vino, dale un hervor, tapa el wok y cocina todo durante 3-4 minutos más a fuego medio. Incorpora las alcachofas con los ajos frescos al wok y saltea todo brevemente.

Reparte el salteado en 4 platos, espolvoréalos con un poco de perejil picado, salpícalos con un poco de huevo cocido y decóralos con unas hojas de perejil.

ALCACHOFAS REBOZADAS SOBRE PATATAS PANADERA

INGREDIENTES (4 P.)

10 alcachofas

4 patatas

1 cebolleta grande

1 pimiento verde

2-3 huevos y harina (para rebozar)

aceite de oliva virgen extra

perejil

sal

ELABORACIÓN

Calienta abundante aceite en una sartén grande. Pela las patatas, córtalas en medias lunas finas e introdúcelas en la sartén. Corta la cebolleta en dados e incorpórala. Retira el tallo y las semillas del pimiento, córtalo de la misma manera y agrégalo. Sazona las hortalizas y rehógalas a fuego medio durante unos 20 minutos.

Calienta agua en una cazuela. Pela las alcachofas, eliminándoles 2-3 capas de hojas exteriores, retírales el tallo y la parte superior, introdúcelas en la cazuela y añade unas ramas de perejil y una pizca de sal. Tápalas y cuécelas durante 18-20 minutos. Retíralas, escúrrelas sobre un plato cubierto con papel absorbente y córtalas por la mitad.

Calienta una sartén con abundante aceite. Casca los huevos, ponlos en un bol, sazónalos y bátelos bien. Reboza las alcachofas pasándolas por harina y huevo batido, introdúcelas (en tandas) en la sartén y fríelas hasta que se doren. Retíralas y escúrrelas sobre un plato cubierto con papel absorbente.

Reparte las patatas panadera en 4 platos llanos y coloca encima 5 medias alcachofas en cada uno. Decora los platos con unas hojas de perejil.

BONIATO RELLENO DE HORTALIZAS, JAMÓN Y QUESO

INGREDIENTES (4 P.)

4 boniatos

2 dientes de ajo

6 champiñones

6 espárragos verdes

1 loncha de jamón serrano (100 g)

4 lonchas de queso *cheddar*

aceite de oliva virgen extra

perejil

sal

CONSEJO

Antes de cocer los boniatos es muy importante limpiarlos muy bien (pasándoles un cepillito) para quitarles cualquier resto de tierra que puedan tener.

ELABORACIÓN

Pon abundante agua a calentar en una cazuela grande, introduce en ella los boniatos (limpios), sazona el agua y cuécelos durante 25-30 minutos. Retíralos, escúrrelos y resérvalos.

Calienta 3 cucharadas de aceite en una sartén. Pela los ajos, pícalos y añádelos a la sartén. Corta el jamón en daditos e incorpóralo a la sartén. Lava los champiñones, sécalos, córtalos en láminas y agrégalos. Corta los espárragos en rodajas y añádelos. Rehoga todo durante 4-5 minutos.

Corta los boniatos por la mitad a lo largo, ponlos sobre una bandeja de horno y vacíalos un poco. Pica la pulpa de los boniatos, agrégala a la sartén y mezcla bien.

Rellena los boniatos con la farsa. Corta las lonchas de queso por la mitad y pon ½ loncha sobre cada mitad de boniato. Introdúcelos en el horno y gratínalos durante 3-4 minutos.

Sirve 1 boniato relleno en cada plato, espolvoréalos con un poco de perejil picado y decóralos con unas hojas de perejil.

ALCACHOFAS CONFITADAS CON HUEVOS ESCALFADOS Y POLVO DE JAMÓN

INGREDIENTES (4 P.)

16 alcachofas

4 huevos

4 lonchas de jamón serrano

4 dientes de ajo

aceite de oliva virgen extra

perejil

sal

ELABORACIÓN

Extiende las lonchas de jamón sobre una bandeja de horno cubierta con papel de hornear, introdúcelas en el horno y hornéalas a 180 °C durante 10-15 minutos. Retíralas y deja que se enfríen. Pícalas finamente hasta que queden reducidas a polvo.

Calienta agua en una tartera (cazuela amplia y baja). Corta los tallos y la parte superior de las alcachofas. Pélalas, eliminándoles 2-3 capas de hojas, y córtalas en lonchas de ½ centímetro. Introduce las alcachofas en la tartera, sazónalas y cuécelas durante 10 minutos. Retíralas, escúrrelas y sécalas bien. Seca también la tartera.

Calienta abundante aceite en la tartera (debe cubrir las alcachofas), pela los ajos y agrégalos (enteros). Incorpora las alcachofas, tápalas y confítalas a fuego suave durante 10-15 minutos (hasta que estén tiernas). Retíralas, escúrrelas y resérvalas. Reserva también los ajos confitados.

Pon agua a calentar en otra tartera. Cuando empiece a hervir, casca los huevos, introdúcelos en la tartera y escálfalos durante 3-4 minutos.

Reparte las alcachofas en 4 platos y coloca 1 huevo escalfado y 1 ajo confitado en cada uno. Espolvoréalos con el polvo de jamón y decóralos con unas hojas de perejil.

BERENJENAS REBOZADAS CON MAYONESA DE AJO

INGREDIENTES (4 P.)

2-3 berenjenas

3 huevos y panko (para rebozar)

aceite de oliva virgen extra

perejil

sal

Para la mayonesa de ajo:

1 diente de ajo

1 huevo

200 ml de aceite de oliva virgen extra

1 cucharada de vinagre

sal

ELABORACIÓN

Para preparar la mayonesa de ajo, pon el huevo en un vaso batidor. Pela el diente de ajo, pícalo un poco y agrégalo. Sazona, añade el vinagre y el aceite y tritura los ingredientes con una batidora eléctrica hasta que liguen. Tapa la mayonesa con film transparente y resérvala en el frigorífico.

Pela las berenjenas, córtalas en bastones y colócalas en una fuente grande. Sazónalas y deja que reposen durante 25-30 minutos. Retírales el agua que hayan soltado y sécalas bien con papel absorbente.

Casca los huevos, ponlos en un bol, sazónalos y bátelos bien.

Calienta una sartén con abundante aceite. Pasa los bastones de berenjena por el huevo batido y el panko, introdúcelos (en tandas) en la sartén y fríelos hasta que se doren. Retíralos y escúrrelos sobre una fuente cubierta con papel absorbente.

Reparte los bastones de berenjena rebozados en 4 platos y acompáñalos con la mayonesa de ajo. Decóralos con unas hojas de perejil.

COLIFLOR GRATINADA CON SALSA HOLANDESA

INGREDIENTES (4 P.)

1 coliflor
150 g de mantequilla
3 yemas de huevo
zumo de ½ limón
perejil
sal

CONSEJO

Es mejor gratinar los platos de dos en dos. Si quieres gratinar todo de una sola vez, coloca la coliflor en una fuente grande en lugar de repartirla en 4 platos.

ELABORACIÓN

Calienta un poco de agua en una sartén (que se adapte al tamaño de la vaporera) y sazónala. Suelta la coliflor en ramilletes, ponla en la vaporera, tápala y colócala sobre la sartén. Cuece la coliflor durante 15-20 minutos y resérvala.

Trocea la mantequilla y caliéntala en un cazo hasta que se funda.

Pon las yemas de huevo en un bol grande, añádeles el zumo de limón y móntalas (a baja potencia) con una batidora de varillas eléctrica. Sazona las yemas y vierte encima la mantequilla poco a poco (sin coger el suero que queda en la base del cazo) sin dejar de batir hasta que emulsione la salsa.

Reparte la coliflor en 4 platos (aptos para el horno) y sazónala. Salsea la coliflor con la salsa holandesa, introduce los platos en el horno y gratina la coliflor hasta que se dore.

Sirve y decora los platos con unas hojas de perejil.

BRÓCOLI CON BECHAMEL DE JAMÓN

INGREDIENTES (4 P.)

800 g de brócoli
150 g de jamón serrano
2 dientes de ajo
40 g de harina
250 ml de leche
aceite de oliva virgen extra
perejil
nuez moscada
sal

ELABORACIÓN

Separa el brócoli en ramilletes.

Pon a calentar una cazuela con abundante agua, sazónala, introduce en ella los ramilletes de brócoli, tápalos y cuécelos durante 10-12 minutos. Retíralos y escúrrelos sobre una fuente cubierta con papel absorbente.

Calienta una sartén con 3 cucharadas de aceite. Pela los dientes de ajo, córtalos por la mitad, agrégalos a la sartén y cocínalos a fuego suave durante 2 minutos. Retira los dientes de ajo y reserva la sartén con el aceite. Corta el jamón en daditos, introduce la mitad (reserva el resto para la bechamel) en la sartén y fríelo brevemente. Incorpora los ramilletes de brócoli, saltéalos con el jamón y pásalos a una fuente apta para el horno.

Para preparar la bechamel de jamón, calienta 4 cucharadas de aceite en una cazuela, añade el resto del jamón y rehógalo brevemente. Incorpora la harina y rehógala bien (removiéndola con una varilla manual). Agrega la leche poco a poco y sin dejar de remover. Pon a punto de sal, ralla encima un poco de nuez moscada y cocina la bechamel, sin dejar de remover, durante 10-12 minutos a fuego suave. Napa el brócoli con la bechamel.

Introduce la fuente en el horno y hornea el brócoli a 180 °C durante 5 minutos. Retira la fuente del horno, reparte el brócoli en 4 platos y sirve. Decora los platos con unas hojas de perejil.

CALABACINES RELLENOS CON JAMÓN CRUJIENTE

INGREDIENTES (4 P.)

4 calabacines redondos (de ración)
4 lonchas finas de jamón serrano
2 cebolletas
150 g de queso rallado para fundir
aceite de oliva virgen extra
perejil
sal

ELABORACIÓN

Lava los calabacines, córtales la parte superior y vacíalos con una cuchara parisién (sacabolas). Pica la pulpa finamente y resérvala.

Calienta una cazuela grande con abundante agua, introduce en ella los calabacines vaciados, sazónalos y cuécelos a fuego medio durante 5 minutos. Retíralos, escúrrelos y ponlos boca abajo sobre una fuente cubierta con papel absorbente.

Calienta una sartén con 4 cucharadas de aceite. Corta las cebolletas en daditos, añádelas a la sartén, sazónalas y rehógalas a fuego medio durante 5 minutos. Incorpora la pulpa de los calabacines, sazona y cocina las hortalizas a fuego medio durante 15 minutos. Escurre las hortalizas y ponlas en un bol.

Añade el queso al bol, mezcla bien y rellena los calabacines con la mezcla. Coloca los calabacines rellenos en una fuente apta para el horno y hornéalos a 180 °C durante 10 minutos.

Extiende las lonchas de jamón sobre una bandeja de horno cubierta con papel de hornear, introdúcelas en el horno (a la vez que los calabacines) y hornéalas también durante 10 minutos. Retira la bandeja del horno y espera a que las lonchas de jamón se enfríen.

Sirve 1 calabacín en cada plato y pínchalos con el jamón crujiente. Adorna los platos con unas hojas de perejil.

ESPÁRRAGOS CON LANGOSTINOS Y ESPINACAS

INGREDIENTES (4 P.)

16 espárragos frescos
6 langostinos
30 g de espinacas
2 dientes de ajo
1 cucharada de harina
75 g de queso *mozzarella* rallado
aceite de oliva virgen extra
1 cucharadita de azúcar
perejil
sal

ELABORACIÓN

Calienta abundante agua en una tartera (cazuela amplia y baja). Pela los espárragos y córtales la parte inferior del tallo (la más dura). Cuando el agua empiece a hervir, introduce en ella los espárragos, el azúcar y 1 cucharadita de sal, tapa la tartera y cuécelos a fuego medio durante 15 minutos. Retíralos, escúrrelos y resérvalos.

Pon las espinacas (limpias) en un colador grande, introdúcelo en la tartera donde has cocido los espárragos y escalda las espinacas brevemente. Deja que se enfríen, pícalas finamente y resérvalas.

Pon a calentar 1 cucharada de aceite en un cazo. Pela los langostinos (reserva las colas), introduce las cabezas y las cáscaras en el cazo y rehógalas durante 2-3 minutos. Cúbrelas con 350 ml de agua, sazónalas y cuécelas a fuego suave durante 10 minutos. Cuela y reserva el caldo.

Calienta una cazuela con 2 cucharadas de aceite. Pela los dientes de ajo, pícalos finamente y añádelos a la cazuela. Corta los langostinos en rodajas finas, agrégalos y rehógalos brevemente. Incorpora la harina y cocínala un poco. Añade, poco a poco y sin dejar de remover, el caldo de la cocción de los langostinos. Incorpora las espinacas picadas, sazona, mezcla bien y cocina la *velouté* durante unos 5 minutos a fuego suave sin dejar de remover.

Reparte los espárragos en 4 platos aptos para el horno, salséalos con la *velouté* y espolvoréalos con el queso rallado, introdúcelos en el horno y gratínalos hasta que el queso se funda y se dore un poco.

Sirve y adorna los platos con unas hojas de perejil.

CONSEJO

Esta receta tiene la ventaja de que se puede tener todo preparado con antelación y dejar el gratinado para el último momento.

CHARLOTAS DE BERENJENA, CARNE Y QUESO

INGREDIENTES (4 P.)

3 berenjenas
400 g de carne picada
150 g de queso cortado en daditos
2 dientes de ajo
1 cebolla
1 tomate
200 ml de salsa de tomate
aceite de oliva virgen extra
10 hojas de albahaca
perejil
pimienta
sal

ELABORACIÓN

Corta las puntas de las berenjenas, pícalas finamente y resérvalas. Corta las berenjenas en láminas finas (puedes utilizar una mandolina) a lo largo y fríelas (en tandas) a fuego medio en una sartén con un chorrito de aceite hasta que queden manejables (unos 2-3 minutos por cada lado). Retíralas y resérvalas.

Calienta una sartén con 4 cucharadas de aceite. Pela los dientes de ajo, pícalos finamente y añádelos a la sartén. Añade también las puntas de las berenjenas picadas. Pela la cebolla, córtala en daditos e incorpórala. Sazona las hortalizas y rehógalas durante 10 minutos a fuego medio. Pela el tomate, córtalo en dados, agrégalo a la sartén y rehoga todo durante 10 minutos más. Salpimienta la carne picada, incorpórala a la sartén y cocínala durante 5-6 minutos a fuego medio. Pica las hojas de albahaca finamente, añádelas al relleno y mezcla bien.

Para preparar las charlotas, cubre 4 recipientes (boles redondos de ración) con las láminas de berenjena (4-5 para cada uno) dejando que cuelguen por los lados. Llena los recipientes (hasta la mitad) con la mitad del relleno, reparte encima la mitad de los daditos de queso y cúbrelos con el resto del relleno. Presiona bien y tapa el relleno con la parte de las láminas de berenjena que han quedado colgando.

Desmolda las charlotas, colócalas sobre una bandeja de horno y reparte por encima el resto de los daditos de queso. Gratina las charlotas en el horno durante 3-4 minutos.

Calienta la salsa de tomate y repártela en la base de 4 platos. Sirve encima 1 charlota en cada uno y decora los platos con unas hojas de perejil.

GRATINADO DE BERENJENA, TOMATE Y ACEITUNAS NEGRAS

INGREDIENTES (4 P.)

2-3 berenjenas
2-3 tomates
20 aceitunas negras (sin hueso)
1 cebolleta
2 dientes de ajo
150 g de queso emmental rallado
aceite de oliva virgen extra
perejil
sal

ELABORACIÓN

Pela las berenjenas, córtalas en dados, ponlas en una tartera (cazuela amplia y baja) con 250 ml de agua y sazónalas. Cocina las berenjenas hasta que se evapore el agua. Riégalas con 3-4 cucharadas de aceite y cocínalas a fuego medio hasta que se doren un poco. Retíralas y resérvalas en un plato.

Agrega a la tartera 2 cucharadas de aceite. Corta la cebolleta en daditos, introdúcela en la tartera y rehógala durante 8-10 minutos a fuego medio. Pela los tomates, córtalos de la misma manera, incorpóralos, sazónalos y cocínalos a fuego fuerte durante 10 minutos. Añade a la tartera las berenjenas y las aceitunas negras (cortadas por la mitad). Pela los dientes de ajo, májalos en el mortero, agrégalos a la tartera y mezcla bien. Pasa la mezcla a una fuente apta para el horno, espolvoréala con el queso y hornéala a 180 °C durante 6-8 minutos.

Sirve el gratinado y adorna los platos con unas hojas de perejil.

JUDÍAS VERDES A LA ANDALUZA

INGREDIENTES (4 P.)

800 g de judías verdes
8 huevos de codorniz
2 dientes de ajo
2 ñoras
1 rebanada de pan de la víspera
4 lonchas finas de jamón serrano o paletilla
aceite de oliva virgen extra
perejil
sal

CONSEJOS

1. Puedes aprovechar el caldo de la cocción de las judías para preparar una rica sopa de fideos o de estrellitas.
2. Las judías verdes se pueden encontrar en el mercado durante todo el año, pero el mejor momento para consumirlas es durante los meses de primavera y verano.

ELABORACIÓN

Calienta abundante agua en una cazuela. Retira a las judías las puntas, córtalas en trozos de 2-3 cm, introdúcelas en la cazuela, sazónalas, tápalas y cuécelas durante 10-12 minutos. Escurre las judías y resérvalas (puedes reservar también el caldo para otra ocasión).

Pon los huevos en un cazo, cúbrelos con agua y cuécelos durante 4 minutos (contados a partir del momento en que el agua empiece a hervir). Retíralos, refréscalos, pélalos y resérvalos.

Calienta 4 cucharadas de aceite en una sartén. Pela los dientes de ajo, córtalos en láminas y agrégalos a la sartén. Retira los tallos y las semillas de las ñoras, trocéalas y añádelas a la sartén. Corta la rebanada de pan en dados e incorpórala. Fríe todo durante 3-4 minutos. Escurre los ingredientes (reserva el aceite), pásalos al mortero y májalos bien.

Pon el aceite de la fritura de las ñoras en una sartén junto con otras 2 cucharadas de aceite. Introduce en ella las judías y el majado y saltéalas hasta que los ingredientes queden bien integrados.

Reparte las judías en 4 platos, corta las lonchas de jamón en 4 trozos y repártelas por encima. Corta los huevos por la mitad y pon 2 en cada plato. Decóralos con unas hojas de perejil.

CANELONES DE CALABACÍN RELLENOS DE JAMÓN Y QUESO

INGREDIENTES (4 P.)

2-3 calabacines
16 lonchas de jamón cocido
16 lonchas de queso
40 g de harina
500 ml de leche
50 g de queso rallado
aceite de oliva virgen extra
perejil
pimienta
sal

ELABORACIÓN

Calienta una tartera (cazuela amplia y baja) con agua. Con ayuda de una mandolina, corta 16 lonchas de calabacín de ½ centímetro de grosor (lo mejor es utilizar la parte central de los calabacines para que sean más largas), introdúcelas en la tartera, sazónalas y cuécelas durante 2 minutos (hasta que estén moldeables). Retíralas, sécalas y extiéndelas sobre la tabla.

Coloca 1 loncha de jamón y 1 de queso sobre cada loncha de calabacín, enróllalas y ponlas en una fuente apta para el horno.

Para preparar la bechamel, calienta 2 cucharadas de aceite en una cazuela, agrega la harina y rehógala bien, removiéndola con una varilla manual. Vierte encima la leche poco a poco y sin dejar de remover. Salpimienta la bechamel y cocínala durante 10-12 minutos a fuego suave sin dejar de remover.

Napa los canelones de calabacín con la bechamel, espolvorea con el queso rallado, introduce la fuente en el horno y hornéalos a 180 °C durante 6-8 minutos.

Sirve y decora los platos con unas hojas de perejil.

PENCAS DE ACELGA RELLENAS DE QUESO

INGREDIENTES (4 P.)

8 hojas de acelga
12 lonchas de queso para fundir
harina y huevo batido (para rebozar)
200 g de salsa de tomate
aceite de oliva virgen extra
perejil
1 cucharadita de pimentón
sal (fina y en escamas)

ELABORACIÓN

Separa las hojas de acelga de las pencas (reserva las hojas para otra ocasión). Limpia las pencas, retirándoles los hilos, lávalas y corta cada penca en 6 trozos de 6 cm.

Calienta agua en una cazuela, sazónala y, cuando empiece a hervir, introduce en ella las pencas y cuécelas a fuego medio durante 10 minutos. Retíralas y escúrrelas sobre una fuente cubierta con papel absorbente.

Calienta una sartén con abundante aceite.

Extiende la mitad de los trozos de penca sobre la tabla, pon 1 loncha de queso encima de cada uno y cúbrelos con otro trozo de penca.

Pasa las pencas rellenas por harina y huevo batido, introdúcelas (en tandas) en la sartén y fríelas por los dos lados hasta que se doren y se funda el queso. Retíralas y escúrrelas sobre un plato cubierto con papel absorbente.

Calienta la salsa de tomate en un cazo, agrégale el pimentón y mezcla bien.

Sirve 3 pencas rellenas en cada plato, sazónalas con unas escamas de sal y acompáñalas con la salsa de tomate al pimentón. Decora los platos con unas hojas de perejil.

ZUCCHINELLA

INGREDIENTES (4 P.)

2 calabacines

1 cebolla morada

50 g de harina de arroz

60 g de harina de maíz (tipo polenta)

80 g de queso parmesano rallado

perejil

sal

ELABORACIÓN

Con ayuda de una mandolina, corta los calabacines en lonchas finas. Pela la cebolla y córtala en juliana fina.

Pon los calabacines y la cebolla en un bol grande, sazónalos y mézclalos.

Mezcla en un bol pequeño la harina de arroz, 50 g de harina de maíz y 125 ml de agua. Vierte la mezcla sobre el calabacín y la cebolla y vuelve a mezclar hasta que las hortalizas queden bien impregnadas.

Coloca 2 tiras de papel de hornear (cruzadas) sobre un molde redondo e introduce en él la mezcla de calabacín y cebolla. Espolvorea las hortalizas con la harina de maíz restante (10 g) y el queso parmesano y hornea los ingredientes a 180 °C durante 30-35 minutos.

Retira el molde del horno, deja que se temple un poco y desmolda. Corta la *zucchinella* en porciones, sirve y decora los platos con unas hojas de perejil.

CONSEJO

El calabacín aguanta bien en el frigorífico, pero si quieres aprovechar todas sus propiedades, lo mejor es consumirlo cuanto antes.

LEGUMBRES

ALUBIAS BLANCAS CON COSTILLA DE CERDO

INGREDIENTES (4 P.)

300 g de alubias blancas (remojadas desde la víspera)
12 costillas de cerdo
¼ de hinojo
1 puerro
2 zanahorias
1 calabacín
200 ml de salsa de tomate
aceite de oliva virgen extra
3 ramas de tomillo
perejil
sal

ELABORACIÓN

Pon las costillas de cerdo en una olla rápida, cúbrelas con 1 litro de agua y sazónalas. Añade las ramas de tomillo, el hinojo y el puerro (limpio y troceado), cierra la olla y cuece las costillas durante 15 minutos. Retíralas y cuela el caldo.

Pon de nuevo las costillas y el caldo en la olla rápida e incorpora las alubias. Pela las zanahorias, córtalas en cuartos de luna finos y agrégalas. Cierra la olla y cuece todo durante 12-15 minutos. Retira las alubias, las zanahorias y las costillas y resérvalas. Reserva también un poco del caldo de la cocción.

Calienta una tartera con 3 cucharadas de aceite. Lava el calabacín, córtalo en dados pequeños, añádelo a la tartera, sazónalo y cocínalo a fuego medio durante 6-8 minutos. Incorpora las alubias, las zanahorias, las costillas, la salsa de tomate y un poco del caldo de la cocción. Mezcla los ingredientes y cocínalos a fuego suave durante 6-8 minutos.

Reparte el potaje en 4 platos y adórnalos con unas hojas de perejil.

ALUBIAS BLANCAS CON CHISTORRA Y ACELGAS

INGREDIENTES (4 P.)

300 g de alubias blancas
125 g de chistorra
600 g de acelgas
1 pimiento verde
2 dientes de ajo
1 zanahoria
1 cebolla
aceite de oliva virgen extra
perejil
sal

ELABORACIÓN

La víspera, pon las alubias a remojo.

Calienta abundante agua en una olla rápida. Escurre las alubias y ponlas en la olla. Retira el tallo y las semillas del pimiento y córtalo en 4 trozos. Pela los dientes de ajo, la zanahoria y la cebolla y córtalos por la mitad. Introduce las hortalizas en una red para cocer legumbres, ciérrala y agrégala a la olla. Sazona, añade 1 cucharada de aceite, cierra la olla y cocina todo durante 15 minutos. Cuando baje la válvula, abre la olla, retira las hortalizas, pásalas a un vaso batidor y tritúralas con una batidora eléctrica. Reserva el puré.

Calienta abundante agua en una cazuela. Lava las acelgas, córtalas en dados, introdúcelas en la cazuela, sazónalas y cuécelas durante 20 minutos. Escúrrelas y resérvalas.

Calienta 2 cucharadas de aceite en una tartera (cazuela amplia y baja). Corta la chistorra en rodajas de 2 centímetros, añádela a la tartera y rehógala bien. Incorpora a la tartera las alubias escurridas y el puré de hortalizas y calienta la mezcla durante 4-5 minutos.

Sirve las alubias en 4 platos y acompáñalas con las acelgas. Decora los platos con unas hojas de perejil.

ALUBIA VERDINA CON CUELLO DE CORDERO

INGREDIENTES (4 P.)

400 g de alubias verdinas
2 cuellos de cordero (cortados por la mitad)
100 ml de vino blanco
1 cebolla
1 zanahoria
1 puerro
1 cabeza de ajos
8 rebanadas finas de pan
aceite de oliva virgen extra
perejil
sal

ELABORACIÓN

Pon las alubias a remojo la víspera.

Calienta 3 cucharadas de aceite en una cazuela. Retira el exceso de grasa de los cuellos de cordero, introdúcelos en la cazuela y dóralos bien. Vierte encima el vino y dale un hervor fuerte para que se evapore el alcohol. Escurre las alubias, incorpóralas a la cazuela y cúbrelas con abundante agua.

Pela la cebolla y la zanahoria. Limpia el puerro (retirándole la parte inferior, la superior y 2 capas de hojas) y lávalo bien. Corta las hortalizas en trozos grandes, introdúcelas en una red para cocer legumbres y añádela a la cazuela. Agrega la cabeza de ajos entera (sin pelar), sazona y da un hervor a las alubias. Retírales con un cazo la espuma que sube a la superficie.

Tapa las alubias y cocínalas a fuego suave durante 2 horas.

Retira la cabeza de ajos, pélala y maja los ajos con un tenedor.

Pasa las hortalizas de la red a un vaso batidor, agrega un poco del caldo de las alubias y tritúralas con una batidora eléctrica. Vierte el puré en la cazuela y mezcla suavemente hasta que quede bien integrado.

Tuesta las rebanadas de pan y úntalas con la pasta de ajo.

Reparte las alubias y los cuellos en 4 platos y acompáñalos con 2 tostadas con ajo. Decora los platos con unas hojas de perejil.

CONSEJO

Para realzar las recetas elaboradas con legumbres puedes añadir las hierbas y especias que sean de vuestro agrado. El laurel, el tomillo, el romero, el orégano, el *curry*, el pimentón, la pimienta o la cayena combinan a la perfección.

ALBÓNDIGAS DE ALUBIAS Y POLENTA CON SALSA DE CEBOLLA

INGREDIENTES (4 P.)

400 g de alubias rojas (remojadas desde la víspera)
150 g de polenta
3 cebollas
100 ml de vino blanco
2 puerros limpios
1 zanahoria rallada
1 cebolleta rallada
harina (para rebozar)
aceite de oliva virgen extra
1 rama de romero
perejil
sal

ELABORACIÓN

Calienta una cazuela con 3-4 cucharadas de aceite. Pela las cebollas, córtalas en dados, introdúcelas en la cazuela y rehógalas a fuego suave-medio durante 25-30 minutos, hasta que estén bien caramelizadas. Vierte encima el vino y dale un hervor fuerte. Añade 1 vaso de agua, sazona y cocina la mezcla durante 5 minutos a fuego medio. Tritura los ingredientes con una batidora eléctrica hasta conseguir una salsa homogénea. Reserva la salsa.

Pon las alubias (escurridas), los puerros (cortados por la mitad) y la rama de romero en una olla rápida, cubre con agua y sazona. Cierra la olla y cuece las alubias durante 15 minutos. Retira los puerros, escurre las alubias y pásalas por el pasapurés sobre un bol.

Pon 300 ml de agua a calentar en una cazuela. Cuando empiece a hervir, añade la polenta, sazónala y remueve bien. Cuando empiece a espesar, añade el puré de alubias y la zanahoria y la cebolleta ralladas. Mezcla bien y cocina el conjunto durante 3-4 minutos sin parar de remover.

Extiende la mezcla en una bandeja y deja que repose durante 1 hora. Toma pequeñas porciones de la masa, redondéalas dándoles forma de albóndiga y pásalas por harina. Fríe las albóndigas en una sartén con aceite, retíralas y escúrrelas sobre una fuente cubierta con papel absorbente.

Cubre la base de 4 platos con la salsa de cebolla y reparte encima las albóndigas. Decora los platos con unas hojas de perejil.

ALUBIAS CON TOCINO FRESCO Y REPOLLO

INGREDIENTES (4 P.)

300 g de alubias negras de Tolosa (si son del año, no hace falta ponerlas a remojo)
400 g de tocino fresco
1 repollo pequeño
4 dientes de ajo
1 cebolleta
12 guindillas de Ibarra
aceite de oliva virgen extra
perejil
sal

ELABORACIÓN

Calienta agua en una cazuela. Limpia el repollo, córtalo en dados e introdúcelo en la cazuela. Pela los dientes de ajo, córtalos en láminas e incorpóralos. Agrega 2 cucharadas de aceite, sazona y cuece el repollo a fuego medio durante 30 minutos. Escúrrelo.

Calienta una olla rápida con 2 cucharadas de aceite. Pica finamente la cebolleta, introdúcela en la olla, sazónala y rehógala a fuego suave durante 10 minutos. Corta el tocino en trozos de bocado, añádelo y fríelo brevemente. Incorpora las alubias y cúbrelas con agua. Sazona, cierra la olla y cocina durante 20 minutos.

Reparte las alubias y el repollo en 4 platos, coloca 3 guindillas en cada uno y decóralos con unas hojas de perejil.

ALUBIAS BLANCAS CON CONEJO Y TOMATE

INGREDIENTES (4 P.)

300 g de judías blancas (arrocina)

8 paletillas de conejo

8 tomates (de rama)

1 cucharada de tomate concentrado

2 cebollas

1 diente de ajo

aceite de oliva virgen extra

perejil

2 ramas de tomillo

1 rama de romero

1 hoja de laurel

pimienta

sal

ELABORACIÓN

Pon las alubias a remojo la víspera.

Prepara un atadillo *(bouquet garni)* con 2 ramas de perejil, 1 rama de tomillo, la rama de romero y la hoja de laurel y resérvalo.

Calienta un wok con 3-4 cucharadas de aceite. Agrega el tomate concentrado y rehógalo brevemente. Pela 1 cebolla, córtala en daditos y añádela al wok. Sazónala y cocínala a fuego medio durante 10 minutos.

Pela los tomates, córtalos en dados e incorpóralos al wok. Sazónalos y cocínalos a fuego suave durante 25-30 minutos. Reserva la salsa.

Escurre las alubias, ponlas en una olla rápida y cúbrelas con agua. Agrega el *bouquet garni.* Pela el diente de ajo y la otra cebolla y añádelos (enteros). Sazona, cierra la olla y cuece todo durante 4 minutos. Apaga el fuego y espera a que la válvula baje.

Calienta una tartera (cazuela amplia y baja) con 4 cucharadas de aceite. Salpimienta las paletillas de conejo, introdúcelas en el wok y dóralas bien. Agrega la salsa de tomate, las alubias y parte del caldo de la cocción (unos 3 cacillos). Remueve la cazuela y cocina todo durante 4-5 minutos.

Reparte el guiso en 4 platos. Pica finamente la otra rama de tomillo, espolvorea con él los platos y decóralos con unas hojas de perejil.

CONSEJO

Cuando vayas a poner las legumbres a remojo, puedes aprovechar para remojar todo el paquete. Una vez remojadas, reparte las que no vayas a utilizar en bolsas de congelación y congélalas. Así las tendrás listas para cocinar cuando lo desees sin tener que preocuparte por ponerlas a remojo.

ALUBIAS PINTAS CON CALABACÍN Y COQUINAS

INGREDIENTES (4 P.)

300 g de alubias pintas
1 calabacín
500 g de coquinas
1 cebolla
1 tomate
2 puerros
2 dientes de ajo
50 ml de vino blanco
aceite de oliva virgen extra
perejil
sal

ELABORACIÓN

Pon las alubias a remojo la víspera.

Si las coquinas tuvieran algo de arena, déjalas a remojo en un bol con agua fría con sal durante 30 minutos.

Escurre las alubias, ponlas en una olla rápida y cúbrelas con agua (2 dedos por encima). Pela la cebolla y el tomate, córtalos en 4 trozos e introdúcelos en una red para cocer legumbres. Limpia los puerros (retirándoles la parte inferior, la superior y 2-3 capas de hojas), lávalos bien, córtalos en trozos de 3 cm e introdúcelos también en la red. Cierra la red y añádela a la olla. Sazona, agrega 2 cucharadas de aceite, cierra la olla y cuece las alubias durante 15 minutos.

Retira las hortalizas de la olla, ponlas en una batidora de vaso americano y tritúralas bien. Vierte el puré sobre las alubias y remueve la olla hasta que el puré quede bien integrado. Pasa todo a una tartera y reserva.

Pela los dientes de ajo y pícalos finamente. Lava el calabacín y córtalo en daditos. Calienta 4 cucharadas de aceite en un wok, añade los ajos y el calabacín y saltéalos durante 4-5 minutos. Incorpora las coquinas, el vino y un poco de perejil picado, tapa el wok y deja que las coquinas se abran.

Añade las coquinas y el calabacín (con el jugo que hayan soltado) a las alubias y remueve la tartera para que se mezclen los ingredientes.

Sirve y adorna los platos con unas hojas de perejil.

ARROCINA CON PATATAS, GUISANTES Y SEPIA

INGREDIENTES (4 P.)

300 g de alubia arrocina
2 patatas
150 g de guisantes frescos
1 sepia limpia (400 g)
1 cebolleta
1 pimiento verde
2 dientes de ajo
aceite de oliva virgen extra
1 hoja de laurel
perejil
sal

ELABORACIÓN

Pon las alubias a remojo la víspera.

Calienta 3 cucharadas de aceite en una olla rápida. Corta la cebolleta en dados. Retira el tallo y las semillas del pimiento y córtalo también en dados. Pela los dientes de ajo y córtalos en láminas. Introduce las hortalizas en la olla, sazónalas y rehógalas a fuego medio durante 6-8 minutos.

Corta la sepia en dados, agrégala a la olla y mezcla bien.

Escurre las alubias, introdúcelas en la olla, cúbrelas con agua (2-3 dedos por encima) y sazónalas. Pela las patatas, trocéalas (cascándolas) e incorpóralas. Añade la hoja de laurel, pon a punto de sal, cierra la olla y cocina todo durante 12-15 minutos.

Abre la olla, agrega los guisantes y cocina conjuntamente durante 10-15 minutos. Espolvorea el guiso con un poco de perejil picado.

Sirve y decora los platos con unas hojas de perejil.

ALUBIAS CARILLAS CON OREJA FRITA

INGREDIENTES (4-6 P.)

400 g de alubias carillas
1 oreja de cerdo (cocida)
1 pimiento choricero
1 cebolla
½ pimiento rojo
2 dientes de ajo
1 pimiento verde
150 g de tomate triturado
harina y huevo batido (para rebozar)
aceite de oliva virgen extra
1 hoja de laurel
perejil
1 cucharadita de pimentón
sal

ELABORACIÓN

Pon las carillas a remojo la víspera.

Pon el pimiento choricero a remojo en un cuenco con agua.

Escurre las alubias y ponlas en una olla rápida. Cubre con agua, añade el laurel y una pizca de sal, cierra la olla y cocínalas durante 8-10 minutos.

Calienta una tartera (cazuela amplia y baja) con 4 cucharadas de aceite. Pela la cebolla, el pimiento rojo y los dientes de ajo y pícalos finamente. Retira el tallo y las semillas del pimiento verde y córtalo en daditos. Introduce las hortalizas en la tartera, sazónalas y rehógalas a fuego moderado durante unos 20 minutos, hasta que estén bien pochadas.

Escurre el pimiento choricero, ábrelo, retira la carne con la ayuda de un cuchillo y pícala.

Cuando las hortalizas estén bien rehogadas, añade el tomate triturado, la carne de pimiento choricero y el pimentón y mezcla bien. Incorpora las alubias carillas escurridas, añade caldo de la cocción de las alubias al gusto (que no queden muy ligeras) y cocina todo durante 4-5 minutos.

Corta la oreja en tiras o daditos, pásala por harina y huevo batido y fríela en una sartén con aceite bien caliente hasta que esté bien dorada. Escúrrela sobre un plato cubierto con papel absorbente.

Sirve las carillas en 4 platos hondos y reparte por encima la oreja frita.

Decora los platos con unas hojas de perejil.

CONSEJO

Si compras la oreja sin cocer, solo tienes que cocinarla primero en una olla exprés durante 30 minutos.

GARBANZOS CON TOMATE, JAMÓN Y HUEVO COCIDO

INGREDIENTES (4 P.)

300 g de garbanzos (remojados desde la víspera)

2 tomates

4 tomates deshidratados en aceite

2 lonchas gruesas de jamón cocido (150 g)

2 huevos

1 hueso de jamón serrano

aceite de oliva virgen extra

1 cucharadita de orégano

perejil

sal

ELABORACIÓN

Pon los huevos en un cazo, cúbrelos con agua y cuécelos durante 10 minutos (contados desde el momento en que el agua empiece a hervir). Retíralos, refréscalos, pélalos, pícalos finamente y resérvalos.

Calienta agua en una olla rápida hasta que empiece a hervir e introduce en ella el hueso de jamón y los garbanzos (escurridos). Sazona, cierra la olla y cuece los garbanzos durante 15-20 minutos (según la variedad del garbanzo).

Cuando la válvula baje, abre la olla, escurre los garbanzos, ponlos en un bol, riégalos con 3 cucharadas de aceite, espolvoréalos con el orégano y mezcla suavemente.

Corta los tomates deshidratados en daditos y añádelos al bol. Corta el jamón en dados e incorpóralos. Pela los tomates, córtalos en dados y agrégalos. Sazona y mezcla suavemente.

Reparte la mezcla en 4 boles y salpícalos con los huevos cocidos. Decóralos con unas hojas de perejil.

GARBANZOS CON CODILLO Y BASTONES DE CALABACÍN REBOZADOS

INGREDIENTES (4 P.)

300 g de garbanzos (remojados desde la víspera)

1 kg de codillo de cerdo (semicocido)

1 calabacín

2 zanahorias

1 patata

2 dientes de ajo

harina y huevo batido (para rebozar)

aceite de oliva virgen extra

perejil

sal

ELABORACIÓN

Calienta abundante agua en la olla rápida y, cuando empiece a hervir, agrega los garbanzos (escurridos) y el codillo. Pela las zanahorias, la patata y los dientes de ajo, córtalos por la mitad, introdúcelos en una red para cocer legumbres y añádela a la olla. Sazona, cierra la olla y cuece todo durante 20 minutos.

Retira los garbanzos y pásalos a una tartera (cazuela amplia y baja).

Saca el codillo, retírale la grasa, desmenuza la carne e incorpórala a la tartera.

Retira las hortalizas de la red, ponlas en un vaso batidor, vierte encima 1 cacillo del agua de la cocción de los garbanzos y tritúralas con una batidora eléctrica hasta conseguir un puré homogéneo. Incorpora el puré a la tartera, remuévela y cocina todo junto durante 5 minutos.

Calienta una sartén con 10-12 cucharadas de aceite. Corta el calabacín en bastones grandes, sazónalos, pásalos por harina y huevo batido, añádelos a la sartén y fríelos hasta que se hagan por dentro y se doren por fuera. Retíralos y escúrrelos sobre un plato cubierto con papel absorbente.

Sirve el potaje en 4 platos y reparte por encima los bastones de calabacín. Decora los platos con unas hojas de perejil.

ALUBIAS CON REPOLLO Y COSTILLA

INGREDIENTES (4 P.)

500 g de alubia negra de Tolosa

1 repollo pequeño

600 g de costilla de cerdo (8 costillas)

2 dientes de ajo

12 guindillas en vinagre

aceite de oliva virgen extra

perejil

sal

CONSEJO

Para que las alubias no se rompan durante la cocción, es importante no removerlas con ningún utensilio.

ELABORACIÓN

Pon las alubias en una cazuela, cúbrelas con abundante agua, tápalas y cuécelas durante 2 horas a fuego suave. Cuando veas que el agua se está evaporando, ***asústalas*** añadiéndoles un poco de agua fría y repite el proceso cinco o seis veces (así se detiene momentáneamente la cocción y ayuda a que queden más tiernas). Remueve la cazuela para que el caldo ligue un poco y sazona las alubias.

Calienta abundante agua en otra cazuela. Corta la costilla (entre hueso y hueso) en 8 trozos, sazónala, introdúcela en la cazuela, tápala y cuécela durante 30 minutos. Retira la espuma que se forma en la parte superior de la cazuela.

Corta el repollo en juliana, agrégalo a la cazuela, sazónalo y cocínalo junto a la costilla durante 30 minutos más.

Retira la costilla a una fuente y resérvala. Escurre el repollo y mantenlo caliente en la cazuela.

Calienta 5-6 cucharadas de aceite en una sartén. Pela los dientes de ajo, córtalos en láminas, añádelos y rehógalos un poco (es importante que no se quemen). Vierte el refrito sobre el repollo y mezcla bien.

Reparte las alubias, el repollo, las costillas y las guindillas en 4 platos hondos y decóralos con unas hojas de perejil.

GARBANZOS CON SEPIA

INGREDIENTES (4 P.)

400 g de garbanzos
2 sepias limpias (700 g)
1 cebolleta
1 pimiento verde
2 puerros
1 l de caldo para paella
aceite de oliva virgen extra
perejil
20 hebras de azafrán
sal

CONSEJO

Los garbanzos nos aportan carbohidratos y proteínas, por lo que son adecuados para niños, adolescentes y personas que realizan esfuerzos físicos, como los deportistas.

ELABORACIÓN

Pon los garbanzos a remojo la víspera. Escúrrelos.

Calienta 3-4 cucharadas de aceite en una olla rápida. Corta la cebolleta en daditos. Retira el tallo y las semillas del pimiento y córtalo de la misma manera. Limpia los puerros (retirándoles la parte inferior, la superior y 2-3 capas de hojas), lávalos y córtalos en cuartos de luna finos. Introduce las hortalizas en la olla, sazónalas y cocínalas a fuego suave durante 10-12 minutos.

Calienta el caldo. Incorpora a la olla los garbanzos (escurridos) y el caldo (caliente), cierra la olla y cocina los garbanzos durante 20 minutos. Cuando baje la válvula, abre la olla, añade las hebras de azafrán y mezcla bien.

Calienta 4 cucharadas de aceite en una sartén. Corta las sepias en dados grandes, sazónalas y saltéalas en la sartén a fuego fuerte durante 4-5 minutos. Espolvoréalas con un poco de perejil picado y agrégalas a la olla. Cierra la olla y cocina conjuntamente durante 4-5 minutos más.

Apaga el fuego y, cuando baje la válvula, abre la olla y sirve. Decora los platos con unas hojas de perejil.

LENTEJAS CON BUTIFARRA

INGREDIENTES (4 P.)

300 g de lentejas
4 butifarras
1 cebolleta
1 zanahoria
2 dientes de ajo
1 pimiento verde
200 ml de tomate triturado
12 lonchas finas de panceta fresca
aceite de oliva virgen extra
1 hoja de laurel
perejil
1 cucharada de pimentón
sal

ELABORACIÓN

Calienta 4 cucharadas de aceite en una cazuela. Corta la cebolleta en daditos y agrégala a la cazuela. Pela la zanahoria y los dientes de ajo, córtalos de la misma manera y añádelos. Retira el tallo y las semillas del pimiento, córtalo en daditos e incorpóralo. Sazona las hortalizas y rehógalas a fuego medio durante 15 minutos. Agrega el tomate triturado y la hoja de laurel y rehoga todo durante 5-6 minutos más.

Incorpora a la cazuela las lentejas y el pimentón, cubre con agua (4 dedos por encima), pon a punto de sal y cocínalas a fuego suave-medio durante 45 minutos.

Calienta una plancha con 1 cucharada de aceite, coloca sobre ella las butifarras y cocínalas durante 2 minutos. Retíralas y deja que se templen. Corta cada butifarra en 3 trozos, envuelve cada uno de ellos con 1 loncha de panceta y pínchalos con un palillo. En el momento de servir, calienta de nuevo la plancha, coloca en ella los pinchos de butifarra y panceta y dóralos bien.

Reparte las lentejas en 4 platos hondos y pon 3 pinchos de butifarra en cada uno. Decora los platos con unas hojas de perejil.

GARBANZOS CON PIMIENTOS Y CUELLOS DE CORDERO

INGREDIENTES (4 P.)

300 g de garbanzos (remojados desde la víspera)
2 pimientos rojos
2 cuellos de cordero
50 ml de vino blanco
2 dientes de ajo
aceite de oliva virgen extra
1 hoja de laurel
perejil
pimienta
sal

ELABORACIÓN

Lava los pimientos, colócalos en una bandeja de horno, riégalos con 2 cucharadas de aceite, sazónalos y hornéalos a 190 °C durante unos 35 minutos. Retíralos, deja que se templen un poco, pélalos, córtalos en tiras gruesas y resérvalos.

Calienta 1 litro de agua en una olla rápida.

Retira la grasa de los cuellos de cordero, salpimiéntalos y corta cada uno en 2 trozos. Calienta 2-3 cucharadas de aceite en una sartén, introduce en ella los cuellos y dóralos bien. Vierte encima el vino y dale un hervor.

Incorpora a la olla los cuellos, los garbanzos y la hoja de laurel, sazona, cierra la olla y cuece todo durante 20 minutos. Retira los garbanzos y los cuellos de cordero y resérvalos. Reserva también un poco del agua de la cocción.

Calienta un wok con 3 cucharadas de aceite. Pela los dientes de ajo, córtalos en daditos y agrégalos al wok. Añade los pimientos y rehógalos durante 3-4 minutos. Incorpora los garbanzos, vierte encima 1 cacillo del agua de la cocción, mezcla y cocina conjuntamente durante 3-4 minutos.

Reparte los garbanzos con pimientos en 4 platos y pon 1 trozo de cuello de cordero en cada uno. Decóralos con unas hojas de perejil.

GARBANZOS CON BOLITAS DE ARROZ Y PIMIENTO

INGREDIENTES (4 P.)

300 g de garbanzos (remojados desde la víspera)
125 g de arroz cocido
1 pimiento morrón asado
1 zanahoria
2 dientes de ajo
1 cebolla
1 pimiento verde
1 huevo
panko (para rebozar)
aceite de oliva virgen extra
perejil
sal

ELABORACIÓN

Calienta 1 litro de agua en una olla rápida hasta que empiece a hervir. Escurre los garbanzos e introdúcelos en la olla.

Pela la zanahoria y córtala en 3-4 trozos. Pela los dientes de ajo. Pela la cebolla y córtala en 4 trozos. Retira el tallo y las semillas del pimiento y trocéalo. Introduce las hortalizas en una red para cocer legumbres y añádelas a la olla. Sazona, cierra la olla y cuece todo durante unos 20 minutos.

Cuando baje la válvula, retira las hortalizas, pásalas a un vaso batidor, vierte encima 1 cacillo del agua de la cocción y 2 cucharadas de aceite y tritúralas bien con una batidora eléctrica. Agrega el puré a la olla, remuévela y mantén los garbanzos calientes hasta el momento de servir.

Pon el arroz cocido en un bol. Pica finamente el pimiento morrón e incorpóralo. Sazona, agrega el huevo y amasa hasta que los ingredientes queden bien integrados. Toma pequeñas porciones, redondéalas y pásalas por el panko.

Calienta una sartén con aceite y fríe en ella las bolitas de arroz y pimiento hasta que se doren. Retíralas y escúrrelas sobre una fuente cubierta con papel absorbente.

Reparte los garbanzos en 4 platos y coloca sobre ellos unas bolitas de arroz y pimiento. Adorna los platos con unas hojas de perejil.

LENTEJAS CON ACELGAS Y MORCILLA DE ARROZ

INGREDIENTES (4 P.)

300 g de lentejas
4 acelgas
1 morcilla de arroz
1 cebolleta
3 dientes de ajo
200 g de calabaza
aceite de oliva virgen extra
perejil
1 cucharadita de pimentón
sal

ELABORACIÓN

Calienta 2 cucharadas de aceite en una olla rápida. Pica finamente la cebolleta y los dientes de ajo e introdúcelos en la olla. Sazona las hortalizas y rehógalas a fuego suave durante 6-8 minutos.

Pela la calabaza, córtala en daditos y agrégala a la olla.

Limpia las acelgas y separa las pencas de las hojas. Corta las pencas en daditos y añádelas a la olla. Corta las hojas en juliana fina y resérvalas.

Incorpora a la olla las lentejas, cúbrelas con agua (4 dedos por encima), agrega el pimentón y pon a punto de sal. Cierra la olla y cuece todo durante 15 minutos. Abre la olla, incorpora las hojas de las acelgas y cocina todo junto a fuego suave durante 5 minutos.

Retira la piel de la morcilla, córtala en rodajas de 1 cm y fríelas por los dos lados en una sartén con 4 cucharadas de aceite. Retíralas y escúrrelas sobre una fuente cubierta con papel absorbente.

Reparte el potaje en 4 platos y coloca encima unas rodajas de morcilla. Decora los platos con unas hojas de perejil.

GARBANZOS CON CALLOS

INGREDIENTES (4 P.)

- 400 g de garbanzos (remojados desde la víspera)
- 300 g de callos (cocidos)
- 2 pimientos choriceros
- 2 dientes de ajo
- 1 cebolla
- 1 pimiento verde
- 1 guindilla cayena
- 300 ml de tomate triturado
- aceite de oliva virgen extra
- 1 hoja de laurel
- perejil
- sal

ELABORACIÓN

Retira los tallos y las semillas de los pimientos choriceros. Ponlos en un bol, cúbrelos con agua tibia y déjalos a remojo durante 30 minutos. Cuando estén bien hidratados, retírales la pulpa, pícala finamente y resérvala.

Calienta agua en una olla rápida. Cuando empiece a hervir, introduce en ella los garbanzos (escurridos) y la hoja de laurel. Sazona, cierra la olla y cuece los garbanzos durante 20 minutos.

Calienta una tartera (cazuela amplia y baja) con 4 cucharadas de aceite. Pela los dientes de ajo y la cebolla, córtalos en daditos y agrégalos a la tartera. Retira el tallo y las semillas del pimiento, córtalo de la misma manera y añádelo. Sazona las hortalizas y rehógalas a fuego medio durante 10-12 minutos.

Incorpora la pulpa de los pimientos choriceros, la cayena, el tomate triturado y los callos y mezcla bien. Cocina conjuntamente a fuego suave durante 15-20 minutos.

Agrega los garbanzos a la tartera, vierte encima un poco del caldo resultante de cocer los garbanzos (unos 2 cacillos), pon a punto de sal y cocina todo junto durante 6-8 minutos.

Sirve y decora los platos con unas hojas de perejil.

CONSEJO

Las legumbres son muy saludables y nos aportan nutrientes muy beneficiosos para la salud. Por este motivo, los expertos recomiendan consumir entre dos y tres raciones de legumbres a la semana.

LENTEJAS CON COSTILLA DE CERDO Y ESPINACAS

INGREDIENTES (4 P.)

300 g de lentejas
12 costillas de cerdo adobadas
500 g de espinacas
2 zanahorias
1 cebolleta
2 dientes de ajo
200 ml de salsa de tomate
aceite de oliva virgen extra
perejil
1 cucharada de pimentón
sal

ELABORACIÓN

Calienta una olla rápida con 2-3 cucharadas de aceite. Pela las zanahorias y los dientes de ajo y córtalos en daditos. Corta la cebolleta de la misma manera. Introduce las hortalizas en la olla, sazónalas y rehógalas a fuego medio durante 10 minutos.

Añade a la olla las costillas de cerdo y rehógalas un poco. Incorpora las lentejas, la salsa de tomate y el pimentón, cubre con unos 800 ml de agua, sazona, cierra la olla y cocina las lentejas durante 15 minutos. Abre la olla.

Calienta 2 cucharadas de aceite en una sartén grande. Pica las espinacas, agrégalas a la sartén y cocínalas brevemente. Retíralas, escúrrelas bien, añádelas a la olla y remueve los ingredientes.

Sirve y decora los platos con unas hojas de perejil.

LENTEJAS CON ESPINACAS Y MOLLEJAS DE PATO

INGREDIENTES (4 P.)

300 g de lentejas
500 g de espinacas
4 mollejas de pato confitadas
1 cebolleta
2 zanahorias
4 dientes de ajo
aceite de oliva virgen extra
perejil
sal

ELABORACIÓN

Calienta 3 cucharadas de aceite en una olla rápida. Corta la cebolleta en daditos e introdúcela en la olla. Pela las zanahorias, córtalas de la misma manera y añádelas. Sazona las hortalizas y rehógalas a fuego suave durante 10 minutos.

Incorpora a la olla las lentejas, cúbrelas con agua (4 dedos por encima), cierra la olla y cocínalas durante 12-15 minutos.

Calienta a fuego suave una sartén grande con 2-3 cucharadas de aceite. Pela 2 dientes de ajo, córtalos en láminas y agrégalos a la sartén. Lava las espinacas, córtalas en juliana fina, añádelas y saltéalas durante 3-4 minutos. Pasa las espinacas salteadas a la olla.

Agrega 2 cucharadas de aceite a la sartén donde has salteado las espinacas. Pela los otros 2 dientes de ajo, córtalos en láminas y añádelos a la sartén. Corta las mollejas en rodajas e incorpóralas. Sube el fuego, saltea brevemente las mollejas y pásalas a la olla. Mezcla y cocina todo junto durante 3-4 minutos.

Sirve y decora los platos con unas hojas de perejil.

GARBANZOS CON CHORIZO

INGREDIENTES (4 P.)

400 g de garbanzos
250 g de chorizo fresco
1 cebolla
2 zanahorias
2 dientes de ajo
1 puerro
1 pastilla de caldo de pollo
aceite de oliva virgen extra
1 hoja de laurel
10 hojas de cebollino
perejil

CONSEJO

Si te sobra caldo de cocción de los garbanzos, puedes aprovecharlo para preparar una sopa o congelarlo.

ELABORACIÓN

Pon los garbanzos a remojo la víspera.

Pela la cebolla, las zanahorias y los ajos, limpia el puerro (retirándole la parte inferior, la superior y 2 capas de hojas) y lávalo bien. Corta la cebolla en cuartos, el puerro en 3 trozos y las zanahorias en 4, introdúcelos en una red para cocer legumbres junto con los ajos y ciérrala.

Calienta abundante agua en una olla rápida. Cuando empiece a hervir, incorpora la pastilla de caldo, la red con las hortalizas, la hoja de laurel y los garbanzos escurridos. Cierra la olla y cuece los garbanzos durante 12 minutos.

Espera a que la válvula baje y abre la olla. Saca las hortalizas de la red, pásalas a una batidora de vaso americano, agrega un poco del caldo de la cocción (1 cacillo aprox.), tritúralas bien y reserva el puré.

Calienta una tartera (cazuela amplia y baja) con 1 cucharada de aceite. Corta los chorizos en rodajas, introdúcelos en la sartén y fríelos a fuego medio hasta que se doren un poco. Retira la grasa de la tartera, añade el puré de hortalizas, los garbanzos y un poco del caldo de la cocción de los garbanzos (2 cacillos aprox.). Mezcla bien y cocina todo junto durante 4-5 minutos para que se mezclen los sabores.

Sirve los garbanzos con chorizo en 4 platos hondos. Espolvoréalos con el cebollino finamente picado y decóralos con unas hojas de perejil.

LENTEJAS CON MIJO

INGREDIENTES (4 P.)

300 g de lentejas
150 g de mijo
1 cebolleta
2-3 dientes de ajo
1 zanahoria
1 calabacín
1 pimiento rojo
aceite de oliva virgen extra
perejil
sal

ELABORACIÓN

Calienta una cazuela con 3 cucharadas de aceite. Corta la cebolleta en daditos e introdúcela en la cazuela. Pela los dientes de ajo, córtalos en daditos y añádelos. Pela la zanahoria y el calabacín, córtalos en cuartos de luna finos y agrégalos. Sazona las hortalizas y rehógalas a fuego medio durante 6-8 minutos. Incorpora las lentejas, cúbrelas con agua (el triple que de lentejas), sazónalas, tápalas y cuécelas durante 40-45 minutos.

Calienta 2 cucharadas de aceite en una sartén. Pela el pimiento rojo, córtalo en dados y rehógalo en la sartén a fuego medio durante 15 minutos. Retíralo y resérvalo.

Pon el mijo en un colador y lávalo bien. Pon a calentar la sartén donde has rehogado el pimiento, agrega el mijo y rehógalo un poco hasta que empiece a tostarse. Cúbrelo con agua (el doble y un poco más que de mijo), sazónalo y cuécelo durante unos 20 minutos. Agrega el pimiento rojo y mezcla bien.

Sirve las lentejas en 4 platos y pon 1 porción de mijo en cada uno. Decora los platos con unas hojas de perejil.

LENTEJAS CON TEMPURA DE CALABACÍN

INGREDIENTES (4 P.)

300 g de lentejas
1 calabacín
2 dientes de ajo
1 cebolla
1 pimiento verde
1 tomate
50 g de harina de trigo
50 g de harina de maíz refinada
1 cucharadita de levadura
125 ml de agua fría
aceite de oliva virgen extra
perejil
1 cucharadita de pimentón
sal

ELABORACIÓN

Calienta una olla rápida con 3 cucharadas de aceite. Pela los dientes de ajo y la cebolla, córtalos en daditos e introdúcelos en la olla. Retira el tallo y las semillas del pimiento, córtalo de la misma manera y agrégalo. Sazona las hortalizas y rehógalas a fuego medio durante 10 minutos.

Lava el tomate, rállalo, añádelo a la olla y rehógalo durante 4-5 minutos.

Incorpora el pimentón y las lentejas y mezcla bien. Cubre con abundante agua (el triple que de lentejas), sazona, cierra la olla y cuece las lentejas durante 15 minutos.

Mezcla en un bol la harina de trigo, la harina de maíz refinada y la levadura. Añade poco a poco el agua fría, sin dejar de remover, hasta conseguir la textura deseada. Sazona la mezcla y deja que repose durante 15 minutos.

Calienta una sartén con bastante aceite. Lava el calabacín, córtalo por la mitad a lo ancho y después en bastones. Introduce los bastones en la tempura, añádelos a la sartén y fríelos hasta que se doren. Retíralos y escúrrelos sobre un plato cubierto con papel absorbente.

Reparte las lentejas en 4 platos y acompáñalas con los bastones de calabacín en tempura. Decora los platos con unas hojas de perejil.

SALTEADO DE GARBANZOS Y PASAS CON ARROZ

INGREDIENTES (4 P.)

350 g de garbanzos (remojados desde la víspera)
150 g de pasas (remojadas)
200 g de arroz basmati
2 dientes de ajo
1 cebolla roja
100 g de anacardos
aceite de oliva virgen extra
nuez moscada
10 g de hojas de cilantro
perejil
sal

ELABORACIÓN

Calienta abundante agua en una olla rápida. Cuando empiece a hervir, introduce en ella los garbanzos (escurridos) y sazónalos. Cierra la olla y cuécelos durante 25-30 minutos.

Calienta 2 cucharadas de aceite en una cazuela. Aplasta con la mano los dientes de ajo (con piel) y rehógalos brevemente en la cazuela. Añade el arroz y la misma cantidad de agua, sazónalo, tápalo y cuécelo a fuego medio durante 10-12 minutos.

Calienta un wok con 2 cucharadas de aceite. Pela la cebolla, córtala en daditos, agrégala al wok, sazónala y rehógala a fuego medio durante unos 8 minutos. Incorpora los garbanzos (escurridos), las pasas (escurridas) y los anacardos. Ralla encima un poco de nuez moscada y espolvorea con las hojas de cilantro finamente picadas. Cocina conjuntamente durante 4-5 minutos.

Reparte el arroz en 4 platos y coloca encima (a un lado, dejando que se vea parte del arroz) el salteado. Decora los platos con unas hojas de perejil.

CONSEJO

Esta receta es perfecta como plato único, pues los cereales aportan a las legumbres los aminoácidos necesarios para formar proteínas completas.

GARBANZOS CON LANGOSTINOS

INGREDIENTES (4 P.)

300 g de garbanzos
16 langostinos
2 dientes de ajo
1 cebolla
1 pimiento rojo
2 rebanadas de pan
50 ml de vino blanco
150 ml de salsa de tomate
aceite de oliva virgen extra
1 hoja de laurel
perejil
1 cucharadita de pimentón dulce
sal

ELABORACIÓN

La víspera, pon los garbanzos a remojo.

Pela los langostinos y reserva, por un lado, las colas peladas, y, por otro, las cáscaras y las cabezas.

Calienta 2 cucharadas de aceite en una cazuela, introduce en ella las cabezas y las cáscaras de los langostinos y rehógalas hasta que se doren (4-5 minutos). Cúbrelas con 800-1000 ml de agua, sazónalas y cuécelas a fuego medio durante 10-15 minutos.

Cuela el caldo, pásalo a una olla rápida y ponlo a calentar. Agrega la hoja de laurel y los garbanzos (escurridos) y cuécelos durante 25 minutos.

Pela los dientes de ajo, la cebolla y el pimiento, córtalos en daditos y resérvalos.

Calienta 3 cucharadas de aceite en una sartén. Corta el pan en dados y fríelos en la sartén hasta que se doren. Retíralos a un plato y resérvalos.

Añade 2 cucharadas de aceite a la sartén donde has frito el pan, incorpora las hortalizas reservadas, sazónalas y rehógalas a fuego suave-medio durante 10 minutos.

Agrega a la sartén el pimentón, vierte encima el vino blanco y dale un hervor (2-3 minutos) para que se evapore el alcohol. Añade la salsa de tomate y cocina todo junto durante 2 minutos.

Pasa el sofrito a una jarra junto con los dados de pan frito y 2 cacillos del caldo de la cocción de los garbanzos y tritura todo con una batidora eléctrica hasta conseguir un puré homogéneo.

Retira de la olla con los garbanzos un poco de caldo (para que no queden demasiado líquidos) y agrega el puré. Pon la olla al fuego, sazona los langostinos, introdúcelos en la olla y dales un hervor. Apaga el fuego, deja que reposen durante 2-3 minutos y espolvorea el guiso con un poco de perejil.

Reparte los garbanzos con langostinos en 4 platos y decóralos con unas hojas de perejil.

CONSEJO

Tener algún bote de legumbres en conserva en la despensa es de gran ayuda para esas ocasiones en las que no tenemos mucho tiempo para cocinar.

POCHAS CON CALAMARES Y ESPÁRRAGOS VERDES

INGREDIENTES (4 P.)

500 g de pochas (alubia blanca tierna)

500 g de calamares limpios

12 espárragos verdes

1 cebolleta

2 zanahorias

1 tomate

aceite de oliva virgen extra

perejil

sal

ELABORACIÓN

Corta la cebolleta en daditos y ponla a rehogar en una cazuela con 3 cucharadas de aceite. Pela las zanahorias, córtalas en cuartos de luna finos y añádelas. Sazona las hortalizas y rehógalas a fuego suave durante 10 minutos.

Retira la parte inferior de los espárragos, córtalos en rodajas de 2 cm y añádelos a la cazuela. Lava el tomate, rállalo, incorpóralo y rehoga todo junto durante 5 minutos.

Corta los calamares en dados, sazónalos, agrégalos a la cazuela y rehógalos durante 3 minutos. Añade las pochas, cúbrelas con agua (1-2 dedos por encima) y cocina todo junto durante 35-40 minutos.

Sirve y adorna los platos con unas hojas de perejil.

POCHAS CON PIMIENTOS

INGREDIENTES (4 P.)

500 g de pochas desgranadas

3 pimientos morrones rojos

1 cebolla

1-2 dientes de ajo

1 cucharada de mostaza

1 cucharada de vinagre

aceite de oliva virgen extra

1 hoja de laurel

perejil

sal

ELABORACIÓN

Lava los pimientos, retírales los tallos y las semillas, colócalos en una fuente apta para el horno y hornéalos a 190 °C durante 35-40 minutos. Retíralos, deja que se templen, pélalos, córtalos en tiras y resérvalos.

Lava las pochas, colócalas en una cazuela y cúbrelas con agua (2 dedos por encima). Pela la cebolla y añádela (entera). Agrega la hoja de laurel y unas ramas de perejil. Sazona, tapa la cazuela y cuece las pochas a fuego suave-medio durante 35-40 minutos.

Retira la cebolla, la hoja de laurel y las ramas de perejil de la cazuela. Escurre las pochas, pásalas a un bol grande e incorpora los pimientos.

Pela el diente de ajo, pícalo finamente y ponlo en un bote (que tenga tapa). Agrega la mostaza, el vinagre y 6-8 cucharadas de aceite, tapa el bote y agita los ingredientes hasta que queden perfectamente integrados. Vierte la mezcla sobre el bol con las pochas y los pimientos y mezcla suavemente.

Sirve y decora los platos con unas hojas de perejil.

LENTEJAS CON REPOLLO Y MORCILLA

INGREDIENTES (4 P.)

300 g de lentejas
1 repollo
12 morcillas de cebolla pequeñas
4 dientes de ajo
1 cebolla
1 zanahoria
1 pimiento verde
aceite de oliva virgen extra
perejil
sal

CONSEJO

El agua en la que se ha cocido el repollo puede venir muy bien para preparar una sopa de fideos o una rica sopa de ajo.

ELABORACIÓN

Calienta 3 cucharadas de aceite en una olla rápida. Pela 2 dientes de ajo y la cebolla, córtalos en daditos y añádelos. Pela la zanahoria, córtala en cuartos de luna finos e incorpórala. Retira el tallo y las semillas del pimiento verde, córtalo en dados y agrégalo. Sazona las hortalizas y rehógalas durante unos 10 minutos.

Incorpora las lentejas, cúbrelas con 900-1.200 ml de agua, cierra la olla y cocínalas durante 10 minutos.

Calienta una cazuela con abundante agua. Corta el repollo en dados, introdúcelo en la cazuela, sazónalo y cuécelo a fuego medio durante 20 minutos. Escúrrelo bien y resérvalo. Reserva también el caldo.

Calienta agua en una cazuela pequeña, introduce en ella las morcillas y cuécelas a fuego suave durante 10 minutos. Escúrrelas y resérvalas.

Calienta una sartén grande con 5 cucharadas de aceite. Pela los otros 2 dientes de ajo, córtalos en láminas y añádelos a la sartén. Cuando se empiecen a dorar, incorpora el repollo y saltéalo brevemente.

Sirve en cada plato 1 porción de lentejas, 1 de repollo salteado y 3 morcillitas. Decora los platos con unas hojas de perejil.

SALTEADO DE GARBANZOS Y POLLO

INGREDIENTES (4 P.)

400 g de garbanzos cocidos
400 g de pechuga de pollo
1 cebolleta
1 pimiento rojo
3 dientes de ajo
12 ajos frescos
2 cucharadas de salsa de soja
aceite de oliva virgen extra
perejil
pimienta
sal

ELABORACIÓN

Calienta el wok con 3-4 cucharadas de aceite. Corta la cebolleta en dados e introdúcela en el wok. Pela el pimiento, córtalo de la misma manera y añádelo. Pela los dientes de ajo, córtalos en láminas y agrégalos. Sazona las hortalizas y saltéalas a fuego medio-alto durante 5-8 minutos (según te guste el punto de las hortalizas). Retíralas a una fuente y resérvalas.

Calienta 3 cucharadas de aceite en el wok. Limpia los ajos frescos, córtalos en rodajas y saltéalos en el wok durante 2-3 minutos. Corta el pollo en trozos de bocado, salpimiéntalos, añádelos al wok y cocina conjuntamente durante 4-5 minutos.

Incorpora los garbanzos y las hortalizas al wok y saltea todo durante 3-4 minutos.

Vierte encima la salsa de soja y mezcla bien.

Sirve el salteado y adorna los platos con unas hojas de perejil.

VERDINAS CON CIGALITAS

INGREDIENTES (4 P.)

300 g de alubias verdinas
200 g de colas de cigalitas congeladas peladas
1 cebolla
2 zanahorias
2 puerros
aceite de oliva virgen extra
perejil
sal

ELABORACIÓN

La víspera, pon las verdinas a remojo. Escúrrelas, ponlas en una olla rápida y cúbrelas con agua (3 dedos por encima). Pela la cebolla y agrégala. Sazona las alubias y cuécelas durante 20 minutos. Abre la olla, pasa la cebolla a un vaso batidor, añade 1 cacillo de verdinas y un poco del agua de cocción, tritura bien y reserva el puré.

Calienta 4 cucharadas de aceite en una tartera (cazuela amplia y baja). Pela las zanahorias, limpia los puerros (retirándoles la parte inferior, la superior y 2-3 capas de hojas) y lávalos bien. Corta las hortalizas en cuartos de luna finos, añádelas a la tartera, sazónalas y rehógalas a fuego medio durante 10 minutos.

Agrega las cigalitas a la tartera y rehógalas brevemente (1 minuto).

Incorpora las verdinas (escurridas) y el puré reservado a la tartera y mezcla bien (si quieres aligerarlo, puedes añadirle un poco más del caldo de cocción de las verdinas). Espolvorea el guiso con un poco de perejil picado y sirve. Adorna los platos con unas hojas de perejil.

POTAJE DE ALUBIAS BLANCAS, ACELGAS Y PATATA

INGREDIENTES (4 P.)

- 300 g de alubias blancas (arrocina)
- 4 hojas de acelga
- 2 patatas
- 1 cebolla
- 1 pimiento verde
- 2 dientes de ajo
- 1 loncha gruesa de jamón (100 g)
- aceite de oliva virgen extra
- perejil
- 1 cucharada de pimentón dulce
- sal

ELABORACIÓN

Lava las alubias y ponlas a remojo la víspera. Escúrrelas y resérvalas.

Calienta 2 cucharadas de aceite en una olla rápida. Pela la cebolla, córtala en daditos e introdúcela en la olla. Retira el tallo y las semillas del pimiento, córtalo en dados y añádelo. Sazona las hortalizas y rehógalas a fuego medio durante 5-6 minutos.

Agrega a la olla las alubias, cúbrelas con agua (2 dedos por encima), sazónalas, cierra la olla y cocínalas durante 8-10 minutos.

Pela las patatas y trocéalas (cascándolas). Limpia las acelgas y córtalas en dados.

Abre la olla, incorpora las patatas y las acelgas, sazona, cierra la olla y cocina todo durante 4-5 minutos.

Calienta 4 cucharadas de aceite en una sartén. Pela los ajos, córtalos por la mitad y después en láminas y agrégalos a la sartén. Corta el jamón en dados, incorpóralo y rehógalo brevemente. Aparta la sartén del fuego, añade el pimentón, mezcla y vierte el refrito sobre el potaje.

Remueve la olla y cocina todo conjuntamente durante 2 minutos.

Sirve y decora los platos con unas hojas de perejil.

CONSEJO

Para aprovechar al máximo los minerales y vitaminas de las acelgas, lo más adecuado es hacerlas en olla exprés o al vapor.

POTAJE DE VIGILIA

INGREDIENTES (4 P.)

300 g de garbanzos
300 g de espinacas (limpias)
500 g de bacalao desalado
2 cebollas
2 huevos
1 diente de ajo
1 rebanada de pan (de la víspera)
1 puerro
aceite de oliva virgen extra
2 hojas de laurel
perejil
1 cucharada de pimentón
sal

ELABORACIÓN

Pon los garbanzos a remojo la víspera. Escúrrelos.

Pon abundante agua a calentar en una olla rápida. Cuando empiece a hervir, introduce en ella los garbanzos, las hojas de laurel, 1 cebolla (pelada) y una pizca de sal. Cierra la olla y cuece los garbanzos durante 15-20 minutos.

Pon los huevos en un cazo, cúbrelos con agua y cuécelos durante 10 minutos (contados a partir del momento en que el agua empiece a hervir). Refréscalos, pélalos y resérvalos.

Corta el bacalao en dados (en trozos de bocado) y resérvalos

Calienta 4 cucharadas de aceite en una tartera (cazuela amplia y baja). Pela el diente de ajo, córtalo en láminas y añádelo. Corta el pan en dados, agrégalos a la sartén y fríelos hasta que se doren. Pasa los ajos y el pan frito al mortero, májalos bien y reserva el majado.

Pela la otra cebolla, córtala en daditos e incorpórala a la tartera donde has frito los ajos y el pan. Limpia el puerro (retirándole la parte inferior, la superior y 2 capas de hojas), lávalo bien, córtalo en cuartos de luna finos y añádelo a la tartera. Sazona las hortalizas y rehógalas a fuego suave durante 8-10 minutos.

Incorpora a la tartera el pimentón y mezcla bien. Vierte encima 1-2 cacillos del caldo resultante de cocer los garbanzos. Agrega las espinacas, tapa la tartera y cocínalas durante 2 minutos. Incorpora los garbanzos, los dados de bacalao, otro cacillo de caldo y el majado. Remueve la cazuela y cocina los ingredientes durante 4-5 minutos.

Corta los huevos cocidos en cuartos.

Reparte el potaje en 4 platos y decóralos con 2 cuartos de huevo cocido y unas hojas de perejil.

CONSEJO

En esta receta hemos empleado espinacas, pero cualquier otra verdura, como, por ejemplo, acelgas o borrajas, también iría muy bien.

ESTOFADO DE ALUBIAS Y CERDO

INGREDIENTES (4 P.)

100 g de alubia blanca

100 g de alubia roja

100 g de alubia pinta

400 g de cabezada de cerdo (troceada)

200 g de tocino fresco (troceado)

2 cucharadas de mantequilla

1 cebolleta

1 zanahoria

1 puerro

1 tallo de apio

3 cucharadas de pasta de tomate

500 ml de caldo de carne

1 cucharada de salsa inglesa

1 cucharada de vinagre de vino tinto

aceite de oliva virgen extra

2 cucharaditas de tomillo seco

2 hojas de laurel

perejil

sal

ELABORACIÓN

La víspera, pon a remojo todas las alubias en agua fría. Escúrrelas, ponlas en una cazuela, cúbrelas con agua, sazónalas y cuécelas a fuego medio durante 10 minutos. Resérvalas.

Calienta la mantequilla y 2 cucharadas de aceite en una tartera (cazuela amplia y baja) apta para el horno. Corta la cebolleta en daditos. Pela la zanahoria, limpia el puerro (retirándole la parte inferior, la superior y 2-3 capas de hojas) y lávalo y córtalos en cuartos de luna finos. Corta la rama de apio en daditos. Introduce las hortalizas en la tartera, sazónalas y rehógalas a fuego medio durante 10 minutos.

Sazona la carne y el tocino, agrégalos a la tartera y rehógalos durante 4-5 minutos. Añade la pasta de tomate, el tomillo, el laurel y el caldo.

Escurre las alubias, incorpóralas a la tartera y mezcla bien. Tapa la tartera, introdúcela en el horno y hornea las alubias a 180 °C (calor arriba y abajo) durante 70 minutos.

Retira la tartera del horno. Condimenta las alubias con la salsa inglesa y el vinagre y remueve un poco. Sirve y decora los platos con unas hojas de perejil.

CONSEJO

La cabezada de cerdo tiene una proporción equilibrada de carne magra y grasa, por lo que es perfecta para los guisos.

GARBANZOS CON CARRILLERAS DE CERDO

INGREDIENTES (4 P.)

300 g de garbanzos
4 carrilleras de cerdo
harina (para rebozar)
2 dientes de ajo
1 cebolleta
1 puerro
1 zanahoria
8 champiñones
4 tomates pera (en conserva)
200 ml de vino tinto
aceite de oliva virgen extra
perejil
pimienta
1 guindilla cayena
sal

ELABORACIÓN

Pon los garbanzos a remojo la víspera. Escúrrelos e introdúcelos en una olla rápida con abundante agua hirviendo. Sazónalos, cierra la olla y cuécelos durante 30 minutos.

Calienta 3 cucharadas de aceite en una cazuela. Retira las membranas que envuelven las carrilleras, salpimiéntalas, pásalas por harina y dóralas bien en la cazuela. Retíralas a un plato y resérvalas. Reserva también la cazuela con el aceite.

Pela los ajos, aplástalos con la hoja del cuchillo y pícalos finamente. Corta la cebolleta en daditos. Limpia el puerro (retirándole la parte inferior, la superior y 2 capas de hojas), lávalo y córtalo en daditos. Pela la zanahoria y córtala de la misma manera. Introduce las hortalizas en la cazuela donde has dorado las carrilleras, sazónalas y rehógalas a fuego medio durante 10-12 minutos.

Corta los champiñones en daditos y agrégalos a la cazuela. Corta los tomates en rodajas y añádelos. Mezcla bien e incorpora las carrilleras, la cayena, el vino y 200 ml de agua. Tapa la cazuela y guisa las carrilleras a fuego medio durante 30 minutos. Retira las carrilleras a un plato, pasa la salsa a una batidora de vaso y tritúrala bien.

Introduce las carrilleras, los garbanzos (escurridos) y la salsa en una cazuela, mezcla bien y cocina conjuntamente durante 3-4 minutos.

Espolvorea el guiso con un poco de perejil picado, sirve y decora los platos con unas hojas de perejil.

CONSEJO

Ten en cuenta que el tiempo de cocción de los garbanzos dependerá de la variedad que emplees.

ALUBIAS BLANCAS CON CODORNICES Y SETAS

INGREDIENTES (4 P.)

400 g de alubia blanca (arrocina)
4 codornices
12 setas shitake
1 pimiento verde
2 zanahorias
2 cebollas
1 puerro
½ pimiento rojo
2 dientes de ajo
1 cucharada de tomate concentrado
250 ml de caldo de ave
aceite de oliva virgen extra
1 hoja de laurel
2 ramas de tomillo
perejil
sal

ELABORACIÓN

Pon las alubias a remojo la víspera. Retírales el agua del remojo y ponlas en una olla rápida con bastante agua.

Retira el tallo y las semillas del pimiento verde, córtalo en 3 trozos e introdúcelo en una red para cocer legumbres u hortalizas. Pela 1 zanahoria y 1 cebolla, limpia el puerro (retirándole la parte inferior, la superior y 2 capas de hojas) y lávalo bien. Corta la zanahoria y el puerro por la mitad y la cebolla en cuartos, añádelos a la red, ciérrala e introdúcela en la olla. Sazona, cierra la olla y cocina las alubias durante 5 minutos. Cuando la olla pierda presión, ábrela, retira las hortalizas, pásalas a un vaso batidor, agrega un poco del caldo de la cocción y tritúralas con una batidora eléctrica. Reserva el puré.

Calienta 3-4 cucharadas de aceite en una tartera (cazuela amplia y baja), sazona las codornices, introdúcelas en la tartera y dóralas bien. Retíralas a un plato y resérvalas.

Pela los ajos, la otra zanahoria, la otra cebolla y el pimiento rojo. Corta las hortalizas en daditos, agrégalas a la tartera (si hiciera falta, agrega 2 cucharadas más de aceite), sazónalas y rehógalas a fuego medio durante 10 minutos.

Corta las setas por la mitad, incorpóralas a la tartera y cocínalas durante 1-2 minutos. Añade la hoja de laurel, el tomate concentrado y el caldo de ave y mezcla bien. Agrega a la tartera el puré de hortalizas, las codornices y las alubias, tapa y cocina conjuntamente a fuego suave-medio durante 15 minutos. Espolvorea el guiso con un poco de perejil picado.

Reparte las alubias y las codornices en 4 platos. Pica las ramas de tomillo finamente y espolvorea con él los platos. Decóralos con unas hojas de perejil.

CONSEJO

La alubia arrocina da muy buen resultado tanto para guisos como el de esta receta como para preparar guarniciones o ensaladas.

COCIDO DE VERANO

INGREDIENTES (4 P.)

300 g de garbanzos
2 puerros
1 zanahoria
2 orejas de cerdo
3 patatas medianas
aceite de oliva virgen extra
1 hoja de laurel
perejil
pimentón (dulce o picante)
sal (fina y gruesa)

Para la vinagreta:

6-8 cucharadas de aceite de oliva virgen extra
2-3 cucharadas de vinagre
1 trozo de pimiento rojo (1/6)
1 trozo de pimiento verde (1/3)
2 pepinillos en vinagre
½ cebolleta
sal

ELABORACIÓN

Pon los garbanzos a remojo la víspera.

Calienta agua en una olla rápida y, cuando empiece a hervir, escurre los garbanzos e introdúcelos en la olla.

Limpia los puerros, córtales la parte inferior y la superior, elimínales 2-3 capas de hojas, lávalos bien, córtalos en 3 e introdúcelos en una red para cocer legumbres. Pela la zanahoria, córtala en 3 y añádela a la red. Cierra la red e introdúcela en la olla. Agrega a la olla la hoja de laurel y las orejas de cerdo y sazona. Cierra la olla y cuece todo durante 40 minutos. Retira los garbanzos a un bol y las orejas a un plato y resérvalos. Cuela el caldo y guárdalo para otra ocasión.

Pela las patatas y, con ayuda de una mandolina, córtalas en láminas finas. Colócalas en 8 moldes (tipo magdalenas) formando 8 flores, sazónalas, riégalas con un chorrito de aceite y hornéalas a 190 °C durante 20 minutos.

Corta las orejas en dados. En el momento de servir, sazónalas (con sal gruesa), riégalas con un chorro de aceite y espolvoréalas con un poco de pimentón.

Para preparar la vinagreta, pica finamente el pimiento verde y ponlo en un bol. Pela el pimiento rojo, pícalo de la misma manera y añádelo. Corta los pepinillos en rodajas finas y agrégalos. Corta la cebolleta en daditos e incorpórala. Sazona, vierte encima el aceite y el vinagre y mezcla bien. Riega los garbanzos con la vinagreta y mezcla bien.

Para servir, coloca un aro de emplatar en un plato, llénalo con una porción de garbanzos y coloca alrededor unos trozos de oreja a un lado y 2 flores de patata al otro. Retira el aro y decora el plato con unas hojas de perejil. Monta otros 3 platos de la misma manera.

CONSEJO

Para hacer las flores de patata, extiende sobre la tabla una fila de 9 láminas de patata superpuestas, enróllalas con cuidado e introdúcelas en un molde (tipo magdalenas). Repite el proceso para montar las otras 7 flores.

ALUBIAS BLANCAS CON CHISTORRA

INGREDIENTES (4 P.)

300 g de alubias blancas
150 g de chistorra
1 patata
1 cebolla
1 puerro
1 pimiento verde
1 diente de ajo
1 zanahoria
aceite de oliva virgen extra
perejil
sal

ELABORACIÓN

La víspera, pon las alubias a remojo.

Escurre las alubias, introdúcelas en una olla rápida y cúbrelas con agua. Pela la patata, trocéala (cascándola) e incorpórala. Sazona.

Pela la cebolla y córtala por la mitad. Limpia el puerro (retirándole la parte inferior, la superior y 2-3 capas de hojas), lávalo y córtalo por la mitad. Retira el tallo y las semillas del pimiento y córtalo en 4. Pela el diente de ajo y córtalo por la mitad. Pela la zanahoria y córtala en 2. Introduce las hortalizas en una red de cocina e incorpórala a la olla. Cierra la olla y cuece las alubias durante 5 minutos.

Cuando la olla pierda presión, pasa las hortalizas a un vaso batidor, agrega un poco del caldo de la cocción junto con algunas alubias y algunos trocitos de patata y tritura todo bien hasta conseguir un puré homogéneo. Vierte el puré sobre las alubias y remueve la olla.

Calienta una sartén con 1-2 cucharadas de aceite. Corta la chistorra en trozos de 2-3 cm, introdúcelos en la sartén y fríelos a fuego medio durante 3-4 minutos. Escurre la chistorra y agrégala a la olla. Cocina todo durante 2-3 minutos y espolvoréalo con un poco de perejil picado.

Reparte las alubias con chistorra en 4 platos y decóralos con unas hojas de perejil.

CONSEJO

Antes de cocinarlas, es importante que las alubias estén al menos durante 8 horas a remojo.

POCHAS CON HORTALIZAS

INGREDIENTES (4 P.)

500 g de pochas peladas (alubia blanca fresca)

1 cebolleta

1 pimiento verde

1 puerro

1 tomate

aceite de oliva virgen extra

perejil

sal

ELABORACIÓN

Calienta una olla rápida con 3 cucharadas de aceite. Corta la cebolleta en dados e introdúcela en la olla. Retira el tallo y las semillas del pimiento, córtalo en dados y agrégalo.

Limpia el puerro (retirándole la parte inferior, la superior y 2-3 capas de hojas), lávalo, córtalo en cuartos de luna finos y añádelo a la olla. Sazona las hortalizas y rehógalas a fuego medio durante 5 minutos.

Incorpora las pochas a la olla, cúbrelas con agua, sazónalas, cierra la olla y cuécelas durante 3 minutos.

Pela el tomate y córtalo en dados. Calienta una sartén con 2 cucharadas de aceite, introduce en ella los dados de tomate, sazónalos y saltéalos durante 3-4 minutos. Añádelos a la olla, mezcla suavemente y sirve. Decora los platos con unas hojas de perejil.

CONSEJO

Las pochas aguantan muy bien la congelación, por lo que, cuando estén en temporada, puedes aprovechar para comprar más de las que vayas a utilizar para congelarlas. Así podrás disfrutar de ellas durante buena parte del año.

HUEVOS

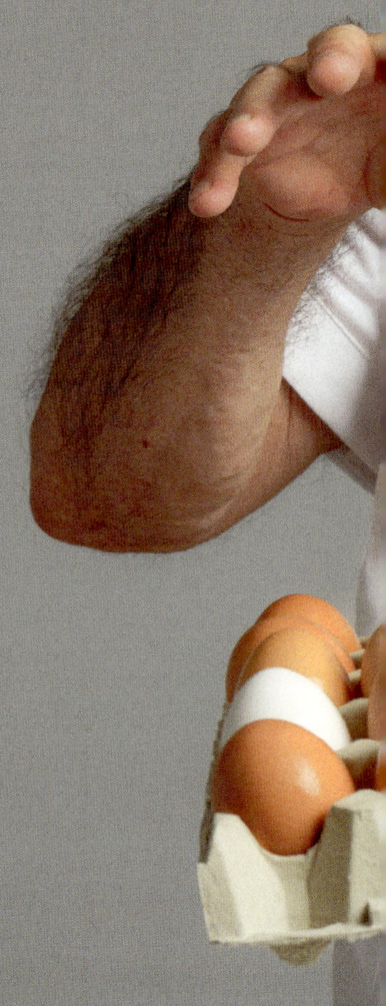

COCINA ABIERTA
KARLOS ARGUIÑANO

HUEVOS GUISADOS DE MERCEDES

INGREDIENTES (4 P.)

4 huevos
150 g de jamón serrano
1 cebolleta grande
1 tomate grande
1 cucharadita de harina
1 diente de ajo
300 g de guisantes congelados
300 g de champiñones pequeños
2 patatas
aceite de oliva virgen extra
perejil
1 cucharadita de pimentón
sal (fina y gruesa)

ELABORACIÓN

Calienta una sartén con 3-4 cucharadas de aceite. Corta el jamón en daditos, introdúcelo en la sartén y rehógalo un poco. Escúrrelo, pásalo a una tartera (cazuela amplia y baja) y resérvalo. Reserva también la sartén con el aceite.

Corta la cebolleta en dados, agrégala a la sartén donde has rehogado el jamón y rehógala durante 5-6 minutos. Pela el tomate, córtalo en dados e incorpóralo a la sartén. Sazona las hortalizas y cocínalas a fuego medio durante 5 minutos. Añade el pimentón y la harina, mezcla bien y rehógalos brevemente (para que la harina pierda el sabor a crudo).

Pela el diente de ajo, trocéalo y ponlo en el mortero. Añade una pizca de sal gruesa y un poco de perejil picado y maja todo bien. Vierte en el mortero 200 ml de agua, rebaña el majado, incorpóralo a la sartén y cocina todo durante 5 minutos. Pasa todo a una jarra y tritúralo con una batidora eléctrica hasta conseguir una salsa homogénea.

Vierte la salsa en la tartera con el jamón, incorpora los guisantes y cocínalos durante 10-12 minutos (según tamaño).

Calienta 2 cucharadas de aceite en una sartén, agrega los champiñones (limpios), sazónalos y saltéalos a fuego medio-fuerte durante 4-5 minutos. Añade los champiñones a la tartera y mezcla bien. Casca los huevos, introdúcelos en la tartera, sazónalos y cocínalos hasta que cuajen las claras.

Calienta abundante aceite en una sartén. Pela las patatas, córtalas en daditos, añádelas a la sartén y fríelas hasta que estén a punto. Retíralas y escúrrelas sobre una fuente cubierta con papel absorbente. Sazónalas y espolvoréalas con un poco de perejil picado.

Reparte los huevos guisados en 4 platos, sirve en cada uno 1 porción de patatas fritas y adorna los platos con unas hojas de perejil.

CONSEJO

Los huevos blancos y los morenos tienen el mismo valor nutricional. La diferencia de color depende de la raza de la gallina que lo ha puesto.

CAZUELITAS DE HORTALIZAS Y HUEVO

INGREDIENTES (4 P.)

4 huevos
2 cebolletas
1 pimiento rojo
2 calabacines
2 berenjenas
200 ml de salsa de tomate
aceite de oliva virgen extra
orégano
perejil
sal

ELABORACIÓN

Calienta una sartén grande con 6 cucharadas de aceite. Corta las cebolletas en dados y añádelas. Pela el pimiento rojo (con un pelador estriado), retírale el tallo y las semillas, córtalo de la misma manera y agrégalo a la sartén. Rehoga las hortalizas a fuego medio durante 8-10 minutos. Corta los calabacines y las berenjenas en cuartos de luna finos e incorpóralos a la sartén, sazona las hortalizas y cocínalas a fuego medio durante 25 minutos más. Añade la salsa de tomate y el orégano y cocina todo durante 5 minutos a fuego medio.

Reparte las hortalizas en 4 cazuelitas de barro. Casca 1 huevo sobre cada una de ellas, introdúcelas en el horno y hornéalas a 190 °C durante 4-5 minutos. Retíralas y sazona los huevos.

Sirve y decora las cazuelitas con unas hojas de perejil.

HUEVO FLOR CON PURÉ DE PATATA Y SETAS

INGREDIENTES (4 P.)

4 huevos
3 patatas grandes
250 g de setas de cultivo
2 dientes de ajo
12 ajos frescos
4 tomates deshidratados en aceite (cortados en daditos)
aceite de oliva virgen extra
perejil
sal

ELABORACIÓN

Pon las patatas en una olla rápida, cúbrelas con agua, sazónalas, cierra la olla y cuécelas durante 8-10 minutos. Apaga el fuego y espera a que la válvula baje. Abre la olla, retira las patatas, deja que se templen un poco, pélalas, trocéalas, sazónalas y pásalas por el pasapurés sobre un bol.

Calienta una sartén con 3 cucharadas de aceite. Pela los dientes de ajo y pícalos finamente. Limpia las setas y córtalas en daditos. Introduce los dientes de ajo y las setas en la sartén, sazónalos y saltéalos durante 4-5 minutos. Incorpóralos al puré de patata, mezcla bien y reserva.

Agrega 1-2 cucharadas de aceite a la sartén donde has salteado las setas. Limpia los ajos frescos, córtalos en trozos de 3-4 centímetros, añádelos a la sartén y cocínalos a fuego suave durante 5-6 minutos. Retíralos y resérvalos.

Corta 4 trozos grandes de film transparente y extiéndelos sobre 4 recipientes hondos (copas anchas) marcando bien el interior. Úntalos con aceite y casca 1 huevo encima de cada uno. Envuélvelos con el film, ciérralos bien y átalos con hilo de cocina. Pon a calentar abundante agua en una cazuela. Cuando el agua empiece a hervir, introduce en ella los huevos y cuécelos a fuego medio durante 3-4 minutos. Sácalos y retírales el film.

Sirve el puré de patata en la base de 4 platos hondos, presiona la parte central con una cuchara y pon 1 huevo flor en cada uno. Sazónalos y salpica los platos con los daditos de tomate y los ajos frescos. Decora los platos con unas hojas de perejil.

HUEVO *MOLLET* CON PATATAS PANADERA

INGREDIENTES (4 P.)

4 huevos
3 patatas
2 pimientos verdes
2 cebolletas
2 dientes de ajo
aceite de oliva virgen extra
perejil
sal

CONSEJO

Cuela el aceite resultante de freír las patatas y resérvalo en un bote. Podrás utilizarlo para preparar cualquier guiso de carne o de pescado.

ELABORACIÓN

Calienta abundante aceite en una sartén grande. Pela las patatas, córtalas en rodajas de ½ centímetro e introdúcelas en la sartén. Retira los tallos y las semillas de los pimientos, córtalos por la mitad y después en rodajas de 2 centímetros de grosor y añádelos. Corta las cebolletas en juliana gruesa e incorpóralas. Pela los dientes de ajo, córtalos por la mitad y agrégalos. Sazona las hortalizas y rehógalas a fuego suave-medio durante 15-20 minutos. Escúrrelas bien y resérvalas en una fuente.

Pon abundante agua a calentar en una cazuela. Cuando empiece a hervir, introduce en ella los huevos y cuécelos durante 4-5 minutos (según te guste el punto). Retíralos, pásalos a un bol con agua fría con unos hielos y deja que se enfríen un poco. Toma 1 huevo, golpéale suavemente la cáscara con una cucharilla y pélalo con cuidado. Haz lo mismo con los otros 3 huevos.

Reparte las patatas panadera en 4 platos hondos, coloca 1 huevo en cada uno y decóralos con unas hojas de perejil.

CHAMPIÑONES EN SALSA CON HUEVOS

INGREDIENTES (4 P.)

4 huevos
600 g de champiñones
3 dientes de ajo
1 cebolleta
1 cucharadita de harina
100 ml de vino blanco
aceite de oliva virgen extra
perejil
1 guindilla cayena
sal

ELABORACIÓN

Calienta una tartera (cazuela amplia y baja) con 4 cucharadas de aceite. Pela los dientes de ajo y pícalos finamente y corta la cebolleta en daditos. Introduce las hortalizas en la tartera y rehógalas a fuego medio durante 10 minutos.

Lava los champiñones, sécalos, córtalos en láminas y agrégalos a la tartera. Sazona, incorpora la cayena y cocínalos a fuego medio durante 5 minutos. Añade la harina y mezcla bien. Vierte encima el vino y dale un hervor. Tapa la tartera y cocina los champiñones a fuego suave durante 10 minutos. Retira la cayena.

Casca los huevos, introdúcelos en la tartera, sazónalos, tápalos y cocínalos durante unos 3 minutos. Espolvorea los huevos con un poco de perejil y sirve.

HUEVO FLOR CON BOLETOS Y JAMÓN

INGREDIENTES (4 P.)

4 huevos
500 g de boletos
4 lonchas finas de jamón serrano
1 cebolleta
8 ajos frescos
aceite de oliva virgen extra
perejil
sal

ELABORACIÓN

Coloca un trozo de papel de hornear en una bandeja de horno, extiende encima las lonchas de jamón y hornéalas a 180 °C durante 10 minutos. Retira la bandeja del horno, deja que las lonchas de jamón se enfríen y resérvalas.

Para montar los huevos flor, corta 1 trozo grande de film transparente, ponlo sobre una taza, vierte en ella unas gotas de aceite y casca 1 huevo encima. Toma las puntas del film, júntalas, enróscalas y átalas con un trozo de cuerda de cocina. Haz lo mismo con los otros 3 huevos y resérvalos.

Calienta una sartén grande con 4 cucharadas de aceite. Corta la cebolleta en daditos y los ajos frescos en cilindros, añádelos a la sartén, sazónalos y cocínalos a fuego suave-medio durante 10 minutos.

Retira la parte inferior del tallo de los boletos. Humedece un trozo de papel absorbente y limpia con él los boletos. Córtalos en láminas, incorpóralos a la sartén y cocínalos durante 5 minutos a fuego suave.

Calienta agua en una cazuela y, cuando empiece a hervir, introduce en ella los huevos flor y cuécelos durante 3 minutos. Sácalos del agua y retírales el film.

Reparte los boletos en la base de 4 platos y coloca encima 1 huevo flor y 1 loncha crujiente de jamón en cada uno de ellos. Decóralos con unas hojas de perejil.

HUEVOS TONTOS DE ATÚN

INGREDIENTES (4 P.)

2 huevos
70 g de atún en aceite
6 rebanadas de pan de molde
70 ml de leche
2 dientes de ajo
150 ml de salsa de tomate
aceite de oliva virgen extra
perejil
sal

ELABORACIÓN

Desmenuza el pan y ponlo en un bol. Vierte la leche encima, deja que repose un par de minutos y mezcla los ingredientes con 2 tenedores hasta conseguir una masa.

Desmiga el atún sobre el bol con el pan. Pela los dientes de ajo, pícalos finamente y agrégalos.

Casca los huevos, pásalos a otro bol, sazónalos, agrega un poco de perejil picado y bátelos con una varilla manual. Incorpóralos al bol con el pan y el atún y mezcla bien.

Calienta una sartén con abundante aceite. Con ayuda de 2 cucharas, forma croquetas con la masa, introdúcelas (en tandas) en la sartén y fríelas hasta que estén doradas. Retíralas y escúrrelas sobre una fuente cubierta con papel absorbente.

Reparte los huevos tontos en 4 platos, acompáñalos con un poco de salsa de tomate y adórnalos con unas hojas de perejil.

CONSEJO

Si el día anterior te ha sobrado bastante pan, puedes aprovecharlo para esta receta. Solo tienes que quitarle la corteza y utilizar la miga en lugar del pan de molde. Calcula que necesitarás 180-200 g de miga.

HUEVOS DE LA CASA

INGREDIENTES (4 P.)

8 huevos

700 g de riñones de ternera

5 dientes de ajo

1 cebolla

1 tomate

180 ml de vino de Jerez

300 ml de caldo de verduras

1 cucharada de harina de maíz refinada

2 lonchas de jamón cocido (100 g)

aceite de oliva virgen extra

perejil

pimienta

sal

ELABORACIÓN

Para blanquear los riñones, pon abundante agua a hervir en una cazuela grande. Cuando empiece a hervir, sazónala e introduce en ella los riñones. Déjalos dentro hasta que el agua vuelva a hervir. Sácalos, cambia el agua y repite el proceso dos veces más. Retíralos y deja que se templen. Reserva la cazuela con el agua. Pica finamente los riñones, introdúcelos de nuevo en la cazuela y dales un breve hervor (1 minuto). Retíralos y resérvalos.

Calienta una sartén grande con 4 cucharadas de aceite. Pela los dientes de ajo y la cebolla, córtalos en daditos y agrégalos a la cazuela. Sazona las hortalizas y rehógalas a fuego suave-medio durante 10 minutos. Incorpora los riñones y rehógalos brevemente.

Corta el tomate por la mitad, rállalo y añádelo a la sartén. Vierte encima el vino y el caldo de verduras. Pon a punto de sal y cocina todo durante 10 minutos a fuego medio. Diluye la harina de maíz en agua fría, añade un poco a la sartén y mezcla los ingredientes hasta que ligue la salsa. Espolvorea los riñones con un poco de perejil picado.

Unta 8 flaneras de silicona con un poco de aceite. Casca los huevos, coloca 1 en cada flanera y salpimiéntalos.

Pon un poco de agua (no debe llegar al borde de las flaneras) a calentar en una tartera (cazuela amplia y baja). Cuando el agua empiece a hervir, introduce las flaneras en la tartera, tápala y cocina los huevos al baño maría durante 5 minutos.

Corta el jamón en daditos.

Sirve los riñones en 4 platos, desmolda 2 huevos encima de cada uno y salpícalos con el jamón. Decora los platos con unas hojas de perejil.

CONSEJO

Es muy importante limpiar siempre bien los riñones, y eso es lo que conseguimos al blanquearlos.

TORTILLA DE BERENJENA Y CALABACÍN CON ENSALADA VERDE

INGREDIENTES (4 P.)

8 huevos
1 berenjena
1 calabacín
1 lechuga
1 cebolla
75 g de jamón serrano
1 cebolleta
aceite de oliva virgen extra
vinagre
perejil
sal

ELABORACIÓN

Suelta las hojas de la lechuga, lávalas bien, sécalas, trocéalas y ponlas en una ensaladera.

Calienta abundante aceite en una sartén grande. Pela la cebolla, córtala en cuartos de luna finos e introdúcela en la sartén. Pela la berenjena y el calabacín, córtalos de la misma manera y añádelos. Sazona las hortalizas y rehógalas a fuego medio durante unos 20 minutos. Corta el jamón en daditos, incorpóralo a la sartén y mezcla bien.

Calienta una sartén mediana con 1 cucharada de aceite y extiéndela bien por toda la base. Bate 4 huevos en un bol, sazónalos, agrégales la mitad de las hortalizas y mezcla bien. Vierte la mezcla en la sartén, cuaja la tortilla por los dos lados y retírala a un plato. Repite el proceso con los otros 4 huevos y el resto de las hortalizas.

Corta la cebolleta en juliana fina e incorpórala a la ensaladera. Aliña la ensalada con aceite, vinagre y sal.

Sirve ½ tortilla y 1 porción de ensalada en cada plato y decóralos con unas hojas de perejil.

TORTILLA DE PATATA Y BACALAO CON ESCAROLA

INGREDIENTES (4 P.)

8-10 huevos
2-3 patatas
200 g de bacalao desmigado desalado
1 escarola
1 diente de ajo
½ granada
1 cebolleta
1 pimiento verde
aceite de oliva virgen extra
vinagre
perejil
sal

ELABORACIÓN

Pela el diente de ajo y unta una fuente grande con él. Lava la escarola, sécala, trocéala e introdúcela en la fuente. Con una cuchara, golpea la granada por la parte de la piel hasta que salgan todos los granos y añádelos a la fuente. Reserva la ensalada.

Calienta una sartén grande con abundante aceite. Pela las patatas, córtalas en cuartos de luna finos y agrégalas. Corta la cebolleta en daditos y añádela. Retira el tallo y las semillas del pimiento, córtalo de la misma manera e incorpóralo. Sazona las hortalizas y fríelas a fuego medio durante 20 minutos. Escurre la mezcla y pásala a un bol grande.

Retira el aceite de la sartén, introduce en ella el bacalao y saltéalo brevemente. Añádelo al bol con las hortalizas y mezcla bien.

Calienta una sartén mediana con 1-2 cucharadas de aceite. Bate 4-5 huevos en un bol grande, agrégale la mitad de las hortalizas y mezcla bien. Vierte la mezcla en la sartén y cuaja la tortilla por los dos lados. Repite el proceso con el resto de los ingredientes. Corta las tortillas por la mitad y sirve ½ en cada plato.

Adereza la escarola con aceite, vinagre y sal y pon 1 porción en cada plato. Adórnalos con unas hojas de perejil.

REVUELTO DE ROPA VIEJA

INGREDIENTES (4 P.)

8 huevos

400 g de zancarrón de ternera

1 puerro

1 zanahoria

2 dientes de ajo

2 cebolletas

1 pimiento verde

2 pimientos morrones (en conserva)

8 rebanadas de pan

aceite de oliva virgen extra

perejil

sal

CONSEJO

Con las sobras de un cocido puedes hacer muchas cosas, desde un revuelto de ropa vieja, como en esta receta, hasta unas croquetas, una lasaña o un pastel cubierto con puré de patata.

ELABORACIÓN

Pon a calentar abundante agua en una olla rápida e introduce en ella la carne y unas ramas de perejil. Limpia el puerro (retirándole la parte inferior, la superior y 2 capas de hojas), lávalo, córtalo en 3 y agrégalo a la olla. Pela la zanahoria, córtala por la mitad y añádela. Sazona, cierra la olla y cuece los ingredientes durante 40-45 minutos.

Retira la carne de la olla, pícala y resérvala. Reserva el caldo para otra ocasión.

Calienta 4-5 cucharadas de aceite en una sartén. Pela los dientes de ajo, córtalos finamente y añádelos a la sartén. Corta las cebolletas en daditos y agrégalas. Retira el tallo y las semillas del pimiento verde, córtalo en daditos y añádelo. Corta los morrones en daditos y añádelos también. Sazona y rehoga las hortalizas a fuego suave-medio durante unos 12 minutos. Incorpora la carne a la sartén, mezcla bien y cocina todo junto durante 3-4 minutos.

Tuesta las rebanadas de pan y resérvalas.

Casca 2 huevos y ponlos en un bol. Agrega un poco de perejil picado y una pizca de sal y bátelos bien. Añade ¼ parte de la farsa de carne y hortalizas y mezcla bien. Calienta 1 cucharadita de aceite en una sartén, vierte en ella la mezcla y cuájala revolviendo los ingredientes hasta conseguir un revuelto (dale el punto a tu gusto). Repite el proceso hasta conseguir 3 revueltos más.

Sirve 1 revuelto en cada plato, acompáñalos con 2 tostadas de pan y adórnalos con unas hojas de perejil.

REVUELTO DE SETAS CON PAN DE AJO

INGREDIENTES (4 P.)

8 huevos
500 g de setas de temporada
1 barra de pan
2 dientes de ajo
1 cebolleta
aceite de oliva virgen extra
perejil
sal

ELABORACIÓN

Pela los dientes de ajo y májalos en el mortero. Agrega 6 cucharadas de aceite y 1 cucharadita de perejil picado y mezcla bien. Corta el pan en rebanadas, sin llegar a separarlas del todo por la parte inferior. Abre los cortes y úntalos con la mezcla de aceite, ajo y perejil. Junta las rebanadas de nuevo, envuelve el pan con papel de aluminio, colócalo en una bandeja de horno y hornéalo a 150 °C durante 15 minutos. Retírale el papel de aluminio y resérvalo.

Corta la cebolleta en daditos y rehógala en una sartén grande con 4 cucharadas de aceite. Limpia las setas, trocéalas (a mano), incorpóralas a la sartén, sazónalas y rehógalas a fuego medio-alto durante 5 minutos.

Casca los huevos sobre un bol, bátelos, sazónalos, espolvoréalos con un poco de perejil picado, bátelos de nuevo y viértelos en la sartén. Remueve los ingredientes hasta que los huevos cuajen a tu gusto.

Reparte el revuelto en 4 platos, acompáñalos con el pan de ajo y decóralos con unas hojas de perejil.

TORTILLA DE CALABACÍN, ALCACHOFAS, AJOS FRESCOS Y JAMÓN

INGREDIENTES (4 P.)

8 huevos
1 calabacín grande
4 alcachofas
12 ajos frescos
2 lonchas gruesas de jamón (75 g)
aceite de oliva virgen extra
perejil
sal

ELABORACIÓN

Calienta una sartén con 6 cucharadas de aceite. Lava el calabacín, córtalo en cuartos de luna finos, introdúcelo en la sartén, sazónalo y cocínalo a fuego medio durante 6-8 minutos. Escúrrelo, pásalo a un bol y resérvalo.

Pela las alcachofas, retírales el tallo y la punta y córtalas en lonchas finas. Agrega 2 cucharadas de aceite a la sartén donde has cocinado el calabacín, añade las alcachofas, sazónalas y fríelas a fuego medio durante 6-8 minutos.

Limpia los ajos frescos retirándoles la parte inferior, la superior y 1-2 capas de hojas, córtalos en rodajas finas e incorpóralos a la sartén. Saltea todo durante 2-3 minutos más. Corta el jamón en daditos, agrégalo a la sartén y saltéalo brevemente (1 minuto). Escurre las hortalizas, añádelas al bol con el calabacín y mezcla bien.

Bate 4 huevos en un bol, sazónalos y añádeles la mitad de las hortalizas con jamón. Remueve hasta que los ingredientes se integren.

Calienta una sartén con 1 cucharada de aceite, vierte en ella la mezcla y cuaja la tortilla por los dos lados. Repite el proceso con los otros 4 huevos y el resto de las hortalizas con jamón.

Sirve ½ tortilla en cada plato y decóralos con unas hojas de perejil.

TORTILLA DE ACELGAS

INGREDIENTES (4 P.)

6 huevos
500 g de acelgas
1 cebolla
2 dientes de ajo
16 tomates cherry
aceite de oliva virgen extra
perejil
sal

ELABORACIÓN

Calienta 4 cucharadas de aceite en una tartera (cazuela amplia y baja). Pela la cebolla y los dientes de ajo, córtalos en dados, añádelos a la tartera y rehógalos a fuego suave-medio durante 6-8 minutos.

Lava las hojas de acelga y separa las hojas de las pencas. Corta las pencas en daditos, agrégalas a la tartera, sazónalas y cocínalas durante 6-8 minutos. Pica bien las hojas de las acelgas, incorpóralas a la tartera y rehógalas durante 3 minutos.

Casca los huevos, ponlos en un bol grande, sazónalos y bátelos bien. Añade al bol la mezcla de cebolla, ajos y acelgas y bate los ingredientes hasta que queden bien integrados.

Calienta 1 cucharada de aceite en una sartén, vierte en ella la mezcla, remueve un poco y deja que cuaje por la parte inferior. Dale la vuelta y cuaja la tortilla por el otro lado. Retírala un plato y resérvala.

Calienta una sartén con 1 cucharada de aceite, agrega los tomates cherry (limpios y cortados por la mitad), sazónalos, saltéalos durante 2-3 minutos y espolvoréalos con un poco de perejil picado.

Corta la tortilla en 4 porciones, sirve una y unos tomates cherry en cada plato y adórnalos con unas hojas de perejil.

CONSEJO

La acelga no es uno de los vegetales favoritos de los más pequeños de la casa, por lo que prepararlas en tortilla es una buena opción para que se vayan acostumbrando a ella.

PATATAS PANADERA CON HUEVO FLOR

INGREDIENTES (4 P.)

4 huevos
4 patatas
1 cebolleta
1 pimiento rojo
1 pimiento verde
12 ajos frescos
aceite de oliva virgen extra
perejil
sal

ELABORACIÓN

Calienta abundante aceite en una sartén grande. Pela las patatas, córtalas en cuartos de luna finos e introdúcelas en la sartén. Corta la cebolleta en dados y agrégala. Retira el tallo y las semillas de los pimientos, pela el rojo, córtalos en daditos y añádelos a la sartén. Sazona las hortalizas y rehógalas a fuego medio durante 20 minutos. Limpia los ajos frescos, córtalos en cilindros de 1 cm, incorpóralos a la sartén, mezcla y cocina conjuntamente durante 5 minutos más.

Corta 4 trozos grandes de film transparente y extiéndelos sobre 4 recipientes hondos (copas anchas) marcando bien el interior. Úntalos con aceite y casca 1 huevo encima de cada uno. Sazónalos, envuélvelos con el film, ciérralos bien y átalos con hilo de cocina. Pon a calentar abundante agua en una cazuela; cuando empiece a hervir, introduce en ella los huevos y cuécelos a fuego medio durante 3-4 minutos. Sácalos y retírales el film.

Con ayuda de un aro de emplatar cuadrado, sirve las patatas panadera en 4 platos llanos. Pon 1 huevo encima de cada uno y decóralos con unas hojas de perejil.

TIMBAL DE ESCALIVADA CON HUEVO FLOR

INGREDIENTES (4 P.)

4 huevos
8 tomates pera
2 berenjenas
2 pimientos morrones
2 cebolletas
4 tomates deshidratados en aceite
aceite de oliva virgen extra
perejil
sal

ELABORACIÓN

Escalda los tomates en una cazuela con agua hirviendo, pélalos, córtalos por la mitad a lo largo y colócalos sobre un recipiente apto para el horno. Coloca las berenjenas, los pimientos y las cebolletas en una bandeja de horno, sazónalos y riégalos con un chorrito de aceite. Introduce la bandeja y el recipiente con los tomates en el horno y hornea las hortalizas a 190 °C durante 35-40 minutos. Retíralas, deja que se templen y pela los pimientos.

Corta las hortalizas asadas en tiras, escúrrelas bien y pásalas a un bol. Corta los tomates deshidratados de la misma manera e incorpóralos al bol. Sazona y mezcla bien.

Coloca un aro de emplatar en un plato y rellénalo con ¼ parte de la escalivada. Retira el aro y haz lo mismo con otros 3 platos. Resérvalos.

Para montar los huevos flor, corta 1 trozo grande de film transparente, ponlo sobre una taza, vierte en ella unas gotas de acetite y casca 1 huevo encima. Toma las puntas del film, júntalas, enróscalas y átalas con cuerda de cocina. Haz lo mismo con los otros 3 huevos.

Calienta agua en una cazuela; cuando empiece a hervir, introduce en ella los huevos y cuécelos durante 3 minutos. Sácalos del agua y retírales el film. Pon 1 sobre cada timbal y decora los platos con unas hojas de perejil.

TORTILLA DE ESPÁRRAGOS VERDES Y GAMBAS

INGREDIENTES (4 P.)

8 huevos
20 espárragos verdes
20 gambas
20 tomates cherry
aceite de oliva virgen extra
1 cucharadita de vinagre
perejil
sal

ELABORACIÓN

Corta los tomates por la mitad y ponlos en un bol. Alíñalos con sal, 3 cucharadas de aceite y el vinagre. Resérvalos.

Calienta una cazuela con agua. Retira la parte inferior de los espárragos verdes, córtalos en trozos de 2 centímetros, añádelos a la cazuela, sazónalos y escáldalos durante 2 minutos. Retíralos, escúrrelos y sécalos bien. Resérvalos.

Pela las gambas y sazónalas.

Calienta una sartén con 1 cucharadita de aceite. Introduce en ella 5 gambas y ¼ parte de los espárragos y saltéalos brevemente. Bate 2 huevos en un bol, sazónalos y añádelos a la sartén. Cuaja la tortilla y retírala a un plato. Cuaja otras 3 tortillas de la misma manera.

Sirve 1 tortilla y 5 tomates aliñados en cada plato y decóralos con unas hojas de perejil.

CONSEJO

En esta receta se acompañan las tortillas con tomate, pero puedes jugar con las distintas hortalizas de temporada hasta dar con la guarnición que más os guste.

HUEVOS COCIDOS GRATINADOS

INGREDIENTES (4 P.)

6 huevos

4 puerros

5 patatas

150 ml de leche

125 g de queso *mozzarella* rallado

aceite de oliva virgen extra

perejil

pimienta

sal

ELABORACIÓN

Pon los huevos en una cazuela, cúbrelos con agua y cuécelos durante 10 minutos (contados a partir del momento en que el agua empiece a hervir). Retíralos, refréscalos, pélalos y resérvalos.

Calienta 2 cucharadas de aceite en una olla rápida. Limpia los puerros, retirándoles la parte inferior, la superior y 2 capas de hojas, lávalos, córtalos en cuartos de luna finos, introdúcelos en la olla, sazónalos y rehógalos un poco. Pela las patatas, trocéalas (cascándolas), añádelas y mezcla bien. Vierte encima la leche y 500 ml de agua y cierra la olla. Cocina los ingredientes durante 5 minutos.

Pasa los puerros y las patatas (escurridos) a una batidora de vaso, salpimiéntalos y tritúralos bien.

Reparte el puré en 4 recipientes individuales aptos para el horno. Corta los huevos en rodajas y disponlas encima. Espolvorea todo con el queso rallado, introduce los recipientes en el horno y gratínalos hasta que el queso se funda y empiece a dorarse.

Retíralos del horno, coloca una ramita de perejil en cada uno y sirve.

HUEVOS RELLENOS DE PATATAS Y GAMBAS

INGREDIENTES (4 P.)

6 huevos

1 patata

24 gambas

12 aceitunas rellenas

8 hojas de lechuga (limpias)

aceite de oliva virgen extra

perejil

sal

Para la mayonesa:

1 huevo

175 ml de aceite de oliva virgen extra

1 cucharada de vinagre

1 pizca de sal

ELABORACIÓN

Pon agua a calentar en una cazuela. Cuando empiece a hervir, remuévela en círculos, introduce en ella los huevos y cuécelos durante 10 minutos. Retíralos, refréscalos, pélalos y córtalos por la mitad a lo largo. Separa las claras de las yemas y resérvalas por separado.

Lava la patata, ponla en un plato, cúbrela con film transparente, pínchala, introdúcela en el microondas y cocínala durante 6-8 minutos. Retírale el film, pélala, ponla en un bol y aplástala bien con un tenedor. Agrega las yemas al bol, sazónalas y májalas bien.

Calienta una sartén con 2-3 cucharadas de aceite. Pela las gambas, córtalas en rodajas finas, añádelas a la sartén y saltéalas brevemente. Incorpóralas a la mezcla de patata y yemas y mezcla bien.

Para preparar la mayonesa, casca el huevo, ponlo en un vaso batidor con la sal, el vinagre y el aceite y tritura los ingredientes con una batidora eléctrica hasta que emulsionen. Agrega la mitad de la mayonesa (reserva el resto) al bol y vuelve a mezclar.

Rellena las claras con la mezcla. Con ayuda de una cuchara, cúbrelas con una capa fina de mayonesa y pon 1 aceituna sobre cada una.

Corta las hojas de lechuga en juliana fina y repártela en 4 platos. Coloca encima los huevos rellenos y decóralos con unas hojitas de perejil.

TORTILLA DE PATATA TRES QUESOS

INGREDIENTES (4 P.)

8 huevos

4 patatas

50 g de queso *cheddar*

50 g de queso azul

50 g de queso *mozzarella* rallado

1 diente de ajo

1 cebolleta

1 pimiento verde

150 ml de salsa de tomate

aceite de oliva virgen extra

1 cucharadita de orégano

perejil

sal

CONSEJO

Para las personas veganas o alérgicas al huevo, este se puede sustituir en la tortilla de patatas por una mezcla de harina de garbanzo y agua.

ELABORACIÓN

Calienta abundante aceite en una sartén grande. Pela el diente de ajo y córtalo en daditos. Corta la cebolleta en dados. Retira el tallo y las semillas del pimiento y córtalo también en dados. Introduce las hortalizas en la sartén, sazónalas y cocínalas durante 5 minutos.

Pela las patatas, córtalas en cuartos de luna finos e incorpóralas. Sazona y fríe todo a fuego medio durante 20 minutos. Retira la mezcla de la sartén, escúrrela sobre un colador y resérvala.

Calienta una sartén pequeña con 1 cucharada del aceite resultante de freír las patatas. Casca 2 huevos, ponlos en un bol, sazónalos y bátelos bien. Agrega ¼ parte de la mezcla de patatas, cebolleta, pimiento y ajo y mezcla todo. Vierte la mezcla en la sartén y cuaja la tortilla (a tu gusto) por los dos lados. Retírala y resérvala en un plato. Repite el proceso y prepara otras 3 tortillas.

Cubre 2 bandejas de horno con papel de hornear y pon 2 tortillas en cada una.

Mezcla la salsa de tomate con el orégano, reparte 1-2 cucharadas sobre cada tortilla y espárcela bien. Corta el queso *cheddar* en láminas rectangulares y desmenuza el queso azul. Reparte los 3 quesos (*mozzarella*, *cheddar* y azul) sobre las 4 tortillas. Introduce las bandejas en el horno y gratina las tortillas hasta que se fundan los quesos.

Sirve 1 tortilla en cada plato y decóralos con una hojita de perejil.

TOSTA DE HOJALDRE, HUEVO FRITO Y BECHAMEL DE ESPINACAS Y QUESO

INGREDIENTES (4 P.)

4 huevos

1 lámina de hojaldre rectangular

200 g de espinacas

60 g de queso rallado

1 cucharada de semillas de sésamo

40 g de harina

500 ml de leche

aceite de oliva virgen extra

perejil

pimienta

sal

ELABORACIÓN

Estira la lámina de hojaldre con un rodillo y córtala en 4 trozos. Cubre una bandeja de horno con papel de hornear y extiende encima los trozos de hojaldre, sin que se toquen entre sí. Pínchalos con un tenedor, espolvoréalos con el sésamo, tápalos con otro trozo de papel de hornear y ponles encima otra bandeja de horno. Hornea los hojaldres a 200 °C durante 10 minutos, retira la bandeja superior, baja la temperatura del horno a 180 °C y hornea durante 5 minutos más. Retira del horno las tostas de hojaldre y resérvalas.

Calienta una cazuela con agua, introduce en ella las espinacas y cuécelas durante 2 minutos. Retíralas, escúrrelas bien, pícalas finamente y resérvalas.

Para preparar la bechamel, calienta 3 cucharadas de aceite en una cazuela, agrega la harina y cocínala un poco. Vierte encima la leche poco a poco y sin dejar de remover, sazona y cocina la bechamel a fuego suave-medio, removiéndola a menudo, durante 8-10 minutos. Agrega las espinacas y el queso y cocina todo durante 2-3 minutos más.

Calienta una sartén pequeña con abundante aceite. Casca 1 huevo, añádelo y fríelo a tu gusto. Fríe los otros 3 huevos de la misma manera. Salpiméntalos.

Sirve en cada plato 1 tosta de hojaldre, coloca encima los huevos fritos y nápalos con la bechamel de espinacas y queso. Decora los platos con unas hojas de perejil.

TOSTA DE JAMÓN, QUESO, HUEVO FRITO Y AGUACATE

INGREDIENTES (4 P.)

4 huevos

4 rebanadas grandes de pan

4 lonchas de jamón cocido

4 lonchas de queso danés

1 aguacate

aceite de oliva virgen extra

perejil

sal

ELABORACIÓN

Tuesta las rebanadas de pan en un tostador y extiéndelas sobre una bandeja de horno. Coloca, encima de cada una, 1 loncha de jamón y 1 loncha de queso. Calienta el horno a 150 °C e introdúcelas en el horno mientras fríes los huevos.

Calienta una sartén pequeña con aceite. Casca 1 huevo, añádelo a la sartén y fríelo. Retíralo a un plato y resérvalo. Repite el proceso con los otros 3 huevos.

Corta el aguacate por la mitad, sácale la pulpa con una cuchara y córtalo en 8 gajos.

Retira la bandeja del horno, sirve cada tosta en un plato, coloca 1 huevo frito en el centro de cada una y sazónalos. Pon 1 gajo de aguacate a cada lado y decora las tostas con unas hojas de perejil.

TORTILLA FRANCESA CON CEBOLLA CARAMELIZADA

INGREDIENTES (4 P.)

8 huevos
3 cebollas
2 dientes de ajo
½ barra de pan
80 g de rúcula
aceite de oliva virgen extra
perejil
sal

ELABORACIÓN

Calienta una sartén grande con 4-6 cucharadas de aceite. Pela las cebollas, córtalas en juliana fina y agrégalas a la sartén. Pela los dientes de ajo, pícalos y añádelos. Sazona las hortalizas y cocínalas a fuego medio durante 25-30 minutos. Retíralas y escúrrelas bien. Reserva la cebolla caramelizada.

Corta 8 rebanadas de pan, tuéstalas y resérvalas.

Casca 2 huevos, ponlos en un bol, sazónalos y bátelos bien con una varilla manual. Calienta una sartén con 1 cucharadita de aceite y extiéndelo bien. Vierte en ella los huevos y remuévelos un poco. Cuaja la tortilla, dale forma (enróllala o dóblala por la mitad) y pásala a un plato. Prepara otras 3 tortillas de la misma manera.

Haz un corte a lo largo por la parte superior de las tortillas y rellénalas con la cebolla caramelizada.

Sirve 1 tortilla, 2 rebanadas de pan y un poco de rúcula en cada plato. Adereza las hojas de rúcula con sal y aceite y decora los platos con unas hojas de perejil.

CONSEJO

Saca del frigorífico solo los huevos que vayas a consumir y respeta su fecha de consumo preferente impresa en el envase y en el propio huevo.

TORTILLA-CREP DE CALABACÍN

INGREDIENTES (4 P.)

8 huevos
1 calabacín
16 tomates cherry
10 g de brotes de cebolla
aceite de oliva virgen extra
orégano
perejil
sal

ELABORACIÓN

Calienta una plancha con un poco de aceite. Lava el calabacín, córtalo en lonchas finas (de ½ cm de grosor) y cocínalas en la plancha brevemente por los dos lados.

Calienta una sartén pequeña con 1 cucharada de aceite. Coloca en la base de la sartén 6-8 lonchas de calabacín formando una flor y ponla a calentar. Casca 2 huevos en un bol, sazónalos, agrégales una pizca de orégano, bátelos bien y viértelos sobre el calabacín. Cuaja la tortilla-crepe a fuego medio, dale la vuelta con la ayuda de un plato y cuájala por el otro lado. Pásala al plato en donde la vayas a servir. Repite el proceso con el resto del calabacín y de los huevos hasta conseguir 4 tortillas.

Lava los tomates, córtalos por la mitad y coloca 4 sobre cada tortilla. Decora los platos con los brotes de cebolla y unas hojas de perejil.

TORTILLA DE PATATA Y CHISTORRA CON PIMIENTOS CARAMELIZADOS

INGREDIENTES (4 P.)

8 huevos
3 patatas
100 g de chistorra
3 pimientos morrones rojos
3 dientes de ajo
1 cebolleta
aceite de oliva virgen extra
perejil
sal

ELABORACIÓN

Coloca los pimientos en una bandeja de horno, riégalos con un chorrito de aceite, introdúcelos en el horno y ásalos a 180 °C durante 35-40 minutos. Retíralos y deja que se templen. Pélalos y córtalos en tiras.

Calienta una sartén con 4 cucharadas de aceite. Pela los dientes de ajo, córtalos en láminas y dóralos un poco en la sartén. Incorpora los pimientos, sazónalos y confítalos a fuego suave durante 10-15 minutos. Resérvalos.

Calienta una sartén con abundante aceite. Pela las patatas, córtalas en cuartos de luna finos y añádelas a la sartén. Corta la cebolleta en daditos y agrégala. Sazona las hortalizas y fríelas a fuego medio hasta que estén tiernas por dentro y se doren un poco por fuera. Retira la piel de la chistorra, desmenúzala, incorpórala a la sartén y cocínala brevemente. Escurre la mezcla en un colador.

Bate 2 huevos en un bol, agrega ¼ parte de la mezcla de patata, cebolleta y chistorra y remueve los ingredientes hasta que queden bien integrados. Calienta una sartén pequeña con 1 cucharadita de aceite, vierte en ella la mezcla y cuaja la tortilla por los dos lados. Repite el proceso con el resto de los huevos y de la mezcla de patata, cebolleta y chistorra hasta conseguir 4 tortillas individuales.

Sirve en cada plato 1 tortilla y coloca encima 1 porción de pimientos. Decora los platos con unas hojas de perejil.

HUEVOS RELLENOS CON HUEVAS DE TRUCHA

INGREDIENTES (4 P.)

8 huevos
100 g de huevas de trucha
100 g de mayonesa
1 cucharadita de mostaza de Dijon
1 cucharadita de vinagre blanco
perejil
sal

Para el escabeche:

2 remolachas (peladas y troceadas)
1 l de agua
200 ml de vinagre de manzana
1 cucharada de azúcar
sal

ELABORACIÓN

Pon agua a calentar en una cazuela. Introduce en ella los huevos y cuécelos durante 10 minutos (contados a partir del momento en que el agua empiece a hervir). Retíralos, refréscalos, pélalos y ponlos en un bol grande.

Para preparar el escabeche, pon las remolachas en una cazuela junto con el agua, el vinagre y el azúcar. Sazónalas y cuécelas a fuego medio durante 10 minutos. Deja que se enfríen. Cuela el caldo de la cocción sobre el bol donde están los huevos (reserva las remolachas para otra ocasión), cúbrelos con film transparente, introdúcelos en el frigorífico y déjalos reposar durante 4 horas. Retira los huevos del bol, córtalos por la mitad, retírales las yemas (reserva las claras), ponlas en un bol, sazónalas y májalas con un tenedor. Agrega la mayonesa (si estuviera muy espesa, aligérala con un poco de agua), la mostaza, el vinagre y un poco de perejil picado y mezcla bien. Introduce la farsa en una manga pastelera con una boquilla rizada y rellena con ella las claras.

Pon 2 huevos rellenos (4 mitades) en cada plato, coloca encima unas huevas de trucha y una hoja de perejil y sirve.

CONSEJO

Para que la yema de los huevos quede centrada, antes de introducirlos en la cazuela, mueve el agua en círculos.

BOLLOS RELLENOS DE REVUELTO DE HORTALIZAS Y JAMÓN

INGREDIENTES (4 P.)

4-5 huevos
4 bollos redondos de pan
1 patata
1 cebolleta pequeña
1 pimiento verde
100 g de jamón serrano
aceite de oliva virgen extra
perejil
sal

ELABORACIÓN

Pela la patata, córtala en cuartos de luna finos, sazónala y ponla a freír en una sartén con abundante aceite. Corta la cebolleta en dados y añádela. Retira el tallo y las semillas al pimiento, córtalo de la misma manera y agrégalo a la sartén. Sazona las hortalizas y fríelas a fuego medio durante 15-20 minutos. Escúrrelas y resérvalas.

Deja en la sartén 1 cucharada de aceite y retira el resto. Corta el jamón en dados, incorpóralo a la sartén y saltéalo brevemente. Retíralo y resérvalo.

Bate los huevos en un bol grande y sazónalos. Incorpora al bol las hortalizas fritas y el jamón salteado y mezcla hasta que los ingredientes queden bien integrados.

Agrega a la sartén 1 cucharada de aceite, vierte en ella la mezcla de huevos, hortalizas y jamón y cuájala a tu gusto hasta conseguir un revuelto.

Corta la tapa superior de los bollos de pan, sácales la miga y rellénalos con el revuelto.

Sirve 1 bollo relleno en cada plato y adórnalos con unas hojas de perejil.

CAZUELITAS DE HUEVOS CON BECHAMEL DE JAMÓN

INGREDIENTES (4 P.)

8 huevos
100 g de jamón serrano
2 dientes de ajo
40 g de harina
600 ml de leche
125 g de queso rallado
aceite de oliva virgen extra
perejil
sal

ELABORACIÓN

Calienta una tartera (cazuela amplia y baja) con agua. Cuando empiece a hervir, casca sobre ella 4 huevos y escálfalos durante 3 minutos. Retíralos a un plato y repite el proceso con los otros 4 huevos. Resérvalos.

Para preparar la bechamel de jamón, calienta a fuego suave 3-4 cucharadas de aceite en una cazuela. Pela los dientes de ajo y pícalos finamente y corta el jamón en daditos. Incorpóralos a la cazuela y rehógalos brevemente (sin que lleguen a tomar color). Agrega la harina y rehógala bien. Vierte encima la leche poco a poco, sazona y cocina la bechamel a fuego suave, sin dejar de remover, durante unos 10 minutos.

Coloca 4 cazuelitas (aptas para el horno) sobre una bandeja de horno. Pon 2 huevos escalfados en cada una y cúbrelas con la bechamel de jamón. Reparte el queso rallado por encima y gratínalas en el horno hasta que el queso se funda y se dore un poco.

Sirve 1 cazuelita por persona y decóralas con unas hojas de perejil.

HUEVOS EN SALSA CON ARROZ BLANCO

INGREDIENTES (4 P.)

8 huevos

2 dientes de ajo

1 cebolla grande

1 pimiento rojo

4 tomates grandes maduros

1 cucharada de salsa picante (piri piri)

aceite de oliva virgen extra

12 hojas de albahaca

perejil

1 cucharadita de pimentón

sal

Para el arroz blanco:

200 g de arroz

1 diente de ajo

2 cucharadas de aceite de oliva virgen extra

sal

ELABORACIÓN

Para preparar el arroz, calienta 2 cucharadas de aceite en una cazuela, pela el diente de ajo, córtalo por la mitad, introdúcelo en la cazuela y dóralo un poco. Agrega el arroz, el agua (el doble que de arroz) y sal (a tu gusto) y cocínalo a fuego medio durante 18 minutos.

Calienta 4 cucharadas de aceite en una sartén amplia. Pela los dientes de ajo, córtalos en dados y agrégalos a la sartén. Pela la cebolla, córtala en dados y añádela. Sazona las hortalizas y rehógalas a fuego suave durante 6-8 minutos. Pela el pimiento, retírale el tallo y las semillas, córtalo en dados, incorpóralo a la sartén y rehógalo durante 5 minutos. Pela los tomates, córtalos en dados y añádelos. Sazona las hortalizas y rehógalas a fuego medio durante 15-20 minutos. Agrega el pimentón, la salsa picante y las hojas de albahaca (cortadas en juliana) y mezcla bien.

Casca los huevos, introdúcelos en la sartén, sazónalos, tapa la sartén y cocínalos hasta que cuajen (unos 4-5 minutos o hasta que estén a tu gusto).

Sirve 2 huevos con su salsa y 2 cucharadas de arroz en cada plato y decóralos con unas hojas de perejil.

CONSEJO

Siempre viene bien tener en el frigorífico por lo menos media docena de huevos, ya que, además de tener un precio asequible, son fáciles de preparar y están llenos de nutrientes.

TORTILLA RELLENA DE JAMÓN Y QUESO CON ENSALADA DE REMOLACHA Y AGUACATE

INGREDIENTES (4 P.)

8 huevos
8 lonchas finas de jamón cocido
8 lonchas de queso danés
2 remolachas
1 aguacate
1 diente de ajo
1 cucharada de zumo de limón
aceite de oliva virgen extra
1 cucharada de orégano seco
perejil
sal

ELABORACIÓN

Calienta agua en una olla rápida, lava las remolachas, introdúcelas en la olla, ciérrala y cuécelas durante 8-10 minutos. Cuando baje la válvula, retíralas y pélalas (la piel se desprende a mano fácilmente). Córtalas en medias lunas finas y extiéndelas en una fuente grande.

Calienta una sartén con 1 cucharadita de aceite. Bate 2 huevos en un bol, sazónalos, agrégales un poco de orégano, bátelos bien y viértelos en la sartén. Cuaja la tortilla por los dos lados como si fueras a hacer un crepe. Retira la tortilla a un plato, colócale encima 2 lonchas de queso y 2 lonchas de jamón y enróllala. Repite el proceso con el resto de los huevos, el jamón y el queso hasta conseguir 4 tortillas rellenas.

Pela el aguacate, retírale el hueso y, con una puntilla (cuchillo pequeño), marca la pulpa en dados. Con ayuda de una cuchara, separa la pulpa de la piel y esparce los daditos sobre la remolacha. Pela el diente de ajo, pícalo finamente y espárcelo sobre la remolacha y el aguacate. Sazona y adereza con el zumo de limón y 4 cucharadas de aceite.

Sirve 1 tortilla en cada plato y acompáñalas con la ensalada de remolacha y aguacate. Decora los platos con unas hojas de perejil.

FRITADA DE PIMIENTOS CON PATATAS Y HUEVOS ESCALFADOS

INGREDIENTES (4 P.)

4 huevos
4 pimientos morrones (1 rojo, 2 amarillos, 1 verde)
2 patatas medianas
4 dientes de ajo
aceite de oliva virgen extra
perejil
sal

ELABORACIÓN

Calienta una sartén con 4 cucharadas de aceite. Pela los pimientos con un pelador estriado, retírales los tallos y las semillas y córtalos en tiras. Introduce los pimientos en la sartén, sazónalos y cocínalos a fuego suave-medio durante 20 minutos. Resérvalos.

Calienta otra sartén con abundante aceite. Aplasta los dientes de ajo e introdúcelos en la sartén. Pela las patatas, córtalas en dados (de 1,5 cm), añádelas a la sartén y fríelas a fuego medio hasta que se cocinen por dentro y se doren por fuera. Retíralas, escúrrelas sobre un plato cubierto con papel absorbente y sazónalas.

Calienta agua en una tartera (cazuela amplia y baja). Cuando empiece a hervir, casca los huevos, introdúcelos en la tartera y escálfalos durante 3 minutos. Escúrrelos bien y ponlos en un plato.

Reparte los pimientos y las patatas en 4 platos y coloca 1 diente de ajo y 1 huevo escalfado en el centro de cada uno. Decóralos con unas hojas de perejil.

TORTILLA DE HABITAS

INGREDIENTES (4 P.)

8 huevos

500 g de habitas frescas (desgranadas)

½ barra de pan

8 chalotas

aceite de oliva virgen extra

vinagre

perejil

sal

CONSEJO

Las tortillas de hortalizas son saludables y gustan a todo el mundo. Además, son una buena manera de que los peques de la casa vayan introduciendo hortalizas en su dieta.

ELABORACIÓN

Calienta abundante agua en una cazuela. Cuando el agua empiece a hervir, introduce en ella las habitas, sazónalas y mantenlas en la cazuela hasta que el agua empiece a hervir de nuevo. Retíralas, escúrrelas y deja que se templen. Reserva las más pequeñas. Pela el resto de las habitas y resérvalas por separado.

Corta 8 rebanadas de pan, tuéstalas en un tostador y resérvalas.

Calienta una sartén con 3 cucharadas de aceite. Pela las chalotas, córtalas en daditos, agrégalas a la sartén, sazónalas y rehógalas a fuego suave durante 6-8 minutos. Resérvalas.

Casca 2 huevos, ponlos en un bol, sazónalos y bátelos bien. Agrega ¼ parte de las chalotas y ¼ parte de las habitas. Calienta la sartén (donde has rehogado las chalotas) con 1 cucharada de aceite. Vierte la mezcla en la sartén, cuaja la tortilla a tu gusto y retírala a una fuente. Repite el proceso con el resto de los huevos, las chalotas y las habitas hasta conseguir otras 3 tortillas.

Adereza las habitas reservadas con 1 cucharada de aceite y unas gotas de vinagre.

Sirve en cada plato 1 tortilla, unas habitas aliñadas y 2 tostadas de pan. Decora los platos con unas hojas de perejil.

ARROCES

ARROZ DEL *SENYORET*

INGREDIENTES (4 P.)

400 g de arroz (grano redondo)
8 gambas peladas
4 langostinos pelados
1 cola de rape (300 g)
1 calamar limpio (300 g)
1 sepia limpia (400 g)
2 tomates
1 l de caldo para paella
aceite de oliva virgen extra
perejil
pimienta
30 hebras de azafrán
1 cucharada de pimentón dulce
sal

ELABORACIÓN

Calienta 3-4 cucharadas de aceite en una sartén grande (apta para el horno). Sazona las gambas y los langostinos, introdúcelos en la sartén y saltéalos brevemente. Retíralos a una fuente y resérvalos.

Corta el rape en dados, salpiméntalo, añádelo a la sartén y rehógalo brevemente. Retíralo y resérvalo en la fuente.

Corta el cuerpo del calamar en aros y la cabeza y las aletas en trocitos, sazónalo, incorpóralo a la sartén y saltéalo brevemente. Corta la sepia en dados, sazónala y agrégala. Rehógalos a fuego vivo durante 3-4 minutos aproximadamente.

Corta los tomates por la mitad, rállalos y añádelos a la sartén. Cocina el tomate con el calamar y la sepia durante 4-5 minutos.

Incorpora el arroz a la sartén y mezcla bien. Agrega el azafrán, el pimentón y el caldo, pon a punto de sal y cocina el arroz a fuego medio-alto durante 13 minutos. Añádele el rape, los langostinos y las gambas, mezcla bien, introduce la sartén en el horno y hornea el arroz a 220 °C durante 5 minutos.

Retira el arroz del horno, sirve y decora los platos con unas hojas de perejil.

CONSEJO

Puedes guardar las cabezas y las cáscaras de las gambas y de los langostinos para preparar un caldo en otra ocasión.

ARROZ CALDOSO CON MERLUZA Y ALMEJAS

INGREDIENTES (4 P.)

300 g de arroz bomba
400 g de merluza limpia
16 almejas
4 dientes de ajo
1 cebolleta
50 ml de *txakoli* (o vino blanco)
1.200 ml de caldo de pescado
aceite de oliva virgen extra
perejil
sal

ELABORACIÓN

Calienta a fuego bajo 6 cucharadas de aceite en una tartera (cazuela amplia y baja). Pela los dientes de ajo, pícalos finamente e introdúcelos en la tartera. Corta la cebolleta en daditos y agrégala. Sazona y rehoga las hortalizas durante 4-5 minutos a fuego suave.

Corta la merluza en dados de bocado y añádelos. Rehoga brevemente e incorpora las almejas y el vino. Tapa la tartera y espera a que las almejas se abran. Retira la merluza y las almejas a una fuente y resérvalas.

Añade el arroz a la tartera, rehógalo brevemente y vierte encima el caldo de pescado. Pon a punto de sal y cocina el arroz a fuego medio durante 16 minutos. Añade la merluza y las almejas, espolvorea con un poco de perejil picado y cocina todo junto durante 2 minutos más.

Sirve y decora los platos con unas hojas de perejil.

ARROZ CON BERENJENAS Y JAMÓN

INGREDIENTES (4 P.)

300 g de arroz redondo
2 berenjenas
150 g de jamón serrano
4 dientes de ajo
2 cebollas
1 pimiento verde
aceite de oliva virgen extra
perejil
sal

ELABORACIÓN

Calienta una tartera (cazuela amplia y baja) con 4 cucharadas de aceite. Pela 2 dientes de ajo y las cebollas, córtalos en daditos y agrégalos a la tartera. Sazona y rehoga las hortalizas a fuego suave-medio durante 10 minutos. Retira el tallo y las semillas del pimiento, córtalo en dados, añádelo a la tartera y rehoga todo a fuego medio durante otros 5 minutos. Pela las berenjenas, córtalas en daditos e incorpóralas a la tartera. Sazona las hortalizas y cocínalas a fuego medio durante 20-25 minutos, revolviendo los ingredientes de vez en cuando. Corta el jamón en daditos, agrégalo y cocínalo brevemente.

Calienta 3 cucharadas de aceite en una cazuela. Pela los otros 2 dientes de ajo, córtalos por la mitad a lo largo, añádelos a la cazuela y rehógalos un poco. Agrega el arroz, rehógalo brevemente, cúbrelo con agua (el doble y un poco más que de arroz), sazónalo y cocínalo durante 18 minutos a fuego medio. Apaga el fuego, tápalo con un paño limpio y deja que repose durante 2-3 minutos.

Para servir, pon un aro de emplatar en el centro de un plato hondo, llénalo con la mezcla de hortalizas y jamón y coloca el arroz a su alrededor. Retira el aro y monta otros 3 platos de la misma manera. Decóralos con unas hojas de perejil.

ARROZ CALDOSO DE CODORNIZ

INGREDIENTES (4 P.)

300 g de arroz redondo
4 codornices
2 cebollas
4 dientes de ajo
200 ml de vino tinto
aceite de oliva virgen extra
1 hoja de laurel
perejil
pimienta
sal

ELABORACIÓN

Calienta una cazuela con 6 cucharadas de aceite. Separa los muslos y las pechugas de las codornices, salpimiéntalos e introdúcelos en la cazuela. Dora bien las codornices, retíralas a un plato y resérvalas.

Pela las cebollas y los dientes de ajo, córtalos en dados, añádelos a la cazuela donde has dorado las codornices y rehoga las hortalizas a fuego medio durante 10 minutos. Vierte encima el vino y dale un hervor (3-4 minutos). Añade la hoja de laurel, cubre con 1.250 ml de agua, sazona y cocina a fuego medio durante 20 minutos. Pasa todo a un vaso batidor y tritúralo hasta que quede una salsa homogénea.

Calienta 2 cucharadas de aceite en una sartén, añade el arroz y rehógalo brevemente. Agrega 800 ml de salsa (reserva el resto) y cocina el arroz a fuego medio durante 10 minutos. Incorpora las pechugas y los muslos de las codornices, añade 300 ml de la salsa reservada y cocina todo junto a fuego suave durante 8 minutos más.

Sirve y adorna los platos con unas hojas de perejil.

ARROZ CON ACELGAS Y CHORIZO

INGREDIENTES (4 P.)

300 g de arroz redondo
400 g de acelgas
150 g de chorizo fresco
3 dientes de ajo
1 cebolla
aceite de oliva virgen extra
perejil
1 cucharadita de pimentón
sal

ELABORACIÓN

Calienta 4 cucharadas de aceite en una tartera (cazuela amplia y baja).

Corta el chorizo en rodajas, añádelas a la tartera y rehógalas un poco. Retira el chorizo y resérvalo.

Pela los dientes de ajo y la cebolla, córtalos en daditos y añádelos a la tartera donde has rehogado el chorizo. Limpia las acelgas, separa las pencas de las hojas (reserva las hojas), corta las pencas en dados e incorpóralas. Sazona y rehoga las hortalizas a fuego medio durante 5 minutos.

Pica las hojas de las acelgas finamente, añádelas a la tartera, mezcla todo y rehógalo durante 3-4 minutos.

Agrega el arroz y rehógalo brevemente. Incorpora el chorizo reservado, añade el pimentón y mezcla bien. Cubre con agua (el doble y un poco más que de arroz), pon a punto de sal y cocina el arroz a fuego medio durante 18 minutos.

Apaga el fuego, cubre el arroz con un paño limpio y deja que repose durante 3-4 minutos. Sirve y adorna los platos con unas hojas de perejil.

ARROZ CALDOSO CON BORRAJA Y LANGOSTINOS

INGREDIENTES (4 P.)

300 g de arroz
250 g de borraja
16 langostinos
4 chalotas
2 dientes de ajo
aceite de oliva virgen extra
perejil
sal

CONSEJO

En esta receta se emplea un sofrito muy sencillo utilizando solamente chalotas, pero puedes enriquecerlo añadiendo otros ingredientes como puerros, pimientos, cebolla, tomate...

ELABORACIÓN

Calienta 4 cucharadas de aceite en una cazuela. Pela los langostinos, reserva las colas, agrega las cabezas y las cáscaras a la cazuela y dóralas bien. Vierte encima 2 litros de agua, sazona y cuece durante 15 minutos a fuego suave-medio. Cuela el caldo (aplastando las cabezas contra el colador) y resérvalo.

Corta los tallos de borraja en trozos de 3 cm y cuécelos en una cazuela con agua y una pizca de sal durante 5-6 minutos. Escúrrelos y resérvalos.

Calienta una tartera con 3 cucharadas de aceite. Pela las chalotas, córtalas en daditos, añádelas a la tartera y rehógalas a fuego suave durante 15 minutos. Incorpora el arroz, mezcla todo bien, cúbrelo con 1.500 ml del caldo reservado y pon a punto de sal. Cocina el arroz a fuego medio durante 15 minutos. Incorpora la borraja.

Calienta 2 cucharadas de aceite en una sartén. Pela los dientes de ajo, pícalos finamente, añádelos a la sartén y dóralos un poco. Corta las colas de langostinos en 3 trozos, sazónalos, agrégalos a la sartén y saltéalos brevemente. Espolvoréalos con un poco de perejil picado y agrégalos a la tartera. Apaga el fuego, tapa la tartera con un paño limpio y deja que repose el arroz durante 3 minutos.

Sirve y decora los platos con unas hojas de perejil.

ARROZ CON ACELGAS Y ALUBIAS

INGREDIENTES (4 P.)

250 g de arroz

4 acelgas

200 g de alubias blancas cocidas

2 dientes de ajo

2 zanahorias

1 nabo

1 patata

1 tomate

aceite de oliva virgen extra

perejil

1 cucharada de pimentón

sal

ELABORACIÓN

Calienta 4 cucharadas de aceite en una cazuela grande. Pela los dientes de ajo, córtalos en dados y agrégalos. Pela las zanahorias, córtalas en cuartos de luna finos y añádelas. Pela el nabo, córtalo en daditos e incorpóralo. Pela la patata, córtala en dados y añádela. Sazona y rehoga las hortalizas a fuego medio durante 4-5 minutos.

Lava el tomate, córtalo por la mitad, rállalo y agrégalo a la cazuela. Cocina todo durante 3-4 minutos más y añade el pimentón.

Lava las acelgas, corta las pencas en dados y las hojas en juliana fina e incorpóralas a la cazuela. Cubre todo con agua, sazona y tapa la cazuela. Cuando empiece a hervir, añade las alubias, tapa de nuevo y cocina todo a fuego suave durante 20 minutos.

Agrega el arroz a la cazuela, pon a punto de sal y cocínalo durante 18 minutos a fuego medio.

Sirve y adorna los platos con unas hojas de perejil.

CONSEJO

En esta receta no se emplea ningún producto de origen animal, por lo que es perfecta para quienes llevan una dieta vegana.

ARROZ CON BORRAJA, CHAMPIÑONES Y BACALAO

INGREDIENTES (4 P.)

300 g de arroz bomba
400 g de borraja
250 g de champiñones mini
400 g de bacalao desmigado desalado
1 pimiento choricero
1 cebolla
2 dientes de ajo
1 tomate
aceite de oliva virgen extra
perejil
sal

ELABORACIÓN

Retira el tallo y las semillas del pimiento choricero, ponlo en un bol con agua caliente y deja que se hidrate durante 30 minutos como mínimo. Una vez hidratado, ábrelo, sácale la pulpa con una puntilla y resérvala.

Calienta 750 ml de agua en una cazuela. Cuando empiece a hervir, introduce en ella el bacalao y dale un hervor. Retira el bacalao, escúrrelo y resérvalo. Cuela el caldo y resérvalo por separado.

Calienta agua en una cazuela, corta la borraja en trozos de 2-3 centímetros y agrégala a la cazuela. Sazónala y cuécela a fuego fuerte durante 5 minutos. Retírala, escúrrela y resérvala.

Pela la cebolla y los dientes de ajo, córtalos en daditos y rehógalos durante 5 minutos a fuego medio en una tartera (cazuela amplia y baja) con 4 cucharadas de aceite. Corta el tomate por la mitad, rállalo y agrégalo. Añade también la pulpa del pimiento choricero. Mezcla todo bien y cocínalo a fuego medio durante 5 minutos.

Limpia bien los champiñones, incorpóralos a la tartera y rehógalos brevemente. Agrega el arroz, vierte encima el caldo resultante de cocer el bacalao (el doble y un poco más que de arroz), mezcla y pon a punto de sal. Cocina el arroz a fuego medio durante 10 minutos.

Incorpora al arroz el bacalao y la borraja, mezcla y cocina todo junto a fuego medio durante 8 minutos más.

Sirve y adorna los platos con unas hojas de perejil.

ARROZ BASMATI CON GUISANTES Y CALABACÍN

INGREDIENTES (4 P.)

300 g de arroz basmati
200 g de guisantes desgranados
1 calabacín
1 puerro
1 cebolleta
2 dientes de ajo
700 ml de caldo de verduras
aceite de oliva virgen extra
perejil
sal

ELABORACIÓN

Calienta una tartera (cazuela amplia y baja) con 3-4 cucharadas de aceite. Limpia el puerro (retirándole la parte inferior, la superior y 2-3 capas de hojas), lávalo bien y córtalo en cuartos de luna finos. Corta la cebolleta en daditos. Pela los dientes de ajo y córtalos en daditos. Añade las hortalizas a la tartera y rehógalas a fuego medio durante 5-6 minutos.

Corta el calabacín en cuartos de luna gruesos (2 cm de grosor), agrégalos a la tartera y rehógalos durante 2-3 minutos a fuego medio-alto.

Incorpora el arroz, rehógalo brevemente y vierte encima el caldo. Pon a punto de sal y cocina el arroz a fuego medio-alto durante 10 minutos. Baja el fuego, añade los guisantes y cocina a fuego medio durante 8 minutos más.

Apaga el fuego, tapa la tartera con un paño de cocina limpio y deja que el arroz repose durante 2 minutos. Sirve y decora los platos con unas hojas de perejil.

ARROZ CON BUTIFARRA Y HABITAS

INGREDIENTES (4 P.)

300 g de arroz redondo
3 butifarras (300 g)
150 g de habitas frescas desgranadas
100 g de panceta fresca
1 cebolleta
2 dientes de ajo
1 pimiento verde
100 g de tomate concentrado
50 ml de vino blanco
900 ml de caldo de pollo
aceite de oliva virgen extra
perejil
1 cucharadita de pimentón
sal

ELABORACIÓN

Calienta una tartera (cazuela amplia y baja) apta para el horno con 3-4 cucharadas de aceite. Corta las butifarras en rodajas, introdúcelas en la tartera y dóralas bien. Retíralas a un plato y resérvalas.

Corta la panceta en trozos de 1 cm, agrégala a la tartera y dórala bien.

Corta la cebolleta en daditos. Pela los dientes de ajo y córtalos de la misma manera. Retira el tallo y las semillas del pimiento y córtalo en dados. Añade las hortalizas a la tartera, sazónalas y rehógalas a fuego medio durante 6-8 minutos.

Agrega a la tartera el pimentón, el tomate concentrado y las habitas. Riega con el vino y dale un hervor para que se evapore el alcohol. Incorpora el arroz, rehógalo brevemente y vierte encima el caldo. Pon a punto de sal y cocina el arroz a fuego fuerte durante 5 minutos.

Incorpora la butifarra reservada e introduce la tartera en el horno a 200 °C. Hornéalo durante 13-14 minutos.

Retira el arroz del horno, cúbrelo con un paño y deja que repose durante 4 minutos.

Sirve y decora los platos con unas hojas de perejil.

CONSEJO

Las primeras habas aparecen al final del invierno y su temporada es breve (rara vez llegan al verano), pero durante el resto del año puedes encontrarlas congeladas o en conserva.

ARROZ NEGRO CON LANGOSTINOS

INGREDIENTES (4 P.)

300 g de arroz redondo
24 langostinos
3 bolsas de tinta de calamar
6-8 chalotas
aceite de oliva virgen extra
perejil
sal

ELABORACIÓN

Calienta 3 cucharadas de aceite en una cazuela. Pela los langostinos, reserva las colas, añade las cabezas a la cazuela y rehógalas durante 4-5 minutos. Agrega 1 litro de agua y las tintas a la cazuela y cuece todo durante 15 minutos a fuego suave-medio. Cuela y reserva el caldo.

Calienta 3 cucharadas de aceite en una paellera. Corta 12 de los langostinos en trocitos y deja los otros 12 enteros, sazónalos, añádelos a la paellera y saltéalos brevemente. Retíralos y resérvalos.

Pela las chalotas, córtalas en daditos y rehógalas en la paellera a fuego suave durante 10 minutos. Incorpora el arroz y rehógalo brevemente. Vierte encima unos 700 ml del caldo negro reservado, pon a punto de sal y cocina el arroz a fuego medio durante 15 minutos. Añade al arroz los langostinos troceados y mezcla bien. Coloca encima los langostinos enteros y cocina todo junto durante 3 minutos.

Sirve y decora los platos con unas hojas de perejil.

ARROZ MELOSO DE PISTO Y JAMÓN IBÉRICO

INGREDIENTES (4 P.)

300 g de arroz redondo
1 cebolleta
2 dientes de ajo
1 pimiento verde pequeño
½ pimiento rojo
1 calabacín
4 lonchas finas de jamón ibérico
1 hueso de jamón ibérico
1 puerro
1 zanahoria
aceite de oliva virgen extra
perejil
sal

ELABORACIÓN

Calienta 2 cucharadas de aceite en una cazuela. Agrega el hueso de jamón y rehógalo un poco. Limpia el puerro (retirándole la parte inferior, la superior y 2-3 capas de hojas), lávalo bien, córtalo en trozos y agrégalo a la cazuela. Pela la zanahoria, córtala de la misma manera e incorpórala. Vierte encima 1.250 ml de agua y cuece los ingredientes durante 15-20 minutos a fuego suave-medio. Cuela y reserva el caldo.

Calienta 4 cucharadas de aceite en una tartera (cazuela amplia y baja). Corta la cebolleta en daditos y agrégala. Pela los dientes de ajo, córtalos de la misma manera y añádelos. Retira el tallo y las semillas del pimiento verde, córtalo en dados e incorpóralos. Pela el pimiento rojo, córtalo de la misma manera y añádelo. Sazona las hortalizas y rehógalas a fuego medio durante 10 minutos. Corta el calabacín en dados, incorpóralo a la tartera y cocina las hortalizas durante 5 minutos más.

Agrega el arroz a la tartera, vierte 1 litro (aproximadamente) del caldo reservado, pon a punto de sal y cocínalo a fuego medio durante 18 minutos.

Sirve el arroz, extiende una loncha de jamón en cada plato y decóralos con unas hojas de perejil.

ARROZ CON ALITAS DE POLLO Y HABITAS

INGREDIENTES (4 P.)

300 g de arroz largo
8 alitas de pollo
150 g de habitas frescas desgranadas
4 chalotas
1 puerro
2 dientes de ajo
150 ml de salsa de tomate
700 ml de caldo de pollo
aceite de oliva virgen extra
perejil
pimienta
sal

ELABORACIÓN

Calienta una tartera con 4 cucharadas de aceite. Retira la punta de las alitas y córtalas por la mitad, separando las blanquetas de los alones. Salpimiéntalas, introdúcelas en la tartera y fríelas hasta que se doren. Retíralas a un plato y resérvalas.

Pela las chalotas, córtalas en daditos y añádelas a la tartera donde has dorado las alitas. Limpia el puerro (retirándole la parte inferior, la superior y 2 capas de hojas), lávalo bien, córtalo en cuartos de luna finos y agrégalo a la tartera. Pela los dientes de ajo, pícalos finamente e incorpóralos. Sazona y rehoga las hortalizas a fuego suave durante 8-10 minutos.

Añade el arroz a la tartera y rehógalo brevemente. Incorpora las alitas, las habitas y la salsa de tomate. Vierte encima el caldo, pon a punto de sal y cocina el arroz a fuego medio durante 18 minutos.

Sirve y adorna los platos con unas hojas de perejil.

ARROZ CON CHORIZO Y RIÑONES

INGREDIENTES (4 P.)

300 g de arroz redondo
125 g de chorizo fresco
400 g de riñones de ternera
3 dientes de ajo
1 cebolleta grande
100 ml de vino de Jerez
aceite de oliva virgen extra
perejil
sal

ELABORACIÓN

Para blanquear los riñones, pon abundante agua a hervir en una cazuela. Cuando empiece a hervir, sazónala e introduce en ella los riñones. Cuando el agua vuelva a hervir, saca los riñones, cambia el agua de la cazuela y repite el proceso dos veces más. Retira los riñones y deja que se templen. Reserva la cazuela con el agua. Cuando los riñones se hayan templado, córtalos en trocitos, introdúcelos de nuevo en la cazuela y dales un breve hervor (1 minuto). Retíralos y resérvalos.

Calienta una sartén grande con 4 cucharadas de aceite. Pela los dientes de ajo y córtalos en daditos. Corta la cebolleta del mismo modo. Agrega las hortalizas a la sartén, sazónalas y rehógalas a fuego suave-medio durante 10 minutos. Incorpora los riñones y rehógalos a fuego suave durante 5 minutos. Vierte encima el vino y dale un hervor hasta que se evapore el alcohol. Reserva los riñones.

Calienta 3 cucharadas de aceite en una tartera (cazuela amplia y baja). Corta el chorizo en rodajas, añádelas a la tartera y fríelas brevemente. Agrega el arroz, rehógalo brevemente, cúbrelo con agua (el doble y un poco más que de arroz) y sazónalo. Cocina el arroz a fuego medio durante 15 minutos. Incorpora al arroz los riñones, mezcla y cocina todo junto durante otros 3 minutos.

Sirve y adorna los platos con unas hojas de perejil.

ARROZ CON COLIFLOR Y BACALAO

INGREDIENTES (4 P.)

300 g de arroz (redondo)
300 g de coliflor
225 g de bacalao desalado
3 dientes de ajo
1 cebolleta
1 pimiento verde
100 ml de salsa de tomate
1 pastilla de caldo de pollo
aceite de oliva virgen extra
perejil
1 cucharada de pimentón
20 hebras de azafrán
sal

CONSEJO

Si lo prefieres, puedes sustituir la coliflor por cualquier otra hortaliza de temporada.

ELABORACIÓN

Calienta una tartera (cazuela amplia y baja) apta para el horno con 3 cucharadas de aceite. Pela los dientes de ajo, pícalos finamente e introdúcelos en la tartera. Corta la cebolleta en daditos y agrégala. Retira el tallo y las semillas del pimiento, córtalo de la misma manera y añádelo. Sazona las hortalizas y rehógalas a fuego medio durante 6-8 minutos.

Corta el bacalao en daditos e introdúcelo en la tartera. Incorpora el arroz, el pimentón, el azafrán y la salsa de tomate. Cubre con 750 ml de agua, desmenuza encima la pastilla de caldo, mezcla bien y cocina el arroz durante 5 minutos a fuego fuerte.

Separa la coliflor en ramilletes e introdúcelos en la tartera. Prueba y pon a punto de sal.

Introduce la tartera en el horno a 220 °C y hornea el arroz durante 13 minutos. Apaga el horno, retira la tartera, cúbrela con un paño limpio y deja que repose el arroz durante 3-4 minutos.

Sirve el arroz en 4 platos y decóralos con una hojita de perejil.

ARROZ CON SETAS Y GAMBAS

INGREDIENTES (4 P.)

300 g de arroz

400 g de setas de cultivo

24 gambas

1 cebolleta

16 ajos frescos

aceite de oliva virgen extra

perejil

sal

CONSEJO

Siempre deben lavarse las setas de cultivo, pues, en las instalaciones donde se cultivan, los aspersores que se utilizan para mantener la humedad ambiental suelen emplear agua para uso agrícola, que no es apta para el consumo humano.

ELABORACIÓN

Calienta 3 cucharadas de aceite en una cazuela. Pela las gambas, reserva las colas, introduce las cabezas y las cáscaras en la cazuela y rehógalas durante 5 minutos. Cúbrelas con 800 ml de agua y añade 2 ramas de perejil. Sazona y cuece durante 15-20 minutos a fuego medio. Retira la espuma del caldo, cuélalo y resérvalo.

Calienta 3 cucharadas de aceite en una tartera (cazuela amplia y baja). Corta la cebolleta en daditos y agrégala. Limpia los ajos frescos (retirándoles la parte inferior, la superior y 1-2 capas de hojas), córtalos en rodajas finas y añádelos. Sazona las hortalizas y rehógalas a fuego medio durante 5-6 minutos. Corta las setas en dados, agrégalas a la tartera, sazónalas y cocínalas a fuego medio-alto durante 4-5 minutos.

Incorpora el arroz a la tartera, rehógalo un poco, vierte encima el caldo reservado (el doble y un poco más que de arroz) y mezcla bien. Cocina el arroz a fuego medio durante 16 minutos.

Sazona las gambas y repártelas encima del arroz. Espolvoréalo con un poco de perejil picado, apaga el fuego, tápalo y espera 3 minutos a que las gambas se cocinen con el calor residual.

Sirve y adorna los platos con unas hojas de perejil.

ARROZ CON PIMIENTOS Y POLLO

INGREDIENTES (4 P.)

300 g de arroz bomba
2 pimientos verdes
½ pollo troceado
1 cebolla
1 pimiento rojo
700 ml de caldo de pollo
aceite de oliva virgen extra
perejil
pimienta
sal

ELABORACIÓN

Calienta una tartera (cazuela amplia y baja) con 4 cucharadas de aceite. Salpimienta el pollo, introdúcelo en la tartera y dóralo bien. Retíralo a un plato y resérvalo.

Agrega 2 cucharadas de aceite a la tartera donde has rehogado el pollo. Pela la cebolla, córtala en daditos y añádela a la tartera. Retira los tallos de los pimientos y pela el pimiento rojo, córtalos en daditos y agrégalos. Sazona las hortalizas y rehógalas a fuego suave durante 15 minutos.

Incorpora el arroz a la tartera y rehógalo brevemente. Añade el pollo, vierte encima el caldo y pon a punto de sal. Cocina el arroz a fuego medio durante 18-20 minutos. Apaga el fuego, tapa el arroz con un paño limpio y deja que repose 2 minutos.

Sirve y decora los platos con unas hojas de perejil.

ARROZ CON LAGARTO DE CERDO Y AJOS FRESCOS

INGREDIENTES (4 P.)

300 g de arroz de grano largo
600 g de lagarto de cerdo
16 ajos frescos
5 dientes de ajo
1 carcasa de pollo
1 cebolla
½ pimiento rojo
1 tomate
1 cucharada de alcaparras
aceite de oliva virgen extra
perejil
pimienta
sal

ELABORACIÓN

Calienta en una cazuela 3 cucharadas de aceite. Pela 3 dientes de ajo, córtalos por la mitad y agrégalos a la cazuela. Trocea la carcasa de pollo, salpimiéntala, introdúcela en la cazuela y rehógala bien. Vierte encima 1 litro de agua y cuece todo a fuego suave-medio durante 20 minutos. Cuela y reserva el caldo.

Calienta una tartera (cazuela amplia y baja) con 4 cucharadas de aceite.

Corta la carne de cerdo en dados, salpimiéntala, añádela a la tartera y fríela hasta que se dore. Retírala a un plato y resérvala.

Pela los otros 2 dientes de ajo y la cebolla, córtalos en daditos y agrégalos a la tartera donde has dorado la carne. Pela el pimiento, córtalo de la misma manera y añádelo. Sazona y rehoga las hortalizas a fuego suave durante 10 minutos.

Lava el tomate, córtalo por la mitad, rállalo e incorpóralo a la tartera. Cocina las hortalizas a fuego fuerte durante otros 5 minutos.

Añade a la tartera el arroz y rehógalo brevemente. Incorpora las alcaparras, la carne y 700 ml del caldo reservado y pon a punto de sal. Cocina el arroz a fuego medio durante 18 minutos. Apaga el fuego, tapa el arroz con un paño limpio y deja que repose durante 3-4 minutos.

Calienta 3 cucharadas de aceite en una sartén grande. Limpia los ajos frescos, córtalos en rodajas de 1 centímetro, introdúcelos en la sartén y rehógalos a fuego suave durante 6-8 minutos. Retíralos.

Reparte el arroz en 4 platos y salpícalos con los ajos frescos. Decora los platos con unas hojas de perejil.

ARROZ CON PIMIENTOS Y CARNE PICADA

INGREDIENTES (4 P.)

250 g de arroz de grano largo
3 pimientos verdes
300 g de carne picada de ternera
3 dientes de ajo
1 cebolleta
aceite de oliva virgen extra
pimienta
perejil
sal

ELABORACIÓN

Pela 1 diente de ajo y rehógalo en una cazuela con 1 cucharada de aceite. Agrega el arroz, rehógalo, cúbrelo con agua (el doble y un poco más que de arroz), sazónalo y cocínalo a fuego medio durante 12 minutos. Baja el fuego y cocínalo durante otros 6 minutos. Apaga el fuego, deja que repose durante 2 minutos, suelta los granos de arroz con dos tenedores y resérvalo.

Pela los otros 2 dientes de ajo y pícalos finamente. Corta la cebolleta en daditos. Retira el tallo y las semillas de 1 pimiento y córtalo en daditos. Calienta un wok con 3-4 cucharadas de aceite, agrega las hortalizas, sazónalas y rehógalas a fuego medio durante 10 minutos. Salpimienta la carne, incorpórala y saltéala a fuego fuerte durante 3-4 minutos. Pasa la mezcla de carne y hortalizas a una fuente.

Calienta el wok con 2-3 cucharadas de aceite. Retira el tallo de los otros 2 pimientos, córtalos en dados grandes, añádelos al wok y saltéalos a fuego medio durante 4-5 minutos. Retíralos y resérvalos.

Pon de nuevo el wok al fuego, agrega el arroz, la mezcla de carne picada y hortalizas y los pimientos salteados. Saltea conjuntamente hasta que todos los ingredientes queden bien mezclados.

Sirve y decora los platos con unas hojas de perejil.

ARROZ CON HABITAS Y CALAMAR CON MAYONESA DE AJO

INGREDIENTES (4 P.)

300 g de arroz redondo
150 g de habitas frescas
2 calamares limpios (600 g)
1 cebolleta
150 ml de salsa de tomate
700 ml de caldo de pescado
aceite de oliva virgen extra
perejil
sal

Para la mayonesa de ajo:

1 huevo
1 diente de ajo
175 ml de aceite de girasol
1 cucharada de zumo de limón
sal

ELABORACIÓN

Calienta una tartera (cazuela amplia y baja) con 4-6 cucharadas de aceite. Corta los calamares en trozos de bocado, sazónalos, agrégalos a la tartera y rehógalos brevemente. Retíralos a un plato y resérvalos.

Corta la cebolleta en daditos, añádela a la tartera donde has rehogado los calamares, sazónala y rehógala a fuego suave-medio durante 5 minutos. Incorpora las habitas, mezcla bien y cocínalas durante 2-3 minutos.

Agrega a la tartera la salsa de tomate y los calamares y rehoga todo junto durante 3-4 minutos. Incorpora el arroz y mezcla bien. Vierte encima el caldo de pescado, pon a punto de sal y cocina el arroz a fuego medio durante 18 minutos. Apaga el fuego, cubre el arroz con un paño limpio y deja que repose durante 3 minutos.

Para preparar la mayonesa de ajo, pon en un vaso batidor el huevo, el diente de ajo (pelado y troceado), el zumo de limón y el aceite y tritura los ingredientes con una batidora eléctrica hasta que ligue la mayonesa.

Sirve el arroz acompañado de la mayonesa de ajo y decora los platos con unas hojas de perejil.

ARROZ FRITO CON LANGOSTINOS, POLLO Y HABITAS

INGREDIENTES (4 P.)

200 g de arroz de grano largo

12 langostinos

½ pechuga de pollo

100 g de habitas frescas desgranadas

2 zanahorias

75 ml de salsa de soja

aceite de oliva virgen extra

20 hojas de cebollino

perejil

pimienta

sal

CONSEJO

No remuevas el arroz mientras se cocina, ya que puede llegar a romperse.

ELABORACIÓN

Calienta abundante agua en una cazuela. Cuando empiece a hervir, agrega el arroz, sazónalo y cuécelo durante 10-12 minutos. Escúrrelo, refréscalo y resérvalo.

Calienta otro cazo con agua. Pela las zanahorias, córtalas en cuartos de luna finos y agrégalas. Incorpora también las habitas. Sazona y cuece las hortalizas durante 10-12 minutos. Escúrrelas y resérvalas.

Corta el pollo en dados y resérvalo.

Retírales las cabezas a los langostinos, pélalos y resérvalos.

Calienta 4 cucharadas de aceite en un wok. Salpimienta el pollo, introdúcelo en el wok y saltéalo a fuego alto durante 3-4 minutos. Sazona los langostinos, incorpóralos y saltéalos brevemente. Añade el arroz, las hortalizas y la salsa de soja y saltea todo brevemente.

Sirve el arroz en 4 platos. Pica el cebollino finamente y salpica con él el arroz. Decora los platos con unas hojas de perejil.

ARROZ EN SALSA VERDE CON *KOKOTXAS* REBOZADAS

INGREDIENTES (4 P.)

250 g de arroz redondo
16-20 *kokotxas* de bacalao desaladas (según tamaño)
3 dientes de ajo
1 cebolleta
600 ml de caldo de pescado
harina y huevo batido (para rebozar)
aceite de oliva virgen extra
perejil
1 guindilla cayena
sal

ELABORACIÓN

Calienta una tartera con 4 cucharadas de aceite. Pela los dientes de ajo y pícalos finamente. Corta la cebolleta en daditos. Añade las hortalizas y la cayena a la tartera, sazónalas y rehógalas a fuego suave durante 10 minutos. Retira la cayena, incorpora el arroz, rehógalo brevemente, cúbrelo con el caldo y espolvoréalo con un poco de perejil picado. Pon el arroz a punto de sal y cocínalo a fuego medio durante 18 minutos. Apaga el fuego, cubre el arroz con un paño limpio y deja que repose durante 3-4 minutos.

Calienta una sartén con aceite. Reboza las *kokotxas* pasándolas por harina y huevo, introdúcelas en la sartén (en tandas) y fríelas brevemente por los dos lados. Retíralas a un plato.

Reparte el arroz en 4 platos y coloca las *kokotxas* encima. Decora los platos con unas hojas de perejil.

ARROZ CON SETAS Y CONEJO

INGREDIENTES (4 P.)

300 g de arroz
200 g de setas
½ conejo troceado
1 cebolleta
1 pimiento verde
200 ml de salsa de tomate
2 dientes de ajo
aceite de oliva virgen extra
1 rama de romero
perejil
pimienta
sal

ELABORACIÓN

Calienta 4 cucharadas de aceite en una tartera (cazuela amplia y baja) apta para el horno. Salpimienta el conejo, introdúcelo en la tartera y dóralo bien. Retíralo a un plato y resérvalo.

Añade 2 cucharadas de aceite a la tartera donde has dorado el conejo, corta la cebolleta en daditos y agrégala. Retira el tallo y las semillas del pimiento, córtalo de la misma manera y añádelo. Sazona las hortalizas y rehógalas a fuego medio durante 10 minutos. Vierte encima la salsa de tomate, mezcla bien y cocina todo junto a fuego fuerte durante 5 minutos.

Agrega el arroz a la tartera y rehógalo brevemente. Incorpora los trozos de conejo y la rama de romero, añade 700 ml de agua, sazona el arroz y cocínalo durante 10 minutos a fuego medio.

Pela los dientes de ajo y pícalos finamente. Limpia bien las setas y córtalas en dados. Calienta una sartén con 2 cucharadas de aceite, añade los ajos y, antes de que se doren, agrega las setas y saltéalas a fuego medio-alto durante 5 minutos. Incorpora las setas a la tartera, mezcla todo e introduce la tartera en el horno a 200 °C. Hornea el arroz durante 10 minutos.

Retira la tartera del horno, tápala con un paño limpio y deja que el arroz repose durante 2-3 minutos. Sirve y decora los platos con unas hojas de perejil.

ARROZ, PATATAS Y BACALAO

INGREDIENTES (4 P.)

200 g de arroz

5 patatas

1 lomo de bacalao desalado (350 g)

1 cebolla

2 dientes de ajo

aceite de oliva virgen extra

perejil

20 hebras de azafrán

sal

ELABORACIÓN

Calienta 4 cucharadas de aceite en una cazuela. Pela la cebolla, córtala en dados e introdúcela en la cazuela. Pela los dientes de ajo, córtalos en daditos y agrégalos. Sazona las hortalizas y rehógalas a fuego suave durante 10 minutos, sin que lleguen a dorarse.

Añade el arroz a la cazuela y rehógalo brevemente.

Pela las patatas, trocéalas (cascándolas) e incorpóralas a la cazuela.

Corta el bacalao en dados y añádelo a la cazuela. Cubre todo con 1.500 ml de agua, agrega el azafrán y pon a punto de sal.

Cocina los ingredientes a fuego suave durante 18-20 minutos. Durante la cocción, retira con un cacillo la espuma y la grasa que suben a la superficie.

Espolvorea el guiso con un poco de perejil picado y sirve. Decora los platos con unas hojas de perejil.

CONSEJO

Si quieres que el guiso te quede con un color más amarillo, en lugar de aumentar la cantidad de azafrán, puedes añadirle una cucharadita de colorante alimentario, y así evitarás que sepa demasiado a azafrán.

RISOTTO DE GUISANTES CON QUESO DE CABRA Y HUEVO

INGREDIENTES (4 P.)

300 g de arroz

250 g de guisantes desgranados

120 g de queso curado de cabra

4 huevos

4 chalotas

1 loncha gruesa de jamón serrano (100 g)

aceite de oliva virgen extra

perejil

sal

CONSEJO

Al remover el arroz se consigue que los granos liberen su almidón en el líquido, creando así la característica textura cremosa del *risotto*.

ELABORACIÓN

Calienta 900 ml de agua en una cazuela. Cuando empiece a hervir, añade los guisantes, sazónalos y cuécelos a fuego medio durante 15-20 minutos. Tritura todo con una batidora eléctrica y reserva la crema de guisantes.

Calienta 2 cucharadas de aceite en una tartera (cazuela amplia y baja). Pela las chalotas, córtalas en daditos, introdúcelas en la tartera y rehógalas a fuego suave durante 3-4 minutos, sin que lleguen a dorarse.

Incorpora el arroz a la tartera y rehógalo durante 1-2 minutos. Vierte encima ⅓ de la crema de guisantes, pon a punto de sal y cocina el arroz a fuego suave y sin dejar de remover. Cuando absorba todo el líquido repite el proceso (dos veces más) y cocina el arroz hasta que esté a punto (16 minutos).

Ralla el queso, reserva la mitad, añade el resto al arroz y cocínalo sin dejar de remover durante 2 minutos más.

Calienta agua en otra tartera y sazónala. Casca los huevos, agrégalos a la tartera, escálfalos durante 3-4 minutos y retíralos.

Pica el jamón finamente.

Reparte el arroz en 4 platos y espolvoréalos con el jamón picado y el resto del queso. Coloca 1 huevo escalfado en el centro de cada plato y decóralos con unas hojas de perejil.

HAMBURGUESAS DE ARROZ, JAMÓN Y QUESO

INGREDIENTES (4 P.)

250 g de arroz

150 g de jamón cocido

150 g de queso (que funda bien)

1 cebolleta

2 dientes de ajo

1 huevo

75 g de queso roquefort

150 ml de leche

aceite de oliva virgen extra

perejil

pimienta

sal

ELABORACIÓN

Calienta 2 cucharadas de aceite en una sartén. Corta la cebolleta en daditos y agrégala. Pela los dientes de ajo, córtalos de la misma manera y añádelos a la sartén. Sazona las hortalizas y rehógalas a fuego medio durante 10 minutos. Retíralas, escúrrelas y resérvalas.

Calienta abundante agua en una cazuela. Cuando empiece a hervir, sazónala, añade el arroz y cuécelo durante 20 minutos a fuego medio. Retíralo, escúrrelo y ponlo en un bol. Agrega al bol las hortalizas rehogadas y el huevo. Corta el jamón y el queso en daditos e incorpóralos al bol. Salpimienta, mezcla los ingredientes y amásalos un poco.

Forma las hamburguesas con la mezcla y cocínalas a la plancha.

Para la salsa, pon la leche en un cazo, trocea el queso roquefort y añádelo. Calienta los ingredientes, removiéndolos, hasta que queden bien integrados.

Sirve las hamburguesas y acompáñalas con la salsa de queso. Decora los platos con unas hojas de perejil.

RISOTTO DE BOLETOS Y JAMÓN

INGREDIENTES (4 P.)

250 g de arroz redondo

400 g de boletos

1 loncha gruesa de jamón serrano (100 g)

4 lonchas finas de jamón ibérico

1 hueso de jamón

1 puerro

2 dientes de ajo

1 cebolleta

40 g de queso parmesano rallado

aceite de oliva virgen extra

perejil

ELABORACIÓN

Para preparar el caldo, calienta 2 cucharadas de aceite en una cazuela grande. Agrega el hueso de jamón y rehógalo brevemente. Limpia el puerro (retirándole la parte inferior, la superior y 2 capas de hojas), lávalo, córtalo en rodajas, añádelo a la cazuela y rehoga todo durante 5-6 minutos. Vierte encima 2 litros de agua y cuece durante 20 minutos. Cuela y reserva el caldo.

Calienta una cazuela con 4 cucharadas de aceite. Pela los dientes de ajo y pícalos finamente. Corta la cebolleta en daditos. Agrega las hortalizas a la cazuela y rehógalas a fuego suave durante 6-8 minutos. Corta el jamón serrano en dados, incorpóralos y rehógalos brevemente.

Limpia los boletos, córtalos en trozos (2-3 cm), añádelos a la cazuela y rehógalos brevemente. Incorpora el arroz y 400 ml del caldo reservado. Cocina el arroz a fuego medio sin dejar de remover. Cuando el arroz haya absorbido todo el caldo, repite el proceso (dos veces más) hasta que esté a punto (unos 16-18 minutos).

Incorpora al arroz el queso rallado, mezcla y sirve. Extiende una loncha de jamón ibérico sobre cada plato y decóralos con unas hojas de perejil.

RISOTTO DE GUISANTES Y GAMBAS

INGREDIENTES (4 P.)

250 g de arroz redondo

150 g de guisantes frescos desgranados

36 gambas congeladas

2 puerros

1 cebolleta

100 ml de nata

40 g de mantequilla

aceite de oliva virgen extra

15 hojas de cebollino picado

perejil

sal

ELABORACIÓN

Calienta una cazuela con 3 cucharadas de aceite. Pela las gambas, reserva las colas y agrega las cabezas a la cazuela. Limpia los puerros (retirándoles la parte inferior, la superior y 2-3 capas de hojas), lávalos bien, reserva la parte blanca y añade la parte verde a la cazuela junto con unas ramas de perejil. Rehoga todo durante 3-4 minutos. Cubre con 1.500 ml de agua, sazona y cuece los ingredientes durante 20 minutos a fuego suave-medio. Cuela y reserva el caldo (1.200 ml).

Calienta la mantequilla con 2 cucharadas de aceite en una tartera (cazuela amplia y baja). Pica finamente la cebolleta y la parte blanca de los puerros y agrégalos a la tartera. Sazona y rehoga las hortalizas a fuego suave durante 10 minutos. Añade el arroz y ⅓ del caldo y cocínalo a fuego suave, sin dejar de remover, hasta que el arroz absorba todo el caldo. Incorpora los guisantes y otro ⅓ del caldo y cocínalo a fuego suave, sin dejar de remover, hasta que absorba todo el caldo. Agrega las gambas, vierte encima el resto del caldo y cocínalo a fuego suave, removiéndolo de vez en cuando, hasta que esté a punto (en total, 16 minutos). Vierte encima la nata y cocina el arroz durante otros 2 minutos sin dejar de remover.

Espolvorea el arroz con un poco de cebollino picado y sirve. Decora los platos con unas hojas de perejil.

SALTEADO DE ARROZ Y PATO

INGREDIENTES (4 P.)

200 g de arroz basmati

1 *magret* de pato

1 cebolleta

1 calabacín

aceite de oliva virgen extra

perejil

pimienta

sal

ELABORACIÓN

Calienta 3 cucharadas de aceite en una cazuela, añade al arroz, rehógalo brevemente, cúbrelo con agua (el doble que de arroz) y sazónalo. Sube el fuego al máximo hasta que el agua empiece a hervir. Baja el fuego y cocina el arroz durante 12-15 minutos a fuego medio hasta que se evapore el agua. Resérvalo.

Calienta 3 cucharadas de aceite en un wok. Corta la cebolleta en dados medianos, agrégala al wok y saltéala a fuego medio-alto durante 6-8 minutos. Retírala, escúrrela y resérvala.

Lava el calabacín, córtalo en cuartos de luna (de 2 cm de grosor), añádelo al wok (si hiciera falta, agrega 2 cucharadas de aceite) y saltéalo durante 6-8 minutos a fuego medio-alto. Retíralo y resérvalo junto con la cebolleta.

Calienta 2-3 cucharadas de aceite en el wok. Corta el magret (si quieres, puedes quitarle la grasa de la parte superior) en dados de bocado, salpiméntalos, introdúcelos en el wok y saltéalos hasta que estén a tu gusto. Añade la cebolleta, el calabacín y el arroz y saltea conjuntamente. Sirve y decora los platos con unas hojas de perejil.

ARROZ A LA ZAMORANA

INGREDIENTES (4 P.)

200 g de arroz

3 dientes de ajo

1 cebolla

1 pimiento rojo

100 g de jamón serrano (2 lonchas)

1 chorizo fresco (100 g)

2 nabos (pequeños)

1 mano de cerdo (cocida)

1 oreja de cerdo (cocida)

150 g de panceta fresca (2 lonchas)

2 cucharadas de manteca de cerdo

1 hoja de laurel

perejil

1 cucharada de pimentón

sal

ELABORACIÓN

Calienta la manteca en una tartera (cazuela amplia y baja). Pela los ajos y la cebolla, córtalos en daditos e introdúcelos en la tartera. Pela el pimiento rojo, córtalo de la misma manera y agrégalo. Sazona las hortalizas y rehógalas a fuego suave durante 8-10 minutos. Añade la hoja de laurel.

Corta el jamón y el chorizo en dados, incorpóralos a la tartera y rehógalos brevemente. Pela los nabos, córtalos en daditos, agrégalos y cocina todo durante 6-8 minutos.

Agrega el pimentón y 1 cucharada de perejil picado. Corta la mano de cerdo (deshuesada) y la oreja en dados, añádelas a la tartera y mezcla bien.

Vierte 500 ml de agua en la tartera y pon a punto de sal. Cuando empiece a hervir, agrega el arroz. Mezcla bien y cocínalo a fuego medio durante 14-15 minutos.

Calienta una sartén sin aceite. Corta la panceta en tiras finas, sazónala, añádela a la sartén y dórala bien.

Sirve el arroz en 4 platos y decóralos con las tiras de panceta y unas hojas de perejil.

CONSEJO

Para cocer la oreja y la mano de cerdo, calienta agua en una olla rápida y, cuando hierva, introduce en ella la oreja y la mano de cerdo y escáldalas brevemente. Retíralas. Llena la olla con agua limpia, introduce en ella de nuevo la oreja y la mano y ponla a calentar. Añade 1 cebolla, 1 diente de ajo, 2 hojas de laurel, una pizca de sal, ½ cucharadita de orégano y ½ cucharadita de tomillo. Cierra la olla y cuece las carnes durante 40 minutos.

RISOTTO DE RAPE CON PESTO DE PEREJIL Y ALMENDRAS

INGREDIENTES (4 P.)

320 g de arroz redondo
600 g de rape (limpio)
180 ml de vino dulce
1 chalota
120 ml de vino blanco seco
1 l de caldo de verduras
aceite de oliva virgen extra
perejil
sal

Para el pesto de perejil y almendras:

30 g de hojas de perejil
40 g de almendras
75 ml de aceite de oliva virgen extra
1 pizca de sal

ELABORACIÓN

Corta los lomos de rape en dados grandes, ponlos en un recipiente hondo, sazónalos y riégalos con el vino dulce. Déjalos marinando durante 15-20 minutos. Escurre los dados de rape y resérvalos. Reserva también el vino de la marinada.

Para preparar el pesto, pon en una picadora el aceite, las almendras, el perejil y la sal y tritura todo bien hasta conseguir una pasta homogénea. Pasa el pesto a un bol y resérvalo.

Calienta una sartén con 2 cucharadas de aceite. Añade los dados de rape y dóralos un poco. Retíralos a un plato y resérvalos.

Agrega 1 cucharada de aceite a la sartén donde has dorado el rape y ponla a calentar. Pela la chalota, córtala en daditos, introdúcela en la sartén y rehógala a fuego medio durante 5 minutos. Vierte encima el vino reservado de la marinada, mezcla y deja que reduzca durante 5 minutos a fuego medio. Pasa la reducción a un vaso batidor, tritúrala con una batidora eléctrica y resérvala.

Calienta una tartera sin aceite, añade el arroz y rehógalo brevemente. Vierte encima el vino blanco, dale un hervor fuerte y sazónalo. Añade el caldo poco a poco y cocina el arroz a fuego suave, sin dejar de remover, durante unos 15-16 minutos. Incorpora a la tartera la reducción de vino dulce, el pesto y el rape. Mezcla bien y cocina todo durante 2 minutos más.

Sirve y decora los platos con unas hojas de perejil.

CONSEJO

Para elaborar un *risotto* es importante contar con un buen caldo. En esta receta se emplea uno de verduras, pero, si lo prefieres, puedes sustituirlo por un caldo de pescado

ARROZ AL HORNO CON ALIOLI

INGREDIENTES (4 P.)

300 g de arroz redondo

1 patata

1 cabeza de ajos

350 g de costilla de cerdo (troceada)

150 g de panceta de cerdo fresca

1 morcilla de arroz

2 tomates pera

100 g de garbanzos cocidos

1 cucharadita de colorante alimenticio amarillo

1 tomate para ensalada

aceite de oliva virgen extra

perejil

1 cucharadita de pimentón dulce

sal

Para el alioli:

1 huevo

1 diente de ajo pequeño

1 cucharada de vinagre

175 ml de aceite de oliva virgen extra

sal

ELABORACIÓN

Calienta una sartén con 4-5 cucharadas de aceite. Pela la patata, córtala en rodajas de ½ centímetro de grosor e introdúcela en la sartén. Corta la punta de la cabeza de ajos y deséchala. Introduce la cabeza de ajos (boca abajo) en la sartén y fríe las patatas por los dos lados hasta que se doren un poco. Retira las patatas y pásalas a una tartera (cazuela amplia y baja) apta para el horno. Retira la cabeza de ajos y resérvala en una fuente.

Sazona la costilla de cerdo y dórala bien en la misma sartén donde has frito las patatas. Retírala y pásala a la tartera.

Corta la panceta fresca en dados, sazónala, dórala bien en la misma sartén, retírala y pásala a la tartera.

Retira la piel de la morcilla, córtala en 8 rodajas, agrégala a la sartén y dórala por los dos lados. Retírala y resérvala junto a la cabeza de ajos.

Corta los tomates pera por la mitad y rállalos. Añádelos a la sartén y rehógalos durante 2-3 minutos. Incorpora el pimentón, los garbanzos, el arroz y una pizca de sal, mezcla todo bien y cocina los ingredientes a fuego medio durante 3-4 minutos. Pasa todo a la tartera.

Calienta en un cazo 700 ml de agua con el colorante y mezcla bien. Cuando empiece a hervir, vierte el agua en la tartera. Corta el tomate de ensalada en 4 rodajas, colócalas en la tartera y sazónalas. Coloca también, intercalándolas, las rodajas de morcilla y pon la cabeza de ajos en el centro.

Introduce la tartera en el horno y hornea el arroz a 250 °C durante 10 minutos. Baja la temperatura a 220 °C y hornéalo durante 10 minutos más. Sácalo del horno, tápalo con un paño limpio y deja que repose durante 3-4 minutos.

Para preparar el alioli, pon en un vaso batidor el diente de ajo (picado), el huevo, el vinagre, el aceite y sal (al gusto). Tritura los ingredientes con una batidora eléctrica hasta que liguen.

Sirve el arroz acompañado del alioli y decora con unas hojas de perejil.

CONSEJO

Esta es una receta perfecta para tomar como plato único.

RISOTTO DE FRESAS

INGREDIENTES (4 P.)

300 g de arroz
20 fresas
60 g de mantequilla
½ cebolla blanca
120 ml de cava
1 l de caldo de verduras
40 g de queso parmesano rallado
perejil
sal

ELABORACIÓN

Lava las fresas, retírales el tallo (reserva 2 para decorar) córtalas en daditos y divídelas en 3 partes.

Calienta una tartera con la mitad de la mantequilla. Corta la cebolla en daditos, introdúcela en la tartera y rehógala a fuego suave durante 6-8 minutos.

Agrega a la tartera ⅓ de las fresas y rehógalas durante 2 minutos. Añade el arroz y cocínalo durante 1 minuto sin dejar de remover. Vierte encima el cava y dale un hervor. Sazónalo, agrega ⅓ del caldo poco a poco y cocínalo a fuego suave durante unos 8 minutos, sin dejar de remover, hasta que el arroz lo absorba.

Incorpora al arroz otro ⅓ de las fresas y sigue cocinándolo añadiendo otro ⅓ del caldo poco a poco, sin dejar de remover, durante 6 minutos.

Agrega el resto de las fresas y del caldo (poco a poco) y repite el proceso hasta que el arroz esté hecho (unos 4-5 minutos más). Añade el resto de la mantequilla y el queso parmesano y mezcla bien, hasta que todos los ingredientes queden bien integrados.

Corta las fresas reservadas en láminas finas.

Reparte el *risotto* en 4 platos y decóralos con las láminas de fresa y unas hojas de perejil.

CONSEJO

Si quieres preparar un auténtico *risotto* al estilo italiano, te recomiendo elegir un arroz de las variedades arborio o carnaroli.

PASTAS Y MASAS

COCINA ABIERTA
JOSEBA

FREGOLA CON FRUTOS DEL MAR

INGREDIENTES (4 P.)

320 g de *fregola* mediana (bolitas de sémola)

400 g de gambas

1 kg de mejillones

6 calamares limpios (400 g)

1 diente de ajo

200 ml de salsa de tomate

aceite de oliva virgen extra

perejil

sal

ELABORACIÓN

Pela las gambas y reserva por un lado las colas y por otro las cáscaras y las cabezas. Calienta 2 cucharadas de aceite en una cazuela, introduce en ella las cáscaras y las cabezas de las gambas y rehógalas durante 3-4 minutos. Cúbrelas con 1 litro de agua, sazónalas y cuécelas durante 15 minutos. Cuela el caldo y pásalo a un bol grande.

Calienta un wok con 150 ml de agua. Limpia los mejillones, añádelos al wok y cocínalos hasta que se abran. Retíralos, quítales las conchas y reserva la carne. Cuela el caldo y mézclalo con el caldo de las gambas.

Calienta 3 cucharadas de aceite en una tartera (cazuela amplia y baja). Pela el diente de ajo, córtalo en láminas y agrégalo a la tartera. Corta los calamares en aros, incorpóralos a la tartera junto con las colas de las gambas, sazónalos y rehógalos a fuego fuerte durante 2-3 minutos. Retíralos a un plato y resérvalos. Deja en la tartera el jugo que hayan soltado.

Agrega a la tartera la *fregola*, rehógala brevemente y añade 3 cacillos de caldo. Cocina la *fregola* a fuego medio durante 4-5 minutos sin dejar de remover. Incorpora a la tartera la salsa de tomate y sigue cocinándola sin dejar de remover. A medida que la *fregola* vaya absorbiendo el caldo, añade un poco más y cocínala durante otros 4-5 minutos sin dejar de remover.

Incorpora a la tartera los calamares, las gambas y los mejillones y mezcla bien. Espolvorea la *fregola* con un poco de perejil picado y sirve. Decora los platos con unas hojas de perejil.

CONSEJO

Cuando emplees mejillones frescos en una receta, es importante limpiarlos bien y, en el último momento, justo antes de cocinarlos, retirarles las barbas.

CANELONES DE CONEJO Y SETAS

INGREDIENTES (4 P.)

8-12 láminas de lasaña
300 g de carne de conejo (deshuesada y finamente picada)
300 g de setas
8 ajos frescos
1 cebolleta
2 tomates pera
50 g de harina
500 ml de leche
60 g de queso rallado
aceite de oliva virgen extra
perejil
pimienta
sal

ELABORACIÓN

Pon a calentar abundante agua en una cazuela grande. Cuando empiece a hervir, sazónala, introduce en ella las láminas de lasaña y cuécelas durante 10-12 minutos. Retíralas, escúrrelas, refréscalas y extiéndelas sobre un paño limpio. Resérvalas.

Calienta 3 cucharadas de aceite en una sartén grande. Limpia los ajos frescos (retirándoles la parte inferior, la superior y 2 capas de hojas) y córtalos en rodajas finas. Corta la cebolleta en daditos. Incorpora las hortalizas a la sartén y rehógalas a fuego suave durante 5 minutos. Corta las setas en daditos y añádelas. Sazona y cocina todo durante 6-8 minutos a fuego medio-alto. Pela los tomates, córtalos en daditos, agrégalos a la sartén y cocina todo durante 5 minutos a fuego alto. Salpimienta el conejo, incorpóralo a la sartén y cocínalo brevemente. Reserva la farsa.

Para preparar la bechamel, pon a calentar 3 cucharadas de aceite en una cazuela, añade la harina y rehógala. Agrega la leche poco a poco y cocínala durante unos 8-10 minutos sin dejar de remover. Mezcla la mitad de la bechamel con la farsa.

Rellena las láminas de lasaña con la farsa como si fueran unos canelones largos. Reparte los canelones en 4 platos aptos para el horno (2-3 en cada uno), cúbrelos con el resto de la bechamel, espolvoréalos con el queso y gratínalos durante 3 minutos.

Sirve y adorna los platos con unas hojitas de perejil.

FIDEUÁ DE CONEJO Y ACEITUNAS

INGREDIENTES (4 P.)

300 g de fideos gruesos (n.° 4)
½ conejo troceado
16 aceitunas verdes deshuesadas
3 dientes de ajo
1 zanahoria
1 cebolleta
1 tomate
600 ml de caldo de verduras
aceite de oliva virgen extra
perejil
pimienta
sal

ELABORACIÓN

Calienta 4 cucharadas de aceite en una tartera (cazuela amplia y baja). Salpimienta los trozos de conejo, introdúcelos en la tartera y fríelos hasta que se doren. Retíralos a un plato y resérvalos.

Pela los dientes de ajo y la zanahoria. Corta la cebolleta y los dientes de ajo en daditos y la zanahoria en cuartos de luna finos y agrégalos a la tartera. Sazona las hortalizas y rehógalas a fuego suave durante 15 minutos. Añade las aceitunas, ralla el tomate encima y cocina todo durante 6-8 minutos. Incorpora los fideos y cocina conjuntamente durante 3-4 minutos más.

Introduce en la tartera los trozos de conejo, vierte encima el caldo, pon a punto de sal y cocina todo durante otros 8-10 minutos.

Sirve y decora los platos con unas hojas de perejil.

EMPANADA DE ATÚN CON PIMIENTOS

INGREDIENTES (4 P.)

2 láminas de masa para empanada

350 g de atún en aceite

2 pimientos verdes

1 pimiento rojo

3 huevos

1 diente de ajo

1 cebolla

125 ml de salsa de tomate

aceite de oliva virgen extra

perejil

sal

CONSEJO

Las empanadas admiten un sinfín de rellenos, se pueden preparar con antelación y cunden mucho.

ELABORACIÓN

Pon agua a calentar en un cazo, introduce en ella 2 huevos y cuécelos durante 10 minutos (contados a partir del momento en que el agua empiece a hervir). Retíralos, refréscalos, pélalos y resérvalos.

Calienta 3-4 cucharadas de aceite en una sartén grande. Pela el diente de ajo y la cebolla. Corta los ajos en láminas y la cebolla en juliana fina e introdúcelos en la sartén. Retira los tallos de los pimientos y pela el rojo, córtalos en juliana fina y añádelos. Sazona las hortalizas y rehógalas a fuego medio durante 15 minutos. Agrega la salsa de tomate, mezcla, pasa todo a una fuente y deja que se enfríe.

Desmenuza el atún y corta los huevos en rodajas finas.

Cubre una bandeja de horno con papel de hornear. Extiende encima una lámina de masa para empanada y distribuye por encima las hortalizas, el atún y las rodajas de huevo cocido. Cubre el relleno con la otra lámina de masa y cierra los bordes presionándolos ligeramente con los dedos y sellándolos con un tenedor.

Haz unos cortes en la parte superior de la empanada (a modo de chimenea). Bate el otro huevo en un bol y pinta con él la parte superior de la empanada. Hornéala a 200 °C durante 20 minutos.

Retira la empanada del horno, córtala en 4 porciones y sirve una en cada plato. Decora los platos con unas hojas de perejil.

CANELONES DE QUESO Y CALABACÍN

INGREDIENTES (4 P.)

16 láminas de pasta para canelones

16 lonchas finas de queso

2 calabacines

40 g de harina

600 ml de leche

3 dientes de ajo

2 cebolletas

75 g de queso rallado

aceite de oliva virgen extra

perejil

pimienta

sal

ELABORACIÓN

Calienta una cazuela grande con agua. Cuando empiece a hervir, sazónala e introduce en ella las láminas de pasta. Cuécelas durante el tiempo que indique el paquete. Retíralas, escúrrelas y extiéndelas sobre un paño limpio de cocina. Resérvalas.

Calienta 2-3 cucharadas de aceite en una cazuela. Agrega la harina y rehógala un poco. Añade la leche poco a poco, salpimienta la bechamel y cocínala a fuego suave-medio, sin dejar de remover con una varilla, durante 8-10 minutos. Resérvala.

Calienta una sartén grande con 4 cucharadas de aceite. Pela los dientes de ajo y pícalos finamente y corta las cebolletas en daditos. Incorpora las hortalizas a la sartén y rehógalas a fuego medio durante 10 minutos. Corta los calabacines en daditos y agrégalos. Salpimienta y cocina todo durante unos 15 minutos. Agrega 4 cucharadas de bechamel y mezcla bien. Pasa la farsa a una fuente y deja que se enfríe.

Extiende 1 loncha de queso sobre cada lámina de canelón. Pon, encima de cada uno, 1 porción de la farsa de calabacín y enróllalos. Colócalos en una fuente apta para el horno y nápalos con el resto de la bechamel. Espolvoréalos con el queso rallado y gratínalos en el horno hasta que se calienten por dentro y se dore el queso.

Sirve y decora los platos con unas hojas de perejil.

CANELONES DE PATO Y BERENJENAS

INGREDIENTES (4 P.)

20 láminas para canelones

2 *confits* de pato

2 berenjenas

2 cebolletas

60 g de harina

700 ml de leche

100 g de queso rallado

aceite de oliva virgen extra

perejil

nuez moscada

sal

ELABORACIÓN

Pon abundante agua a calentar en una cazuela grande y sazónala. Cuando empiece a hervir, introduce en ella las láminas de pasta y cuécelas durante 8-10 minutos. Retíralas, escúrrelas y extiéndelas sobre un paño limpio de cocina. Resérvalas.

Calienta 4 cucharadas de aceite en una sartén grande. Corta las cebolletas en daditos, añádelas a la sartén y cocínalas a fuego suave durante 8 minutos. Pela las berenjenas, córtalas en dados e incorpóralas. Cocina las hortalizas a fuego medio durante 25 minutos.

Desmenuza la carne de los confits, pícala finamente, agrégala a la sartén y mezcla bien.

Pon 4 cucharadas de aceite en una cazuela, añade la harina y rehógala un poco. Agrega la leche poco a poco, sin dejar de remover para que no se formen grumos, sazónala, aderézala con un poco de nuez moscada y cocínala durante 10 minutos sin dejar de remover.

Incorpora ⅓ parte de la bechamel a la farsa de berenjenas y pato y mezcla bien.

Rellena los canelones con la farsa y colócalos en una fuente apta para el horno. Nápalos con el resto de la bechamel, espolvoréalos con el queso rallado y hornéalos a 180 °C durante 5-8 minutos.

Sirve y decora los platos con unas hojas de perejil.

FIDEOS CON CHAMPIÑONES

INGREDIENTES (4 P.)

400 g de fideos finos
600 g de champiñones
2 dientes de ajo
1 cebolleta
1 pimiento verde
500 ml de caldo de pollo y verduras
aceite de oliva virgen extra
perejil
12-15 hebras de azafrán
1 cucharadita de pimentón
sal

ELABORACIÓN

Calienta una tartera (cazuela amplia y baja) apta para el horno con 4 cucharadas de aceite. Pela los ajos, pícalos finamente y añádelos a la tartera. Corta la cebolleta en daditos y agrégala. Retira el tallo y las semillas del pimiento, córtalo de la misma manera e incorpóralo. Sazona las hortalizas y rehógalas a fuego medio durante 8-10 minutos.

Limpia los champiñones (lavándolos en un bol con agua), sécalos, córtalos en cuartos, añádelos a la tartera, sazónalos y cocina conjuntamente durante 4-5 minutos.

Calienta 2 cucharadas de aceite en una sartén. Introduce en ella los fideos y fríelos hasta que se tuesten. Incorpóralos a la tartera, mezcla y agrega las hebras de azafrán, el pimentón y el caldo. Cocina los fideos hasta que el caldo empiece a hervir. Introduce la tartera en el horno y hornéalos a 225 °C durante 4-5 minutos.

Sirve en 4 platos y decóralos con unas hojas de perejil.

CONSEJO

Nunca hay que guardar los champiñones en el cajón de las hortalizas, ya que esa parte del frigorífico está concebida para conservar la humedad de las hortalizas, y esa humedad es precisamente la que hay que evitar en el caso de los champiñones.

DISCOS DE MEJILLONES EN ESCABECHE

INGREDIENTES (4 P.)

16 obleas grandes para empanadilla

16 mejillones en escabeche

1 zanahoria

1 pimiento verde

1 cebolleta

30 g de harina

500 ml de leche

1 huevo batido

aceite de oliva virgen extra

perejil

pimienta

sal

ELABORACIÓN

Calienta una cazuela con 3 cucharadas de aceite. Pela la zanahoria y retira el tallo y las semillas del pimiento. Corta la cebolleta, la zanahoria y el pimiento en daditos, introdúcelos en la cazuela, sazónalos y rehógalos a fuego suave-medio durante 10 minutos.

Corta los mejillones en daditos e incorpóralos a la cazuela. Añade la harina y rehógala brevemente. Agrega la leche poco a poco, salpimienta y cocina la bechamel a fuego medio, sin dejar de remover, durante 10 minutos. Pásala a una fuente y deja que se enfríe.

Extiende la mitad de las obleas (con su papel) sobre la encimera, pon 1 porción de la farsa en el centro de cada una y cúbrelas con el resto de las obleas. Sella los bordes de los discos, presionando el contorno con un tenedor.

Coloca los discos sobre una bandeja de horno, úntalos con huevo batido y hornéalos a 180 °C durante unos 10 minutos.

Sirve 2 discos en cada plato y adórnalos con unas hojas de perejil.

PASTA FRESCA CON PESTO DE TOMATES DESHIDRATADOS

INGREDIENTES (4 P.)

20 hojas de albahaca

30 g de piñones pelados y tostados

1 diente de ajo

4 tomates deshidratados en aceite

100 g de queso Idiazábal

aceite de oliva virgen extra

perejil

sal

Para la pasta fresca:

400 g de harina

4 huevos

1 cucharada de aceite de oliva virgen extra

sal

ELABORACIÓN

Para preparar la pasta fresca, casca los huevos, ponlos en un bol, sazónalos y bátelos un poco. Añade la harina y el aceite y amasa con las manos hasta conseguir una masa homogénea y compacta. Deja que repose durante 30 minutos. Divide la masa en porciones, redondéalas y estíralas con la máquina hasta que queden bien finas. Pasa cada lámina de pasta por el cortador de tallarines y deja que reposen en un colgador hasta que se sequen (10-15 minutos).

Para preparar el pesto, pon los piñones, las hojas de albahaca (picadas), los tomates deshidratados (troceados) y el diente de ajo (pelado y troceado) en un vaso batidor. Agrega una pizca de sal y 150 ml de aceite y tritura los ingredientes con una batidora eléctrica hasta conseguir una salsa homogénea.

Pon a calentar una cazuela grande con abundante agua y sazónala. Cuando empiece a hervir, agrega la pasta y cuécela durante unos 3 minutos.

Reparte la pasta fresca en 4 platos, ralla el queso por encima y sirve. Decora los platos con unas hojas de perejil.

FIDEUÁ IBÉRICA

INGREDIENTES (4 P.)

500 g de fideos para fideuá
100 g de chorizo ibérico
4 lonchas finas de jamón ibérico
1 cebolla
1 diente de ajo
2 tomates
1.500 ml de caldo de carne
50 g de piñones
1 yema de huevo
aceite de oliva virgen extra
perejil
1 cucharadita de pimentón
20-30 hebras de azafrán
sal

ELABORACIÓN

Calienta 4 cucharadas de aceite en una tartera (cazuela amplia y baja).

Pela la cebolla y el diente de ajo, córtalos en daditos, introdúcelos en la tartera, sazónalos y rehógalos a fuego suave-medio durante 6-8 minutos.

Retira la piel del chorizo, córtalo en daditos, añádelo a la tartera y rehógalo brevemente.

Incorpora los fideos y rehógalos durante 3-4 minutos para que vayan tomando el sabor de los ingredientes.

Corta los tomates por la mitad, rállalos y agrégalos a la tartera junto con el pimentón y las hebras de azafrán.

Vierte encima el caldo, mezcla bien, pon a punto de sal y cocina la fideuá a fuego medio-alto durante unos 10 minutos. Retira la fideuá del fuego, tápala con un paño limpio y deja que repose durante 2-3 minutos.

Reparte los piñones sobre la fideuá. Corta las lonchas de jamón en trozos y extiéndelos por todo el contorno de la tartera.

Bate la yema de huevo y viértela en el centro de la tartera.

Espolvorea con perejil picado y sirve. Decora los platos con unas hojas de perejil.

CONSEJO

Si quieres conseguir *socarrat*, una vez que la fideuá haya absorbido todo el líquido, y antes de taparla con el paño, puedes dejarla al fuego durante 3 o 4 minutos.

EMPANADA PICANTE DE CARNE COCIDA

INGREDIENTES (4 P.)

2 masas para empanada

500 g de carne de ternera para cocer

1 zanahoria

1 puerro

2 cebollas

1 pimiento morrón

150 g de salsa de tomate

1 guindilla cayena

1 huevo

aceite de oliva virgen extra

perejil

sal

ELABORACIÓN

Pon la carne en una olla rápida y cúbrela con agua. Pela la zanahoria. Limpia el puerro (retirándole la parte inferior, la superior y 1-2 capas de hojas) y lávalo bien. Corta la zanahoria y el puerro por la mitad e introdúcelos en la olla. Sazona, cierra la olla y cocina la carne durante 20 minutos. Retira la carne y desmígala. (Reserva el caldo para otra ocasión.)

Calienta una sartén grande con 4 cucharadas de aceite. Pela las cebollas, córtalas en juliana fina, añádelas a la sartén y cocínalas a fuego medio durante 10 minutos. Pela el pimiento, córtalo en juliana e incorpóralo. Sazona las hortalizas y rehógalas durante 10 minutos más. Incorpora la carne desmigada, la salsa de tomate y la cayena y cocina todo durante 6-8 minutos. Retira la cayena, pasa la farsa a una fuente y deja que se enfríe.

Extiende 1 masa de empanada sobre la encimera, reparte encima la farsa (dejando los bordes sin rellenar), coloca encima la otra masa para empanada y sella los bordes juntando las 2 masas con los dedos.

Coloca la empanada sobre una bandeja de horno cubierta con papel de hornear. Bate el huevo y pinta con él la parte superior de la empanada. Con un cuchillo, haz un agujero (a modo de chimenea) en el centro de la empanada para que salga el vapor. Hornéala (horno precalentado) a 200 °C durante 20 minutos.

Retira la empanada del horno, córtala en 4 porciones, sirve y decora los platos con unas hojas de perejil.

ESPAGUETIS CON SALMÓN Y MOSTAZA A LA ANTIGUA

INGREDIENTES (4 P.)

400 g de espaguetis frescos

400 g de salmón fresco

1 cucharada de mostaza a la antigua

1 cebolleta

1 calabacín

150 g de nata

100 ml de leche

aceite de oliva virgen extra

perejil

pimienta

sal

ELABORACIÓN

Calienta 2-3 cucharadas de aceite en una tartera (cazuela amplia y baja). Pica finamente la cebolleta, agrégala a la tartera y rehógala durante 5-6 minutos a fuego suave. Corta el calabacín en cuartos de luna finos y añádelo. Sazona las hortalizas y cocínalas a fuego medio durante 6-8 minutos.

Corta el salmón en daditos, salpiméntalo, incorpóralo a la tartera y saltéalo brevemente. Mezcla la nata con la leche y la mostaza en un bol, vierte la mezcla en la tartera y cocina la salsa durante 5 minutos.

Pon a calentar abundante agua en una cazuela. Cuando empiece a hervir, sazónala, introduce en ella los espaguetis y cuécelos durante el tiempo que indique el paquete. Escúrrelos, pásalos a la tartera y mezcla bien.

Sirve y decora los platos con unas hojas de perejil.

TALLARINES FRESCOS CON PUERROS Y JAMÓN

INGREDIENTES (4 P.)

400 g de tallarines frescos
3 puerros
100 g de jamón serrano (2 lonchas gruesas)
20 g de mantequilla
20 g de harina
400 ml de leche
aceite de oliva virgen extra
10 hojas de cebollino
perejil
pimienta
sal

ELABORACIÓN

Calienta un wok con 3-4 cucharadas de aceite. Limpia los puerros, córtalos en rodajas de 2 cm de grosor y rehógalos a fuego suave durante 6-8 minutos. Corta el jamón en daditos, añádelo al wok y saltéalo brevemente. Reserva.

Para preparar la bechamel, funde la mantequilla en un cazo pequeño, agrega la harina y rehógala un poco. Incorpora la leche poco a poco y remueve los ingredientes hasta que queden bien integrados. Sazona y cocina la bechamel a fuego suave, sin dejar de remover, durante 8-10 minutos.

Calienta abundante agua en una cazuela y sazónala. Cuando empiece a hervir, introduce en ella la pasta y cocínala durante el tiempo que indique el envase. Escurre la pasta y agrégala al wok. Vierte encima la bechamel y mezcla todo bien.

Reparte la pasta en 4 platos. Pica el cebollino y salpica con él los platos. Muele un poco de pimienta encima de cada uno y decóralos con unas hojas de perejil.

CONSEJO

Antes de cocinar los puerros, conviene limpiarlos muy bien, retirándoles la parte inferior (donde están las raíces), un par de capas exteriores y la parte superior (la parte verde). Si vas a utilizar algo de la parte verde, haz un corte en cruz a lo largo por la parte superior y lávalos bien bajo el agua del grifo.

ESPAGUETIS CON TOMATE, SALCHICHAS Y TEJAS DE QUESO

INGREDIENTES (4 P.)

300 g de espaguetis

4 salchichas frescas de carnicería

4 lonchas de queso

3 dientes de ajo

500 ml de salsa de tomate

aceite de oliva virgen extra

perejil

sal

ELABORACIÓN

Corta 8 trozos de papel de hornear (de un tamaño un poco mayor que el de las lonchas de queso) y coloca 4 de ellos sobre una placa de horno. Pon 1 loncha de queso encima de cada trozo de papel, cúbrelas con los otros trozos de papel y hornéalas a 180 °C durante 15-20 minutos. Retíralas del horno y colócalas sobre un rodillo para que adquieran una forma curva (como tejas). Deja que se enfríen y resérvalas.

Calienta 4 cucharadas de aceite en una tartera (cazuela amplia y baja). Pela los dientes de ajo, córtalos en daditos, añádelos a la tartera y rehógalos un poco. Retira la piel de las salchichas, desmenuza la carne, agrégala a la tartera y rehógala durante 3-4 minutos. Vierte encima la salsa de tomate, pon a punto de sal y cocina todo junto durante 10 minutos.

Calienta abundante agua en una cazuela grande. Cuando empiece a hervir, sazónala, introduce en ella los espaguetis y cuécelos durante el tiempo que indique el paquete. Escurre los espaguetis, incorpóralos a la tartera y mezcla bien.

Sirve y decora los platos con las tejas y perejil.

FIDEOS CON BACALAO Y ALCACHOFAS

INGREDIENTES (4 P.)

300 g de fideos (n.º 2)

300 g de bacalao desalado

4 alcachofas

3 dientes de ajo

2 cebollas

2 pimientos verdes

200 ml de salsa de tomate

aceite de oliva virgen extra

perejil

sal

ELABORACIÓN

Calienta 600-700 ml de agua en un cazo, introduce en ella el bacalao y dale un hervor. Retíralo, sepáralo en lascas y resérvalo. Reserva también por separado el agua de la cocción.

Calienta una sartén con abundante aceite. Pela las alcachofas, cortándoles la parte inferior y la superior y retirándoles 2-3 capas de hojas, córtalas (en vertical) en láminas finas y fríelas (en tandas) en la sartén hasta que se doren. Retíralas y escúrrelas sobre un plato cubierto con papel absorbente. Sazónalas y resérvalas.

Calienta una tartera (cazuela amplia y baja) con 1 cucharada de aceite. Introduce en ella los fideos y tuéstalos hasta que se doren. Retíralos a un plato y resérvalos.

Agrega 2-3 cucharadas de aceite a la tartera donde has dorado los fideos. Pela los ajos y las cebollas, córtalos en daditos y añádelos a la tartera. Retira el tallo de los pimientos, córtalos de la misma manera e incorpóralos. Sazona las hortalizas y rehógalas a fuego suave-medio durante 20 minutos. Vierte en la tartera la salsa de tomate y cocina todo junto durante 5 minutos a fuego medio.

Añade los fideos y el agua de la cocción de los fideos a la tartera y cocínalos a fuego medio durante 5 minutos. Incorpora el bacalao y mezcla bien.

Sirve y decora los platos con las láminas de alcachofa y unas hojas de perejil.

EMPANADA DE POLLO Y QUESO AZUL

INGREDIENTES (4 P.)

2 láminas de masa para empanada

2 muslos de pollo (deshuesados)

100 g de queso azul de cabra

2 dientes de ajo

2 cebollas

2 pimientos verdes

150 ml de salsa de tomate

1 huevo batido

aceite de oliva virgen extra

perejil

pimienta

sal

CONSEJO

Los cortes que se hacen en la superficie de la empanada antes de hornearla permiten que se expulse la humedad que genera el relleno durante el horneado para que la masa quede crujiente.

ELABORACIÓN

Calienta 3 cucharadas de aceite en una sartén. Pela los dientes de ajo, córtalos en dados y agrégalos. Pela las cebollas, córtalas en juliana fina y añádelas. Retira los tallos y las semillas de los pimientos, córtalos de la misma forma e incorpóralos. Sazona las hortalizas y rehógalas a fuego medio durante 15-20 minutos. Vierte encima la salsa de tomate, mezcla y cocina todo a fuego vivo durante 5 minutos. Deja que las hortalizas se enfríen.

Retira la piel de los muslos de pollo, córtalos en dados y salpiméntalos.

Calienta 3 cucharadas de aceite en una sartén y saltea en ella los dados de pollo a fuego vivo durante 3-4 minutos. Escúrrelos y deja que se enfríen.

Trocea el queso azul y resérvalo.

Extiende una lámina de masa para empanada (con su papel) sobre una bandeja de horno. Reparte las hortalizas por toda la superficie, dejando los bordes de la masa sin cubrir. Reparte por encima el pollo y el queso. Unta los bordes de la masa con el huevo batido. Cubre la farsa con la otra lámina de masa y sella los bordes, presionando con un tenedor todo el contorno de la empanada. Pinta la superficie de la empanada con el huevo batido y, con unas tijeras, hazle 2 cortes en la parte superior a modo de chimenea. Introduce la empanada en el horno y hornéala a 200 °C durante 20 minutos.

Corta la empanada en 4 porciones, sirve una en cada plato y decóralos con unas hojas de perejil.

FIDEOS CON BRÓCOLI Y BERBERECHOS

INGREDIENTES (4 P.)

300 g de fideos (n.° 2)
1 brócoli pequeño
1 kg de berberechos
50 ml de vino blanco
2-3 dientes de ajo
100 ml de nata líquida
30 g de avellanas (peladas)
aceite de oliva virgen extra
perejil
sal

ELABORACIÓN

Calienta una cazuela con abundante agua con una pizca de sal. Cuando empiece a hervir, suelta el brócoli en ramilletes pequeños, introdúcelo en la cazuela y escáldalo durante 5 minutos. Retíralo, escúrrelo y resérvalo.

Pon a calentar el vino en una tartera (cazuela amplia y baja), agrega los berberechos, tápalos y cocínalos hasta que se abran. Sácalos de la tartera, retírales las conchas y resérvalos. Cuela el jugo que hayan soltado y resérvalo por separado.

Calienta 2 cucharadas de aceite en una sartén, añade los fideos y rehógalos brevemente. Vierte encima el jugo de los berberechos y cuécelos durante 3 minutos.

Calienta 4 cucharadas de aceite en una tartera. Pela los dientes de ajo, pícalos finamente y agrégalos. Añade los ramilletes de brócoli y saltéalos. Incorpora los berberechos, los fideos y la nata, mezcla bien y cocina conjuntamente durante 3-4 minutos.

Sirve los fideos en 4 platos. Pica finamente las avellanas, salpica con ellas los platos y decóralos con unas hojas de perejil.

LASAÑA DE PAVO Y PIMIENTOS

INGREDIENTES (4 P.)

9 láminas de lasaña
600 g de carne picada de pavo
3 pimientos morrones (1 rojo, 1 verde y 1 amarillo)
3 dientes de ajo
1 cebolla
1 zanahoria
500 ml de salsa de tomate
100 g de queso rallado
aceite de oliva virgen extra
perejil
pimienta
sal

ELABORACIÓN

Lava los pimientos, colócalos en una fuente apta para el horno, riégalos con un chorrito de aceite, sazónalos y hornéalos a 190 °C durante 30-35 minutos. Retíralos del horno, deja que se templen, pélalos, córtalos en tiras finas y resérvalos.

Pon abundante agua a hervir en una cazuela, sazónala, introduce en ella las láminas de pasta y cuécelas durante 8-10 minutos. Retíralas, refréscalas, extiéndelas sobre un paño de cocina limpio y resérvalas.

Calienta una sartén grande con 4 cucharadas de aceite. Pela los dientes de ajo, la cebolla y la zanahoria, córtalos en daditos y añádelos a la sartén. Sazona las hortalizas y rehógalas a fuego medio durante 6-8 minutos.

Salpimienta la carne, incorpórala a la sartén y cocínala durante 3-4 minutos. Vierte encima 300 ml de salsa de tomate, mezcla bien y cocina la farsa a fuego suave-medio durante 5-6 minutos.

Extiende 3 láminas de lasaña en el fondo de una bandeja apta para el horno, pon sobre ellas la mitad de la farsa de carne picada y reparte encima la mitad de las tiras de pimiento. Cubre con otras 3 láminas de lasaña y repite el proceso con el resto de la carne y de los pimientos. Finaliza con 3 láminas de lasaña. Napa con los otros 200 ml de la salsa de tomate, espolvorea con el queso rallado, introduce la lasaña en el horno y hornéala a 190 °C durante 10-12 minutos.

Retira la lasaña del horno, sirve y decora con unas hojas de perejil.

MACARRONES CON SALCHICHAS Y BERENJENA

INGREDIENTES (4 P.)

400 g de macarrones
4 salchichas frescas
1 berenjena
150 ml de vino blanco
1 cebolleta
400 ml de salsa de tomate
60 g de queso parmesano rallado
aceite de oliva virgen extra
12 hojas de albahaca
perejil
pimienta
sal

ELABORACIÓN

Calienta una tartera (cazuela amplia y baja) con 2-3 cucharadas de aceite. Corta la berenjena en daditos, introdúcelos en la tartera, sazónalos y fríelos hasta que se doren (8-10 minutos). Retíralos a un plato y resérvalos.

Retira la piel de las salchichas, desmenuza la carne, agrégala a la tartera donde has frito la berenjena y dórala a fuego vivo.

Vierte encima el vino blanco y dale un breve hervor. Pica finamente la cebolleta, añádela y cocina la mezcla a fuego medio durante 4-5 minutos. Pica finamente 8 hojas de albahaca e incorpóralas a la tartera. Agrega también la salsa de tomate y mezcla bien. Tapa la tartera y cocina la salsa a fuego suave durante 20-30 minutos.

Calienta abundante agua en una cazuela. Cuando empiece a hervir, sazónala e introduce en ella los macarrones. Cuécelos durante el tiempo que indique el fabricante.

Incorpora los dados de berenjena a la salsa. Escurre la pasta, introdúcela en la tartera y mezcla suavemente. Pica finamente las otras 4 hojas de albahaca y agrégalas a la tartera junto con ⅓ del queso rallado y muele encima un poco de pimienta. Mezcla.

Sirve y espolvorea los platos con el resto del queso rallado. Decóralos con unas hojas de perejil.

CONSEJO

La pasta es un alimento que combina con todo, y además es muy fácil de preparar. Puedes consumirlo como primer plato, como segundo o como acompañamiento.

CONCHITAS CON GUACAMOLE

INGREDIENTES (4 P.)

300 g de conchitas (pasta)
2 aguacates
1 tomate pera
½ cebolleta
zumo de 1 lima
aceite de oliva virgen extra
unas ramas de cilantro
perejil
pimienta
sal

ELABORACIÓN

Para preparar el guacamole, abre los aguacates, sácales la pulpa, colócala en un bol grande y aplástala con un tenedor. Pela el tomate, córtalo en daditos y agrégalo al bol. Corta la cebolleta en daditos y añádela. Pica finamente el cilantro e incorpóralo. Mezcla todo bien y adereza el guacamole con sal, pimienta, 2-3 cucharadas de aceite y el zumo de lima. Resérvalo.

Calienta abundante agua en una cazuela. Cuando empiece a hervir, sazónala e introduce en ella las conchitas. Cuécelas el tiempo que indique el paquete, escúrrelas, agrégalas al bol con el guacamole y mezcla bien.

Sirve en 4 platos y decora los platos con unas hojas de perejil.

LASAÑA DE SETAS, POLLO Y BEICON

INGREDIENTES (4 P.)

12 láminas de pasta para lasaña
400 g de setas de cultivo
300 g de pechuga de pollo
4 lonchas de beicon (100 g)
2 dientes de ajo
1 cebolla
1 zanahoria
1 puerro
150 ml de salsa de tomate
40 g de harina
600 ml de leche
75 g de queso rallado
aceite de oliva virgen extra
perejil
pimienta
sal

ELABORACIÓN

Pon abundante agua a cocer en una cazuela grande y sazónala. Cuando empiece a hervir, añade las láminas de lasaña y cuécelas durante el tiempo que indique el paquete. Retíralas, refréscalas, extiéndelas sobre un paño de cocina limpio y resérvalas.

Pela los dientes de ajo, la cebolla y la zanahoria. Limpia el puerro (retirándole la parte inferior, la superior y 1-2 capas de hojas) y lávalo bien. Corta los ajos y la cebolla en daditos, y la zanahoria y el puerro, en cuartos de luna finos. Calienta en una sartén grande 3-4 cucharadas de aceite, introduce en ella las hortalizas, sazónalas y rehógalas a fuego suave durante 15 minutos.

Limpia las setas, córtalas en daditos, agrégalas a la sartén y cocínalas durante 6-8 minutos.

Corta el beicon en daditos, incorpóralo a la sartén y rehógalo un poco. Corta la pechuga de pollo en daditos, salpimiéntala, añádela a la sartén y cocina conjuntamente durante 2-3 minutos.

Para preparar la bechamel, calienta 2 cucharadas de aceite en una cazuela, agrega la harina y rehógala bien. Añade la leche poco a poco, sin dejar de remover con una varilla, cocina la bechamel durante 8-10 minutos y salpimiéntala. Incorpora la salsa de tomate y mezcla bien. Agrega 8 cucharadas de la bechamel con tomate a la farsa de hortalizas y pollo y mezcla bien.

Unta una fuente apta para el horno con un poco de aceite, coloca encima 3 láminas de lasaña, cúbrelas con ⅓ de la farsa, 3 láminas de lasaña, otro ⅓ de la farsa, otras 3 láminas de lasaña, el resto de la farsa y las otras 3 láminas de lasaña.

Napa la lasaña con el resto de la bechamel con tomate, espolvoréala con el queso rallado, introdúcela en el horno y gratínala hasta que se caliente la lasaña y se funda el queso.

Retira la fuente del horno, deja que se temple un poco y córtala en 4 porciones. Sirve y adorna los platos con unas hojas de perejil.

PASTA CON ALCACHOFAS Y *VELOUTÉ* DE *CURRY*

INGREDIENTES (4 P.)

400 g de pasta (espirales o *fusilli*)

4 alcachofas

2 lonchas de panceta ahumada (100 g)

aceite de oliva virgen extra

perejil

pimienta

sal

Para la velouté de curry:

40 g de mantequilla

50 g de harina

1 l de caldo de pollo y verduras

1 cucharada de *curry*

ELABORACIÓN

Para preparar la *velouté* de *curry*, funde la mantequilla en una cazuela, agrega la harina, rehógala un poco y añade un poco de caldo y el *curry*. Incorpora el resto del caldo poco a poco y cocina la *velouté* a fuego suave, sin dejar de remover, durante 10-12 minutos. Resérvala.

Calienta 3-4 cucharadas de aceite en una tartera (cazuela amplia y baja). Pela las alcachofas (retírales 3-4 capas de hojas, córtales la parte superior y redondéalas por la parte inferior), córtalas en 4, añádelas a la tartera, sazónalas, tápalas y cocínalas a fuego suave-medio durante 10-12 minutos, hasta que se doren.

Corta la panceta en dados, agrégala a la tartera y rehógala un poco.

Calienta abundante agua en una cazuela grande, sazónala, introduce en ella la pasta y cuécela durante 10-12 minutos. Escúrrela e incorpórala a la tartera. Vierte encima la *velouté*, mezcla bien y espolvorea la pasta con un poco de perejil picado.

Sirve la pasta en 4 platos, muele un poco de pimienta encima de cada uno y adórnalos con unas hojas de perejil.

CONSEJO

Si quieres que las alcachofas queden más blandas, después de rehogarlas a fuego medio durante 5 minutos, añádeles un poco de agua y sigue cocinándolas durante 5-7 minutos más.

MACARRONES CON PISTO Y BONITO

INGREDIENTES (4 P.)

300 g de macarrones
250 g de bonito fresco
3 dientes de ajo
1 cebolleta
1 pimiento verde
1 calabacín
8 tomates pera maduros
100 g de *mozzarella* rallada
aceite de oliva virgen extra
perejil
pimienta
sal

ELABORACIÓN

Calienta una sartén grande con 3 cucharadas de aceite.

Pela los dientes de ajo y pícalos finamente. Corta la cebolleta en daditos. Retira el tallo y las semillas del pimiento y córtalo de la misma manera. Añade las hortalizas a la sartén y rehógalas a fuego suave-medio durante 15 minutos. Lava el calabacín, córtalo en dados, incorpóralo a la sartén y cocina conjuntamente durante unos 10 minutos.

Calienta agua en una cazuela hasta que empiece a hervir. Haz un corte en cruz en la parte inferior de los tomates, introdúcelos en la cazuela y escáldalos durante 1 minuto. Retíralos, refréscalos, pélalos, córtalos en dados y agrégalos a la sartén. Sazona las hortalizas y cocínalas a fuego medio durante 20 minutos.

Pon abundante agua a calentar en una cazuela grande. Cuando empiece a hervir, sazónala, añade los macarrones y cuécelos durante el tiempo que indique el paquete. Escúrrelos y pásalos a la sartén junto con un poco del agua de la cocción. Salpimienta, mezcla bien y repártelos en 4 platos.

Calienta una sartén con 2 cucharadas de aceite. Corta el bonito en daditos, salpimiéntalos, saltéalos brevemente en la sartén y repártelos en 4 platos.

Espolvorea los macarrones con el queso rallado, sirve y decora los platos con unas hojas de perejil.

MACARRONES CON BECHAMEL DE ESPINACAS Y JAMÓN

INGREDIENTES (4 P.)

400 g de macarrones
400 g de espinacas limpias
100 g de jamón serrano
40 g de harina
500 ml de leche
60 g de *mozzarella* rallada
30 g de piñones
aceite de oliva virgen extra
perejil
nuez moscada
sal

ELABORACIÓN

Calienta 2 cucharadas de aceite en una sartén. Lava las espinacas, sécalas, pícalas finamente, introdúcelas en la sartén y saltéalas brevemente. Retíralas, escúrrelas bien y resérvalas.

Calienta 3 cucharadas de aceite en una cazuela. Corta el jamón en daditos, añádelo y rehógalo brevemente. Agrega la harina, rehógala brevemente y añade la leche poco a poco y sin dejar de remover. Sazona la bechamel y cocínala a fuego suave durante 10 minutos, removiéndola a menudo. Incorpora las espinacas, ralla encima un poco de nuez moscada, pon a punto de sal y mezcla bien. Reserva la bechamel.

Calienta una cazuela con abundante agua y sazónala. Cuando empiece a hervir, agrega los macarrones y cuécelos durante el tiempo que indique el paquete. Escúrrelos, pásalos a la cazuela de la bechamel y mezcla suavemente. Reparte los macarrones con bechamel en 4 cuencos aptos para el horno, espolvoréalos con el queso y salpícalos con los piñones. Introduce los macarrones en el horno y gratínalos hasta que el queso se funda y se doren los piñones. Decora los cuencos con unas hojas de perejil.

PASTA CON CREMA DE CALABAZA, GORGONZOLA Y NUECES

INGREDIENTES (4 P.)

300 g de pasta rigatoni
500 g de calabaza
150 g de queso gorgonzola
50 g de nueces peladas (o cualquier otro fruto seco)
1 cebolla grande
aceite de oliva virgen extra
perejil
pimienta
sal

CONSEJO

El queso gorgonzola es un queso italiano de pasta cremosa. Es perfecto para terminar los *risottos*, para aderezar la polenta, como ingrediente de múltiples salsas para pastas e incluso para rellenar hojas de endibia.

ELABORACIÓN

Calienta 3-4 cucharadas de aceite en una sartén. Pela la cebolla, córtala en dados y agrégala a la sartén, sazónala y rehógala a fuego suave-medio durante 10 minutos.

Calienta agua en una cazuela. Pela la calabaza, córtala en dados, introdúcela en la cazuela, sazónala y cuécela durante 10 minutos. Retira la calabaza, pásala a una jarra y pon a calentar la cazuela con el agua de la cocción de la calabaza.

Añade la cebolla pochada a la jarra con la calabaza y tritura la mezcla con una batidora eléctrica. Reserva el puré.

Cuando el agua de la cocción de la calabaza empiece a hervir, introduce en ella la pasta y cuécela durante unos 8 minutos.

Escurre la pasta y pásala a una tartera (cazuela amplia y baja). Vierte encima el puré de calabaza y cebolla (puedes agregar un poco de agua a la jarra y removerla para aprovechar todo el puré), y cocina la pasta con el puré durante 4-5 minutos más.

Muele encima un poco de pimienta. Corta el queso en daditos, agrégalo a la tartera y mezcla bien.

Reparte la pasta en 4 platos, salpícalos con las nueces picadas y decóralos con unas hojas de perejil.

EMPANADA DE CARNE

INGREDIENTES (4 P.)

2 masas para empanada

500 g de carne picada (ternera y cerdo)

3 dientes de ajo

2 cebollas

2 pimientos verdes

1 pimiento morrón rojo

250 ml de salsa de tomate

1 huevo

aceite de oliva virgen extra

1 cucharadita de tomillo

perejil

pimienta

sal

ELABORACIÓN

Calienta 4 cucharadas de aceite en una tartera (cazuela amplia y baja). Pela los dientes de ajo, córtalos en láminas y añádelos. Pela las cebollas, córtalas en daditos e incorpóralas. Retira las semillas y los tallos de los pimientos y pela el rojo, córtalos en daditos y agrégalos. Sazona las hortalizas y rehógalas a fuego suave durante 25 minutos.

Salpimienta la carne, incorpórala a la tartera y cocínala durante 4-5 minutos. Añade la salsa de tomate y el tomillo y mezcla bien. Cocina todo junto durante 4-6 minutos.

Cubre la base de una bandeja de horno con papel de hornear y extiende encima 1 de las masas para empanada. Rellénala con la farsa de hortalizas y carne y cúbrela con la otra masa de empanada. Cierra los bordes haciéndole un repulgue (cierre). Unta la superficie con el huevo batido y hazle unos pequeños cortes superficiales con unas tijeras (a modo de chimenea). Hornéala a 180 °C durante 25 minutos.

Retira la empanada del horno, córtala en porciones y sirve. Adorna los platos con unas hojas de perejil.

PIZZA DE JAMÓN Y CHAMPIÑONES

INGREDIENTES (4 P.)

3 lonchas gruesas de jamón cocido (225 g)

12 champiñones

300 g de queso *mozzarella*

30 hojas de albahaca

perejil

Para la masa:

500 g de harina + 50 g para estirar

7 g de levadura fresca de panadero

250 ml de agua fría

10 g de sal

2 cucharadas de aceite de oliva virgen extra

ELABORACIÓN

Para preparar la masa, desmenuza la levadura sobre un bol pequeño con 100 ml de agua y espera a que se disuelva.

Coloca 500 gramos de harina en un bol grande, añade la levadura disuelta en el agua, el resto del agua (150 ml), la sal y el aceite y mezcla los ingredientes con una cuchara de madera. Pasa la masa a la encimera y amásala durante unos 5 minutos. Introduce la masa en un bol enharinado, cúbrela con un paño limpio de algodón humedecido en agua y deja que repose durante 45 minutos.

Espolvorea la encimera con el resto de la harina, corta la masa en 2 trozos y estíralos bien (dándoles forma redonda, cuadrada o rectangular).

Cubre 2 bandejas de horno con papel de hornear, coloca 1 base de *pizza* sobre cada una y cúbrelas con el queso *mozzarella* troceado.

Lava los champiñones, sécalos, córtalos en láminas y salpica con ellos las *pizzas*. Corta el jamón en dados y espárcelos sobre las *pizzas*.

Hornea las *pizzas* a 200 °C durante 12-15 minutos. Retíralas del horno.

Pica finamente la mitad de las hojas de albahaca y espolvorea con ellas las *pizzas*.

Corta cada *pizza* a la mitad, sirve media en cada plato y adórnalas con el resto de las hojas de albahaca y unas hojas de perejil.

TALLARINES CON ALCACHOFAS Y JAMÓN

INGREDIENTES (4 P.)

400 g de tallarines (frescos)

6 alcachofas

100 g de jamón serrano (1 loncha gruesa)

2 cebolletas

200 ml de salsa de tomate

aceite de oliva virgen extra

perejil

sal

ELABORACIÓN

Calienta 4 cucharadas de aceite en una tartera (cazuela amplia y baja). Corta las cebolletas en daditos, pásalas a la tartera, sazónalas y cocínalas a fuego medio durante 6-8 minutos.

Retira los tallos y las hojas exteriores de las alcachofas. Córtales las puntas y redondéalas por la parte inferior. Córtalas en 6, agrégalas a la tartera y rehógalas a fuego medio durante 10-12 minutos.

Corta el jamón en daditos, incorpóralo a la tartera y rehógalo brevemente. Vierte encima la salsa de tomate y cocina todo junto durante 5 minutos.

Calienta abundante agua en una cazuela grande. Cuando empiece a hervir, introduce en ella la pasta, sazónala y cuécela durante el tiempo que indique el fabricante.

Escurre la pasta, pásala a la tartera y mezcla bien.

Sirve y decora los platos con unas hojas de perejil.

CONSEJO

Cuando compres alcachofas, escoge las que tengan los tallos firmes y las hojas duras y apretadas. Cuanto más pequeñas sean, más tiernas resultarán.

PIZZA DE CHAMPIÑONES Y PANCETA

INGREDIENTES (4 P.)

250 g de champiñones

4 lonchas de panceta ahumada (110 g)

2 dientes de ajo

1 cebolleta

12 espárragos verdes

300 ml de salsa de tomate

120 g de queso *mozzarella* rallado

aceite de oliva virgen extra

perejil

sal

Para la masa:

500 g de harina de fuerza + 25 g para estirar

20 g de levadura fresca de panadería

15 g de sal

20 ml de aceite de oliva virgen extra

295 ml de agua

ELABORACIÓN

Para preparar la masa, pon la harina en un bol grande y desmenuza encima la levadura. Añade la sal, el aceite y el agua y mezcla bien hasta que la harina absorba todo el líquido. Tapa la masa con film transparente y deja que repose a temperatura ambiente durante 30 minutos (autólisis).

Espolvorea la encimera con un poco de harina, coloca la masa encima y amásala durante unos 5 minutos. Colócala de nuevo en el bol, tápala con un paño limpio y deja que fermente a temperatura ambiente hasta que doble su tamaño (entre 90 y 120 minutos).

Calienta 3 cucharadas de aceite en una sartén grande. Pela los dientes de ajo, pícalos finamente y agrégalos a la sartén. Corta la cebolleta en daditos y añádela. Rehoga las hortalizas a fuego medio durante 5-6 minutos.

Lava los champiñones, sécalos, córtalos en láminas, incorpóralos a la sartén, sazónalos y cocínalos a fuego medio durante 3-4 minutos.

Corta la panceta en tiras y resérvala.

Retira la parte inferior de los espárragos, córtalos por la mitad a lo largo y después en trozos de unos 3 centímetros. Resérvalos.

Espolvorea la encimera con un poco de harina, pon la masa encima, espolvoréala con otro poco de harina y estírala aplastándola (poco a poco) suavemente con las manos hasta formar un rectángulo del tamaño de una bandeja de horno. Cubre una bandeja de horno con papel de hornear y coloca la masa encima.

Extiende la salsa de tomate sobre la masa dejando los bordes limpios. Esparce encima la mitad del queso y añade los champiñones, los espárragos y la panceta. Espolvorea la *pizza* con el resto del queso y hornéala (en la base del horno) a 200 °C durante 15-20 minutos. Súbela a la parte superior y hornéala durante 3 minutos para que se dore un poco.

Corta la *pizza* en 4 porciones, sirve 1 porción en cada plato y decóralos con unas hojas de perejil.

CONSEJO

Si quieres que el sabor a champiñón sea más intenso, utiliza la variedad portobello.

TALLARINES FRESCOS CON GAMBAS

INGREDIENTES (4 P.)

32 gambas peladas

24 ajos frescos

200 ml de nata

1 sobre de tinta de calamar

75 g de queso parmesano rallado

aceite de oliva virgen extra

perejil

pimienta

sal

Para la masa:

300 g de harina + 25 g para espolvorear

3 huevos

1-2 cucharadas de aceite de oliva virgen extra

sal

ELABORACIÓN

Para preparar la masa, casca los huevos en un bol, sazónalos y bátelos un poco. Añade la harina y el aceite, amasa con las manos hasta conseguir una pasta homogénea y compacta y déjala reposar durante 30 minutos. Divide la masa en 4 trozos, redondéalos y estíralos con la máquina hasta que queden unas láminas finas. Pasa cada lámina de pasta por el cortador de tallarines, espolvoréalos con un poco de harina y resérvalos.

Calienta una tartera (cazuela amplia y baja) con 4 cucharadas de aceite. Pela los ajos frescos, córtalos en rodajas de 1 centímetro, agrégalos a la tartera, sazónalos y rehógalos a fuego suave durante 5 minutos.

Mezcla la nata con la tinta de calamar en un bol y vierte la mezcla en la tartera. Cocina los ingredientes a fuego suave durante 5 minutos. Salpimienta las gambas, incorpóralas a la tartera y cocínalas durante 2 minutos.

Calienta abundante agua en una cazuela. Cuando empiece a hervir, sazónala, introduce en ella los tallarines y cuécelos durante 2-3 minutos. Escúrrelos y pásalos a la tartera. (Si notas que la salsa queda muy espesa, puedes añadir un poco del agua de la cocción de los tallarines.)

Sirve los tallarines en 4 platos, espolvoréalos con un poco de queso rallado y decóralos con unas hojas de perejil.

PIZZA MARGARITA

INGREDIENTES (4 P.)

300 ml de salsa de tomate

150 g de queso *mozzarella* rallado

aceite de oliva virgen extra

30 hojas de albahaca

perejil

pimienta

sal

Para la masa:

500 g de harina + 50 g para estirar

7 g de levadura fresca de panadero

250 ml de agua fría

10 g de sal

2 cucharadas de aceite de oliva virgen extra

1 cucharadita de orégano

ELABORACIÓN

Para preparar la masa, desmenuza la levadura sobre un bol pequeño con 100 ml de agua y deja que se disuelva.

Coloca 500 gramos de harina en un bol grande, añade la levadura disuelta en el agua, el resto del agua (150 ml), el orégano, la sal y el aceite y mezcla los ingredientes con una cuchara de madera desde el centro hacia afuera.

Pasa la masa a la encimera y amásala durante unos 5 minutos. Introdúcela en un bol enharinado, cúbrela con un paño limpio de algodón humedecido en agua y deja que repose durante 45 minutos.

Espolvorea la encimera con el resto de la harina, corta la masa en 2 trozos y estíralos bien (dándole forma redonda, cuadrada o rectangular).

Cubre 2 bandejas de horno con papel de hornear, coloca 1 base de *pizza* sobre cada una, cúbrelas con la salsa de tomate, salpimiéntalas, riégalas con un chorrito de aceite y espolvoréalas con el queso. Introdúcelas en el horno y hornéalas a 200 °C durante 12-15 minutos. Retíralas del horno.

Pica finamente la mitad de las hojas de albahaca y espolvorea con ellas las *pizzas.*

Corta cada *pizza* por la mitad, sirve media en cada plato y adórnalas con el resto de las hojas de albahaca y unas hojas de perejil.

QUICHE DE ESPINACAS, BEICON Y QUESO DE CABRA

INGREDIENTES (4 P.)

1 lámina de pasta quebrada

300 g de espinacas limpias

150 g de beicon en lonchas

1 rulo de queso de cabra (180 g)

30 g de pasas (sin pepitas)

3 huevos

200 ml de nata líquida

30 g de piñones

aceite de oliva virgen extra

perejil

sal

CONSEJO

Las quiches son una buena opción, ya que permiten incluir una gran variedad de ingredientes en una misma preparación.

ELABORACIÓN

Cubre un molde para quiche con base desmontable con la pasta brisa y recorta los bordes. Para que la pasta brisa no suba, coloca encima unos garbanzos crudos (destinados a este fin). Hornea la masa a 180 °C durante 20 minutos (a los 10 minutos, retira los garbanzos).

Calienta una sartén grande con 2 cucharadas de aceite. Corta el beicon en dados, introdúcelo en la sartén y rehógalo hasta que se dore. Corta las espinacas en juliana, añádelas y rehógalas durante 3-4 minutos. Incorpora las pasas y saltéalas brevemente. Pasa el relleno a un bol grande.

Corta el queso en cuartos de luna de 2 cm de grosor y resérvalos.

Casca los huevos, pásalos a un bol, sazónalos y bátelos. Añade la nata y bate de nuevo. Vierte la mezcla en el bol con el beicon, las espinacas y las pasas, agrega el queso de cabra y remueve los ingredientes hasta que queden integrados.

Rellena la tartaleta de pasta brisa con la mezcla y salpícala con los piñones. Introdúcela en el horno y hornéala a 180 °C durante 20 minutos. Retira la quiche del horno y deja que se temple.

Desmolda la quiche, córtala en porciones y sirve. Decora los platos con unas hojas de perejil.

LASAÑA DE LENTEJAS

INGREDIENTES (4 P.)

6 láminas de pasta para lasaña
200 g de lentejas
1 cebolleta
1 rama de apio
2 zanahorias
½ pimiento rojo
75 g de queso parmesano
aceite de oliva virgen extra
1 cucharadita de vinagre
1 hoja de laurel
2 ramas de tomillo
perejil
sal

Para la bechamel:
30 g de mantequilla
50 g de harina
225 ml de leche
225 ml de leche evaporada
1 cucharadita de *curry*
sal

ELABORACIÓN

Pon las lentejas en una tartera (cazuela amplia y baja), cúbrelas con 2.500 ml de agua y añade la hoja de laurel. Corta la cebolleta y la rama de apio en daditos y añádelas. Pela las zanahorias, córtalas en cuartos de luna finos y agrégalas. Pela el pimiento rojo, córtalo en daditos e incorpóralo. Sazona las lentejas, riégalas con 2 cucharadas de aceite, tápalas y cuécelas durante 35-40 minutos.

Calienta abundante agua en una cazuela. Cuando empiece a hervir, introduce en ella las láminas de lasaña, sazónalas y cuécelas durante el tiempo que indique el paquete. Escúrrelas y extiéndelas sobre un paño limpio de cocina.

Para preparar la bechamel, calienta la mantequilla en una cazuela hasta que se funda. Agrega la harina y rehógala un poco. Añade la leche poco a poco, sin dejar de remover, hasta que quede bien integrada. Vierte encima la leche evaporada y repite el proceso hasta que quede bien integrada. Cocina la bechamel a fuego suave durante 8-10 minutos sin dejar de remover. Sazónala, incorpora el *curry* y mezcla bien.

Corta las láminas de lasaña por la mitad. Monta 4 platos (aptos para el horno), colocando 1 trozo de lámina de lasaña en la base de cada uno, cúbrelos con 3 cucharadas de lentejas y 1 de bechamel. Tapa con otro trozo de lámina de lasaña, 3 cucharadas de lentejas y 1 de bechamel. Finalmente, tápalas con un trozo de lámina de lasaña. Napa las lasañas con el resto de la bechamel, rállales el queso encima y gratínalas en el horno hasta que se doren.

Desmenuza las ramas de tomillo y ponlas en un bol. Agrega el vinagre y 2 cucharadas de aceite, bate todo bien y riega con la mezcla las lasañas. Decora los platos con unas hojas de perejil.

CONSEJO

Si quieres que la lasaña quede más ligera, puedes sustituir las láminas de lasaña por láminas de calabacín o berenjena pasadas antes por la sartén.

CANELONES DE HORTALIZAS CON CARNE

INGREDIENTES (4 P.)

16 láminas para canelones

1 cebolleta

8 ajos frescos

1 pimiento rojo

2 alcachofas

8 champiñones

300 g de carne picada de ternera

2 cucharadas de harina

600 ml de leche

150 ml de salsa de tomate

100 g de queso *mozzarella* rallado

aceite de oliva virgen extra

perejil

pimienta

sal

ELABORACIÓN

Calienta 4 cucharadas de aceite en una tartera (cazuela amplia y baja). Corta la cebolleta en daditos e introdúcela en la tartera. Limpia los ajos frescos (retirándoles la parte inferior, la superior y 1-2 capas de hojas), córtalos en rodajas de 1 cm y agrégalos. Sazona las hortalizas y rehógalas durante 4-5 minutos a fuego medio.

Pela el pimiento rojo y córtalo en daditos. Pela las alcachofas y córtalas en daditos. Incorpora el pimiento y las alcachofas a la tartera y cocina todo durante 5 minutos más.

Lava los champiñones, sécalos, córtalos en daditos, añádelos a la tartera, sazónalos y rehoga conjuntamente durante unos 10 minutos.

Salpimienta la carne, agrégala a la tartera y rehógala un poco.

Calienta 4 cucharadas de aceite en una cazuela, incorpora la harina y rehógala (removiéndola con una varilla) un poco. Vierte encima la leche poco a poco y mezcla bien (sin dejar de remover) hasta que los ingredientes se integren. Cocina la bechamel a fuego suave y sin dejar de remover durante 8-10 minutos. Salpimiéntala, añade una quinta parte (reserva el resto) a la cazuela con las hortalizas y la carne y mezcla bien. Pasa el relleno a una fuente y deja que se temple.

Calienta agua en una cazuela grande y sazónala. Cuando empiece a hervir, introduce en ella las láminas de pasta (una a una) y cuécelas durante el tiempo que indique el paquete (unos 10 minutos). Escúrrelas, refréscalas y extiéndelas sobre un paño limpio.

Rellena los canelones y ponlos en una fuente apta para el horno o en 4 platos individuales. Cúbrelos por la parte central con la bechamel y la salsa de tomate, espolvoréalos con el queso y gratínalos durante 6-8 minutos.

Sirve y decora los platos con unas hojas de perejil.

CONSEJO

Si la bechamel quedara muy espesa, puedes aligerarla añadiéndole un poco más de leche.

TARTA DE CALABACÍN Y QUESO

INGREDIENTES (4 P.)

1 lámina de hojaldre (redonda)

1 calabacín

2 bolas de *mozzarella* fresca (250 g)

6 cucharadas de salsa de tomate

1 cucharada de semillas de sésamo tostado

aceite de oliva virgen extra

perejil

sal

CONSEJO

Antes de cortar la tarta, lo ideal es que la dejes reposar durante 5 minutos.

ELABORACIÓN

Lava el calabacín, córtalo en rodajas redondas de 1 centímetro de grosor y resérvalas.

Corta el queso *mozzarella* en rodajas redondas del mismo grosor que las de calabacín y resérvalas.

Coloca la lámina de hojaldre sobre un trozo grande de papel de hornear. Coloca en el centro de la lámina, boca abajo, un bol de unos 10 cm de diámetro. Reparte la salsa de tomate alrededor del bol y espárcela bien, dejando unos 3 cm del contorno de la masa sin tomate. Retira el bol y, con un cuchillo, divide la parte central (la que cubría el bol) en 8 triángulos.

Coloca sobre el círculo con la salsa de tomate, alternando, las rodajas de calabacín y de queso y sazónalas. Dobla la parte exterior del hojaldre (pellizcando la masa) sobre el calabacín y el queso. Levanta el vértice de cada triángulo interior, estirándolos un poco, y cubre con ellos el queso y el calabacín.

Coloca la tarta (con el papel) sobre una bandeja de horno, riégala con un poco de aceite y espolvoréala con el sésamo. Hornéala a 180 °C durante unos 25 minutos, hasta que se dore un poco.

Retira la tarta del horno, sirve y decora el plato con unas hojas de perejil.

CUSCÚS CON MEJILLONES

INGREDIENTES (4 P.)

300 g de cuscús (precocido)
24 mejillones
1 cebolleta
1 pimiento verde
100 ml de vino blanco
150 ml de salsa de tomate
300 ml de caldo de pescado y marisco
aceite de oliva virgen extra
12 hojas de cebollino
perejil
sal

CONSEJO

Una de las ventajas del cuscús es que se puede consumir tanto frío como caliente. Como su sabor es bastante neutro, se puede combinar con un sinfín de ingredientes.

ELABORACIÓN

Limpia los mejillones, retirándoles las barbas y cualquier adherencia que puedan tener pegada a las conchas. Resérvalos.

Calienta un wok (o sartén grande) con 3 cucharadas de aceite. Corta la cebolleta en dados e introdúcela en el wok. Retira el tallo y las semillas al pimiento, córtalo de la misma manera y añádelo. Sazona las hortalizas y rehógalas a fuego suave-medio durante 10 minutos.

Vierte el vino blanco y la salsa de tomate en el wok y mezcla. Cuando empiece a hervir, incorpora los mejillones, tapa el wok y cocínalos hasta que se abran. Retira los mejillones y sácales la carne. Tritura la salsa y ponla a calentar en una sartén pequeña. Agrega a la salsa la carne de los mejillones y un poco de perejil picado.

Calienta en una cazuela el caldo de pescado y marisco hasta que hierva. Pon el cuscús en un bol grande, sazónalo, vierte encima 2 cucharadas de aceite y el caldo y tapa el bol con film transparente. Deja que el cuscús repose hasta que absorba todo el caldo (unos 10 minutos). Retira el film y, con ayuda de 2 cucharas, suelta el cuscús.

Reparte el cuscús y los mejillones con su salsa en 4 platos. Corta las hojas de cebollino en trozos de 3 cm y salpica con ellas los platos. Decóralos con unas hojas de perejil.

FARFALLE CON CREMA DE TOMATE Y JAMÓN COCIDO

INGREDIENTES (4 P.)

400 g de pasta (*farfalle*)

200 g de jamón cocido (lonchas finas)

2 dientes de ajo

1 cebolla

4 cucharadas de tomate concentrado

200 ml de nata líquida

aceite de oliva virgen extra

perejil

1 trozo de guindilla

pimienta

sal

ELABORACIÓN

Calienta una tartera (cazuela amplia y baja) con 4 cucharadas de aceite. Pela los dientes de ajo, córtalos en daditos y añádelos. Pela la cebolla, córtala en daditos e incorpórala. Sazona las hortalizas y rehógalas a fuego suave-medio durante unos 10 minutos.

Añade a la tartera el trozo de guindilla. Corta el jamón cocido en daditos, incorpóralo y mezcla bien. Agrega el tomate concentrado y la nata líquida, mezcla bien y cocina la salsa a fuego suave durante 6-8 minutos.

Calienta agua en una cazuela grande. Cuando empiece a hervir, sazónala, introduce en ella los *farfalle* y cuécelos durante 8-10 minutos. Agrega a la tartera con la salsa 150 ml del caldo de cocción de la pasta. Escurre los *farfalle*, añádelos a la tartera y cocínalos en la salsa durante 2-3 minutos. Muele encima un poco de pimienta y sirve. Espolvorea los platos con un poco de perejil picado y decóralos con unas hojas de perejil.

CONSEJO

La pasta se cuece sin tapa, pero, después de añadirla a la cazuela, para que el agua vuelva a hervir cuanto antes, es recomendable tapar la cazuela hasta ese momento.

FIDEOS AL AJILLO CON ALCACHOFAS

INGREDIENTES (4 P.)

250 g de fideos (n.° 2)
2 dientes de ajo
8 alcachofas
500 ml de caldo de verduras
aceite de oliva virgen extra
perejil
1 trozo de guindilla
sal

CONSEJO

Si no os gusta comer los ajos, pero sí os gusta el sabor que aportan, puedes añadirlos enteros y retirarlos antes de servir el plato.

ELABORACIÓN

Corta el tallo de las alcachofas y pélalas, retirándoles 3-4 capas de hojas. Retírales la punta y córtalas por la mitad.

Pon 2-3 cucharadas de aceite en una olla rápida, introduce en ella las alcachofas apoyándolas por la parte plana y rehógalas a fuego suave-medio hasta que se doren. Dales la vuelta, sazónalas y añade ½ vaso de agua (para que quede un dedo de agua en el fondo de la olla). Cierra la olla y cocina las alcachofas durante 4 minutos. Retíralas y resérvalas.

Calienta 2 cucharadas de aceite en una tartera (cazuela grande y baja) apta para el horno y dora en ella los fideos. Retíralos a una fuente y resérvalos.

Vierte 3-4 cucharadas de aceite en la tartera donde has dorado los fideos. Pela los dientes de ajo, córtalos en láminas, introdúcelos en la tartera y rehógalos un poco. Agrega el trozo de guindilla cortado a la mitad y mezcla bien. Incorpora los fideos, vierte encima el caldo y pon a punto de sal. En cuanto empiece a hervir, introduce la tartera en el horno y hornea los fideos a 220 °C durante unos 8 minutos. Retíralos y espolvoréalos con un poco de perejil picado.

Reparte los fideos en 4 platos y coloca 2 alcachofas (4 medias) en cada uno. Decora los platos con unas hojas de perejil.

ÑOQUIS CON SALMÓN

INGREDIENTES (4 P.)

1 kg de ñoquis
350 g de salmón fresco
1 cebolla
400 ml de nata líquida
aceite de oliva virgen extra
4 ramas de eneldo fresco
perejil
pimienta
sal

ELABORACIÓN

Calienta 3 cucharadas de aceite en una tartera (cazuela amplia y baja).

Retira la piel del salmón, córtalo en filetes, sazónalos, introdúcelos en la tartera y rehógalos brevemente por los dos lados. Desmenuza el salmón aplastándolo con un par de cucharas de madera, retíralo a una fuente y resérvalo.

Vierte 2 cucharadas de aceite en la tartera donde has rehogado el salmón. Pela la cebolla, córtala en daditos, agrégala a la tartera, sazónala y cocínala a fuego medio durante 10 minutos. Añade la nata, mezcla bien y cocina la mezcla durante 5-6 minutos a fuego suave.

Pica las hojas de eneldo finamente y resérvalo.

Calienta abundante agua en una cazuela grande y sazónala. Cuando empiece a hervir, introduce en ella los ñoquis. A medida que vayan subiendo a la superficie y queden flotando en ella, vete retirándolos e incorporándolos a la tartera.

Agrega a la tartera el salmón desmenuzado, mezcla bien y cocina todo durante 2 minutos.

Muele encima un poco de pimienta, sirve y espolvorea los ñoquis con el eneldo picado. Decora los platos con unas hojas de perejil.

CONSEJO

Si notas que la salsa queda muy espesa, puedes aligerarla agregándole un poco del agua de la cocción de los ñoquis.

QUICHE DE QUESO MANCHEGO Y CEBOLLA CARAMELIZADA

INGREDIENTES (4 P.)

1 lámina de pasta quebrada (redonda)

220 g de queso manchego curado

3 cebollas rojas

3 huevos

175 ml de leche evaporada

1 cucharada de mostaza

60 g de canónigos

aceite de oliva virgen extra

perejil

pimienta

sal

ELABORACIÓN

Cubre un molde redondo con la pasta quebrada. Pon encima la hoja de papel sulfurizado (con la que suele venir la pasta), cubre todo con una buena cantidad de garbanzos crudos (destinados a este fin) y hornea la tartaleta a 190 °C durante 18-20 minutos. Cuando lleve en el horno unos 10 minutos, retira los garbanzos y termina el horneado sin ellos (para que quede crujiente). Retírala del horno y deja que se temple.

Calienta una sartén grande con 4 cucharadas de aceite. Pela las cebollas, córtalas en juliana fina, sazónalas y rehógalas en la sartén a fuego suave-medio durante 20-25 minutos.

Ralla el queso y resérvalo.

Casca los huevos, ponlos en un bol, salpimiéntalos y bátelos bien. Añade la leche evaporada, el queso rallado y la cebolla caramelizada (bien escurrida) y mezcla bien.

Unta la tartaleta con la mostaza, vierte encima la mezcla de huevos, queso y cebolla y hornea la quiche a 190 °C durante 18-20 minutos. Retírala del horno, deja que se temple un poco y desmóldala.

Adereza las hojas de canónigo con aceite y sal.

Divide la quiche en 8 porciones y sirve 2 en cada plato. Acompáñalas con los canónigos y decora los platos con unas hojas de perejil.

CONSEJO

Puedes hacer la masa en casa, pero en los supermercados venden buenas pastas quebradas.

RIGATONI CON CREMA DE ATÚN

INGREDIENTES (4 P.)

400 g de rigatoni
200 g de atún en aceite
200 g de puré de tomate concentrado
80 g de aceitunas negras sin hueso
100 g de tomates deshidratados en aceite
1 cucharada de alcaparras
100 g de queso fresco cremoso
aceite de oliva virgen extra
perejil
pimienta
sal

ELABORACIÓN

Calienta 3-4 cucharadas de aceite en un wok. Agrega el puré de tomate concentrado, mezcla bien y cocínalo a fuego suave durante 3-4 minutos. Incorpora el atún desmigado, las aceitunas negras, los tomates deshidratados (cortados por la mitad) y las alcaparras. Mezcla y cocina todo junto durante 5-6 minutos. Añade el queso y mezcla bien.

Pon abundante agua a calentar en una cazuela grande. Cuando empiece a hervir, introduce en ella la pasta, sazónala y cuécela durante 11 minutos (o el tiempo que indique el paquete).

Agrega los rigatoni (escurridos) al wok junto con 100-150 ml del agua de su cocción, mezcla bien y cocínalos brevemente (1-2 minutos) hasta que la pasta quede bien integrada en la salsa.

Espolvoréalos con un poco de perejil picado, mezcla bien y sirve. Muele encima un poco de pimienta y decora los platos con unas hojas de perejil.

CONSEJO

La forma de los rigatoni (un tubo de pasta con estrías) está pensada para que se adhiera a ellos la mayor cantidad posible de salsa, ya que la recogen tanto en su interior como en su exterior.

TORTO DE MAÍZ CON PICADILLO Y HUEVO

INGREDIENTES (4 P.)

300 g de picadillo de chorizo fresco

4 huevos

aceite de oliva virgen extra

perejil

sal

Para los tortos:

300 g de harina de maíz (+ 15 g para estirar)

100 g de harina de trigo

300 ml de agua templada

sal

ELABORACIÓN

Para preparar los tortos, pon las harinas en un bol. Sazona el agua y viértela, poco a poco, en el bol. Amasa hasta conseguir una masa homogénea (parecida a la plastilina) que no se pegue a las manos. Forma una bola con la masa, ponla en un bol, cúbrela con film transparente y deja que repose durante 1 hora.

Espolvorea la masa con un poco de harina de maíz, divídela en 4 y forma 4 bolitas. Coloca cada bolita entre 2 trozos de papel de hornear, aplástalas un poco, presionándolas con las manos, y estíralas con un rodillo hasta formar unos discos (deben quedar bastante finos).

Calienta abundante aceite en una sartén, introduce 1 torto y fríelo por los dos lados hasta que se dore. Retíralo y escúrrelo sobre una fuente cubierta con papel absorbente. Fríe el resto de los tortos de la misma manera.

Retira casi todo el aceite de la sartén (deja 2 cucharadas), agrega el picadillo y fríelo hasta que se dore. Coloca un colador sobre un bol, pasa el picadillo al colador y deja que escurra bien la grasa.

Calienta una sartén pequeña con bastante aceite (usa el sobrante de freír los tortos). Casca 1 huevo, añádelo a la sartén y fríelo. Repite el proceso con el resto de los huevos. Sazónalos.

Sirve 1 torto en cada plato, reparte encima el picadillo y los huevos y decora los platos con unas hojas de perejil.

CONSEJO

Es más fácil manipular los tortos si son pequeños, por lo que, si lo prefieres, puedes hacer 8 en lugar de 4 y servir un par de ellos por ración.

FIDEUÁ CON CHIPIRONES A LA PLANCHA

INGREDIENTES (4 P.)

300 g de fideos gruesos (para fideuá)

8 chipirones limpios (500 g)

1 cebolleta

1 puerro

1 zanahoria

1 pimiento verde

3 dientes de ajo

900 ml de caldo para paella

aceite de oliva virgen extra

perejil

sal

ELABORACIÓN

Corta las aletas y las corbatas de los calamares en tiras finas y resérvalas. Da la vuelta a los cuerpos y resérvalos junto a los tentáculos.

Calienta una tartera (cazuela amplia y baja) con 4 cucharadas de aceite. Corta la cebolleta en daditos e introdúcela en la tartera. Limpia el puerro (retirándole la parte inferior, la superior y 2-3 capas de hojas), córtalo en cuartos de luna finos e incorpóralo. Pela la zanahoria, córtala en daditos y añádela. Retira el tallo y las semillas del pimiento, córtalo de la misma manera e incorpóralo. Sazona y rehoga las hortalizas a fuego medio durante 10-12 minutos.

Incorpora las aletas y las corbatas, y rehógalas brevemente. Introduce los fideos, vierte el caldo caliente y cocínalos a fuego medio durante 7-9 minutos.

Pela los dientes de ajo, pícalos finamente y ponlos en un bol. Agrega también 1 cucharada de perejil picado y 6 cucharadas de aceite, y mezcla bien.

Sazona los cuerpos y los tentáculos de los calamares, introdúcelos en el bol y úntalos bien en la mezcla de aceite, ajo y perejil. Calienta la plancha, coloca los calamares (cuerpos y tentáculos) y cocínalos durante 1-2 minutos por cada lado.

Reparte los fideos en 4 platos y pon un par de calamares en cada uno. Decóralos con unas hojas de perejil.

CONSEJO

Antes de colocar los alimentos en la plancha es muy importante que esta esté bien caliente. De esta manera conseguiremos que se doren rápidamente sin perder el agua que contienen en su interior.

LACITOS CON JUDÍAS VERDES Y QUESO FRESCO DE CABRA

INGREDIENTES (4 P.)

320 g de lacitos (*farfalle*)
300 g de judías verdes
250 g de queso fresco de cabra
2 dientes de ajo
16 nueces peladas
aceite de oliva virgen extra
20 hojas de albahaca
perejil
pimienta
sal

ELABORACIÓN

Calienta agua en un cazo hasta que empiece a hervir. Retira las puntas a las judías, córtalas (en diagonal) en trozos de 3-4 centímetros, introdúcelas en la cazuela, sazónalas y cuécelas a fuego medio durante 5 minutos. Retíralas, escúrrelas y resérvalas.

Calienta abundante agua en una cazuela. Cuando empiece a hervir, introduce en ella los lacitos, sazónalos y cuécelos a fuego medio durante 8 minutos.

Calienta 4 cucharadas de aceite en una sartén. Pela los dientes de ajo, córtalos en láminas e introdúcelos en la sartén. Agrega las nueces y fríelas a fuego suave durante 4-5 minutos. Añade las judías verdes y saltéalas durante 1-2 minutos.

Escurre la pasta e incorpórala a la sartén.

Corta la mitad del queso en daditos y añádelo a la sartén.

Pica finamente la mitad de las hojas de albahaca y agrégalas a la sartén. Muele encima un poco de pimienta y saltea todo durante 1-2 minutos.

Reparte la pasta en 4 platos y decóralos con el resto del queso (cortado en láminas finas), el resto de las hojas de albahaca y unas hojas de perejil.

CONSEJO

Si las judías verdes son grandes, es probable que tengan hilos; para quitarlos, lo mejor es utilizar un pelador de patatas.

LASAÑA DE ATÚN

INGREDIENTES (4 P.)

9 láminas para lasaña

225 g de atún al natural (escurrido)

3 huevos

2 cebollas

500 g de tomates pera maduros

1 pimiento verde

50 g de mantequilla

50 g de harina

500 ml de leche

100 g de queso *mozzarella* rallado

aceite de oliva virgen extra

20 hojas de albahaca

perejil

nuez moscada

sal

1 cucharadita de azúcar

ELABORACIÓN

Pon los huevos en una cazuela, cúbrelos con agua y cuécelos durante 10 minutos. Retíralos, refréscalos, pélalos, pícalos y resérvalos.

Calienta 3 cucharadas de aceite en una cazuela. Pela 1 cebolla, córtala en dados, agrégala a la cazuela y rehógala a fuego medio durante 6-8 minutos. Corta los tomates en dados, incorpóralos y rehógalos durante 3-4 minutos. Añade las hojas de albahaca (troceadas) y el azúcar, sazona y mezcla. Cocina las hortalizas a fuego medio durante 20-25 minutos. Pasa todo a una batidora de vaso y tritúralo hasta conseguir una salsa homogénea. Reserva la salsa de tomate.

Pon agua templada en un bol grande, introduce en ella las láminas para lasaña y deja que se hidraten durante unos 10-15 minutos. Retíralas, escúrrelas, sécalas y resérvalas.

Calienta 3 cucharadas de aceite en un wok (o sartén), pela la otra cebolla, córtala en dados y añádela al wok. Retira el tallo y las semillas del pimiento, córtalo en dados y agrégalo. Sazona las hortalizas y rehógalas a fuego suave-medio durante 10 minutos. Añade el atún desmigado, los huevos picados y casi toda la salsa de tomate (reserva 4 cucharadas) y mezcla bien.

Funde la mantequilla en una cazuela. Agrega la harina y rehógala un poco. Vierte encima la leche, poco a poco, sin dejar de remover con una varilla manual y cocina la bechamel a fuego suave durante 10 minutos (sin dejar de remover). Sazónala, rállale encima un poco de nuez moscada y mezcla bien.

Extiende la salsa de tomate reservada anteriormente en la fuente donde vas a montar la lasaña. Pon encima 3 láminas para lasaña, cúbrelas con la mitad del relleno y un poco de bechamel, 3 láminas para lasaña, el resto del relleno, otro poco de bechamel y 3 láminas para lasaña. Cubre todo con el resto de la salsa bechamel, reparte encima el queso y hornea la lasaña a 220 °C durante 10 minutos.

Sirve la lasaña y decórala con unas hojas de perejil.

CONSEJO

La salsa bechamel se puede sustituir por una *velouté* hecha con caldo vegetal, de carne o de pollo, muy recomendable para las lasañas vegetales, ya que resulta algo más ligera.

CARNES Y AVES

ALBÓNDIGAS EN SALSA

INGREDIENTES (4 P.)

750 g de carne picada mixta (ternera y cerdo)
3 cucharadas de pan rallado
125 ml de leche
1 huevo
1 diente de ajo
3 patatas
harina (para rebozar)
aceite de oliva virgen extra
perejil
1 hoja de laurel
pimienta
sal

Para la salsa:

3 dientes de ajo
1 cucharada de harina
125 ml de vino blanco
aceite sobrante de freír las albóndigas
sal

ELABORACIÓN

Mezcla en un bol el pan rallado con la leche y deja que se hidrate.

Para preparar la masa de las albóndigas, pon la carne en un bol y salpimiéntala. Agrega el huevo. Pela el diente de ajo, pícalo finamente y añádelo al bol junto con el pan rallado remojado en leche y un poco de perejil picado. Mezcla hasta que los ingredientes queden bien integrados.

Coge pequeñas porciones de masa, redondéalas y pásalas por harina. Calienta una sartén grande con 6-8 cucharadas de aceite, introduce en ella las bolitas de carne y fríelas hasta que se doren un poco. Retíralas, pásalas a una tartera (cazuela amplia y baja) y resérvalas. Reserva también la sartén con el aceite sobrante.

Para preparar la salsa, pela los dientes de ajo, córtalos en daditos, añádelos a la sartén donde has frito las albóndigas y rehógalos un poco. Incorpora la harina y rehógala un poco. Agrega el vino blanco y 250 ml de agua y sazona. Cocina la salsa a fuego suave durante 8-10 minutos.

Pasa la salsa por un colador (machacando los ajos con la mano del mortero) a la tartera con las albóndigas. Para aprovechar los restos de salsa de la sartén, vierte en ella 150-200 ml de agua, remueve todo bien y viértelo en la tartera. Añade la hoja de laurel, pon a punto de sal, espolvorea las albóndigas con un poco de perejil picado y cocínalas durante 5-6 minutos.

Calienta una sartén con abundante aceite. Pela las patatas, córtalas en daditos, introdúcelas en la sartén y fríelas hasta que se cocinen por dentro y se doren por fuera. Retíralas, escúrrelas sobre una fuente cubierta con papel absorbente, sazónalas y espolvoréalas con un poco de perejil picado.

Sirve las albóndigas, acompáñalas con las patatas fritas y decora los platos con unas hojas de perejil.

CONSEJO

Para dar forma a las albóndigas, pon un poco de harina en un vaso. Toma una pequeña porción de la masa de las albóndigas, introdúcela en el vaso y remuévelo (en círculo) hasta conseguir una albóndiga redonda. Repite el proceso con el resto de la masa.

MUSLOS DE POLLO *TANDOORI*

INGREDIENTES (4 P.)

4 cuartos traseros de pollo (muslos y contramuslos)

2 yogures

2 cebollas

3 cucharadas de caldo de carne

2 limas

aceite de oliva virgen extra

1 cucharadita de orégano

perejil

sal

Para la mezcla de especias:

1 cucharada de cúrcuma

2 cucharadas de pimentón

1 cucharada de pimienta blanca

1 cucharada de jengibre en polvo

1 cucharada de ajo en polvo

1 cucharadita de comino en polvo

2 cayenas molidas

ELABORACIÓN

Para preparar la mezcla de especias, pon la cúrcuma, el pimentón, la pimienta, el jengibre, el ajo en polvo, el comino y las cayenas molidas en una sartén y tuéstalas a fuego suave durante 4-5 minutos.

Pasa los yogures a un bol, agrega 25 ml de aceite y las especias tostadas y mezcla bien.

Pon 4 cucharadas de la mezcla en una fuente honda apta para el horno, sazona los cuartos de pollo y colócalos en ella. Cúbrelos con el resto de la mezcla y tapa la fuente con film transparente. Introduce el pollo en el frigorífico y déjalo macerando durante 1 hora como mínimo (mejor si es de un día para otro).

Saca la fuente con el pollo del frigorífico, retírale el film e introdúcela en el horno. Hornea los cuartos de pollo a 220 °C durante 20-25 minutos.

Calienta 3-4 cucharadas de aceite en una sartén. Pela las cebollas, córtalas en juliana, añádelas a la sartén y rehógalas a fuego medio durante 6-8 minutos. Exprime 1 de las limas. Agrega a la sartén el caldo de carne, el orégano y el zumo de la lima y cocina conjuntamente durante 3-4 minutos más.

Lava la otra lima y córtala en 8 gajos.

Sirve 1 cuarto de pollo en cada plato y acompáñalos con la cebolla y los gajos de lima. Decora los platos con unas hojas de perejil.

CONSEJO

Cuanto más tiempo pase el pollo en la marinada, más sabroso y tierno quedará.

BOLITAS DE POLLO Y QUESO

INGREDIENTES (4 P.)

700 g de pechuga de pollo (picada)

200 g de queso mezcla añejo

1 huevo

1 cucharadita de ajo en polvo

zumo de 1 limón

2-3 cucharadas de mostaza

2 huevos batidos y harina de garbanzo (para rebozar)

10 g de brotes de rúcula

aceite de oliva virgen extra

1 cucharadita de hierbas provenzales

perejil

pimienta

sal

ELABORACIÓN

Pon la carne picada en un bol grande. Retira la corteza del queso, córtalo a la mitad, reserva una de las mitades, ralla la otra y añádelo al bol. Agrega 1 huevo, el ajo en polvo, el zumo de limón y la mostaza y salpimienta. Mezcla bien, tapa la mezcla (a piel) con film transparente y deja que repose en el frigorífico durante 1 hora como mínimo.

Mezcla la harina de garbanzo con las hierbas provenzales y extiéndela sobre una fuente. Retira la carne del frigorífico, toma pequeñas porciones de la mezcla y forma bolitas con ellas. Pásalas por la harina de garbanzo.

Calienta aceite en una sartén. Pasa una tanda de bolitas de pollo y queso por el huevo batido, introdúcelas en la sartén y fríelas a fuego medio hasta que se cocinen por dentro y se doren por fuera. Escúrrelas sobre una fuente cubierta con papel absorbente. Repite el proceso con el resto de las bolitas.

Ralla el resto del queso (si te parece demasiado, ralla solo la mitad y guarda el resto para otra ocasión) y resérvalo.

Para servir, pon 5 puntos de mostaza en la base de 4 platos y coloca 1 bolita de pollo y queso sobre cada punto. Pon encima de cada bolita un poco del queso rallado y unos brotes de rúcula. Decora los platos con unas hojas de perejil.

CONSEJO

La harina de garbanzo no contiene gluten, por lo que es apta para celiacos.

BROCHETA DE SOLOMILLO DE CERDO CON MANZANA

INGREDIENTES (4 P.)

2 solomillos de cerdo ibérico
4 manzanas reineta
200 ml de vinagre
30 g de mantequilla
150 ml de vino dulce
6 dientes de ajo
aceite de oliva virgen extra
2 cucharaditas de orégano
pimienta
2 cucharaditas de pimentón dulce
perejil
sal

ELABORACIÓN

Pon el pimentón, el orégano, el vinagre y 500 ml de agua en una fuente honda rectangular. Aplasta los dientes de ajo (con piel) y añádelos.

Limpia los solomillos retirándoles las membranas que los envuelven. Ponlos en la fuente, tápalos con film transparente, introdúcelos en el frigorífico y déjalos marinando durante 4 horas (mínimo). Retíralos del frigorífico, saca los solomillos de la fuente, sécalos bien y corta cada uno en 8 medallones.

Junta 4 medallones (dejando la parte cruda hacia el exterior) e insértales 2 palillos de brocheta (para que sean más fáciles de manejar).

Funde la mantequilla a fuego suave en una sartén. Pela las manzanas, córtalas en cuartos, retírales el corazón, córtalas en dados y añádelas a la sartén. Vierte encima el vino y cocina las manzanas a fuego medio durante 6-8 minutos.

Pon 2-3 cucharadas de aceite en una fuente, salpimiéntalo y unta en él las brochetas.

Calienta una plancha, coloca encima las brochetas y cocínalas durante 2-3 minutos por cada lado.

Sirve en cada plato 1 brocheta y 1 porción de la guarnición de manzana. Decóralos con unas hojas de perejil.

CONSEJO

Recuerda que el marinado es una de las técnicas de cocina más útiles para realzar el sabor de los alimentos y cambiar su textura.

BROCHETAS DE HÍGADO CON PURÉ DE MANZANA

INGREDIENTES (4 P.)

4 filetes de hígado de ternera (gruesos)

3 manzanas reineta

2 dientes de ajo

aceite de oliva virgen extra

perejil

pimienta

sal

CONSEJO

El puré de manzana es un acompañamiento perfecto para cualquier pieza de carne, ya sea ternera, cerdo, cordero, conejo, pollo o pavo. Para darle un toque diferente puedes añadirle especias o hierbas aromáticas.

ELABORACIÓN

Calienta una cazuela con 250 ml de agua. Pela las manzanas, retírales el corazón, trocéalas y añádelas. Cuécelas durante unos 15 minutos. Sazónalas y remuévelas con una varilla manual hasta conseguir un puré homogéneo. Resérvalo.

Pela los dientes de ajo, córtalos en láminas y ponlos en un vaso batidor. Agrega 1 cucharada de perejil picado y 125 ml de aceite. Tritura los ingredientes con una batidora eléctrica y reserva el aceite de ajo y perejil.

Corta el hígado en dados grandes (se necesitarán 20). Junta 5 dados de hígado y ensártalos con 2 palillos largos de brocheta para darles mejor la vuelta. Monta otras 7 brochetas de la misma manera.

Salpimienta las brochetas, úntalas con el aceite de ajo y perejil y cocínalas sobre una plancha bien caliente durante 2 minutos por cada lado. Durante la cocción, sigue untándolas con el aceite de ajo y perejil.

Sirve en cada plato 2 brochetas de hígado y un poco de puré de manzana y decóralos con unas hojas de perejil.

CABEZADA DE CERDO EN SALSA

INGREDIENTES (6 P.)

1.200 g de cabezada de cerdo (1 pieza)

1 cebolla

1 pimiento verde

5 dientes de ajo

150 ml de vino blanco

4 pimientos morrones en conserva

aceite de oliva virgen extra

1 hoja de laurel

perejil

20 granos de pimienta

nuez moscada

sal

CONSEJO

Esta carne es muy apropiada para prepararla a la sal. Solo tienes que preparar la pieza, cubrirla de sal gruesa y cocinarla en el horno. La sal sirve como capa protectora y consigue que la carne se cocine en su propio jugo.

ELABORACIÓN

Calienta 6 cucharadas de aceite en una olla rápida. Sazona la carne, introdúcela en la olla y dórala bien. Retírala a una fuente y resérvala. Reserva la olla con el aceite.

Pela la cebolla y retira el tallo y las semillas del pimiento. Córtalos en dados y ponlos a rehogar en el aceite donde has dorado la carne. Pela 4 dientes de ajo, córtalos en daditos y añádelos. Sazona las hortalizas y rehógalas a fuego medio durante 10-15 minutos.

Introduce en la olla la carne, la pimienta, la hoja de laurel, el vino y 200 ml de agua. Ralla encima un poco de nuez moscada, mezcla bien, tapa la olla y cocina la carne durante 30 minutos.

Abre la olla, retira la carne y deja que se enfríe bien. Córtala en filetes finos y resérvala. (Si te sobra, envuélvela con film transparente y guárdala en el frigorífico hasta el momento de consumirla). Reserva también las hortalizas.

Calienta 2 cucharadas de aceite en una sartén. Pela el otro diente de ajo, córtalo en daditos y añádelo a la sartén. Cuando empiece a dorarse, incorpora los morrones (cortados en tiras), sazónalos y cocínalos a fuego suave durante 15-20 minutos.

Pasa las hortalizas de la olla a un vaso batidor y tritúralas con una batidora eléctrica hasta conseguir una salsa homogénea (si hiciera falta, puedes colarla).

Sirve en cada plato 5 filetes y salséalos. Acompáñalos con los pimientos y decóralos con unas hojas de perejil.

CALLOS DE LA ABUELA TASI

INGREDIENTES (4 P.)

800 g de callos cocidos

200 ml del agua de la cocción de los callos

3 dientes de ajo

2 cebollas

250 g de chorizo fresco (mitad dulce, mitad picante)

150 g de jamón serrano

1 cucharadita de harina

200 ml de salsa de tomate

150 ml de vino blanco

aceite de oliva virgen extra

2 hojas de laurel

perejil

1 cucharadita de pimentón dulce

20-30 granos de comino

sal (fina y gruesa)

ELABORACIÓN

Calienta una tartera (cazuela amplia y baja) con 4 cucharadas de aceite. Pela 1 diente de ajo, córtalo en láminas y agrégalo a la tartera. Pela las cebollas, córtalas en daditos e incorpóralas. Sazona las hortalizas y rehógalas a fuego suave durante 20 minutos.

Corta el chorizo en rodajas y el jamón en dados, agrégalos a la tartera y rehógalos brevemente. Añade la harina y rehógala un poco. Incorpora el pimentón, los granos de comino, las hojas de laurel, el vino blanco, la salsa de tomate, los callos y los 200 ml del agua de la cocción de los callos. Pon a punto de sal, mezcla y cocina todo a fuego suave durante 20 minutos.

Pela los otros 2 dientes de ajo, trocéalos y ponlos en un mortero. Agrega un poco de sal gruesa y un poco de perejil picado y maja todo bien. Incorpora el majado a la tartera, mezcla bien y cocina todo junto durante 4-5 minutos más.

Sirve y decora los platos con unas hojas de perejil.

CONSEJO

Para cocer los callos, calienta abundante agua en una olla rápida. Trocea los callos en trocitos de bocado e introdúcelos en la olla. Añade 1 cebolla (pelada) con 4 clavos de olor pinchados en ella, 1 limón (cortado por la mitad) y 1 zanahoria (cortada por la mitad). Sazona, cierra la olla y cuécelos durante 40 minutos.

CARRILLERAS DE CERDO A LOS 12 AJOS CON PURÉ DE BONIATO

INGREDIENTES (4 P.)

12 carrilleras de cerdo
12 dientes de ajo
3 boniatos
100 ml de vino blanco
aceite de oliva virgen extra
1 rama de romero fresco
1 rama de tomillo fresco
perejil
pimienta
sal

ELABORACIÓN

Calienta una cazuela con agua. Pela los boniatos, córtalos en dados e introdúcelos en la cazuela. Sazónalos y cuécelos durante 15 minutos. Escúrrelos y aplástalos con un majador de patatas hasta dejarlos reducidos a puré. Vierte encima 1 cucharada de aceite y mezcla bien. Reserva el puré de boniato.

Calienta 3-4 cucharadas de aceite en una olla rápida. Salpimienta las carrilleras, introdúcelas en la olla y dóralas bien. Añade los dientes de ajo (con piel), el vino blanco, la rama de romero y la de tomillo. Cierra la olla y cocina las carrilleras durante 10 minutos.

Abre la olla, retira las hierbas y pasa el caldo por un colador sobre una sartén. Pon también los ajos en el colador y aplástalos para que la pulpa pase al caldo. Mezcla la pulpa de los ajos con el caldo, reduce la salsa durante 6-8 minutos y espolvoréala con un poco de perejil picado.

Sirve una cama de puré de boniato en la base de los platos y coloca encima 3 carrilleras. Salséalos y decóralos con unas hojas de perejil.

CONSEJO

Si lo prefieres, puedes pelar los ajos antes de introducirlos en la olla; así te resultará más fácil pasarlos por el colador.

CARRILLERAS DE CERDO CON HABITAS

INGREDIENTES (4 P.)

12-16 carrilleras de cerdo
300 g de habitas frescas (desgranadas)
1 cebolla roja
1 zanahoria
1 puerro
150 ml de vino tinto
150 ml de vino de Jerez
2 patatas
aceite de oliva virgen extra
2 ramas de tomillo
2 hojas de laurel
perejil
15 granos de pimienta negra
10 clavos de olor
sal

ELABORACIÓN

Limpia las carrilleras eliminándoles las membranas que las envuelven.

Calienta 3-4 cucharadas de aceite en una olla rápida. Sazona las carrilleras, introdúcelas (en tandas) en la olla y dóralas por los dos lados. A medida que se vayan dorando, retíralas a un plato y resérvalas.

Agrega 3 cucharadas de aceite a la olla. Pela la cebolla, córtala en dados y añádela a la olla. Pela la zanahoria, córtala en cuartos de luna y agrégala. Limpia el puerro (retirándole la parte inferior, la superior y 2 capas de hojas), lávalo bien, córtalo en cuartos de luna finos e incorpóralos. Sazona las hortalizas y rehógalas a fuego medio durante 10-12 minutos.

Introduce en la olla las carrilleras, añade el tomillo, las hojas de laurel, los granos de pimienta y los clavos. Vierte encima el vino tinto y el jerez y dales un hervor fuerte. Agrega 150 ml de agua, pon a punto de sal, cierra la olla y cocina las carrilleras durante 10 minutos.

Calienta agua en una cazuela. Cuando empiece a hervir, introduce en ella las habitas y sazónalas. Cuécelas durante unos 10 minutos, escúrrelas y resérvalas.

Calienta una sartén con abundante aceite. Pela las patatas, córtalas en dados, añádelas a la sartén y fríelas hasta que estén hechas por dentro y doradas por fuera. Deja las patatas en la sartén, retírales el aceite, espolvoréalas con un poco de perejil picado y sazónalas. Incorpora las habitas a la sartén y saltea todo brevemente.

Pasa las carrilleras a una tartera. Retira las hojas de tomillo y de laurel de la olla y tritura la salsa con una batidora eléctrica. Cuela la salsa sobre las carrilleras, añade el salteado de patatas y habitas y cocina todo conjuntamente durante 2-3 minutos.

Sirve y adorna los platos con unas hojas de perejil.

CONSEJO

Si te parece que la salsa ha quedado muy ligera, puedes calentarla para que reduzca un poco, o bien darle un hervor agregándole un poco de harina de maíz refinada diluida en agua fría hasta que ligue.

CARRILLERAS DE TERNERA CON PASTEL DE PATATA

INGREDIENTES (4 P.)

2 carrilleras de ternera
2 patatas
100 g de queso parmesano rallado
75 g de mantequilla fundida
9 lonchas finas de panceta ibérica
1 zanahoria
1 cebolla
2 dientes de ajo
175 ml de vino tinto
175 ml de vino de Oporto
aceite de oliva virgen extra
1 hoja de laurel
2 ramas de tomillo
perejil
pimienta molida
20 granos de pimienta
sal

ELABORACIÓN

Pela las patatas y córtalas en láminas finas con ayuda de una mandolina.

Pincela el fondo de un molde rectangular (tipo bizcocho) con un poco de mantequilla, cubre con una capa de láminas de patata, espolvoréalas con un poco de queso, úntalas con otro poco de mantequilla, cubre con otra capa de patata, otro poco de queso y 3 lonchas de panceta. Repite el proceso con el resto de las patatas, el queso, la mantequilla y la panceta. Finaliza con una capa de patata y otra de queso. Introduce el molde en el horno y hornea el pastel a 180-190 °C durante 50 minutos.

Calienta una olla rápida con 4 cucharadas de aceite. Salpimienta las carrilleras, introdúcelas en la olla y dóralas bien. Retíralas a una fuente y resérvalas.

Pela la zanahoria y córtala en cuartos de luna finos. Pela la cebolla y córtala en dados. Pela los ajos y córtalos en daditos. Introduce las hortalizas en la olla, sazónalas y rehógalas durante 6-8 minutos. Añade los granos de pimienta, la hoja de laurel y las ramas de tomillo. Vierte encima el vino tinto y el oporto y dales un hervor. Agrega 250 ml de agua, cierra la olla y guisa las carrilleras durante 40 minutos.

Abre la olla y retira la hoja de laurel y las ramas de tomillo. Retira las carrilleras, pásalas a un plato y deja que se templen. Cuando las carrilleras estén templadas, córtalas en filetes y ponlos en una tartera (cazuela amplia y baja). Tritura la salsa de la olla y viértela sobre los filetes de carrillera. Espolvoréalos con un poco de perejil picado.

Retira el pastel del horno. Cubre la superficie con un trozo de papel de aluminio y coloca sobre él otro molde del mismo tamaño. Inclina el pastel sobre un bol para que escurra bien la grasa. Desmolda el pastel (dándole la vuelta) y córtalo en porciones.

Reparte las carrilleras y el pastel de patata en 4 platos y decóralos con unas hojas de perejil.

CONSEJO

Si te sobra salsa, rellena con ella unas cubiteras y congélala. Cuando se haya congelado, desmóldala y guárdala en una bolsa de congelación. Cuando quieras utilizarla, no tendrás más que sacar las porciones necesarias y agregarlas al guiso.

CAZUELA DE POLLO CON SETAS

INGREDIENTES (4 P.)

1 pollo (troceado)
300 g de setas shitake
2 dientes de ajo
125 ml de vino blanco
1 pastilla de caldo de pollo
200 ml de leche evaporada
aceite de oliva virgen extra
1 rama de romero
perejil
pimienta
sal

ELABORACIÓN

Calienta 3-4 cucharadas de aceite en una tartera (cazuela amplia y baja). Salpimienta el pollo, introdúcelo en la tartera y dóralo bien.

Pela los dientes de ajo y añádelos a la tartera junto con la rama de romero (cortada en dos). Vierte encima el vino y dale un hervor fuerte.

Corta las setas por la mitad, incorpóralas a la tartera y cocínalas durante 2-3 minutos.

Desmenuza encima la pastilla de caldo de pollo. Agrega la leche evaporada y 200 ml de agua. Tapa y guisa el pollo durante 20-25 minutos a fuego suave.

Espolvorea el guiso con un poco de perejil picado, sirve y decora los platos con unas hojas de perejil.

CONSEJO

Conviene quitar los pies a las setas shitake, porque son muy fibrosos. Si quieres, puedes reservarlos para otra preparación y cocinarlos enteros o cortados en cuartos o en láminas, pero recuerda que necesitarán más tiempo de cocción que los sombreros.

CERDO AGRIDULCE

INGREDIENTES (4 P.)

500 g de carne de cerdo (lomo o cabezada)

2 dientes de ajo

1 cebolleta

2 zanahorias

2 pimientos verdes

1 rodaja gruesa de piña (400 g)

1 cucharada de semillas de sésamo

aceite de oliva virgen extra

10-12 hojas de cebollino

perejil

pimienta

sal

Para la salsa agridulce:

3 cucharadas de vinagre de manzana

1 cucharada de azúcar

3 cucharadas de salsa de soja

100 g de kétchup

ELABORACIÓN

Calienta 3 cucharadas de aceite en un wok. Pela los dientes de ajo, pícalos finamente y añádelos. Corta la cebolleta en dados y agrégala. Rehoga las hortalizas durante 5-6 minutos.

Corta la carne en dados, salpiméntalos, introdúcelos en el wok y saltéalos a fuego fuerte.

Pela las zanahorias y córtalas en rodajas finas. Retira el tallo y las semillas de los pimientos y córtalos en dados. Agrega las zanahorias y los pimientos al wok y cocina todo durante 5-6 minutos.

Pela la piña, retírale el tronco central, córtala en triángulos e incorpórala al wok.

Para preparar la salsa, introduce en un bol, el vinagre, el azúcar, la salsa de soja y el kétchup y mezcla todo bien.

Vierte la salsa en el wok y cocina conjuntamente durante 4 minutos.

Reparte el cerdo agridulce en 4 platos, espolvoréalos con el cebollino picado y las semillas de sésamo y decóralos con unas hojas de perejil.

CONSEJO

La cabezada de cerdo es muy apropiada para preparar esta receta, pues gracias a las finas vetas de grasa infiltrada que tiene es una de las partes más jugosas del cerdo.

CHULETAS DE CERDO A LA RIOJANA

INGREDIENTES (4 P.)

4 chuletas de cerdo (con palo)
1 cebolla
1 pimiento verde
2 dientes de ajo
12-14 pimientos del piquillo
100 ml de vino blanco
500 ml de salsa de tomate
aceite de oliva virgen extra
4 ramas de tomillo
perejil
pimienta
sal

ELABORACIÓN

Calienta una tartera con 3-4 cucharadas de aceite. Pela la cebolla, córtala en juliana fina y agrégala a la tartera. Retira el tallo y las semillas del pimiento verde, córtalo de la misma manera y añádelo. Pela los dientes de ajo, córtalos en láminas e incorpóralos. Sazona las hortalizas y rehógalas a fuego medio durante 15 minutos.

Corta los pimientos del piquillo en juliana fina y añádelos a la tartera. Vierte encima el vino y dale un hervor fuerte para que se evapore el alcohol. Agrega la salsa de tomate, mezcla bien y cocina todo a fuego suave durante 20 minutos.

Calienta una plancha sin aceite. Salpimienta las chuletas, úntalas con un poco de aceite y cocínalas durante 3 minutos por cada lado. Pásalas a la tartera con la fritada, tápalas y cocínalas a fuego medio durante 3 minutos.

Reparte las chuletas y la fritada en 4 platos y decóralos con unas hojas de perejil y unas ramas de tomillo.

CONSEJO

Cuando vayas a cocinar carne a la plancha o al horno, sobre todo si son chuletas gruesas, te recomiendo que la saques del frigorífico por lo menos una hora antes de prepararlas.

CHULETAS DE CERDO ASADAS CON LECHE

INGREDIENTES (4 P.)

4 chuletas de cerdo
350 ml de leche
2 dientes de ajo
harina (para rebozar)
30 g de mantequilla
2 pimientos morrones rojos
aceite de oliva virgen extra
1 rama de tomillo
1 rama de romero
perejil
pimienta
1 clavo de olor
sal

ELABORACIÓN

Salpimienta la base de una fuente honda, coloca encima las chuletas de cerdo y salpimiéntalas por la parte superior. Agrega las ramas de tomillo y romero, el clavo y 1 diente de ajo cortado en láminas. Vierte encima 250 ml de leche (reserva el resto), tapa la fuente con film transparente, introdúcela en el frigorífico y deja que las chuletas reposen durante 2 horas.

Saca la fuente del frigorífico. Retira las chuletas de la fuente, sécalas con papel absorbente y enharínalas. Calienta la mantequilla en una sartén grande, introduce en ella 2 chuletas, dóralas por los dos lados y colócalas en una fuente apta para el horno. Repite el proceso con las otras 2 chuletas. Cuela la leche, viértela sobre las chuletas y hornéalas a 180 °C durante 20 minutos (10 minutos por cada lado). Retíralas del horno.

Retira las chuletas de la fuente, pásalas a un plato e introdúcelas de nuevo en el horno para que se mantengan calientes.

Pasa el contenido de la fuente a una cazuela, agrega la leche reservada (100 ml) y remueve los ingredientes con una varilla. Cocínalos, removiéndolos de vez en cuando, durante unos 5 minutos, hasta que liguen (si la salsa no espesa lo suficiente, puedes agregarle un poco de harina de maíz refinada diluida en agua fría y darle un breve hervor). Añade un poco de perejil picado y mezcla bien.

Pela los pimientos y córtalos en tiras. Pela el otro diente de ajo y córtalo en láminas. Calienta una sartén con 3 cucharadas de aceite, añade el ajo y, en cuanto empiece a bailar, agrega los pimientos y sazónalos. Cocínalos a fuego medio durante unos 10 minutos.

Sirve 1 chuleta en cada plato, nápalas con la salsa y acompáñalas con los pimientos. Decora los platos con unas hojas de perejil.

CONSEJO

La leche es el líquido perfecto para marinar todo tipo de carnes, ya que ablandará las fibras de la carne y la dejará suave, lista para asar o freír.

CODORNICES ASADAS CON PATATAS Y CHALOTAS

INGREDIENTES (4 P.)

6 codornices
2 patatas
16 chalotas
4 dientes de ajo
150 ml de vino blanco
2 cucharadas de mostaza a la antigua
aceite de oliva virgen extra
3 ramas de tomillo
perejil
pimienta
sal

ELABORACIÓN

Pela las patatas, trocéalas (cascándolas) y ponlas en un bol. Pela las chalotas e incorpóralas al bol. Añade los ajos (sin pelar) y sazona la mezcla. Pica las ramas de tomillo y agrégalas. Vierte encima el vino y 2-3 cucharadas de aceite y mezcla bien. Pasa las patatas a una fuente apta para el horno y hornéalas a 200 °C durante 20 minutos.

Corta las codornices por la mitad (a lo largo) y salpimiéntalas. Úntalas con la mostaza, colócalas sobre las patatas y riégalas con un poco de aceite. Introduce de nuevo la fuente en el horno y hornea conjuntamente a 200 °C durante unos 12 minutos.

Sirve 3 medias codornices en cada plato y acompáñalas con las patatas, las chalotas y los ajos. Decora los platos con unas hojas de perejil.

CONSEJO

Si la mostaza está muy densa, puedes aligerarla añadiéndole 1 cucharada de aceite.

CODORNICES EN SALSA

INGREDIENTES (4 P.)

6 codornices
3 dientes de ajo
1 cebolla roja
6 chalotas
90 ml de ron
90 ml de vino dulce (Pedro Ximénez)
1 pastilla de caldo de pollo
aceite de oliva virgen extra
1 rama de tomillo
perejil
pimienta
sal

ELABORACIÓN

Calienta 3-4 cucharadas de aceite en una tartera (cazuela amplia y baja). Salpimienta las codornices, introdúcelas en la tartera y dóralas bien por los dos lados.

Pela los ajos y córtalos en láminas finas. Pela la cebolla y las chalotas y córtalas en dados. Incorpora las hortalizas a la tartera y rehoga todo durante 10-12 minutos.

Vierte el ron en la tartera y flambéalo. Añade el vino dulce, desmenuza encima la pastilla de sabor y cubre todo con 250-300 ml de agua. Agrega la rama de tomillo. Tapa la cazuela y guisa las codornices a fuego suave durante 25-30 minutos.

Cuando las codornices estén bien tiernas, retíralas a una fuente y resérvalas. Pasa la salsa a un vaso batidor y tritúrala hasta conseguir una salsa homogénea.

Corta las codornices por la mitad, sirve 3 mitades en cada plato y salséalas. Decora los platos con unas hojas de perejil.

CONSEJO

Cuando compres codornices, elígelas relativamente gordas para que haya una mejor proporción entre la carne y el hueso. Asegúrate también de que la piel no tenga manchas.

CONEJO CON BONIATOS AL HORNO

INGREDIENTES (4 P.)

1 conejo

2 boniatos

1 diente de ajo

1-2 cucharadas de mostaza de Dijon

aceite de oliva virgen extra

1 cucharada de orégano seco

perejil

sal (fina y gruesa)

ELABORACIÓN

Pela el diente de ajo, trocéalo, ponlo en un mortero, añádele un poco de sal gruesa y májalo bien. Agrega el orégano y la mostaza y mezcla bien.

Corta el conejo en 4 trozos, sazónalos, úntalos con el majado y colócalos en una bandeja de horno. Pela los boniatos, córtalos en rodajas de 2 cm de grosor, extiéndelas al lado del conejo y sazónalas.

Riega todo con un chorrito de aceite y hornéalo a 200 °C durante 25-30 minutos. Cuando lleve 15 minutos de horneado, da la vuelta a los trozos de conejo. Retíralo del horno.

Sirve en cada plato ¼ de conejo y unas rodajas de boniato y adórnalos con unas hojas de perejil.

CONSEJO

A la hora de servir, para que luzca más, puedes untar el conejo y los boniatos con un poco del aceite que ha quedado en la bandeja del horno.

COSTILLA DE CERDO CON SALSA DE NARANJA

INGREDIENTES (4 P.)

1.500 g de costillas de cerdo
zumo de 3 naranjas
100 ml de vermut rojo
1 pastilla de caldo de pollo
3 dientes de ajo
8 guindillas frescas (rojas y verdes)
2 pimientos verdes
aceite de oliva virgen extra
1 rama de tomillo
perejil
sal

CONSEJO

La temporada de las naranjas valencianas va de octubre a mayo, así que esos son los mejores meses para preparar este guiso.

ELABORACIÓN

Calienta una tartera (cazuela amplia y baja) con 3 cucharadas de aceite. Corta la costilla en trozos, sazónalos y dóralos (en tandas) en la tartera por los dos lados.

Vuelve a poner todas las costillas en la tartera, vierte encima el vermut y dale un hervor para que se evapore el alcohol. Añade 200 ml de agua y desmenuza encima la pastilla de caldo. Agrega la rama de tomillo, los dientes de ajo (pelados y enteros) y el zumo de naranja. Tapa la tartera y guisa las costillas a fuego medio durante 25-30 minutos.

Retira la tapa de la tartera y cocina durante otros 10-15 minutos para que la salsa reduzca.

Calienta una sartén con 2-3 cucharadas de aceite y añade las guindillas. Retira el tallo y las semillas de los pimientos, córtalos en trozos e incorpóralos a la sartén. Sazona y rehoga todo a fuego suave-medio durante unos 10 minutos.

Reparte las costillas en 4 platos y acompáñalas con el salteado de pimientos y guindillas. Decora los platos con unas hojas de perejil.

ENTOMATADO DE CORDERO

INGREDIENTES (8 P.)

1 pierna de cordero (1.800 g)
1 kg de tomate
3 dientes de ajo
1 cebolla
40 g de piñones pelados
3 patatas
3 peras conferencia
aceite de oliva virgen extra
1 hoja de laurel
perejil
pimienta
1 cucharada de pimentón
sal

ELABORACIÓN

Calienta una cazuela con 4-5 cucharadas de aceite. Trocea la carne, salpimiéntala, introdúcela en la cazuela y fríela hasta que se dore un poco. Retira la carne con los jugos que haya soltado a una fuente honda y resérvala.

Calienta 3 cucharadas de aceite en la misma cazuela. Pela los ajos y córtalos en daditos. Pela la cebolla y córtala de la misma manera. Incorpora las hortalizas a la cazuela y rehógalas durante unos 10 minutos.

Corta los tomates por la mitad, rállalos y agrégalos a la cazuela. Incorpora también la carne con todos sus jugos. Añade la hoja de laurel, ¼ de cucharadita de pimienta molida, el pimentón y los piñones.

Pela las patatas y trocéalas (cascándolas). Pela las peras y córtalas en 4 trozos (retirándoles el corazón). Agrega las patatas y las peras a la cazuela, cubre con agua, pon a punto de sal, tapa y guisa todo a fuego suave durante 45 minutos.

Espolvorea el guiso con un poco de perejil picado, sirve y decora los platos con unas hojas de perejil.

CONSEJO

Si la salsa del guiso te queda muy ligera, puedes espesarla sacando dos trocitos de patata, aplastándolos y mezclándolos después con la salsa, o bien removiendo la cazuela para que las patatas suelten todo su almidón.

ENTRECOT A LA PIMIENTA VERDE

INGREDIENTES (4 P.)

- 4 entrecots de ternera (de 150 g cada uno)
- 3 chalotas
- 250 ml de caldo de carne
- 250 ml de nata líquida
- 2 dientes de ajo
- harina y huevo batido (para rebozar)
- 20 tomates cherry
- aceite de oliva virgen extra
- perejil
- 1 cucharada de pimienta verde en salmuera
- sal

ELABORACIÓN

Calienta 3 cucharadas de aceite en una sartén. Pela las chalotas, córtalas en daditos, introdúcelas en la sartén y rehógalas a fuego medio durante 4-5 minutos.

Pica finamente la mitad de la pimienta verde y añádela a la sartén. Añade también el resto de la pimienta, el caldo y la nata y sazona. Deja que la salsa reduzca a fuego medio durante 10-12 minutos.

Calienta 8-10 cucharadas de aceite en una sartén grande. Aplasta los dientes de ajo (con piel) y agrégalos a la sartén. Retira la grasa de los entrecots, sazónalos, pásalos por harina y huevo batido, introdúcelos (de dos en dos) en la sartén y fríelos por los dos lados. Retíralos a una fuente y resérvalos.

Retira los dientes de ajo de la sartén y deja solo 1 cucharada de aceite (guarda el resto para otra ocasión). Pon la sartén a calentar, añade los tomates cherry, sazónalos, espolvoréalos con un poco de perejil picado y saltéalos durante 2 minutos.

Sirve en cada plato 1 entrecot, un poco de salsa y 5 tomates cherry y decóralos con unas hojas de perejil.

CONSEJO

Unos pimientos del piquillo o unas patatas a las finas hierbas pueden ser unas buenas guarniciones para acompañar este entrecot.

ENTRÉCULA DE TERNERA CON SALSA DE MELOCOTÓN Y PIMIENTOS

INGREDIENTES (4 P.)

700 g de entrécula de ternera
2 melocotones
20 pimientos verdes pequeños
1 cebolla
3 dientes de ajo
100 ml de *txakoli*
aceite de oliva virgen extra
perejil
pimienta
sal

CONSEJO

La entrécula es una carne jugosa y tierna, por lo que es una opción ideal para los pepitos o bocadillos de ternera. ¡No te olvides de elegir un buen pan!

ELABORACIÓN

Calienta una cazuela con 3 cucharadas de aceite. Pela 1 diente de ajo, córtalo en daditos y agrégalo a la cazuela. Pela la cebolla, córtala en daditos y añádela. Sazona las hortalizas y rehógalas a fuego medio durante 6-8 minutos. Pela los melocotones, córtalos en daditos e incorpóralos a la cazuela. Vierte encima el *txakoli* y 100 ml de agua. Sazona, tapa y cocina los ingredientes a fuego suave durante 20 minutos. Pasa todo a una batidora de vaso y tritura hasta conseguir una salsa homogénea. Resérvala.

Limpia la entrécula retirándole las membranas o telillas que la cubren. Córtala en tiras de 1-2 centímetros y salpimiéntalas. Calienta una sartén con 2 cucharadas de aceite, aplasta los otros 2 dientes de ajo (con piel) y añádelos a la sartén. Incorpora la carne y fríela brevemente (unos 2 minutos) a fuego fuerte.

Calienta 6-8 cucharadas de aceite en otra sartén, introduce en ella los pimientos y fríelos durante 3-4 minutos. Retíralos y escúrrelos sobre un plato cubierto con papel absorbente. Sazónalos.

Reparte la carne (con su jugo) y los pimientos en 4 platos. Sirve un poco de salsa en cada uno y decóralos con unas hojas de perejil.

GUISO CARRERO

INGREDIENTES (4 P.)

800 g de zancarrón de ternera
1 cebolla
1 pimiento rojo
5 tomates en conserva
600 ml de caldo de carne
2 boniatos
2 patatas
aceite de oliva virgen extra
perejil
pimienta
½ cucharadita de pimentón
½ cucharadita de ají molido
sal

ELABORACIÓN

Calienta 4 cucharadas de aceite en una olla rápida. Corta la carne en dados grandes (3 cm), salpiméntalos, introdúcelos en la olla y dóralos a fuego vivo. Pasa la carne, con el jugo que haya soltado, a un recipiente hondo y resérvala.

Pela la cebolla y córtala en dados. Pela el pimiento y córtalo de la misma manera. Calienta 3 cucharadas de aceite en la misma olla, añade las hortalizas, sazónalas y rehógalas a fuego medio durante 15 minutos.

Trocea los tomates y agrégalos a la olla. Incorpora la carne con su jugo. Añade el pimentón, el ají, una pizca de sal y el caldo de carne. Cierra la olla y cocina la carne durante 20 minutos. Abre la olla y desgrasa el guiso.

Pela los boniatos y las patatas, trocéalos e introdúcelos en la olla. Cierra la olla y cocina todo durante 3-4 minutos.

Sirve y decora los platos con unas hojas de perejil.

CONSEJO

Si quieres que la salsa del guiso quede un poco más espesa, solo tienes que aplastar unos trozos de patata o de boniato con un tenedor y remover la olla hasta que ligue la salsa.

HAMBURGUESAS DE PAVO Y QUESO

INGREDIENTES (4 P.)

600 g de carne picada de pavo
100 g de queso (tipo Idiazábal)
25 g de pan rallado
50 ml de leche
1 diente de ajo
1 cucharada de salsa inglesa
1 huevo
1 escarola
aceite de oliva virgen extra
vinagre
perejil
pimienta
sal

ELABORACIÓN

Mezcla el pan rallado y la leche en un bol y deja que el pan se hidrate.

Pon la carne picada en un bol grande. Pela el diente de ajo, pícalo finamente e incorpóralo al bol. Agrega la salsa inglesa, 1 cucharadita de perejil picado y el huevo y salpimienta. Mezcla bien hasta que los ingredientes queden integrados. Agrega el pan rallado remojado y vuelve a mezclar hasta conseguir una masa homogénea.

Ralla el queso en un bol y resérvalo.

Para que todas las hamburguesas tengan el mismo tamaño, utiliza un aro de emplatar. Corta 8 trozos de papel de hornear (un poco más grandes que el aro). Pon uno de los trozos de papel en la base de una fuente y coloca encima el aro. Llénalo con 1 capa de carne, 1 capa de queso y otra de carne. Retira el aro, pasa la hamburguesa a otra fuente y resérvala. Repite el proceso hasta formar otras 7 hamburguesas.

Calienta una plancha con un chorrito de aceite, coloca en ella las hamburguesas (sin el papel) y cocínalas por los dos lados hasta conseguir el punto deseado.

Limpia la escarola, sécala, trocéala y ponla en un bol. Alíñala con sal, vinagre y aceite.

Sirve 2 hamburguesas en cada plato y acompáñalas con la ensalada de escarola. Decora los platos con unas hojas de perejil.

CONSEJO

El pan rallado remojado en leche consigue que las hamburguesas queden más jugosas. También puedes sustituir el pan rallado por miga de pan.

CARNES Y AVES

LOMO A LA BATURRA

INGREDIENTES (4 P.)

8 filetes de lomo de cerdo (de unos 100 g cada uno)

1 huevo

harina (para rebozar)

1 diente de ajo

1 cebolla dulce

125 g de jamón serrano (en lonchas finas)

125 ml de vino tinto

200 ml de caldo de carne

2 cucharadas de salsa de tomate

24 aceitunas verdes sin hueso (lavadas)

aceite de oliva virgen extra

perejil

pimienta

sal

ELABORACIÓN

Calienta agua en un cazo, introduce en ella el huevo y cuécelo durante 10 minutos (contados a partir del momento en que el agua empiece a hervir). Retíralo, refréscalo, pélalo y resérvalo.

Calienta 4 cucharadas de aceite en una tartera (cazuela amplia y baja). Salpimienta los filetes de lomo, pásalos por harina, introduce 4 en la tartera y dóralos por los dos lados. Retíralos a una fuente y repite el proceso con los otros 4 filetes. Resérvalos.

Añade 2 cucharadas de aceite a la tartera y caliéntalas. Pela el diente de ajo, córtalo en daditos y agrégalo a la tartera. Pela la cebolla, córtala en dados y añádela. Sazona las hortalizas y rehógalas a fuego medio durante 8-10 minutos.

Corta 4 lonchas de jamón en daditos (reserva las otras 4), incorpóralos a la tartera y rehógalos brevemente (hasta que cambie de color). Agrega el vino, el caldo, la salsa de tomate y las aceitunas y cocina los ingredientes durante 5-6 minutos. Introduce en la tartera los filetes de lomo y cocina todo junto durante 5-6 minutos más.

Corta el huevo en daditos. Corta el jamón reservado en tiras largas.

Reparte los filetes de lomo en 4 platos y decóralos con el huevo picado, las tiras de jamón, un poco de perejil picado y unas hojas de perejil.

CONSEJO

Esta receta, además de ser fácil y económica, se puede preparar la víspera. También puedes hacerla con otros cortes de cerdo, como el solomillo o la cabezada.

MAGRET DE PATO CON COSTRA DE NUECES

INGREDIENTES (4 P.)

2 *magrets* de pato

125 g de nueces peladas

125 g de mantequilla

6 biscotes

400 g de grasa de pato

8 chalotas

2 patatas

50 ml de *brandy*

1 cucharada de mostaza de Dijon

150 ml de nata líquida

perejil

pimienta

sal

ELABORACIÓN

Pon las nueces, la mantequilla, los biscotes troceados y una pizca de sal en una picadora y tritura todo bien (tiene que quedar con una consistencia terrosa, granulada).

Extiende 2 hojas de papel de hornear sobre la encimera, reparte encima la pasta de nueces, cubre con otras 2 hojas de papel de hornear y pásales el rodillo por encima hasta conseguir 2 tortas. Introdúcelas en el frigorífico y deja que se solidifiquen (puedes prepararlas la víspera).

Calienta la grasa de pato en una sartén hasta que se derrita. Pela las chalotas y añádelas a la sartén. Pela las patatas, córtalas en dados, agrégalas y confítalas a fuego suave durante unos 15-20 minutos. Escúrrelas bien, sazónalas, espolvoréalas con un poco de perejil picado y resérvalas.

Retira la grasa de la parte superior de los *magrets* y salpimiéntalos. Corta la grasa de uno de los *magrets* en dados (puedes reservar la grasa del otro para otra ocasión) y ponla a calentar en una sartén grande. Cuando la grasa se funda, introduce en ella los *magrets* y cocínalos durante 3 minutos por cada lado. Retíralos, deja que se enfríen, córtalos por la mitad y ponlos en una bandeja de horno.

Retira las tortas de nuez del frigorífico. Corta 4 trozos de torta (un poco más grandes que los de *magret*) y pon uno sobre cada trozo de *magret*. Hornéalos a 200 °C durante 3-4 minutos.

Para preparar la salsa, calienta el *brandy* en un cazo y agrega la mostaza y la nata. Cocina los ingredientes durante 5-6 minutos, hasta que liguen.

Sirve un poco de salsa en la base de los platos, coloca medio *magret* encima de cada uno y acompáñalos con ¼ parte de las patatas con chalotas. Decora los platos con unas hojas de perejil.

CONSEJO

Para que las nueces no se pongan rancias, puedes pelarlas, repartirlas en bolsas de congelación y congelarlas para poder usarlas cuando las necesites.

MUSLO DE POLLO ASADO CON SALSA DE ARÁNDANOS

INGREDIENTES (4 P.)

4 cuartos traseros de pollo (muslos y contramuslos)
4 dientes de ajo
200 ml de vino blanco
2 ramas de romero
2 ramas de tomillo
perejil
2 cucharaditas de pimentón dulce
pimienta
sal

Para la salsa de arándanos:

500 g de arándanos
50 g de azúcar
zumo de ½ limón

ELABORACIÓN

Pela los dientes de ajo, trocéalos un poco y ponlos en un vaso batidor. Agrega el pimentón, las hojas de las ramas de romero y de tomillo y el vino y tritura los ingredientes con una batidora eléctrica.

Salpimienta los cuartos de pollo, ponlos en un bol grande, riégalos con la mezcla de vino, ajo, hierbas y pimentón y úntalos bien con ella.

Pon una rejilla de horno sobre una bandeja de horno. Coloca el pollo sobre la rejilla y riégalo con la mezcla de vino, ajo, hierbas y pimentón. Vierte en la bandeja 150 ml de agua, y hornea el pollo a 200 °C durante 30 minutos.

Para preparar la salsa, pon en un cazo los arándanos, el azúcar y el zumo de limón y cocina los ingredientes a fuego suave durante 30 minutos.

Reparte la salsa en la base de 4 platos, sirve 1 cuarto de pollo en cada uno y decóralos con unas hojas de perejil.

CONSEJO

En esta receta se acompaña el pollo con una salsa de arándanos, pero hay otras frutas, como las peras o las manzanas, que también combinarían perfectamente.

MORCILLA REBOZADA CON SALSA DE TOMATE Y PIQUILLOS

INGREDIENTES (4 P.)

2 morcillas de arroz

1 lata grande de tomate triturado (780 g)

8 pimientos del piquillo

5 dientes de ajo

1 cebolla

2 huevos batidos y harina (para rebozar)

aceite de oliva virgen extra

perejil

sal

azúcar

CONSEJO

Si retiramos la piel de la morcilla antes de freírla, evitamos que esta pueda arrugarse y hacer que salga el interior de la morcilla.

ELABORACIÓN

Calienta una cazuela con 2 cucharadas de aceite. Pela 3 dientes de ajo, córtalos en láminas y añádelos a la cazuela. Pela la cebolla, córtala en dados y agrégala. Adereza las hortalizas con una pizca de sal y otra de azúcar y rehógalas a fuego medio durante 15 minutos. Incorpora el tomate triturado, tápalo y cocínalo a fuego lento durante 30-35 minutos. Pasa la mezcla a una batidora de vaso, tritúrala hasta conseguir una salsa homogénea y resérvala.

Pela los otros 2 dientes de ajo, córtalos en láminas y ponlos a dorar en una sartén con 2 cucharadas de aceite. Corta los pimientos en tiras, añádelos a la sartén, aderézalos con una pizca de sal y otra de azúcar y cocínalos a fuego medio durante 15 minutos. Resérvalos.

Pon bastante aceite a calentar en una sartén. Retira la piel de las morcillas y córtalas en rodajas. Pasa las rodajas de morcilla por harina y huevo batido, añádelas a la sartén y fríelas por los dos lados. Retíralas y escúrrelas sobre un plato cubierto con papel absorbente.

Sirve la salsa de tomate en la base de los platos, reparte encima las rodajas de morcilla y corónalas con unas tiras de pimiento. Decora los platos con unas hojas de perejil.

MORCILLO ASADO CON PURÉ DE PATATA

INGREDIENTES (4 P.)

1 kg de morcillo de ternera

4 patatas grandes

125 ml de vino blanco

300 ml de caldo de verduras

1 cucharada de harina de maíz refinada

aceite de oliva virgen extra

perejil

pimienta

sal

CONSEJO

Es importante que la carne no se quede sin líquido durante el horneado. Si notas que hace falta más, puedes añadir un poco más de caldo o de agua.

ELABORACIÓN

Calienta una sartén grande con 3 cucharadas de aceite. Salpimienta el morcillo, introdúcelo en la sartén y dóralo bien por todos los lados. Pasa el morcillo a un recipiente apto para el horno.

Retira el aceite de la sartén, agrega el vino y dale un hervor fuerte. Añade el caldo, remueve y vierte la mezcla sobre el morcillo.

Introduce el morcillo en el horno y hornéalo a 180 °C durante 1 hora.

Lava bien las patatas, ponlas (con piel) en una olla rápida, cúbrelas con agua, sazónalas y cierra la olla. Cuece las patatas durante 6-8 minutos. Retíralas, deja que se templen un poco, pélalas, trocéalas, ponlas en un bol y májalas bien. Condimenta el puré con sal, aceite y un poco de perejil picado y resérvalo.

Pasa el morcillo a una fuente, córtalo en filetes y resérvalo.

Vierte el jugo resultante del asado del morcillo en una sartén y dale un hervor fuerte hasta que reduzca un poco. Mezcla la harina de maíz con 125 ml de agua fría, agrega un poco de esta mezcla a la sartén y dale un hervor, removiéndola, hasta que ligue la salsa.

Reparte los filetes de morcillo en 4 platos y salséalos. Con ayuda de 2 cucharas, forma unas *quenelles* (porciones alargadas con forma de croqueta de puré de patata) y sírvelas al lado. Decora los platos con unas hojas de perejil.

MUSLO DE CONEJO CON PERA

INGREDIENTES (4 P.)

4 cuartos traseros de conejo
3 peras conferencia
2 dientes de ajo
1 cucharada de mostaza
75 ml de *brandy*
2 naranjas
2-3 ramas de tomillo
perejil
pimienta
sal (fina y gruesa)

CONSEJO

El conejo es una carne muy fina que se quema y reseca con facilidad, por lo que es recomendable que la temperatura del horno no supere los 200 °C para que se cocine suavemente.

ELABORACIÓN

Pela los dientes de ajo, trocéalos y ponlos en un mortero. Añade el tomillo picado y una pizca de sal gruesa y maja todo bien. Incorpora la mostaza, el *brandy* y un poco de perejil picado.

Exprime las naranjas, vierte el zumo en el mortero y mezcla bien.

Salpimienta los trozos de conejo, colócalos en una fuente, riégalos con el majado y deja que maceren durante 30 minutos como mínimo.

Extiende los trozos de conejo en una bandeja de horno y riégalos con el majado. Pela las peras, conservando sus tallos, y colócalas de pie al lado de los trozos de conejo. Introduce la bandeja en el horno y hornea a 200 °C durante unos 20 minutos.

Pasa las peras (agarrándolas por el tallo) a la tabla de cocina y retírales, cortándolos, los tallos. Córtalas después en cuartos, retírales el corazón y resérvalas.

Pasa los trozos de conejo a una fuente y resérvalos.

Cuela el líquido resultante de hornear el conejo y las peras sobre una sartén y dale un hervor hasta que reduzca un poco (si fuera necesario, puedes ligar la salsa agregando un poco de harina de maíz refinada diluida en agua fría).

Sirve 1 cuarto de conejo y 3 trozos de pera en cada plato y decóralos con unas hojas de perejil.

MUSLOS DE POLLO GUISADOS CON COLES DE BRUSELAS

INGREDIENTES (4 P.)

4 cuartos traseros de pollo (muslos y contramuslos)
24 coles de Bruselas
2 dientes de ajo
1 cebolla
1 pimiento verde
1 zanahoria
harina (para rebozar)
350 ml de cerveza negra
aceite de oliva virgen extra
perejil
pimienta
sal

ELABORACIÓN

Calienta 3-4 cucharadas de aceite en una olla rápida. Pela los ajos, córtalos en láminas y agrégalos. Pela la cebolla, córtala en dados grandes e incorpórala. Retira el tallo y las semillas del pimiento, córtalo de la misma manera y añádelo. Pela la zanahoria, córtala en medias lunas gruesas y agrégala. Sazona las hortalizas y rehógalas a fuego medio durante 10-12 minutos.

Calienta una sartén grande con 6 cucharadas de aceite. Corta los cuartos de pollo por la mitad (separando los muslos de los contramuslos), salpimiéntalos, enharínalos e introdúcelos en la sartén. Fríelos hasta que se doren bien. Retíralos.

Introduce el pollo en la olla, vierte encima la cerveza y dale un hervor. Pon a punto de sal, tapa la olla y cocina el pollo durante 7-8 minutos.

Abre la olla y retira los trozos de pollo. Tritura la salsa con una batidora eléctrica hasta conseguir una salsa homogénea. Introduce de nuevo el pollo en la olla y mantenlo caliente.

Calienta una sartén con un par de cucharadas de aceite. Limpia las coles de Bruselas, córtalas por la mitad, añádelas a la sartén, sazónalas, tápalas y cocínalas a fuego medio durante 10-12 minutos.

Sirve 1 muslo y 1 contramuslo de pollo en cada plato, salséalos y acompáñalos con las coles de Bruselas. Decóralos con unas hojas de perejil.

CONSEJO

La cerveza negra aporta color al guiso y toques de sabor que recuerdan al chocolate o al café, pero, si lo prefieres, puedes sustituirla por cerveza rubia o tostada, sidra o vino.

MUSLOS DE PAVO GUISADOS CON CERVEZA

INGREDIENTES (4 P.)

4 muslos de pavo
400 ml de cerveza negra
1 cebolla
2 zanahorias
2 puerros
3 dientes de ajo
200 g de arroz
10 g de avellanas (peladas)
aceite de oliva virgen extra
perejil
pimienta
sal (fina y gruesa)

ELABORACIÓN

Calienta 3-4 cucharadas de aceite en una olla rápida. Pela la cebolla, córtala en dados y agrégala. Pela las zanahorias, córtalas en rodajas finas y añádelas. Limpia los puerros (retirándoles la parte inferior, la superior y 2-3 capas de hojas), lávalos bien, córtalos en rodajas e incorpóralos. Sazona las hortalizas y rehógalas a fuego medio durante 10 minutos.

Calienta 4 cucharadas de aceite en una sartén. Salpimienta los muslos de pavo, introdúcelos en la sartén y fríelos a fuego medio-alto hasta que se doren. Retira los muslos e introdúcelos en la olla.

Retira el aceite de la sartén, vierte en ella la cerveza, remuévela (para aprovechar el fondo de la sartén), dale un hervor y viértela en la olla. Cierra la olla y cocina los muslos durante 9 minutos.

Abre la olla, retira los muslos y pásalos a una tartera. Tritura la salsa con una batidora eléctrica y viértela en la tartera. Reserva.

Calienta 1 cucharada de aceite en una cazuela, pela 1 diente de ajo y agrégalo. Añade el arroz y rehógalo brevemente. Vierte encima el agua (el doble y un poco más que de arroz), sazónalo y cocínalo durante 18 minutos a fuego medio.

Pela los otros 2 dientes de ajo, pícalos un poco y ponlos en un mortero. Agrega un poco de sal gruesa y májalos un poco. Incorpora las avellanas y 1 cucharadita de perejil picado y maja todo hasta conseguir una pasta homogénea.

Añade el majado a la tartera, remuévela y cocina los ingredientes durante 4-5 minutos.

Sirve 1 muslo de pavo y 1 porción de arroz en cada plato. Salséalos y decóralos con unas hojas de perejil.

CONSEJO

La cerveza, además de aportar un sabor único a nuestros platos, ablanda las carnes, haciéndolas más jugosas.

PICANTONES RELLENOS

INGREDIENTES (4 P.)

4 picantones (de ración)
500 g de carne picada de cerdo
150 g de castañas
40 g de miga de pan
150 ml de leche
40 g de pasas
1 diente de ajo
1 cebolla
1 pera
150 ml de *txakoli*
harina de maíz refinada diluida en agua fría
1 escarola
aceite de oliva virgen extra
vinagre
perejil
pimienta
sal

ELABORACIÓN

Calienta agua en una cazuela. Lava las castañas, córtales una muesca (un trocito), introdúcelas en la cazuela y cuécelas durante 20-25 minutos. Retíralas, deja que se templen un poco, pélalas, pícalas bien y resérvalas.

Pon la miga de pan en un bol, cúbrela con la leche y déjala a remojo hasta que se ablande. Escúrrela un poco y resérvala.

Pon las pasas en un bol, cúbrelas con agua y déjalas a remojo durante 15 minutos. Escúrrelas y resérvalas.

Calienta 3 cucharadas de aceite en una sartén grande. Pela el diente de ajo, pícalo finamente y agrégalo a la sartén. Pela la cebolla, córtala en daditos y añádela. Sazona las hortalizas y rehógalas a fuego medio durante 10 minutos.

Pela la pera y córtala en daditos.

Pon en un bol grande las castañas picadas, las hortalizas rehogadas, la miga de pan y las pasas remojadas y los daditos de pera. Incorpora la carne, salpimiéntala y amasa la farsa hasta que los ingredientes queden bien integrados.

Salpimienta los picantones por dentro y por fuera. Rellénalos con la farsa y ponlos en un recipiente apto para el horno. Riégalos con un chorrito de aceite y con el *txakoli* y hornéalos a 180 °C durante 30-35 minutos. Sube la temperatura del horno a 200 °C y hornéalos durante 5 minutos más para que se doren por la parte superior. Retíralos, pásalos a una fuente y mantenlos calientes en el horno con el calor residual.

Desgrasa un poco el jugo que han soltado en el horno los picantones, pásalo a una sartén y ponlo a hervir hasta que reduzca un poco. Liga la salsa agregando un poco de la harina de maíz diluida en agua fría, espolvoréala con un poco de perejil picado y mezcla bien.

Limpia la escarola, escúrrela, sécala, trocéala y ponla en un bol. Sazónala y alíñala con aceite y vinagre.

Sirve 1 picantón en cada plato, salséalos y acompáñalos con la ensalada de escarola. Decora los platos con unas hojas de perejil.

CONSEJO

Para que te resulte más fácil rellenar el picantón, colócalo en un recipiente con la parte de la cabeza hacia abajo para que quede encajado y rellénalo por la abertura de la tripa.

PALETILLA DE CORDERO GUISADA CON BOLETOS

INGREDIENTES (4 P.)

2 paletillas de cordero de pasto (troceadas)

500 g de boletos

1 pimiento choricero

3 dientes de ajo

1 cebolla

75 ml de vino tinto

200 ml de salsa de tomate

1 cucharada de harina de maíz refinada

aceite de oliva virgen extra

perejil

pimienta

1 cayena

1 rama de romero

unas hebras de azafrán

sal

ELABORACIÓN

Retira el tallo y las semillas del pimiento choricero y ponlo a remojo en un bol con agua caliente hasta que se hidrate (1 hora como mínimo). Retíralo del bol, ábrelo y, con ayuda de una puntilla, sácale la pulpa, pícala bien y resérvala.

Calienta una cazuela grande con 4-5 cucharadas de aceite. Salpimienta los trozos de cordero, agrégalos a la tartera y rehógalos hasta que se doren. Retira el cordero a un plato y resérvalo.

Pela los dientes de ajo y la cebolla, córtalos en daditos e introdúcelos en la cazuela. Sazona las hortalizas y rehógalas a fuego medio durante 8-10 minutos. Vierte encima el vino y dale un hervor fuerte para que se evapore el alcohol. Agrega la pulpa del pimiento choricero, la cayena, la rama de romero, las hebras de azafrán, la salsa de tomate y el cordero. Cubre todo con agua, pon a punto de sal, tapa la cazuela y guisa el cordero a fuego suave durante 40-45 minutos. Desgrasa el guiso. Mezcla la harina de maíz refinada con un poco de agua fría, viértela en la cazuela y remuévela hasta que la salsa espese.

Calienta una sartén grande con 3 cucharadas de aceite. Limpia los boletos, córtalos en láminas e introdúcelos en la sartén. Sazónalos, cocínalos a fuego medio-alto durante 6-8 minutos y espolvoréalos con un poco de perejil picado.

Reparte el guiso y los boletos en 4 platos y decóralos con unas hojas de perejil.

CONSEJO

Si no encuentras boletos, puedes sustituirlos por cualquier otra seta de temporada, o incluso por unas de cultivo, como champiñones o setas shitake.

PALETILLAS DE CONEJO EN SALSA VIZCAÍNA

INGREDIENTES (4 P.)

12 paletillas de conejo
10 pimientos choriceros
2 dientes de ajo
2 cebollas rojas
1 manzana reineta
300 ml de caldo de carne
aceite de oliva virgen extra
perejil
pimienta
sal

ELABORACIÓN

Retira los tallos y las semillas de los pimientos choriceros, ponlos en un bol grande, cúbrelos con agua caliente y deja que se hidraten durante 1 hora (como mínimo). Retíralos, escúrrelos y sácales la pulpa con la ayuda de una puntilla. Pícala finamente y resérvala.

Calienta 4 cucharadas de aceite en una cazuela. Pela los dientes de ajo, córtalos en láminas y agrégalos a la cazuela. Pela las cebollas, córtalas en dados y añádelas. Rehoga las hortalizas a fuego medio durante 5-6 minutos. Pela la manzana, retírale el corazón, córtala en trocitos e incorpórala a la cazuela. Sazona todo y rehoga a fuego suave-medio durante 10 minutos. Agrega la pulpa del pimiento choricero y mezcla bien. Vierte encima el caldo y cocina los ingredientes a fuego medio durante 15-20 minutos. Pasa la salsa a una batidora de vaso, tritúrala y resérvala.

Calienta una tartera (cazuela amplia y baja) con 4 cucharadas de aceite, salpimienta las paletillas, introduce 6 en la tartera y dóralas bien. Retíralas a un plato y fríe las otras 6 de la misma manera. Introduce todas las paletillas en la tartera y riégalas con la salsa por encima. Para aprovechar la salsa que haya quedado en la batidora, añádele 150l-200 ml de agua, remueve y vierte todo en la tartera. Tapa la tartera y cocina las paletillas a fuego suave durante 15 minutos.

Sirve 4 paletillas en cada plato, salséalas y decora los platos con unas hojas de perejil.

CONSEJO

Cuando prepares salsa vizcaína, te compensa hacer una buena cantidad para congelar la que no vayas a utilizar y tenerla así lista para otra ocasión.

PECHUGA DE POLLO AL *CURRY*

INGREDIENTES (4 P.)

800 g de pechuga de pollo
1 diente de ajo
180 g de yogur natural
aceite de oliva virgen extra
3 cucharadas de *curry*
perejil
sal

CONSEJO

Si la salsa queda ligera, puedes ligarla agregando un poco de harina de maíz refinada diluida en agua fría.

ELABORACIÓN

Corta las pechugas de pollo en filetes y sazónalos.

Espolvorea una fuente con un poco de *curry*, coloca encima los filetes y espolvoréalos con el resto del *curry*. Pela el diente de ajo, pícalo finamente y espárcelo bien por encima del pollo. Cubre la fuente con film transparente y deja reposar los filetes de pollo en el frigorífico durante 30 minutos.

Calienta una sartén con 6 cucharadas de aceite. Introduce en ella la mitad de los filetes y fríelos durante 2 minutos por cada lado. Retíralos a una fuente y resérvalos. Fríe el resto de los filetes de la misma manera. Retira el jugo que ha soltado el pollo y resérvalo. Añade los filetes reservados a la sartén, vierte encima 100-150 ml de agua y cocínalos a fuego medio durante 4-5 minutos.

Pon el yogur en un bol, vierte encima el jugo del pollo que has reservado, remueve bien con una varilla manual y agrega la mezcla a la sartén. Cocina todo a fuego medio durante 4-5 minutos.

Reparte el pollo en 4 platos y decóralos con unas hojas de perejil.

PECHUGA DE POLLO CON HORTALIZAS SALTEADAS

INGREDIENTES (4 P.)

3 medias pechugas de pollo
150 ml de vino blanco
2 patatas
1 brócoli (pequeño)
15 g de mantequilla
1 loncha de panceta fresca (100 g)
1 diente de ajo
8 champiñones
aceite de oliva virgen extra
15 hojas de cebollino
perejil
pimienta
sal

CONSEJO

El pollo se puede considerar una carne magra, sobre todo cuando se consume sin piel, donde reside una parte importante de su grasa.

ELABORACIÓN

Calienta 2-3 cucharadas de aceite en una sartén grande. Salpimienta las pechugas de pollo, introdúcelas en la sartén y séllalas por los dos lados. Pásalas a un recipiente apto para el horno, riégalas con el vino y hornéalas a 200 °C durante 10 minutos. Mantenlas calientes en el horno hasta el momento de servir.

Calienta agua en un cazo. Pela las patatas, córtalas en dados, introdúcelas en el cazo y cuécelas durante 10 minutos. Suelta el brócoli en ramilletes, incorpóralos al cazo y cuece conjuntamente durante 2-3 minutos más.

Funde la mantequilla en la misma sartén donde has sellado las pechugas. Corta la panceta en daditos, agrégala a la sartén y saltéala brevemente. Pela el diente de ajo, pícalo finamente e incorpóralo. Limpia los champiñones, córtalos en láminas, añádelos a la sartén y cocínalos a fuego medio-alto durante 5-6 minutos.

Escurre las patatas y el brócoli, incorpóralos a la sartén de los champiñones y saltéalos brevemente.

Reparte las hortalizas con la panceta en 4 platos.

Corta las pechugas en medallones y coloca 4-5 medallones en cada plato. Corta el cebollino a tu gusto, salpica con él los platos y decóralos con unas hojas de perejil.

ALITAS ASADAS PICANTITAS

INGREDIENTES (4 P.)

16 alitas de pollo

½ limón

1 cucharada de tomate concentrado

1 cucharada de salsa *harissa*

½ cucharadita de ajo en polvo

1 cucharada de miel

½ cucharada de vinagre de Jerez

2 cucharadas de aceite de oliva virgen extra

perejil

¼ de cucharadita de comino molido

½ cucharadita de pimentón dulce

pimienta

sal

ELABORACIÓN

Retira las puntas a las alitas (puedes reservarlas para hacer un caldo). Corta el resto de las alitas en dos, quítales un poco de piel, ponlas en un bol y salpiméntalas.

Exprime el limón y pon el zumo en un bol. Agrega el tomate concentrado, la salsa *harissa*, el ajo en polvo, el comino, el pimentón, la miel, el vinagre y el aceite. Remueve los ingredientes, vierte la mezcla sobre las alitas y embadúrnalas bien con ella.

Coloca las alitas en una bandeja de horno y hornéalas a 220 °C durante 20 minutos. Puedes darles la vuelta a los 10 minutos.

Sirve 4 alitas en cada plato y decóralos con unas hojas de perejil.

CONSEJO

Si quieres hacer un caldo de pollo para aprovechar las puntas de las alitas, dóralas en una cazuela con 2 cucharadas de aceite, agrega unas hortalizas y unas hierbas aromáticas, cúbrelas con agua, sazona, cuece todo durante 20 minutos y cuela el caldo.

POLLO A LA MIEL

INGREDIENTES (4 P.)

4 muslos de pollo deshuesados
3 cucharadas de miel
1 cebolla
harina (para rebozar)
1 cucharada de salsa de soja
300 ml de caldo de pollo
aceite de oliva virgen extra
perejil
pimienta
sal

ELABORACIÓN

Calienta 2 cucharadas de aceite en una olla rápida. Pela la cebolla, córtala en juliana fina, agrégala a la olla y dórala a fuego suave-medio durante 8-10 minutos.

Salpimienta los muslos de pollo por dentro, enróllalos y, para que no se abran, átalos con hilo de cocina.

Calienta una sartén con 2-3 cucharadas de aceite. Sazona los muslos por fuera, enharínalos, introdúcelos en la sartén y dóralos bien. Pásalos a la olla y añade la miel, la salsa de soja y el caldo de pollo. Cierra la olla y cocina el pollo durante 6-7 minutos.

Abre la olla, retira los muslos y ponlos en una fuente. Con un cacillo, retira el exceso de grasa de la salsa y ponla a reducir a fuego fuerte durante 2-3 minutos.

Retira a los muslos el hilo de cocina y sirve 1 en cada plato. Salséalos y decora los platos con unas hojas de perejil.

CONSEJO

Si quieres reducir la grasa de esta receta, elimina la piel de los muslos de pollo antes de guisarlos.

RABILLO EN SALSA CON PURÉ DE PATATA A LA MOSTAZA

INGREDIENTES (6 P.)

1 rabillo de ternera

3 patatas

1 cucharada de mostaza a la antigua

4 dientes de ajo

2 zanahorias

2 cebollas

200 ml de vino tinto

harina de maíz refinada diluida en agua fría

aceite de oliva virgen extra

perejil

½ cucharadita de orégano seco

½ cucharadita de tomillo seco

½ cucharadita de albahaca seca

sal

ELABORACIÓN

Calienta abundante agua en una cazuela grande. Introduce en ella las patatas y cuécelas durante 35 minutos. En el momento de servir, pélalas, ponlas en un bol y aplástalas con un majador de patatas. Aderézalas con la mostaza, una pizca de sal, un poco de perejil picado y 1-2 cucharadas de aceite y maja de nuevo hasta que los ingredientes queden bien integrados.

Calienta una olla rápida con 4 cucharadas de aceite. Pela los dientes de ajo, córtalos en dados y agrégalos a la olla. Pela las zanahorias, córtalas en cuartos de luna e incorpóralas. Pela las cebollas, córtalas en dados y añádelas. Sazona las hortalizas y rehógalas a fuego medio durante 20 minutos.

Calienta una sartén con 2 cucharadas de aceite. Sazona la carne, introdúcela en la sartén, dórala bien y pásala a la olla.

Vierte el vino en la sartén donde has dorado la carne y dale un hervor fuerte y rápido. Agrégale 200 ml agua, el orégano, el tomillo y la albahaca, remueve todo y viértelo en la olla. Sazona, cierra la olla y cocina la carne durante 11 minutos (para que quede rosada por dentro).

Deja que la válvula baje, abre la olla, retira la carne y tritura las hortalizas con una batidora eléctrica hasta conseguir una salsa homogénea. Agrega un poco de la harina de maíz diluida en agua fría y dale un hervor hasta conseguir el espesor deseado.

Corta la carne en filetes finos, coloca 4 en cada plato, salséalos y acompáñalos con unas *quenelles* de puré de patata. Decora los platos con unas hojas de perejil.

CONSEJO

Si te gusta la carne muy hecha, cocínala en la olla durante 2-3 minutos más.

104. *Brazier*

Egypt, second half of 13th century
Brass; cast, chased, inlaid with silver and black compound
13⅞ × 15½ × 16⅜ in. (35.2 × 39.4 × 41.6 cm)
Edward C. Moore Collection, Bequest of Edward C. Moore, 1891 91.1.540

Inscription in Arabic in *naskhi* script on body:
عز لمولانا السلطان العالم/ العامل العادل المجاهد المرابط/ المؤيد المنصور سلطان الاسلام والمسلمين قاهر/ الخوارج و المتمردين السلطان الملك المظفر يوسف بن عمر
Glory to our lord the Sultan, the wise, the ruler, the just, the defender
[of the faith], the warrior [at the frontiers], the supported [by God],
the victorious, sultan of Islam and the Muslims, the subduer of insurgents
and rebels, the Sultan al-Malik al Muzaffar Yusuf son of 'Umar

Inscription in Arabic in *kufic* script on legs:
[illegible, but may contain some of the same eulogistic phrases as above]

This brazier is one of a group of objects, consisting of metalwork, enameled glass, and at least one textile, made in Egypt or Syria for the Rasulid sultans of Yemen and their officials and identified on the basis of inscriptions and heraldic motifs. Most of these objects were delivered as diplomatic gifts from Mamluk sultans, although some may have been direct commissions.[1] Technically and stylistically, there are no distinctions between the works made for the Rasulids and those made for Mamluk owners.[2]

Braziers such as this served as portable grills and heaters. Here, the lion-headed knobs with suspension rings would be threaded with rods or handles used to transport the heated unit. The paired and confronted dragons' heads positioned centrally on the upper edges of all four sides functioned as spit brackets. Each of the corner elements, consisting of conical finials, edge pieces, and jointed legs with hooflike feet, was cast whole and then bolted to the side panels. Across these panels stretches the monumental

inscription, against a background of scrolling vegetal ornament. The dynastic emblem of the Rasulid sultans, a five-petaled rosette upon a circular shield, features prominently on both sides of each corner bracket.[3]

The names and honorifics mentioned in the inscription clearly belong to Sultan al-Malik al-Muzaffar Shams al-Din Yusuf ibn ʿUmar, the second ruler of the Rasulid dynasty (r. 1250–95) and a prolific patron of architecture and literature. At the beginning of his reign, al-Muzaffar Yusuf was occupied with regaining control over Sanaʿa, the Tihama, and areas of the south—feats that perhaps earned him the epithet "Subduer of insurgents and rebels" inscribed here. Eventually, a series of strategic political appointments ushered in a long period of peace and prosperity for Yemen, which had already profited from taxation of the lucrative Red Sea trade.[4] For most of his rule, al-Muzaffar Yusuf maintained a favorable diplomatic relationship with the Mamluks: he sent several gift-laden embassies to Cairo and would have received a number in return.[5] Perhaps it was in one of these exchanges that the brazier came into his collection. As many as twelve surviving works of inlaid metalwork are inscribed with his name.[6] EK

1. These are distinct from a group of metalwork objects that are believed to have been produced in Yemen (see Allan 1986). Partial lists of these objects can be found in Porter, V. 1987–88, pp. 250–52; Allan 1986, pp. 39–41.
2. New York 1997a, p. 14.
3. On the rosette as Rasulid emblem, see Allan 1970, pp. 104–5.
4. Smith 1987–88, p. 137. Marco Polo reported that al-Muzaffar Yusuf was "one of the richest princes in the world" from these proceeds (Polo 1875, vol. 2, Book III, p. 434).
5. Porter, V. 1987–88, pp. 232–34.
6. Ibid., pp. 250–52.

PROVENANCE: Edward C. Moore, New York (until d. 1891)

105. Tray Stand

Egypt or Syria, mid-14th century
Brass; hammered and turned, chased, inlaid with silver, copper, and black compound, incised
10¼ × 9½ in. (26 × 24.1 cm)
Edward C. Moore Collection, Bequest of Edward C. Moore, 1891 91.1.601

Inscription in Arabic in *thuluth* script on upper section:[1]
مما عمل برسم الجناب العالي ا/ المولوي الاميري الكبيري الغازي ا
From [the objects] that were made by order of His High Excellency, the lord, the great amir, the vanquisher

Inscription in Arabic in *thuluth* script at center:
مما عمل برسم الجناب العالي المولوي الاميري الكبيري المالكي العالمي ا
From [the objects] that were made by order of His High Excellency, the lord, the great amir, the royal, the learned

Inscription in Arabic in *thuluth* script on lower section:
المخدومي الحسامي حسين ابن المقر المرحوم/ السيفي قوصون الملكي الناصري
The well-served, al-Husam [al-Din], Husain son of his late excellency Sayf [al-Din] Qawsun, [officer] of al-Malik al-Nasir

By 1341, the terminus post quem for this brass tray stand, the so-called epigraphic style that had come into vogue during the reign of Sultan al-Nasir Muhammad was fully developed in Mamluk art.[2] Wide bands of bold calligraphy had replaced the animal and figural friezes of the thirteenth and early fourteenth centuries. Medallions now framed heraldic motifs rather than scenes of princely enthronements or astrological personifications. Executed in monumental *thuluth* script, the inscription on the lower section of this stand identifies the patron as the son of the powerful amir Qawsun. Although no date is provided, its reference to Qawsun as "the late excellency" places the commission after the amir's death in 1341. Husain, the son of Qawsun, adopted the heraldic device of his father—a ringed cup on a divided shield, which indicated Qawsun's ceremonial role as cupbearer to the sultan. This device is repeated four times on the sloping upper and lower sides of the stand within large round medallions decked with lotus blossoms and peonies, and four times on the central inscription band. Although the cup emblems are small relative to the object and the other decorative elements, they stand out because they are the only motifs inlaid with copper, the reddish hue of which contrasts with the brass body as well as with the yellow brass and silver inlays.

This tray stand corresponds to the late phase of fluorescence in Mamluk metalwork, immediately before the decline that set in by the last quarter of the fourteenth century. It also demonstrates the elevated rank to which some sons of Mamluks could rise. The patron's father, one of the most influential amirs during the sultanate of al-Nasir Muhammad, had secured his position even further through marriage: not only had he married a daughter of the sultan, but one of his own daughters had married the ruler himself. Even though Qawsun was ousted ignominiously by fellow Mamluk amirs after al-Nasir Muhammad's death, his sons continued to enjoy high status in Mamluk society—and sufficient wealth to commission luxury objects such as this.[3] EK

1. Published in Mayer, L. 1933, pp. 120–21; Dimand's misreading of this inscription led him to date the tray stand to 1296–98 (Dimand 1926, p. 199).
2. Ward 2004.
3. Levanoni 1995, pp. 81–85.

PROVENANCE: Edward C. Moore, New York (until d. 1891)

106. Candlestick Base

Iraq, southeastern Turkey, or Syria, 13th century
Brass; hammered and turned, chased, inlaid with silver, copper, and black compound
H. 9 3/8 in. (23.8 cm); Diam. 13 1/2 in. (34.4 cm)
Edward C. Moore Collection, Bequest of Edward C. Moore, 1891 91.1.561

Inscription in Arabic in *naskhi* script on shoulder, outer rim:
العز الدائم والاقبال الزائد والجد الصاعد والأمر النا • فذ [و] الـ[ـسـ]ـعد القاصد [و]
النصر الغالب والدهر المساعد الأ • مر [و] الدولة الباقية [و] السلامة الكاملة والعافية الدا •
ئمة والسعادة والغـنـ[ـيـ]ـة [؟] الصافية و الكرامة العالية و • [ا] لسلامة الكاملة والعز [و]
البقا والشكر والثـ[ـنـ]ـا والمجد [و] ا • لعلا والظفر بالاعدا والسعاد [ة] والبقا لصاحبه
Perpetual glory, increasing prosperity, ascending luck, effectual command, • constant happiness, conquering victory, eternal support, lasting command and dominion, complete well-being, perpetual health, • happiness, pure [. . . ?], high generosity, • complete well-being, glory, long life, thanks, praise, magnificence, • nobility, victory over the enemies, happiness and long life for its owner •

In Arabic in *kufic* script on shoulder, around missing socket:
العز الدائم والعمر السالم والجد الصا • عد والدهر المساعد [و] العافية لصا [؟] والدو • لة
الباقـ[ـيـ]ـة والسعادة الكاملة والسلامة • الكاملة والجاد[؟] النما والبقاء دائم لصاحبه •
Perpetual glory, a healthy life, ascending luck, • eternal support, [. . .] health, eternal dominion, • complete happiness, complete well-being, • increasing [. . .] and everlasting life for its owner

In Arabic in *naskhi* script on shoulder, added later, chiseled:
حمد الرحم[؟]
Praise be to the Benefactor[?]

In Arabic in *naskhi* script on shoulder, added later, incised:
علي بن أحمد
'Ali ibn Ahmad

In Arabic in *naskhi* script on body, added later, incised:
فاطمة
Fatima

In Arabic in an angular script on inside of body, incised:
برسم الخزانة / المظفرية
By order of the treasury of [al-Malik] al-Muzaffar

In Arabic in *naskhi* script on inside of body, incised:
علي ابي [؟]
'Ali . . . [?]

In Arabic in *naskhi* script on inside of body, chiseled:
أحمد بن العباس
Ahmad ibn al-'Abbas

Candlesticks of this shape were made for both religious and secular contexts. Only the truncated conical base of this example remains; originally a cylindrical neck would have risen from the base and would have been surmounted by a candle socket. Typically, such sockets imitated the shape of the body on a miniature scale, so the one for this object probably had a truncated conical form as well.[1] The sides are decorated with three densely ornamented zigzag bands. On the central band, pairs of confronted winged dragons with knotted serpentine bodies, finely incised with scales, feline forelegs, and dragon-headed tails, interlace against a background of delicate vegetal scrolls. Two concentric inlaid inscriptions embellish the shoulder of the candlestick base: around the outer edge, a circular band of *naskhi* interrupted at intervals by rosettes against a vegetal ground, and around the absent socket, a circle of *kufic* divided by four interlace medallions.[2] The remaining inscriptions, etched into areas of plain brass, are not part of the decorative program but rather owners' marks. One, located on the underside of the candlestick base, states that the piece was ordered for the treasury of an individual whose *laqab* was "al-Muzaffar," which suggests a royal patron or collector.[3] However, this personage has not been identified: while the *laqab* corresponds to that adopted by several different rulers in Syria and the Jazira between the twelfth and thirteenth centuries, the personal name and patronymic following it do not correspond to any of these figures.[4]

Since the inscriptions neither mention the date or place of manufacture nor definitively identify a patron, the attribution for this candlestick depends on stylistic evidence. The tightly rolled spirals filling the background of the arabesque zigzag bands are a hallmark of the group of metalworkers whose *nisba*, *al-Mawsili*, signals their connection with the city of Mosul in northern Iraq. Yet, this detail does not narrow down the provenance because these craftsmen are known to have operated in multiple centers in Iraq, Anatolia, Syria, and Egypt during the thirteenth century. Tapering, drum-shaped base forms, while characteristic of thirteenth-century Jaziran workshops, are also found in later examples from Syria and Egypt as well as from Iran.[5] Parallels for the paired dragons depicted here appear in a variety of media during the twelfth and thirteenth centuries from Iraq, Anatolia, and Syria. Similar dragons—surmounting gates and portals in Amid (present-day Diyarbakir), Sinjar, Aleppo, Damascus, and Baghdad and fashioned into cast-bronze door knockers in southern Anatolia—have been interpreted as talismanic devices. Analogous figures on a series of Artuqid coins and in manuscript illustrations associated with Artuqid patronage suggest that they may have served as a sort of dynastic emblem in that context.[6] EK

1. Baer 1983, p. 27.
2. A brass disk, pierced in the center, has been soldered onto the opening where the stem of the socket was originally attached.
3. Rice, D. S. 1949, p. 340, esp. n. 40. See also Rice, D. S. 1957, p. 319.
4. See Bosworth 1996, pp. 70–73.
5. Baer 1983, p. 28.
6. For a recent discussion of this dragon motif and its possible significance, see Houston 2010, pp. 17–18, no. 3.

PROVENANCE: Edward C. Moore, New York (until d. 1891)

107. *Astrolabe*

Yemen, dated A.H. 690/1291 A.D.
Brass; cast and hammered, pierced, chased, inlaid with silver
Case: H. 7⅝ in. (19.4 cm); Diam. 6⅛ in. (15.6 cm)
Edward C. Moore Collection, Bequest of Edward C. Moore, 1891 91.1.535a–h

Inscription in Arabic in *naskhi* script on back of case:
هذا الاصطرلاب عمل عمر بن يوسف بن عمر بن علي بن رسول المظفري مُباشرةً وإملاً
سنة ح ٦٩
This astrolabe is the work of ʿUmar ibn Yusuf ibn ʿUmar ibn ʿAli ibn Rasul al-Muzaffari directly [by himself] and by his instruction in the year A.H. 690 [1291 A.D.][1]

Invented in antiquity and refined in various regions of the Islamic world during the medieval period, the astrolabe was used to locate the *qibla* direction, establish correct prayer times, predict positions of heavenly bodies, and determine horoscopes, among other purposes.[2] The present piece is an extraordinarily well-documented example. Its inscription attributes it to a Rasulid prince of Yemen, ʿUmar ibn Yusuf, and dates it a few years before ʿUmar ascended to the throne under the regnal name *al-Ashraf* (1295–96). ʿUmar is known to have compiled a number of treatises on subjects related to the sciences, including a text on the

construction of astrolabes, sundials, and magnetic compasses.[3] One of the extant manuscripts of this treatise (possibly an autograph version) contains not only illustrations and tables that correspond to this astrolabe but also a certification by ʿUmar's teachers attesting to his competence as a maker of such devices and describing several of his works, one of which can be identified with this very piece.[4] On the basis of that description and the particular wording at the end of the inscription, it has been proposed that the astrolabe was created by the prince in collaboration with an unnamed metalworker.[5]

In most respects, ʿUmar's instrument follows the form typical of other astrolabes from the medieval Islamic world. Made of brass, it consists of a rotating rule; an openwork rete, or "star-net," with an ecliptic ring and star pointers; a case, or mater, housing four plates; a rotating sighting bar, or alidade, on the back of the case; and a pin (modern). The back of the case bears the previously mentioned inscription along with several registers of astrological symbols and notations. From the top there protrudes a decoratively pierced suspension bracket of arabesque design attached to two rings. Inscribed around the outer edge of the rete are the names of the twenty-eight lunar mansions. One of the four plates is not original and appears to have been reused from another astrolabe. The others, all original, bear the latitudes for four specific locations in Yemen as well as for Mecca and Medina.[6] EK

1. See also the translation in King 1985, p. 102.
2. An explanation of astrolabes and their uses is found in Maddison and Savage-Smith 1997, pp. 168–282.
3. Copies of this text survive in Cairo, Tehran, and Berlin (nos. TR 105, MUI 150, and Ahlwardt 5811 [Sprenger 1870], respectively). On the particular interest in astronomy demonstrated in Yemen, see King 1983.
4. Cairo TR 105. These evaluations are based on ʿUmar's completion of six astrolabes and two magnetic compasses, as well as other instruments (King 1985, p. 101).
5. The Museum's astrolabe is the only instrument that has been securely attributed to this ruler.
6. Aden, Taʿizz, Sanaʿa, and North Yemen (King 1985, p. 104).

PROVENANCE: Edward C. Moore, New York (until d. 1891)

108. Bowl

Probably Egypt, late 10th–early 11th century
Glass, bluish; blown, stained
H. 4¼ in. (10.7 cm); Diam., 6 in. (15.3 cm)
Purchase, Rogers Fund and Gifts of Richard S. Perkins, Mr. and Mrs. Charles Wrightsman, Mr. and Mrs. Louis E. Seley, Walter D. Binger, Margaret Mushekian, Mrs. Mildred T. Keally, Hess Foundation, Mehdi Mahboubian and Mr. and Mrs. Bruce J. Westcott, 1974 1974.74

Inscription in Arabic in *kufic* script around rim: [illegible]

Few works of Islamic stained glass are as impressive as this bowl. Reconstructed from many fragments, it is almost complete, with a few minor losses. Its decoration can therefore be fully appreciated, unlike that of the great majority of similarly ornamented objects, which are fragile, thin-walled, and almost colorless. The profile and shape are also unusual, because most glass bowls have curving rather than flaring walls. A single other glass work, excavated in Syria, has been cited as proof that this shape was sometimes used,[1] but the most obvious comparative medium is luster-painted pottery from ninth- and tenth-century Iraq, as demonstrated by a bowl of almost identical profile excavated in Samarra and now in the Museum für Islamische Kunst, Staatliche Museen zu Berlin.[2] This artistic relationship is confirmed by the division of the surface of this bowl into circular and rectangular panels, each including a single stylized palmette tree. Such a decorative program, virtually unknown in glass vessels, is relatively common in luster-painted plates and bowls, most notably from Egypt in the early Fatimid period.[3] There is little doubt that the

painter of this glass bowl had ceramic models in mind when he decorated it.

The presence of an inscription around the band that separates the rim from the decoration is extremely unusual on such glassware.[4] This text was probably copied from a familiar *diwan* of poetry, or was perhaps a proverb, but the chosen calligraphic style and the haste in which it was copied on the curving glass surface have unfortunately defeated any attempt to decipher it except for a few scattered words.

In both stained glass and luster-painted ceramics, silver and/or copper compounds are applied to the surface to produce a metallic sheen. After its surface is painted with a mixture containing metal oxides, the object is heated in a furnace or kiln under reducing conditions. During heating, the metal ions migrate into the glass or glaze and are subsequently reduced to the metallic state. In lusterware, unlike glass, the metallic layer lies over an opacified glaze, producing a more reflective metallic appearance. SC

1. Jenkins 1986, p. 23.
2. Sarre et al. 1925, pl. 16, no. 2.
3. Pinder-Wilson 1959, pl. 1; Jenkins 1968b, figs. 2 and 21.
4. It is comparable only to an inscription on a dish in the Kuwait National Museum (no. LNS 44 G). See Carboni 2001, pp. 58–59, no. 12; and Corning, New York, and Athens 2001–2, pp. 211–13, no. 104.

PROVENANCE: [Saeed Motamed, Frankfurt, until 1974; sold to MMA]

109. Mosque Lamp

Egypt, probably Cairo, shortly after 1285
Glass, brownish; blown, folded foot, applied handles; enameled, gilded
H. 10⅜ in. (26.4 cm); Diam. 8¼ in. (21 cm)
Gift of J. Pierpont Morgan, 1917 17.190.985

Inscription in Arabic in *thuluth* script on neck and body:
مما عمل برسم تربة المقر العالي/ العلائي البندقدار/ قدس الله روحه
From [the objects] that were made for the tomb of His High Excellency al-'Ala'i al-Bunduqdar (the keeper of the bow), may God sanctify his soul

Enameled-and-gilded glass "mosque lamps" are among the most ambitious, distinctive, and sought-after products made in Egyptian and Syrian glass factories during the Mamluk period. Every mosque, *madrasa, khanaqah* (hospice), and mausoleum that flourished within the Mamluk sultanate would have required many, and in some cases dozens of, mosque lamps. Each holding a saucer filled with oil and water and a floating wick, they were suspended from the ceiling by means of long metal chains at just over a man's height from the floor. The resulting "forest" of dimly lit lamps neatly arranged in rows—their light glowing through the gilt and the glassy enamels—must have been quite an impressive sight for worshipers entering a mosque.

The technique of enameling allowed glass workers extraordinary creative freedom, not only in decorating an object but also in adding inscriptions. Mosque lamps usually bore the most appropriate verses from the "Sura of Light" (Qur'an 24:35) and thus emphasized the luminous presence of God. Many inscriptions, however, blended religious and secular themes by also providing the name of the patron who commissioned the building. The present mosque lamp is somewhat unusual because it carries only a dedicatory inscription, copied around the neck in blue enamel and then again around the body in gold.

This historical inscription, a rare occurrence in glass studies, reveals much useful information and establishes the lamp as the earliest datable one from the Mamluk period. The keeper of the bow (*bunduqdar*) was a high-ranking officer of the complex Mamluk court system and had the right to display his own emblem, here appropriately illustrated as a stylized golden bow against a red background.[1] "'Ala'i" means that the *bunduqdar*, who had begun his career as a slave (as was common under the Mamluks), had maintained the patronymic of his first owner, the amir 'Ala' al-Din Aqsunqur. The patron of this lamp was undoubtedly Aydakin al-'Ala'i al-Bunduqdar, who, according to one source, died in Cairo in June 1285.[2]

The inscription reveals that this lamp was commissioned for Aydakin's tomb (*turba*), which was erected about 1284 near the Citadel in Cairo as part of a complex that also included his daughter's tomb and a *khanaqah*. The tomb chamber, a small room of about sixty-four square feet, still contains Aydakin's wooden grave marker (*tabut*) and a keel-arched prayer niche (*mihrab*). This lamp was once suspended either directly over the *tabut* or in front of the *mihrab* as a testament to his life and social status.

In the second half of the nineteenth century, enameled-and-gilded mosque lamps became popular among European collectors, and a large number of them were taken from their buildings in Cairo and sold. J. P. Morgan, who donated this work to the Museum in 1917, had acquired it in 1904 through a Paris sale from Émile Gaillard, who was apparently its first European owner. SC

1. The *bunduq*, a term commonly translated as "hazelnut" in Arabic today, was a bow that propelled pellets (hence, "nuts") rather than arrows.
2. Mayer, L. 1933, pp. 83–84.

PROVENANCE: Émile Gaillard, Paris (until d. 1904; sale Hôtel Gaillard, Paris, June 7–16, 1904, lot 579, to Morgan); J. Pierpont Morgan, New York (1904–17)

110. Footed Bowl (Tazza)

Probably Syria, mid-13th century
Glass, colorless with yellow tinge; dip-molded, blown, applied dip-molded blown foot, stained, enameled, gilded
H. 7¼ in. (18.3 cm); Diam. 7¾ in. (19.7 cm)
Edward C. Moore Collection, Bequest of Edward C. Moore, 1891 91.1.1538

Inscription in Arabic in *naskhi* script:
يا طلعة القمر المنير الزاهر
يا قامة الغصن الرطيب الناضر
His (Her) face is like the brilliant shining moon,
The posture like a tender blooming sprout

A note found in the archives of the Museum as part of Edward C. Moore's celebrated bequest in 1891 names "this *tazza*" as "the crown and glory of the collection." Indeed, some 120 years after it entered the Museum, it is still one of the best-known, most impressive, beloved, and frequently published works in the Islamic art collection. Even though its original domed lid is missing, its appealing, elegant profile, honey-colored glass, and lavish decoration dominated by the use of gold fully justify its fame.

The bowl was also among the first to be instrumental in fostering an appreciation of Islamic enameled-and-gilded glass in the second half of the nineteenth century. French imitators of this complex decorative glass technique, among them Philippe-Joseph Brocard and J. D. Imberton, copied this bowl in the 1870s and 1880s, while it was in the possession of the collector Charles Schéfer (who had reputedly acquired it from a barber in Damascus).[1] One of the earliest modern studies on glass appropriately includes an illustration of this object.[2]

A bowl supported on a tall foot is known as a *tazza*, a term that may derive from the Arabic *tas*. This shape is most likely datable to the transitional period between Ayyubid and Mamluk rule in Syria around the middle of the thirteenth century. Here, the generous use of gold, modest use of other enameled colors, small scale of the figures, shallow, molded vertical ribs of the walls, and poetic inscription reinforce this attribution. The author of the verse, copied in cursive *naskhi* calligraphy around the largest diameter of the bowl, has long been unknown.[3] Recent research by Abdullah Ghouchani has revealed that the text appears, albeit with slight variations, in the corpus of Ja'far ibn Muhammad ibn Mukhtar (A.H. 543–622/1148–1225 A.D.).[4]

The exact function of this *tazza* has not been determined, although sources suggest that it may have contained sweetmeats, dates, or nuts. However, if the poetic reference and the glow of its golden decoration lead the viewer to imagine it full of sweet wine or *fuqqa'* (beer), the vision of a full moon sounds entirely appropriate. SC

1. See Vernoit 1998, esp. p. 111, fig. 25.2.
2. Gerspach 1885, fig. 44.
3. The verse is translated in Corning, New York, and Athens 2001–2, p. 241.
4. See Safadi 1981, p. 146.

PROVENANCE: Charles H. A. Schéfer, Paris; Edward C. Moore, New York (until d. 1891)

111. Bottle

Egypt, possibly Cairo, late 13th century
Glass, greenish; blown, folded foot; enameled, gilded
H. 17 1/8 in. (43.5 cm); Diam. 11 in. (27.9 cm)
Rogers Fund, 1941 41.150

Enameling and gilding on glass was a difficult technique that required much practice before it was mastered. After the enamels were applied on the finished object, they needed to be fired in order to fix them permanently onto the surface; however, the high temperature needed to fuse the enamels could also melt the object. The glassworkers' clever solution was to constantly rotate the object at the mouth of the furnace while it was still attached to the pontil—a movement that prevented the vessel from sagging. This is how the celebrated mosque lamps, bottles, vases, basins, and other functional objects in enameled-and-gilded glass were created in Egypt and Syria during the thirteenth and fourteenth centuries, when a full understanding of the physical and chemical properties of glass could be achieved only through experience.

This bottle is perhaps the most important work of enameled-and-gilded glass in the Museum's collection, a true tour de force because of both its enormous size and its unusually complex painted decoration. It is also memorable because it entered the Museum after a series of fortunate circumstances. Said to have been acquired in Cairo in 1825 by the Austrian vice-consul Champion,[1] it was presented to the Habsburg emperor Francis I. The bottle went on display at the Kunsthistorisches Museum in Vienna, where it remained until 1938, when it was sold together with other objects in order to acquire an important thirteenth-century Austrian chalice. Joseph Brummer, the dealer in charge of the sale, had a gallery in New York, and the Museum moved swiftly to acquire this, as well as other splendid works, from him.

The decoration of the bottle is not only superior in quality but also unusual for incorporating several features that show a kinship with the Iranian Ilkhanid artistic language, a frequent inspiration for Mamluk artists. The most obvious of these elements is the Chinese-inspired phoenix, known as a *simurgh* in Iran, that surrounds the neck. Another, the series of individual horseback duels, provides one of the most remarkable painted figural sequences in any media in Mamluk art and probably reflects the popular *furusiyya* (horsemanship) tournaments. Some of the fourteen individuals engaged in combat are represented as Ilkhanid soldiers, the greatest rivals of the Mamluks in the Islamic world. The three prominent circular medallions are also exceedingly sophisticated: their precise, dense scrolling patterns resemble those found in the best illuminated manuscript pages and inlaid metalwork from the same period. SC

1. Schmoranz 1898, p. 31.

PROVENANCE: [Art market, Cairo, until 1825; to Champion]; M. Champion, Austrian vice-consul, Cairo, 1825; to Habsburg emperor; Kunsthistorisches Museum, Vienna, Austria (1825–1938); to Brummer; [Brummer Gallery, Inc., New York, 1938–41; sold to MMA]

that intertwines with the surrounding vine scroll. The rounded and beveled edges of these elements recall woodwork in the Abbasid and Tulunid period "beveled-style," but are distinguished from it by the deep relief with which they are carved and by the distinct figure-ground relationship that results. Furthermore, a second level of shallow relief appears in details such as the eyes and nostrils of the horses, their bridles ornamented with pearl borders, and the serrated leaf elements, all of which are executed with delicately incised lines. The entire exuberant zoomorphic scroll is contained within a beveled rectangular frame.

The Museum of Islamic Art, Cairo, has in its collection a panel of nearly identical design and dimensions that was almost certainly created for the same context.[3] The two panels may be elements of a door, similar to one also preserved in the same museum. That door consists of seven such rectangular plaques arranged both vertically and horizontally within a plain framework.[4] Alternatively, the horse-headed panels may have belonged to a piece of furniture, such as a chest, cupboard, or screen. EK

1. Pauty 1931a, pp. 50–51; Anglade 1988, pp. 45–82.
2. See also Meinecke-Berg 1991 and Meinecke 1991.
3. O'Kane, ed. 2006, p. 88, no. 80; Lamm 1936, pl. 1c; London 1976c, p. 285, no. 443.
4. Ettinghausen, Grabar, and Jenkins-Madina 2001, p. 200, pl. 313. See also Jenkins 1972.

PROVENANCE: Lucy Olcott Perkins, Florence, Italy (until 1911; sold to MMA)

112. *Panel*

Egypt, 11th century
Wood (teak); carved
13¾ × 8⅞ in. (34.9 x 22.7 cm)
Rogers Fund, 1911 11.205.2

Although this piece bears no inscription or other intrinsic dating evidence, it can be attributed to the eleventh century on the basis of stylistic comparison to works from dated contexts. Wooden beams and panels discovered in secondary use in Mamluk buildings erected at the site of the Western Fatimid Palace in Cairo are very similar in style and design.[1] These wooden elements are believed to have been originally carved for that palace, which Caliph al-'Aziz (r. 975–96) erected and Caliph al-Mustansir (r. 1036–94) renovated.[2]

The composition of this panel centers on a pair of addorsed horses' heads. Arching into S-forms, their necks merge in the middle of the panel with a stylized vegetal design of stalks and leaves

113. *Pair of Doors*

Egypt, Cairo, ca. 1325–30
Wood (rosewood and mulberry); carved, inlaid with carved ivory, ebony, and other woods
77¼ × 35 × 1¾ in. (196.2 × 88.9 × 4.4 cm)
Edward C. Moore Collection, Bequest of Edward C. Moore, 1891 91.1.2064

This pair of doors once belonged to a *minbar* and most probably came from the base of its stairs.[1] An elaborate geometric design centered on twelve-pointed stars arranged in staggered rows decorates the front of the doors, which are constructed of rosewood. Plaques of ivory, intricately carved with arabesque designs surrounded by thin borders of inlaid wood, fill the interstitial spaces inside the interlace framework. On their reverse, the doors are made primarily of mulberry wood and decorated in a simpler manner than on the front, with an arrangement of horizontal and vertical panels carved with vegetal scrolls and inlaid with light-colored wood and ebony.

Originally, each leaf had its own rectangular frame. At some point before the doors came to the Metropolitan Museum, the inner vertical frame elements were removed from both leaves, which were then mounted together, with the result that the geometric pattern of the strapwork appears contiguous.[2] Today a modern outer frame of beechwood laminated with rosewood surrounds the pair. These alterations may have been done by the previous owner, Edward C. Moore, who, before bequeathing them to the Museum in 1891, had them installed in his own residence.[3]

The similarity of these doors to fragments of furnishings from the Mosque of Amir Qawsun, now at the Museum of Islamic Art, Cairo, suggests that they may have also come from that mosque.[4] A published description of Qawsun's *minbar* before the mosque's demolition in 1873 included drawings detailing several of its elements, one of which is a panel decorated in an almost identical manner.[5] An inscribed panel from Qawsun's *minbar* bearing the date A.H. 727/1326–27 A.D. is now in the collection of the same museum.[6] Other fragments said to come from this *minbar* were recently auctioned at the sale of the collection of Charles Gillot, who obtained them from Dikran Kelekian in 1900; one, an inlaid panel with a geometric design very similar to that of the Metropolitan's doors, is now at the Museum of Islamic Art in Doha, Qatar.[7] As one of the most powerful and wealthy amirs during Sultan al-Nasir Muhammad's third reign, Qawsun had access to the finest materials and most expert craftsmen of the period, and he may well have turned to them for the execution of this pair of doors. EK

1. Karnouk 1981.
2. Thanks are due to Miriam Kühn of the Museum für Islamische Kunst, Staatliche Museen zu Berlin, for sharing her expertise on *minbars* and providing numerous images for comparison.
3. A painted portrait of the collector depicting him seated in front of these doors is reproduced in Jenkins-Madina 2000, p. 78, and Loring 2001, p. 24.
4. Karim 2002, p. 45.
5. Prisse d'Avennes 1877, p. 107 and pls. 85–88.
6. The Danish Orientalist A. F. Mehren recorded this inscription in situ (Berchem 1894, p. 178, no. 121). Van Berchem noted that this date precedes that of the mosque's completion and posits that the *minbar* was made first; however, J. D. Weill contends that this plaque, when seen on the *minbar*, must have been in reuse (Weill 1931–36, vol. 2, pp. 96–99, no. 7850).
7. Christie's Paris, March 4–5, 2008, lot 40.

PROVENANCE: Edward C. Moore, New York (until d. 1891)

114. Wall Panel with Geometric Interlace

Egypt, Cairo, 15th century
Polychrome marble; mosaic
46¼ × 23½ × 5 in. (117.5 × 59.7 × 12.7 cm)
Gift of The Hagop Kevorkian Fund, 1970 1970.327.8

Panels of inlaid polychrome marble often decorated interior walls of both religious institutions and palaces in Egypt and Syria during the Mamluk period. This example comes from an unknown building. With its rectangular format and vertical orientation, it probably once adorned the lower register of a wall, but similar marble inlay also appears on contemporary *mihrabs*, spandrels, and even cenotaphs. Flanking the inlaid panel, the interlocking marble revetment in contrasting colors, a device known in medieval times as *ablaq* (literally, striped), is a hallmark of Mamluk architectural decoration. The framed, rectangular baseboard slabs at the bottom of the panel are also typical of wall treatments of the time.[1]

The design of the tessellated central panel—an interlacing repeat pattern based on a central ten-pointed star, surrounded by a variety of polygonal shapes—compares closely with designs from many media in Mamluk art. Such patterns were frequently used in carved and inlaid woodwork, especially door panels, including the *minbar* doors previously discussed (cat. 113). Another vehicle for this pattern, on a much smaller scale, is bookbinding: a fourteenth-century example in the Metropolitan Museum attributed to Egypt or Syria provides an especially close parallel.[2] The correspondence between such distinct media can be attributed to the role of the *rassamun*, designers whose workshops, situated in the market streets of Cairo, generated patterns for a wide range of purposes that could easily have been scaled as needed.[3]

Marble was not widely quarried by the Mamluks.[4] It was a prized material, removed from ancient Egyptian, Roman, Byzantine, and crusader sites within the Mamluk territories and collected as war booty from other regions.[5] Whole columns in pairs or sets were especially valued, but those unsuitable for structural reuse were sliced thin and applied as polychrome sheathing or carved into ornamental revetment, while the small remnants were combined to create inlays such as those found here. EK

1. Behrens-Abouseif 2007, pp. 90–97.
2. Metropolitan Museum (acc. no. 33.103.2a, b). Mexico City 1994, pp. 106–7; Dimand 1944a, p. 79, ill. p. 80, no. 46 (33.103.2a, b).
3. Behrens-Abouseif 2007, p. 41.
4. Burgoyne 1987, p. 97; see also Goodwin 1977, esp. p. 26, and Meinecke-Berg 1980.
5. Kahil 2008, pp. 81–82.

Provenance: Hagop Kevorkian Fund, Roslyn, N.Y. (until 1970)

115. Textile Fragment

Egypt or Syria, 14th century
Silk; lampas
21 1/4 × 14 in. (54 × 35.6 cm)
Fletcher Fund, 1946 46.156.17

Inscription in Arabic in *naskhi* script, repeated within medallions, in mirror image:
السلطان الملك
The sultan, the king

Against a deep blue satin ground, a cream-colored ogival vine scroll encloses lotus-blossom medallions—each one containing an almond-shaped form with an Arabic inscription announcing, "The sultan, the king." The anonymous ruler invoked by this inscription was likely one of the Mamluk sultans who reigned over much of Egypt and Syria from their capital, Cairo. Owing to the dry climate of this region, a number of textiles survive from this period.[1]

Luxury textiles such as this one played a vital role in the courtly life of the Mamluk sultans. Contemporary historians document the bestowal of textiles by Mamluk rulers—including so-called *khila'*, or robes of honor—at investiture ceremonies where such weavings served to confer promotions of rank and to reward service.[2] Over time, a carefully coded sartorial hierarchy developed within Mamluk society, wherein dress indicated status. While it is difficult to align surviving examples with the textiles described in the historical accounts, silks like this, inscribed with the title of the sultan, may have counted among these highly treasured and politically charged gifts.

In terms of design, this example is similar in both pattern and palette to several silk textile fragments, thought to be of Chinese manufacture, found in the environs of Cairo. Some of these fabrics display an ogival pattern comparable to the Museum's piece,[3] while others exhibit designs incorporating swaying vines with almond-shaped medallions containing similar Arabic inscriptions.[4] The medallions on the latter textiles refer to a specific Mamluk sultan, al-Nasir Muhammad (r. 1294–1340, with interruptions).[5]

Textile scholars note that in 1323 the Ilkhanid ruler Abu Sa'id reportedly sent a gift of seven hundred specially commissioned "Mongol" textiles, woven with the Mamluk sultan's name and titles, to al-Nasir Muhammad.[6] It has been proposed that these silks bearing Arabic inscriptions naming al-Nasir Muhammad are survivals from that early fourteenth-century gift. While this connection remains to be proven, the strong correspondence between the Metropolitan's textile pattern and the design of the related "Chinese" or "Mongol" silks suggests that imported fabrics inspired the weaver of our Mamluk textile. This would not be unexpected, as the use of chinoiserie elements in works in other media produced during the reign of al-Nasir Muhammad has already been noted.[7] Thus, this textile speaks not only to the cosmopolitan taste of the Mamluk court in the fourteenth century but also to the continuum of trade and diplomatic contact stretching from China to the Mediterranean during this period.

DMT

1. For more on the subject of Mamluk textiles, see Mackie 1984. Textiles similar to the Museum's example may be found in Kunstgewerbemuseum, Staatliche Museen zu Berlin (no. 95,153; see Wilckens 1992, p. 60, no. 99); Musées Royaux d'Art et d'Histoire, Brussels (no. Tx 395; see Errera 1927, pp. 37–38, no. 26; and Raemdonck 2006, p. 78); and Victoria and Albert Museum, London (no. 1896–333; see Kendrick 1924, p. 41, no. 960, pl. 11). A number of other Mamluk textiles exhibit more distantly related inscribed patterns; see Washington, D.C., and other cities 1981–82, pp. 232–33, no. 116. The Metropolitan's piece has been published in Day 1950, p. 113.
2. See Petry 2001 and Mayer, L. 1952.
3. See Wilson 2005, pp. 21–22, figs. 17, 18, and a related textile in the Metropolitan Museum's Department of Asian Art collection (acc. no. 46.156.20). Their overall ogival pattern is comparable to the present piece, but in place of an Arabic inscription these textiles contain the Chinese character for "longevity."
4. See Mackie 1984, pl. 21 (Victoria and Albert Museum, London, no. 769.1898), and more recently Menshikova 2006, esp. pp. 96–97, no. 94 (State Hermitage Museum, St. Petersburg, no. EG-905).
5. For more examples of pieces inscribed with the name of al-Nasir Muhammad, see Washington, D.C., and other cities 1981–82, pp. 224ff.
6. This event is reported by the Arab historian Abu'l al-Fida. One of the first references to this account in relation to these textiles is found in Kendrick 1924, p. 40. Citing an earlier 1870 article by Joseph Karabacek, Kendrick states that "the Arabic chronicler Abu el Fida . . . record[s] . . . that in 1323, Mongolian ambassadors brought to En Nasir 700 Mongolian stuffs, with the Sultan's titles interwoven, on the backs of 11 Bactrian camels." Subsequent textile scholars make reference to this story, including Mackie 1984, p. 145 n. 40; Wardwell 1988–89, pp. 101–2; Carboni 2002–3, p. 206 n. 36; and more recently Menshikova 2006, pp. 95, 97. For more on Abu'l al-Fida, see Washington, D.C., and other cities 1981–82, pp. 15 and 224.
7. Ward 2004, esp. p. 66.

PROVENANCE: [Giorgio Sangiorgi, Rome, until 1946; to Loewi]; [Adolph Loewi, Venice and Los Angeles, 1946; sold to MMA]

116. The Simonetti Carpet

Egypt, probably Cairo, ca. 1500
Wool (warp, weft, and pile); asymmetrically knotted pile
29 ft. 5 in. × 94 in. (896.6 × 239 cm)
Fletcher Fund, 1970 1970.105

The conventional practice of naming Islamic carpets either after the place they were found ("Niğde Carpet") or after a previous owner ("Anhalt Carpet") in this case memoralizes the former Italian owner of this magnificent example of fifteenth-century Cairene weaving under the Burji Mamluk dynasty (1382–1517). The Simonetti Carpet is commonly called a "five-color Mamluk carpet" because of its color palette. The materials (most notably S-spun, or clockwise-spun, wool), dyestuffs (a limited range of colors including a purple-red made from the lac insect), and distinctive repertoire of geometric designs are all characteristic of Mamluk carpets from the period. The width, about ninety-four inches (239 cm), is typical for contemporaneous carpets woven in Cairo. A roller-bar loom was used to make the carpet: the unwoven warps were unwound from a rotating cylindrical wood roller at the top of the loom, and the finished carpet was then wound up around a similar roller at the bottom. This method allowed the same loom to be employed to weave both very long and relatively short carpets in the same width. The Simonetti displays three of the geometric medallion designs usually seen in short Mamluk carpets (two of them repeated, combined in A-B-C-B-A sequence) in one very long, impressive work of art.

Mamluk carpets originated in a physical environment that lacked the combination of abundant marginal grazing land and a temperate climate with cool winters that was common to most carpet-weaving areas in the Islamic world. While related to a broader tradition of Turkish weaving centered in Anatolia, far to the north, the designs of these carpets include atypical elements, such as stylized papyrus plants, that are deeply rooted in

Egyptian tradition. Their unusual composition and layout probably represent an attempt to develop a distinctive product that could in effect establish a "Mamluk brand" in the lucrative European export market. The uncharacteristic color scheme—devoid of undyed white pile and employing a limited range of three or five hues in much the same value—also suggests a conscious attempt to create a particular stylistic identity. Also virtually unique in the world of Islamic carpets is the S-spun wool. It has been argued that the tradition of clockwise wool spinning originated in Egypt because of the earlier Egyptian tradition of spinning flax into linen thread. Details of the plant's botanical structure make it impossible to spin flax fiber in the more common counterclockwise direction utilized throughout the Middle East for wool and cotton.

Mamluk carpets with the color combinations seen in the Simonetti are now generally accepted as part of an earlier tradition that has many links to the weaving of Anatolia, Iran, and Syria. The "three-color" Mamluk carpets, well represented in the Metropolitan's collection, represent a later development that continued well after the Ottoman conquest of Egypt in 1517. Many such carpets may have been produced well into the seventeenth century, and possibly even later. WBD

PROVENANCE: Guida da Faenza, Italy (until 1902); [Giorgio Sangiorgi, Rome]; [Attilio Simonetti, Rome, in 1910; cat., 1912, no. 167]; private collection, Pisa (by 1937); [P. W. French and Company, New York, until 1970; sold to MMA]

Art of Iran and Central Asia (15th to 19th Centuries)

SHEILA R. CANBY

Our understanding of Timurid portable arts is primarily based on works produced after the reign of Timur (Tamerlane, r. 1370–1405), the founder of the dynasty. Although Timur himself commissioned grandiose buildings in Samarqand and his birthplace, Kish (Shahr-i Sabz), few works of art can be associated with his patronage. The impact of mass deportations of skilled craftsmen from Iran, Syria, India, and Anatolia to Samarqand to construct and decorate the Timurid capital may have lasted in Transoxiana only for two generations, but the reverse movement of these artisans after Timur's death ensured the spread from Cairo to Delhi of the artistic style associated with this dynasty. In the early fifteenth century, the components of this "International Timurid style" included both the penchant for extremely intricate designs and the taste for very large-scale buildings and objects, such as the Qur'an (cat. 117A–E) probably produced for the Bibi Khanum, Timur's congregational mosque in Samarqand.[1]

In the late twentieth century, much art-historical attention was focused on the organization of the royal Timurid workshops and library, at which books were copied, illustrated, and bound but which also served as a center for disseminating designs for all manner of decorated objects.[2] Ranging from woodwork, leather, and stone to textiles, carpets, and lacquer goods, materials produced for royal Timurid or aristocratic use exhibit a level of uniformity that supports the existence of a primary source of design ideas, with many ancillary places of production. The so-called

Arzadasht (ca. 1430) attributed to Ja'far al-Tabrizi, the head of the library of Prince Baisunghur at Herat, represents a progress report on the work of the various artists under his supervision, including illuminators, binders, illustrators, stonecutters, tentmakers, and those providing designs to saddlemakers and other craftsmen.[3]

As important as demonstrating that a production system underpinned the stylistic unity of Timurid art in the first half of the fifteenth century is determining how such a practice came into being. Until the hugely destructive Mongol conquests of the early thirteenth century, ceramic and glass production had flourished in the cities of Iran and Central Asia. Silk textiles attest to a high level of expertise and wealthy clientele during Seljuq times (1040–1194). As a result of the two Mongol invasions of Iran in the 1220s and 1250s, glassworking ceased; some ceramic techniques devised under the Seljuqs continued to be used with little innovation until the 1260s, when new elements were introduced that included motifs commonly used in China. The fractured Seljuq urban life and social structure were replaced by the more peripatetic Mongol and Timurid modus vivendi, in which leaders moved from region to region in encampments organized along military lines. Yes, Timur and his successors Shah Rukh (r. 1405–47) and Ulugh Beg (r. 1447–49) sponsored major architectural monuments, but for the portable arts the organization of artists in a workshop system gradually emerged as the most effective way for the mobile Timurids to circulate their ideas to a broad range of artisans. The implications of the Timurid *kitabkhana*,[4] or library cum workshop, for the court arts were extremely far-reaching, extending throughout the Safavid dynasty (1501–1722) and beyond.

Of the extant works of art from the fifteenth century, the book arts provide a microcosm of Timurid art history. While Shah Rukh, the third Timurid sultan, commissioned historical manuscripts such as the *Majma' al-tavarikh* (The Assembly of Histories, ca. 1425) to be illustrated in a simple, didactic style,[5] his nephew Iskandar Sultan in Shiraz furthered the elegant style of painting practiced at the Jalayirid courts of Tabriz and Baghdad during the late fourteenth and early fifteenth centuries. After the blinding of Iskandar Sultan in 1414, some of his artists moved to Herat to work for his cousin, Baisunghur, while others remained at Shiraz in the service of Ibrahim Sultan, Baisunghur's brother. Both princes commissioned illustrated manuscripts. Those produced for Ibrahim Sultan followed the example of Shah Rukh's somewhat austere historical style (cat. 124A, B), while Baisunghur's artists created lyrical paintings characterized by a subtle, jewel-like palette and complex yet harmonious compositions (see cat. 123A–C).[6] The style of painting practiced by Baisunghur's artists was broadly influential, not only in later Timurid painting but also at the Turkmen courts and at the nonroyal level in the second half of the fifteenth century.

Following the death of Ulugh Beg in 1449, the Timurid empire began to shrink in size as a result of misjudged military forays and the growth of confederations of Turkmen tribal groups in western Iran and eastern Anatolia. By the end of the century, as the Turkmen had expanded southward and eastward, the Timurid sultan Husain Baiqara (r. 1470–1506) could hold only the province of Khurasan and a few areas of eastern Iran. Nonetheless, he presided over a court at Herat known for its patronage of brilliant poets and artists such as Jami and Bihzad. The latter, along with his circle in the royal *kitabkhana*, revitalized Persian painting by injecting it with a level of individuality and emotional depth that had been absent from earlier Timurid manuscript illustrations and album pages (cat. 127B). Paintings in royal manuscripts from the late fifteenth century contain innumerable perfectly rendered details that both illustrate the narrative and make sometimes obscure references to people and practices at the court of Sultan Husain Baiqara.[7]

Turkmen painting, by contrast, developed at provincial centers. While its figural style owes much to the Timurids, compositions are far simpler, figures are less individualized and varied in pose and physiognomy, and the palette is brighter than in Timurid painting. The few extant works produced for the Turkmen rulers at Tabriz in the 1480s suggest that court-level Turkmen art was every bit as refined as that of the Timurids. Helmets inlaid with silver (cat. 131) reveal expertise in armor production, with an emphasis on large decorative forms, unlike the minute, almost fussy ornament of late Timurid metalwork. Although the Turkmen ruled western Iran for only half a century, their influence on the arts of the sixteenth century was as great as that of the Timurids. Moreover, the commercial production of illustrated manuscripts at Shiraz, already under way by the 1420s, continued unabated through most of the sixteenth century under the Safavids.

The decisive victory of Isma'il Safavi over the Aq Quyunlu prince Alvand in Tabriz in 1501 marked more than the advent of a new dynasty in Iran. Over the course of the following thirteen years, the political, religious, and artistic landscape of Iran and Central Asia was reconfigured. The Safavids absorbed the Turkmen lands of western Iran and in 1510 defeated the Shaibanid ruler of the territory of Khurasan. Although the Shaibanids in the east and the Ottomans in the west would repeatedly attack Iran during the sixteenth century, the Safavid reunification of Iran had a striking impact on the portable arts. The few objects and royal manuscripts that can be assigned to the period of Shah Isma'il I (r. 1501–24) reveal the continuing taste for refinement and highly detailed ornament (cat. 132).

Painting at Tabriz in the first and second decades of the sixteenth century incorporated the animated palette, fine brushwork, and minute scale found in the few manuscripts illustrated for the Aq Quyunlu Turkmen rulers.[8] By the mid-1510s Sultan Muhammad, a native of Tabriz, was the leading artist in the royal Safavid *kitabkhana*;[9] he was later chosen to teach painting to the young Prince Tahmasp, who apparently studied with him for two years before succeeding to the Safavid throne.

A number of factors set Shah Isma'il I apart from his Turkmen and Timurid predecessors. He was the descendant of the shaikhs of a sufi mystical order at Ardabil and was accepted as Iranian, not Turkish, by the Persians.[10] This Iranian identity was accentuated by Isma'il's decision to instate Twelver Shiism as the official religion of Safavid Iran: he thus doubly defined his dominions as distinct from those of their Ottoman Turkish and Shaibanid Sunni enemies. The effect of this exceptional personage on the arts is evident in a new type of inscription adorning objects used in a religious context, in which praise of Imam 'Ali and the Shi'i imams predominates. Even Shah Tahmasp's choice of producing an opulent illustrated *Shahnama* (Book of Kings) may have stemmed from his desire to emphasize the Iranian nature of his realm, despite the fact that politically he was supported, and sometimes bedeviled, by Turkmen tribes. Although Tahmasp (r. 1524–76) did not forcibly relocate artists to the capital at Tabriz, they were attracted to the court. The most gifted joined the royal *kitabkhana*, and by about 1530 the distinctive pictorial styles of Timurid Herat and Turkmen Tabriz merged into a unified, synthesized idiom. In manuscript illustration this took the form of highly polished compositions that included myriad details and vignettes in addition to the main protagonists (cat. 138D).

Until 1555 Shah Tahmasp led a highly mobile life, traveling around his realm while fighting Ottomans in the west and Uzbeks in the east and trying to maintain control of his own tribal allies, called Qizilbash. This nearly constant movement, with life spent in tents, required that the shah be accompanied by members of his court, which included craftsmen and artists as well as soldiers and administrators.[11] Metalworkers would have been present to repair arms and armor, saddlers and leatherworkers would have been needed to make and maintain horse and camel trappings, and artists would have supplied designs not only for all the components of books, from bindings to illustrations, but also for artisans working in other media. As with the Timurids, artistic ideas formulated at the Safavid court filtered out to craftsmen working in provincial cities such as Shiraz and, in the case of textile and carpet weavers, throughout Iran (cats. 168, 171). Some textiles followed the figural style of Shah Tahmasp's manuscript paintings, while others were composed of latticework and flower patterns (cat. 170), a format greatly admired in Ottoman Turkey. Such variety is to be expected, as silk was an important trade item both internally and outside Iran. While most of the international silk trade focused on the raw material, some manufactured sixteenth-century Safavid silk textiles have been found in Denmark, Austria,[12] and other European countries; such textiles would certainly have been familiar in Turkey and India.

The arts developed differently at the Uzbek courts of Transoxiana than in Iran. Painters and calligraphers who had lived in Herat under the Timurids were in some cases forcibly moved to Bukhara,[13] where a painting style based on late Timurid painting evolved in the 1520s and 1530s. Figures with short necks and barrel chests typify Bukhara painting, and by the 1540s a taste for single- or double-figure album pages prevailed. Fine illumination featuring arabesque decoration on a black ground is also characteristic of sixteenth-century Bukhara manuscripts. The Uzbeks were no strangers to Safavid art, since they repeatedly raided and besieged the Khurasan cities of Mashhad and Herat, but as Sunnis they eschewed the Shi'i trappings of the Safavids and did not inscribe their objects with the names of the imams or with typical Shi'i prayers. As the Mughals came to power in India, artists in Bukhara and other Central Asian centers began to incorporate influences from both east and west, particularly in metalwork.[14] With the exception of the book arts and architecture, however, little evidence remains of the material culture of Central Asia in the sixteenth and seventeenth centuries. The plethora of nineteenth-century carpets and textiles suggests that a long-standing weaving tradition had existed in the region, but its products are no longer extant.

In 1555 Shah Tahmasp concluded the Treaty of Amasya with the Ottomans, ensuring peace until 1578, and transferred the Safavid capital to Qazvin in north central Iran. Tahmasp's reported diminution of interest in the arts has perhaps been overstated,[15] since the shah continued to employ painters to decorate his new palaces at Qazvin, and single-page works dated after 1555 attest to his continued patronage.[16] Nonetheless, between 1556 and 1565 many of the leading Safavid court painters worked for Shah Tahmasp's nephew Sultan Ibrahim Mirza, who served as governor of Mashhad and Sabzavar, both in Khurasan, during this period. Under this prince, Safavid painting went through a mannerist phase, in which figures with long necks, swaying backs, round cheeks, and incipient double chins replaced the more regularly proportioned bodies of the first half of the century. The magnificent carpets produced during the second and third quarters of the sixteenth century for royal and aristocratic clients (cat. 181) demonstrate not only the technical wizardry of designers and weavers but also the diffusion of the decorative vocabulary used in manuscript illuminations and bindings, textiles, and metalwork.

Fig. 32 Marble throne in the *talar* of Imarat-i Takht-i Marmar, Gulistan Palace, Tehran, 16th–19th century. Photo: © Earl & Nazima Kowall/CORBIS

After Shah Tahmasp died in 1576, Iran entered a dark period both politically and artistically. Not until 1587 and the accession of Shah 'Abbas I (r. 1587–1629) was the royal *kitabkhana* fully reconstituted. Yet, even though artists returned to royal service, the emphasis had shifted away from illustrated manuscripts to single-page paintings and drawings, which were more broadly affordable and could be collected one by one for inclusion in albums. Such compendia, called *muraqqa'*, included calligraphy specimens as well as images and operated as portable galleries of their owners' collections. Even artists who worked at the Safavid court expanded their pictorial repertoire to include pictures of men and women from a variety of social strata (cats. 146, 152). In both Qazvin and Khurasan the figural style began to evolve away from the slender youths with small heads to more substantial men and women with shorter necks and a swaying stance. Following the move of the Safavid capital to Isfahan in 1598, painters began to work in a distinctly new style in which primary colors were no longer predominant and everything from facial types to drapery and bodily proportions became larger and heavier than in works of the Qazvin and Khurasan schools.

The establishment of the capital at Isfahan stimulated more than a change in pictorial style. To respond to the need for silver and a trade imbalance with India, Shah 'Abbas encouraged trade with Europe. In addition to the raw silk the Iranians sold to the Europeans, more luxury silk textiles and carpets were produced for foreign consumption (cat. 186). Moreover, the end of the Ming dynasty in China in the seventeenth century led for a time to a decrease in exports of Chinese blue-and-white porcelain. Iranian potters responded to this gap in the market by greatly increasing production of such ceramics in imitation of Chinese wares. Although the majority of these objects were made for the local market, some were sent abroad as ballast in ships heading for Europe.

By the mid-seventeenth century, Europeans had been visiting Iran for fifty years, and Iranians had become familiar with European art and objects. Along with depicting individuals in European dress, artists began to adopt the illusionistic techniques and even the subject matter of European paintings (cat. 162). The influence of Indian painting and textiles also grew stronger at this time as a result of the continuing traffic of people and goods between the Mughal and Safavid empires. Only at the end of the seventeenth century did innovation in the arts begin to decline in Iran, owing to a dysfunctional government and its resulting economic woes. Even so, artists and their sons continued to be employed in the royal *kitabkhana*, maintaining a two-hundred-year-old tradition.

In 1722 Isfahan was invaded and sacked by Afghans, effectively resulting in the end of the Safavid dynasty. Through the ensuing period of turmoil, the tribal leader Nadir Khan Afshar (r. 1732–47) emerged as de facto ruler of Iran. Although he maintained the pretense of ruling on behalf of the Safavid shah, Nadir actually gathered political and military power to himself. During his reign, artistic trends introduced in the previous seventy years of Safavid rule became fully established. For example, some illustrators of Safavid manuscripts had also produced lacquered pen boxes and bookbindings; under the Afsharids, many gifted artists turned to making lacquerware with characteristic bird-and-flower designs. Additionally, the introduction of oil painting on canvas from Europe in the late seventeenth century led well-to-do Iranians to acquire large-scale works in this medium for their great houses. Having adopted the title *shah* in 1736, Nadir led an army to India and sacked its capital at Delhi in 1739, hauling off many caravan loads of jewels and other precious objects. Although this booty briefly improved the economy of Iran, it did little to forestall the political dissolution that led to the assassination of Nadir Shah in 1747 and the rise of a new regional leader, Karim Khan Zand (r. 1750–79).

From his base in Shiraz, Karim Khan ruled southern Iran but could not gain control over the remainder of the Safavid domains. After his death in 1779, the leader of the rival Qajar tribe, Agha Muhammad Qajar, began to consolidate his power from

Mazandaran in the north. In 1794 the Qajars murdered the last Zand ruler, and in 1796 Agha Muhammad Qajar became the effective ruler of Iran. Upon his assassination in 1797, his nephew Fath 'Ali Shah (r. 1797–1834) ascended the throne and took steps to revive the arts and architecture. He constructed palaces and government buildings in Tehran, the new capital, and commissioned numerous portraits featuring his "signature look," an exceptionally long black beard and wasp waist. Almost as if conducting a modern marketing campaign, Fath 'Ali Shah aimed to spread the image of the powerful, imperial ruler of a resurgent Iran far and wide.

While these paintings could not stem the geopolitical tide of European interference in the affairs of Iran and the changes wrought by the Industrial Revolution, they represent one aspect of a general artistic renaissance. Production of fine glass revived (cat. 196), and the range of lacquer objects created by leading artists expanded. The variety of subjects illustrated on Qajar lacquerware indicates the multiplicity of influences to which these artists were exposed, from conservative bird-and-flower imagery to nineteenth-century European print sources, to vignettes from illustrated Persian manuscripts and depictions of historical battles (cats. 193, 194). In recent decades scholars have recognized the importance and originality of Qajar art.[17] Moreover, the willingness of the Qajar shahs to expose their artists to European techniques and to establish art schools set the stage for developments in the twentieth century. As in many other countries in the Middle East, a Europeanizing academic style of painting prevailed for the first half of the twentieth century, but the openness of Iranian artists to developments elsewhere ultimately led to the burgeoning modern art movement that survives in the country to this day.

The majority of Iranian and Central Asian objects in the collection of the Department of Islamic Art come from courtly and urban settings and, as such, do not reflect the entire range of those societies from 1500 to 1900. A key segment of the population of both areas remained tribal and nomadic. These people produced utilitarian objects of great beauty and technical skill, of which carpets and textiles are the most characteristic creations. Additionally, the beautifully fashioned silver ornaments worn by women served both to signify wealth and to mark important rites of passage, such as weddings or the birth of a child. The written records of such populations may be far sparser than those of the city-dwelling citizens and rulers of Qajar Iran, but the objects that these people left behind tell of a rich cultural life that is another distinct strand of later Iranian art history.

1. Crowe 1996, pp. 61–62, 189, figs. 2–4; Washington, D.C., and Los Angeles 1989, p. 141.
2. Washington, D.C., and Los Angeles 1989, pp. 159–236. A dissenting view was put forward in Rogers 1989. He noted that no documents attest to the existence of a *kitabkhana* during the reign of Timur and characterized "strictly centralized art-production" under Timur's successors as a "chimera."
3. Thackston 1989, p. 323.
4. Given as *kutubkhana* in ibid.
5. Ettinghausen 1955, p. 42, called this "the historical style of Shah Rukh."
6. While the *Shahnama* produced for Baisunghur in 1430 (Gulistan Palace Library, Tehran) is the most famous manuscript compiled for this patron, the albums of painting and calligraphy commissioned during his reign are equally important for the subsequent history of the book arts in Iran and Central Asia. As David Roxburgh contended, these albums elicited a level of art-historical awareness that future royal Iranian bibliophiles emulated (Roxburgh 2005b, p. 38).
7. Washington, D.C., and Los Angeles 1989, pp. 258–59.
8. Çağman, Tanındı, and Rogers 1986, *Khamsa* of Nizami, H762, nos. 71, 72.
9. Ahmad ibn Mir Munshi 1959, p. 181.
10. In fact, he was descended from the Aq Quyunlu Turkmen on his maternal side and from Kurds on his father's side. Savory 1998.
11. Canby 1999b, p. 65.
12. Bier and Bencard 1995; Leithe-Jasper and Distelberger 1998, p. 31; also, Herzig 1992.
13. Ahmad ibn Mir Munshi 1959, pp. 130–31.
14. Abdullayev, Fakhretdinova, and Khakimov 1986, p. 100 (brazier from Kokand, which the authors date to the nineteenth century but which follows a seventeenth-century Indian form).
15. Ahmad ibn Mir Munshi 1959, p. 135; London, Washington, D.C., and Cambridge, Mass. 1979–80, p. 27; Canby 1999b, pp. 71–72.
16. Roxburgh 2005a, p. 243.
17. Brooklyn 1998–99, pp. 30–62.

117A–E. *Five Fragmentary Folios from a Qur'an Manuscript*

Present-day Uzbekistan, Samarqand, late 14th–early 15th century (before 1405)
Ink, opaque watercolor, and gold on paper
A. (18.17.1) 19½ × 43⅝ in. (49.5 × 110.8 cm)
B. (18.17.2) 19½ × 43 in. (49.5 × 109.2 cm)
C. (18.17.3) 19½ × 43⅝ in. (49.5 × 110.8 cm)
D. (21.26.12) 28⅞ × 42¼ in. (73.3 × 107.3 cm)
E. (21.26.13) 28¾ × 42 in. (73 × 106.7 cm)
Gift of Samuel T. Peters, 1918 18.17.1–.3
Rogers Fund, 1921 21.26.12, .13

In his treatise on calligraphers and painters of the past, the late sixteenth-century writer Qadi Ahmad mentions the left-handed master 'Umar Aqta' saying that "for the Lord of the Time, Amir Timur Gurkan, he wrote a copy [of the Qur'an] in *ghubar* writing; it was so small in volume that it could be fitted under the socket of a signet ring. He presented it to the Lord of the Time, but as he had written the divine word in such microscopic characters, [Timur] did not approve of it. . . . 'Umar Aqta' wrote another copy, extremely large, each of its lines being a cubit [*dhira'*] in length, and even longer. Having finished, decorated and bound [the manuscript] he tied it on a barrow and took it to the palace of the Lord of the Time. . . . The sultan came out to meet him . . . and rewarded the calligrapher with great honors."[1]

The Qur'an described in this anecdote was copied for Timur (Tamerlane, d. 1405), the founder and ruler of the Timurid dynasty (ca. 1370–1507). According to Qadi Ahmad, it was made after Timur rejected a miniature copy and was so large and heavy that it had to be transported on a cart.[2] A stone book stand in the courtyard of the Mosque of Bibi Khanum in Samarqand is believed to have been added by Timur's grandson Ulugh Beg (d. 1449) a few years later in order to accommodate the manuscript and enable the reader to turn its pages during the Friday prayer. Qadi Ahmad's anecdote is likely to be at least partly fanciful, since a production of such magnitude must have been undertaken upon a direct royal commission rather than the calligrapher's initiative. There is little doubt, however, that the manuscript he refers to survives in extremely fragmentary condition in many institutions around the world.[3] Already broken up and dispersed during Qadi Ahmad's time, less than two centuries after its production, its folios were cut horizontally in three parts so that the original seven lines on each page were divided into two sections of two lines and a central one of three.

The Museum has acquired six such fragments over the years, in 1918 (three sections, A–C), 1921 (two sections, D, E), and 1972 (one section, acc. no. 1972.279). Research by the present author in the early 1990s revealed that, surprisingly, the five fragments from 1918 and 1921 form a continuous portion of Sura 28 of the Qur'anic text (from the end of verse 79 to the beginning of

verse 84): the last five lines of one page (three lines of E and two lines of C) are followed by the complete seven lines of the next one (two lines of A, three lines of D, and two lines of B).[4] Appropriately reconstructed and prepared for display by the Museum's paper conservators, they now find pride of place side by side in the new galleries of Islamic Art.

In their re-created format, these pages afford viewers the opportunity to enjoy and admire an exceptional example of *muhaqqaq* cursive calligraphy as well as to appreciate the masterful strokes that 'Umar Aqta' achieved with an oversize reed pen (its tip alone was one centimeter wide) on enormous sheets of polished paper. No other patron, papermaker, or calligrapher has ever been reported to have accomplished such a colossal undertaking. SC

1. Ahmad ibn Mir Munshi 1959, p. 64.
2. Blair and Bloom 2006 suggested that each page would have originally measured about seven by five feet (2.2 × 1.55 m) and that the complete manuscript would have included 1,500 folios, thus requiring 21 ½ square feet (2,700 sq m) of high-quality paper. Soudavar and Beach 1992, p. 59 and n. 17, under no. 20a, b had estimated earlier that it included about 340 folios "weighing perhaps as much as half a ton" and measured roughly 84⅝ by 55⅛ by 13¾ inches (215 × 140 × 35 cm).
3. The largest portion is in the Shrine of the Imam Riza in Mashhad, Iran, with at least six complete folios. Additional complete pages are in the Iran Bastan Museum, Tehran; the Arthur M. Sackler Gallery, Washington, D.C.; the Nasser D. Khalili Collection of Islamic Art, London; the collection of the sultan of Brunei; and, as discussed below, The Metropolitan Museum of Art. The most complete, though not exhaustive, list is in Blair and Bloom 2006, pp. 5–6. A full study of the manuscript and an effort to reunite the dispersed fragments have not been attempted yet. Valuable additional information can be found in Washington, D.C., and Los Angeles 1989, pp. 38–39, 259, no. 6a; and James 1992a, pp. 18–23.
4. Blair and Bloom 2006, p. 10, stated that the folios of this Qur'an were copied only on one side, left unbound, and probably laid face-to-face in pairs. If so, the identical damage that occurred to the lower right corner of the first page and to the lower left corner of the second page suggests that these two folios were originally laid not face-to-face but back-to-back. It can also be postulated that the manuscript was originally copied on both sides and that its thick, heavy folios were split vertically to obtain separate one-sided pages; in that case, the Museum's fragments would have originally belonged to the recto and verso of the same folio. This, together with the observation that the paper on the unwritten side is coarse and lacks any surface treatment such as sizing or polishing, strongly suggests that the double-sided folios were indeed split in half. I am grateful to Yana van Dyke, Associate Conservator, for her help in this matter.

PROVENANCE

Cat. 117 A–C: Samuel T. Peters, New York (until 1918)

Cat. 117 D, E: Hagop Kevorkian, New York (until 1921; sale, Anderson Galleries, New York, January 26–29, 1921, lot 722, to MMA)

118. Two Folios from a Manuscript of the Kitab suwar al-kawakib al-thabita (Book of Images of the Fixed Stars) of al-Sufi

"Constellation of Pegasus"
Iran, late 15th century
Ink and gold on paper; leather binding
10⅛ in. × 7⅛ in. (25.8 cm × 18.1 cm)
Rogers Fund, 1913 13.160.10

This manuscript is a late fifteenth-century copy of the *Kitab suwar al-kawakib al-thabita* (Book of Images of the Fixed Stars), an astronomical treatise originally composed by 'Abd al-Rahman al-Sufi (d. 986) in 946.[1] After a preface, the book presents tables with the names of hundreds of stars as well as descriptions of forty-eight constellations; each description is accompanied by two illustrations in mirrored form showing how the constellation appears in the sky and on astronomical instruments.

The present, incomplete manuscript contains descriptions and images of only forty-three constellations, including Pegasus, the Greater Horse (*al-faris al-a'zam*, fols. 117, 118), which is shown as it would have appeared on the celestial globe (*al-kura*). The figure of the galloping half-winged horse is marked by a series of gold dots outlined in red that identify the primary stars of the constellation. Some stars are specifically identified by Arabic words associated with parts of the horse's body, while others are marked only by letters.

The inclusion of illustrations in the treatise was meant to aid scholars and students in identifying and memorizing the locations of the constellations in the sky and on astronomical instruments. This is probably why the iconographic program associated with this text remained standardized through time, with only small variations revealing the style of the period in which each copy was produced. In this manuscript the figural images of the constellations are depicted in typical Timurid garb. The treatise exposed its readers to the Classical tradition of astronomy, exemplified by works such as Ptolemy's *Almagest*, one of the sources of al-Sufi's text. The inclusion in the text of technical terms and names in both Greek and Arabic fostered the survival of the Greek tradition and terminology while simultaneously transmitting the Islamic one.[2] FL

1. The oldest version of this text, dated A.H. 400/1009–10 A.D., is currently in the Bodleian Library, Oxford (Ms. Marsh, 144).
2. For a catalogue of extant manuscripts of this treatise, see Carey, M. 2001, Appendix 1.

PROVENANCE: [Léonce Rosenberg, Paris, until 1913; sold to MMA]

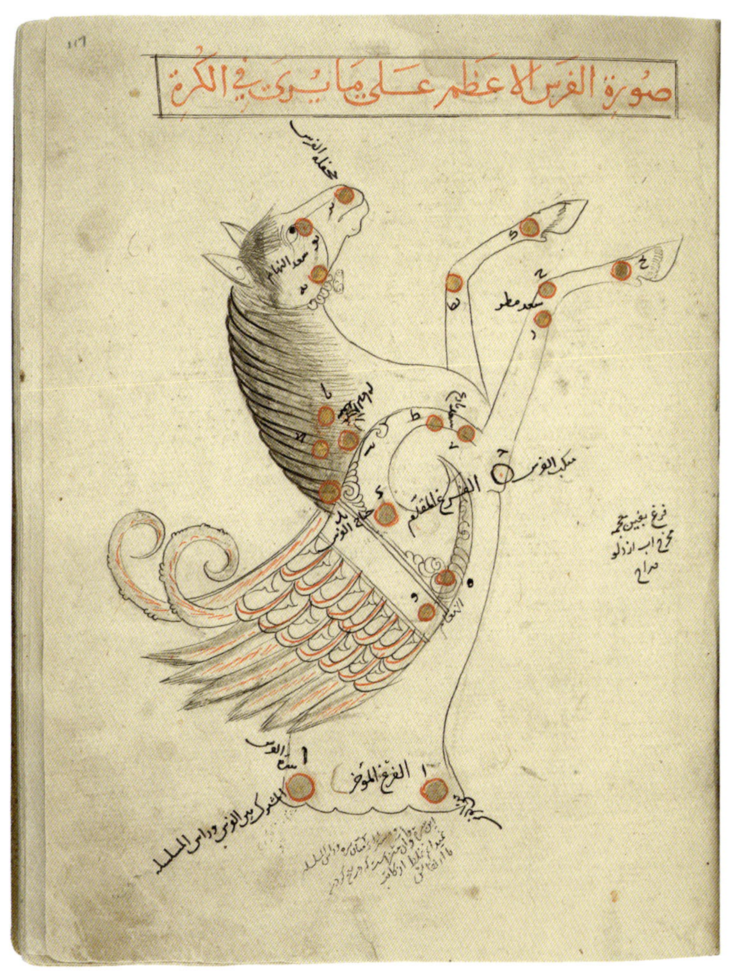

Fol. 117

Fol. 118

119. Two Lohans

Iran, possibly Tabriz, ca. 1480
Ink and transparent watercolor on paper
13⅝ × 9⅜ in. (34.5 × 23.8 cm)
Rogers Fund, 1968 68.48

Inscription in Persian in *nasta'liq* script in lower left-hand corner:
استاد محمد [. . .] قلم
The master Muhammad [. . .] Qalam

Lohans were revered in China as Buddhist disciples who had attained a high level of enlightenment through their devotion to that faith and its teachings. They were often said to number sixteen or eighteen individuals, but some sources estimate that there were as many as five hundred of them. Their spiritual qualities were manifested in their laughter, and some had distinctive physiognomies or were associated with specific attributes.

In Chinese painting from the ninth century onward, Lohans were depicted both singly and in groups. This tinted drawing unites two of the more popular figures from the tradition, but its edges have probably been cut down, which suggests that they may have been part of a larger gathering of Lohans. With his prominent bare belly and laughing face, the figure on the left appears to be Budai, a popularized representation of Maitreya, the Buddha of the Future, who was associated in Chinese practice with material prosperity and male children.[1] The figure on the right is accompanied by a tiger and carries a staff made from a gnarled tree root. His association with a tiger hints at a power over cosmic forces, and the knobby staff characterizes him as a rustic sage—both are attributes of the Zen Buddhist ascetic Fenggan. The posture and garments of this figure are mirrored in reverse in a Lohan depicted in a Yuan-era painting now in the National Palace Museum, Taipei.[2]

The somewhat tentative execution of the drawing and the presence of an attribution to Muhammad Siyah Qalam in its lower-left corner suggest that it was made in Iran or Central Asia rather than in China. Its closest analogues in style and content are found among the paintings that form part of Hazine 2153, an album in the Topkapı Palace Library. Some of these bear attributions to Shaikhi Naqqash, the court painter of Sultan Ya'qub Aq Quyunlu (r. 1478–90), who ruled from the Iranian city of Tabriz.[3] The most direct parallel to the present work shows five figures in a schematic landscape. A man and two women in "Chinese" dress occupy the foreground, while two laughing Lohans, partially hidden by a hill, are seen behind them. The Lohan on the right carries the same distinctive knobby staff held by the figure in the Metropolitan Museum's painting.[4] PS

1. Lawrence, Kans., and San Francisco 1994, pp. 36, 140, 392–93, pl. 28 (I would like to thank my colleague, Dr. Huseh-man Shen, for drawing my attention to this publication); Taipei 1990, pls. 30, 44–45.
2. Lawrence, Kans., and San Francisco 1994, pp. 196–207; Taipei 1990, pls. 21, 25, upper-right corner.
3. Çağman 1981, and Çağman and Tanındı 1979, pp. 30–31, fig. 24.
4. For tinted drawings in Hazine 2153 (fols. 104v, 82v, 8v), see Çağman 1981, figs. 19, 20, 282. For the Lohan figures on Hazine 2153 (fols. 15b, 138a), see ibid., figs. 185, 186.

PROVENANCE: [B. H. Breslauer, London, until 1968; sold to MMA]

120. Wine Drinking in a Spring Garden

Iran, possibly Tabriz, ca. 1430
Opaque watercolor and gold on undyed silk
8½ × 30¼ in. (21.6 × 76.8 cm)
Cora Timken Burnett Collection of Persian Miniatures and Other Persian Art Objects, Bequest of Cora Timken Burnett, 1956 57.51.24

Courtly couples in spring gardens were a popular theme of paintings made in Iran and Iraq during the fourteenth and fifteenth centuries; the present example exhibits features that are both common and unusual in such works. The gold-embroidered clothing worn by the central couple and their attendants has many parallels in pictures from centers as far-flung as Baghdad, Tabriz, Shiraz, and Herat. It is also typical that the emotional connection between the main protagonists is conveyed by their actions and not by their facial expressions.

Leaning against the trunk of a flowering tree, the young woman glances up from an open manuscript, which has a long, narrow format typical of books of love poetry. Her suitor's ardor is expressed through his kneeling posture and the wine cup he offers her. That these compositional elements—a garden setting and a youth offering a wine cup to a woman resting against a flowering tree—appear in both an earlier drawing in Berlin and a later painting in the David Collection, Copenhagen, may indicate that the three elements form a compositional unit.[1] The tree was probably based on a Chinese painting of a flowering branch of a prunus, emblematic of winter or early spring, to which the Persian painter has attached a trunk. Dependence on a Chinese model is evident in the gnarled silhouette of the branches as well as in the varied positions of its blossoms, some of which are seen from the side or back.[2]

The ragged edges of the painting demonstrate that it has been forcibly removed from another context. Portions of its silk ground are said to still be visible on fol. 76r of the album Hazine 2153 in the Topkapı Palace Library.[3] Three closely related pictures of youthful couples standing on either side of a tree have a similar provenance. One, now in the Kuwait National Museum and also executed on silk, situates the young woman and her female attendant (who also holds a metal vessel) on the left and the two handsome youths on the right.[4]

The use of silk as the support for the present work is unusual for Iran and is probably intended to mimic Chinese practice. A technical report concerning the ground describes it as "woven on a tension-adjustable loom with quite irregularly-prepared warps and wefts." It states that S-twisted and Z-twisted warps "alternate throughout" and that the "fabric appears to have been wetted" before the painting was executed.[5] PS

1. Staatsbibliotek, Berlin (Ms. Diez A, fol. 72); Grube 1981, p. 6, fig. 133; and Humlebaek 2007–8, p. 92, no. 36.
2. Loehr 1954, p. 87, fig. 54; Grube 1981, pp. 2, 11, fig. 117.
3. Grube 1981, p. 11 n. 2.
4. Washington, D.C., and Los Angeles 1989, pp. 184, 186, 346, no. 85.
5. Notes by Nobuko Kajitani in the curatorial files of the Department of Islamic Art, Metropolitan Museum.

PROVENANCE: [Hagop Kevorkian, New York, by 1930]; Cora Timken Burnett, Alpine, N.J. (by 1940–d. 1956)

121. A Princely Couple Embrace

Iran, possibly Tabriz, 1400–1405
Opaque watercolor and gold on paper
19¼ × 12½ in. (48.9 × 31.9 cm)
Cora Timken Burnett Collection of Persian Miniatures and Other Persian Art Objects, Bequest of Cora Timken Burnett, 1956 57.51.20

The unusually large size of this picture and the monumental scale of its youthful couple have led scholars to conclude that it may have served as the model for a wall painting.[1] Unlike the turbaned youth and elaborately dressed woman who look into each other's eyes, the landscape setting is given a summary treatment. The figures are framed by flowering trees that appear to be mere saplings when compared with the blossoming plant that grows between them. Although chaste, their embrace carries an erotic charge, and they have sometimes been identified with legendary lovers celebrated in Persian literature, including Humay and Humayun or Khusrau and Shirin, but there is no text associated with the painting that would permit the couple to be named.

Historical sources mention the existence of erotic wall paintings as early as the eleventh century, and figural wall paintings are both described and illustrated in literary texts. Those showing lovers are associated particularly with Zulaikha's efforts, described in the Qur'an, to seduce Yusuf in a chamber embellished with erotic wall paintings. The most popular literary rendering of this story is the one composed by the fifteenth-century poet ʿAbd al-Rahman Jami, but the closest visual parallels to the princely couple here are found in wall paintings of the same tale depicted in a mid-sixteenth-century copy of Saʿdi's *Bustan* now in Vienna.[2]

The proportions of the figures in the Metropolitan Museum's painting, along with details of their clothing and the pattern of tattoos on the woman's face, recall similar features in manuscript illustrations produced in Iraq and Iran in the late fourteenth and the early fifteenth century (University Library, Istanbul) and in a copy of Nizami's "Khusrau and Shirin" (Freer Gallery of Art, Washington, D.C.).[3] The Freer manuscript, documented as produced in Tabriz and thought to date to the early fifteenth century, provides an approximate date and place of production for the present painting. PS

1. Washington, D.C., and Los Angeles 1989, pp. 58–61, 331–32, no. 17.
2. Nationalbibliotek, Vienna (Ms. AF 103, fol. 73a); illustrated in Edinburgh 1977, pp. 74, 77, no. 175.
3. Gray 1977, pp. 39–54.

PROVENANCE: Cora Timken Burnett, Alpine, N.J. (by 1940–d. 1956)

122. *Four Demons*

Iran or Central Asia, 1470–1500
Watercolor and gold on silk
8 × 13⅜ in. (20.2 × 34 cm)
Harris Brisbane Dick Fund, 1968 68.175

Painting on silk was a common practice in China but rare in Central Asia or Iran, which raises the question of where this picture was executed; its jagged lower margin suggests it has been forcibly removed from another context. The two pairs of crouching demons, each appearing to be in conversation, are compositionally and spatially independent of each other. All four have golden bands at their wrists or ankles. One of each pair is dark-skinned, with nearly human features (although one is horned), and both of these wear skirtlike garments. The other member of each pair is covered in soft fur or hair, and one has a tail. The pair on the right appears to be grinding something, perhaps grain, between a pair of stones.

In depicting demonic figures against a plain background, this picture is reminiscent of certain examples preserved in Hazine 2153, an album in the Topkapı Palace Library. Painted on either paper or silk, these show similarly attired demons, some dark-skinned and others fur-covered, dancing, wrestling, fighting with one another, tending animals, and performing domestic chores.[1] No text is associated with any of the demon paintings, although some carry attributions to a certain Muhammad Siyah Qalam, whose historical identity is uncertain.

There is a group of pictures, depicting humans, that relate in their execution to the demon pictures. The human figures, who may be nomads, are shown preparing a meal, tending animals, or conversing. Muhammad Siyah Qalam is also credited with these scenes, which are now preserved in Hazine 2153 as well.[2] The pictures and calligraphies in that album appear to have been collected in the third quarter of the fifteenth century, which provides an approximate date for the demon paintings. Although it has been posited that they come from Turkestan, a more precise definition of their origin and purpose has not yet been established.[3] PS

1. Çağman, Tanındı, and Rogers 1986, pls. 81–90.
2. Ibid., pls. 91–100.
3. Aslanapa 1954, pp. 81–82; and Ettinghausen 1954.

PROVENANCE: [B. H. Breslauer, London, until 1968; sold to MMA]

A

B

C

123A–C. Three Folios from the Haft paikar (Seven Portraits) of the Khamsa (Quintet) of Nizami

Calligrapher: Maulana Azhar (d. 1475/76)
Present-day Afghanistan, Herat, ca. 1430

A. "Bahram Gur and the Indian Princess in the Palace on a Saturday," fol. 23b
Ink, opaque watercolor, and gold on paper
Image: 8½ × 4⅝ in. (21.6 × 11.7 cm)
Gift of Alexander Smith Cochran, 1913 13.228.13.4

B. "How the Hunter Drowned in the Well," fol. 33b
Ink, opaque watercolor, and gold on paper
Image: 8⅞ × 4¾ in. (22.5 × 12.1 cm)
Gift of Alexander Smith Cochran, 1913 13.228.13.5

C. "An Eavesdropper Peering at a Group of Beauties through a Shuttered Window," fol. 47a
Ink, opaque watercolor, silver, and gold on paper
Image: 8⅞ × 4⅞ in. (22.5 × 12.4 cm)
Gift of Alexander Smith Cochran, 1913 13.228.13.6

The manuscript from which these three folios are taken contains the *Haft paikar* (Seven Portraits), one of the five books of Nizami's *Khamsa*. Its delicate calligraphy, elaborate opening illumination, and five full-page illustrations are characteristic of manuscripts produced in Timurid court circles during the second quarter of the fifteenth century, probably in Herat.[1] During the sixteenth century, the manuscript was taken to India, where it entered the libraries of the Mughal rulers Akbar and Shah Jahan.

Nizami's poem, composed in 1197, explores the life of the Sasanian ruler Bahram Gur. Opening with descriptions of Bahram's prowess as a hunter and closing with accounts of his actions as ruler, the work is mainly structured around the weekly rotation of the ruler's visits among the palaces of seven different princesses. Each of the princesses comes from a different region of the world, wears clothing of a specific color, and entertains Bahram with a story that is both sensual and edifying.

Notes made at the courts of Akbar and Shah Jahan describe the manuscript as having seven pictures, two more than it contained when it reached the Metropolitan Museum in 1913. Two of the surviving pictures, on folios 10a and 17b, illustrate Bahram's early exploits as a hunter, while aspects of his visits to the princesses are shown in the other three. One records his visit to the Black Pavilion (fol. 23b; cat. 123A; the remaining two illustrate stories told by the Princesses of the Green and White Pavilions (fol. 33b, 47a; cat. 123B, C). The missing paintings may have depicted Bahram's visit to the Princess of the Golden Pavilion and his conflicts with the ruler of China.

Despite the high quality of this manuscript, its origin has been periodically the focus of debate because its colophon (on fol. 56b) combines the signature of a well-known fifteenth-century calligrapher, Maulana Azhar, with a completion date of A.H. 988/ 1580 A.D., which accords with the moment when the courtier Khan Khanan donated it to Akbar rather than with the time of its original transcription.[2] John Seyller's examination of the manuscript's Mughal inscriptions has revealed that the Mughal rulers, or their librarians, gave it a monetary value that rose from five hundred rupees in the reign of Akbar to one thousand in that of his grandson Shah Jahan.[3] PS

1. Robinson, B. 1957.
2. Williams Jackson and Yohannan 1914, pp. 71–79, no. 10.
3. Seyller 1997, pp. 256, 281–82, fig. 17.

PROVENANCE: Emperor Akbar, India (from 1580); his grandson Shah Jahan, India (in 1658); Alexander Smith Cochran, Yonkers, N.Y. (until 1913)

124A, B. Two Folios from the Zafarnama (Book of Victory) of Sharaf al-din 'Ali Yazdi

Calligrapher: Ya'qub ibn Hasan
Iran, Shiraz, A.H. 839/1435–36 A.D.

A. "Timur and His Army Besiege the Baghdad Citadel"
Ink, opaque watercolor, silver, and gold on paper
Page: 13 1/8 × 9 3/4 in. (33.4 × 24.6 cm)
Louis V. Bell Fund, 1967 67.266.1

B. "Timur and His Army Besiege the Baghdad Citadel"
Ink, opaque watercolor, and gold on paper
Image: 11 3/8 × 8 in. (28.9 × 20.3 cm)
Rogers Fund, 1955 55.121.17

A

Although acquired by the Museum at two different times, these pages were intended to be seen together. They were painted on adjoining folios of a manuscript that was copied in Shiraz in 1436 by Ya'qub ibn Hasan, known as Siraj al-Husaini. The *Zafarnama* (Book of Victory) had been composed by Sharaf al-din 'Ali Yazdi (d. 1454) only a few years earlier, in A.H. 828/ 1424–25 A.D.[1]

Yazdi's narrative provides a vivid description of the siege of the Baghdad citadel by the Timurid army, an event that stretched over forty days in July and August 1401, a time of unrelenting heat. As was his custom, Yazdi describes the roles played by the different divisions of the army and the positions taken by the most important princes and amirs. He also delineates Timur's part in directing his army and overseeing the battle. With respect to the citadel's defenders, Yazdi stresses the fear instilled in them by the Timurid siege. The deafening tumult of a simultaneous attack on all sides of the citadel, which was situated on the eastern shore of the Tigris, led the besieged to imagine that the Day of Judgment had arrived. In desperation, many flung themselves from the citadel walls, only to be devoured by sharp-toothed creatures waiting in the water below.[2]

These two paintings re-create the mood and substance of Yazdi's chronicle by contrasting the might of the Timurid army with the panic that has overtaken the Baghdad garrison. In one (cat. 124B), the painter highlights Timur's role, showing him directing the battle while protected by his royal umbrella. The

B

siege itself and its equipment, described in detail by Yazdi, are alluded to by a soldier who shoots arrows from behind a wooden screen and by the massed weapons of the Timurid soldiers who populate separate pockets of the landscape surrounding Timur. The facing page (cat. 124A) shows the beleaguered defenders within the citadel walls turning to each other in perplexity, unable to mount a counterattack against the Timurid forces. Even more desperate are their compatriots below, who must evade not only the Timurid army but the jaws of predators lurking unseen in the waters in which they swim.

This manuscript of Yazdi's text appears to have remained intact until the early twentieth century, when its paintings were removed and sold. Eleanor Sims has conducted a painstaking reconstruction of this process that has enabled her to describe the illustrative program of the work. According to her calculations, the "Siege of Baghdad" once occupied folios 345 and 346 in this copy, which may also be the earliest surviving manuscript of the text.[3] PS

1. Sims 1990–91, pp. 175–77.
2. Sharaf al-Din 'Ali Yazdi 1957, vol. 2, pp. 263–64.
3. Sims 1990–91, pp. 175–76.

Provenance

Cat. 124A: Hagop Kevorkian, New York (by 1940–d. 1962; estate sale, Sotheby's London, December 6, 1967, lot 20, to MMA)

Cat. 124B: [Hagop Kevorkian, New York, until 1955; sold to MMA]

125A, B. Two Folios from the Khavarannama (Book of the East) of Maulana Muhammad ibn Husam al-Din

A. "The Author, Ibn Husam, Is Visited by the Poet Firdausi"
Iran, Shiraz, ca. 1476–86
Ink, opaque watercolor, and gold on paper
15⅝ × 11⅜ in. (39.8 × 28.9 cm)
Rogers Fund, 1955 55.184.1

B. "'Amr Tosses His Enemies Overboard"
Iran, Shiraz, ca. 1476–86
Ink, opaque watercolor, and gold on paper
15⅝ × 11¼ in. (39.8 × 28.6 cm)
Rogers Fund, 1955 55.125.1

These two paintings, with their vibrant color palette and lively action, are taken from a manuscript of the *Khavarannama* (Book of the East), a gathering of tales relating the adventures of 'Ali ibn Abi Talib, son-in-law of the Prophet Muhammad. These mostly imaginary accounts of the exploits of 'Ali and his companions against demons, dragons, and kings include conflicts with the ruler Kubad, the shah of Khavaran.[1] The poet who penned these engaging stories, Maulana Muhammad ibn Husam al-Din (active fifteenth century) is otherwise known as Ibn Husam.[2] Written in epic *masnavi* form, his poem is composed in emulation of the poet Firdausi's *Shahnama*, but with the important religious figure of 'Ali as its protagonist.

The author's homage to the poet of the *Shahnama* is particularly evident in one of the present paintings (cat. 125A), which depicts the aged Firdausi (shown with gray beard and cane) paying an imagined visit to Ibn Husam. In the other, 'Amr (a contemporary of 'Ali) tosses his enemies from the deck of a fantastical horse-headed ship.[3] As in many other illustrated scenes from this engaging manuscript, the figures burst from the page, with the action spilling over the edges of the text block. Here, the boat sails upon a brimming sea overflowing into the margins.

These folios exhibit the distinctive painting style characteristic of many manuscript illustrations produced in Shiraz in the later fifteenth century. A few of the dispersed illustrated folios from the same manuscript contain inscriptions with the name "Farhad," an otherwise unknown painter, as well as dates ranging from 1476 to 1486.[4] During this time, the city of Shiraz was under the control of the Aq Quyunlu confederacy, one of the two Turkmen dynasties that reigned in western Persia, Iraq, and eastern Anatolia during the fifteenth century. The two paintings seen here originally formed part of one of the earliest and largest illustrated copies of Ibn Husam's *Khavarannama* text, a weighty manuscript containing nearly seven hundred folios, each measuring approximately sixteen by twelve inches (40.6 × 30.5 cm).[5] At least forty of the 155 illustrated folios in this *Khavarannama* manuscript have been dispersed; they are to be found today in collections throughout the world,[6] including the Metropolitan Museum,[7] the Brooklyn Museum,[8] the Chester Beatty Library, Dublin,[9] and the Arthur M. Sackler Museum, Cambridge, Massachusetts.[10] The largest part of the manuscript is housed today in the collection of the Gulistan Palace Museum in Tehran.[11] DMT

1. See Rieu 1966, vol. 2, pp. 642–43, no. Add. 19,766 (a later seventeenth-century copy of the text in London). The title of this book has been given as both *Khavaran-nama* (in Ibn Husam's text) as well as *Khavaranama* (in some secondary literature). This entry will follow the spelling as it appears in the author's text.
2. Conflicting dates for the author's death appear in the historical literature: either A.H. 875 or 893/1470 or 1487–88 A.D. See Rieu 1966 (above) for discussion.
3. These two pieces have been previously published. For cat. 125B, see New York and Venice 1962, p. 66, no. 47, pl. 47 (color detail, fc. p. 50); for cat. 125A, see Grube 1963b, with black-and-white image on p. 293, fig. 7.
4. See London 1976c, p. 346, nos. 574a-b, which provides this range of dates for the paintings in the Tehran manuscript. In other publications, only the date of 1477 is noted for the paintings in the manuscript. According to Basil Robinson in London 1967, pp. 95–96, no. 125, the manuscript contains a colophon with the date of A.H. 854/1450 A.D., but Robinson doubts its authenticity. For more on the manuscript and its paintings, see New York and Venice 1962, pp. 64–68, nos. 46–49; and Zuka 1963. See also the recent facsimile edition: Khusifi Birjandi 2002.
5. According to London 1976c, p. 346, nos. 574a-b, the *Khavarannama* manuscript under discussion is said originally to have contained 685 folios (now reduced to 645) and 155 miniatures (now reduced to 115). The five dispersed folios in the Museum's collection each measure about sixteen by twelve inches.
6. See New York and Venice 1962, p. 65, for a list of some private collections and museums where folios of the manuscript may be found.
7. Metropolitan Museum (acc. nos. 55.125.1, 55.125.2, 55.125.3, 55.184.1, and 55.184.2).
8. See Brooklyn 1987, pp. 242–43, nos. 185, 186.
9. Robinson, B. 1958, p. 27, states that "seven of the miniatures are in the Chester Beatty Library, Dublin, and the remainder in America." See also Arberry et al. 1959–62, vol. 3, pp. 60–62, no. 293, which lists a total of ten illustrated folios of the *Khavarannama* in the Dublin collection.
10. *Khavarannama* folios appearing in the Sackler online collection include nos. 1956.23 and 57.1965. See also Simpson 1980, pp. 42–43, no. 11.
11. The manuscript was in the Museum of Decorative Arts, Tehran, but according to Abdullah Ghouchani, it has been moved into the holdings of the Gulistan Palace Museum.

PROVENANCE: [Hassan Khan Monif, New York, until 1955; sold to MMA]

A

B

126. *Anthology of Persian Poetry in Oblong Format (Safina)*

Calligrapher: Sultan Muhammad Nur (ca. 1472–ca. 1536)
Present-day Afghanistan, Herat, dated A.H. 905/1499–1500 A.D.
Ink, watercolor, and gold on paper; leather binding
8¼ × 3 in. (21 × 7.6 cm)
Purchase, Rogers Fund, Louis E. and Theresa S. Seley Purchase Fund for Islamic Art, and Persian Heritage Foundation Gift, 1997 1997.71

Signatures in Persian in *nasta'liq* script on three folios as follows:

On folio 45 verso:
كتبه سلطان محمد نور
Written by Sultan Muhammad Nur

On folio 56 verso:
سلطان محمد نور تجاوز الله خمس و تسعمائة
Sultan Muhammad Nur, may God forgive [him,]
[in the year] A.H. nine hundred and five [1499–1500 A.D.]

On folio 85 verso:
مشقه العبد سلطان محمد ابن نور الله
Written by the servant Sultan Muhammad, son of Nurallah

Leaping hares, flying birds, and flowering vine scrolls enliven the small, delicately stenciled folio shown here—one of a number of similarly decorated pages from a fifteenth-century Persian poetry anthology in the Museum's collection.[1] With its numerous stenciled folios, pseudo-marbleized pages,[2] and multicolored papers and inks, this manuscript displays many of the innovations in decorative techniques that developed within the book arts in Iran during this period.[3] The engaging "patchwork" conceit of its colorful pages echoes the collected nature of its text: a gathering of short, sonnetlike Persian *ghazal*-form poems from diverse authors, including 'Iraqi, Salman Savaji, and Kamal Khujandi.

The calligrapher who copied these lyric verses signed his name as *Sultan Muhammad* [*Nur*] on three of the folios and added the date to one (A.H. 905/1499–1500 A.D.). Sultan Muhammad Nur (ca. 1472–ca. 1536) was active in Herat during the reign of the Timurid prince and art patron Sultan Husain Baiqara (r. 1470–1506). Evidence suggests that Sultan Muhammad Nur trained in Herat with the celebrated master calligrapher Sultan 'Ali al-Mashhadi (active late 15th–early 16th century) and remained in that city for his entire career.[4] This manuscript has been ascribed to Herat, although it displays affinities with contemporary oblong-format manuscripts produced in Shiraz.

Often referred to as *safina* or *bayaz*, these elegantly shaped manuscripts survive in collections throughout the world—a majority of them comprising anthologies of lyric Persian poetry.[5] The word *safina* may be translated as "ship" or "vessel"—and, by extension, "ark"—perhaps reflecting the manuscript's role as a carrier of assemblages of texts. The typically diminutive dimensions of these manuscripts allowed for portability; they could be easily tucked into a sash or hidden up a sleeve. Contemporary and later Persian paintings often depict such small poetry books being enjoyed at outdoor gatherings or in garden settings, as in a fifteenth-century painting on silk in the Museum's collection (cat. 120). DMT

1. This manuscript has been previously published by Stefano Carboni in Carboni, Walker, and Moore 1998, color image on p. 11.
2. The "marbled" pages of this manuscript were mentioned in Blair 2006, p. 55 n. 53. However, further consultation with Yana van Dyke, paper conservator at the Metropolitan Museum, has determined that these papers are not examples of true marbling as the method of their production does not involve the use of a bath. The pages are instead more akin to the French nineteenth-century pseudo-marbled papers known as *papier coulé*, in which colors are applied directly to the paper; water is then introduced in a manner that results in a streaked or "rivulet" appearance, as seen here. For more on these papers, see Wolfe 1990, esp. p. 114, and pl. 20, nos. 8–9.
3. For further discussion concerning the techniques of paper decoration in fifteenth-century Persian manuscripts, see Porter, Y. 1994, Blair 2000, and Roxburgh 2005a.
4. For more concerning this calligrapher, see Bayani 1964, pp. 272–80, no. 387; Soucek 2003–4, p. 52 and figs. 3.4–3.7, p. 65 and fig. 3.13. Soucek states that several sixteenth-century sources describe Sultan Muhammad Nur as a student of Sultan 'Ali al-Mashhadi. Also see Blair 2006, pp. 55 n. 53, 466 n. 54, 467 n. 61, for Sultan Muhammad Nur's skill in writing with colored inks. A folio very similar to those found in this manuscript—also displaying a signature by a Sultan Muhammad Nur—was sold at Christie's London, on March 31, 2009, lot 26.
5. A number of terms have been used to refer to oblong-format manuscripts, among them *bayaz*. See Danishpazhuh 1988.

PROVENANCE: [Massoud Nader, until 1997; sold to MMA]

127A–D. Four Folios from the Mantiq al-tair (Language of the Birds) of Farid al-Din 'Attar

A. First text page, fol. 1b
Calligrapher: Sultan 'Ali al-Mashhadi (active late 15th–early 16th century)
Illuminator: Zain al-'Abidin al-Tabrizi
Text: Present-day Afghanistan, Herat, dated A.H. 892 / 1487 A.D.;
illumination: Iran, Isfahan, ca. 1600
Ink, opaque watercolor, silver, and gold on paper
7¾ × 4½ in. (19.7 × 11.4 cm)
Fletcher Fund, 1963 63.210.1

B. "The Son Who Mourned His Father," fol. 35a
Calligrapher: Sultan 'Ali al-Mashhadi (active late 15th–early 16th century)
Present-day Afghanistan, Herat, dated A.H. 892 / 1487 A.D.
Opaque watercolor, silver, and gold on paper
Image: 9¾ × 5½ in. (24.8 × 14 cm); page: 13 × 8½ in. (33 × 21.6 cm)
Fletcher Fund, 1963 63.210.35

C. "The Drowning Man," fol. 44a
Calligrapher: Sultan 'Ali al-Mashhadi (active late 15th–early 16th century)
Present-day Afghanistan, Herat, dated A.H. 892 / 1487 A.D.
Opaque watercolor, silver, and gold on paper
Image: 7⅜ in. × 5⅛ in. (18.7 × 13 cm); page: 13 × 8⅜ in. (33 × 21.4 cm)
Fletcher Fund, 1963 63.210.44

D. "The Concourse of the Birds," fol. 11
Painter: Habiballah of Sava (active ca. 1590–1610)
Iran, Isfahan, ca. 1600
Ink, opaque watercolor, gold, and silver on paper
Image: 10 × 4½ in. (25.4 × 11.4 cm); page: 13 × 8¼ in. (33 × 20.8 cm)
Fletcher Fund, 1963 63.210.11

Farid al-din 'Attar's epic poem the *Mantiq al-tair* (Language of the Birds), composed about 1187, is a parable about the desire for union with God that is couched in the terminology of sufism. It describes a physical and spiritual journey through seven valleys by a group of birds that move from their initial quest (*talab*) to their final goal of annihilation of the self (*fana*) through unity with God. The stages of their journey are explained through the use of anecdotes.

This copy is notable for its high-quality illustrations produced in two distinct periods and places.[1] The earlier phase, in which most of the text and four of the paintings were executed, is linked to the city of Herat (cat. 127B, C). Its colophon, signed by Sultan 'Ali al-Mashhadi, dates the work to the first day of the fifth month of the second year of the last ten years preceding 900—that is, to A.H. 892/April 25, 1487 A.D. The later phase occurred about 1600, when the manuscript was refurbished, probably for Iran's ruler, Shah 'Abbas I (r. 1587–1629). Elements from this phase include the binding, the illuminated opening folios signed at Isfahan by Zain al-'Abidin al-Tabrizi, and four of its pictures, one of which is signed by Habiballah (cat. 127A, D). In 1609 Shah 'Abbas donated this manuscript to the ancestral tomb of the Safavid family at Ardabil.

A

B

C

D

Sultan ʻAli al-Mashhadi is known to have worked for Herat's contemporary ruler, Sultan Husain Baiqara (r. 1470–1506), and for one of its leading intellectuals, Mir ʻAli Shir Nava'i, whose interest in the theme of this text is signaled by the fact that he composed an analogous poem in Turki titled *Lisan al-tair* (The Speech of the Birds).

All of the subjects to be illustrated in this copy of the *Mantiq al-tair* were determined at the time of its copying by Sultan ʻAli al-Mashhadi in the late fifteenth century, but the manuscript's first four scenes were not completed until about 1600 in Isfahan. Three of these are frequently depicted in other copies of ʻAttar's text: the initial gathering of the birds at the onset of their quest (cat. 127D) and two scenes from the story of a sufi, Shaikh Sanʻan, who loved a Christian maiden (fols. 18b, 22b). These pictures seem to have a clear connection to major themes in ʻAttar's text, although Habiballah, the artist who signed the "Concourse of the Birds" on a small rock at the center of the picture, has added the superfluous figure of a man holding a rifle.

Two of the manuscript's remaining four paintings, made toward the end of the fifteenth century in Timurid Herat, present more oblique references to ʻAttar's text. Both "The Son Who Mourned His Father" (cat. 127B) and "The Drowning Man" (cat. 127C) have been interpreted as sufi allegories.[2] The other two fifteenth-century paintings appear to be more illustrative than symbolic. Yumiko Kamada has suggested that these more subtle paintings reflect the appreciation of textual and pictorial intricacy in late fifteenth-century Herat.[3] PS

1. For an overview of publications about this manuscript through 2010, see Kamada 2010.
2. Ibid., pp. 136–40, and Kia 2006, p. 97.
3. Kamada 2010, pp. 144–49.

PROVENANCE: Shah ʻAbbas, Isfahan, Iran (until 1609; to Ardabil Shrine); Ardabil Shrine, Iran (1609–1826); Dr. M. Farid Parwanta (until 1963; sale, Sotheby's London, December 9, 1963, lot 111; to MMA)

128. Folio from the Divan of Hafiz

"Dancing Dervishes"
Attributed to Bihzad (ca. 1450–1535/36)
Present-day Afghanistan, Herat, ca. 1480
Opaque watercolor and gold on paper
Image: 6¼ × 4¼ in. (16 × 10.8 cm); page: 11¾ × 7½ in. (29.9 × 18.9 cm)
Rogers Fund, 1917 17.81.4

Painted about 1480, this illustrated folio is from a manuscript of the *Divan* of the renowned fourteenth-century poet Hafiz of Shiraz. It depicts a ring of sufi dervishes (Islamic mystics) playing music to accompany another group of dervishes performing the celestial dance (*sama*ʻ). The mystics in the foreground, who have achieved a state of trance and self-abandonment, are rendered with particular sensitivity. The special care taken in depicting a variety of figural types, expressive facial features, natural movements, and intense emotions sets this work apart from earlier paintings produced in Timurid Herat.

Costume plays a central role here in imparting emotion and spirituality to the scene.[1] As in other Timurid and Safavid paintings, sleeves serve as a metaphor for the emotional state of the wearer, expressing contemplation, reverence, trepidation, and intoxication, both physical and spiritual. Some move in time with the music and rhythm of the dervishes' mystical dance. Others—belonging to those who stand in contemplation or have succumbed to dizziness and trance—hang limp, crossed one over the other.

Mystical scenes such as this were a popular theme of sixteenth- and seventeenth-century illustrated manuscripts. The naturalism of the painting and its muted palette are all features of the so-called Bihzadian style of Herat. Although there is no concrete evidence supporting an attribution to Bihzad, this painting embodies many of the qualities of paintings assigned to the master. The question of Bihzad's authorship has, in general, been a topic of much discussion among scholars of Persian painting. Some believe that the attribution of any work to him can be somewhat problematic and misleading because, in all probability, paintings were almost always a result of a collaborative effort, making it difficult to ascertain the extent of involvement of the master himself.[2] The dearth of signed works by Bihzad and the presence of numerous false signatures on paintings attributed to him further complicate matters. Other scholars have assigned works to the master on the basis of style, palette, composition, and approach to painting.[3] In any case, this soulful painting remains among the most moving, spiritually charged representations of dervishes engaged in a celestial dance produced in late medieval Iran. ME

1. Allgrove McDowell 1989, p. 159.
2. Roxburgh 2000; Lentz 1990.
3. Bahari 1996.

PROVENANCE: [Georges Tabbagh, New York, until 1917; sold to MMA]

129. *Divan (Anthology) of Sultan Husain Baiqara*

Calligrapher: Sultan ʻAli al-Mashhadi (active late 15th–early 16th century)
Present-day Afghanistan, Herat, dated A.H. 905/1500 A.D.
Ink, opaque watercolor, and gold on paper; lacquer binding
10½ × 7¼ in. (26.7 × 18.4 cm)
Purchase, Richard S. Perkins and Margaret Mushekian Gifts, 1982 1982.120.1

The city of Herat in northern Afghanistan flourished as a center of culture and learning during the reign of Timur's great-grandson Husain Baiqara (1468–1506).[1] This manuscript of the sultan's poetry embodies two features characteristic of that epoch: the rise to literary prominence of Turki, the local Central Asian form of Turkish, and a focus on lavishly produced books. Husain's royal status appears to have added luster to his poetry, which was collected not only by his subjects but also by the Ottoman sultans and the Mughal emperors. The works were also translated into Persian for the Safavid ruler Shah Sultan Husain I (r. 1694–1722).[2]

Most manuscripts of Husain Baiqara's poetry are arranged alphabetically by rhyme words, but they vary considerably in length and content. This example contains 138 *ghazals*, on forty-two folios, of the more than two hundred different *ghazals* known from various copies. It is appropriate that, as a ruler,

Husain Baiqara would have his poetry produced in a particularly opulent fashion. Several copies, including the present example, were executed on colored and gold-sprinkled paper. This is one of three known manuscripts of his poetry that were made during his lifetime by his court calligrapher, Sultan ʻAli al-Mashhadi.[3]

Aside from its superb calligraphy, this copy is notable for the elaborate patterns—most highlighted with paint—that are stenciled on the margins of each page. One design features a scroll animated by masks and animal heads. Another shows five pairs of birds perched in flowering trees that appear to grow from the inner margins. A third features polylobed cartouches filled with arabesques and surrounded by flowering plants. Prior to the late fifteenth century, stenciling had been employed primarily to embellish the pages of the small, oblong poetry albums known as *safinas*.[4] The traditional association of such albums with stenciled decoration may have influenced the person who gave this manuscript its lacquer-covered binding in A.H. 1300/1833 A.D. Perhaps not realizing that it contained the poetry of a single individual, the author of the verses on the interior of the binding praised it as a "colorful album." PS

1. Husain was descended from Timur's son ʻUmar Shaikh. His full lineage was Husain ibn Mansur ibn Baiqara ibn ʻUmar Shaikh ibn Timur.
2. Baiqara 1968, pp. 51–62.
3. The other two entered the collections of the Ottoman sultans and are now in the Topkapı Palace Library (Ms. E.H. 1636, dated to A.H. 897/1491 A.D.) and the University Library, Istanbul (Ms. T.Y. 1977, dated to A.H. 900/1494 A.D.). The latter once belonged to the Mughal imperial collection; see ibid., pp. 52–53.
4. Roxburgh 2005a, pp. 157–59.

PROVENANCE: Philip Hofer, Cambridge, Mass. (until 1982; sold to MMA)

130. *Tile*

Present-day Uzbekistan, Samarqand, second half of 14th century
Stonepaste; carved and glazed
11⅝ × 8⅝ × 6¾ in. (29.5 × 21.9 × 17.1 cm)
The Grinnell Collection, Bequest of William Milne Grinnell, 1920 20.120.189

In their original context, tiles such as this one—each individually and meticulously crafted—would have constituted the architectural revetments of mosques, mausoleums, and other dynastic buildings in the Timurid period (ca. 1370–1507), particularly in the late fourteenth century. Similar tiles are found in many buildings in Timurid Iran, with some of the finest examples at the dynastic burial complex of Shah-i Zinda, just outside of Samarqand.

The rich shade of turquoise, highlighted by a white border, is typical of the architectural ornamentation of the Timurid period.[1] Carved in deep relief with repeating circular vegetal scrolls diminishing in size toward the apex, the tile has a distinct curving-arch shape that characterizes it as a *muqarnas* element. *Muqarnas* is the honeycomb-like decoration that often adorns the interior curves of domes, niches, squinches, *iwans*, cornices, and portals of Islamic buildings. The shape was probably derived from the squinch, an architectural element that serves to distribute the weight of a dome and creates a transitional zone between a circular dome and its square base.[2] This curved tile would have been combined with dozens, or even hundreds, of others (depending on their location in the building) to form an ornate faceted and curving surface that would capture light and tantalize the eye.

Although the exact origin of this tile remains unknown, it displays similarities to a *muqarnas* tile in the Aga Khan Collection that is dated to the same period,[3] as well as to tiles still in situ at the Shah-i Zinda complex.[4] Begun in Timur's lifetime (1335–1405), Shah i-Zinda contains dozens of mausoleums, with tombs largely commissioned by the women of the Timurid court.[5] Glazed and carved earthenware tiles such as this were used there in conjunction with tiles in other techniques, including mosaic and *cuerda seca*, and other materials, among them carved wood, stucco, and wall painting.[6] At Shah-i Zinda *muqarnas* is most commonly employed in squinches, domes, and *iwans*, and tiles similar to the Metropolitan Museum's example can be seen there at the mausoleums of princesses Shadi Malik and Qutluq Aqa, as well as in others.[7] ME/KW

1. Roya Marefat has connected the prevalence of blue in Timurid buildings both to the dark blue worn in mourning and to the warding off of the evil eye (Marefat 1991, p. 210). The glittering turquoise surfaces of many Timurid buildings may also be meant to conjure up paradisical imagery and the waters of Firdaus (Garden of Paradise). See Marefat 1991.
2. Golombek et al. 1988, p. 107.
3. See Paris 2007, pl. 31 (no. AKM00573).
4. See, for instance, the illustrations of the tile revetment on the shrines at Shah-i Zinda in Degeorge and Porter 2002, pp. 111–15.
5. Roxburgh 2005c, p. 195.
6. Marefat 1991, p. 196.
7. Ibid., p. 220.

PROVENANCE: William Milne Grinnell, New York (until d. 1920)

131. Turban Helmet

Iran, Caucasus, or Anatolia, late 15th–early 16th century
Iron; forged, engraved, and damascened with silver; copper alloy rivets
H. 13 1/8 in. (33.2 cm)
Purchase, Anonymous Gift, 1950 50.87

Perhaps the most distinctive and visually impressive helmet worn by the Muslim warrior was the so-called turban helmet. This modern term alludes to the helmet's large, bulbous form that was both turbanlike in appearance and, as its great volume suggests, intended to be worn over a thick textile head covering. While the turban-helmet type appears to have originated in the fourteenth century, most of the surviving examples, including twelve in the Metropolitan Museum's collection, date from the late fifteenth or early sixteenth century. That several examples include in their calligraphic decoration the names of members of the Aq Quyunlu and Shirvan dynasties in Azarbaijan and Iran, as well of Ottoman rulers, suggests the use of turban helmets was widespread, though the centers of production have not been localized.

This richly decorated turban helmet, an outstanding example of the type, is a masterpiece of metalworking. Forged from a single plate of iron, it has a smooth-sided base rising to an outward-bulging middle zone articulated with convex spiral flutings that turn and taper to the smooth apex, which is closed by a small, separately applied plug with a polygonal terminal. The front of the bowl has cutouts over the eyes, reinforced by applied iron bands; set between them is a sliding nasal bar that terminates in a large decorative finial. The helmet rim is fitted with pierced lugs for the attachment of a long mail curtain, or aventail, that covered the warrior's lower face and neck, and above these fixtures is riveted a protective iron bar. The cross-hatched surface of the helmet is densely covered with engraved and silver-damascened Arabic inscriptions on the upper and lower zones, while spiraling foliate arabesques fill the fluted middle zone. The inscriptions are not legible, although on comparable examples they typically include honorific titles such as "the greatest sultan," "the mightiest khan," or "master of the necks of nations."

The helmet is incised at the front with the *tamga* mark applied to pieces stored in the Ottoman arsenals, the largest and most important of which was that in the former Byzantine church of Hagia Eirene in Istanbul. This storehouse contained not only Turkish arms but also a vast quantity of booty captured by the Ottomans following their defeat of the Persians in 1514 and of the Mamluks in 1517. DGA/SWP

PROVENANCE: Nathaniel de Rothschild, Vienna; [Blumka Gallery, New York; sold to MMA]

132. *Jug*

Present-day Afghanistan, probably Herat, late 15th–first quarter of 16th century
Brass; cast and turned, engraved, and inlaid with silver, gold, and black organic compound
H. 5⅝ in. (14.3 cm); Diam. 6⅛ in. (15.6 cm)
Edward C. Moore Collection, Bequest of Edward C. Moore, 1891 91.1.607

Inscription in Arabic in *naskhi* script around molded collar:

ناد علياً مظهر العجائبي
تجده عوناً لك في النوائبي
كل هم و غم سينجلي
بولايتك يا علي يا علي يا علي

Call upon 'Ali, the revealer of miracles made manifest,
You will find him a comfort to you in times of misfortune
All grief and sorrows will disappear through your companionship,
O 'Ali, O 'Ali, O 'Ali

Small pot-bellied jugs (*mashraba*) such as this example are among the best-known types of Iranian metalwork. Although this jug has lost the lid that survives in several related examples, it retains the characteristic dragon-shaped handle associated with the type. The primary decoration consists of three stacked bands of gold-inlaid medallions: two rows of large medallions encircling the body and one row of smaller medallions around the neck. Set against a silver background, these gold decorations produce a lively two-toned effect, further enhanced by scrolling arabesques distributed in the interstitial spaces of both neck and body.

The form of this jug is widely found across Asia. Chinese potters of the Ming period (1368–1644) produced blue-and-white ceramic pot-bellied jugs with dragon-shaped handles during the first half of the fifteenth century.[1] In Central and western Asia, the form became increasingly popular after the Mongol conquests, and particularly under the Timurids and Safavids,[2] although it is still not known whether the earliest examples were ceramic, metalwork, or stone.[3] The most celebrated example is an elaborate jade jug made for Ulugh Beg (d. 1449) datable to the second quarter of the fifteenth century.[4] The presence of these jugs at the Timurid court is well documented in historical sources, as well as in illustrated manuscripts of the time.[5] That the form was eventually imitated by Ottoman metalworkers is demonstrated by a number of sixteenth-century examples.[6]

While the form remained relatively unchanged throughout the history of its production, the surface decoration and inscription of the present example indicate that it was probably produced either at the end of the fifteenth century or in the first quarter of the sixteenth century. Although it has been argued that the *naskhi*

inscription, which invokes 'Ali as a source of comfort and the soul's companion, definitively establishes the jug as an early Safavid piece with strong Shi'i associations,[7] production within a Sunni context in the late Timurid period is also equally possible. Such an attribution has been suggested for a jade signet ring with the same inscription that is also in the Museum's collection (cat. 134).[8] Since neither the jug nor the ring is dated, both works raise similar questions of dating and attribution. FL

1. Jenyns 1988, p. 66, fig. 35. See also London 2005, pp. 423–24; and Washington, D.C., and Los Angeles 1989, p. 354.
2. Several comparable jugs with dragon-shaped handles are in the Musée du Louvre, Paris (no. MAO 697); the David Collection, Copenhagen (no. 34/1986); the Museum of Turkish and Islamic Art, Istanbul (no. 2962); the Victoria and Albert Museum, London (no. 943-1886); and the Ashmolean Museum, Oxford (Nuhad Es-Said Collection). See Komaroff 1992b, p. 115, fig. 37; p. 116, fig. 41; p. 134, fig. 53; pp. 156–59, no. 4; pp. 166–68, no. 7.
3. Metal examples can be traced to early thirteenth-century Iran or Khurasan, as demonstrated by a jug with a flaring foot (without a handle) and a band of human-headed *naskhi* around the neck (Brooklyn Museum, no. 86.227.123). See Melikian-Chirvani 1974, pp. 566–67 n. 12. For an illustration, see Brooklyn 1987, p. 233, pl. 177. Another example, closer to the present one but without the foot, is a silver inlaid bronze jug dedicated to Majd al-Din 'Isa al-Zahir (r. 1376–1404), the Artuqid ruler of Mardin, modern-day Turkey (Sotheby's London, Thursday, April 27, 1995, lot 58).
4. Museu Calouste Gulbenkian, Lisbon, no. 328. See Washington, D.C., and Los Angeles 1989, p. 144, fig. 46.
5. See ibid., pp. 277, 354. A metal pot-bellied jug with an S-shaped handle appears in the manuscript illustration "Shirin Viewing the Portrait of Khusrau" from the *Khamsa* of Nizami dated to A.H. 900/1494–95 A.D. (British Library and Museum, London) and is reproduced in ibid., p. 277, no. 140.
6. See Washington, D.C., Chicago, and New York 1987–88, pp. 121–22. Also see London 2005, p. 469.
7. Komaroff 1979–80, p. 13. Komaroff suggests that the appearance of the same verse on several coins and one seal datable to the reign of Shah Isma'il I (1501–24), the founder of the Safavid dynasty, places this jug firmly in the early Safavid period, that is, in the first quarter of the sixteenth century. See also Melikian-Chirvani 1974, pp. 561–62.
8. It is important to note that 'Ali was revered not only by the Shi'is but also by the Sunnis.

PROVENANCE: Edward C. Moore, New York (until d. 1891)

133. Sword Guard (Quillon Block)

Central Asia, 14th–early 15th century
Nephrite; carved
2 × 4 × 1 1/8 in. (5.1 × 10.2 × 3 cm)
Gift of Heber R. Bishop, 1902 02.18.765

The finest jade (the mineral nephrite) in Asian history has come from the two river systems flowing down the northern slope of the Kunlun Mountains in the Khotan and Yarkand districts of the Tarim Basin in Central Asia (now in Xinjiang Uighur Autonomous Region, China). It comes in several colors, the rarest of which is black, the color of this sword guard (previously called a "quillon block" or "quillons").[1] Practically all the known carvings of black jade, including the present piece, can be dated from the thirteenth to the early fifteenth century, that is, from the time of the Mongols to that of the Timurids in Central Asia. The princely use of black jade can be said to begin with Khubilai Khan and end more or less with Ulugh Beg.[2]

Because of its size, this sword guard has been thought to belong to a dagger rather than a sword. But this is not necessarily so, particularly in light of its Central Asian characteristics. The early long swords used by nomadic peoples on the Eurasian steppe all had small guards. This type of guard, some made of jade, occurs on Chinese swords from about 300 B.C., newly adopted from their northern neighbors. At about the same time, the two-headed dragon appeared in Chinese art. In jade, it took the form of an arc-shaped pendant with a dragon head at each end—the idea, if not the animal, no doubt imported from the West, courtesy of roaming nomads. A seventh-century Chinese sword in the Metropolitan Museum sports a pommel in the shape of a coiled creature terminating at each end with confronted dragon heads.[3] This was also a period of frequent exchanges with Central Asia.

By the time of the Mongol expansion, the two-headed animal had lapsed in China, but in Central Asia, where traditions die hard, it would have survived. This sword guard may well be among the earliest known examples of the type from Central Asia. As to its date,[4] opinions vary from the fourteenth to the early fifteenth century, all within the period of incidence of black jade. For want of hard archaeological evidence, a precise date cannot be assigned. What is certain is that this type of sword guard originated in Central Asia, having evolved in style and workmanship from traditions East and West, some of which reached back over centuries to antiquity.

The iconography of the dragon heads helps somewhat. Similar motifs are found on Central Asian silk tapestries, including one in the Museum's collection.[5] The basic attributes of the Central Asian dragon are horse's teeth, lion's mane, deer's antlers, and a long snout resembling that of a *makara*. By the thirteenth century, the snout began to decrease in length, and another element, the

Manuel Keene linked it to a jade belt fitting from the second half of the fourteenth or the early fifteenth century. He suggested that such jades may have been created earlier than previously thought, during the reign of the Timurid ruler Shah Rukh (1405–47). See Keene 2008, p. 336.
5. Metropolitan Museum (acc. no. 1987.8).
6. See, for example, the carved jade ornaments from the tomb of the Princess of the Chen State (1001–18) in Inner Mongolia Institute 1993.

PROVENANCE: Heber R. Bishop, New York (until 1902)

protruding tongue, was emphasized. The tongue remained until about the early fifteenth century. Again, the iconography gives a time range compatible with that of the occurrence of black jade.

A more general but useful consideration is the beginning of the fine craft of jade carving in Central Asia. The Khitans may have brought craftsmen with them to work with jade when they moved west in the twelfth century from northeastern China to establish the Qara Khitai (Western Liao) empire, but this assertion is difficult to validate owing to meager archaeological evidence. However, the Khitans' love of jade is indisputably demonstrated by numerous objects discovered in Khitan tombs of the Liao dynasty (907–1125) in northern China.[6] These Liao jades far outnumber, and are technically much more accomplished, than any discovered in other parts of China. It is unimaginable that, when the Khitans settled in Balasagun, with the jade-producing areas of Khotan and Yarkand under their control, they would not employ the material to fashion ornaments, vessels, and even sword guards. Fine jade working would thus have begun in Central Asia, in centers that included Yarkand and Khotan, the workers being later taken over by the Timurids—possibly beginning with Shah Rukh and Ulugh Beg, who were known for their love of jade.

So far we are able to delineate only the perimeters of our knowledge of this beautifully worked piece. The essential questions—its exact date and place of manufacture, who made it and for whom—must remain until new evidence comes to light. JCYW

1. I am grateful to Stuart Pyhrr for information on the terminology of sword parts and general advice on other aspects of this entry.
2. For the most famous black jade object, the wine bowl Khubilai had made for his new palace in Dadu (Beijing), see Hansford 1950, pp. 74–78, and Hansford 1968, p. 89. See also Sun 2010–11, p. 49. Of the jade objects attributed to the Timurids, some assigned an earlier date (first half of the fifteenth century) are black or very dark green, colors not seen in later versions.
3. Metropolitan Museum (acc. no. 30.65.2).
4. New research on Iranian jades, however, has yielded new evidence for the dating of this piece. Judging from the shape of the dragon heads,

134. Signet Ring

Iran or Central Asia, late 15th–early 16th century
Gold, cast and chased; nephrite, carved
H. 1 3/8 in. (3.5 cm); Diam. 1 in. (2.5 cm)
Rogers Fund, 1912 12.224.6

Inscriptions in Arabic in *thuluth* script on stone:
At center of seal:
عزمن لا يموت
Glorified be [He] who will not die.

Surrounding seal, in four segments:
ناد علياً مظهر العجائبى
تجـده عونـاً لـك فـي النوائبـي
كـل هـم و غـم سينجـلي
بولايتك يا علي يا علي يا علي
Call upon ʿAli, the revealer of miracles made manifest,
You will find him a comfort to you in times of misfortune
All care and sorrows will disappear through your companionship,
O ʿAli, O ʿAli, O ʿAli

Inscription in Persian in *thuluth* script, around bezel:
جانـا نـداي تـرا بجاهسـت كـه حديـث گويـم عالـم هر دو در نگين جانبخش لعل شماست
سليمان خـوان ازين خاتم عالـم بود در كفش كـه مهـر جانـم هسـت محبـت سانـم؟
O my Lord! Instead of writing Thy name, I say the following words.
O my soul! In consequence of my love Thy image is everywhere with me.
O my soul! Be as wise in conversation as Solomon. My world and heaven are in this ring."[1]

Inscription in Persian in *kufic* script on interior of bezel:
مبارک باد
Be fortunate

Inscription in *kufic* script underneath stone:
محمد
Muhammad

One of a group of metal and jeweled objects attributed to the turn of the sixteenth century, this ring has a flat, light green nephrite stone set into a gold shank that is cast in the shape of two dragons' heads. The stone is in the form of a seal, with its inscriptions carved in reverse. Inscriptional stone seals of a circular, flat-cut format, divided into halves or quarters and sometimes framed within a square at the center, can be historically traced to the fifteenth century.[2]

Although the dragon-shaped shank and nephrite seal point to Timurid patronage, the content of the Arabic and Persian inscriptions can also link the ring to the early Safavid period. Comparing it to a brass jug in the Museum's collection (cat. 132), Linda Komaroff argued that this specific Shi'i invocation to 'Ali (the only legitimate successor to the Prophet, according to Shi'is) appears on both works as well as on coins dating to the years 1501–24 of Isma'il I's reign.[3] She contended that this invocation is not seen on objects of the Timurid period and is rarely found on works immediately following the rule of Shah Isma'il. Other scholars, however, believe that it is equally possible for a Shi'i or even Sunni patron under Timurid rule to have commissioned a ring inscribed with an invocation to 'Ali.[4] In fact, both Sunnis and Shi'is were devoted to 'Ali and—given the increasing wave of sufi beliefs and rituals during the second half of the fifteenth century—it is not unusual for a Timurid object to contain invocations to 'Ali and other Shi'i personages. Thus, this ring could tentatively be dated somewhere between the second half of the fifteenth and the first half of the sixteenth century.

A close reading of the inscriptions has been instrumental in shedding light on the intention and meaning of the ring. The *thuluth* inscription on the bezel underneath the stone, where it touches the wearer's skin, most probably contains a reference to the Prophet and adds another talismanic element to the object.

Associated with Central Asia for centuries, nephrite (*yashm*) was highly prized at the Timurid and Safavid courts. It was believed to have apotropaic properties capable of protecting its wearer from harm and the deadly effects of poisons. The dragons that form the gold shank here constitute yet another protective element. These beasts appear frequently as decorative elements in Timurid and Safavid art and were traditionally regarded as symbols of royalty and divine power. When combined with the talismanic content of the many inscriptions, the dragons holding the bezel of this ring strongly suggest that one of its primary functions was to empower the owner and protect him from harm.

AG/ME

1. Washington, D.C., and Los Angeles 1989, p. 253, pl. 142.
2. See Wenzel 1993, pp. 258–59, nos. 426, 434.
3. Komaroff 1979–80, pp. 13–14.
4. Washington, D.C., and Los Angeles 1989, pp. 253, 358.

PROVENANCE: [Indjoudjian Frères, Paris, until 1912; sold to MMA]

135. *Folio from the Khamsa (Quintet) of Nizami*

Calligrapher: Sultan Muhammad Nur (ca. 1472–ca. 1536)
Present-day Afghanistan, Herat, dated A.H. 931/1524–25 A.D.
Ink, opaque watercolor, and gold on paper
12⅝ × 8¾ in. (32.1 cm × 22.2 cm)
Gift of Alexander Smith Cochran, 1913 13.228.7.4

The colophon of the manuscript from which this folio comes establishes that the book was copied by Sultan Muhammad Nur in A.H. 931/1524–25 A.D., a date that also appears in an architectural inscription on one of its paintings. This concurrence suggests that the work was copied and illustrated at almost the same time.[1] Since Sultan Muhammad Nur spent most of his life in Herat, the manuscript was probably produced there. The Timurid dynasty had officially ended in 1506 with the death of its last effective ruler, but aspects of its artistic and literary culture survived for several decades. While some of the illustrations in the manuscript are formulaic, others continue the interest in portraiture initiated in Timurid Herat.

Two scenes from the life of Khusrau Parviz, the hero of the *Khamsa*'s second section, are of particular interest. In the one shown here (fol. 64a), depicting an open-air court reception, the importance of the enthroned ruler is stressed by the colorful canopy over his head and the elaborately patterned carpet under his throne. The faces of some of the courtiers who stand beside or below his throne

have a portraitlike specificity, including that of the bearded man holding a piece of paper in his raised left hand while a youth applies ink to the ring on his extended right hand. These actions identify the man as a chancery scribe entrusted with the transcription and sealing of official correspondence. His unusual prominence implies that he may have been the patron of the manuscript, but further research is needed to link either him or the seated ruler with any specific person.

The other painting of particular interest (fol. 104a) contains the date of A.H. Rajab 931/April–May 1525 A.D. and celebrates the union of Khusrau and Shirin, who are seated within an ornately decorated palace. The facade of the building is inscribed with verses appropriate to the occasion that extol the "lofty chamber of nuptial bliss." In addition, the inscription contains puns on the name *Shirin*, which means "sweetness," comparing Khusrau's bride to rosewater and sugar.[2]

The elaborate leather binding of the manuscript also links it to the bookmaking traditions of Timurid Herat. The exterior covers depict a landscape inhabited by birds and animals, a common theme on book bindings since the mid-fifteenth century. Inscriptions impressed in cartouches around the periphery of the outer binding allude to the text it encloses, the *Khamsa* of Nizami. Geometric and vegetal filigree patterns of cut-leather, silhouetted against a blue paper ground, appear on the interior of the covers.[3]

PS

1. The date appears on fol. 104a; see Williams Jackson and Yohannan 1914, pp. 58–67, no. 8.
2. Ibid., p. 65.
3. For similar bindings, see Aga-Oğlu 1935, pls. 1, 2, 5, 11; Jenkins, ed. 1983, p. 135; and Chelkowski and Soucek 1975, cover ill.

PROVENANCE: Alexander Smith Cochran, Yonkers, N.Y. (until 1913)

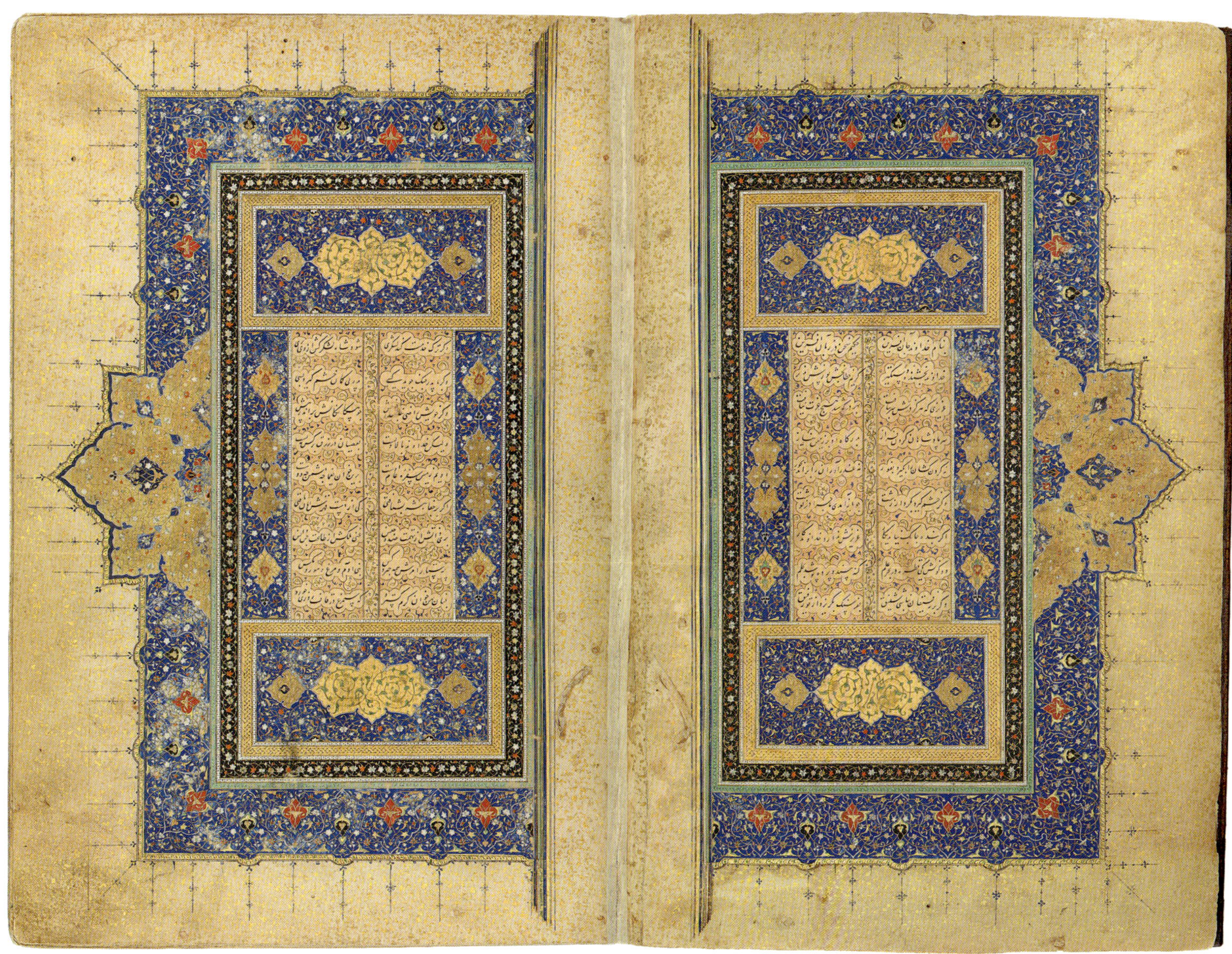

A

136A, B. Two Folios from the Bustan (The Orchard) of Sa'di

Calligrapher: Sultan Muhammad Nur (ca. 1472–ca. 1536)
Copied in present-day Afghanistan, probably Herat, dated A.H. 920/1514 A.D.; illustrated in present-day Uzbekistan, Bukhara, ca. 1530–35

A. Frontispiece
Ink, opaque watercolor, and gold on paper
Image: 7½ × 5 in. (19 × 12.7 cm)
Purchase, Louis V. Bell Fund and The Vincent Astor Foundation Gift, 1974
1974.294.2

B. "The Night Journey of Muhammad (the *Mi'raj*)"
Ink, opaque watercolor, and gold on paper
Image: 7½ × 5 in. (19 × 12.7 cm)
Purchase, Louis V. Bell Fund and The Vincent Astor Foundation Gift, 1974
1974.294.1

One of the most widely admired works of Persian literature, the *Bustan* of Sa'di (1257) combines moral advice with illustrative anecdotes. This copy, dated to 1514, was probably made in Herat, but its illustrations appear to have been added in the 1530s for an Uzbek patron, possibly in their capital, Bukhara. Its calligrapher, Sultan Muhammad Nur, was trained by the famous Timurid calligrapher Sultan 'Ali al-Mashhadi, and his work was appreciated by both the Safavids and the Uzbeks.[1] The manuscript opens with a richly illuminated frontispiece (cat. 136A)

It is well known that painters active in Herat under the Timurids used pictorial models or templates for many of their pictures. The folio illustrated here (cat. 136B) continues that practice, but each of its halves draws on a distinct compositional source and each reflects a theme discussed by Sa'di in this section of the *Bustan*. The top portion, showing the Prophet Muhammad seated on Buraq and surrounded by angels, is modeled on *mi'raj* pictures

B

such as the one in a Nizami manuscript from Herat dated to 1495. Both works depict the Prophet's ascension to heaven against the background of the Haram al-Sharif in Mecca.[2]

Here, Muhammad has one hand raised as if in speech, and the text panel in the upper-right corner recounts his conversation with Buraq. The steed explains that he will take Muhammad only part of the way toward his destination because he himself would be burned by the intensity of the divine presence. Sa'di describes the Prophet's luminosity as the source of all light, a concept conveyed by the swirling golden clouds that frame Muhammad and Buraq.[3] The lower section of the painting celebrates the revelation of the Qur'an, shown as a book surmounted by flames and enshrined in a *mihrab* niche. The mosque courtyard, probably intended to represent the Haram al-Sharif in Mecca, is occupied by three sleeping men. This composition appears to be inspired by Sa'di's praise for the Qur'an as superior to the sacred texts of Christianity and Judaism.[4]

A pictorial and thematic antecedent to the present composition is provided by a painting, executed in Herat about 1485,[5] that is also concerned with the transmission of the Qur'an. It depicts the Prophet Muhammad, who sits adjacent to the *mihrab* in a mosque, as well as the four Rightly Guided Caliphs and their companions, who are placed before him in the courtyard. One of the caliphs, probably 'Uthman, is shown transcribing a text, which recalls his role in the compilation of the Qur'an, and another, probably 'Ali, appears to be commenting upon it to the assembled group.[6]

In the Bukhara version, the manuscript of the Qur'an is emphasized: its physical isolation and flaming halo reinforce the idea of its religious predominance and divine origin. Here, the group of spectators has been reduced to three, probably by eliminating 'Ali, and all are shown asleep, thereby denying them any part in the Qur'an's replication or interpretation. By reducing peripheral detail and placing the focus on the twin miracles of the Prophet's nocturnal journey and the Qur'an's miraculous origin, the Metropolitan Museum picture carries a more focused religious message than do most depictions of the *mi'raj*. PS

1. Bayani 1967–71, vol. 1, pp. 272–80; Soudavar and Beach 1992, pp. 158, 190.
2. Stchoukine 1954, pl. 69.
3. Sa'di 1974, pp. 6–7; Sa'di 1989, pp. 25–26, esp. p. 26, lines 80–83.
4. Sa'di 1989, p. 26, lines 75, 79; Sa'di 1974, p. 7.
5. Bodleian Library, Oxford (Ms. Elliot 287, fol. 7).
6. Stchoukine 1954, pl. 72.

PROVENANCE: [Nasli Heeramaneck, New York, until 1937; sold to Kahn]; Kahn family, by descent [1937–74; sold to MMA]

137. Folio from a Divan of Hafiz

"Worldly and Otherworldly Drunkenness"
Painter: Sultan Muhammad (active first half of 16th century)
Iran, Tabriz, ca. 1531–33
Opaque watercolor, ink, and gold on paper
Image: 8½ × 6 in. (21.6 × 15.1 cm); page: 11 3/8 × 7 1/8 in. (28.9 × 18.1 cm)
Promised Gift of Mr. and Mrs. Stuart Cary Welch Jr.
Partially owned by The Metropolitan Museum of Art and Arthur M. Sackler Museum, Harvard University, 1988 1988.430

Signature in Persian in *naskhi* script, on door:
عمل سلطان محمد
The work of Sultan Muhammad

This painting of a drinking party at a tavern, which includes ecstatic dancing, full-throated singing, and figures who have overindulged in wine to the point of collapse, could pass as a simple illustration of debauchery were the roof of the pavilion not

گرفته ساغر عشرت فرشته رحمت
ز جرعه بر رخ حور و پری گلاب زده

inhabited by angels. The presence of these heavenly creatures, daintily partaking of wine themselves, casts the scene in a different light, one in which the state of mind achieved through drunkenness can be likened to enlightenment[1] rather than surrender to one's base desires. The manuscript of the collected poems of Hafiz, one of Iran's greatest mystical poets, was most likely illustrated in two phases. This page belongs to the second period, from about 1531 to 1533, when Sam Mirza, who is named in another illustration signed by the artist, had left Herat and spent the winters in Tabriz at the court of his brother, Shah Tahmasp.

The artist of this exceptional work, Sultan Muhammad, is thought to have directed the first phase of the illustration of the *Shahnama* of Shah Tahmasp, which commenced about 1524 and ended about 1527. Sultan Muhammad was raised in Tabriz and taught Prince Tahmasp painting. While the vibrancy of his palette harks back to the royal Turkmen painting style of late fifteenth-century Tabriz, the structure of his composition demonstrates the ongoing synthesis of late Timurid painting, with its logical spatial organization, and the more emotionally intense Turkmen school. Sultan Muhammad's work is characterized by a sense of humor, communicated through pose and expression, and painterly touches such as impasto used for turbans and extraordinarily fine brushstrokes for fur.

Here, the arrangement of the figures in the foreground follows the contours of the hexagonal pavilion. The three musicians at the left, their faces grotesque and bodies nearly bare except for their animal-skin capes, contrast with the men of all ages in their turbans and robes. Yet their music infuses both the occasion and the dancers with wild abandon. As one's gaze rises to the second floor of the pavilion, the actions of the figures become more subdued—men pulling a jug up with a rope, a pair of youths sipping wine together, a bearded elder curled up and reading. Finally, the angels on the roof imbibe and blush but maintain their innocence.

SRC

1. Soucek 1990, p. 60, noted, "The painting illustrates an important theme in the poetry of Hafiz, drawing a parallel between drinking wine and the source of creative inspiration behind the writing of poetry."

PROVENANCE: [Tabbagh Frères, Paris and New York]; Arthur Sambon, Paris (until 1914; sale, Galerie Georges Petit, Paris, May 25–28, 1914, lot 189); Louis J. Cartier, Paris; Stuart Cary Welch, Warner, N.H.

138A–G. Seven Folios from Shah Tahmasp's Shahnama (Book of Kings) of Firdausi

A. "Firdausi's Parable of the Ship of Shiism," fol. 18v
Attributed to Mirza 'Ali (active ca. 1525–75)
Iran, Tabriz, ca. 1530–35
Opaque watercolor, ink, silver, and gold on paper
Image: 12½ × 9 in. (31.7 × 22.7 cm); page: 18½ × 12½ in. (47 × 31.8 cm)
Gift of Arthur A. Houghton Jr., 1970 1970.301.1

B. "The Feast of Sada," fol. 22v
Attributed to Sultan Muhammad (active first half of 16th century)
Iran, Tabriz, ca. 1525
Opaque watercolor, ink, silver, and gold on paper
Image: 9½ × 9 in. (24.1 × 23 cm.); page: 18½ × 12½ in. (47 × 31.8 cm)
Gift of Arthur A. Houghton Jr., 1970 1970.301.2

C. "Tahmuras Defeats the *Divs*," fol. 23v
Attributed to Sultan Muhammad (active first half of 16th century)
Iran, Tabriz, ca. 1525
Opaque watercolor, ink, silver, and gold on paper
Image: 11⅛ × 7⅜ in. (28.3 × 18.6 cm); page: 18½ × 12⅝ in. (47 × 32.1 cm)
Gift of Arthur A. Houghton Jr., 1970 1970.301.3

D. "The Besotted Iranian Camp Attacked at Night," fol. 241r
Attributed to Qadimi (active ca. 1525–65)
Iran, Tabriz, ca. 1525–30
Opaque watercolor, ink, silver, and gold on paper
Image: 11⅛ × 9⅛ in. (28.2 × 23.2 cm); page: 18¾ × 12⅝ in. (47.5 × 32.1 cm)
Gift of Arthur A. Houghton Jr., 1970 1970.301.36

E. "Isfandiyar's Third Course: Isfandiyar Slays a Dragon," fol. 434v
Attributed to Qasim ibn 'Ali (active ca. 1525–60)
Iran, Tabriz, ca. 1530
Opaque watercolor, ink, silver, and gold on paper
Image: 11 × 10⅜ in. (27.9 × 26.2 cm); page: 18⅝ × 12½ in. (47.3 × 31.8 cm)
Gift of Arthur A. Houghton Jr., 1970 1970.301.51

F. "The Angel Surush Rescues Khusrau Parviz," fol. 708v
Attributed to Muzaffar 'Ali (active late 1520s–70s; d. ca. 1576)
Iran, Tabriz, ca. 1530–35
Opaque watercolor, ink, silver, and gold on paper
Image: 13½ × 11 in. (34.3 × 27.9 cm); page: 18⅝ × 12⅜ in. (47.3 × 31.4 cm)
Gift of Arthur A. Houghton Jr., 1970 1970.301.73

G. "The Assassination of Khusrau Parviz," fol. 742v
Attributed to 'Abd al-Samad (active ca. 1540–95)
Iran, Tabriz, ca. 1535
Opaque watercolor, ink, silver, and gold on paper
Image: 11⅛ in. × 10¾ in. (28.4 × 27.3 cm); page: 18½ × 12½ in. (47 × 31.8 cm)
Gift of Arthur A. Houghton Jr., 1970 1970.301.75

Although not the largest royal manuscript produced for Shah Tahmasp of Iran, the *Shahnama* (Book of Kings) from which these seven illustrations come ranks as the most important. Its 258 paintings by fifteen artists, working from the early or mid-1520s until the mid-1530s, form a compendium of Safavid painting from the first third of the sixteenth century. A veritable classroom for the great and lesser masters of Iran, the *Shahnama* project brought together artists from East and West who subsumed their regional styles into a Safavid idiom defined by perfect brushwork, complex, multifigure compositions, brilliant color, and lively characterization.

Martin Dickson and Stuart Cary Welch have described a scenario for the circumstances surrounding the commission of the manuscript, proposing that Shah Isma'il I ordered a deluxe *Shahnama* for his first-born son, Tahmasp, in 1522, when the prince returned to Tabriz after six years in the former Timurid capital at Herat.[1] Alternatively, Shah Tahmasp may have ordered the manuscript in 1524 to commemorate his accession to the throne in that year, for the commissioning of opulent illustrated manuscripts to mark the coronation of a new ruler was a long-established practice in Iran.[2] Qadi Ahmad, writing at the end of the sixteenth century, states that as a prince, Tahmasp studied painting with the preeminent Tabriz artist, Sultan Muhammad.[3] Assuming this student-teacher relationship developed from 1522 on, Shah Tahmasp himself may have arrived at the idea of commissioning an imperial *Shahnama* at the suggestion of Sultan Muhammad. Since by 1522 Isma'il I had succumbed to the alcoholism that killed him, his motivation for ordering such a manuscript is more difficult to divine. Welch claimed that an earlier royal *Shahnama*, on which Sultan Muhammad had begun production at the behest of Shah Isma'il as a gift for Tahmasp, was never finished because its style was too foreign to the young Tahmasp, who had been reared in Herat and was familiar with the painting of the great Bihzad and other late Timurid artists.[4] However, such a supposition relies not only on dating the earlier, unfinished manuscript to about 1520, rather than five years earlier,[5] on the basis of style but also on accepting the notion that Tahmasp at the age of eight could tell the difference between the Herat and Tabriz schools of painting and prevail upon the artists at the Safavid court to abandon their project.

Dickson and Welch have posited three phases of production for the manuscript. During the first, Sultan Muhammad would have been director of the project, followed in 1527 by Mir Musavvir, who was in turn succeeded in the early 1530s by Aqa Mirak, a contemporary and close friend of Shah Tahmasp. While the sequence of paintings generally follows this chronology—the earliest works appearing at the beginning of the manuscript—some were added later near the beginning or replaced earlier versions of the same scene.[6] Thus, "Firdausi's Parable of the Ship of Shiism" (cat. 138A), which appears near the start of the poem, can be attributed to Mirza 'Ali, one of the second generation of painters working on the manuscript, and most likely dates to the first half of the 1530s.

Taken from Firdausi's introduction to the poem, the story concerns the seventy ships that God launched into a stormy sea and the "single broad ship in the shape of a bride, embellished like the eye of a rooster. The Prophet is in it with 'Ali / and also the *ahl-i bait-i nabi* and *vasi*."[7] The two sons of 'Ali, Hasan and Husain, stand to either side of the roofed forecastle pavilion in which Muhammad and 'Ali are seated. Although the ship carrying the Prophet and the first three Shi'i imams is not exactly "in the shape of a bride," it is lavishly adorned with inlaid wooden panels bearing intricate geometric patterns and has a strikingly decorated prow in the shape of a duck's head and neck. The passengers include a crowned figure, depicted seated, his back to the viewer, and two men wearing the Safavid turban with its characteristic *taj*, the red vertical extension of the turban cap. Between these two stands a white-bearded elderly figure in a red coat with a fur collar. Dickson and Welch have suggested that this is Firdausi himself.[8] The clever man realized that even if all the ships were doomed to sink and their passengers drown, the best place to be would be beside the Prophet and 'Ali.

In addition to Firdausi's text, the artist has included a couplet on the canopy of the forecastle that reads, "Muhammad is here to fortify our inner state! Why heed the waves when Noah is piloting our Ship of State?"[9] As Raya Shani has noted, the mention of Noah as the pilot of the ship of state implies a parallel with the Safavid head of state, the shah. In addition, she mentions a hadith, or tradition of the Prophet, in which the Prophet likens the *ahl-i bait-i nabi* to Noah's Ark, which will safeguard those who choose to ride in it.[10]

Details such as the inlaid stars on the two smaller boats and the very small elliptical pupils of the figures' eyes appear in other works attributed to Mirza 'Ali, including "Khusrau Listening to Barbad Playing the Lute" from the 1539–43 *Khamsa* of Nizami and "Nushirwan Receives an Embassy from the Ray of Hind" from this manuscript.[11] The son of Sultan Muhammad, Mirza 'Ali would have been in his twenties at the time he painted this work. His meticulous brushwork, pictorial elements that are slightly larger in scale than his father's, and groupings of figures are all characteristic of the work of the second-generation artist in Tahmasp's *Shahnama*.

"The Feast of Sada" (cat. 138B) represents the annual celebration of the discovery of fire, which is commemorated fifty days before Nauruz, the Persian New Year. It is said that Hushang, the grandson of the first king, Gayumars, threw a stone at a horrible monster that missed its target but hit another stone and caused sparks to fly. Realizing that he had discovered flint, the means to start fire, Hushang introduced fire worship to mankind, a form of reverence that continues among Zoroastrians to this day.

A

B

This painting depicts Hushang seated in the center of a meadow and holding a cup of wine as he turns to one of his men, who offers him a pomegranate. A third figure, at the left, is seated on a rug and also drinking wine. Before them blazes the fire that Hushang had lit to celebrate the feast. This particular arrangement of figures and rocky outcrops soaring into the upper margin is typical of Sultan Muhammad and is most brilliantly realized in his masterpiece, "The Court of Gayumars" from this manuscript.[12] While the level of detail here is far less complex than in the Gayumars image, the painting also displays other features characteristic of this artist: the facial types, the sympathetic portrayal of animals (Hushang was the first to domesticate them), and the melding of intense colors in the rocks. Sultan Muhammad's figures are smaller in scale than those of the second-generation *Shahnama* artists, but they concur with the late fifteenth-century style found in the few known examples of royal Turkmen painting, most particularly a *Khamsa* of Nizami to which Sultan Muhammad and other artists added illustrations in the early sixteenth century.[13]

On the folio following "The Feast of Sada," Sultan Muhammad contributed another illustration, "Tahmuras Defeats the *Divs*" (cat. 138c). Raising the tempo, he depicts Shah Tahmuras, the son of Hushang, as he gallops across a meadow and bashes a black demon (*div*) with an ox-headed mace. The shah, who taught humans various useful skills such as weaving, was bedeviled by the evil Ahriman and his army of *divs*. Although he defeated Ahriman, he spared the lives of the *divs* in exchange for their teaching him the alphabet and all the languages of the known world, from Greek to Chinese. At the lower left, a clutch of captured *divs* sits panting but neutralized, while one of their number is led away by a horseman as one of his fellow demons pulls his tail. The humor of the *divs*' ghastly faces and gestures and the painterly treatment of their spotty skin are typical of the work of

C

D

Sultan Muhammad. Moreover, the spatial illogic of the horseman and his white mount at the upper right, who are seemingly walking on air, recalls the Turkmen roots of Sultan Muhammad's style. Under the influence of the Herat artists who joined the royal library at Tabriz, the artist would rein in such charming excesses over the course of the *Shahnama* project.

One of the turning points in the *Shahanama* concerns the division of the world by Shah Faridun into three parts to be assigned to his three sons. Salm received Rum, Byzantium, and the western world; Tur was assigned Turan, the lands of the Turks to the east; and Iraj was given Iran, much to the envy of his brothers. In time, they murdered Iraj, thus setting in train the blood feud between Iran and Turan that consumes much of the epic. "The Besotted Iranian Camp Attacked at Night" (cat. 138D) shows one of the many battles between the two foes. At the urging of the Turanian king, Afrasiyab, his general Piran had gathered an army of thirty thousand men and set out toward the Iranian camp. Instead of encountering troops prepared to fight, the Turanians came upon an encampment of revelers, most of whom were drunk and utterly unprepared for battle. A rout ensued that left two-thirds of the Iranian army annihilated.

In this scene, the artist has interpreted the Iranian army's devastation as a melee in which white tents punctuate the confusion and slaughter. Attributed by Welch to Qadimi,[14] one of the lesser artists on the *Shahnama* project, the painting teems with so many figures that the hillocks rising toward the night sky are nearly invisible. Thanks to the distinctive Safavid turban, the Iranians are distinguishable from the Turanians. At the right, the soldier Giv, who tried to rally his drunken troops, is shown on horseback looking the worse for wear. While not the most refined artist at Tahmasp's court, Qadimi was recognized as a talented portrait painter. According to Qadi Ahmad, Shah Tahmasp "kept him in

E

F

the *kitabkhana*"[15] (royal library cum workshop), which suggests that he was well liked at court and did not leave Tabriz to serve other patrons in the mid-sixteenth century.

The dramatic image "Isfandiyar Slays a Dragon" (cat. 138E) illustrates the third of seven courses, or tests, that the prince underwent on the route to Turan, where he had been sent by Shah Gushtasp to free his sisters. As virtuous, brave, and loyal as Isfandiyar was, his father set increasingly difficult challenges for him to meet before he would agree to abdicate and raise him to the throne. Accompanied by the Turanian general Gurgsar as his prisoner and guide, Isfandiyar learned that he would encounter a dragon upon the direct but difficult route to Turan that he had chosen. The prince ordered a two-horse chariot to be built with a box in which he and protruding swords could fit. As the chariot approached the dragon's lair, the beast advanced toward it, sucking the terrified horses and the chariot into its maw. With the swords now stuck in the dragon's throat, Isfandiyar climbed out of the box and delivered the coup de grace by plunging his sword into its brain.

The artist to whom Dickson and Welch attribute this painting, Qasim ibn 'Ali, has chosen to illustrate the moment of confrontation between the horses and the dragon. Flames issuing from the beast's open mouth cause the dappled horse to pull away in fear. Aside from the pikes pointed at the dragon, the swords described as protruding from the chariot are absent from this image. The dragon itself, a picture of compressed energy, is tightly wedged into the rocky mountain. The S-curved bare shrubs and large-headed, small-bodied figures conform to the Turkmen style and characterize the work of Qasim ibn 'Ali, also called Painter B by Welch. Although the artist is not mentioned by Qadi Ahmad or Dust Muhammad, his name appears in the treatise on poets by Sam Mirza, Shah Tahmasp's brother, which notes that he came from Shiraz and accords him the same rank as Qadimi (see cat. 138D).[16] Many similarities in figural types exist between his works in the

G

Tahmasp *Shahnama* and a signed illustration to the *Ahsan al-Kibar* (The Best of the Greats: On the Knowledge of the Immaculate Imam), dated September 1526.[17] In "Isfandiyar Slays a Dragon," the composition relies on that of Aqa Mirak's "Faridun in the Guise of a Dragon Tests His Three Sons." However, the dramatic tension generated by the range of reactions in Aga Mirak's image is invested only in the dragon in Qasim ibn 'Ali's picture, since the protagonist is mostly hidden in the chariot box and the other figures are bystanders. A competent, careful painter, Qasim ibn 'Ali lacked the flair of the masters whom he assisted on the *Shahnama* project.

The sixty thousand couplets that constitute Firdausi's *Shahnama* chronicle the reigns of both the historical pre-Islamic kings of Iran and their legendary predecessors. Thus, the Sasanians appear in the final chapters. Certain underlying aspects of Iranian kingship remained the same for the later kings as for their forebears, including the belief that each legitimate ruler was imbued with the kingly aura, or *farr*. The next painting shown here (cat. 138F) illustrates that principle. Khusrau Parviz, escaping from a potential usurper, Bahram Chubina, has fled up a narrow gorge. Reaching an impasse, Khusrau prayed to God for help and instantly the angel Surush appeared on a white charger and whisked him to safety. After he witnessed this rescue, Bahram Chubina realized that his quest for the throne was doomed.

Dickson and Welch have attributed this painting to a great-nephew of Bihzad, Muzaffar 'Ali, who spent his whole career working for Shah Tahmasp.[18] His earliest paintings appear in the *Shahnama*, but he went on to contribute to all the major royal commissions during Tahmasp's reign. He "died not long after the Shah,"[19] around 1576, having not only produced illustrations for manuscripts but also having helped, in the 1550s, to decorate the walls of Tahmasp's new palace in Qazvin. A masterful painter of horses, Muzaffar 'Ali produced compositions such as this one that appear to fly apart, with rocks jutting every which way. Unlike his meticulous uncle Bihzad, Muzaffar 'Ali was extremely painterly in his brushwork, particularly on the rocks, almost as if he were experimenting with wash technique rather than conforming to the more typical Safavid penchant for saturated colors.

The penultimate painting in Shah Tahmasp's *Shahnama*, "The Assassination of Khusrau Parviz" (cat. 138G), is the only work in the manuscript that can be assigned to 'Abd al-Samad, one of the artists who left Iran for India and helped found the Mughal school of painting. The formerly just king, Khusrau Parviz, had grown corrupt, and eventually rebels overthrew him and placed his son Shiruya on the throne. Khusrau was permitted to live for a time under house arrest, but his enemies eventually prevailed upon Shiruya to order his father's murder. The result is shown here—a hired assassin stabbing the king in the heart, while courtiers and ladies slumber or converse.

Many elements of this composition look ahead to the 1539–43 *Khamsa* of Nizami, which Shah Tahmasp commissioned after the completion of the *Shahnama*, and this work may have been added at the end of the 1530s, after the manuscript was virtually complete. The architecture, while imposing and decorative, stands like a house of cards, with little substantiality or recession in space. Unlike similar, earlier paintings of interiors in the *Shahnama*, this illustration places the figures close to the picture plane; their scale has also increased. Nonetheless, the careful brushwork and range of nonreactions to the shah's plight, from unconsciousness to unawareness, add interest to the scene. When 'Abd al-Samad reached the court of Humayun in 1549, he built his reputation on his ability to paint in minuscule detail, and abandoned the style he had developed while in Iran, which was more consistent with that of his peers, Mirza 'Ali, Mir Sayyid 'Ali, and Aqa Mirak. SRC

1. Dickson and Welch 1981, vol. 1, p. 4; New York 1972, p. 53.
2. Robert Hillenbrand contended that, by the early sixteenth century, illustrated *Shahnama* manuscripts had gone out of fashion as commemorative volumes for new rulers. However, his suggestion that fifteenth-century rulers commissioned only illustrated books of mystical or love poetry did not take into consideration the major works on the wars of Timur, the *Zafarnama*, or the religious manuscript, the *Mi'rajnama*, produced for the Timurid sultan, Abu Sa'id. Hillenbrand, R. 1996, pp. 54–56. Both Shah Tahmasp's successor, Shah Isma'il II, and his successor, Shah 'Abbas, commissioned illustrated *Shahnamas* at the start of their reigns, which suggests that the choice to embark on such a project was connected to their identity as Safavid rulers, distinct from their Turkmen and Timurid predecessors.
3. Ahmad ibn Mir Munshi 1959, pp. 180–81.
4. New York 1972, pp. 48–54, 60; Dickson and Welch 1981, vol. 1, pp. 34, 45.
5. Canby 1993, pp. 79–80, dates the painting to about 1515–22.
6. Dickson and Welch 1981, vol. 1, p. 5; New York 1972, pp. 62–63, 84.
7. From the *Shahnama* as translated and quoted in Shani 2006, p. 35. The *ahl-i bait-i nabi* (People of the Prophet's House) are 'Ali and his two sons Hasan and Husain, and *vasi* refers to Muhammad and 'Ali, although in this couplet the term would appear to be redundant.
8. Dickson and Welch 1981, vol. 2, no. 6.
9. Shani 2006, p. 28. The lines were composed by the poet Sa'di.
10. Ibid., pp. 28–29. *Ahl-i bait* is given as the Arabic *ahl al-bait* in the hadith.
11. Dickson and Welch 1981, vol. 2, fig. 180 and pl. 15.
12. Collection of Prince Sadruddin Aga Khan, Geneva.
13. Topkapı Palace Library (no. H762).
14. London, Washington, D.C., and Cambridge, Mass. 1979–80, p. 83.
15. Ahmad ibn Mir Munshi 1959, p. 185.
16. Mentioned in London, Washington, D.C., and Cambridge, Mass. 1979–80, p. 76.
17. New York and Milan 2003–4, p. 108.
18. Dickson and Welch 1981, vol. 1, p. 155.
19. Beg Monshi 1978, vol. 1, p. 271.

PROVENANCE: Possibly Sultan Selim II, Istanbul (from 1568); Sultan Selim III, Istanbul (by 1800); Baron Edmond de Rothschild, Paris (by 1903–d. 1934); his son, Baron Maurice de Rothschild, Paris (by 1955–d. 1957); [Rosenberg and Stiebel, New York, until 1959; sold to Houghton]; Arthur A. Houghton Jr., New York (1959–70)

139A, B. Two Folios from a Falnama (Book of Omens)

A. "Muhammad Revives the Sick Boy"
Iran, Qazvin, 1550s
Ink, opaque watercolor, and gold on paper
23 1/8 × 17 in. (58.6 × 43.2 cm)
Purchase, Francis M. Weld Gift, 1950 50.23.1

B. "The Seven Sleepers of Ephesus"
Iran, Qazvin, 1550s
Ink, opaque watercolor, and gold on paper
23 × 17 3/4 in. (58.4 × 45.1 cm)
Rogers Fund, 1935 35.64.3

Massumeh Farhad, Serpil Bağci, and others have substantially clarified the context and meaning of the manuscript of the *Falnama* (Book of Omens) from which these large illustrations come.[1] Farhad and Bağci have identified four *Falnama* manuscripts from Safavid Iran and Ottoman Turkey, produced in the sixteenth and seventeenth centuries, including the dispersed copy attributed to Iran during the reign of Shah Tahmasp (1524–76).[2] The images from this *Falnama*, including the present works, differ from other Safavid manuscript illustrations most obviously in their large size and in the scale of their pictorial elements. Yet, the use of these pictures for bibliomancy (fortune-telling with books) also affected the format of the manuscript and the relationship of images to text. As Farhad and Bağci have noted, each illustration in the dispersed *Falnama* precedes the text, which contains poetic couplets and prognostications in prose—an indication that the pictures could be interpreted with or without the aid of the text on the facing page. Although each image essentially stands alone and is not linked by a narrative thread to the text and image that precede or follow it, the subject matter of the dispersed *Falnama* illustrations does fall into definable categories, including "Muhammad and his descendants; tombs and sanctuaries; the Abrahamic prophets; sages, heroes, and villains; and eschatological themes."[3]

The practice of bibliomancy involved first making a wish or asking for guidance, then opening the book at random to a picture and the text facing it, which the seeker would interpret in light of his question. Seventeenth-century travelers describe diviners in public places in Iran and Turkey using images (but not text) to make prognostications for passersby. The arrangement of the *Falnama* from which these images come would have instead enabled an individual to consult both image and text without the need for an intermediary. According to Farhad and Bağci, Shah Tahmasp, the likely patron of this *Falnama*, was known to hold divination sessions with the women of the Safavid court. Such a large-scale Falnama would have suited these gatherings, since a group would have no trouble seeing whatever details were being employed to interpret the omen.

"Muhammad Revives the Sick Boy" appears in the section of the *Falnama* that Farhad and Bağci call "Islamic Traditions."[4] The painting, which has suffered from abrasion and being folded in half, depicts a figure whose face is veiled and encircled in a flaming aureole standing at the feet of a shrouded, gray-skinned youth in a coffin. The boy leans one arm on the side of the coffin while a bearded man supports his head. This scene has been described as Christ raising Lazarus,[5] but when images of the biblical prophets appear in the *Falnama*, they do not have veiled faces, while the Prophet Muhammad and the Imams do. The iconography accords better with one of the Traditions of the Prophet Muhammad. The story concerns Umma Mabid, the old woman shown here squatting before Muhammad and beseeching him to cure her son, which through prayer he succeeded in doing. As with other *Falnama* illustrations, the bystanders, including a bearded king, gesture and observe with amazement the main event, here the "miracle" Muhammad has performed.

Stuart Cary Welch and others have attributed the paintings in the dispersed *Falnama* to Aqa Mirak and ʿAbdul ʿAziz, two of Shah Tahmasp's court painters, but their authorship cannot be confirmed by any text or inscription. Nonetheless, many details of the ruined architecture, complete with storks' nest and snakes, recall a painting from Shah Tahmasp's *Khamsa* of Nizami (1539–43) assigned to Aqa Mirak by Welch.[6] Painted ten to fifteen years after the *Khamsa*, the *Falnama* marks a change in style that accompanies its distinct function. Not only are the folios significantly larger than those of earlier royal Safavid manuscripts, but so too are the figures and other pictorial elements, which are also closer to the picture plane than in either Tahmasp's *Shahnama* or his *Khamsa*. Likewise, landscape elements have been simplified, as if to provide a backdrop and not a source of distraction from the main subject.

A similar principle has been applied to "The Seven Sleepers of Ephesus," also known as "The People of the Cave." Here, the Sleepers and their dog form an arc against the black ground of the cave ringed by rocky outcrops. Along the horizon, soldiers look and gesture toward a king on horseback being led by a dark-skinned figure, who can be identified as the devil. As in the previously discussed painting, figures dot the landscape, but here only a few gaze in the direction of the Sleepers. Welch has connected hook-nosed figures such as the soldier to the right of the tree in the foreground with the work of ʿAbdul ʿAziz, but the attribution of this work to him is not certain.

According to the story, seven youths—either Christians or believers from before the time of Christ, depending on the version—and the dog Qitmir, all of whom were seeking God, were hiding from their persecutors in a cave when God ordered the angel of death to visit them. A pagan king, most likely the equestrian figure at the upper right, blockaded the opening to the cave, but after three hundred years God breathed life into the Sleepers

A

and they awoke. Appearing in both Syriac sources and the Qur'an (*Ahl al-Kahf*), this story resonated with Shi'i Muslims, who believed the twefth Imam (the Mahdi) would return to the world in the same way as the Sleepers. Recitation of all or part of the *Surat al-Kahf* would protect the faithful against liars and cheats.[7] SRC

1. Washington, D.C. 2009–10.
2. Ibid., p. 28.
3. Ibid., p. 34.
4. Ibid., p. 117.
5. According to Metropolitan Museum records, a label on the back of the frame reads, "Jésus, la tête nimbée de la flamme prophétique,

B

ressuscitant Lazare qui sort de son tombeau, en présence du roi des Juifs et de nombreux personnages qui témoignent leur stupéfaction de ce miracle." See also Tokatlian 2007, pp. 56–57.

6. London, Washington, D.C., and Cambridge, Mass. 1978–80, pp. 138–41.
7. Porter, V. 2007, pp. 124–25.

Provenance

Cat. 139A: [E. Hindamian, Paris, until 1950; sold to MMA]
Cat. 139B: [Demotte, Inc., New York, until 1935; sold to MMA]

140. *Folio from a Shahnama (Book of Kings) of Firdausi*

"Luhrasp Hears from the Returning Paladins of the Vanishing Kai Khusrau"
Painter: Siyavush (b. ca. 1536; d. before 1616)
Iran, Qazvin, 1576–77
Ink, opaque watercolor, and gold on paper
18½ × 12⅝ in. (47 × 32.1 cm.)
Rogers Fund, 1935 35.48

Signature in Persian in *nasta'liq* script:
سیاوش
Siyavush

In a rocky landscape Shah Luhrasp gesticulates toward the aging Zal and his son Rustam, who have come to brief him upon the disappearance of Kai Khusrau, his predecessor on the Iranian throne. Seated on a low-sided polygonal throne, Luhrasp sports a short beard and helmet-shaped crown decorated with feathers. Although the painting does not follow the text in matters of detail, the figures at the right do represent the few assembled soldiers who escaped death in a snowstorm as they were searching for the king. The young crowned figure at the lower right may be Gushtasp, son of Luhrasp.[1]

The illustration is one of fifty-five dispersed pages from a *Shahnama* (Book of Kings) thought to have been commissioned by Shah Isma'il II, the son and successor of Shah Tahmasp who ruled for eighteen months in 1576–77. B. W. Robinson proposed that the manuscript was left unfinished at the time of the shah's death because none of the extant illustrations come from the later sections of the manuscript.[2] Nine artists contributed paintings to this *Shahnama*. Some, like Siyavush, had been attached to the royal library late in the life of Shah Tahmasp (d. 1576) and continued to work at the Safavid court after his death. As a child, Siyavush was brought as a slave from Georgia to the Safavid court, where Shah Tahmasp recognized his talent and assigned him to the *naqqashkhana* (royal atelier).[3]

By comparison to the *Shahnama* of Shah Tahmasp (produced in the 1520s and 30s), the paintings from the 1576–77 manuscript contain simpler and far less original compositions. The scale of figures is generally larger in the later *Shahnama*, and they do not conform consistently to the long-necked, round-cheeked, slender silhouette that characterized the Qazvin style in this period. Details such as the rocks, which would have been lovingly depicted with subtly modulated colors and irregular shapes in the Tahmasp *Shahnama*, are thinly painted, with little attention to eye-catching features. This blandness is surprising, since the rocks in drawings by Siyavush assume lively, almost fungal shapes, suggesting that this *Shahnama* painting was left unfinished. SRC

1. London 1976b, p. 5. Robinson notes that the image was misidentified by Sotheby's when it was sold on February 5, 1935, lot 38, a mistake that was repeated in New York and Venice 1962, no. 60; and Welch, A. 1976, p. 21.
2. London 1976b, p. 1; Robinson, B. 2005.
3. Ahmad ibn Mir Munshi 1959, p. 191.

PROVENANCE: Sale, Sotheby's London, February 5, 1935, lot 38; to J. Brummer for MMA

141. *Princely Hawking Party*

Iran, Qazvin or Mashhad, ca. 1570
Ink, opaque watercolor, and gold on paper
Image: 14¾ × 9¾ in. (37.6 × 24.9 cm); page: 18⅝ × 12¾ in. (47.3 × 32.4 cm)
Rogers Fund, 1912 12.223.1

This painting is the left half of a double-page composition that represents a pause during a hunt. Two falconers kneel in the foreground, one holding his bird of prey on his gloved left hand while

the other gestures toward him. The right-hand page, in the collection of the Museum of Fine Arts, Boston,[1] contains the key figure in the composition, a beardless princely youth who strokes a falcon's throat. Like the young admirer holding a white staff in the left-hand page, he wears a brilliant orange-red robe and a black feather in his turban, a sign of high status. The twisting tree in the background here echoes the more dramatically gnarled tree on the facing page. Both folios have been mounted as album pages with examples of poetry in *nasta'liq* script on their recto (Boston) and verso (New York) and with very fine gold-sprinkled marbled outer margins. Originally, the composition would have formed either the double-page frontispiece or endpiece of a manuscript.

By the 1530s court paintings in Iran had evolved to include vignettes not directly relevant to the main subject of the picture. Here, a youth straddling a rock cups the chin of a bare-chested boy whose upper arms are lined with burn marks. These wounds and the boy's state of undress indicate that he is a sufi, or follower of the mystical path. Sufis burned themselves to show their love for God and their ability to override carnal passions. Nonetheless, they are often depicted in Persian painting as the love object of other, less mystically inclined young men.

Stuart Cary Welch has attributed this work to Mirza 'Ali, who worked at the court of Shah Tahmasp and later under the patronage of Sultan Ibrahim Mirza in Khurasan in the 1550s and 1560s.[2] As the son of Sultan Muhammad, the most visionary of Tahmasp's artists, Mirza 'Ali had grown up at the Safavid court.[3] The figural style of this painting, marked by elongated, slender bodies, long necks, and double chins, is typical of this artist's work for Sultan Ibrahim Mirza. This mode remained current until the late 1580s, when Shah 'Abbas I came to the throne and revived the court atelier. Whether Mirza 'Ali was living in Mashhad or Qazvin is unclear, but the style—most often referred to as the Qazvin style—is that associated with the Safavid court in general in the period from 1555 to 1580. SRC

1. Museum of Fine Arts, Boston (no. 14.624). Coomaraswamy 1929, pp. 43–44, no. 63 a, b, pls. 36–37.
2. Dickson and Welch 1981, vol. 1, pp. 150, 153, fig. 205.
3. Ahmad ibn Mir Munshi 1959, p. 186.

PROVENANCE: [E. Kalebdjian, New York, until 1912; sold to MMA]

142. Composite Camel with Attendant

Iran, Khurasan, third quarter of 16th century
Opaque watercolor and ink on paper
Image: 7⅞ × 5½ in. (20 × 14 cm); page: 9 × 6¾ in. (22.9 × 17 cm)
Gift of George D. Pratt, 1925 25.83.6

In the third quarter of the sixteenth century, an increase in the number of single-page paintings and drawings produced in Iran reflected a broadening of patronage and a decline in the preference for illustrated manuscripts. Additionally, subject matter shifted from the heroic to the lyrical, with genre scenes and portraiture gaining importance. A painting such as this, depicting a young groom leading a camel composed of human and fantastic creatures and bedecked with fancy textiles, combines the genre type with the suggestion of a mystical meaning. On the basis of style—particularly, the round face, long neck, and slender body of the groom—the painting can be attributed to Khurasan and dated to the 1570s or 1580s.

A late fifteenth-century prototype, attributed to the Timurid master Bihzad, depicts a groom spinning wool on a spindle while leading a camel.[1] Even if the artist of the present work was unaware of Bihzad's painting, he may have been familiar with a Safavid image of the same subject, signed by the court artist Shaikh Muhammad.[2] Couplets concerning taming the haughty camel, composed by the artist, appear in the border of that painting. While the work under consideration here differs from Shaikh Muhammad's painting in style and in details of the groom and camel, the general subject matter and composite makeup of the camel suggest that both artists were responding to a similar mystical impulse. Even if the artist here was inspired by Shaikh Muhammad's work or a copy of it, he has misunderstood the animal's trappings, transforming the metal bar that arches over the front of a camel's hump into a tear-shaped standard with bells on it. Likewise, the shape of the cloth covering the hump bears no relation to the form of either the hump or a saddle.[3]

Although composite animals have figured throughout the history of Iranian art, they enjoyed a notable revival in the last third of the sixteenth century. Unlike the harpies and sphinxes of medieval Iranian art, composites under the Safavids consisted of humans, real and fantastic animals, and demons (*divs*) combined into the shape of known animals such as horses and camels. These were especially favored in Khurasan, the northeast province of Iran, which encompasses the cities of Mashhad and Herat. In addition to the painting by Shaikh Muhammad, a key work for the understanding of this image is an illustrated *Hadiqat al-haqiqat* (The Walled Garden of Truth) of Sana'i, a mystical poet of the eleventh–twelfth century, that contains four illustrations of composite animals.[4] In the simplest terms, the composite aspect of the animals

alludes to the mystical idea of the unity of all creatures within God, while the animals themselves represent base instincts that must be overcome to achieve spiritual purity. SRC

1. Freer Gallery of Art, Washington, D.C. (no. F1937.22).
2. Dickson and Welch 1981, vol. 1, pp. 167–68.
3. An unfinished drawing of a composite camel and groom in mirror reverse is a copy, probably from a pounce, of this image. It is in album H2162 in the Topkapı Palace Library, illustrated on ARTstor, without further identifying numbers. A painting in the Arthur M. Sackler Museum, Harvard University, Cambridge, Mass., reproduces the Metropolitan Museum's composite camel, but both the landscape background and the pose of the groom who looks back at the camel differ from the Metropolitan's example. See Simpson 1980, pp. 80–81.
4. The male figures in these illustrations wear Indian turbans, but the pictorial style is consistent with that of Khurasan. The manuscript contains four other illustrations: one appears to be by a Bukhara artist, and the other three conform to the Khurasan style. Possibly the manuscript traveled from Iran to India via Bukhara. Karin Rührdanz, in Düsseldorf 2003, p. 99, mentions two manuscripts of Sana'i's *Hadiqat al-haqiqat*, one from 1569, copied in Herat, and the other from 1573, with composite images.

PROVENANCE: George D. Pratt, New York (until 1925)

143. A Stallion

Painter: Habiballah (active ca. 1590–1610)
Present-day Afghanistan, Herat, ca. 1601–6
Ink, opaque watercolor, and gold on paper
Image: 5 × 7¾ in. (12.7 × 19.7 cm); page: 8 × 11⅞ in. (20.3 × 30.1 cm)
Purchase, Louis E. and Theresa S. Seley Purchase Fund for Islamic Art, The Edward Joseph Gallagher III Memorial Collection, Edward J. Gallagher Jr. Bequest and Richard S. Perkins and Margaret Mushekian Gifts, 1992 1992.51

Signature in Persian in *nasta'liq* script:
راقمه حبیب الله
Habiballah painted it

Following the death of Shah Isma'il II in 1577, the centralized art patronage of the Safavid court fragmented. Artists attached themselves to provincial governors and other officials or moved to Qum and Mashhad, the shrine cities of Iran. One such artist, Habiballah of Sava, who painted this image of a dappled gray stallion, began his artistic career in Qum. There he joined the service of Husain Khan Shamlu, who had been governor of Qum from at least as early as 1591–92. In 1598 Husain Khan Shamlu was appointed governor of Herat, taking Habiballah with him. By 1606 the artist was working at the Safavid court in Isfahan.[1]

In addition to the masterful precision of draftsmanship in the rendering of this elegant horse, the sumptuous gold cloth on its back suggests that this painting was completed after 1598, when the Safavid capital was established in Isfahan and Shah 'Abbas

had begun promoting the luxury silk industry. One hallmark of this business, textiles made of contrasting shades of precious metal wrapped around a silk core, is seen here. Additionally, not only the lotuses and *saz*-leaf motifs (the curved, serrated leaves swooping across the horse blanket) but also their large scale are typical of textiles produced during the reign of Shah ʿAbbas after 1598.

The dating of the painting can be further narrowed by comparing the design of the horse blanket with that of the trousers depicted in *A Hunter Carrying a Musket*, which is signed "Mashhadi Habiballah."[2] The palette and the concept of large floral and vegetal elements in a vine scroll are the same in both works. As Abolala Soudavar has discussed, the presence of the word *Mashhadi* before the artist's name indicates that he had performed the pilgrimage to Mashhad, where the eighth Shiʿi imam is buried.[3] The most likely time for this to have occurred would have been 1601, when Shah ʿAbbas made the same pilgrimage and remained in the city for four months. The shah may well have taken Habiballah into his service at this time.

Habiballah's images of single figures appear old-fashioned, a throwback to the style of Qazvin at a moment when a new style was emerging in Isfahan. Yet in this painting, as well as in his exquisite "Concourse of the Birds," added to a *Mantiq al-tair* (Language of the Birds) (cat. 127D) probably between 1601 and 1606, his very conservatism works in his favor: every hair of the horse and feather of the birds is lovingly, perfectly painted. Unaffected by the fashions of his day, Habiballah presents a horse and birds that recall the precision and coloristic harmony of late Timurid painting at Herat. Only the gold textile, feather ornament, and clumps of gold vegetation and clouds firmly place his portrait of a horse at the beginning of the seventeenth century.

SRC

1. Ahmad ibn Mir Munshi 1959, p. 191. According to Qadi Ahmad, Shah ʿAbbas "took him [Habiballah] away from the khan, and now [1606] he is in the capital, Isfahan, employed by the court department [*sarkar-i humayun*] as a painter."
2. Sakisian 1929, pl. 103. The depiction of patterns on textiles in paintings is invariably freer than on actual textiles because of the technical aspect of repeating motifs on the loom. Several examples from about 1600 contain similar motifs to those on the horse blanket, but none is identical to it. See Neumann and Murza 1988, pp. 262–63, nos. 3 and 7–10.
3. Soudavar and Beach 1992, p. 237.

PROVENANCE: Howard Hodgkin, London; [Terence McInerney, New York, until 1992; sold to MMA]

144. *Double-Page Folio from the Shahnama (Book of Kings) of Firdausi*

Calligrapher: Muhammad al-Qivam al-Shirazi (active ca. 1560s)
Illuminator: Muhammad ibn Taj al-Din Haidar Muzahhib Shirazi (active 1560s–80s)
Iran, probably Shiraz, ascribed to A.H. 970/1562–63 A.D. (main text block); and A.H. 991/1583–84 A.D. (extended margins)
Ink, opaque watercolor, and gold on paper
17 × 10⅛ in. (43.2 × 25.7 cm)
Purchase, Joseph Pulitzer Bequest, 1952 52.20.9a, b

Banners flying, drums beating, and horns blaring, a pitched battle rages in this impressive double-page painting. In the thick of the battle, the larger-than-life Iranian hero Rustam, wearing a plumed white leopard-skin headdress, neatly disposes of one of his opponents. Illustrating a scene from the Persian national epic, the *Shahnama*, this highly detailed painting depicts a confrontation between the Iranians and their archenemies, the Turanians. The Turanians, appearing at the left, are dressed in variations upon contemporary Ottoman garb, including voluminous turbans and headdresses similar to those worn by their elite Janissary corps. The presence of chained artillery also links these figures to the Ottomans, who were known to utilize such firearms on the battlefield as early as the fifteenth century.[1]

While attributions for this painting have varied, a recent study places it within the sphere of sixteenth-century Safavid manuscript production in Shiraz.[2] It once illustrated one of the largest copies of the *Shahnama* produced in this period—a manuscript now known only through its dispersed pages.[3] This manuscript originally was a smaller volume of which only the inner text block survives. The oversized margins, along with their elaborate paintings, appear to be later additions. Surviving colophons attest to these two different campaigns of work. First, the main text was written and signed, but not dated, by the calligrapher Muhammad al-Qivam al-Shirazi.[4] About twenty years later, in A.H. 991/1583–84 A.D., the composite manuscript is said to have been completed by the illuminator Muhammad ibn Taj al-Din Haidar Muzahhib Shirazi, who provided details of its complicated history.[5] He is known to have collaborated in this period with other calligraphers on two large-scale Qur'an manuscripts, now in the collection of the Topkapı Palace Library.[6] While we can be confident that Muhammad ibn Taj al-Din Haidar had some role in the enlargement and illumination of the 1562–83 *Shahnama* manuscript, his part in the creation of this double-page painting remains unclear. DMT

1. Elgood 1995, p. 33.
2. The folios previously have been published as Ottoman. See Grube et al. 1968, pp. 14–15, no. 31; and also Grube 1963a. Images of the double-page painting are to be found there on p. 241 (fig. 4) and p. 242 (fig. 5), with other details (figs. 9–12). For their reattribution to sixteenth-century Shiraz, see Uluç 1994, with images on pp. 58–59 (figs. 1–2), and additional details on p. 60 (figs. 3, 4, 5). See also Uluç 2006, pp. 326ff., and fig. 242.
3. Uluç 2006, p. 332.
4. His signature appears at the end of the text block, but without a date.
5. Uluç 2006, pp. 330–31, fig. 245 (color image of the colophon folios in the Museum of Fine Arts, Boston, nos. 14.692A verso and 14.491B recto).
6. Ibid., pp. 338ff.

PROVENANCE: Victor Goloubew, Paris; Dikran G. Kelekian, New York (by 1934–d. 1951; his estate, until 1952; sold to MMA)

145. *Portrait of a Lady Holding a Flower*

Attributed to Muhammadi of Herat (active Qazvin, ca. 1570–78; Herat, ca. 1578–87)
Present-day Afghanistan, Herat, 1565–75
Opaque watercolor, ink, and gold on paper
4⅝ × 2⅝ in. (11.7 × 6.8 cm)
Rogers Fund, 1955 55.121.42

Inscribed in Persian in *nasta'liq* script, at lower right:
عمل استاد محمدی هروی
The work of Master Muhammadi of Herat

Seal impression, at upper left:
بنده شاه ولایت عباس ۹۹۵
Slave of the king of Holiness [Imam 'Ali], 'Abbas 995 [1587]

This charming portrait of a young woman lightly grasping a stalk of daisies has been ascribed to the Khurasan artist Muhammadi and bears the stamp of Shah 'Abbas I. Despite these indications that the work was once in the royal Safavid collection, it has apparently been overlooked by the scholars who have published articles on Muhammadi in recent decades.[1]

In its conception, style, and execution, the painting is typical of pictures universally accepted as the authentic work of Muhammadi from about 1565 to 1575. The young woman stands facing right, holding both hands up in front of her and tipping the flowers toward her face as if to sniff their fragrance. Her stylish kerchief is decorated with a colorful floral scroll and a red lining over a band of cloth and gem-set gold that ties at the back of her head and is suspended down her back, perhaps covering her hair. Each of the several layers of her clothing is clearly delineated. A blue cloak with gold phoenixes and deer covers her red dress, which is modestly fastened up to her neck with gold buttons. Under the skirts of this dress, gathered up and tucked into the narrow multicolored sash at her waist, she wears a gold knee-length skirt with vertical stripes decorated with scrolling patterns and folded back to reveal its green lining. Trousers with blue, brown, and white stripes, a sort of fancy long underwear, cover her legs. Her weight appears to be firmly placed on her right foot, shod in a green slipper, while she lifts and tilts her left foot up slightly.

The finesse of Muhammadi's brushwork is most evident in the woman's face. He has painted both the brown irises and black pupils of her eyes, her eyebrows form perfect arcs, and with one stroke of the brush he has rendered her small, straight nose. Despite paint loss, the pearl band under the woman's chin is still visible. Many details of this figure, from her fingertips, blackened with henna, to her trousers, headdress, and lifted foot, can be found in the painting *A Pair of Lovers* in the Museum of Fine Arts, Boston, which bears the same attribution and seal as this painting.[2] Unlike the Boston painting, the present work does not place the figure in a landscape, but its approach to single-figure portraiture is more typical of Muhammadi throughout his career. Although he worked on some commissions from the Safavid rulers in Qazvin, he appears to have spent his whole life in Herat. As Abolala Soudavar has noted, the later Safavid written sources are almost silent on the subject of Muhammadi, mostly likely because at the end of his life he worked for the Uzbeks who controlled Herat.[3] Nonetheless, artists such as Riza-yi 'Abbasi noted their debt to this painter, whose graceful style informed the school of Khurasan for the last quarter of the sixteenth century.[4] SRC

1. Robinson, B. 1992; Soudavar 2000.
2. Coomaraswamy 1929, no. 45, pl. 22; Robinson, B. 1992, p. 19; Soudavar 2000, p. 54.
3. Soudavar 2000, p. 69.
4. Canby 1996b, p. 151, no. 113.

PROVENANCE: [Hagop Kevorkian, New York, until 1955; sold to MMA]

146. *Lady Applying Henna*

Iran, Qazvin style, late 16th century
Ink, opaque watercolor, and gold on paper
14½ × 9 in. (36.7 × 22.9 cm)
Rogers Fund, 1955 55.121.21

Intended for inclusion in an album of pictures and calligraphies, this painting is a rare depiction of a young woman applying henna to her feet. It incorporates elements associated with the Qazvin school of painting, such as the woman's peaked cap, delicate facial features, and slender body, as well as the gold vegetation and clouds floating across the surface. The woman's dress has fallen back to reveal the decorative underwear that covers her thighs and knees. Despite this, her pose and expression are self-absorbed and not overtly erotic. Even though the painting is by an anonymous artist not connected to the Safavid court, it displays a noteworthy awareness of trends current in the work of court artists, such as the heightened interest in depicting commonplace activities and the increase in portraits of individual sitters.

Henna from the flowering plant *Lawsonia inermis* has been cultivated and used in Iran, the Arab world, and South Asia for dyeing hair, skin, and leather since the second millennium B.C. In most cultures of the Middle East, it is associated with celebrations and rites of passage, particularly marriage. The recipes and forms of decoration with henna vary from region to region. In northwest India and present-day Pakistan, for example, the leaves of the plant are crushed and mixed with lemon juice, oil, and water for painting lacy designs on the hands; in Iran the dried leaves are mixed with water or rosewater for application to the hands and feet for their color alone.[1] In this painting, the sitter's right foot rests on a bed of henna leaves, while the gold bowl on a small stand at the right contains the liquid with which the leaves are mixed. The depiction in Safavid paintings of tribal women with intricately patterned henna ornament on their hands and feet suggests that in the sixteenth century the difference in taste between urban and rural women extended beyond clothing and headgear.[2] SRC

1. Mirtaheri 2005, p. 69.
2. For example, in *Nomadic Encampment* by Mir Sayyid 'Ali, from 1539–43 (Harvard University Art Museums, no. 1958.75), the women have arabesque designs in henna on their hands.

PROVENANCE: [Hagop Kevorkian, New York, until 1955; sold to MMA]

147. Man in a Fur-Lined Coat

Painter: Riza-yi ʿAbbasi (ca. 1565–1635)
Iran, Isfahan, ca. 1600
Ink, opaque watercolor, and gold on paper
Image: 5⅜ × 2½ in. (13.6 × 6.4 cm); sheet: 9⅝ × 6⅛ in. (24.5 × 15.5 cm)
Rogers Fund, 1955 55.121.39

Signature in Persian in *nastaʿliq* script below figure's left knee:
مشقه رضا
Riza drew it

This tiny but elegant portrait of a young man in a fur-lined cloak epitomizes the work of the Safavid court artist Riza at the peak of his powers. Painted not long after Shah ʿAbbas established his capital at Isfahan, the image captures the new wealth and leisure of the city. The youth has hooked his left arm over a cushion covered in gold brocade, one of the luxury products that impressed foreign visitors to Iran. While gazing at the pears arranged in a bowl near his feet, he inclines his head so that he can burrow his cheek into the soft fur of his cloak. The tactile quality of the fur, so finely depicted by Riza, is heightened by its contrast with the precisely rendered contours of the sitter's cheek, his draped green cloak, and his bent knee. The gold willow arching over the youth, a typical landscape element in Riza's work, echoes the curves of the feathers in his turban and the many curvilinear details, both large and small, of the composition.

By 1600 Riza had been working for Shah ʿAbbas for nearly fifteen years. Qadi Ahmad had noted with admiration his finesse and talent for portraiture.[1] In addition to portraits of highborn men and women, Riza produced a large number of drawings in the 1590s that were executed in a highly original, calligraphic style. His subjects in these works ranged from courtiers to working men and religious pilgrims. With the move to Isfahan in 1598, Riza made more paintings of courtly figures, presumably in response to a broadening of patronage among the grandees in the circle of the shah. This group consisted of *ghulams*, the class made up of Armenians, Circassians, and Georgians taken prisoner as children and converted to Islam. Unlike the tribal factions in Iran, the *ghulams* gave their primary loyalty to the shah, who rewarded their allegiance with wealth and powerful positions in the government. Although the youth in this portrait may not have been a *ghulam*, his opulent cloak and cushion, the archer's ring on his thumb, his billowing turban and feathers, and the fruit before him all indicate his high status. SRC

1. Ahmad ibn Mir Munshi 1959, p. 192.

Provenance: [Hagop Kevorkian, New York, until 1955; sold to MMA]

148. *The Lovers*

Painter: Riza-yi ʿAbbasi (ca. 1565–1635)
Iran, Isfahan, dated Tuesday, 8 Shawwal A.H. 1039/May 21,1630 A.D.
Opaque watercolor, ink, and gold on paper
Image: 6⅞ × 4⅜ in. (17.5 × 11.1 cm); sheet: 7⅛ × 4¾ in. (18.1 × 11.9 cm)
Purchase, Francis M. Weld Gift, 1950 50.164

Signature and date in Persian in *nastaʿliq* script:
در روز ۳ شنبه هشتم شهر شوال/ با إقبال سنهٔ ۱۰۳۹ به إتمام رسید. رقم کمینه رضاء عباسی / هـ
Completed on Tuesday, eighth of Shawwal, from the fortunate year of A.H. 1039 [May 21, 1630 A.D.]. Painted by the humble Riza-yi ʿAbbasi

Reflecting the loosening of morals during the reign of Shah Safi (1629–42), Riza has portrayed a man and woman in an intricately composed amorous embrace. While the artist had notably depicted nude women in the 1590s, the inclusion here of a male partner shifts the nature of the image from a catalyst for erotic thoughts to a more explicit representation of sexual foreplay. As several scholars have noted,[1] the couple neither look at one another nor show any emotion in their faces. While Riza may have been conforming to the Persian artistic norm of masking sitters' feelings, he may also have been suggesting a state of reverie, in which the figures' actions are removed from a specific time and place.

As a ground for this composition, Riza has employed colored paper, which serves as a foil for the gold trees, bushes, and clouds of the landscape. In keeping with the style of the second half of his career, he has emphasized ovoid forms such as the woman's thigh and the arms and faces of both figures. The heavy, toffeelike drapery of her shawl and his sash is also typical of Riza's later works. Many details underscore the erotic content of the painting. Aside from the man's caressing the woman's abdomen and catching her breast in the crook of his arm, her exposed navel and bare toes are signs of her sensuality. The wine cup poised on her knee, the half-empty bottle of red wine in the left foreground, and the plate with only a few pieces of fruit left suggest that the pair have already been enjoying themselves.

Although the woman is fully clothed and her hair covered by a turban, she was most likely a prostitute. Until the mid-1640s prostitution was not only tolerated but also taxed in Safavid Iran, thus serving as a good source of income for the government. The wealth and resulting leisure of seventeenth-century Safavid urban society allowed prostitutes to prosper, dress in elegant clothes, and entertain highborn clients. While the identities of these particular figures remain unknown, the man could presumably afford the services of his elegant lover. SRC

1. Stchoukine 1964, p. 194; Canby 1996b, p. 173.

PROVENANCE: Friedrich Sarre, Berlin (by 1910–at least 1931); his wife, Maria Sarre, Ascona, Switzerland (until 1950; sold to Paul H. Kempner for MMA)

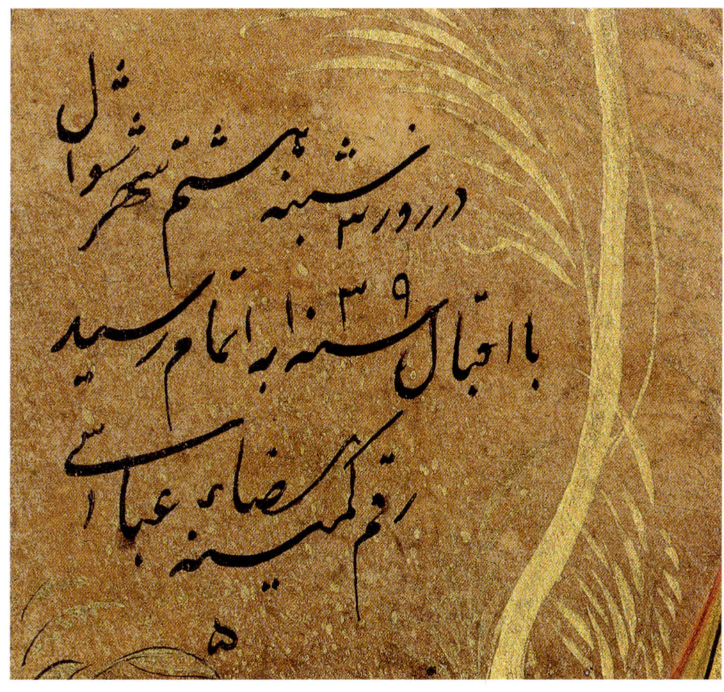

149. *Groom and Rider*

Iran, Tabriz, 1540–50
Ink and watercolor on paper
Image: 4 3/8 × 3 1/8 in. (11.1 × 7.9 cm); page: 4 5/8 × 3 3/8 in. (11.7 × 8.7 cm)
Gift of George D. Pratt, 1925 25.83.5

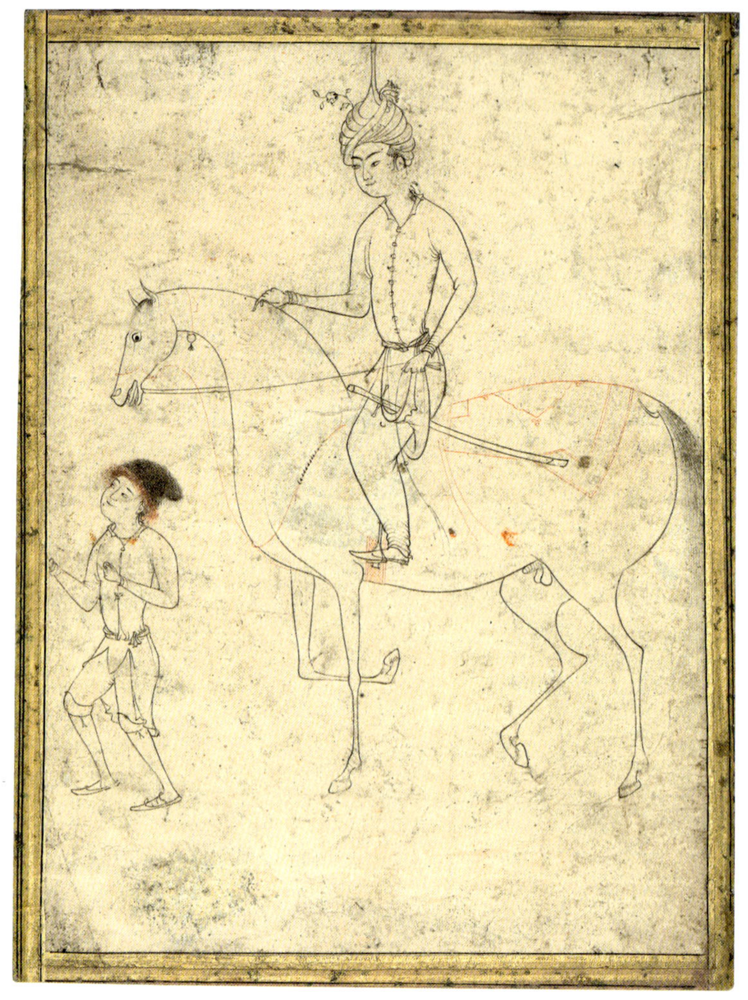

The subject of the horseman and groom occurs on wall paintings, on metal objects, and on many album pages from sixteenth-century Iran. Some images show the pair preparing to ride to the hunt, while others present an idealized view of a nobleman and his servant. In this drawing a beardless youth wearing the Safavid turban with its high *taj* sits astride his mount, his sword suspended behind the raised skirt of his robe. Although the horse walks at a stately pace, the presence of the sword implies that these figures are proceeding toward the hunting field rather than simply parading. Despite his lower status, the groom stands out because the artist has drawn his fur cap in black and reddish ink. Red ink has similarly been used for part of the horse's bridle, its girth, its neck ornament, and its saddlecloth. Throughout the drawing the line is crisp, the contours unbroken.

Several details suggest that this work was a preliminary drawing and perhaps part of a larger composition. First, the medallion and borders of the saddle blanket have been left blank; normally these cloths would be opulently decorated. Also, both men look to the left of the page with smiling expressions, as if they are focused on something or someone humorous beyond its edge. Even the horse has an alert, almost grinning expression. Finally, the groom's right hand has been cut off by the left edge of the page.

The drawing can only tentatively be attributed to a specific Safavid artist. The proportions of the horse—the extreme narrowing of its neck just behind its ears and its very large rump and midsection—recall those of the animal in *A Horseman and Groom* attributed to Qadimi by Stuart Cary Welch.[1] In the 1520s this artist had contributed Turkmen-influenced squat human figures to the *Shahnama* of Shah Tahmasp (cat. 138A–G), but by the 1540s he would have adopted the newer court idiom of slender, taller ones. If this work is indeed by Qadimi, it exhibits the sense of humor, albeit somewhat muted, that was a hallmark of his earlier paintings. SRC

1. London, Washington, D.C., and Cambridge, Mass. 1979–80, pp. 202–3.

PROVENANCE: George D. Pratt, New York (until 1925)

150. *Standing Youth in a Cape*

Iran, late 16th century
Ink, opaque watercolor, and gold on paper
Image: 7 × 4 in. (17.8 × 10.3 cm); page: 17⅞ × 12⅝ in. (45.4 × 32.1 cm)
Louis V. Bell Fund, 1967 67.266.7.6r

This drawing of a turbaned man dressed in a cape contains subtle clues to the subject's station in life. The feather and floral spray tucked into his turban and the string of black stones draped over it indicate high social standing. Additionally, his short sword and flanged mace suggest that he is a soldier. As is evident from the illumination that surrounds and partly covers the turban feather, the niche in which the figure stands was added to the page after the drawing was completed.

Certain details, such as the line of varying thickness defining the hem of the robe and the nervous hooks forming the turban fringe, recall drawings from the 1590s by the Safavid court artists Riza-yi 'Abbasi and Sadiqi Beg. However, the treatment of the man's physical features—the straight line of his mouth, his thick, dark sideburns, and the placement of his feet—is incompatible with the work of those two artists. Although the maker of this drawing therefore remains unknown, only a very talented hand could have produced its flowing, undulating line and combination of solidity and movement.

This drawing is among those that have been mounted in the so-called Bellini Album. As David Roxburgh has proposed, this album was not assembled in the reign of the Ottoman sultan Ahmed I (1603–17), as stated by F. R. Martin, its first European owner, but was in fact concocted by Martin himself from paintings, drawings, calligraphies, and European prints of the fourteenth to sixteenth centuries.[1] Roxburgh has demonstrated that many of the most important Persian works that are said to be original to the Bellini Album were actually taken from the album that Dust Muhammad compiled for the Safavid prince Bahram Mirza in 1545.[2] These works retain the characteristic attributions and illuminated decoration added at the time the Bahram Mirza Album was assembled. Although the style of illumination in the niche above the figure's head here copies that found on a portrait of Hatifi by Bihzad, once from the Bellini Album and now known to have come from the Bahram Mirza Album,[3] the late sixteenth-century style of drawing precludes the possibility of the drawing's having come from the Bahram Mirza Album. Instead, the addition of the illuminated niche indicates a later campaign of "improvement" to enhance the appearance of the works in the Bellini Album.

SRC

1. Roxburgh 1998, p. 32.
2. Ibid., pp. 33–41. The Bahram Mirza Album is in the Topkapı Palace Library (no. H. 2154). The works were removed from the Bahram Mirza Album and then placed in the so-called Bellini Album temporarily before being sold and removed from it.
3. Ibid., p. 34.

PROVENANCE: [Art market, Istanbul, before 1912]; F. R. Martin, Stockholm (in 1912); Hagop Kevorkian, New York (until d. 1962); his estate, New York (1962–67; sale Sotheby's London, December 6, 1967, lot 213, to MMA)

151. Dragon and Clouds

Attributed to Sadiqi Beg (1533/34–1609/10)
Iran, ca. 1600
Ink and watercolor on paper
Image: 7 1/2 × 4 3/4 in. (19.1 × 12 cm); page: 14 1/8 × 9 1/8 in. (35.9 × 23.3 cm)
Purchase, Friends of Islamic Art Gifts, 2010 2010.309

In this drawing, a dragon strides across a landscape and twists its head toward the cloud-swept sky. A leafy tree with lightly tinted rectangular leaves rises to the right behind the dragon. In addition to the dramatic diagonal streak of the clouds, the fiery wings, purposeful advance, and torque of the neck all accentuate the movement of both nature and beast.

During the late sixteenth and early seventeenth centuries, in keeping with the increased production of single-page, finished drawings for inclusion in albums, numerous pictures were executed of dragons, either alone or in combat with men and other animals. The style of draftsmanship, marked by lines of variable thickness, was developed in Iran in the 1590s by Riza-yi ʿAbbasi, the young prodigy of the Safavid court *kitabkhana*, or library cum artists' workshop, and Sadiqi Beg, his older contemporary and head of the royal library. Particularly well suited to the depiction of slithering reptilian forms, this calligraphic use of the pen diverged from the earlier style of drawing, in which all contours were enclosed by a sharp, deliberate line. The line in this image relies on the artist's varying the pressure on his reed pen, in the same way a calligrapher writing *nastaʿliq* script would do when elongating letters.

While this type of draftsmanship may have developed as an outgrowth of elegant calligraphy, Ottoman Turkish drawings from the 1560s also include the use of strong black lines running along the backs of dragons.[1] By whatever means of transmission, the idea took hold at the Safavid court. Whereas Riza drew mostly human figures and domesticated animals, Sadiqi Beg produced many drawings and sketches of dragons. In one showing a horseman confronting a dragon,[2] the beast's neck and belly have been rendered in exactly the same fashion as they appear here, with short, rounded strokes of the pen forming the outline and striated lines suggesting the ridged skin. Given these similarities, the drawing can safely be attributed to Sadiqi Beg working about 1600. SRC

1. San Francisco and Cambridge, Mass. 2004–5, pp. 50–51.
2. London, Cambridge, Mass., and Zurich 1998–99, p. 68.

PROVENANCE: Sevadjian Collection, Paris (until 1961; sale, Hôtel Drouot, October 31, 1961, lot 1); Manoukian Collection, Paris (1961–ca. 1995); private collection, Paris, by descent (ca. 1995–2010); [Oliver Forge and Brendan Lynch, Ltd., London, 2010; sold to MMA]

152. Reclining Figure

Iran, 1630–40
Ink, watercolor, and gold on paper
3¾ × 6⅞ in. (9.5 × 17. 5 cm)
Rogers Fund, 1912 12.223.3

Arms draped over a brocaded cushion, torso twisted toward the viewer, and knees bent, this individual has traditionally been identified as a woman.[1] Certainly the leggings with a decorative border were standard, though fancy, undergarments of Safavid women. However, the long, floppy cap, usually combined with a turban, is of a type favored by men in the sixteenth and seventeenth centuries. The pose recalls that found in two works by Riza-yi ʻAbbasi: one, a drawing of a sleeping woman based on an engraving after Raphael by Marcantonio Raimondi, and the other, a painting of a seminude sleeping woman adapted from that drawing.[2] While sleeping figures were not new to Persian painting, the depiction of a mostly nude reclining woman removed from any narrative context was highly novel in the 1590s and resulted in a spate of similar works produced for inclusion in albums by artists other than Riza.[3]

The clues to the identity of this figure may be found in European descriptions of Georgian, Circassian, and Armenian youths who "dressed effeminately" and performed "immodest" dances intended to arouse the "libidinous desires" of the clientele of coffeehouses.[4] Although he traveled at a later date to Iran, between 1666 and 1677, Jean Chardin described the environment of coffeehouses during the reigns of Shah ʻAbbas I and Shah Safi, noting that the boy dancers ranged from ten to sixteen years old, wore their hair in a feminine manner, and were essentially male prostitutes for coffeehouse customers.[5] The beardless face, feminine underwear and hair, and alluring pose of this figure suggest that he is one of the "coffee youngsters" who caught the eye, or inflamed the passions, of the anonymous patron of the drawing. If the artist had drawn a woman in this seductive pose, he would most likely have emphasized her breasts and portrayed her either partly nude or showing her navel. Here, the figure is fully clothed, and his arm covers his breasts. Despite his full thighs and long hair, the figure is sexually ambiguous and fits the descriptions by Europeans who observed such personages in the coffeehouses of Isfahan in the

1620s and 1630s. In the mid-1640s under Shah 'Abbas II, the coffeehouses were reformed and the lewd practices of previous decades were banned. SRC

1. New York 1989, p. 50, no. 20.
2. Canby 1996b, p. 28, no. 8, fig. 1, and p. 31, no. 7.
3. Several of these are in albums in the Topkapı Palace Library (for example, no. H2155, fols. 23b, 24a, and no. H2158, fol. 27b); all of them depict men instead of women.
4. Matthee 1994, pp. 26–27.
5. Chardin, as quoted in ibid., p. 27.

PROVENANCE: [E. Kalebdjian, New York, until 1912; sold to MMA]

153. *Chastisement of a Pupil*

Painter: Muhammad Qasim (active ca. 1600–d. 1659)
Iran, Mashhad, dated 114 (A.H. 1014/1605–6 A.D.)
Ink, watercolor, and gold on paper
Image: 9¾ × 6¼ in. (24.8 × 16 cm); page: 13⅝ × 9 in. (34.6 × 22.9 cm)
Frederick C. Hewitt Fund, 1911 11.84.14

Signature in Persian in *nasta'liq* script at right-hand side of drawing:
رقم خاکسار محمد قاسم سنه ۱۰۱۴
The humble Muhammad Qasim drew it [in the] year A.H. 1014 [1605–6 A.D.]

If the date of 114 inscribed on this painting refers to A.H. 1014 (1605–6 A.D.), it would mean that Muhammad Qasim was already established as an artist by the middle of the reign of Shah 'Abbas I. Thanks to a reassessment by Adel Adamova, Muhammad Qasim is now considered a slightly younger contemporary of Riza-yi 'Abbasi.[1] Massumeh Farhad's study of the art patronage of *ghulams* (slaves from the Caucasus who converted to Islam and formed a cadre loyal to the shah) has reasonably proposed that Muhammad Qasim, Muhammad 'Ali, and Muhammad Yusuf were all active in Mashhad in the first half of the seventeenth century.[2] Most likely, Muhammad Qasim found patrons in Isfahan as well, since his portrait *Shah 'Abbas I and a Pageboy* from 1627 suggests that the artist was well known at the Safavid court.[3] Yet, his absence from the early seventeenth-century texts of Qadi Ahmad and Iskandar Beg Monshi implies that he was working in a city other than Isfahan and did not have a reputation in court circles until the 1620s. According to Farhad, the artist's death date of A.H. 1070/1659 A.D. is mentioned in the *Qisas al-khaqani* (The Imperial Annals) of Wali Quli Shamlu.[4]

As the earliest reliably dated work of Muhammad Qasim, this tinted drawing of the *bastinado*, the punitive beating of an unfortunate student's feet, contains many of the defining stylistic characteristics associated with the artist. Beardless youths have rounded cheeks, which become more pronounced over time. Large plane trees or variant species framing elements of the composition reappear in numerous works for the rest of his career, most notably in many of his illustrations to the 1648 Windsor *Shahnama*.[5] The stippled ground, fleshy clumps of low vegetation, jutting rocks with striated and cross-hatched contours, and even a fondness for blue linings on sleeves and skirts all recur throughout Muhammad Qasim's oeuvre. While evidencing some illusionistic European techniques such as modeling, Muhammad Qasim's style was far more conservative than that of the artists working in Isfahan, who embraced Indian as well as European influences. Over time his draftsmanship strengthened, and tentative passages were minimized.

A.-S. Melikian Chirvani has noted the allusion in this painting to the school scenes in Nizami's poem "Layla and Majnun." He suggests that the lines the young boy at the lower left is writing, "I say love and I weep bitterly / I am an ignorant student: this is the first lesson," remind the viewer of the lovelorn Majnun, even though they are not from the original text.[6] Beyond the literary reference and exaggerated facial expressions of the figures, the scene provides a small window into how children learned to read, write, and burnish paper, including those occasions when the lesson had to be beaten into them. SRC

1. Adamova 2000, pp. 22–23.
2. Farhad 2004, pp. 129–33.
3. London 2009, pp. 250–51.
4. Massumeh Farhad in Geneva 1985, no. 89.
5. Robinson, B., and Sims 2007, for example pls. 2, 26, 96.
6. Paris 2007–8, p. 392.

PROVENANCE: Ph. Walter Schulz, Leipzig; [Gustav Crayen, until 1911; sold to MMA]

154. Folio from the Shahnama (Book of Kings) of Firdausi

"The *Div* Akvan Throws Rustam into the Sea"
Painter: Mu'in Musavvir (active ca. 1630–97)
Iran, Isfahan style, 1660s
Ink, opaque watercolor, gold, and silver on paper
Image, including painting between text columns: 10 × 5⅝ in. (25.3 × 14.2 cm); page: 14⅜ × 8⅛ in. (36.5 × 20.5 cm)
Bequest of Monroe C. Gutman, 1974 1974.290.43

Signature in Persian in *nasta'liq* script:
رقم کمینه معین مصور غفر عنهم
Work of the humble Mu'in Musavvir, forgive his sins

Illustrated here is the story of the *div* Akvan, who discovered Rustam sleeping in a meadow. Having dug out the plot of earth upon which Rustam was resting, the *div* (demon) raised the hero and his "bed," shown here as a boulder, high in the sky. Akvan then gave him the choice of being tossed into the sea or dashed against the mountains. Understanding the *div*'s psychology, Rustam chose the mountains. Predictably Akvan threw him into the sea and he survived.

Of the artists working in Iran from the 1630s to the 1690s, Mu'in Musavvir was one of the most prolific. In addition to single-page drawings and paintings of a wide variety of subjects, he illustrated at least six *Shahnama* manuscripts during that period[1] as well as several versions of the *Tarikh-i jahangusha-yi khaqan sahibqiran* (History of the World-Conquering Lord of the Fortunate Conjunction).[2] Mu'in's distinctive style, which shows little of the European and Indian influences so popular at the Safavid court from the 1640s onward, featured painterly brushwork and a fondness for a particular shade of violet pink, evident here in the background. As has been noted elsewhere, the artist worked for nonroyal patrons, who were presumably more conservative in their taste than Shahs Safi (r. 1629–42) and 'Abbas II (r. 1642–66), and at certain times lived outside the capital, Isfahan.[3]

In this illustration Mu'in focuses on the essential elements of the story. Rustam, wearing his trademark tiger-skin cuirass and leopard-skin helmet, reclines on a boulder and gazes at the sea, now blackened, below him. The bright orange Akvan, a giant compared to Rustam, lifts the rock like a bodybuilder, his two-tiered blue and crimson skirt revealing a demon-sized male member between his calloused knees. In the 1650s and 1660s Mu'in Musavvir depicted this episode three times. While no reproduction of the scene from the undated manuscript in the National Library of Russia is available, the dispersed illustration from the 1650 David Collection *Shahnama* provides a close comparison. That painting differs from ours only in small details, such as the position of Rustam's arms and legs, the placement of his ox-headed mace, the length of the *div*'s skirt, the treatment of his gold belt, and the vegetation along the shoreline. Presumably Mu'in considered his earlier formula to have worked and saw no reason to change it. Only much later, in 1693, did he return to the subject and alter the composition.[4] SRC

1. Farhad 1990, pp. 126–27 n. 10. Farhad listed the manuscript from which this painting comes as dispersed and dated it to A.H. 1077/1666–67 A.D.; the source of her date is unclear. Three dispersed pages from the Metropolitan's manuscript were published by Ernst Grube in New York and Venice 1962, nos. 114–16. The Museum's registration documents for this manuscript state that it contains twelve illustrations but originally had twenty-one. Grube mentioned a total of nine pages in the Olsen Collection (of which he published three), one page in the Springfield Museum in Massachusetts, and three in the Edwin Binney 3rd Collection at the San Diego Museum of Art, which means a total of twenty-five illustrations, not twenty-one. The margins of the Metropolitan's manuscript were cut down when it was rebound.
2. Sims 2002, p. 54.
3. Farhad 1990, p. 114; Canby 2010, p. 55.
4. This version occurs in a *Shahnama* copied in 1669 but illustrated in 1693 (Metropolitan Museum, acc. no. 13.228.17).

PROVENANCE: Ph. Walter Schulz, Leipzig (by 1914); Professor O. Moll, Düsseldorf (until 1929); Monroe C. Gutman, New York (1929–d. 1974)

155. Dish

Iran, possibly Mashhad, ca. 1635
Stonepaste; incised and painted under transparent glaze
H. 3¼ in. (8.3 cm); Diam. 17⅛ in. (43.4 cm)
Rogers Fund, 1924 24.47.4

The tide of Safavid Persian taste in ceramics was turning at the time this large dish was produced. In 1607–8 Shah 'Abbas I deposited more than one thousand pieces of Chinese porcelain in his dynastic shrine at Ardabil. Although the ostensible reason for this charitable gift was a pious wish to honor the founder of the Safavid dynasty, Shaikh Safi al-Din, it may actually reflect a waning fashion for Chinese porcelains, at least at the court level. For centuries, Chinese ceramics had enjoyed the highest status in courtly collections of valuable and rare items. The dates of the porcelains donated by Shah 'Abbas I—from the thirteenth to the early seventeenth century—indicate that they had been collected over a long period of time and were still entering the royal household during his reign.[1]

While blue-and-white ceramics had been produced in Iran during the sixteenth century, before the deposit at Ardabil, the volume of production expanded enormously in the first half of the seventeenth century. The intended markets for these wares are debatable; the largest consumers were probably Iranians themselves. The case for a direct connection between the Ardabil collections and the new production of blue-and-white wares in Iran,

considered tenuous by some, relies more on visual than textual evidence. Nevertheless, paintings from the first half of the seventeenth century depicting large blue-and-white vessels used by a range of social types, from dervishes to prostitutes, imply that the taste for such wares was society-wide and was satisfied by a more affordable source than Chinese imports. Just as the shah tired of the fashion for Chinese blue-and-white wares, his subjects woke up to and adapted this style for themselves.

In the center of this dish are two lions, the one above striding toward the left but looking back and down at the other one, who lies facing right, his left front paw overlapping his right leg and his head turning up and back as if to roar at the animal above. A black outline defines their forms, but they are reserved in white against the cobalt blue ground. Details such as their manes are drawn in black, as are the small dots along their backs and legs. Swirling around them are fleshy clouds that appear more vegetal than celestial. A repeating scroll fills the wider band around the central lobed circle, and a carved flower-and-wave pattern appears in the cavetto under the transparent bluish glaze. On the exterior, a band of reciprocal half-blossoms and S-scrolls has been painted in underglaze blue near the foot. The base bears a distinctive Chinese-style mark. Lisa Golombek, Robert Mason, and Patty Proctor have noted a very similar mark on the base of a saltcellar in the Museum für Islamische Kunst, Staatliche Museen zu Berlin, dated A.H. 1037/1627–28 A.D.[2] Although the petrofabric of the pieces with this type of mark can be traced to Kirman, the use of black outlines had ceased in Kirman by the mid-1630s, which suggests that this dish was, in fact, produced in Mashhad, where this device remained current.[3] SRC

1. London 2009, pp. 120–21.
2. Golombek, Mason, and Proctor 2009, pp. 211–12, fig. 5. An almost identical mark appears on a dish in the Victoria and Albert Museum, London. See Crowe 2002, p. 67, no. 37.
3. Golombek 2003, p. 261.

PROVENANCE: Frank Gair Macomber, Boston (until 1924; sale, American Art Association, New York, February 27, 1924, lot 175, to MMA)

156. Elephant-Shaped Water Jar (Kendi)

Iran, probably Kirman, second quarter of 17th century
Stonepaste; painted in shades of blue under transparent glaze
H. 9 1/8 in. (23.2 cm); W. 7 1/8 in. (18.1 cm); Diam. 4 5/8 in. (11.7 cm)
The Friends of the Department of Islamic Art Fund, 1968 68.180

This vessel from Safavid Iran in the shape of a seated elephant with cobalt blue, bluish gray, and white designs has been clearly modeled on a *kendi*, a Ming Chinese drinking vessel of the Wanli period (1573–1620).[1] *Kendis* were exported from China to Europe, Iran, and the Ottoman Empire,[2] where they were often copied and adapted to suit local taste. While it is not clear how Iranians used such vessels, they could have been used as bases for water pipes, or *qalians*, or merely as decorative objects in the prestigious Chinese style.[3]

The original Chinese *kendis* belong to a category of porcelain known as *kraak*, after a type of large Dutch trading ship that transported such wares. Iran was one of the first places to produce *kraak* imitations.[4] The present example differs from the Chinese prototype in both material and execution: it is made of stonepaste rather than porcelain, and the elephant's features are rendered in low relief and less naturalistically. The coiled trunk found on Chinese *kendis* is also absent here. However, in both the Iranian and Chinese examples, the body is surmounted by a tall, cylindrical neck, by which the vessel was held, while the elephant's short trunk functioned as a spout.

Closely following the Chinese original, the decoration here is executed in cobalt blue, with grayish blue outlines, on a white ground under a clear glaze. A fringed saddlecloth with an elaborate key-fret design and trappings with long ribbons and tassels cover the animal's body and neck. The tubular neck is painted with floral sprays, birds, and butterflies. Lisa Golombek has applied the term *transitional style* to this type of blue-and-white ware, on which a blue design is outlined in bluish gray or black, and has assigned it to Kirman in the second quarter of the seventeenth century.[5]

Few Safavid animal-shaped *kendi*s have come to light. A similar example of an elephant-shaped *kendi* from Safavid Iran is in the collection of the Ashmolean Museum in Oxford.[6] ME

1. The *kendi* was based on a Buddhist drinking vessel known as a *kundi*, which was introduced into China by Indian Buddhist monks who used it for ablutions during religious ceremonies. The Metropolitan Museum's collection contains a similar elephant-shaped porcelain *kendi* dating to the late sixteenth century (acc. no. 2003.232).
2. The Topkapı Treasury in Istanbul has several late sixteenth-century examples. In 1609 Shah 'Abbas I endowed a number to the Shrine of Shaikh Safi al-Din in Ardabil (now in the Islamic Collection at the National Museum of Iran in Tehran).
3. London and Lisbon 2008, p. 321. Also see Allan 1991a, pp. 54–55.
4. London and Lisbon 2008, p. 321.
5. Golombek 2003. See also Golombek, Mason, and Proctor 2001. Golombek's attribution is based on archaeological evidence and petrographic analysis of shards unearthed at Kirman and Mashhad as well as on extant signed examples with potter's marks in various museums and private collections. Since our *kendi* does not have a potter's mark, the attribution is solely based on stylistic and historical evidence.
6. Allan 1991a, p. 54, fig. 32.

PROVENANCE: Mrs. Silvana Aliati Elliot, Milan (until 1968; sold to MMA)

157. Dish

Iran, Kirman, 1670s
Stonepaste; polychrome-painted under transparent glaze
H. 2 1/2 in (6.4 cm.); Diam. 14 1/4 in. (36.2 cm)
Edward C. Moore Collection, Bequest of Edward C. Moore, 1891 91.1.92

158. Bottle

Iran, Kirman, 1650s
Stonepaste; polychrome-painted under transparent glaze
H. 13 1/4 in. (33.7 cm.); Diam. 6 1/4 in. (15.9 cm)
Rogers Fund, 1914 14.64.2

A recent study of the petrography of the large group of seventeenth-century polychrome ceramics to which these pieces belong has confirmed their Kirman provenance.[1] The fortunes of this city in southeastern Iran rose under Shah 'Abbas I (r. 1587–1629) when he appointed Ganj 'Ali Khan governor of Kirman Province and moved large numbers of Kurds there. Ganj

'Ali's commissioning of a number of major monuments led to the development of a new quarter in the city. To decorate the new buildings and cater to the needs of new patrons, many artisans, including skilled potters, moved to Kirman.

According to Lisa Golombek, ceramics produced in Kirman in the early seventeenth century consisted primarily of stonepaste decorated with cobalt blue under a transparent alkaline glaze in close imitation of Chinese blue-and-white porcelains.[2] By the 1640s, though, a new style of Kirman ceramics had arisen that combined blue-and-white elements loosely based on Chinese floral and vegetal motifs with polychrome plant forms, medallions, escutcheons, and other devices unconnected to Chinese porcelains. The decoration of this dish (cat. 157) incorporates spiky foliage and orange-red flowers typical of Kirman, partial cartouches containing polychrome vegetation, and fleshy blue tulips and sprays of other flowers. In the cavetto, double vine scrolls, formed by scratching through the underglaze black, appear in seven cartouches. While this technique was not new to Safavid ceramics, in the 1660s and 1670s it is associated with Kirman wares, which are often inscribed with poetic verses.[3] Finally, the repeating-lozenge motif on the rim of the dish resembles that found on pieces dated by Golombek to 1660–1710, the latest period of Kirman wares. Since the quality of this dish is quite high but its decoration features details corresponding to those from the later period of production, it should be dated to the 1670s.

The large size of the dish, while not unusual for Kirman wares, calls attention to the purpose for which it was made. These dishes would have been used for serving foodstuffs such as pilau from which diners would scoop portions with long-handled spoons—quite unlike Chinese food, which was eaten from small bowls. Over the course of the seventeenth century, as banquets and official receptions grew increasingly formal and extravagant, multiple dishes of this sort would have been necessary.

While the long-necked bottle (cat. 158) incorporates the same combination of polychrome and cobalt blue underglaze for its decoration, certain aspects of its composition suggest that it was produced earlier than the dish. On either side of the pear-shaped body, a single blue crane floats on a white ground while twisting its head back and down, as if it has spotted its prey below it. Small, stylized clouds dot the "sky" around the bird. Separating the cranes are two escutcheon-shaped medallions outlined in blue and containing an ocher interlaced arabesque; above each of these is a lobed elliptical medallion enclosing a small leaf-shaped ornament with ocher vine scrolls. Arabesque designs in low relief, formed by carving away the body under the glaze, surround the neck. Below the slightly everted white rim are two rows of lappets, the lower one directly derived from the plaintain-leaf borders found on Chinese ceramics. The faithful use of Chinese motifs and the lack of crowding in the composition of this bottle support a dating to the 1650s, near the beginning of production of this group of wares in Kirman. Unlike Chinese wares of this shape, which were employed as vases, this bottle would have been used for wine or water served at banquets. SRC

1. Mason 2003.
2. Golombek 2003, p. 253.
3. Ibid., fig. 16; Canby 1999b, fig. 147.

PROVENANCE
Cat. 157: Edward C. Moore, New York (until d. 1891)
Cat. 158: [George R. Harding, London, until 1914; sold to MMA]

159. Bowl

Iran, second half of 17th century or later
Stonepaste; incised under transparent glaze (Gombroon ware)
H. 3⅜ in. (8.6 cm); Diam. 7⅞ in. (20 cm)
Gift of W. R. Valentiner, 1911 11.137.1

160. Bottle

Iran, first half of 18th century
Stonepaste; incised under transparent glaze (Gombroon ware)
H. 14 in. (35.6 cm)
Edward C. Moore Collection, Bequest of Edward C. Moore, 1891 91.1.131

These two objects belong to a group of Safavid Persian ceramics known as Gombroon ware, named after a trading post on the south coast of Iran.[1] Such wares represent a revival of the incised white-body ceramic vessels that first became popular in Iran in the twelfth century. Like much of Iranian ceramic production from the ninth century onward, both Gombroon wares and their twelfth-century stylistic ancestors sought to emulate Chinese ceramics. Chinese porcelain was especially prized in Iran, not only for its aesthetic appeal but also for its unique technical qualities, since kaolin, the white clay used to create this porcelain, was unavailable in the region.

The bowl (cat. 159), with its rounded sides, plain lip, and short foot, is probably modeled on Chinese *lien-tzu* (lotus seed) bowls.[2] The bottle (cat. 160), with its globular body and thin neck ending in a flared lip, also accords with known porcelain

shapes, though the neck is perhaps more elongated than those found on most Chinese examples. Both objects are decorated with incised lines that form stylized lotuses (on the bowl) and scrolling cloud bands (on the bottle). Light shining through these lines creates a subtle play of translucency and opacity, light and line. The incised areas also serve to emphasize the thinness of the walls—a characteristic of Chinese porcelain that Iranian craftsmen hoped to emulate. The lightness and transparency of these ceramics result from centuries of refinement that began with the heavier, more opaque white ceramics of Seljuq Iran. The potters of the seventeenth century, while drawing upon these older prototypes, were able to approximate more closely the look and feel of porcelain.

The revival in production of white ceramics in Iran may have been a response to the discontinuation of porcelain exportation from China between 1643–45 and 1683. Depending on the date of the wares, their popularity could also be due to the oversaturation of the long popular blue-and-white ceramics in the Western market as the Dutch produced great quantities of imitation wares and as the Chinese porcelain trade resumed in 1683.[3]

Gombroon was a point of export rather than a place of production, and the eponymous white wares discussed here were only a fraction of the goods shipped from that port. Textiles and spices as well as other types of ceramics, including Iranian blue-and-white wares and lusterwares, were also exported in large numbers from Gombroon. Ideally situated, the port was frequented by both the Dutch and English East India Companies and served as an entrepôt for ceramics and other luxury goods into Europe.[4] The style of Gombroon ceramics and their role in international trade reflect the significant artistic, cultural, and economic ties that existed between China, Iran, and Europe in the seventeenth century. ME/KW

1. The trading post of Gombroon is alternately called Bandar Abbas. See Froom 2008, p. 118.
2. Blue-and-white *lien-tzu* bowls are common, as are white examples closely related to the Museum's Gombroon bowl. See, for example, Pope, J. A. 1956, pl. 113 (two white *lien-tzu* bowls with incised floral decoration).
3. By the late seventeenth century, blue-and-white wares of various kinds were being produced and exported in huge numbers by Persian, Chinese, Japanese, and Dutch kilns (Rogers 1992).
4. Crowe 2002, p. 44.

PROVENANCE
Cat. 159: [George R. Harding, London, until 1911]; W. R. Valentiner, New York (in 1911)
Cat. 160: Edward C. Moore, New York (until d. 1891)

161. Bottle

Iran, second half of 17th century
Stonepaste; luster-painted on opaque white glaze
H. 10 in. (25.4 cm)
Edward C. Moore Collection, Bequest of Edward C. Moore, 1891 91.1.168

Very few pieces of Iranian lusterware survive from the fifteenth and sixteenth centuries, although, according to Oliver Watson, the technique never died out completely.[1] For reasons that are not well understood, the know-how required for making lusterware—for mixing the luster glaze, painting it on a once-fired piece, and refiring it in a reducing kiln at the right temperature to fuse the luster glaze to the surface—was revived or rediscovered in the seventeenth century. The few signed pieces of Safavid lusterware[2] do not include dates or other information that would help place the wares geographically. Thus, the analysis of this bottle and other Safavid lusterwares rests on comparisons of their shapes and decoration with those of objects produced in different techniques. Additionally, a few pieces that combine the lusterware technique with underglaze painting provide a bit more information on dating the wares.

This lusterware bottle is decorated on its long neck with an uppermost wide band of dark brown luster, a row of four acacia-like trees, and a band of fringe. Arranged on the walls of its ovoid body are a zebu bull, two cypress trees, stacked pairs of outsized seed pods, a peacock, and a deer, interspersed with floral and foliate sprays. While Arthur Lane has remarked that the compositions "with their fussy crowding of trivialities" approach Kirman pottery "in spirit,"[3] the animals and vegetation are also reminiscent of the illumination of Safavid manuscript borders. To date, no thorough study has been conducted to explain the connection between the two media, if one actually exists.

Compared with Safavid blue-and-white ceramics, lusterware was produced in a relatively limited range of shapes. These include elegant bottles, such as the one here, dishes, bowls, small cups, larger stem cups, ewers with bent spouts, tulip vases, squat ewers with lids, and sand-shakers. Some of the sand-shakers may have functioned as spittoons, but most of them would have been used by scribes to blot ink by dusting sand on it. The many surviving examples of these pieces suggest that the clientele of lusterware potters may have included people, such as calligraphers, who worked in libraries with artists and illuminators. If so, the potters would have had access or good cause to mimic the designs of the illuminators on their pottery.

While many Safavid lusterwares are hastily drawn, a few are decorated with carefully composed scenes that are often derived from Chinese sources. Thus, a stylistic development can be posited from the more precisely rendered early pieces to the increasingly sketchy, derivative later pieces. With its wealth of detail and recognizable motifs, this bottle falls near the beginning of the range. A dish in the British Museum, London,[4] contains a scene in blue and white with luster details showing a male figure in a garden with a distinctive bridge based on a Chinese prototype; its exterior walls have lusterware decoration on a cobalt blue ground. Yolande Crowe has dated works with the same figure and bridge motif to the reign of Shah Sulaiman (1666–94).[5] Assuming this bottle falls near the beginning of the introduction of lusterware in the seventeenth century, one can suggest a fifty- to seventy-year span in which the wares were produced. In this scenario the bottle would have been made about 1660–70, at the end of the reign of Shah 'Abbas II or during the reign of Shah Sulaiman.[6] In both Isfahan and beyond, the reign of Shah 'Abbas II was a period of heightened artistic activity in which new ideas from Europe and India found favor. These ideas eventually would have filtered to the potters. Thus, the meeting of the Indian zebu bull, the Persian peacock, and the Chinese deer on one bottle would have been admired as much as the elegant shape and lustrous glaze of the piece. SRC

1. Watson 1985, pp. 160–63.
2. Ibid.
3. Lane 1971, p. 105.
4. British Museum, London (no. 1970,0207.2, unpublished).
5. Crowe 2002, p. 188, nos. 307–8.
6. Lane 1971, p. 104 and n. 1, mentioned a bottle, now lost, that was illustrated by Henry Wallis and bore a date that has been read variously as 1006/1597, 1062/1651, and 1084/1673. Lane proposed that 1673 was the most plausible date, but it is possible, depending on the style of the piece, that it could date to 1651.

PROVENANCE: Edward C. Moore, New York (until d. 1891)

162. Tile Panel

Iran, probably Isfahan, first quarter of 17th century
Stonepaste; painted and polychrome-glazed (*cuerda seca* technique)
41 × 74 in. (104.1 × 188 cm)
Rogers Fund, 1903 03.9c

The gardens of Isfahan have delighted their visitors for centuries.[1] In the Safavid period, English and French visitors compared the city to a forest with innumerable trees and extolled its verdant Chahar Bagh, a broad boulevard lined with gardens, parks, and pavilions.[2] The establishment of this garden district was initiated by the ruler Shah 'Abbas I (r. 1587–1629) as he transformed Isfahan into his new capital city.[3] This charming tile panel permits a glimpse into these seventeenth-century gardens, with all their "sense-ravishing" delights.[4] In a verdant landscape of flowering trees and plants, a small gathering enjoys a picnic, with bowls laden with fruits and long-necked bottles filled with libations.

The corpulent figures are wrapped in the luxurious textiles popular during the reign of Shah 'Abbas I. Their voluminous patterned robes, silk sashes, and striped turbans are similar to costumes depicted in Persian drawings and paintings of the seventeenth century.[5] Yet, European dress is found here, too, in the man's dark cloak and hat. The woman—striking a languid pose and making somewhat immodest eye contact with the viewer—also displays a hairstyle, facial features, jewelry, and bodice in an "Occidental" mode. Such imagery was increasingly prevalent in seventeenth-century Isfahan.[6] The contemporary Roman traveler Pietro della Valle, for example, observed architectural decoration in the city featuring men and women in lascivious poses; some

of the figures, shown wearing hats, were intended to represent Europeans.[7]

Mirroring the landscapes and lifestyles they depicted, such panels likely adorned the walls of the garden pavilions and palaces of Isfahan. A few panels survive today in museum collections throughout the world.[8] While it is difficult to pinpoint the original location of this particular set of tiles, a photograph published by Friedrich Sarre about 1910 supports a garden context.[9] In Sarre's image, a group of tiles with a design similar to this one appears in situ upon the walls of a pavilion located at the north end of the Chahar Bagh. DMT

1. Barbaro and Contarini 1873, esp. the fifteenth-century traveler Ambrosio Contarini (p. 131).
2. Tavernier and Chardin, as cited in Stevens 1974, p. 429.
3. McChesney 1988, esp. pp. 110ff.; and Babaie 2008, esp. pp. 82–85.
4. Thomas Herbert, as quoted in Stevens 1974, p. 436.
5. The treatment of the drapery, approach to physiognomy, and interest in depiction of volume compare well with features found in the work produced by Riza-yi 'Abbasi in the early decades of the seventeenth century. See Canby 1996b, esp. chapter 9 and nos. 110, 119.
6. Ibid., pp. 174–76.
7. Pietro della Valle, as quoted in Stevens 1974, p. 437.
8. Metropolitan Museum (acc. nos. 03.9a and 03.9b). See Paris 2007–8, p. 359, no. 120; and New York 1993, p. 40, no. 35. Other panels are found in London (Victoria and Albert Museum, no. 139-1891), Paris (Musée du Louvre, no. OA 3340; Istanbul 2008, pp. 221–22, no. 97), and Berlin (published while still in Sarre's collection in *Denkmäler persischer Baukunst* [Sarre, Schulz, and Krecker 1901–10], vol. 2, pls. 71 and 72; and Sourdel-Thomine et al. 1973, fig. 351a and b).
9. The Museum's records for cat. 162 note similar imagery on a tile panel in Sarre, Schulz, and Krecker 1901–10, vol. 1, p. 90, fig. 117. Sarre's caption for the photograph reads, "Pavilion am Nordende des Tschehar Bagh." This photograph is reproduced in Luschey-Schmeisser 1978, pl. 97, fig. 201. The Museum's tile panel is reproduced in the same plate. In Istanbul 2008 (see pp. 221–22, no. 97, and esp. n. 8), an entry cites a photograph in *Denkmäler* (Sarre, Schulz, and Krecker 1901–10, vol. 1, p. 92, fig. 120), which is identified by Sarre as the *Aineh-Khaneh*, but it does not appear to display tile panels similar to the present piece.

PROVENANCE: [Louis Chardon, New York, until 1903; sold to MMA]

163. Lamp Stand

Iran, probably 16th century
Brass; cast, engraved, and inlaid with black compound
H. 11 7/8 in. (30.1 cm); Diam. (base) 7 1/4 in. (18.4 cm)
Gift of Joseph W. Drexel, 1889 89.2.197

164. Lamp Stand

Iran, dated A.H. 986/1578–79 A.D.
Brass; cast, engraved, and inlaid with black and red pigment
H. 13 1/4 in. (33.7 cm); Diam. (base) 6 5/8 in. (16.8 cm)
Rogers Fund, 1929 29.53

Cat. 163
Persian inscriptions in *nasta'liq* script[1]
In cartouches around top (verses from Ahli Turshizi):[2]
چراغ اهل دل را روشن از روی تو می بینم   همه صاحبدلان را روی دل سوی تو می بینم
توئی سلطان عالم کم مبادا از سرت موئی   که عالم طفیل یک سر موی تو می بینم
I see the lamp of the true believers is illuminated by your presence;
All the true believers, I see them turn their hearts toward you;
You, O Sultan of the World, may not even a single hair fall from your head;
[For] I see that the world [is but] a speck, upon one strand of your hair.

In cartouches around middle (a rhyming couplet from an unidentified Persian poet):[3]
شمعی را بگفتم به گرد رخت پروانه چیست   گفت من سلطان حسنم مراد پروانه چیست
I said to the candle: what is this moth around your face?
It said: I am the sultan of beauty—what is the desire of the moth?

Followed by a line, written in prose:
سعادت باد و دولت باد و فرصت باد   الهی عاقبت محمود گردان
May there be happiness and [good] fortune and opportunity.
O God, make the end praiseworthy.

In cartouches around bottom (two rhyming couplets by Muhtasham Kashani):[4]
رخش شمعیست دود آن کمند عنبر آلودش   عجب شمعی که ز بالا بپائین میرود دودش
چو گنجشکیست مرغ دل بدست طفل خونخواری   که پیش من عزیزش دارد اما می کشد زودش
His face is a candle, its smoke that ambergris-soaked lasso [of curls].
What a candle! [That] its smoke flows from above to below . . .
The heart is like a sparrow in the hand of a cruel-hearted child
Who appears to me [at first] to treasure it, but [then] soon kills it.

On base, in cartouche:
حسن علي بن علي معصوم
Hasan 'Ali, son of 'Ali-i Ma'sum

Cat. 164:
Persian inscriptions in *nasta'liq* script
Around top rim (verses from the *Bustan* of Sa'di):[5]
شبي یاد دارم که چشمم نخفت   شنیدم که پروانه با شمع گفت
که من عاشقم گر بسوزم رواست   ترا گریه و سوزباری چراست

I remember one night as my eyes would not sleep
I heard a moth speaking with a candle
[Said the moth:] "Because I am a lover, it is [only] right that I should burn.
"[But,] why should you weep and burn yourself up?"

Around shaft, top band (repetition of previously cited verses by Sa'di, followed by brief continuation of same verses and the date):
بگفت ای هوادار مسکین من . . .
سنه ۹۸۶
[The candle] replied, "Oh, my poor lover . . ."
[In the] year A.H. 986 [1578–79 A.D.]

Around shaft, middle band (repetition of first line of previously cited verses by Sa'di, followed by two couplets from Amir Khusrau Dihlavi):[6]

زمانی نیست کز عشق تو جان من نمی سوزد　　کدامین سینه را کان غمزه پر فن نمی سوزد

There is not a moment that my soul is not burning from love for you.
Which heart is not burning from that artful coquetry?

ز غیرت سوختم جانان چو درغیر زدی آتش　　تو آتش می زنی درغیروغیراز من نمی سوزد

I am burning from jealousy, my dear, because you set fire to another.
You set fire to another, yet no one else is burned but me . . .

Around shaft, bottom band (verses from Katib-i Turshizi):[7]

شبی که ماه رخت شد چراغ خلوت ما　　گداخت شمع و نیاورد تاب صحبت ما

That night, when the moon of your face became the lamp of our solitude,
The candle melted, unable to bear our conversation . . .

This couplet is followed by the same verses by Ahli Turshizi found on the upper portion of cat. 163 (see above for full verse and translation), beginning:

چراغ اهل. . .

With a wide base and a slightly flared lip, the distinctive tall, cylindrical shape seen in these two examples is characteristic of a group of Safavid lamp stands sharing a similar silhouette.[8] After its emergence in the early sixteenth century, it became a recurring metalwork form, as evinced by numerous extant examples from the Safavid period.[9] The rhythmic, repeating ornamentation adorning the surfaces of the present pieces includes interlaced vegetal scrollwork, geometric patterning, and calligraphic inscriptions—all closely related to contemporary manuscript illumination and tilework.

The calligraphic passages, executed in a *nasta'liq* script, are taken from the works of classical and contemporary Persian poets, including Sa'di, Amir Khusrau Dihlavi, and Muhtasham Kashani. Metaphors of lamps, candles, and light abound in these verses, which echo the nature of the objects they adorn. Favored lines appear again and again, sometimes repeated more than once on the same piece. While many of these verses extol physical attributes, Persian poetry typically embodies multivalent meanings. For example, the comparison of the beloved to a candle, and the lover to a moth enraptured by its light, may be understood as a spiritual metaphor in which the moth represents the human soul, longing to be reunited with its ultimate Beloved—God. Whether enjoyed simply as playful puns referring to the objects at hand, as lyric poems extolling the beauty of an earthly beloved, or as expressions of spiritual yearning, the verses on these lamp stands provide a glimpse into the sophisticated interactions between Persian poetry and the visual arts.

Such lamp stands were undoubtedly used within secular settings, but at least two examples displaying similar poetic content have inscriptions linking them to Shi'i shrines.[10] While such evidence is limited, other similarly shaped lamp stands may also have been destined for religious foundations and shrine complexes. Historical sources tell us that lighting fixtures were considered appropriate gifts to religious institutions, and many types of lamps may have been crafted for this purpose.[11] Some remain within the holdings of such institutions.[12]

DMT

1. The translations and poet identifications in this entry are based primarily on the unpublished work of Annemarie Schimmel and the numerous publications of Assadullah Souren Melikian-Chirvani concerning inscribed metalwork. Additional English translations, Persian transcriptions, and identifications of poets not already noted by Schimmel and Melikian-Chirvani have been provided by Abdullah Ghouchani and Denise-Marie Teece. My thanks to Sina Goudarzi for his assistance with these transcriptions and translations.
2. Melikian-Chirvani 1982b, p. 263 n. 24 (referring to a piece in Mashhad), and pp. 326–27, no. 148. Melikian-Chirvani indicated that the *divan* of this poet, also known as Ahli Khurasani, has not been published, but this poem appears in a manuscript copy of his work (Bibliothèque Nationale de France, Paris, inv. Suppl. Pers. 1408, fols. A, B). It should be noted, however, that the same lines have been attributed elsewhere to the poet Ahli Shirazi. See Allan 2003–4, p. 217, no. 8.12.
3. The text on the middle portion of the candlestick has been published elsewhere as a quatrain (*ruba'i*). However, the first portion comprises a rhyming couplet, while the second is a prose text expressing good wishes that does not continue the end rhyme, or the meter, of the first two lines.
4. Abdullah Ghouchani first identified these lines as appearing in a single *ghazal* by Muhtasham Kashani (although they do not follow each other in sequence).
5. See Melikian-Chirvani 1982b, no. 137. The translation provided here is based upon Melikian-Chirvani's work. See also Allan 2003–4, esp. pp. 216–17, no. 8.12.
6. See Paris 2007–8, pp. 376–77 and n. 3, no. 136; and Melikian-Chirvani 2002, p. 87. (The Metropolitan's piece displays variations in the text.) Abdullah Ghouchani has identified these lines as couplets taken from two different *ghazals*.
7. The translation provided here is based upon Melikian-Chirvani's work. See Melikian-Chirvani 1982b, pp. 312–15, no. 140, and p. 315, no. 141; Melikian-Chirvani 2002, p. 87; and Melikian-Chirvani in Paris 2007–8, pp. 374–75, no. 135. Also see Allan 2003–4, pp. 216–17, no. 8.12.

164 163

8. In the secondary literature, a number of different Persian terms have been used to refer to these lamp stands, including *sham'dan* and *mash'al*. For cat. 163, see Schimmel and Rivolta 1992, pp. 41, 43; Berlin 1981, pp. 216–17; and Houston 2010, pp. 18–19, no. 4. For cat. 164, see Canby 1999b, ill. p. 85; Rome 1956, p. 259, no. 457; Dimand 1944a, pp. 154–55; Harari 1938–39, vol. 3, pp. 2512, 2524; vol. 6, pl. 1384a; Dimand 1930, pp. 118, 120.
9. For a discussion of this form, see Melikian-Chirvani 1982b, pp. 263ff., and p. 276 n. 20. See also Zebrowski 1997, p. 115, figs. 130–31. The Metropolitan Museum collection contains five lamp stands of this shape, including the two published here as well as acc. nos. 91.1.554a, 91.1.573, and 91.1.579. All are attributed to either the sixteenth or seventeenth century. Further examples are published in Melikian-Chirvani 1982b and Paris 2007–8.
10. Examples with poetic as well as dedicatory inscriptions connecting them with religious foundations are published in Paris 2007–8, nos. 135, 136; see also London 2009, p. 86, no. 48.
11. See Melikian-Chirvani 1987a, esp. pp. 118ff., for a discussion of historical sources and descriptions of lamp stands with dedications to religious foundations.
12. For example, see the lamp stand described in Melikian-Chirvani 1982b, pp. 236ff., and p. 276 n. 20; an oil lamp published in Zebrowski 1997, p. 110, fig. 120; and a hanging lamp published in London 2009, no. 88.

Provenance

Cat. 163: Joseph W. Drexel, New York (until d. 1888); his wife, Lucy W. Drexel, New York (1888–89; gift to Museum in Joseph's name)
Cat. 164: Mrs. Daniel Z. Noorian, New York (until 1929; sold to MMA)

165. Planispheric Astrolabe

Maker: Mahammad Zaman (active 1643–89)
Iran, dated A.H. 1065/1654–55 A.D.
Brass and steel; cast and hammered, pierced and engraved
8½ × 6¾ × 2¼ in. (21.6 × 17.1 × 5.7 cm)
Harris Brisbane Dick Fund, 1963 63.166a–j

Arabic inscriptions in *nasta'liq* script, on *rete* on inner circle:
بسم الله الرحمن الرحيم
In the Name of God, the Merciful, the Compassionate

On back:
صنعه محمد زمان المنجم الاصطرلابی ١٠٦٥
Made by Muhammad Zaman the astrologer the astrolabe-maker A.H. 1065 [1654–5 A.D.]

Common to both Islamic lands and Europe during medieval times, portable scientific instruments such as this served as analog computing devices for astronomical, astrological, and topographical calculations, and even to tell time.[1] The surviving European astrolabes from the Renaissance and post-Renaissance periods that resemble this example suggest that ideas concerning science, astronomy, and mathematics were transmitted with some frequency from the Islamic world to Europe in the late fifteenth and sixteenth centuries and that the passage of ideas assumed an east-to-west pattern.[2] Planispheric astrolabes were generally employed for solving three main interests of Islamic astronomy: charting astrological bodies, finding the direction of the *qibla*, and determining the times of prayer. Numerous astrolabes from seventeenth- and eighteenth-century Iran survive. In his detailed account of Safavid astrology and astronomy, the seventeenth-century French traveler Jean Chardin noted that Iranians valued their astrolabes as much as their jewelry.[3]

This astrolabe, like other examples of its type, has a main case (in Latin, *mater*; Arabic, *umm*) bearing Arabic letters along the rim that divide it into equal hours. Five plates engraved with lines for different terrestrial latitudes are fitted within the hollowed center of the case, and over it is a rotatable star-map (in Latin, *rete*; Arabic *'anqabut*). The *rete* on the inner circle, inscribed with the twelve signs of the zodiac, is in the form of the Muslim invocation of faith, the *bismallah*; the outer segment bears an undulating vegetal design. The design elements of the *rete* serve as pointers representing a selection of fixed bright stars, the names of which are inscribed near the ends. The plates are held in place in the center with a horse-shaped pin. The back of the astrolabe is engraved with various astronomical lines and includes the names of Basra, Isfahan, Sabzavar, Tus, Qandahar, and Kashmir. A triangular, undecorated *kursi* with a suspension ring near the top of the instrument is attached to the *mater*. In order for the astronomer to take an observation, he had to suspend the astrolabe either from a strap attached to the ring or from his thumb passed through it.[4]

The name of the maker and the date of this piece are also inscribed on the back. Muhammad Zaman, who worked in Mashhad in the second half of the seventeenth century, is known to have made five other astrolabes, three of which are dated between 1641 and 1678.[5] Chardin also reported that while there were professional instrument-makers in Iran, devices made by scientists themselves were more accurate, and he added that an astronomer was not considered sufficiently learned unless his skill at instrument-making surpassed that of a craftsman.[6] On this example, Muhammad Zaman identifies himself as both an astrologer and an astrolabist. QA

1. Maddison and Savage-Smith 1997, p. 186.
2. Saliba 2007, pp. 221–26; Saliba 2004; and Saliba 2002, p. 360.
3. Jean Chardin, a jeweler by profession, visited Turkey, Iran, and India in 1664–70 and 1671–77. Winter 1986, p. 595.
4. For more technical details, see King 2005 and Maddison and Savage-Smith 1997.
5. Mayer, L. 1956, pp. 78–79.
6. Maddison and Savage-Smith 1997, p. 189.

PROVENANCE: I. G. Sargis, New York (until 1963; sold to MMA)

166. Plaque

Iran, probably late 17th century
Steel; forged and pierced
6½ × 15 in. (16.5 × 38.1 cm)
Rogers Fund, 1987 1987.14

Inscription in Arabic in *thuluth* script:
و بزهراء بتول و بأُم ولدتها
And by Zahra' the Immaculate One and the Mother who bore her

Executed in polished steel, a bold calligraphic inscription courses across a field of swirling vine scrolls on this cartouche-shaped plaque. The effortless quality of the finely finished letters, suspended in a trellis of cutwork arabesques, belies the density of the material and the skill required to produce this masterful work. Similar gold and silver plaques are known from important Shi'i shrines in Iran, where they served as inscriptions on entryway doors and on the grilles (*zarih*) surrounding the cenotaphs of important personages.[1] The text and form indicate that this plaque may once have served a decorative and invocative function within a venerated tomb or other religious context.[2]

The Metropolitan's piece belongs to a group of eight related plaques, each containing a hemistich (*misra'*) of an Arabic poem identified as a versification of the *Chahardah Ma'sum*, written in praise of the Fourteen Infallibles, including Fatima, 'Ali, and the Twelve Shi'i Imams.[3] The main text of the poem consists of four lines, comprising eight *misra'*. It reads as follows:

بنبي عربي و رسول مدني
و اخيه اسد الله مسمي بعلي
و بزهراء بتول و بأُم ولدتها
و بسبطيه هما نجل و زكي
و بالسجاد و بالباقر و الصادق حقاً
و بموسي و علي و تقي و نقي
و بذي العسكر الحجة القائم بالحق
الذي يضرب بالسيف بحكم ازلي

This plaque contains the third *misra'* of the poem, which refers to Fatima, daughter of the Prophet Muhammad, and to his wife Khadija, mother of Fatima. While none of the known plaques in this group bears the first and eighth *misra'* of the poem, the remaining portions appear in published examples.[4] The duplication of the second and seventh *misra'* within the group suggests that at least two different sets of plaques of similar size and shape were produced.[5]

These plaques may have once formed a broader program of architectural decoration, being displayed along with other pierced-steel plaques, of various shapes and sizes, containing other sacred texts.[6] Some surviving examples display dates in the late sixteenth or early seventeenth century; at least one includes the signature of its calligrapher.[7] While many of these plaques appear similar at first glance, subtle differences in the calligraphy, vine-scroll density, and border profiles make it likely that multiple sets of finely wrought steel plaques once adorned important shrines and royal tombs throughout Persia during the Safavid period. DMT

1. A set of 166 pierced and inscribed gold plaques was ordered by Shah Tahmasp for the shrine of Imam Riza at Mashhad in 1550–51. Later, in 1606–7, another set of solid gold plaques was ordered by his grandson Shah 'Abbas I. For more on these, see Canby 2007, esp. pp. 65–66; also London 2009, pp. 189–93; and London 1976c, p. 204, no 247. See also Samadi 1950 (three unnumbered plates). For the Shah 'Abbas set, see Allan 1995. A somewhat similar set of plaques, executed in carved ivory, once adorned the cenotaph of Shah Isma'il in Ardabil. See New York and Milan 2003–4, no. 8.26, and Hillenbrand, R. 2003 (thanks to Sheila Canby for this reference).
2. Melikian-Chirvani 1987b, p. 192, for discussion of its "history." See also Allan and Gilmour 2000, pp. 294ff., esp. p. 296 n. 61, and Welch, S.C. 1987.
3. An identification, transliteration, and rough translation of the text first appeared in the Sotheby's London catalogue of April 16, 1986, lot 182, with a reference acknowledging Melikian-Chirvani's forthcoming publication. See Melikian-Chirvani 1987b, pp. 190–91, for his transcription and English translation of the inscription as found on a tombstone in a mausoleum near Ardistan. Ghouchani has provided a transcription here of the poem that varies slightly from the one published by Melikian-Chirvani.
4. See Allan 2004, pp. 296–97 and n. 61, and the following enumeration of eight closely related pieces: *Misra'* 2: London (Victoria and Albert Museum, no. M 5.1919; in London 1976c, p. 199, no. 234); and Copenhagen (David Collection, no. 25/1994; in Copenhagen 1996, no. 265). *Misra'* 3: New York (Metropolitan Museum, acc. no. 1987.14; in Sotheby's London, October 12, 1982, lot 71, and Riyadh 1985, no. 96). *Misra'* 4: location unknown (Riyadh 1985, no. 96). *Misra'* 5: location unknown (Sotheby's London, April 16, 1986, lot 181). *Misra'* 6: location unknown (Sotheby's London, October 15, 1985, lot 218). *Misra'* 7: Malaysian collection (Sotheby's London, April 16, 1986, lot 182; Geneva and other cities 1988–89, no. 25); another in the Freer and Sackler Galleries, Washington, D.C. (no. 1997.21).
5. In addition to variations in calligraphic composition and the thickness of their borders, the spirals are more tightly drawn on the David Collection piece than on the Victoria and Albert example. Comparable differences are seen between the Freer and Malaysian pieces.
6. Allan and Gilmour 2000, pp. 294ff.
7. Paris 2007–8, p. 421, no. 166, for the British Museum vertical oval plaque dated A.H. 1105/1693–94 A.D. (no. OA + 368). In the same catalogue, see the previously unpublished plaque no. 61, dated A.H. 972/1564–65 A.D. See also the horizontal oval plaque sold at Sotheby's London, April 1, 2009, lot 111, and again at Christie's, April 23, 1996, lot 224 (with restoration) signed "written by Muhammad Riza." He has been identified with the seventeenth-century calligrapher Muhammad Riza al-Imami. For more on this calligrapher, see Pickett 1984 and London 2009, p. 235, no. 114.

PROVENANCE: Sir Charles Marling, England (early 1900s–at least 1931); Marling family, England, by descent (until 1987); [Ahuan U.K., Ltd., London, 1987; sold to MMA]

167. Beggar's Bowl (Kashkul)

Iran, dated A.H. 1130/1717–18 A.D.
Maker: Yar Muhammad
Silver and gilded silver; pierced and engraved, and nut (coco-de-mer)
H. 5 in. (12.7 cm); length 12¼ in. (31.1 cm)
Rogers Fund, 1909 09.202.2

Inscription in Arabic in *naskhi* script, around rim [Prayer to the Fourteen Infallibles]:

اللهم صل على النبي المصطفى و المرتضى و البتول فاطمة سيدين سبطين و الحسن
و الحسين و صل على زين العباد الباقر محمد الصادق جعفر و الكاظم موسى و
الرضا و على التقي محمد و النقي الحسن العسكري الهادي المهدي صلوات الله و
سلامه عليه اجمعين

O God, may thy grace descend upon the Prophet (the Chosen One and the one with whom He is most pleased) and the Lady Fatima and the two offspring, al-Hasan and al-Husain. May God's grace descend upon Zain al-'Abid[in] Muhammad al-Baqir, Ja'far al-Sadiq, Musa al-Kazim, and 'Ali al-Rida and Muhammad al-Taqi al-Hasan al-'Askari al-Hadi al-Mahdi—May God's prayers and peace be upon them all.

On silver frame covering opening on left, in Persian:

بنوش آب بیاد لب تشنه حسین

Drink water in memory of Husain's thirsty lips

صاحبه عباس الحسینی

Owned by 'Abbas al-Husaini

عمل یار محمد فی سنة ١١٣٠

The work of Yar Muhammad [in the] year A.H. 1130 [1717–18 A.D.]

The *kashkul*, or beggar's bowl, is the most emblematic accoutrement of the wandering dervish. This typically boat-shaped vessel was made from a variety of media, including coco-de-mer shell, wood, metal, and ceramic. Dervishes used them primarily to collect and store alms (their main source of sustenance) and occasionally as drinking vessels. Pictorial representations of dervishes often depict them with a *kashkul* and sometimes with a cudgel (*mantasha*), to defend themselves against animal attacks, an ax (*tabarzin*), and a conical woolen cap.[1]

Made of coco-de-mer shell (one half of the shell of a Seychelles nut), the body of this *kashkul* is completely uncarved. The only decorative element is the silver frame around the rim, which partially covers the top and contains an inscription in fine *naskhi* script, a prayer to the Fourteen Infallibles (The Prophet Muhammad, Fatima, and the Twelve Shi'i Imams), whom Twelvers Shi'is believe are infallible, that is, "divinely bestowed with freedom from error and sin." A second inscription encourages the owner of the *kashkul* to drink in memory of the thirsty Husain, who fought his foes in the arid desert of Kerbala with no source of water in sight—an act that Twelver Shi'is consider the ultimate in sacrifice and devotion.[2]

The inscription was skillfully pierced into silver and then placed on a gilt-silver ground in order to create a striking contrast. The date on the metal frame at the top was altered to read A.H. 1230, but close examination reveals that it was originally

A.H. 1130, which corresponds to 1717–18 A.D. Stylistic comparisons with earlier (late seventeenth to eighteenth century) manuscipt and album illumination, with metalwork such as *'alam* elements and implements and engraved silver bowls, and with arms and armor confirm the earlier dating.[3] Since Qajar *kashkuls* do not typically include metal frames and are often intricately carved with figures of dervishes, animals, vegetal designs, and inscriptions, it is unlikely that this *kashkul* was produced during that period. Inscribed with the names of the maker, *Yar Muhammad*, and the owner, *'Abbas al-Husaini*, the Metropolitan example is among the earliest known dated and signed *kashkuls*.[4] A double-chain of flat rings, original to the piece and used to suspend it, is fastened by two large rings at either end.

Boat-shaped drinking vessels have a long history in Iran.[5] Although the earliest extant examples of *kashkuls* date to the fourteenth century, they continued to be produced through the nineteenth century in Iran, Central Asia, and India. Many were probably marketed as decorative objects, since a devoted dervish would be highly unlikely to carry an elaborately carved *kashkul*. Such an object would obviously contradict his belief in the renunciation of worldly goods in favor of unconditional devotion to the Divine.

The *kashkul* has a number of metaphorical associations. As a symbol of the sufi quest for union with the Divine, it represents the cleansing of a sufi's soul of all extraneous earthly desires in preparation for the acceptance of divine love. Dervishes subsisted solely on offerings given to them by pious Muslims and thus associated the *kashkul* with their life of poverty. This example, recently cleaned and prepared for exhibition, is unique in its decorative features and in the extraordinarily sophisticated execution of its metal frame. ME

1. Brooklyn 1998–99, pp. 259–60.
2. Houston 2010, pp. 26–27.
3. Allan and Gilmour 2000, pl. B22, fig. 41, pl. E3, figs. 14a, b.
4. Houston 2010, p. 20.
5. Melikian-Chirvani 1990–91. See also Houston 2010, p. 26.

PROVENANCE: [Mallett & Son, Bath, England, until 1909; sold to MMA]

168. Textile Fragment

Iran, ca. 1540
Silk; cut and voided velvet with continuous floats of flat metal thread
23½ × 18¼ in. (59.7 × 46.2 cm)
Gift of V. Everit Macy, 1927 27.51.1

169. Textile Fragment

Iran, ca. 1540
Silk; cut and voided velvet with continuous floats of flat metal thread
40 × 17 in. (101.6 cm × 43.2 cm)
Gift of V. Everit Macy, 1927 27.51.2

Along with several other pieces in museums and private collections,[1] these two fragments were once elements of a royal tent and belonged to the Sanguszko family of Poland until 1920.[2] Some scholars have put forward the hypothesis that all the pieces reached eastern Europe after the defeat of the Turks outside Vienna in 1683.[3] Part of the same tent is now preserved in the Museum of Fine Arts, Boston.[4] Figured with an elaborate depiction of the hunt, it is cut in a circular shape with a hole at the center, where the tent pole was fitted, and was employed as an element of the ceiling. In the history of textiles, Safavid velvets represent the zenith of structural technique and decorative complexity. They are very densely woven, with hundreds of threads per square centimeter, and the silk is always of the highest quality. The complicated structure of these two examples accounts in part for the richness of their texture and design. Three structural characteristics are noteworthy: luxury silk warps and wefts forming the foundation weave; supplementary warps creating the velvet pile and allowing for an intricate pattern and lush texture; and supplementary metal-thread wefts giving the textile its shimmering silvery surface. All these elements together produce a thick, heavy material suitable for furnishings, cushions, interior hangings, tent panels, and ceremonial robes.

The first fragment (cat. 168), cut in the form of a polylobed ogival medallion, portrays a young man hurling a rock at a dragon, as two birds watch from a nearby tree. The image may depict a popular scene from the Persian epic, the *Shahnama*, in which Hushang "grasps a rock and flings it with all his royal strength at a beast," an act that leads to the discovery of fire.[5] The rich color scheme of this velvet textile was achieved by introducing short warps of different hues into various parts of the repeat units.[6] The velvet would originally have had an even stronger visual impact, since each individual silver thread of the background had been gilded. The gilding created a golden luminosity that has been lost with age.

This shimmering effect is better preserved in the second tent fragment (cat. 169), in areas where the edge was folded under and some of the gilded threads were thus protected from damage caused by light and wear. Here, two mirror-image fragments have been joined to make an oblong panel decorated with a stylized peony at the center as well as with ogival palmettes containing rosettes. Sinuous spotted ribbons with dark blue edges intersect four lotus flowers; smaller rosettes and stylized tulips complete the composition.

During the reign of the Safavid ruler Shah Tahmasp (1524–76), a number of professional artists worked side by side in the royal atelier in Tabriz to produce works of art commissioned by the court.[7] Paintings by the royal miniaturists were used as the basis for making technical repeat units known as *naqsha*,[8] which would be reproduced in continuous patterns to be woven into the velvet by the highly skilled *naqshband*.[9] A highly favored motif was the hunt, but many Safavid textiles, including the first velvet discussed here, featured scenes from popular poetry, which was considered by the court to be the highest form of cultural expression.

EGM

1. Dimand 1927, p. 108, explains that "our two panels with twenty-eight others were used for the interior decoration of a tent."
2. Ackerman 1938–39a, p. 2090.
3. Dimand 1927, p. 108.
4. Museum of Fine Arts, Boston (no. 28.13).
5. Ferdowsi 2006. For a study of the image of "Hushang and the Dragon," see Lassikova 2010, pp. 37–40.
6. Sonday 1987–88, p. 79.
7. Other centers of silk weaving under the Safavids were Yazd, Kashan, Herat, Rasht, and Isfahan. See Ackerman 1938–39b, p. 2080.
8. Thompson 2003–4, p. 275.
9. "The *naqshband* takes the drawing to be woven and weaves an exact scale model of every thread involved in the formation of the design." Ibid., pp. 275–76.

PROVENANCE: Sanguszko family, Poland (until 1920); V. Everit Macy, New York (until 1927)

168

169

170. *Panel with Lattice Pattern*

Maker: Ghiyath (born ca. 1530)
Iran, second half of 16th century
Silk; cut and voided velvet with continuous floats of metal strip
25¾ × 13¼ in. (65.4 × 33.7 cm)
Purchase, Joseph Pulitzer Bequest, 1952 52.20.13

Signature in Persian in *nasta'liq* script, repeated four times in each compartment:
عمل غياث
The work of Ghiyath

Despite some fading of color (the ecru pile was once salmon pink), the loss of velvet pile in certain areas, and the deterioration of most of the metallic strips, this textile retains a quiet majesty. The harmonious pattern features paired vertical reciprocating vines in black that meet at regular intervals to form ogival compartments. The satin ground, now beige but formerly covered by metal strips, bears an elegantly drawn pattern of symmetrically arranged blossoms, leaves, and scrolling vines. The points at which the reciprocating vines meet, as well as the midpoints between, are marked by elaborate, deeply lobed eight-pointed blossoms. A later, unsigned but similar velvet was part of a 1639 diplomatic gift from the Persian king to Friedrich III, Duke of Holstein, and now belongs to the collection of Rosenborg Castle, Copenhagen.[1]

Close examination reveals the presence of a brief inscription in Persian characters four times in each compartment (twice in correct orientation and twice in mirror image), to the far right and left near the large blossoms marking the junction points in the lattice. The inscription provides the name of Ghiyath, a famous textile designer and poet from Yazd who lived from about 1530 until very late in the century. His work was in great demand, and a significant number of textiles bearing his name still survive.[2] Displaying a variety of patterns (many figural but others not) as well as a range of techniques, these pieces reflect a broad versatility and suggest the absence of a signature style. In his later years, Ghiyath seems to have had an official position at the court of Shah 'Abbas I (r. 1587–1629), perhaps as a participant in running the royal workshops. His involvement was such that he drew a proper salary and was also singled out as the master weaver responsible for fifty of the three hundred brocades sent as an ambassadorial gift to the Mughal emperor Akbar in 1598.[3] DW

1. Bier and Bencard 1995, p. 53, fig. 25.
2. For a list of published examples, including signed works, see Skelton 2000, p. 262 n. 9.
3. Ibid., pp. 251–52.

PROVENANCE: Dikran G. Kelekian, New York (by 1908–d. 1951); his estate, New York (1951–52; sold to MMA)

171. Panel with Scene of Horseman and Prisoner

Iran, mid-16th century
Silk, metal-wrapped thread; lampas
47½ × 26½ in. (120.7 × 67.3 cm)
Purchase, Joseph Pulitzer Bequest, 1952 52.20.12

Accompanied by a child riding pillion, a Safavid prince on horseback leads a prisoner with bound hands through a landscape in this elaborately patterned silk. A *simurgh*, the fabulous bird of Iranian lore visually modeled on the Chinese phoenix, observes the passing scene from his perch in the tree. The textile is a compound weave known as lampas, which combines a satin ground and a twill pattern to produce an effect with two contrasting surface textures. Particular details, including the captor's shirt and horse in the top row and the captive's costume in the middle and bottom rows, were once enhanced with the glint of metallic threads. Both sides are selvages, slightly cut, so the textile is almost full loom width. The pattern unit is repeated horizontally and, in the opposite direction, in adjacent rows. Other fragments of the same textile belong to the State Museum of Oriental Art, Moscow, and the Musée Historique des Tissus in Lyon.[1]

Figural patterns were popular for sixteenth-century Persian textiles, just as they were in carpets. Images were often drawn from famous literary works such as the story of Layla and Majnun or Khusrau and Shirin, which were well known also from illustrations in manuscripts. The imagery here is unusual in that it is not found in contemporary manuscript painting. Thirteen extant textiles from the period involve variations on the theme of a Safavid captor leading men and especially women and children taken prisoner. Various identities have been proposed for the captives—Turkmen, Uzbeks, or even Mongols—but they have more recently been convincingly identified as Georgians held hostage during the four campaigns waged by the Safavid ruler Shah Tahmasp between 1540 and 1553. This conclusion is based on physical attributes (mustache and cap types) depicted in paintings and described in contemporary observations, which mention the unusually large number of women and children taken captive at this time.[2] Whether they functioned as furnishing fabrics or, more likely, as garments, these textiles surely played a propaganda role in society as celebrations of Safavid military might.[3] DW

1. The Moscow piece is illustrated in Pope, A. U., and Ackerman, eds. 1938–39, vol. 6, pl. 1014A. The Lyon fragment is published in d'Hennezel 1930, pl. 11, top center.
2. McWilliams 1987.
3. Ibid., p. 19; Thompson 2003–4, p. 284.

PROVENANCE: Dikran G. Kelekian, New York (by 1908–d. 1951); his estate, New York (1951–52; sold to MMA)

172. Textile Fragment with Figural Scenes and Poetic Inscriptions

Iran, 16th–17th century
Silk, metal-wrapped thread; double-cloth
25¾ × 14⅜ in. (65.4 × 36.5 cm)
Fletcher Fund, 1946 46.156.7

Inscriptions in Persian in *nasta'liq* script, in cartouches:

Horizontal:
جلــــوهٔ قـــــد تـــو ز زیبائی   کرده جان را بدین (؟) عبائی
The splendor of your figure [comes] from beauty.
It has given life to this outer cloak.[1]

Vertical:
گوئی از رشتهٔ جان بافته اند   نبود جامه بدین (؟) زیبائی
There has never been a garment of such beauty.
One might say it has been woven from the threads of your soul.[2]

Through its graceful poetic inscriptions, the creators of this textile speak to us across the centuries, proclaiming "there has never been a garment of such beauty." Indeed, with its shimmering silver-wrapped threads and delicate weave of soft red and white silk, this intricately drawn textile is a testament to the weavers' art, deftly combining poetry, calligraphy, and figural imagery into a complex yet cohesive design. While the anonymous poetic inscriptions speak primarily to the qualities of the cloth, comparing it to the physical beauty of the beloved, these verses alternate with figural scenes illustrating a well-known story from the *Khamsa* (Quintet) of Nizami.[3]

One of these five tales tells the love story of King Khusrau and Princess Shirin. While this narrative centers on its two title characters, the princess has yet another devoted admirer, the talented sculptor Farhad. Shirin asks Farhad to cut a channel to her palace from a distant pastureland, so that she and her servants might enjoy milk from the goats that graze there. Farhad complies by making not only the channel but also a pool near the palace for the milk to collect.

One section of the textile (detail at right) shows Shirin riding out to visit Farhad upon learning that the channel has been completed. The sculptor appears above, ax in hand, as if still hard at work.[4] Nizami's text describes Farhad filling the channel with fish upon completing his task, and close examination reveals a red fish swimming in the white, milk-filled channel. In another portion of the textile, a lofty, mosaic-covered tower—most likely Shirin's palace—is shown. At the foot of this structure, a small basin with swimming ducks perhaps represents the milk-filled pool. The two elegant figures flanking a cypress tree may be Shirin's servants (*parastaran*), carrying containers of milk from the pool to the palace. Finally, the small spotted, gazellelike creatures flanking these scenes may symbolize the *gusfandan* (sheep or goats) that produce the sweet milk for Shirin.

While revealing the weaver-designer's intimate knowledge of Nizami's text, these minute details also demonstrate the intricate interaction of poetry, calligraphy, drawing, and weaving required to create this sophisticated Safavid textile. DMT

1. Since the inscription is unclear in this portion of the textile, ours is only one possible reading. Another might be, "It makes of the soul a cloak for the body." My thanks to Abdullah Ghouchani, Maryam Ekhtiar, and Sina Goudarzi for their assistance with the interpretation of this inscription and its translation.
2. Translation by Denise-Marie Teece and Maryam Ekhtiar, based upon one by the late Jerome W. Clinton published in Washington, D.C. 1987–88, p. 184, no. 25. The precise ordering of the lines is unclear from their placement on the textile, but they appear to form a *ruba'i*; their order has been further adapted in the English translation for a better reading.
3. Examples of the same textile are in the Museo Civico, Turin (no. 544; see Venice 1993–94, no. 276); Yale University Art Museum, New Haven (no. 1937.4625; see New Haven 1981, p. 24 n. 17); the Museum of Fine Arts, Boston (see Weibel 1952, no. 127); and the Textile Museum, Washington, D.C. (no. 3.280; New York 1979, pp. 136–37, no. 54). See also Washington, D.C. 1987–88, pp. 184–85, no. 25. The present piece has been published recently in Phipps 2010, p. 42, fig. 72 (detail).
4. New York 1979, p. 136, identifies the figures of Shirin and Farhad, but does not link the other images to Nizami's text.

Provenance: [Giorgio Sangiorgi, Rome, until 1946; to Loewi]; [Adolph Loewi, Venice and Los Angeles; sold to MMA]

173. Textile Fragment

Iran, Kashan, second half of 16th century
Silk; cut and voided velvet with continuous floats of flat metal thread
21 ½ × 13⅜ in. (54.5 × 33.9 cm)
Fletcher Fund, 1972 1972.26

This exceptionally well preserved Safavid velvet from Kashan is immediately striking for its outstanding workmanship and the bright colors of its pile silks. Some of its decorative elements, including the lotus flowers, palmettes, and birds, are typical of the workshop production of Tabriz carpets and textiles; these found their way into Kashan velvets through the artistic exchange and collaboration among artisans of the two cities. This exchange, along with further innovations in velvet production, led to the creation of a truly distinctive Kashan style in the second half of the sixteenth century.

The scrolling-vine motif, common throughout Persian art at this time, is continuously repeated in the velvet. The vines are embellished with leaves, blossoms, rosettes, and palmettes, each outlined in dark blue.[1] The pheasants that perch on the vines with bowed heads convey a sense of vitality and concentration. Each closely observes the row below, where the birds are parallel, staggered, and arranged in a mirror image. With their distinctive polychrome feathers, long tails, beaks, crests, and clawed feet, the pheasants directly reflect the style and technique found in miniature paintings by Sultan Muhammad,[2] head of the royal studios in the 1520s.[3] The same birds are also seen on two other textiles: the lampas in the Metropolitan Museum decorated with a Safavid noble surrounded by rocks, cypresses, animals, and birds,[4] and the velvet with a "standing princess and keening attendant" in the Museum of Islamic Art, Doha.[5]

Velvet is a textile that has a highly complex structure. With Safavid velvets, the technique reached a new level of sophistication, a high point in the history of weaving that has not been equaled since.[6] In cut and voided velvets, the foundation weave is not immediately evident because it is covered by the thick pile that produces the pattern. Here, a supplementary warp of flat silver strips was woven between one pile and the other to create a shiny, metallic effect. The pile silks—in blood red, bright yellow, ash blue, deep blue, salmon pink, and ivory—blend harmoniously in a symphony of elegant sophistication. EGM

1. Ettinghausen and Yarshater, eds. 1979, p. 282.
2. Ibid., p. 273.
3. Doha 2004, p. 36.
4. Metropolitan Museum (acc. no. 08.109.3). See Ettinghausen and Yarshater, eds. 1979, p. 272.
5. Museum of Islamic Art, Doha (no. TE.09.98). See Doha 2004, pp. 36–37.
6. Ackerman 1938–39b, vol. 5, p. 2217.

PROVENANCE: Dikran G. Kelekian, New York (by 1944–d. 1951); [Charles D. Kelekian, New York, 1951–72; sold to MMA]

174. Velvet Fragment with Falconer

Iran, early 17th century
Silk, metal-wrapped thread; cut and voided velvet, bouclé
11 ½ × 8½ in. (29.2 × 21.6 cm)
Fletcher Fund, 1946 46.156.5

Standing in a languid pose amid flowers, a young falconer seems to adjust the neckband of the falcon that sits on his gloved hand. Because of the interest in falconry among the princely and wealthy classes, several such themes related to the royal hunt became embedded in Iranian culture. There are numerous illustrations or evocations of falconry in painting and, to a lesser extent, in figural textiles. Although somewhat tattered in appearance owing to its reduced size, the loss of velvet pile in places, and the deterioration of the metal thread that once covered the satin ground, this fragment nevertheless is still impressive for its graceful drawing and luxury materials. A metallic shimmer comes not only from the flat ground against which the figure is posed but also, in a more textured way, from the loops of foil-wrapped supplementary wefts (bouclé) that embellish the youth's collar, the hilt of his dagger, and details of the flowers to the side. It is possible that the "curl'd" velvets mentioned by a European observer may refer to such loops.[1]

The two other known fragments of this textile—one in the Kunstgewerbemuseum, Staatliche Museen zu Berlin, the other in the Textile Museum, Washington, D.C.[2]— are helpful in understanding the Metropolitan Museum's fragment because they are larger and display more of the pattern. Each one shows two young men holding falcons, standing back-to-back in mirror image. At the sides are arrangements of flowers (again, in mirror image) that match the one seen along the left edge of the present piece. The central axis between the two figures also has some floral elements, but damage has made these difficult to decipher. It has been suggested that the full loom width would have featured at least four falconers in a row.[3] However, it seems equally possible that such a pattern would have been produced in a narrower strip, with only two figures per row, as in a number of other velvets.[4] In the latter case, each row of two figures would have repeated vertically, or there might have been an alternation of rows of figures facing in and facing out. DW

1. McWilliams 1987–88, p. 167, citing Jean Chardin.
2. The Berlin piece (no. 91.71) is published in Neumann and Murza 1988, pp. 141, 264, no. 17. The Washington fragment (no. 3.320) is illustrated in Washington, D.C. 1987–88, p. 155.
3. McWilliams 1987–88, p. 154.
4. See, for example, a vertical strip in the Royal Ontario Museum, Toronto, published in London 1976c, p. 110, no. 83; and another in the Art Institute of Chicago, published in Cambridge, Mass., and New York 1973–74, pp. 44–45, 67, no. 21.

PROVENANCE: [Giorgio Sangiorgi, Rome, until 1946; to Loewi]; [Adolph Loewi, Venice and Los Angeles, 1946; sold to MMA]

175. Cope

Iran, first half of 17th century (velvet)
Silk, cotton, metal-wrapped thread; cut and voided velvet, brocaded, embroidered, with engraved metal fittings
44½ in. × 8 ft. 7 in. (113 × 261.6 cm)
Rogers Fund, 1914 14.67

A splendid convergence of cultures can be seen in this cope, a semicircular cape and hood worn in processions during Christian liturgical services. The form itself is thus Christian, as is the Eastern Orthodox subject matter of the embroidered orphrey, or ornamental border, that embellishes each of the straight sides, which would have met at the front of the wearer. The orphrey has ten decorated panels, five per side. Six show figures, among them the Virgin Mary and three early saints—Nicholas of Myra and two Armenian patriarchs, Nerses I and Sahak I—identified by inscriptions in Armenian.[1] The other four panels contain crosses. Worn inscriptions in Armenian appear beneath the embroidered saints.

The main body of the cope consists of joined pieces of Persian velvet patterned with rows of swaying flowers, the rows alternating in direction. The stylized flowers are distinguished by the grace and clarity of their drawing and by the broad palette of their colors. A single velvet blossom shows in the "window" of the hood. The voided satin ground between the areas of pile was originally completely covered with supplementary wefts of yellow silk wrapped in a silver-gilt strip, or lamella, with some space left in the wrapping so that the core still showed. This may have been done to soften the glittering effect of the metal or to reduce the amount of silver required, and hence the cost.

The presence in the velvet area of small fragments with diagonal or curved sides indicates that the various joined pieces were previously parts of garments that had been deconstructed to be reassembled here in a form of "adaptive reuse." Since the embroidery of the orphrey represents a somewhat later date than the velvet itself, the main body of the vestment may have been assembled from the older velvet, and the orphrey and hood added at the same time, probably in the early eighteenth century. Two closely related pieces are worthy of note: an almost identical cope exhibited in Munich in 1910 (present whereabouts unknown) and a

stray piece of the same velvet material acquired in 1986 by the David Collection, Copenhagen.[2] The two copes, which appeared in the West at about the same time early in the last century, probably derive from one of the Armenian churches built in the Isfahan suburb of New Julfa during the seventeenth century. Also, in the Textile Museum in Washington, D.C., there is a cope without orphrey fashioned from three full-width lengths of Safavid brocade.[3] DW

1. I am indebted to Amy Landau of the Walters Art Museum, Baltimore, for providing the identifications.
2. The piece exhibited in Munich, then in the collection of Dr. Roden of Frankfurt, is illustrated in Munich 1910–12, vol. 3, pl. 202. The Copenhagen velvet is published in Copenhagen 1993, p. 113.
3. Textile Museum, Washington, D.C. (no. 3.150). For a piece of the same textile, see Washington, D.C. 1987–88, pp. 172–73.

PROVENANCE: [Tabbagh Frères, Paris and New York, until 1914; sold to MMA]

176. Textile Fragment

Iran, late 17th–early 18th century
Silk, silver- and gilt-metal-wrapped thread; compound twill weave, brocaded
44⅝ × 27¾ in. (113.3 × 70.5 cm)
Anonymous Gift, 1949 49.32.99

Thanks to the stimulus of Shah ʻAbbas I (r. 1587–1629), the business of luxury-silk production expanded markedly in Iran during the early seventeenth century. While silk was cultivated in the majority of regions, it was most intensively farmed in the Caucasus and particularly in the provinces of Gilan and Mazandaran. In the Safavid period, production reached its peak around 1650 and declined dramatically after the Afghan invasion of 1722. In addition to domestic use, raw silk was exported, mainly to Turkey, Russia, Central Asia, India, and Europe.[1] As for silk weaving, this was practiced throughout Iran both in rural and urban settings. The primary urban centers of luxury-silk production during the seventeenth century were Kashan, Yazd, and Isfahan, where manufactories employed weavers to work on the full range of fabrics. While existing data for trade between Iran and the English and Dutch East India Companies does not support the notion that the luxury-silk industry was sustained by, or even substantially represented in, commerce with Europe, travelers to Iran did remark on fabrics, such as this one, woven with gold and silver.

The design of this piece—an outsized rosebush in which a parrot perches, a small deer approaching, and a bird of a different species on the wing—falls into a popular group of bird-and-flower textiles that were first produced in the seventeenth century and continued to be fashionable for the next two hundred years. The decorative device is repeated horizontally here, with each row facing the opposite direction from the one above and below it. Mary McWilliams has suggested that European treatises on natural history may have supplied the inspiration for such a grouping,[2] though the unnatural relationship of scale among the deer, the rosebush, and the birds is most likely the silk weaver's invention. Close examination of the piece reveals that originally the colors were more intense and varied and that the silvery tone of the background, produced from silver-gilt strips around white silk, was complemented by the gold hue of the deer. Two other fragments are in the Textile Museum, Washington, D.C., and the Nelson-Atkins Museum of Art, Kansas City. SRC

1. Floor 1999, pp. 14, 61.
2. McWilliams 1987–88, p. 178.

PROVENANCE: Anonymous gift

177. Sash with Five Flowering Plants

Iran, probably Kashan, 17th century
Silk, silver- and gilt-metal-wrapped thread (metal strip, silk core); *taqueté*, brocaded
13 ft. 8 in. × 24½ in. (416.5 × 62 cm)
Gift of George D. Pratt, 1933 33.80.18

With its complex weaving technique and superb craftsmanship, this sash was most likely produced for royalty. It exhibits a rich repertoire of precisely organized floral motifs executed with subtle coloring and defined with dark outlines against a gold background, making it a remarkable example of Persian weaving of the Safavid period.

The layout of this sash is characteristic of many silk sashes of the period. Composed of three units, it has end panels framed by a floral border edged with fringe, a main field with horizontal bands, and borders along the sides. Each end panel features a row of five flowering plants depicting an unusual combination of flowers such as poppies, thistles, and carnations.[1] The main field consists of alternating bands in two different patterns that run across the width of the sash: one band displays a geometric floral motif, the other a scrolling vine with blossoms of iris and rose. The side borders depict various other flowers arranged in sprays.[2]

Sashes such as this one were worn by Safavid royalty and nobility and were produced for export to Europe. It was common practice in the Safavid courts for a robe of honor and a luxurious sash to be granted to a person of high rank. According to the observation of Thomas Herbert, traveling in Persia between 1627 and 1629, "Dukes and other of the noble sort have them woven with gold, merchants and *coozelbashaws* [soldiers in the army of Shah

'Abbas I] with silver; of silk or wool those of inferior rank."[3] Not only the type of sash but also the manner of girding the sash around the waist would indicate the social status of its wearer. Frequently, a long, richly patterned sash was worn with another, or even with two other shorter, narrower monochromatic sashes.

This type of sash was fashionable in Iran in the late sixteenth century and soon appeared in eastern Europe as the most prized accessory of a man's ensemble. The sashes were brought there along with other luxury products from the East (particularly from Turkey and Persia), either as traded goods or through diplomatic relationships. Armenian merchants played a significant role in the import and distribution of these sashes throughout the territory of the Polish-Lithuanian Commonwealth (1569–1795). From the first half of the eighteenth century, such sashes were used as the prototype for Polish domestic production, begun by Armenian weavers. This led to the creation of the elaborate sashes of silk and metal thread that became an essential element of a nobleman's national attire.[4]

The outstanding quality of this sash is achieved in part by the use of a large number of silk wefts in varying shades of color, all interwoven with gold and silver thread. The majority of those wefts in orange-salmon, green, citrus-green, brown, and gilt-metal thread are bound together in the weave structure. They are carried from selvage to selvage, giving the back of the sash a polychromatic appearance and making it seem finished on both sides. Short floats of brocaded, discontinuous wefts in white, pink, purple-gray, and silver-metal thread occur only in small areas of blossoms, enriching the elegant pattern.[5] These technical features testify to the exceptional quality of this textile and to the great skill of its weavers.

JP

1. In Persian sashes, the number of design units in end panels can range from four to seven. In contrast, Indian sashes have three to six motifs; Armenian sashes have two or three. The majority of Polish sashes feature two design units; some have either one or three.
2. A sash with an almost identical pattern, in the collection of the State Hermitage Museum, St. Petersburg, is illustrated in Loukonine and Ivanov 1996, pp. 50, 239.
3. Herbert 1928, p. 232. Also, a detailed description of the Persian male attire is provided by Floor 1999.
4. In Poland, the largest collections of Polish and Eastern sashes are found in the Muzeum Narodowe, Cracow; the Muzeum Narodowe, Warsaw; the Muzeum Narodowe, Poznan; the Centralne Muzeum Włókiennictwa, Lodz; and the Muzeum Diecezjalne, Płock. For a brief description of Persian sashes in Polish collections, see Biedrońska-Słota 2010b.
5. For technical descriptions of Persian textiles, see Reath and Sachs 1937.

PROVENANCE: George D. Pratt, New York (until 1933)

178. Inscribed Banner

Iran, probably Kashan, dated A.H. 1107/1695–96 A.D.
Silk, metal-wrapped thread; lampas
70½ × 35 in. (179.1 × 88.9 cm)
Rogers Fund, 1938 38.167

Inscriptions in Arabic and Persian in *thuluth* and *nasta'liq* scripts (from top to bottom):
Top right cartouche: (Qur'an, 37:172–73)

Top left cartouche, in Arabic:
وكفى بالله وكيلاً
And, God suffices for a Guardian[1]

Large central cartouche: (Qur'an 110 and the date 1107)

Small yellow cartouche, in Arabic:
يا مفتح الابواب
O, Opener of Doors!

Central and outer portions, respectively, of two-color cartouche, in Arabic:
عمل العبد اسمعيل كاشانى
Work of the servant Isma'il Kashani

And in Persian:
رايت فتح آيد　　كردند تاريخ شروع
رايت نصر من الله　　بهر إتمامش علم ١١٠٧
The banner of triumph, the date of commencement [*shuru'*] of work
The banner of God-given victory, the completion of the flag (*'alam*) 1107

Bottom cartouche, in Arabic:
يا رفيع الدرجات
O, Sublime of Rank!

This large, luxurious silk banner with sweeping lines of gold calligraphy displays Qur'anic verses that convey assurances of victory for the faithful and invocations to God for protection and assistance.[2] The content of these inscriptions suggests that this textile may have had a military function, to protect and assist the army that carried it, or was perhaps used in religious processions.[3] Similarly inscribed banners from the Ottoman Empire are well published—some were intended to be carried into battle, others to be borne by the faithful on pilgrimage.[4] Surviving Persian banners, however, are extremely rare.[5]

Visual evidence for the presence of inscribed banners in Persia is found from at least the fifteenth century onward.[6] In the early sixteenth century, numerous images of heavily embellished banners—many displaying Arabic inscriptions—appear in battle-scene paintings of the *Shahnama* (Book of Kings) of Shah Tahmasp (r. 1524–76). One example, on a folio in the Tehran Museum of Contemporary Art, exhibits a triangular banner with calligraphic invocations similar to those found on the present textile.[7] A century later, the Persian military continued to use inscribed banners, as witnessed by the seventeenth-century French traveler Jean Chardin. While visiting Persia, he observed, "Their ensigns [banners] are cut in points, like our pennons, and are made with all colors and of all kinds of rich fabrics. They have no other ensigns, either for cavalry or for infantry. As legend and in place of a device, they put on these flags their credo, or a quotation from the Qur'an."[8]

In addition to Qur'anic verses, however, this banner also contains inscriptions describing its fabrication. One of them, found in the center of the light blue cartouche, identifies the banner as the work of (*'amal-i*) Isma'il Kashani. Around his name, specially composed verses provide the dates of the weaving of the banner using the *abjad* system, in which individual letters have numerical equivalents. The letters in a portion of each verse total 1,106 and 1,107, representing the years in which work on the banner was commenced and completed.[9] This careful coordination of dedicatory verse, elegant calligraphy, and intricate weaving reveals the significant forethought and resources lavished upon this masterful textile. DMT

1. This phrase appears in five different Suras, including 4:81, 4:132, 4:171, 33:3, and 33:48. The translation is taken from Arberry.
2. Published in Pope, A. U., and Ackerman, eds. 1938–39, vol. 3, pp. 2124–25, and vol. 6, pl. 1070a; Dimand 1940b, ill. p. 143, fig. 2, pp. 143–44; and Reath and Sachs 1937, example 15, p. 74, pl. 15.
3. A solely religious context may be possible as well, as similar verses and invocations are found on tomb covers and other textiles used within religious settings.
4. See Denny 1974a.
5. Among them, a triangular-shaped banner inscribed with Qur'anic verses and the name of the fifteenth-century Aq Quyunlu ruler Uzun Hasan, in the collection of Istanbul's Topkapı Palace. Uzunçarsili 1984, cover and fig. 49. A later Qajar example is in London 1976c, p. 113, no. 91. Two uncut nineteenth-century 'Ashura banners are in Munich 2010–11, p. 22, fig. 9. For more on the textual and visual evidence for Persian banners, especially those with figural and calligraphic decoration, see Melikian-Chirvani 1988 and Shahbazi 1999.
6. See cat. 127B.
7. See fol. 496r, published in Paris 2002–3, p. 231, no. 196.
8. As quoted by Ackerman 1938–39a, p. 2780. My thanks to Ariana Muessel for her kind assistance in locating images for this entry.
9. Abdullah Ghouchani provided the interpretation of this chronogram.

PROVENANCE: E. Beghian, London, by 1931–38; sold to MMA

179. Carpet with a Compartment Design

Iran, first half of 16th century
Silk (warp and weft), wool (pile); asymmetrically knotted pile
16 ft. 4 in. × 11 ft. 2 in. (497.8 × 340.4 cm)
Frederick C. Hewitt Fund, 1910 10.61.3

Specific evidence is lacking, but this is a carpet that can surely be considered of court quality, so luxurious are the materials (silk and fine sheep wool), so tight the weave (about 550 knots per square inch), and so refined and assured the drawing. The field pattern consists of a lattice formed by staggered rows of two eight-lobed medallions in dark blue and brown and smaller radiating compartments, or cartouches, in green and red. An elaborate interlace pattern is created by the continuous narrow band that outlines each compartment. Color alternation in the fields of the compartments allows for different readings of the pattern.

That this type of pattern is widely associated with designs for painting, illumination, and bookbinding associated with the eastern Iranian city of Herat in the late fifteenth century[1] offers additional evidence of a connection to a court workshop, at least for the design. Apart from the use of arabesques and split leaves, many of the individual motifs in the pattern are taken from Chinese sources: dragons and phoenixes, supernatural lion figures, geese, cloud bands, even lotus palmettes, and other blossoms.[2] Such borrowings had been popular in Iran since the time of the Mongols in the second half of the thirteenth century, and Chinese influences were seen there even earlier as a result of trade in ceramics, glass, and textiles.

Although its state of preservation is otherwise remarkably good, the Metropolitan Museum carpet has been reduced in dimensions, and the field pattern is a somewhat truncated version of the original. The full effect can be seen in a carpet with the same pattern at the Musée Historique des Tissus, Lyon, that measures 26 feet 3 inches by 13 feet 1½ inches (8 by 4 meters) and has not been reduced.[3] The two carpets may have been a pair in the sense that they were made at the same time and place, had very similar patterns and colors, and perhaps had similar dimensions, although this can no longer be ascertained.

It is not known where this work and other sixteenth-century luxury carpets were produced. A number of cities and provinces have been cited by contemporaneous travelers and historians, including Kirman, Jaushaqan (near Kashan), Hamadan, Dargazin (in Khurasan), Khurasan, Khuzistan, Sabzavar (in Khurasan), and Yazd,[4] but apart from their judgments about quality or comments that certain places were known for carpets with gold thread or brocading, there is little to go by in making attributions. Carpets may also have been produced in the first two Safavid capital cities of the sixteenth century—Tabriz and Qazvin. DW

1. The compartment, or cartouche, design is associated in particular with the painter Bihzad. See especially the *Bustan* of Saʿdi, dated 1488, in Washington, D.C., and Los Angeles 1989, pp. 190, 260, 294, no. 146.
2. For the use of Chinese symbols in Islamic art, see Cammann 1972, esp. pp. 51ff., and Rawson 1984.
3. The two main publications for this carpet, including further citations, are Bennett 1987a, p. 43, pl. 11; and London 1983, no. 61.
4. Walker, D. 1990.

PROVENANCE: [Vincent Robinson & Co., London, until at least 1882; to Thiem]; Adolph Thiem, Berlin (after 1882–ca. 1895); Charles Tyson Yerkes, New York (until d. 1905); his estate, New York (1905–10; sold to MMA)

180. The Anhalt Medallion Carpet

Iran, probably first half of 16th century
Cotton (warp), silk (weft), wool (pile); asymmetrically knotted pile
26 ft. 5½ in. × 13 ft. 11 in. (806.5 × 424 cm)
Gift of Samuel H. Kress Foundation, 1946 46.128

Dubbed the "Anhalt Carpet" after a former German princely owner, this magnificent yellow-ground carpet has survived in remarkable condition, apart from its areas of black wool pile, which have been almost completely eroded away by a corrosive dye. (The pile in these areas was replaced by a purple-brown wool in early twentieth-century restorations.) The carpet's enduring colors, superb condition, unusual golden-yellow ground, and relative simplicity of design compared to many Safavid medallion carpets at one time caused some scholars to question its authenticity. However, recent research on Safavid weaving methods as well as careful analysis of the construction, materials, and dyestuffs of the carpet suggests that the Anhalt Carpet is one of the great treasures both of early Safavid carpet weaving and of the Metropolitan Museum's Islamic collections.[1]

The Anhalt Carpet represents an early stage in Safavid court-sponsored weaving of the first half of the sixteenth century: the central medallion is only slightly elongated vertically, and the cartouches and pendants above and below the medallion are very large; there are no spandrels or corner-pieces in the design, as commonly found in later Safavid medallion carpets. The design has close parallels in early Safavid architectural decoration, especially the twelve large peacocks (the peacock had well-established paradisial associations in Persian art) that ornament the field amid a design structure of vine whorls and large split-leaf forms known in

Persian as *islimi*. Depicted with brilliant multicolored feathers, the peacocks stand at the head of a long tradition depicting peafowl in Safavid carpets; later examples are seen in such carpets as the celebrated Schwartzenberg medallion carpet formerly in Vienna and now in the Museum of Islamic Art, Doha, Qatar. A close comparison of symmetrical elements in the Anhalt Carpet has determined that, like many other classical Persian carpets, it was almost certainly created by skilled weavers who followed a paper cartoon, rather than a detailed knot plan that determined the color of each of the millions of knots in the carpet. Some design details in the adaptation from the curvilinear paper cartoon to a knotted-pile carpet's rectangular grid indicate that its weavers were embarking on a new and perhaps somewhat unfamiliar method of creating the carpet on the loom; similar design anomalies are seen on many other early Safavid medallion carpets. The carpet's design itself has close parallels in early Safavid ceramic tile decoration; especially striking are the parallels to be seen in the Harun-i Vilayat in Isfahan, a structure completed about 1513. The carpet's large scale, great simplicity, repeating design elements, and striking color combinations are hallmarks of a burst of creativity and innovation in Safavid carpet weaving between 1500 and 1550.

Before its sale by Joseph Duveen to Samuel Kress, the carpet is reputed to have belonged to the Anhalt princes of Dessau, whose ancestors may have acquired it through military campaigns against the Ottoman Turks in the late seventeenth century. The carpet would have entered Ottoman hands as booty or as a gift. In the eighteenth century the Anhalt family ruled from Cöthen, whose Prince Leopold was an important patron of Johann Sebastian Bach: could the great composer have seen, or even performed upon, this magnificent carpet? WBD

1. Recently, an analysis of some of the dyes utilized in the carpet was undertaken through a collaborative initiative involving the Department of Islamic Art, the Textile Conservation Department, and the Department of Scientific Research. The results suggest that all are naturally occurring dyestuffs, available to weavers as early as the sixteenth century.

PROVENANCE: Dukes of Anhalt, Germany (after 1683); Sir Joseph Duveen, London (by 1931–d. 1939); [Duveen Brothers, London, by 1940]; Samuel H. Kress, New York (until 1946)

181. The Emperor's Carpet

Iran, second half of 16th century
Silk (warp and weft), wool (pile); asymmetrically knotted pile
24 ft. 11 in. × 11 ft. 1½ in. (759.5 × 339 cm)
Rogers Fund, 1943 43.121.1

Inscriptions in Persian in *nasta'liq* script on inner, minor border
(verses by Zahir al-Din Faryabi [d. 1202])

بیا که عهد چمن تازه کرد باد بهار   که باز گشت چمن را طراوت رخ یار
Come, for the breeze of spring has renewed the promise of the meadow,
for the freshness of the beloved's cheek has returned to the meadow.

چمن هنوز لب از شیر ابر ناشسته   چو شاهد آن خط سبزش دمید گرد عذار
No sooner had the meadow washed the milk of the cloud from its lips
than those green whiskers sprouted around its countenance
as on the lip of an adolescent.

مخدّرات چمن جلوه میکنند امروز   عروسیست نبات بنات را پندار
The cloistered ladies of the meadow display themselves today.
You would think it was a wedding for their daughter-sprouts.

و گرنه بهر چه گردون شکوفه گل را   سفیده بر زده گلگونه کرده بر رخسار
If not, why did the celestial sphere bring out dawn of the rose blossom with
rouge on its cheek?

همه جواهر لعلست غنچه را در تنگ   همه بضاعت مشک است لاله را در بار
The rosebud holds ruby gems tightly in its embrace;
the tulip has merchandise of musk in store.

ولی ز تنگ دلی گل بخود فرو شده بود   نمی گشود دهان و نمی نمود عذار
But the rose had closed itself over in distress and
would not open its mouth or show its face.

فراز تخت زمرد نشست از شبنم   بتاج لعل درآویخت لؤلؤ شهوار
It sat atop an emerald throne of dew
and hung regal pearls on its ruby crown.

بیاض دیده نرگس نگرتعالی الله   که هست خیره [ازو ؟] دیده اولو الأبصار
Look at the whiteness of the narcissus' eye. Goodness!
The eyes of those of insight are dazzled by it.

[. . .]

چمن ز غنچه نماید هزار خرگه سبز   سفیده دم که زند ابر خیمه بر گلزار
The meadow displays a thousand green tents of rosebuds
at dawn, when the cloud pitches a tent over the rose garden.

شکوفه هر درمی را که داشت داد بباد   سحاب هر گهری [را] که یافت کرد نثار
The blossom gave every dirham it had to the wind;
the cloud scattered every pearl it found.

مذاکران چمن چون مقدسان فلک   فراز سدره اشجار بین که در اسحار
See the reciters of the meadow, like the holy ones of the celestial sphere
atop the Lote-Tree at dawn—

دعای شاه جهان میکنند و میگویند   که باد تا ابد از عز و جاه برخوردار
They pray for the king of the world and say,
"May he enjoy glory and high position forever!"

This very famous classical Persian carpet is known as the Emperor's Carpet. It is actually one of a pair, each having taken this name because they are said to have once belonged to Czar Peter the Great of Russia and then, after 1698, to the Habsburg emperor Leopold I. After the fall of the Habsburgs, the carpets came in 1921 to the predecessor of the Museum für Angewandte Kunst in Vienna. In 1925, to raise funds, that museum sold one of the pair, the carpet now in the Metropolitan Museum, to the London dealers Cardinal and Harford. The second carpet, as famous as the first, remains in Vienna.[1] A surprising number of classical Persian rugs survive in pairs, suggesting that the practice of making carpets in this manner must have been fairly widespread.

The Emperor's Carpets belong to a group distinguished by a field pattern of symmetrically disposed scrolling vines embellished with palmettes, blossoms, and cloud bands. Animals are incorporated in the floral patterns of several of the choicest examples. The ground of the field is typically red, that of the main border, dark green. Warp and weft are silk in the finest pieces and, in others, a blend of wool, silk, and cotton, sometimes, and unusually, plied together. The pile fiber is sheep wool in most examples, although three fragments of a once-magnificent shaped carpet have a pile of *pashmina*, fine goat hair.[2] About a dozen surviving pieces of the group incorporate brocading of metal thread. Seemingly contemporaneous carpets similar in pattern and style survive in multiple grades of quality,[3] a feature seen also in later production in northern India.

The period of production for this class was essentially the second half of the sixteenth century, extending into the very early years of the seventeenth. A related group with similar but simplified patterns without animals or birds, made in commercial sizes and quality on a cotton foundation, was produced through most of the seventeenth century and survives in several hundred examples. Many versions have been depicted in European paintings, indicating the popularity of the type in the West. These carpets have long presented problems in terms of attribution. Known a hundred years ago in the trade as "Isfahans," despite a lack of evidence for carpet production in that city until about 1600, both early and later groups were subsequently linked to the city of Herat, famous in the Iranian world as a center for the arts and carpet manufacture. Periodic suggestions of Indian origin, largely set aside by now, resulted in other identifying names, such as Indo-Isfahan and Indo-Persian. In summary, there are two related but distinct groups of carpets with essentially floral patterns, they are Persian in origin, and the weaving center(s) cannot be identified with any certainty.[4]

Within their class, the Emperor's Carpets are both the supreme and probably the earliest examples. They exceed the high standards of their peers in the overall balance of the pattern and particularly in the complexity of pattern detail, made possible by the fineness of materials and weave (about 300 per inch). Animals leap and attack in the dense garden foliage, much as they do in the small silk Kashan (cat. 182) of the same vintage, mid-sixteenth century or a little later. Highly detailed cloud bands with interior stripes of color and attached cloud wisps populate the field and especially the border. Concealed animals abound: many blossoms in the field and the border bear lion masks, perhaps influenced by Renaissance prints brought to Iran, and animal heads peek around cloud bands. The inner, minor border contains an inscription of verses describing a flower-filled meadow and referring in the last couplet to the king, for whom the carpet must have been made.[5] DW

The Emperor's Carpet is one of the most spectacular pile-woven carpets of its type. The carpet's intricate design has been finely woven with wool pile on a silk foundation. It shows a high concentration of knots: approximately 5,230 per square decimeter.

The outstanding quality of the materials, dyes, and woven structure of the carpet has contributed to its overall good state of preservation. It displays a vivid palette dominated by red, green, and yellow. During its history the carpet was exposed to considerable physical and chemical stress, which affected its condition. The ends of the carpet are especially damaged, probably from exposure to areas of high traffic. The carpet also shows evidence of pile damage, particularly at its center, in both warp and weft directions. This indicates that the carpet was folded for storage before it entered the Metropolitan Museum. The brown-dyed wool pile, notably on the inner border area containing an inscription, is very fragile and either partially or completely effaced. Nevertheless, these various damages have not diminished the spectacular appearance and generally good condition of this magnificent example of Persian carpet art.

Prior to its acquisition by the Museum in 1943, the carpet had been crudely repaired and restored. The fabric and the distribution of patches indicate at least three consecutive campaigns of previous restoration. More than seven hundred patches were added to stabilize many of the fragile areas. Rough embroidery stitches applied over the patches attempted to reconstruct missing areas. Layers of cloth tape were used to encase and protect the carpet's edges. Although this previous restoration may have reinforced the structure of the carpet, it caused overall distortion, especially serious at the corners and in the center, where damages and losses were concentrated.

The carpet entered the Museum's collection with two overlapping linings made of silk; they were most likely added for its protection at Vienna's imperial workshop. It appears that after the older lining had deteriorated, the carpet was relined with another red silk woven fabric without removing the first. Both linings were found to be in poor condition.

To achieve the most effective preservation and preparation for display, the carpet needed major conservation work to eliminate problems created by inappropriate restoration and to stabilize fragile areas. The carpet was then prepared for horizontal installation on a platform, not for hanging vertically on a wall. By restricting it to horizontal display, we were able to minimize treatment interventions as well as avoid stress caused by hanging.

The conservation work was performed by a team in the Museum's Department of Textile Conservation over a three-year period. Before the work was begun, as preparation for treatment and for future reference, thorough documentation was performed; this consisted of condition evaluation, analytical study of structure, fibers, and dyes,[6] and a section-by-section obverse and reverse photographic documentation.[7] Color measurements were also made.

Initially, the two old linings were removed and documented. Because the tape around the edges, the patches, and the previous restoration embroidery all had a negative effect on the carpet's physical structure and aesthetic preservation, they were all removed and documented individually. Following this treatment, the carpet regained its original shape. The carpet's front and back were cleaned by the macro-vacuuming method.

A wool fabric was used to support and protect the carpet's back, covering it almost entirely to compensate for the small missing areas and to stabilize the fragile ones. This fabric was specifically dyed to match the carpet's background colors of red, green, and yellow. The assemblage of the fabric and its attachment to the back of the carpet were especially challenging given the carpet's large dimensions and the need for a perfect match with the carpet's original colors. Stabilization of fragile areas with couching stitches completed the conservation process.

With treatment completed, this exceptional carpet has regained some of its integral splendor and strength. The specific treatments chosen for the Emperors' Carpet assure its future preservation, and once again allow it to be displayed and shared with the Museum's visitors. FZ

We would like to thank Professor Wheeler Thackston for his transcription and translation of the carpet's inscription.

1. Völker 2001, no. 80.
2. New York 1997–98, p. 91, fig. 90.
3. Ellis, C. 1965, pp. 42, 43, figs. 1, 2, and p. 52, fig. 15.
4. The difficulty is that one needs to call them something, if only for convenience, and providing a name based on pattern description is in this case cumbersome and inaccurate, since the pattern is found in carpets of other groups. My solution is to call the first group "Herat" and the second "Indo-Persian." Further discussion can be found in Walker, D. 1990, pp. 869–70, 873.
5. The only other "Herat" bearing an inscription that is known to me is a border fragment in the Brooklyn Museum (no. 36.213), illustrated in Ellis, C. 1965, p. 50, fig. 11.
6. Dye analyses were performed by the Department of Scientific Research at The Metropolitan Museum of Art.
7. Overall photography was done by the Museum's Photograph Studio; macrophotography and details were photographed by conservators in the Department of Textile Conservation.

PROVENANCE: Czar Peter the Great (by tradition, until 1698); Austrian Imperial House, Vienna (1698–1921); Vienna Museum für Kunst und Industrie (1921–25); [Cardinal and Harford, London, 1925–28; sale, Christie, Manson & Woods, London, July 5, 1928, lot 146]; [International Art Gallery, London, 1928, sold to Arthur U. Pope for Rockefeller McCormick]; E. Rockefeller McCormick, Chicago (1928–d. 1932); her estate (1932–43; sold to Arthur U. Pope for MMA)

182. Silk Animal Rug

Iran, probably Kashan, second half of 16th century
Silk (warp, weft, and pile); asymmetrically knotted pile
94⅞ × 70⅛ in. (241 × 178 cm)
Bequest of Benjamin Altman, 1913 14.40.721

This celebrated rug was donated to the Metropolitan Museum in 1913 by Benjamin Altman, along with two others of the same class but with different patterns (see cat. 183 for one of the others). A fourth carpet was added to the Museum's holdings in 1958. Together these pieces form the largest cluster of so-called Kashan silk rugs in any collection.[1] Overall, the class of silk rugs associated with sixteenth-century Kashan consists of twenty examples. Four of them are large, the two most famous being the great hunting carpets in the Museum für Angewandte Kunst, Vienna, and the Museum of Fine Arts, Boston, which combine centralized medallion designs with figural representations of humans and animals engaged in a hunt. The other sixteen are much smaller. Two main pattern types appear in the small rugs: one is figural, with rows of animals, while the other features central medallions of various shapes—quatrefoil, quatrefoil framed by a band, octafoil, and ogival, occasionally with figural elements used in a secondary way.[2] Remarkably, the Metropolitan's cluster includes one animal rug and three different medallion types.

The Altman animal carpet has a field pattern consisting of rows of natural and mythical or supernatural animals and animal combats set amid an array of plants and landscape elements. The arrangement is pictorial, meaning that it is intended to be viewed from one side or end. The main border features two palmettes alternating with birds, probably golden pheasants, arranged to provide the same reciprocal rhythm as the more common vine-scroll patterns. Three other small animal carpets survive, all of which use part of this same pattern for the field, sometimes repeating entire rows of figures.[3] In fact, there is an interchangeability of pattern elements and specific designs in all of the small Kashan rugs: similar border or medallion forms appear several times, suggesting the use of a pattern book of designs.

The hunting carpets possess the sumptuous materials (silk brocaded with metal thread), fine weave, and superb drawing and balance that one would expect in court furnishings. Furthermore, the theme of the hunt itself is associated with kings, and specific pattern elements have been linked to particular artists working in the royal book atelier.[4] These hunting carpets can be dated to 1530 or 1540, when artistic production at and for the court of Shah Tahmasp (r. 1524–76) was at its peak. The small rugs have enough features in common with the hunting carpets—materials, structure, medallion forms, secondary border patterns, and individual motifs—that they probably come from the same looms although somewhat later, over the course of the second half of the sixteenth century. Although the small rugs have long been said to lack the brocading of metal thread abundant in the hunting carpets, at least one of them includes metal thread (see cat. 183). The animal rugs probably date from closer to mid-century, while the rugs with a central medallion framed by a band are more likely to come near the century's end, as the same pattern appears in a Polonaise rug dating from the end of the sixteenth or beginning of the seventeenth century.[5]

At the same time, there are significant differences between the two subgroups—in size, in the complexity of the patterns, even in the colors. The hunting carpets have a softer palette based on salmon pink and green, with similar value and little contrast (an effect heightened by fading), while the small rugs have a brighter palette and greater contrast. But the coloring of the small rugs is consistent with the palette used in sixteenth-century Persian carpets in general, while the more pastel hues of the hunting carpets seem exceptional (it should be noted that the salmon pink and green of the hunting carpets are in fact present in the small later rugs, but never in such a predominant way).

The hunting carpets were surely made on order for the Safavid court, perhaps to satisfy some special need. There is no evidence that there was any export market for Persian carpets until about the middle of the century. Yet at the same moment that Shah Tahmasp's patronage of the arts waned and many of his court artists sought employment at other courts, imported Persian carpets appear in European inventories for the first time, probably as high-end producers adjusted to market realities. Medici inventories in Italy as well as Braganza inventories in Portugal indicate that Persian animal rugs made of silk and gold and silver thread, in sizes consistent with the small Kashan rugs, were imported during the 1560s and 1570s.[6] Two rugs of this class have been in Italy and Portugal since at least the nineteenth century and perhaps much longer.[7] The small silk Kashans thus likely represent the evolution of court furnishings into a more commercial product that satisfied both local and foreign demands. DW

1. The four Metropolitan Museum rugs are published in Walker, D. 1994.
2. Discussions of the small rugs are found in Riefstahl 1916, pp. 147ff.; Erdmann 1970, pp. 61–65; Herrmann 1987; and Walker, D. 1994.
3. The other small animal rugs belong to the Detroit Institute of Arts (no. 25.23), the Musée du Louvre, Paris (no. 6741), and the Carpet Museum of Iran, Tehran.
4. For the Vienna hunting carpet, see Völker 2001, pp. 198–203. For the Boston hunting carpet, see articles by Ettinghausen, Dimand, Salmon, and Welch (all 1971) in the *Boston Museum Bulletin*. Regarding the identification of artists' hands, see Welch, S. C. 1971, in the same bulletin.
5. Pope, A. U., and Ackermann, eds. 1938–39, vol. 6, pl. 1245.
6. For the Medici inventories, see Spallanzani 2009, pp. 206–9. For the Braganza records, see Hallett 2010, pp. 97–103.
7. The medallion rug with animals now in the Museu Calouste Gulbenkian, Lisbon, was acquired by Bode in Milan in 1890, and the banded medallion rug in the Museu Nacional de Machado de Castro, Coimbra, may well have come to Portugal long ago.

PROVENANCE: Prince Princezza, Evora, Portugal; Édouard Chappey, Paris (until 1907; sale, Galerie Georges Petit, Paris, June 5–7, 1907, lot 1912, to Altman); Benjamin Altman, New York (1907–d. 1913)

183. Silk Medallion Rug

Iran, probably Kashan, second half of 16th century
Silk (warp, weft, and pile), metal-wrapped thread; asymmetrically knotted pile
8 ft. 9½ in. × 76½ in. (268 × 194.3 cm)
Bequest of Benjamin Altman, 1913 14.40.715

In this classic example from the group of small silk Kashan rugs, the field pattern has a central deep-blue quatrefoil medallion with four lobes that contain a palmette flanked by forked leaves. At the corners of the field are yellow quarter medallions that mirror the central one in form but not in color or exact content. Between these medallions in the red field is a symmetrically distributed array of palmettes, leaves, and cloud forms connected by a scrolling-vine system. The main border pattern consists of a row of two palmettes,

alternating in type and direction, each flanked by a pair of curved leaflike bands containing a string of blossoms. Adjacent curved bands overlap, creating a striking and unusual reciprocal pattern with a silhouette effect. The field pattern is closely matched in a rug in the Mobilier National (Manufacture Nationale des Gobelins) in Paris,[1] but the two are not a true pair, as they have different colors and main border patterns as well as slightly different dimensions overall. The field pattern also resembles that of a rug in the Museu Calouste Gulbenkian, Lisbon,[2] though the latter incorporates a figural component—dragons and phoenixes in the central medallion and animal combats in the field. In surveying the similarities and variations within this group, one has the overall impression of a stock vocabulary of patterns, motifs, and colors that are employed interchangeably.

Of the four silk Kashan rugs in the Metropolitan Museum's collection (see also cat. 182), this one has the finest weave, with about 620 knots per inch. It has been said that the small silk rugs of the group, unlike the large ones, lack any brocading of metal thread, but here metal thread (in this case a thin silver strip wrapped around a white silk core) can be seen in the cloud forms in the field and centers of some of the palmettes in both field and border. It may be that other objects in the group do possess the metal thread, but it simply hasn't been observed, or it may be that the metal thread brocading was reserved for the pieces of highest quality (and cost).

The attribution of this group to the city of Kashan, while not implausible, has acquired a level of near certainty through years of repetition, but it rests on circumstantial evidence.[3] The use of the place-name is thus a matter of convenience for identification, not necessarily the actual origin of the rugs. DW

1. See Gans-Ruedin 1978, p. 79.
2. New York and Milan 2003–4, p. 293.
3. The attribution is discussed in sources cited under cat. 182 in notes 1, 2, and 4, and also in Walker, D. 1990, p. 869.

PROVENANCE: Benjamin Altman, New York (until d. 1913)

184. Fragment of Carpet with a Compartment Design

Northeastern Iran, Khurasan, second half of 16th century
Cotton (warp), silk (weft), wool (weft and pile); asymmetrically knotted pile
9 ft. 5/8 in. × 31 1/8 in. (276 × 79 cm)
Fletcher Fund, 1991 1991.154

This large fragment and another, slightly smaller piece in the Museum für Islamische Kunst, Staatliche Museen zu Berlin, are all that survive of a once magnificent work that is probably the earliest of all carpets belonging to the group associated with the northeastern Iranian province of Khurasan.[1] Both fragments were acquired in 1898 in Istanbul by the Swedish diplomat and antiquarian F. R. Martin. No trace of border remains on either fragment, but the field pattern, consisting of staggered rows of cartouches and lobed medallions, has been reconstructed in drawings that show the fragments in their proper relationship.[2] The absence of a uniform underlying ground color here is unusual; each cartouche, medallion, and interstitial void has its own. The floral, arabesque, and cloud band elements contained within the cartouches, medallions, and voids are also colored differently from one to another, adjusted to suit the particular ground color chosen for that unit. Such virtuoso coloristic refinement and variety reflect a supreme mastery of the craft made possible by a particularly broad palette of twenty or more colors.

The Khurasan group of carpets has been isolated and pinned down only over the last thirty years or so.[3] Thirteen different pattern types have been identified, and many are familiar from other

carpet groups. The principal feature that distinguishes them from other types is the widespread use of *jufti* (paired) knotting, in which knots are looped around four warps instead of the usual two. This technique results in a distinctive appearance and feel that are also present in nineteenth- and twentieth-century carpets known to derive from Khurasan. Perceived by some as purely a labor- and time-saving method, the high quality of drawing and weave in historical examples suggest that it was simply the local custom rather than a shortcut. The Metropolitan fragment has a knot count of about 420 per square inch, an exceptionally high number for a rug with standard wool pile (as opposed to silk or *pashmina*; see cat. 265). The complex flower clusters partially covered by curving leaves, found paired in the voids, belong to the so-called *saz* style, deriving from drawings made with reed pens, which became broadly popular in Turkey and Iran during the second half of the sixteenth century.[4] DW

1. For the fragment in the Museum für Islamische Kunst, see Spuhler 1987, p. 218, no. 75.
2. Klose 2010, p. 81, fig. 16 (drawing with both fragments), following Lefevre and Thompson 1977, p. 25 (incorporates only the Metropolitan fragment but with larger and clearer pattern reconstruction).
3. Thompson 1977, p. 73; Milan 1982, pls. 28–31; Franses 1993a; Walker, D. 2006.
4. Denny 1983.

PROVENANCE: [Art market, Istanbul, until 1898]; F. R. Martin, Istanbul and Stockholm (1898); Spanish Consul to Istanbul (from 1898); by descent to his son, Spain, and his grandson, London (until 1977; sale, Lefevre, London, October 7, 1977, lot 1; to Dall'Oglio); Marino Dall'Oglio, Milan (1977–91; sold to the Textile Gallery for MMA)

185. The Seley Carpet

Iran, late 16th century
Silk (warp), cotton (weft), wool (weft and pile); asymmetrically knotted pile
23 ft. 4 in. × 10 ft. 1 in. (711.2 × 307.3 cm)
Presented in memory of Richard Ettinghausen, Gift of Louis E., Theresa S., Hervey, and Elliot Jay Seley, and Purchase, Harris Brisbane Dick and Fletcher Funds, 1978 1978.550

The Seley Carpet exhibits a superbly balanced and beautiful example of a classical Persian medallion design. It belongs to the same group as the Emperor's Carpet (cat. 181) but is slightly later in date. The Seley employs somewhat humbler materials (both carpets have silk warps, but it has wefts of cotton and wool instead of silk, as in the Emperor's) and is less finely woven (slightly less than 200 knots per square inch versus the Emperor's 300). The field pattern in both consists of scrolling-vine systems highlighted with palmettes and blossoms, but the field in the Seley is dominated by a massive central medallion and four corner medallions, each framed by a broad collar. Reflecting a shift in taste away from figural representation by the end of the sixteenth century and also perhaps a decline in quality when compared to the Emperor's, the animal life found in the Seley seems relatively subdued. Single full-length animals and little heads quietly inhabit the border, while the field is devoid of wildlife apart from two pairs of peacocks filling the pendants attached to the central medallion. The animal combats so popular earlier in the century (see cats. 179, 181, 182) have vanished.

One of only a handful of large-format "Herat" carpets to feature central medallions, the Seley Carpet is closest in terms of pattern and style to a large, fragmentary, and probably contemporaneous carpet in Cincinnati.[1] A bit larger than the Seley when new but now reduced to slightly less than half its original size, the Cincinnati fragment preserves one edge of its central medallion as well as two corner medallions that show broad surrounding collars similar to those in the Seley. A pair of peacocks occupies the pendant attached to the central medallion. Although without animals, the field is enriched with birds and a few blossoms bearing animal masks. The Seley Carpet's border pattern, composed of lobed compartments, is found in numerous examples of the group; the Cincinnati fragment has a similar but unusually elaborate version of the same pattern.[2] DW

1. New York 1997–98, p. 32, fig. 20.
2. Variations of this pattern are illustrated in Ellis, C. 1965 and in Klose 2010, esp. illustrations pp. 82–84.

PROVENANCE: V & L Benguiat Collection, Turkey (until 1932; sale, American Art Foundation, New York, April 23, 1932, lot 22); Louis E., Theresa S., and Hervey Seley, New York (by 1961–78); Elliot Seley, New York (by 1961–87)

186. The Czartoryski Carpet

Iran, probably Isfahan, 17th century
Cotton (warp), silk (weft and pile), metal-wrapped thread; asymmetrically knotted pile, brocaded
15 ft. 11½ in. × 85⅝ in. (486.4 × 217.5 cm)
Gift of John D. Rockefeller Jr. and Harris Brisbane Dick Fund, by exchange, 1945 45.106

About the turn of the seventeenth century or just before, during the time of the Safavid Shah ʿAbbas I (r. 1587–1629), a new aesthetic appeared in a carpet type that has come to be known as Polonaise.[1] Most rugs in the class have strictly floral design elements such as palmettes, curving leaves, and vines organized in about a dozen different field patterns. The new designs largely replaced the figural motifs and centralized medallion patterns favored in the sixteenth century, reflecting the decline of the royal book atelier's influence. The palette of most of these rugs is now rather sweet and muted owing to the use of pastel tones and to substantial fading, especially of red. Visible materials are luxurious, even ostentatious, and include silk pile and abundant metal-wrapped brocading, but economies were also made by including the widespread use of cotton in the foundation instead of the silk that was used in earlier deluxe weavings (see cats. 181–183), the attachment of silk fringes to conceal the use of cotton warps, and a relatively coarse weave (typically 125 to 225 knots per square inch) for rugs with silk pile. Polonaise rugs must have been produced in large quantity, for over two hundred examples survive. They were made for local consumption and also for presentation and sale to Europeans. Unlike the small silk Kashan rugs, which have many similarities to each other but never match completely, at least twenty-five pairs of Polonaise exist, including two pairs in the Metropolitan Museum.[2]

The Czartoryski Carpet belongs to this group. It occupies a special historical niche because it was mistakenly identified as Polish, hence "Polonaise," when displayed at the Paris Exposition of 1878 along with other carpets belonging to Prince Władyslaw Czartoryski, scion of a noble Polish family, some of whose carpets were allegedly taken as booty in the siege of Vienna in 1683.[3] The coat of arms, repeated five times, was thought to be the prince's own, but it is probably a pastiche and not Polish at all.[4] The term *Polonaise*, a misnomer, continues to be used for convenience. DW

1. Spuhler, Mellbye-Hansen, and Thorvildsen 1987, pp. 30–35.
2. For these carpets (acc. nos. 50.190.1–4), see Dimand and Mailey 1973, nos. 19–20.
3. See Paris 1878, pp. 63–64. Other Polonaise carpets belonging to Prince Czartoryski were donated to the Muzeum Narodowe, Cracow; see Biedrońska-Słota 2010a, pp. 81–82, figs. 10, 11, 13.
4. Correspondence noted in Dimand and Mailey 1973, p. 103, no. 17.

PROVENANCE: Prince Wladyslaw Czartoryski, Crakow, Poland (in 1878); [Mr. Larcade, Paris, until 1927; sold to Rockefeller]; John D. Rockefeller Jr., New York (1927–45)

187. "Portuguese" Carpet

Northeastern Iran, Khurasan, 17th century
Cotton (warp, weft, and pile); wool (pile); asymmetrically knotted pile
13 ft. 5¾ in. × 70⅝ in. (410.8 × 179.4 cm)
Fletcher Fund, 1944 44.63.6

This carpet is one of twelve whole or fragmentary pieces in the enigmatic class known as Portuguese carpets. Here the typical field pattern of a central medallion is treated in a distinctive and unusual manner: roughly diamond-shaped with an irregular contour, it sits amid a series of serrated concentric bands in bright and highly contrasting colors. Almost filling the field, the concentric medallions leave only small corner areas that contain maritime scenes featuring European sailing vessels, sailors thought from their costume to be Portuguese (hence the name for the class), and humans and creatures in the water. The group was carefully reviewed by carpet scholar Charles Grant Ellis, who distinguished two subgroups.[1] He placed the Metropolitan Museum's carpet in the second subgroup, which he considered to have less elaborate and more regularly drawn diamond medallions, no birds incorporated into the field pattern, less complex corner scenes that contain one sailing vessel instead of two, and a coarser weave. Ellis was also the first to notice that small floral motifs in the field and border stand out from the sheep-wool pile of this rug because they are woven in white cotton, a feature not yet observed in other so-called Portuguese carpets.

The origin of this class has been the source of controversy for years, with various places in Iran and India proposed. While Ellis argued for India, authorities now generally attribute the group to Khurasan in northeastern Iran, based mainly on structural features such as the use of four-ply warps typical of Persian production and the widespread reliance upon *jufti* knotting, as discussed under cat. 184, a feature only exceptionally seen in Indian carpets but a hallmark of Khurasan weaving.[2] Attempts to link the maritime scene to Indian painting have not found general acceptance; the source is more likely to be Western prints of a generic sort that suited a Persian taste for the exotic.[3] Although its heritage is obscure to us today, the main field pattern of Portuguese carpets was influential in its time, spawning a host of imitations in later generations of rugs among other Persian classes—Kurdish, Caucasian, Polonaise, and Indo-Persian.[4] DW

1. Ellis, C. 1972.
2. Franses 1993a, pp. 96, 101–2; Cohen 2001; Walker, D. 2006, p. 74.
3. Cohen 2001, p. 77.
4. Ellis, C. 1972, figs. 13–16, 19–22.

PROVENANCE: Mrs. Chauncey J. Blair, Chicago; [P. W. French and Co., New York, until 1944; sold to MMA]

188. Pictorial Carpet

Iran, 17th century
Silk (warp, weft, and pile), metal-wrapped thread; asymmetrically knotted pile, brocaded
91 1/2 × 68 in. (22.4 × 172.7 cm)
Gift of C. Ruxton Love Jr., 1967 67.2.2

The extraordinary quality and true age of this magnificent carpet were correctly assessed by the antiquarian F. R. Martin as early as 1908 and corroborated by others during the first half of the twentieth century, yet the carpet was then virtually forgotten. Donated to the Metropolitan in 1967, it was not included in Dimand and Mailey's 1973 catalogue of the Museum's carpets, perhaps because of uncertainties about its date and place of origin. Over the last forty years or so there has been some confusion about whether finely woven silk carpets made in a Persian style but not conforming to the standard Polonaise characteristics (see cat. 186) were actually sixteenth- or seventeenth-century Persians or late nineteenth-century productions from Hereke, part of modern-day Istanbul, where fine silk rugs have also been woven. With its all-silk foundation and incredibly fine weave (at about 1,025 knots per square inch, perhaps the finest weave known in a classical Persian carpet), as well as its pictorial scene of a landscape with small buildings and border compartments featuring standing figures in European dress, reclining deer, and vases of flowers, this carpet has little in common with conventional Polonaise pieces with nonfigural patterns. Martin insightfully proposed a date of about 1640 based on the style of the European costumes, and speculated that an English tapestry had been the model.[1] The specific source for these border designs has yet to be identified.

A handful of other rugs, some previously identified as Polonaise and others as Indian but all woven in Iran during the seventeenth century, have similar qualities. A famous cope in the Victoria and Albert Museum, London, has an all-silk foundation, very fine weave, and Western subjects (scenes from the Annunciation and the Crucifixion).[2] A carpet in Lyon with similar materials and quality of weave has a field pattern consisting of rows of flowering plants and birds depicted pictorially in a schematically drawn style.[3] Most important, though least known, is a finely woven silk carpet with a pictorial design in the State Hermitage Museum, St. Petersburg.[4] Its field pattern marries the shrub types seen in the Lyon and Metropolitan pieces with the landscape elements and little buildings of the latter alone. Whether the carpets of this small but special group come to be seen as an elite subclass of Polonaise or as a class of its own is ultimately a semantic issue; unquestionably they represent an apogee of carpet weaving in seventeenth-century Iran, at least on technical grounds. DW

1. Martin 1908, p. 68.
2. Victoria and Albert Museum, London (nos. T.477-1894, T.30-1926, and T.211-1930), published in Bennett 1987b.
3. Musée Historique des Tissus, Lyon (no. 24.620), published in Bennett 1987a, p. 49, pl. 18.
4. State Hermitage Museum, St. Petersburg (no. VT 823), published in *Marg* 1965.

PROVENANCE: Baron Franchetti, Venice; Comte Cahen d'Anvers, Paris (in 1907); [Dikran G. Kelekian, New York]; Mrs. Henry Walters, New York and Baltimore (until 1941; sale, Parke-Bernet, New York, April 23–26, 1941, lot 756); Berenice C. Ballard, St. Louis, Mo. (until d. 1950; sale, Parke-Bernet, New York, October 27, 1950, lot 173); C. Ruxton Love Jr., New York (until 1967)

189. Garden Carpet

Iran, Kurdistan, second half of 18th century
Cotton (warp and weft), wool (pile); asymmetrically knotted pile
10 ft. 3½ in. × 75 in. (313.7 × 190.5 cm)
The James F. Ballard Collection, Gift of James F. Ballard, 1922 22.100.128

Most of the literal representations of gardens that appear in Persian carpets combine an aerial or bird's-eye view of the classic four-part garden (*chahar bagh*) with bands and squares of pavilions, trees, flowers, and birds shown in vertical projection. The oldest surviving and most beautiful carpet of this type is a very large example (almost 29 feet long) that belongs to the Albert Hall Museum in Jaipur.[1] It shows the four quadrants of a garden separated by two large channels filled with rippling water teeming with fish, waterfowl, turtles, and fantastic animals. The channels meet at the center of the rug at a large square pool, where an elaborate pavilion and throne appear to float. Each quadrant contains secondary water channels and square beds of trees and flowers bordered by bands of more trees and flowers, all presented in vertical projection. The Jaipur carpet was probably woven between 1622, the accession date of the Jaipur ruler who built the palace at Amber, and 1632, the date recorded for the earliest inventory of the carpet. On the inventory label the carpet is described as being of foreign manufacture. This is correct because, by virtue of materials, structure, colors, and details of pattern, the carpet belongs to the group of so-called vase carpets conventionally associated with the Persian city of Kirman.[2]

The Jaipur carpet, and others like it but now lost, served as the prototype for a series of garden carpets woven during the eighteenth and even early nineteenth centuries in northwestern Iran, in Kurdistan.[3] Earlier and larger examples of the Kurdish group show a stronger connection to the Jaipur carpet pattern than do later pieces, whose vegetal elements shown in profile are more heavily stylized and arbitrary.[4] The relatively modest dimensions of the Metropolitan Museum's garden carpet have resulted in a truncated version of the full *chahar bagh* pattern: the main water channels and central crossing are present in very large scale, but the multiple beds in each quadrant have been reduced to a few token squares. Note also the meaningless addition of trees to the water channels and central pool as well as the replacement of bands of landscape elements in profile with decorative arrangements of highly stylized trees and flowers in the zones separating water channels from garden squares. The pavilion has disappeared from the central pool, though a white platform remains. One can see the vestigial traces of the marine life depicted in the water of the central pool of the Jaipur carpet here better than in any other rug of the Kurdish group, but they are only inarticulate scribbles, and they are contained in the narrow white band around the water, not in the water itself. It seems that the weaver, either because of further removal in time from the model or due to the extreme truncation in the overall pattern, did not fully grasp the original meaning of its design. DW

1. Dimand 1940a.
2. Sheffield and Birmingham 1976.
3. Various members of the Kurdish group are noted and illustrated in Klose 1978 and also in Ellis, C. 1982.
4. For an early example of the Kurdish group, see Jenkins, ed. 1983, p. 143. For a late example in the Harvard University Art Museums, see Hanover and other cities 1991–92, cover (no. 34).

PROVENANCE: Carl Robert Lamm, Sweden; James F. Ballard, St. Louis, Mo. (until 1922)

190. Folio from the Davis Album

"A Nighttime Gathering"
Painter: Muhammad Zaman (active 1643–89)
Iran, Isfahan, 1664–65[?]
Ink, opaque watercolor, and gold on paper
Page: 13 1/8 × 8 1/4 in. (33.3 × 21 cm)
Theodore M. Davis Collection, Bequest of Theodore M. Davis, 1915 30.95.174.2

Signature in Persian in *nasta'liq* script at lower right:
رقم کمینه غلام محمد زمان
The humble slave Muhammad Zaman drew it

At lower left:
فی سنه ۷
In the year 7 [1664–65 A.D.]

So influential was the distinctive and innovative style fostered by the late Safavid artist Muhammad Zaman that the works of his many followers are sometimes difficult to distinguish from his own—particularly since they are often inscribed, in the manner of the master, with the words *ya sahib al-zaman* ("O master of the Age," a pious exclamation). Although this nighttime visitation scene is signed by Zaman in a different formula, the eclectic style and Indian-influenced subject matter are characteristic of his hand.[1]

Muhammad Zaman's career spanned the second half of the seventeenth century, a period during which he was in favor at the Persian court of Shah Sulaiman (r. 1666–94) at Isfahan. Scholarly interest in the artist goes back almost a century, with various theories posited to explain his hybrid idiom and interest in foreign painting styles.[2] Speculations as to the origins of European elements in Zaman's work included early suggestions that he was sent to Rome to study painting or, alternatively, that European sources were available to him in Isfahan. More recent scholarship has suggested that his *farangi-sazi* (European mode) reflects his own interpretive response to the text being illustrated.[3] Less explored, however, are the sources of the distinct Indian elements also seen in his painting style and subject manner.

Loosely based on an Indian Mughal-style composition, this painting shows a group of figures (possibly two learned astronomers and their attendants) meeting in a glade. It belongs to a group of compositionally interrelated nocturnes by Zaman that demonstrate how the artist developed a favorite technical device, that of the play of light and shadow.[4] Here, in a chiaroscuro effect, the light thrown off from the lamp at the center creates a strong contrast between the figures in the foreground and the dark landscape behind.[5]

One of the most remarkable features of this work is the presence of a comet with a long trail in the night sky. Barely discernible in the dark background landscape are three figures, one with a raised hand, who seemingly observe the celestial phenomenon. Two such comets are known to have traversed the northern hemisphere in this period, one in December 1664 and the other in April 1665.[6] The date of the first comet coincides with the seventh regnal year of the Mughal emperor Aurangzeb (r. 1658–1707), which ended on March 7, 1665, and supports Robert Skelton's claim that the "year 7" written at the lower left refers to that emperor's reign (the second comet would have been seen in Aurangzeb's eighth regnal year). This is partly the basis for his speculation that Zaman, and perhaps a larger group of Persian painters, may have been in Kashmir during the mid-1660s.

Zaman's Indianized mode also reflects a wider taste for such motifs and styles at Isfahan, as apparent in the painted works of at least five other artists of the period: Shaikh 'Abbasi, his sons 'Ali Naqi and Muhammad Taqi, Bahram Sufrakish, and 'Ali Quli Jabbadar. In addition, this vogue extended into contemporaneous architectural decoration and textile design. Much remains to be determined about the circulation and influence of Mughal paintings, as well as about the wider patterns of Indian-Persian patronage in Isfahan during the period.

The Davis Album, from which this painting comes, contains a similar composition by 'Ali Quli Beg Jabbadar that, although not an exact copy, illustrates the same subject matter in a closely related style. The album consists overall of thirty-three miniature paintings and one drawing, several mounted in bold floral borders, that were once bound in nineteenth-century Persian lacquer covers. Among the notable works in the album are paintings attributable to Persian artists, including 'Ali Quli Beg Jabbadar and Shaikh 'Abbasi in addition to Muhammad Zaman; a group of folios from a dispersed sixteenth-century *Akbarnama* manuscript (the bulk of which is in the Chester Beatty Library, Dublin); and a collection of mid-seventeenth-century Mughal-style paintings depicting courtly scenes.[7] NNH

1. See, for example, Makariou, ed. 2002, pp. 91–93, no. 55, pl. 18.
2. Landau 2006 and Sims 2001 list much of the scholarship on the artist, which also includes Martinovich 1925, Skelton 1972b, Ivanov 1979, Zuka 1962, Diba 1994, Qaisar 1996, and Adle 1980.
3. Landau 2011; also Canby 1996a.
4. Makariou, ed. 2002, pp. 91–93, no. 55, discusses a similar work at the Musée du Louvre, Paris.
5. Landau 2011, p. 19.
6. Kronk 1998, pp. 10–11, describes the 1664 comet, which was also observed by Isaac Newton. Tavernier 1889, vol. 1, p. 309, describes the second comet.
7. The Davis Album itself and other evidence relating to it are presently being researched by the author, with a forthcoming publication intended.

PROVENANCE: Theodore M. Davis, New York (until d. 1915); on loan from his estate during settlement of estate (1915–30)

191. *Book of Prayers (Including Surat al-Yasin and Surat al-Fath ["Victory"])*

Iran, probably Isfahan, dated A.H. 1132/1719–20 A.D.
Calligrapher: Ahmad Nairizi (active 1682–1739)
Illuminator: Attributed to Muhammad Hadi (d. ca. 1771)
Ink, opaque watercolor, and gold on paper; lacquer binding
9¾ × 6⅛ in. (24.8 × 15.6 cm)
Purchase, Friends of Islamic Art Gifts, 2003 2003.239

Inscription in Arabic in *naskhi* script on front cover:

عن النبي صلى الله عليه و آله ألا/ ادلكم على سلاح ينجيكم من اعدائكم و يدر ارزاقكم قالوا/ بلى قال تدعون ربكم بالليل و/ النهار فإن سلاح المؤمن الدعاء/ و قال

The Prophet (May peace be upon him and his family) said: "Do you want me to show you the weapon [that] will protect you in the face of adversity and relieve your ailments?" They said: "Yes." The Prophet said: "Pray to God night and day, as the [most powerful] weapon of the faithful is prayer . . ."

Inscription in Arabic in *naskhi* script on back cover:

قال الرضا عليه السلم لأصحابه/ عليكم بسلاح الانبياء قيل/ و ما سلاح الانبياء قال الدعاء/ و قال الصادق عليه السلم الدعاء/ انفذ من السنان الحديد/ حرره العبد احمد النيريزى في ١١٣٢

Al-Riza (May peace be upon him) said to his companions: "For [protection], use the weapon of the prophets." They asked: "What is the weapon of prophets"; he said: "prayer." And al-Sadiq (May peace be upon him) said: "Prayer is sharper than an iron spear." Signed by the humble slave, Ahmad al-Nairizi in A.H. 1132 [1719–20 A.D.]

This illuminated manuscript is a book of prayers containing the *Surat al-Yasin* and *Surat al-Fath* ("Victory") copied by the celebrated calligrapher Ahmad Nairizi (active 1682–1739). The illuminations are attributed to Muhammad Hadi (d. ca. 1771), who created the lavish borders in the famous St. Petersburg Album (now in the Academy of Sciences, St. Petersburg).[1] The manuscript is signed twice, once in a colophon and once on the very fine lacquer binding.

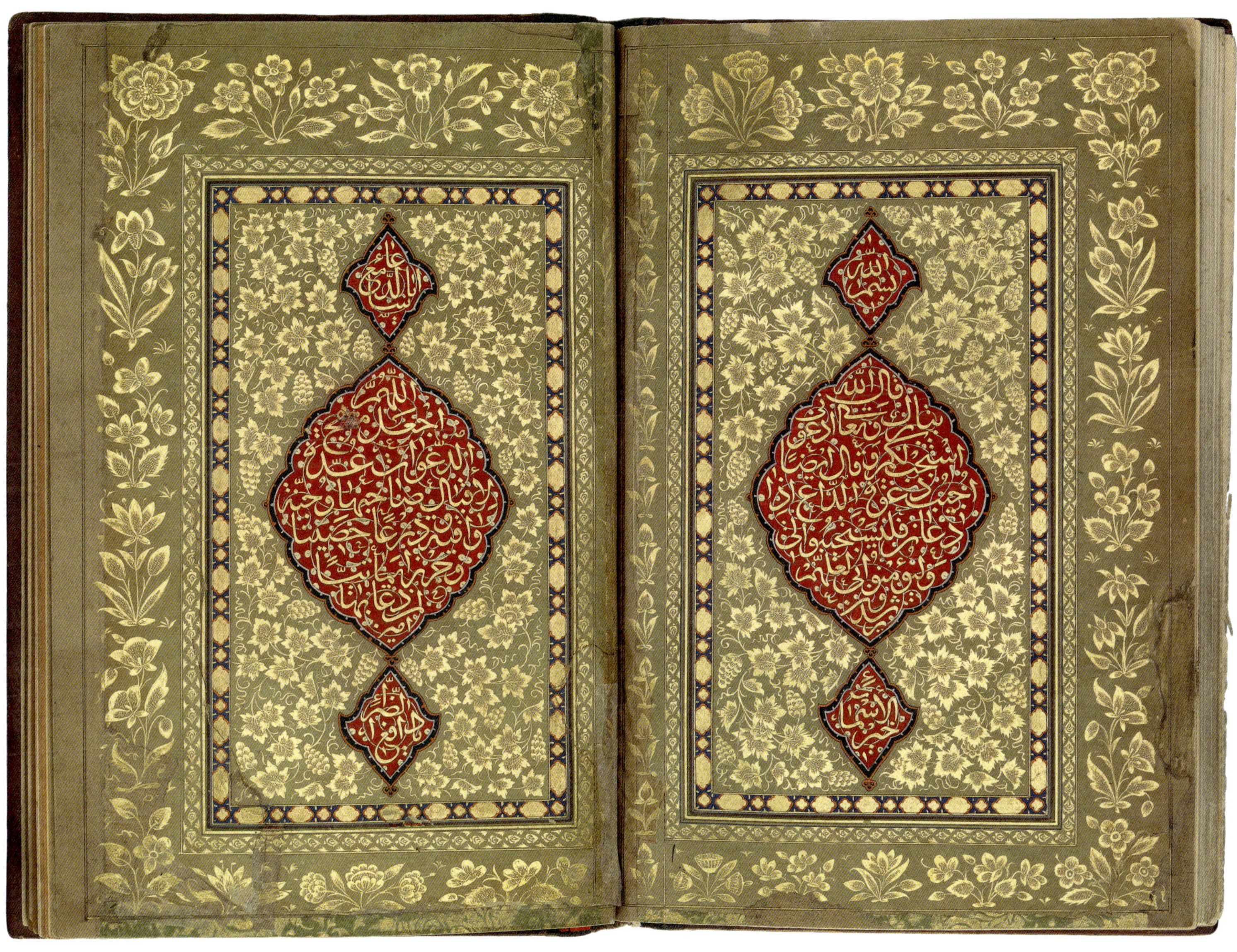

The Museum's book of prayers has eighty-one leaves, with fourteen lines of text on each page, written horizontally and diagonally in fine *naskhi* script in black ink on a wide array of rich colors. Some pages contain interlinear Persian translations in red or purple *nasta'liq*, while others have interlinear illumination in gold. It contains four finely illuminated carpet-pages with central medallions. The lacquer binding is decorated with gold-stemmed flowers in the Mughal style of the Jahangir and Shah Jahan periods on a dark brown ground framed by calligraphic borders with verses in *naskhi* about the benefits of prayer signed by Nairizi and dated A.H. 1132/1719–20 A.D.

Copied in Isfahan, the manuscript reflects the collaboration of two prominent late Safavid masters, Ahmad Nairizi and Muhammad Hadi. Nairizi is considered the uncontested master of revival *naskhi*, also sometimes referred to as Iranian *naskhi*, and was responsible for popularizing the script at the end of the seventeenth century. He served at the court of the last Safavid ruler, Shah Sultan Husain (r. 1694–1722), as well as at those of subsequent Afsharid rulers. His work became a model for generations of eighteenth- and nineteenth-century Iranian calligraphers.[2]

A distinguishing feature of this prayer book is the extraordinary quality of the illuminations of the carpet-pages (see above and p. 274) by Muhammad Hadi, who clearly poured all his talents into these folios. The presence of a dense pattern of grape-bearing vines and vegetal scrolls in gold against a variety of rich backgrounds of pistachio green, deep crimson red, and shell white makes for a stunning contrast. These illuminations have a distinct Indian flavor. Fruit-bearing vine scrolls of this type are a characteristic

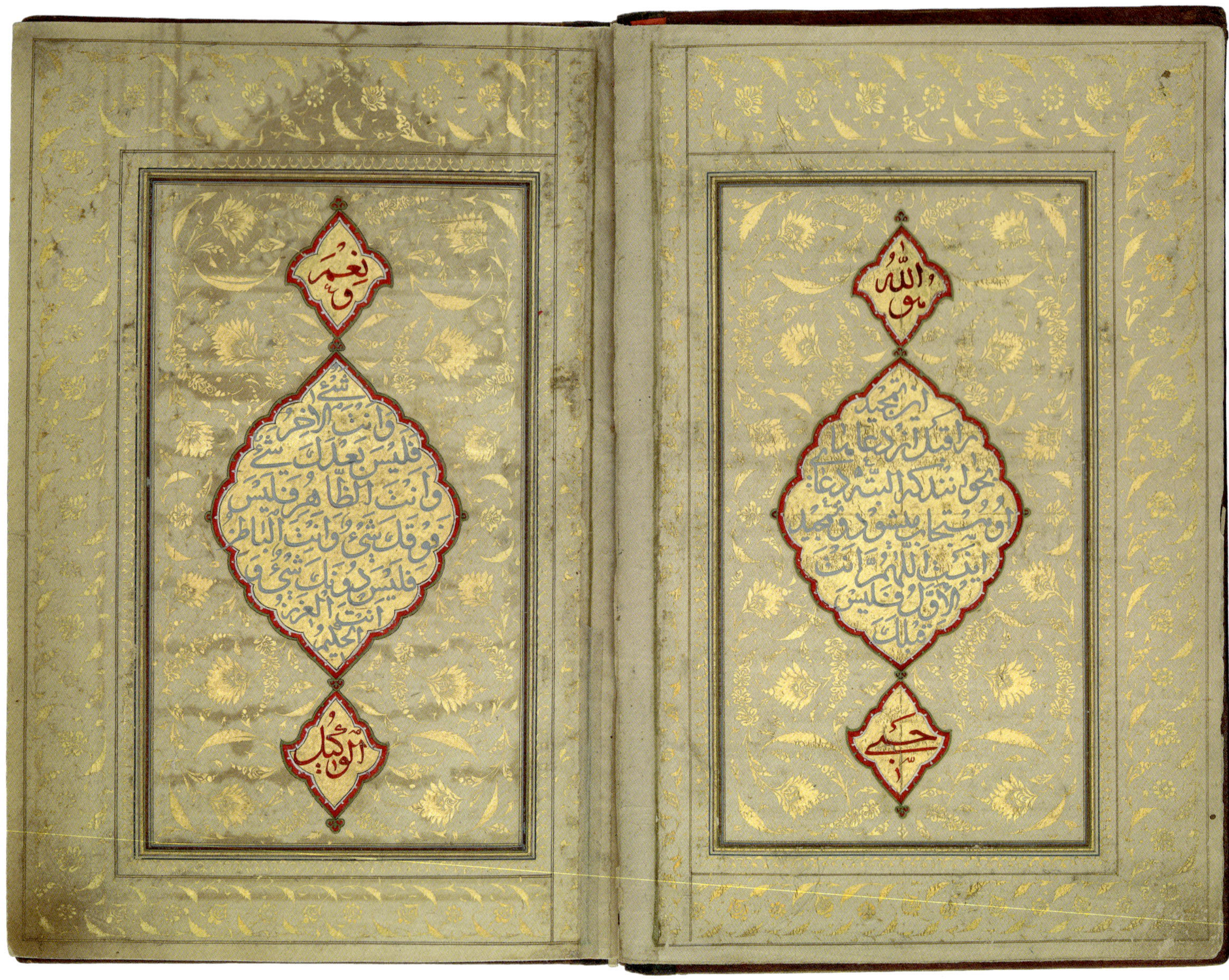

feature of Kashmiri design. While they can be seen on several borders from the St. Petersburg Album, they also appear with great frequency in eighteenth-century manuscripts, lacquer, woodcarving, and metalwork from Kashmir.[3] The *chinar*, or Oriental plane tree (*Platanus orientalis*), has long historic associations with various regions in India, particularly Kashmir. Persian painters and illuminators such as Muhammad Hadi's master, 'Ali Ashraf (active 1727–56), are known to have used this motif and other densely painted floral motifs in lacquer.[4] However, it is also possible that Muhammad Hadi drew direct inspiration from eighteenth-century modes of Indian manuscript illumination and surface decoration, as artistic exchanges between Iran and India were pervasive during this period, and talented Persian artists traveled to India in the late seventeenth century and eighteenth century (spending time at centers in the Deccan and as far north as Kashmir). This prayer book is an extraordinary example of the Indo-Persian aesthetic in the early decades of the eighteenth century in Iran. ME

1. See Lugano 1994.
2. Khalili, Robinson, and Stanley 1996–97, pt. 1, pp. 125–31. See also Ekhtiar 2006.
3. This connection was also confirmed in a recent correspondence with Dr. Asok Das. I am grateful to him for his advice. See also New York and Cincinnati 2007–8.
4. Diba 1989. A signed and dated lacquer mirror case in the National Museum of Scotland by 'Ali Ashraf is covered with dense floral scrolls similar to those of the Museum's prayer book. See Scarce 1996, p. 72.

PROVENANCE: Private collection, Switzerland; [Hamid Atigetchi, London, until 2003, sold to MMA]

192. *Album Leaf*

"Lion and Dragon in Combat"
Painter: Muhammad Baqir (active 1750s–60s)
Iran, second half of 18th century
Ink and watercolor on paper
Image: 5½ × 9 in. (14 × 22.9 cm); page: 8⅛ × 12⅛ in. (20.6 × 30.8 cm)
Rogers Fund, 1974 1974.20

Signature in Persian in *nasta'liq* script at lower right:
دربلده ساری مشق شد کمینه محمد باقر
In the town of Sari, this was drawn by the humble Muhammad Baqir.

Located in the province of Mazandaran, which skirts the southeastern shores of the Caspian Sea, the town of Sari mentioned in the inscription above was near the palaces at Ashraf and Farahabad constructed by the Safavid Shah 'Abbas I (r. 1587–1629). Following the death of Nadir Shah in 1747, Mazandaran came under the control of the Qajars, the Turkmen tribe that would come to rule all of Iran from 1779. Presumably Muhammad Baqir (active 1750s–60s) found patrons in northern Iran in the period of political dissolution after the demise of Nadir Shah while the Zands were gaining control of the south.

Muhammad Baqir, as Layla Diba has shown, was a student of 'Ali Ashraf, who, in turn, claimed artistic descent from Muhammad Zaman, one of the most important late Safavid artists, who died before 1700.[1] Along with his teacher and several other artists, Muhammad Baqir painted the borders of the St. Petersburg Album, compiled between the 1730s and 1758–59 for one Mirza Mahdi, whom Diba has tentatively identified as a high-ranking official under Nadir Shah. Since Mirza Mahdi was not implicated in Nadir Shah's assassination in 1747, he continued to enjoy a privileged position and patronized the pictorial arts. A significant number of works by Muhammad Baqir survive, including several borders and single-page paintings, dated 1764, that come from a dispersed album.[2] Some of these are based on European prototypes while others depict flowers, reflecting the vogue for bird and flower paintings that developed in the eighteenth century and was especially popular in nineteenth-century Iran.

While the subject of dragons in combat with real or imaginary animals has a long history in Persian painting, originating with the Mongols in the thirteenth century, the more immediate inspiration for this composition is most likely in the work of the seventeenth-century Safavid artist Mu'in Musavvir. His numerous drawings of lions depict the beasts with large, expressive eyes similar to those of Muhammad Baqir's creature.[3] What differentiates the eighteenth-century drawing from its Safavid forebears is the use of ink wash, a technique borrowed from European sources, to define the musculature of both lion and dragon. Finally, the iconography of this drawing is novel since customarily both dragons and lions are shown defeating a weaker foe. Here, the two are face-to-face, with the lion drawing first blood but the outcome of their struggle forever uncertain. SRC

1. Brooklyn 1998–99, p. 149.
2. Ibid., p. 154.
3. London, Cambridge, Mass., and Zurich 1998–99, p. 86; Farhad 1990, p. 119.

PROVENANCE: [Adrienne Minassian, New York, until 1974; sold to MMA]

193. Pen Box (Qalamdan)

Iran, early 19th century
Papier-mâché; painted and lacquered
1 ½ × 10⅛ × 1⅞ in. (3.8 × 25.7 × 4.8 cm)
Purchase, Elizabeth S. Ettinghausen Gift, in memory of Richard Ettinghausen; and Stephenson Family Foundation Gift, 2006 2006.523a, b

This pen box, which has a sliding compartment, is painted on all sides, including the rounded ends, in an unusual palette of cream-colored beige and pastels with touches of gold. The top depicts one of the battles that took place between the Safavid ruler Isma'il I (r. 1501–24) and the Ottoman Turks in the second decade of the sixteenth century (possibly the battle of Chaldiran in 1514). The scene shows the two armies in fierce combat in the foreground against a row of cannons, weapons that the Ottomans increasingly used in battle during the early Safavid period. Regarded as the most advanced form of European-style weaponry, the cannon was considered as an emblem of military modernization. A similar pen box in the Brooklyn Museum collection contains a depiction of the same battle.

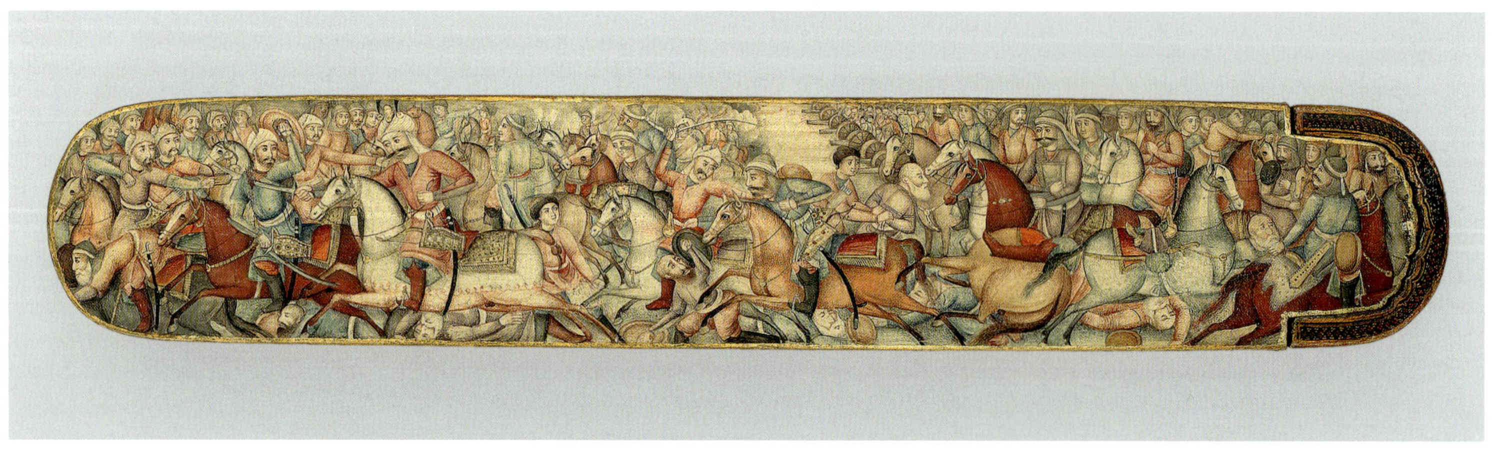

The two sides of the pen box show men on horseback accompanied by dogs hunting bears and gazelles against a Europeanizing landscape and architecture. The bottom contains finely painted gold floral scrollwork on a deep red ground. This box has been lightly varnished. For this reason, and unlike other examples of the period, the painting is not obscured under thickly coated lacquer.

The figures, horses, and landscape are delicately rendered in harmonious colors with some use of gold. It is an unusual example of lacquer painting from the dawn of the nineteenth century, possibly by the master court painter Mirza Baba (active 1780s–1810) or an artist in his circle. Its similarity in style, composition, and palette to a signed pen box by Mirza Baba dated 1794 A.D. now in the Nasser D. Khalili Collection in London supports this attribution. The details of landscape as well as the rendition of the figures demonstrate the continuation of the late Safavid Perso-European style of painters such as Muhammad Zaman (active 1643–89) and 'Ali Quli Beg Jabbadar (active 1657–1716) into the early nineteenth century. ME

PROVENANCE: Private collection, England (until 2006); sale, Christie's London, April 7, 2006, lot 210, to Nader; [Massoud Nader, 2006; sold to MMA]

194. *Mirror Case*

Painter: Fathallah Shirazi (active 1850s–80s)
Iran, dated A.H. 1295/1878 A.D.
Papier-mâché; painted, gilded, and lacquered
2½ × 6⅛ × 3½ in. (6.4 × 15.4 × 8.9 cm)
Gift of Irma B. Wilkinson, 1979 1979.460.2a, b

Inscription in Persian in *nasta'liq* script on one side:
بر حسب فرمایش جناب جلالت مآب اجل اکرم آقا دام مجده العالي سمت اتمام یافت
Completed by the order of the most exalted excellency, the great honorable 'Aqa', may his glory continue forever

Signature in Persian in *nasta'liq* script on back:
رقم کمترین بندهٔ درگاه فتح الله شیرازی سنة ۱۲۹۵
Painted by the most humble servant of the court, Fathallah Shirazi, in the year A.H. 1295 [1878 A.D.]

During the Nasiri period (1848–96), Iran witnessed a proliferation in the production of a wide array of lacquer objects. Regarded as desirable possessions and status symbols, painted lacquerwares were commissioned by royal and elite patrons, sold commercially, and exported abroad in quantity. Lacquer painters took great pride in their individual styles, which they demonstrated by signing and dating their works.

This finely painted mirror case consists of two separate unhinged semicircles. It is signed by Fathallah Shirazi (active 1850s–80s), a lacquer painter at the court (*naqqashbashi*) of Nasir al-Din Shah Qajar (r. 1848–96), and dated A.H. 1295/1878 A.D. The case is rendered in the artist's distinct style, which incorporated an unusual palette of tan, gold, and black. Many of his works consist of *gul-u-bulbul* (bird-and-flower) designs in gold with touches of black on a tan ground. The decoration here includes birds perched on the branches of rosebushes with blossoms and buds, as well as butterflies hovering over hazelnut and fruit trees.

The inscription along the curvature of the rim features the signature of Fathallah Shirazi and the date A.H. 1295/1878 A.D. It also alludes to the patron, a certain 'Aqa', and refers to him as the most exalted and most honorable excellency.[1] Inscriptions on analogous lacquer objects signed by this artist state that he was commissioned by a number of princes, governors, state officials, and noblemen of the period.[2] Two such items are part of a lacquer set with a pen box and a spectacle case that contain an inscription dedicated to Nasir al-Din Shah's second chief minister, Mirza Taqi Khan Amir Kabir (d. 1852).[3] The set is painted in the same delicate palette as this mirror case; its inscription attests to the role of fine lacquerwares as cherished possessions at the highest levels of Qajar society. ME

1. For details, see Karimzada Tabrizi 1990, pp. 497–99.
2. Ibid. A Qur'an lacquer binding in the collection of the Chester Beatty Library, Dublin, is dedicated to Aqa Mirza Farajallah Khan and dated A.H. 1302/1884–85.
3. See Pierre Bergè and Associès, Paris et Bruxelles (Antoine Godeau and Frèderic Chambre), *Arts d'Orient, archéologie*, sale, Paris, June 17, 2010, lot 25.

PROVENANCE: Irma B. Wilkinson, Sharon, Conn. (until 1979)

195. Fan

Iran, Tehran, dated A.H. 1301/1883–84 A.D.
Wood; painted, gilded, and lacquered
H. 9 1/4 in. (23.5 cm); W. (open) 18 1/2 in. (47 cm)
The Moses Lazarus Collection, Gift of Josephine and Sarah Lazarus,
in memory of their father, 1888–95 90.2.65

Inscription in Persian in *naskhi* script on top medallion of each blade:
در دارالخلافه تهران صورت اتمام گرفت
Completed in the capital city of Tehran

On bottom medallion:
رقم یافت
۱۳۰۱/ 1883–1884
Dated A.H. 1301/1883–1884 A.D.

Verses by Hafiz on each blade (not in original sequence):

دوش آگهی ز یار سفر کرده داد باد — من نیز دل به یاد دهم هرچه باد باد
کارم بدان رسید که همراز خود کن — هر شام برق لامع و هر بامداد باد
در چین طره تو دل بی حفاظ من — هرگز نگفت مسکن مالوف یاد باد
امروز قدر پند عزیزان شناختم — یا رب روان ناصح ما از تو شاد باد
خون شد دلم به یاد تو هرگه که در چمن — بند قبای غنچه گل می گشاد باد
از دست رفته بود وجود ضعیف من — صبحم به بوی وصل تو جان باز داد باد
حافظ نهاد نیک تو کامت برآورد — جان ها فدای مردم نیکو نهاد باد

Last night the wind reminded me of my distant beloved.
I, too, shall give my heart to the wind; whatever happens, happens.

I reached the point where I made my confidants
Every evening's glittering light and every morning's wind.

In the curls of your tresses, my unprotected heart
Never yearned for home.

Today I cherish the advice of the dear ones.
O lord, bless the spirits of our advisers.

My heart bled, remembering you
Whenever the wind untied the cloak of the blooming rosebud in the meadow.

My frail body had almost died
Before the wind rejuvenated it with the scent of reunion with you.

Hafiz, your good nature will fulfill your wish.
May many souls be sacrificed for good-natured people.

As the patronage of manuscripts and large oil-on-canvas portraits declined in the mid-nineteenth century, artists poured their talents into painting on lacquer. The repertoire of lacquer objects grew beyond pen cases, mirror cases, and caskets to include spectacle cases, bows, tables, playing cards, and fans. Fans like this one are very rare; only a few comparable examples have come to light.[1] An inscription repeated on each blade mentions that the fan was made in Tehran in A.H. 1301/1883–84 A.D.

Consisting of twenty wooden blades painted with floral and vegetal scrolls and inscriptions, the fan is joined at the base by a peg of metal and mother-of-pearl and bound by a red ribbon (both later replacements). The reverse contains a simple floral scroll in gold on a red ground. Eighteen of the twenty blades bear Persian verses in revival *naskhi* set into rectangular cartouches and medallions. The verses, which consist of couplets from a *ghazal* (ode) by the renowned fourteenth-century Persian poet Hafiz of Shiraz, are out of sequence, suggesting that the blades were restrung incorrectly at a later date.[2]

Although the fan is of European design, its construction is related to nineteenth-century Cantonese fans, which were exported to Europe in quantity. Objects like this fan were status symbols and collected by the elite as luxury objects. As with many lacquer objects, they were made for export and were tailored to the demands of the European market. A mid-nineteenth-century European renaissance in fan production and consumption, later fueled by the influx of goods during the international expositions in London and

Paris, created an ideal environment for the production of fans such as this. These were not always as sophisticated as lacquer objects made for rulers and princes at the height of the Qajar period, but were exotic and novel enough to impress European consumers.[3]

The nonfigural painting on the fan recalls contemporaneous manuscript illumination (*tazhib*). This style gained popularity in the last quarter of the nineteenth century and can be seen on all manner of lacquer, including pen boxes, book covers, caskets, and other similar objects. The most renowned and prolific painter of this style was Muhammad Taqi Muzahhib (the Illuminator) Isfahani (active 1853–54 to 1881–82), who headed a workshop in Tehran in the 1880s and was patronized by Nasir al-Din Shah Qajar (r. 1848–96). This fan along with a pen box in the Metropolitan's collection and a number of lacquer objects at the State Hermitage Museum in St. Petersburg were likely produced in that workshop.[4]

ME

1. Khalili, Robinson, and Stanley 1996–97, pt. 2, pp. 104–5, nos. 312, 313.
2. Metropolitan Museum, Islamic Art Department files.
3. New York 2008, pl. 31.
4. Metropolitan Museum (acc. no. 67.206.4a, b); St. Petersburg 1996, pp. 342–43, pls. 99–100.

PROVENANCE: The Moses Lazarus Collection, New York (until 1890)

196. Swan-Neck Bottle (Ashkdan)

Iran, possibly Shiraz, probably 18th–19th century
Glass, amber-colored; dip-molded, blown, folded foot
H. 13¾ in. (34.9 cm); Diam. 4⅝ in. (11.6 cm)
Edward C. Moore Collection, Bequest of Edward C. Moore, 1891 91.1.1577

Starting at the concave tip of the opening, this amber-colored bottle "turns" in the direction of the spiral ribs and gains volume as it moves down; the tear-shaped opening flows into a thin, curvilinear neck, which expands to accommodate a globular body resting on a low foot. The sculpted eye-cup at the top was tooled to achieve its unusual shape.

This bottle belongs to a larger group of glass vessels tinted in hues of amber, blue, green, and rose in the collections of the Metropolitan and other museums.[1] There has not been a satisfactory explanation for the unusual shape of this bottle in terms of its function, but its visual resemblance to the curved and attenuated neck of a swan has inspired its name. According to folklore, these bottles were used as rosewater sprinklers or as "containers for tears," *ashkdan* in Persian, meant to collect the tears of wives separated from their husbands.[2]

Dating this group of glass bottles presents a challenge. Glassmaking in Persia has had a long albeit sporadic history that dates back to pre-Islamic times. In the Safavid period, foreign travel sources mention that glass production was revived in centers such as Shiraz and Isfahan during the reign of Shah 'Abbas I (1587–1629).[3] During this period high-quality glass vessels were imported from Venice, which not only satisfied local demand but also stimulated local production, unfortunately of a decidedly lower quality.[4] Safavid album pages and wall paintings feature elegant glass bottles of various shapes with narrow necks, often filled with wine or other beverages. However, it is difficult to ascertain whether the bottles in these paintings were imported or produced locally.

In the eighteenth and nineteenth centuries, similar bottles were produced in Shiraz for utilitarian purposes as containers for wine, perfume, and rosewater. The contemporaneous evidence of historical and visual documentation of Persian glass produced during these later periods has helped us attribute this swan-neck bottle and other similar examples to nineteenth-century Shiraz.[5] ME/EC

1. Other examples are found in the David Collection in Copenhagen as well as in the Victoria and Albert and the British museums in London.
2. Layla Diba mentions them by their French name, *bouquetières*, and notes that they feature prominently in paintings of the Qajar period. Diba 1983, p. 191.
3. Charleston 1974.
4. Ibid.
5. Diba 1983, p. 191.

PROVENANCE: Edward C. Moore, New York (until d. 1891)

197. Coat

Present-day Turkmenistan, mid-19th century or earlier
Ground fabric: hand-spun red plain-weave wool (warp and weft); embroidery: silk; facing: *ikat* silk (warp), cotton (weft); lining: roller-printed Russian cotton
50¾ × 72½ in. (129 × 184 cm)
Purchase, Hajji Baba Club and The Page and Otto Marx Jr. Foundation Gifts, in memory of Newton Foster, 1998 1998.244

Renowned for their vibrant knotted-pile carpets and storage bags, Turkmen weavers also produced magnificent examples of wearable art.[1] Living in the regions north of the border of Iran and Afghanistan, these diverse and distinctive tribal groups, referred to collectively as Turkmen, are known for their bold silver jewelry and richly colored textiles. With its simple lines and elegant construction, this stunning coat is among the finest and best-preserved examples of Turkmen embroidery.

Unlike the more familiar Turkmen silk *chyrpy* robes—traditionally worn shawl-like, draped over the head and shoulders, with trailing vestigial sleeves—this fully functional woman's coat is one of only a small group of known embroideries of this type.[2] Upon its rather dense plain-weave wool foundation fabric, delicate chain-stitch embroidery is executed in a sophisticated palette in silk thread. A silk and cotton *ikat*—a textile created through a multi-step resist-dye process—lines the inner borders of the coat. This complex dye technique was particularly well developed in Central Asia. In contrast to the fine *ikat* edging, the main body of the coat is lined in a bright contemporary Russian floral-printed cotton.

A small number of coats exhibiting similar form, materials, and embroidery technique have been published, but their attribution is uncertain. The present piece has been described as the work of the Chodor or Yomud Turkmen.[3] Yet, until more securely attributed examples come to light, the ultimate source of these textiles remains elusive.

The Museum's collection contains a rich diversity of Turkmen materials, including jewelry, costume, carpets, storage bags, tent door coverings, tent bands, and animal trappings from regions where the many distinct Turkmen tribes made, and continue to make, their home. DMT

1. For more on the art of the Turkmen, see Washington, D.C. 1980 and Thompson 2008, Chapter 6: "The Turkmen." See also Diba et al. 2011.
2. Carboni, Walker, and Moore 1999, p. 13, and Phipps 2010, p. 45 (entry with color plate). Similar pieces are published in Gillow 2010; Sychova 1981, p. 126, no. 9, fig. 9 (color); and Beresneva 1976, p. 10, nos. 58–59, pls. 58–59 (color).
3. Carboni, Walker, and Moore 1999, p. 13 (entry with color plate).

PROVENANCE: [James W. Blackmon, San Francisco, until 1998; sold to MMA]

198A, B. Storage Bag (Chuval) Faces

Central Asia, early 19th century
Wool (warp, weft, and pile), cotton (weft); asymmetrically knotted pile[1]
A. (22.100.40a): 29½ × 54½ in. (74.9 × 138.4 cm)
B. (22.100.40b): 31 × 55 in. (78.7 × 139.7 cm)
The James F. Ballard Collection, Gift of James F. Ballard, 1922 22.100.40a, b

Lauded as among the most magnificent examples of all Turkmen weavings, these textiles are among the few early works attributable to Arabatchi Turkmen weavers.[2] The Arabatchi are one of several formerly nomadic tribal groups living in the regions north of the joined borders of Iran and Afghanistan, within an area known as the Gurgan Plain.[3] While these groups are often referred to collectively as Turkmen, each tribal unit—including the Ersari, Saryk, and Tekke—is a distinctive entity, with its own characteristic artistic traditions. The Museum's pieces have been attributed to the Arabatchi due to their unique design vocabulary, weaving technique, and distinctive color palette.[4] Each measuring nearly five feet in width, the deep reddish-brown fields of these thick, densely knotted pieces are punctuated by repeating rows of traditional *gul* medallions, alternating with fret designs in an unusual green color. The repeating borders harmoniously complement the field pattern, echoing its palette of reddish brown, green, white, and salmon.

Admired for their deep, rich hues and the strength of their design, the textile arts of the Turkmen weavers combine a stark, dramatic beauty with absolute functionality. The seasonal migrations of the tribes required that their every possession, even their homes, be collapsible and portable. Although entirely executed in knotted pile, a technique traditionally used for carpet weaving, these large fragments were never intended as floor coverings. Rather, they once formed the faces of a deep storage bag known as a *chuval*. Such bags were suspended from the trellislike structure of Turkmen tent interiors—their use somewhat akin to a wardrobe or cupboard, but eminently more portable.[5] Their presence added further warmth, color, and comfort to a living space already replete with soft, richly hued carpets, cushions, and other laden storage bags. DMT

1. See Nobuko Kajitani's analysis of one of these bags in Washington, D.C. 1980, p. 229, no. 54. While Kajitani uses the term *animal hair* in her analysis, the Metropolitan Museum's Department of Textile Conservation prefers the term *wool*.
2. See Jon Thompson's comments in ibid., pp. 130–31.
3. See the description of their forced settlement in New York and Washington, D.C. 2008–9, pp. 133–34.
4. See Jon Thompson's comments in Washington, D.C. 1980, pp. 130–31. See also Dimand and Mailey 1973, p. 291, no. 184 (with black-and-white illustrations of both A and B before conservation); Washington, D.C. 1980, p. 131, pl. 54 (cat. 198A; color), with technical analysis by Nobuko Kajitani on p. 229, no. 54. See also Teece 2000.
5. For images of such bags hanging within tent interiors, see Washington, D.C. 1980, p. 12, fig. 3; and also New York and Washington, D.C. 2008–9, p. 138, fig. 6.6, and p. 139, fig. 6.7.

PROVENANCE: James F. Ballard, St. Louis, Mo. (until 1922)

B

A

199. Pectoral Ornament

Central Asia, Khotan, late 19th–early 20th century
Silver; filigree and decorative wire with cabochon turquoise and table-cut imitation turquoise
$4\frac{5}{8} \times 4\frac{3}{4}$ in. (11.6 × 12.2 cm)
Gift of Marshall and Marilyn R. Wolf, 2005 2005.443.7

By the end of the nineteenth century the Turkmen nomads living in northeastern Iran and what is now Uzbekistan had suffered fierce suppression at the hands of the Russians. The forcible settlement of the Turkmen people resulted in the loss of a traditional way of life that had given meaning to such manifestations of their material culture as carpets and jewelry. In order to survive they began to sell the heirloom jewelry that had been worn on special occasions, including weddings and other important rites of passage.

Although the design of this pectoral is abstract, the silver piece that forms the lower portion of it most likely represents stylized ram's horns. Mountain goats are highly symbolic to the Turkmen and thus appropriate for use in jewelry that was intended to protect its wearer. The large imitation turquoise set in the center of a filigree ground and the four smaller turquoise stones above it were meant to ward off the evil eye. Turkmen jewelry makers also favored carnelians and often combined them with turquoise to decorate their silver pieces.

The two loops at the top of the pendant indicate that this piece would have been suspended either on a chain, to be worn alone on a woman's chest, or at the bottom of a longer pectoral that could reach all the way to the wearer's waist. While filigree is commonly found on Turkmen jewelry, its swirling forms lend a delicacy to the pectoral that contrasts with the striking, stylized horn element. Such filigree suggests a familiarity with nineteenth-century jewelry made in an urban environment. Of interest is the fact that the piece comes from Khotan, in Chinese-controlled Xinjiang—a place of origin that demonstrates the broad reach of the Turkmen, who could be found from the shores of the Caspian to the city of Khotan in the nineteenth century. SRC

PROVENANCE: Mr. and Mrs. Marshall Wolf, New York (until 2005)

Art of the Ottoman Court

WALTER B. DENNY

Shortly before the year 1300, the puppet Seljuq sultan of Anatolia granted a tiny frontier principality to an impoverished Turkic warrior named Osman (1258–1324) and to his nomadic clan and military followers. The village of Söğüt, in the no-man's-land between the terminally afflicted Byzantine Empire and the fractured remains of the Seljuq sultanate of Rum (Rome), was the urban center of Osman's realm, a place so small it rarely appears on today's maps. In 1453, scarcely a century and a half later, Osman's heirs, known in Europe as the Ottomans, having already carved out a large part of the Balkans for their expanding empire, conquered Constantinople and made it into their cultural and administrative capital. The new Ottoman capital became widely known by the new Turkish name for the city, Istanbul. A century after the establishment of Istanbul as the administrative capital, the Ottoman dynasty, more than two and a half centuries old, had turned the Mediterranean Sea into a virtual Turkish lake and governed domains on three continents.

The heirs of Osman ruled with varying degrees of control substantial parts of the Balkans, northeastern Africa, and the Middle East until the early 1920s. Alternately reviled and admired by Europeans (as "terrible Turks" and "Muslim heretics," or as enlightened and effective rulers, respectively), the

Ottomans created a unique state governed by a meritocracy of Christian-born converts to Islam. These officials, in the best of Ottoman times, owed their careers and advancement to their competence and efficiency as recognized by the sultan.

There was little time for or interest in the finer points of material culture in the earliest years of the Ottoman rule, but as members of the Ottoman patron class gained in power and economic resources, they quickly grasped the importance of artistic patronage, as a means both of governing and of enhancing the image of Ottoman power to impress the empire's neighbors, allies, and enemies. Newly conquered Christian lands acquired mosques with distinctive Ottoman minarets and lead-covered domes as part of the Ottomans' symbolic appropriation of their new territories. Economic infrastructure—bridges, highways, fountains and aqueducts, hotels, warehouses, and ports—was enhanced and expanded throughout the Ottoman realms. The gift-giving culture of monarchies at the time required lavish presents that carried with them the message of the cultural and economic power of the giver. Trade in luxury goods brought lucrative taxes into governmental coffers, and in the early fifteenth century the new Ottoman capital of Bursa (in present-day Turkey) served as the main entrepôt for the silk trade between the mulberry groves of the regions around the southern Caspian Sea and the ravenous markets of western and central Europe. In Istanbul merchants, artists, diplomats, and adventurers brought together the traditions and goods of China, Central Asia, Iran, the Arab world, and the Mediterranean ports of Italy and France.

The Ottoman state whose cultural accomplishments we acknowledge today was largely a creation of the conqueror of Constantinople, Sultan Mehmed II (r. 1451–81). In his time the Istanbul royal court and central government administration were established in the Topkapı or Cannon Gate Palace on the tip of the city's triangular peninsula. At the palace, from the later fifteenth century, a special group of individuals was brought together. Known as the *Ehl-i Hiref*—the People of Talent—they served the court as salaried employees producing beautiful things for court consumption and for royal gift giving. Surviving from the sixteenth century are a number of complete registers of artists working in the various ateliers—designers, calligraphers, weavers, ceramic artisans, armorers, goldsmiths, jewelers, and the like—together with their salaries.[1] Drawn by generous pay and good working conditions, they came from many places. The Turkmen and Safavid courts of northwestern Iran and Fars in particular were the source of many designers and miniature painters. On one occasion rug weavers and a supply of their dyed wool were summoned from Egypt by the sultan. The sobriquets of artists indicate origins from Hungary, Georgia, Tabriz, and Baghdad, and some carried the designation "Frenk"—that is, western European. This rich mixture of artists and artistic goods, culminating in the arrival at the Istanbul courts of booty from the sack of Tabriz (1514) and the conquest of Cairo (1517) in the early sixteenth century, led to the period of greatest Ottoman artistic and cultural achievement under sultans Süleyman I (r. 1520–66), Selim II (r. 1566–74), and Murad III (r. 1574–95).

The products of the People of Talent were enormously varied, but they all demonstrate links to a common source in the Ottoman court design atelier. For example, as a part of the governance system, the Ottoman chancery produced many official documents of various types that bore at the very top a curious sort of symbolic signature or royal imprint known as a *tughra*. This device carried entwined in its exquisite illumination and sinuous calligraphic forms the name of the reigning sultan and his father together with the formula "May he reign forever." It was affixed to the headings of royal documents by an artist, a court official known as the *tughrakeş*. *Tughras* on dated documents, each decorated according to the artistic fashion at the time of its creation, provide the art historian with an important guide to the changing, developing styles at the Ottoman court. Paintings in dated manuscripts, tile decorations made for particular buildings, and costumes created for members of the royal family, court officials, and foreign ambassadors, all carefully dated, catalogued, and preserved in the Topkapı Palace, today help us to understand the complexity and the evolution of the Ottoman court style as well as the bureaucracy of salaried artists and official patronage administered by the Ottoman court.

By the early sixteenth century the nascent Ottoman court art establishment shared with the courts of Cairo, Tabriz, and Herat elements of a common stylistic vocabulary, a sort of Middle Eastern "International Style," including split-leaf forms, vine whorls, small floral palmettes, and geometric interlace. Among these early works in the Metropolitan are a small silver jug covered with finely drawn interlaced vines and tiny lotus flowers, a small ceramic jug (cat. 209) and a ceramic vessel in the shape of a mosque lamp (cat. 208) covered with small-scale spiraling vines reminiscent of the decoration on the Museum's early *tughra* of Süleyman the Magnificent (cat. 205), a ceramic bowl with mittenlike curled-in oak leaves, and a magnificent carpet from Ushak (cat. 235) whose design of deeply indented starlike medallions relates closely to the architectural decoration and bookbinding arts of Anatolia, Egypt, and Iran at the time.

In the 1520s, in the wake of the Ottoman defeat of the Safavid Persian armies at the battle of Chaldiran and the subsequent sack of Tabriz, the Safavid capital, a number of important artists from the Iranian region moved westward to Ottoman courts in Anatolia and Istanbul. Chief among them was the painter Shah Qulu, who was largely responsible for the introduction of a new style into the Ottoman court design atelier. Its hallmark was a

Fig. 33 Tile panel, Topkapı Palace, Istanbul, 1459–73. Photo: Walter B. Denny

virtuoso, technically extravagant draftsmanship, an artist's command of the drawing pen seldom seen in any epoch. Using a repertoire of favorite motifs—dragons and mythical *simurgh* birds from Chinese and Persian mythology; angels; peris and houris, the fairylike denizens of Paradise; and above all a turbulent world of writhing, curling, featherlike leaves and elaborate composite floral palmettes—Shah Qulu and his followers created what we today call the *saz* style, a name that derives both from the Ottoman term for the marsh reed out of which the artists' pens were crafted and from an enchanted forest found in Turkic mythology. Another name for this style—*hatayi* (literally, from Cathay, or even chinoiserie)—recognizes the Chinese origins of many of its subjects, such as the lotus flower and the Chinese-style dragon. A drawing of such a dragon amid foliage attributed to Shah Qulu (cat. 202) epitomizes the style, with its exquisite command of both outline and texture and its animated and energetic subject. Another drawing in the Museum, this time of a large leaf inhabited by a tiny dragon (cat. 203), also gives us an example of the *saz* style at its finest.

The *saz* style was quickly adapted to many different media. We see the curving leaves, lotus blossoms, and the same energy and animation in the great Ottoman court carpets (cat. 236) woven in Egypt, in the ceramic tablewares and tiles (cat. 217) made in the Ottoman ceramic center of Iznik, and in the textiles (cat. 225) and velvets woven in Bursa and Istanbul. The attributes of the *saz* style are also magnificently summed up in one of the finest masterpieces of the armorer's art in the Metropolitan, the *yatagan* sword (cat. 221) created in the 1520s by the great Ottoman artist Ahmed Tekelü. On its curved gilded-steel blade, with the distinctive *yatagan* feature of the sharpened edge on the convex side, a dragon and a *simurgh* confront one another, each of their angry red eyes made from a tiny ruby. The ivory hilt, typically without quillons, shows a beautiful vegetal arabesque of curling vines and floral palmettes; the inscription on the blade invokes God's protection, gives the date of completion, and names the patron and the artist.

According to Ottoman documents, Shah Qulu's most talented pupil in the *nakkaşhane* (royal atelier), and his successor as its head, was an artist of Anatolian origin known as Kara Memi (literally, dark Mehmed). Shortly after the middle of the sixteenth century, Kara Memi introduced yet another set of motifs to the stylistic repertoire that was in many ways to become the permanent hallmark of Ottoman Turkish art—a virtual artistic garden of stylized flowers, among them tulips, carnations, honeysuckles, hyacinths, cherry blossoms, and roses. These emblematic flowers now constitute perhaps the most distinctive and familiar aspect of Ottoman style in every artistic medium. They appear on Ottoman carpets of all kinds (cat. 237), a variety of silk textiles (cat. 228), Iznik tiles and tableware (cat. 214), metalware, and the arts of the book, from illumination and bookbinding to miniature painting.

A great impetus for the production of arts in the Ottoman Empire in its economic and political heyday was the extensive patronage of architecture. The seven hills of Istanbul were eventually crowned with mosques, many of them of created through imperial sponsorship, whose construction, decoration, and furnishing involved not only masons and builders, carpenters, and transporters of materials, but also designers and calligraphers, tile makers and wood-carvers, carpet weavers and metalsmiths. The surviving payment registers of construction workers for the greatest work of sixteenth-century architecture in Istanbul, the mosque complex of Sultan Süleyman the Magnificent finished in 1559 by the architect known to posterity as Sinan the Great, give detailed information about a multiethnic and varied workforce comprising artists and artisans of every kind of specialty and level of accomplishment, from apprentice to master.[2]

Arts at the Ottoman court show a number of affinities with the traditions of their neighbors. Trade with Venice and Genoa meant that early on Ottoman artists were familiar with the pictorial traditions of Europe. In the 1470s the Venetian painter Gentile Bellini visited Istanbul at the invitation of Sultan Mehmed II, and his sojourn had a lasting effect on the art of both Venice and Istanbul. Some early Ottoman manuscript illustrations show, especially in architectural depictions, knowledge of European experiments in linear perspective (cat. 200). Others demonstrate clear ties to the Persian painting traditions of Shiraz and Tabriz. Venetian silk weavers and Paduan ceramic artists were influenced by the silks of Bursa and the ceramics of Iznik; by the nineteenth century Ottoman ceramics of Iznik were regarded in Europe as the epitome of that art form and were emulated in the works of French, English, Hungarian, and Italian studio potters.

Rare imported Italian velvets were favored by the Istanbul court over the domestic Bursa velvets that were available in shops in the Istanbul bazaar to anyone who could afford them. In Moscow high clergy of the Russian Orthodox church wore gorgeous vestments made of silk woven in Istanbul and Bursa, while in Istanbul the Ottoman sultans wore winter caftans lined with Russian fur. Egyptian ateliers produced some of the greatest carpets designed at the Istanbul court, while today Ottoman-style fountains and mosques form an integral part of the urban style of Old Cairo. Meanwhile, the Ottoman arts of the Istanbul court exerted a constant influence on the production of luxury items for sale in the bazaar, and the court style even found its way into works of secular and religious art produced for both Christian and Jewish communities within the Ottoman Empire. As the economic power—and the patronage associated with it—ebbed from the court in the seventeenth century, the purchases of a growing urban mercantile middle class, craving prestige, began to replace it.

The center of Ottoman patronage was in Istanbul, but the vast empire itself benefited from the art that had its genesis in the rarefied atmosphere of the imperial court. Among the hundreds of buildings designed and built by the architect Sinan (including the Selimiye Complex, Edirne), dozens are in the Asian and European provinces. Court patrons, men and women alike, were responsible for the construction throughout the empire of mosques, hotels, bridges, highways, law courts, and colleges. Important works of art were made for patrons as diverse as Armenian merchants, Greek Orthodox prelates, Jewish physicians, and, of course, the numerous European diplomats, Levantine traders, and adventurers who made Istanbul their home away from home.

If the capital was where many of the most significant artistic ideas had their genesis, the production of art itself was often undertaken at a distance from Istanbul. The primary centers of commercial carpet manufacture in the Ottoman Empire included what are today known as Konya Province in the central Anatolian plateau and Ushak Province near the Mediterranean in the west. The most prestigious of the carpets produced on commission from the court itself appear to have been woven in Cairo. Silk textiles were woven in Istanbul, of course, but the main commercial center for the trade was Bursa, first vital as a transshipment center for Iranian cocoons and raw silk, then by the seventeenth century as the major center for sericulture within Ottoman borders. While the most important ceramics were produced in Iznik, a few days' journey from Istanbul, where the kilns were under at least nominal court control, other centers of Ottoman ceramic production included Kütahya, Diyarbakir, and Damascus. Spectacular Ottoman embroideries were produced in all reaches of the empire, though most notably in Epirus, where today Greece and Albania share a border. Distinctive local traditions in wood carving, metalware, carpets, and domestic architecture, epitomized by the Metropolitan's famous Damascus Room (cat. 238), flourished for centuries throughout the Ottoman Empire, owing greater or lesser debts to the style of the Istanbul court. Indeed, the brilliance of the enduring traditions of Ottoman art established in the fifteenth and sixteenth centuries, however dazzling, should not obscure the fact that a vibrant and self-renewing artistic tradition continued in the Ottoman realms right down to the end of the Ottoman Empire and the establishment of the Republic of Turkey in 1923—a tradition that had an impact not only on the art of the Islamic world but also on Europe around the Mediterranean and beyond.

1. Washington, D.C., Chicago, and New York 1987–88, pp. 29–36.
2. See Barkan 1972–79.

200. *Manuscript of Hatifi's Khusrau and Shirin*

Turkey, probably Istanbul or Amasya, dated A.H. 904/1498–99 A.D.
Main support: ink, opaque watercolor, and gold on paper
Binding: leather
9½ × 6½ in. (24 × 16.4 cm)
Harris Brisbane Dick Fund, 1969 69.27

Complete illustrated Ottoman manuscripts are very rare outside Turkey. Never pillaged by conquests of foreign powers, Turkey's great libraries today still hold the vast majority of illustrated books created for Ottoman monarchs and court officials over the centuries. Even in Istanbul itself, however, early Ottoman illustrated manuscripts such as this one from the reign of Sultan Bayezid II (1481–1512), firmly dated by chronogram—a short poem the numerical value of whose letters add up to a date in the Islamic system, in this case A.H. 904/1498–99 A.D.—are a phenomenal rarity. Much studied and often cited, the Metropolitan's Hatifi manuscript is a vital link in the history of early Ottoman Turkish painting.[1]

The text, illustrated by seven miniature paintings, is *Khusrau and Shirin*, a romantic narrative poem in the Persian language from a *Khamsa* (Quintet), a suite of five poems written by the contemporary Persian court poet Hatifi (d. 1521), whose fame in Ottoman Istanbul attests to the popularity of Persian as the literary language of the Ottoman court. Adapted from a well-known earlier telling of the same tale by the Persian poet Nizami (d. 1209) in his *Khamsa* completed shortly after 1200, the text of Hatifi's poem, in rhymed couplets, is written in Persianate *nasta'liq* script in two columns on each folio of the manuscript.

The miniatures are among the earliest examples of Ottoman pictorial art to have survived. Of very small scale and only distantly related to the court painting style of Timurid Herat then dominant in the Persian world, these paintings reflect two sources. The high horizons, tightly curled clouds, small, round heads of the figures, and the landscapes of yellow-green on green, all recall a painting style popular at the Tabriz court of the Turkmen, the Ottomans' immediate neighbors to the east. By contrast, an emerging Ottoman interest in the use of orthogonals—receding diagonals—in paintings depicting architecture is probably derived from Ottoman exposure to paintings or prints from Europe employing the new technique of spatial representation known as linear perspective. WBD

1. The most complete discussion of the manuscript is found in Yoltar-Yildirim 2005.

PROVENANCE: Osman Ata'ullah, Turkey; Sir Gregory O. Page-Turner, England (until 1827); his sale, March 1827, lot 190, to Phillips; Sir Thomas Phillips, England (1827–d. 1872); Bibliotheca Phillippica, England (1872–1968); its sale, Sotheby's London, November 25–26, 1968, MS 3127, to MMA

201. *Illustrated Folio from the Siyer-i Nebî (Life of the Prophet) of Mustafa al-Darir al-Erzerumi*

"The Angel Gabriel Meets 'Amr ibn Zayd"
Turkey, Istanbul, ca. 1595
Ink, opaque watercolor, and gold on paper
14⅝ × 10¼ in. (37 × 26 cm)
Purchase, Lila Acheson Wallace Gift, 1994 1994.141

Mustafa al-Darir al-Erzerumi spent most of his career at Cairo in service to the Mamluk sultans for whom he composed a biography of the Prophet, *Siyer-i Nebî*, completed in 1389. Perhaps because it

was written in Anatolian Turkish, this work found its most receptive audience not in Egypt but in Ottoman Turkey, where it spawned both literary imitations and a lavishly illustrated six-volume copy produced for the Ottoman sultans Murad III (r. 1574–95) and Mehmed III (r. 1595–1603) from which this painting derives. Darir's account of the Prophet's life combines a narrative drawn from Arabic authors such as Ibn Hisham (d. 833) and the thirteenth-century Abu'l Hasan al-Bakri with tales of the Prophet's miraculous exploits that are believed to have circulated in the Anatolia of his day. Many of the latter are colored by Christian and Jewish traditions.[1]

In Darir's text, the angel Gabriel performs varied services for the Prophet, his family, and the young Muslim community. Here he offers a shepherd named ʿAmr ibn Zaid his own spear and instructs him to use it to produce water by striking it on the ground. A picture of ʿAmr employing Gabriel's spear is this manuscript's next illustration, which is preserved in the text's fourth volume (Chester Beatty Library, Dublin).[2] Only knowledge of Darir's text permits Gabriel to be identified as an angel, as he has no special attributes such as wings or a halo. Perhaps, due to the ambiguity of this image, someone has added to it the names of Gabriel and ʿAmr ibn Zaid.

According to Ottoman court records, at least five painters were responsible for the *Siyer i-Nebî* manuscript's 814 illustrations. Of those artists, just the painter of the first volume, Hasan Nakkaş, is identified by name. This page, illustrating the conversation of Gabriel and ʿAmr, displays a simplified composition and uses a large-scale script, a feature characteristic of the manuscript as a whole.[3] Although the circumstances surrounding the production of this royal manuscript commission are well documented, the stimulus for Sultan Murad to order such a lavishly illustrated version of Darir's text has yet to be established. PS

1. Tanındı 1984, pp. 28–30.
2. Minorsky 1958, no. T. 419, fol. 74a, p. 35. Minorsky identifies this painting as "Two Youths . . . by a Spring."
3. Tanındı 1984, pp. 26–37.

PROVENANCE: Princess Se'adetlü Bâsh-Rûkhshah, Turkey (in 1753); Major R. G. Gayer-Anderson Pasha, Cairo (in 1939); sale Drouot-Richelieu, Paris, April 15, 1994, lot 2, to MMA

202. *Drawing of a Dragon in Saz Foliage*

Turkey, Istanbul, ca. 1540–50
Ink, opaque watercolor, and gold on paper
Image: 6⅞ × 10¾ in. (17.3 × 27.2 cm)
Mat: 16 × 22 in. (40.6 × 55.9 cm)
Bequest of Cora Timken Burnett, 1956 57.51.26

203. *Drawing of Saz Leaves with Dragons*

Turkey, Istanbul, ca. 1550–70
Main support: ink on paper
Border: gold, ink, and opaque watercolor on paper
Image: 12 × 7⅜ in. (30.5 × 18.6 cm)
Mat: 22 × 16 in. (55.9 × 40.6 cm)
Anonymous Gift, 2000 2000.424

By the middle of the sixteenth century, in the reign of Sultan Süleyman the Magnificent (r. 1520–66), the Ottoman *nakkaşhane*, or court design atelier in Istanbul, was flourishing under the leadership of Shah Qulu, an émigré artist from Iran. Shah Qulu is thought to have been largely responsible for the development of

the new *saz* or *hatayi* style, inspired at once by the art of China and of Iran, which by midcentury had become the new emblem of imperial Ottoman artistry. His drawings in black ink on paper, sometimes with small touches of color, were sought after by Ottoman patrons and incorporated into a number of royal albums created at the court.

The Metropolitan's drawing of a dragon in foliage (cat. 202) bears an inscription stating that it is the work of Shah Qulu "as an exercise"; while this is more likely an attribution added later rather than an artist's signature, Shah Qulu's authorship is entirely credible. The inscription "as an exercise" illuminates the relative simplicity of this drawing as compared with another, probably later, dragon drawing of enormous complexity, also by Shah Qulu, in the Cleveland Museum of Art.[1] Here the entire composition is generated from a thick black line, like a steel spring, that forms the back of the dragon, which is shown moving energetically to the left while treading on a furiously churning bed of feathery leaves. Like the dragon, the leaves are defined by the broad tapering lines of their spines; the textured veining and serrated edges of the leaves, as with the dappled skin of the dragon, are depicted with incredible delicacy.

On the vertical album page (cat. 203), the roles of dragon and leaves are in a sense reversed. Here the main actors are two large leaves, one of which, in a dramatic gesture, pierces the other. The tail of a tiny dragon is visible at the top of the composition, while the head of another is seen at bottom right. This drawing, which

bears the partially legible impression of a seal of a former owner (another, less legible impression is found on the album border), is in fact an artistic combination of two other works in the *saz* style. One is a drawing in a royal Ottoman album now in Istanbul's Topkapı Palace Museum; the leaves in the Metropolitan's drawing are an exact mirror image of those in the Istanbul drawing.[2] The other source exists in two versions, one in the Los Angeles County Museum of Art,[3] the second a recent addition to the Islamic collections of the Musée du Louvre, Paris.[4] In both of these drawings two small dragons are clearly shown, head and tail, twined around a single large leaf with a swordlike spine.

Drawings such as these are virtuoso exercises—imagine them as Chopin études for the reed pen—that allowed artists to demonstrate their skill and imagination outside the more restricted arena of the illustrated book. In the aftermath of the death of Shah Qulu, sometime after the middle of the century, his followers continued his style, which influenced tile making, ceramic tablewares, arts of the book, textiles, and carpets. WBD

1. Denny 1983, pl. 1.
2. Topkapı Palace Museum, Istanbul (no. H 2147, fol. 33A). Ibid., pl. 11.
3. The Los Angeles drawing was formerly in the collection of Edwin Binney 3rd; see Portland and other cities 1979, pp. 18–21.
4. Paris 2001a, p. 115.

Provenance

Cat. 202: Cora Timken Burnett, Alpine, N.J. (by 1940–d. 1956)
Cat. 203: [Anonymous]

204. Folios from an Album of Calligraphy

Calligrapher: Hamdullah ibn Mustafa Dede (d. 1520)
Turkey, probably Istanbul, about 1500
Main support: ink, watercolor, and gold on paper
Margins: ink, watercolor, and gold; marbled paper
Binding: leather and gold
12⅝ × 9⅜ in. (32.1 × 23.8 cm)
Purchase, Edwin Binney 3rd and Edward Ablat Gifts, 1982 1982.120.3

Mounted within colorful *ebru* (marbled) papers and surrounded by parti-colored inner borders, these two pages of graceful calligraphy form part of a leather-bound album composed of six folios. Album making was a popular practice in many parts of the Islamic world, including Persia and the Ottoman Empire, with regional examples following their own distinct style and trajectory of development.[1] Such albums—sometimes referred to as *muraqqa'*—often incorporated paintings, calligraphies, illuminations, colorful decorated papers, and embellished borders.

The earliest Ottoman albums appeared in the fifteenth century, prefiguring the later proliferation of such collections.[2] In Turkey these *murakkaalar* (singular, *murakkaa*; in Arabic, *muraqqa'*) often included calligraphic exercises based on Arabic poems, prayers, and Qur'anic verses—as in this example—and typically were bound in a horizontal format. While many of these Ottoman calligraphy albums have survived, this one is of particular importance as it contains the work of the most celebrated early Ottoman calligraphy master, Hamdullah ibn Mustafa Dede (d. 1520).[3]

Hamdullah, who would come to be known as "Shaikh" Hamdullah, was born and raised in Amasya in north-central Turkey. There he studied the "six scripts," following in the style of the great thirteenth-century calligraphy master, Yaqut al-Musta'simi. During his career Shaikh Hamdullah became associated with the governor of the region, Prince Bayezid (1450–1512), son of the Ottoman sultan Mehmed the Conqueror. When the prince became Sultan Bayezid II in 1481, Shaikh Hamdullah was asked to join him in Istanbul, where he became a royal calligrapher at the Topkapı Palace and perhaps master of the imperial atelier.[4]

In this capacity the prolific artist penned a staggering number of manuscripts, among them a magnificent Qur'an dedicated to Sultan Bayezid.[5] Shaikh Hamdullah is best known, however, for the innovative modifications he applied to the calligraphic scripts, particularly his achievements in *nesih* (*naskhi*) and *sülüs* (*thuluth*) styles. The new proportions he introduced became the canon for Ottoman calligraphy, studied by students and adopted by masters of Ottoman art over subsequent centuries. DMT

1. For more on album making in the Persian tradition, see Roxburgh 2005b. For the Mughal period, see New York 1987–88, esp. pp. 23ff.; and, more recently, Washington, D.C., and other cities 2008–9.
2. See the New York and Los Angeles 1998–99 section devoted to "Murakkaalar," pp. 29–30.
3. Other albums containing the work of this important calligrapher are found in Istanbul's Topkapı Palace Museum (nos. E.H. 2078 and E.H. 2092) and the Turkish and Islamic Museum (no. 2458; see Istanbul 1998a, pp. 44–49, nos. 29–31); in the Khalili Collection, London (see Geneva 1995, pp. 233–35, nos. 161, 162); and in the Sakip Sabançi Museum, Istanbul (see New York and Los Angeles 1998–99, pp. 46–47, no. 1).
4. For a general background on Shaikh Hamdullah's life, see Washington, D.C., Chicago, and New York 1987–88, pp. 44ff.; Raby and Tanındı 1993, pp. 96–100.
5. See Raby and Tanındı 1993, p. 96. They suggest that the Qur'an in question is likely their no. 40 (Topkapı Palace Library, MS A.5). See also Blair 2006, pp. 479–81 and nn. 16–26.

Provenance: Philip Hofer, Cambridge, Mass. (until 1982; sold to MMA)

205. *Tughra of Sultan Süleyman the Magnificent*

Turkey, Istanbul, ca. 1555–60
Ink, opaque watercolor, and gold on paper
Image: 20½ × 25⅜ in. (52.1 × 64.5 cm)
Rogers Fund, 1938 38.149.1

The Ottoman Turkish sultans controlled one of the most efficient, well-organized, and effective governmental bureaucracies of early modern times; at the apex of this governmental structure was the Ottoman Imperial Chancery, which created, copied, and recorded all official governmental orders or decrees, known as *firman*, as well as treaties and official correspondence. The documents created by this elite agency, housed in the Topkapı Palace in Istanbul, were specifically designed to reflect the power and magnificence of the ruler in whose name they were issued. The script used in imperial *firmans*, known as *divani*—literally, of the (imperial) council—utilized a mixture of black and costly gold ink; it was intricate, beautiful, and extremely difficult to read. At the top of every *firman* was a calligraphic device specific to each sultan, known as the *tughra*, which not only indicated the source of the order but, as a combination of royal seal and royal signature, served as the visual public representation of the ruler, in the same way that representations of throne or crown symbolized monarchs in Europe. The earliest surviving Ottoman *tughras* were executed in black ink only. Although the ancient origins of the form are shrouded in mystery, it may have been created by an illiterate sovereign dipping three fingers in ink.

The illuminated *tughras* dating from the early sixteenth century onward that are more typically found on important Ottoman documents are the work of a specially trained court official known as the *tughrakeş*, whose job, equivalent to the Lord Privy Seal in English royal bureaucracy, was to affix the *tughra* incorporating the sultan's name and ancestry to the top of each document. By the time of the reign of Sultan Süleyman the Magnificent (1520–66), the *tughra* had attained its classic proportions and form. These include, to the left, three large loops; at the top, a plume of three ligatures; on the right, two horizontal ligatures that eventually merge; and, at the bottom, an intertwined inscription, which usually follows a set formula: the name of the sultan, his father's name, and the invocation "may his reign endure forever." In many important documents, the first line or lines of text below may expand on the sultan's sobriquets, possessions, and lineage, listing among other things his domains on three continents and his titles, including "the shadow of God on earth."[1]

The Metropolitan's *tughra* of Süleyman the Magnificent is a work of calligraphy and illumination created at the height of Ottoman classicism in the 1550s. Its illumination is restrained, unlike the exuberance of later examples, and employs the classical repertoire of featherlike, curved *saz* leaves and vegetal arabesques incorporating the split-leaf form termed *rumi* in Turkey. The inscription reads "Sultan Süleyman Khan, the son of Sultan Selim Khan, may his reign endure forever."[2] WBD

1. McAllister 1939.
2. Washington, D.C., Chicago, and New York 1987–88, p. 41, no. 4.

PROVENANCE: [E. Beghian, London, until 1938; sold to MMA]

206. Calligraphic Galleon

Turkey, dated A.H. 1180/1766–67 A.D.
Calligrapher: ʿAbd al-Qadir Hisari
Ink and gold on paper
17 × 19 in. (43.2 × 48.3 cm)
Louis E. and Theresa S. Seley Purchase Fund for Islamic Art and Rogers Fund, 2003 2003.241

Inscription in at upper-left corner:
كتبه الفقير المذنب عبد القادر الحصاري في الساكين(؟) اناطولی سنة ۱۱۸۰
Written by the poor sinner ʿAbd al-Qadir al-Hisari living in [?] Anatolia [in the] year A.H. 1180 [1766–67 A.D.]

Inscription in gold, forming the hull and deck of the ship, the names of the Seven Sleepers along with their dog Qitmir; on the stern within a gold disk, the *tughra* of the Ottoman sultan

Inscription below the *tughra*:
السلطان بن السلطان السلطان مصطفی خان بن السلطان احمد خان
The Sultan, son of the Sultan, the Sultan Mustafa [III] Khan, son of the Sultan Ahmad [III] Khan

Inscribed in Arabic on the flagpole: [Qur'an 2:255 (the "Throne Verse")]

Inscription in Ottoman Turkish on the waves of the sea, a prose text relating to navigation and the sea;[1] in larger script, framing the image, poetic verses in Ottoman Turkish
Inscription in Arabic in smaller script, framing the image:
اللهم صل على سيدنا محمد و على آل محمد سيد الفائزين
May God bless our Master Muhammad and the Family of Muhammad, Master of the Victors[2]

Sweeping golden calligraphy forms the hull of this galleon, at sail upon a sea composed of miniscule *ghubar* (dustlike) script. Referred to as calligrams, images composed entirely from calligraphy were created in many regions of the Islamic world, including Persia and India, but were especially popular in Ottoman Turkey.[3] These images take on a wide variety of forms, such as lions, horses, storks, peacocks, dervish headgear, mosques, and ships.[4] Among certain sufi orders of Turkey, some of these word pictures were considered to have mystical significance and often adorned the walls of dervish lodges and other ritual spaces.[5]

Additional examples of calligraphic vessels are known, including a late seventeenth-century drawing of an oared ship signed and dated by Ismaʿil Derdi, today in the Topkapı Palace Museum, Istanbul.[6] In the Metropolitan's galleon, the golden inscriptions of the hull comprise the names of the Seven Sleepers, referred to in Arabic as the *Ashab al-Kahf* (The Companions, or People of the Cave).[7] The story of the Sleepers is found in pre-Islamic Christian sources. It tells of a group of six young Christian men, a shepherd, and the shepherd's dog, who sleep for centuries within a cave, protected by God from religious persecution. In the Qur'an the story is recounted within Sura 18 (*al-Kahf*, "The Cave"); verses 9–26.

While no mention of a ship is made in the story, Ottoman artists have incorporated the Sleepers' names into the depiction of ships since at least the seventeenth century. The names of the Seven Sleepers also appear on talismanic pendants and amulets, even under inkwell lids.[8] This practice may be due to the apotropaic qualities associated with these names. According to recent scholarship, both *hadith* (sayings of the Prophet Muhammad) and *tafsir* (commentaries on the Qur'an) describe the protective qualities associated with the Seven Sleepers and related Qur'anic verses—among them, the belief that if the names of the Sleepers were inscribed upon a ship, it would be protected from sinking.[9] The Ottoman navy is said to have been dedicated to the Seven Sleepers.[10] And, the image at hand likely represents one of the Ottoman fleet's newly fashioned military galleons, outfitted with numerous cannons for battle and shielded from harm by the *Ashab al-Kahf*.

DMT/KZ

1. Thanks to my colleague Deniz Beyazit for kindly reviewing the Ottoman Turkish inscriptions on this piece, and also to Rıfat Günalan and Faruk Biliçi, who kindly consulted with her on these readings.
2. This text is repeated several times, each time with a different final descriptor. The same repeating phrase is also to be found surrounding the signature of the calligrapher on the upper left.
3. For a summary of "pictorial writing" in Persia, see Blair 2006, pp. 449–56 (and related footnotes), which includes an image (p. 450, fig. 10.15) of perhaps the best-known Persian example, a lion composed of verses of the Nad-i ʿAli (an invocation of ʿAli). For more on the use of pictorial writing on the Indian subcontinent, see ibid., pp. 558–59. For more on Ottoman pictorial calligraphy, see ibid., pp. 506–8.
4. The Metropolitan's collection also contains a peacock calligram dedicated to an Ottoman ruler (acc. no. 67.266.7.8r); for the Bellini Album, of which the peacock calligram is part, see cat. 150.
5. See Schimmel 1992; see also DeJong 1992 in the same volume and Frembgen 2010–11.
6. For an illustration of this work, see Istanbul 1998a, p. 83. Another calligraphic ship, dated to the nineteenth century, was sold at Bonhams

in 2000 (see Bonhams Knightsbridge, London, *Islamic and Indian Works of Art*, October 11, 2000, lot 634).

7. Paret 1960.
8. See Porter, V. 2007. For an image of an inkwell with the names of the Seven Sleepers incised onto the underside of the lid, see Acar 1999, p. 90. See also a similar inkwell lid in Kayaoğlu 2000, p. 359.
9. See Porter, V. 2007, p. 126.
10. Ibid.

PROVENANCE: [Ciancimino & Co., London, in 1965]; [Francesca Galloway, London, until 2003; sold to MMA]

207. Ceramic Bowl

Turkey, Iznik, ca. 1500–1525
Stonepaste; painted in blue under a transparent glaze
H. 5 1/8 in. (13.1 cm); Diam. 10 in. (25.4 cm)
Rogers Fund, 1932 32.34

Iznik, the Ottoman name for the old Byzantine city of Nicaea incorporated into the early Ottoman Empire in 1331, had been a center of ceramic production from later Byzantine times onward, but only at the end of the fifteenth century did ceramists at Iznik first make what art historians call "fine ceramics" (from the German *Feinkeramik*) of high artistic quality. This bowl exemplifies the first period of Iznik production, when new techniques and a new style influenced by the Istanbul court began to be reflected in the work; the close ties that the artisans at the Iznik kilns developed to court designs and court patronage in Istanbul were to endure for well over a century.

The style of the bowl's decoration, executed in light and dark blue under a clear glaze, closely parallels drawings in black ink discovered in an album in Istanbul's Topkapı Palace Museum. These drawings are thought to have been made by a designer named Baba Naqqaş (literally, Father Designer), who worked in Istanbul's imperial design atelier in the fifteenth century. As a consequence, Iznik blue-and-white ceramics in this style have been dubbed the "Baba Naqqaş group."[1] The curved side of the interior of the bowl is decorated with four stylized cypress trees with bifurcated tops; cypress trees are a recurring motif in Ottoman art, where they may either symbolize sanctity (such trees are often planted in cemeteries and mosque courtyards) or function as a metaphor for a beloved (Ottoman poetry frequently uses the trope of a cypress for a beautiful woman). These alternate with ogival blue-ground cartouches bearing white flowers in reserve; the curled petals of these flowers, ornamented with tiny dark blue teardrop-shaped forms, are characteristic of the Baba Naqqaş style. The exterior of the bowl shows an arabesque of blossoms connected by vines in the same style, in blue and light blue, on a white ground. WBD

1. See Atasoy and Raby 1989, pp. 96–100.

PROVENANCE: [Dikran G. Kelekian, New York, until 1932; sold to MMA]

208. *Ceramic Vessel in the Shape of a Mosque Lamp*

Turkey, Iznik, 1525–40
Stonepaste; painted in blue under a transparent glaze
H. 6¾ in. (17.1 cm); Diam. 5⅞ in. (14.9 cm)
Harris Brisbane Dick Fund, 1959 59.69.3

Inscription in distorted Arabic in *thuluth* script:
لا فتا إلا علي/ لا سيف إلا ذالفقار [*sic*]
No brave youth except ʿAli, no sword except Dhu'l faqar

Below this, in distorted Arabic in *kufic* script, repeated two times:
الـمـ[ـلـ]ـك لله الواحد
Dominion [belongs to] God, the One

Below in *naskhi* script:
عيش
The pleasure of life

209. *Ceramic Spouted Jug*

Turkey, Iznik, 1525–40
Stonepaste; painted in blue under a transparent glaze
Pitcher (a): H. 8⅞ in. (22.5 cm); Diam. 5½ in. (14 cm)
Lid (b): H. 1½ in. (3.8 cm); Diam. 3½ in. (8.9 cm)
Harris Brisbane Dick Fund, 1966 66.4.3a, b

Iznik ceramics with spiral decoration of the type seen on these two objects were once erroneously thought to have been made in workshops situated on the inner harbor of Istanbul, the famous Golden Horn. They have more recently been dubbed the *tugrakeş* or *tughra*-illuminator group, after the court officials who illuminated the sultan's ceremonial signature on official documents, using similar spiral decoration, in the second quarter of the sixteenth century.[1] Such wares fall into two distinct groups: an earlier group executed entirely in cobalt blue (with occasional accents of turquoise); and a later group embellished with a fine black line with blue accents. Among the best-known examples of the earlier group, the Metropolitan's two small vessels, one in the shape of a glass mosque lamp and the other in the shape of a metal coffeepot, demonstrate the propensity of Iznik artists to borrow forms from other media, especially in the formative years of the Iznik manufactories in the earlier sixteenth century.

The lamp is of special interest because it bears elegant Arabic religious inscriptions and good wishes in *kufic* script, which, in common with inscriptions on some other examples of Iznik ware, demonstrate significant spelling errors. On the body is written *al-mu(l)k lillah* (Dominion belongs to God) and *al-wahid* (the One), referring to God. Below this text on the body is the word *ʿaish* (the pleasure of life). On the flare of the lamp is the phrase "No brave youth except ʿAli, no sword except Dhu'l faqar," referring to the son-in-law of the Prophet and his famous weapon. While such an inscription can plausibly be found within the Sunni Muslim orbit (the sword of ʿAli is frequently depicted on the *sanjak* parade banners of the rigorously Sunni orthodox Ottomans), in the early sixteenth-century Ottoman Empire, at a time of bitter struggle

208

between Sunni and Shiʿi in Anatolia, such mention of ʿAli and his sword might have carried a specifically Shiʿi religious connotation.

No inscriptions complicate the vessel in the shape of a spouted jug (*güze*) or coffeepot. Compared with later Iznik vessels in lamp or ewer form, both of these objects are very small. Exquisite miniatures, they capture the elegance of highly prized blue-and-white Ming porcelain but remain distinctively Ottoman in form and decoration.

WBD

1. Atasoy and Raby 1989, pp. 108–11.

Provenance

Cat. 208: Octave Homberg, Paris (by 1903–8; sale, Galerie George Petit, Paris, May 11–16, 1908, lot 226); [Brimo de Laroussilhe, Paris, until 1959; sold to MMA]

Cat. 209: Ferdinand Adda Collection, Egypt (by 1959–65; sale, Palais Galliera, Paris, December 3, 1965, lot 803, to Marthe Baschet for MMA)

209

210. *Ceramic Plate*

Turkey, Iznik, mid-16th century
Stonepaste; painted in turquoise and two hues of blue under a transparent glaze
H. 3 in. (7.6 cm); Diam. 15½ in. (39.4 cm)
Bequest of Benjamin Altman, 1913 14.40.727

Unique in the history of Turkish ceramics, the design of this rimless dish is executed in turquoise together with two values of blue. The sources for the reticulated central field and the arabesque of lotus blossoms around the cavetto, or curved part of the dish, were long a mystery, until it was pointed out in 1972 that the dish was in fact an ingenious and highly creative adaptation of a famous and familiar Chinese Ming porcelain design.[1] Indeed, the original Chinese design, with a similar geometric grid and an arabesque of lotus blossoms, vines, and leaves, is found in Ming celadon wares, those pale gray-green ceramics so highly sought after by patrons of the Middle East in part because of their purported ability to detect poison added to food. So different in color is the Ottoman work from the Chinese prototype that the relation between the two traditions had long gone unnoticed.

In the artistic culture of Iznik ceramic wares, the concept of a set of identical objects was almost entirely absent. Each plate, each tankard, each vase, bottle, and jug was individually decorated, and even when a paper template was used the colors and details were never the same. In the middle third of the sixteenth century, in an extremely dynamic artistic atmosphere, Iznik artists were experimenting with new techniques (a polychrome palette), new shapes (expanding on the traditional repertoire of forms taken from Chinese porcelain or Islamic metalwork), and, above all, with new designs. When the Altman dish was created, an underglaze gray-green was available to Iznik artists, but it was a thin and uneven pigment totally different in effect from the thick and creamy pea-soup green of the Chinese celadons. Thus, the artist of the Metropolitan Museum's dish took his design from a celadon prototype but chose to realize the conception in a painterly, delicate, and masterfully executed composition using a translucent blue and turquoise together with a darker cobalt blue. The Altman dish vividly illustrates the maxim that acts of artistic creation often begin with acts of creative seeing. WBD

1. Pope, J. A. 1972, pp. 135, 138.

Provenance: Henry G. Marquand, New York; Benjamin Altman, New York (until d. 1913)

211. *Ceramic Dish*

Turkey, Iznik, ca. 1560
Stonepaste; polychrome painted under a transparent glaze
H. 2¾ in. (7 cm); Diam. 12¾ in. (32.4 cm)
Mr. and Mrs. Isaac D. Fletcher Collection, Bequest of Isaac D. Fletcher, 1917 17.120.19

This magnificent polychrome dish, with its design of flowers on a blue ground, documents a crucial moment in the history of Iznik ceramics, when the use of an underglaze red color was first attempted about 1560. Within a traditional shape directly inspired by a Ming Chinese prototype, consisting of a cusped flat rim, a quarter-round cavetto (the curve from the rim to the bottom of the dish), and a flat central tondo, the Iznik artist responsible for this plate created a masterpiece of innovative design in three colors—reserve white, red, and turquoise—on a dark-blue ground. The design reflects the brand-new floral style that emerged in Ottoman court art in the mid-sixteenth century, created by the recently appointed chief of the royal design atelier, an artist known by the nickname Kara Memi (literally, dark Mehmed).[1] The thinness of the red pigment made from an iron-rich clay, known as Armenian bole, and the zigzag red ornaments on the two tulips in the lower half of the central tondo help us to date this work to about 1560, when tile panels designed by Kara Memi, of an almost identical style, were being affixed to the walls of the just-completed Rüstem Pasha Mosque in Istanbul.[2]

The rim is decorated with small white tulips and five-petal blossoms, which impart to the design a sense of rotational movement. Following a practice common by the middle of the sixteenth century, the curved cavetto and flat bottom of the plate are used as a single design surface. The stems of the central floral spray—which consists of two white tulips and two complex, imaginary floral palmettes, one decorated with a *rumi* split-leaf arabesque and the other with smaller flowers—typically originate from a single point at the bottom of the composition. A closer look at this animated design reveals the artist's individual featherlike brushstrokes in the blue background, which contribute a three-dimensional visual texture to the surface. WBD

1. On Kara Memi and his style, see Washington, D.C., Chicago, and New York 1987–88, pp. 55–56; see also Denny 2004, pp. 79 and 117.
2. Discussed in Denny 2004, pp. 79–92; see also Denny 1998, pp. 37–56.

Provenance: Isaac D. Fletcher, New York (until d. 1917)

210

211

212. *Large Footed Blue-and-White Ceramic Dish in Tazza Form*

Turkey, Iznik, ca. 1570–80
Stonepaste; polychrome painted in blue under a transparent glaze
H. 4½ in. (11.3 cm); Diam. 14¼ in. (36.2 cm)
Harris Brisbane Dick Fund, 1966 66.4.2

213. *Blue-and-White Ceramic Dish with Three Bunches of Grapes*

Turkey, Iznik, ca. 1570
Stonepaste; polychrome painted under a transparent glaze
H. 2⅞ in. (7.3 cm); Diam. 13½ in. (34.3 cm)
Edward C. Moore Collection, Bequest of Edward C. Moore, 1891 91.1.102

The great British ceramics scholar Arthur Lane first set out the basic chronology of Iznik ceramic production, in which the earliest period, from about 1490 to 1525, was characterized by, among other things, a blue-and-white palette and a propensity to draw inspiration from Chinese Ming porcelain.[1] Thus, at one time both of these striking blue-and-white Iznik dishes in the Metropolitan were conventionally assigned to the first quarter of the sixteenth century; more recent scholarship, however, has placed them more than fifty years later.

The larger dish (cat. 212), clearly drawing its footed profile from an Italian form known as a *tazza*, is certainly one of the most successful Ottoman attempts at re-creating a well-known type of Ming ceramic decoration. Its blue-black color and the artist's remarkable sensitivity to the texture of Ming floral ceramic decoration show a full understanding of the nuances of the Chinese original, unlike the Ottoman copies of the same original made early in the sixteenth century.[2] Such technical mastery, including the very dark blue-black, is not evident in the early group of Iznik blue-and-white wares of the so-called Baba Naqqaş style, but was well within the abilities and technical repertoire of Iznik artists by the 1580s.[3]

Also inspired by Ming blue-and-white ceramics, the other Iznik dish here (cat. 213) is a fairly close Ottoman interpretation of a Ming design consisting of three bunches of grapes, a motif that continually appeared in Iznik ceramics from the 1530s to the early seventeenth century. The earliest Iznik works with this design utilize a cobalt blue in two values, light and dark, with a dark-blue outlining. Later examples of the 1550s add black and touches of turquoise, and by the 1580s the grapes are sometimes depicted in tomato red and the leaves in bright green. Consisting of tight little whorls executed in black line, the conventionalized border on the rim is a very common Ottoman adaptation of the original Chinese wave-and-rock rim design. The cusped edge and the small bunches of flowers in the cavetto show a continuing Ottoman fascination with the costly Ming originals, huge numbers of which were found in the royal porcelain collection in Istanbul's Topkapı Palace.

WBD

1. See Lane 1957.
2. See Denny 1974b.
3. A very similar *tazza* from Copenhagen was published in Atasoy and Raby 1989, fig. 445.

PROVENANCE

Cat. 212: S. Sevadjian, Paris (until 1927; sale, Hôtel Drouot, Paris, June 1–3, 1927, lot 112); Ferdinand Adda Collection, Egypt (by 1959–65; sale, Palais Galliera, Paris, December 3, 1965, lot 800, to Marthe Baschet for MMA)
Cat. 213: Edward C. Moore, New York (until d. 1891)

214. Ceramic Dish

Turkey, Iznik, ca. 1575–90
Stonepaste; polychrome painted under a transparent glaze
H. 2 3/8 in. (6 cm); Diam. 11 1/8 in. (28.4 cm)
Gift of James J. Rorimer in appreciation of Maurice Dimand's curatorship, 1933–1959, 1959 59.69.1

By the 1580s the Iznik potters began to produce original pottery with a wide variety of highly innovative and sometimes quite mannered or quirky designs that often had little to do stylistically with the professional design atelier in Istanbul. This polychrome Iznik dish with a scene of birds among flowers, contained within the familiar late rim design of tight spirals, is such a work, but in all likelihood there is an implied narrative behind the simple floral

composition that is not readily apparent to the twenty-first-century viewer.[1]

The central tondo contains five main "actors": a bird, probably a nightingale, facing right; a rose immediately to the right of the bird; a honeysuckle to the right of the rose; a spray of hyacinths below the honeysuckle; and a tulip in the center of the plate—all growing from the same clump of leaves. A smaller bird and a spray of six-petaled flowers, both bit players, round out the cast. The lead characters are most likely the rose and the nightingale, which together were popular allegorical subjects of love poetry for Ottoman poets of the fifteenth through the eighteenth century. Other flowers, such as tulips, carnations, honeysuckles, and hyacinths, also frequently played roles in such poetry, and it seems highly plausible that the Metropolitan's dish represents a visualization of this popular Ottoman literary trope. In his "The Rose and the Nightingale" of about 1563, the poet Fazli (d. 1563) evoked the realm of the King of Springtime: "'Midst his blest dominions none uttered wail, / Save it were 'mongst the flowers the sad nightingale."[2] The seventeenth-century poet Neshati (d. 1674) wrote: "We are desire hidden in the love-crazed call of the nightingale / We are blood hidden in the crimson heart of the unbloomed rose."[3]

Because of their great cost and beautiful decoration, Iznik dishes like this one were seldom used for serving food and were instead displayed in the built-in cupboards found in many Ottoman domestic living rooms (such as the Damascus Room in the Metropolitan; cat. 238), where their poetic meanings would doubtless have served as a subject of conversation. WBD

1. See Denny 2004, pp. 173–97.
2. This rather quaint nineteenth-century English translation was taken from Gibb 1901, p. 99.
3. Andrews et al., eds. 1997, p. 131.

Provenance: [Brimo de Laroussilhe, Paris, until 1959; sold to MMA]

215. Ceramic Dish

Turkey, Iznik, ca. 1575–90
Stonepaste; polychrome painted under a transparent glaze
H. 2 in. (4.9 cm); Diam. 10¼ in. (25.9 cm)
Gift of William B. Osgood Field, 1902 02.5.55

New economic pressures and market forces, among them a drastic inflation known in history as the "price revolution," meant that by the last quarter of the sixteenth century ceramic artisans of Iznik were increasingly exploring new frontiers in design. These artistic innovations were not the result of new templates sent from the court in Istanbul for the production of tiled decoration of royal buildings but rather focused on attractive and expensive items of one-of-a-kind decorative luxury tableware meant either for sale in local bazaars or for shipment to foreign markets in Europe. While the borders of dishes such as this, ultimately derived from a Ming prototype depicting foamy waves dashing against a rocky shore, became increasingly conventionalized as a pattern of tight spirals punctuated at intervals by S-shaped volutes, by the 1580s the designs of the central fields demonstrated a burst of artistic originality. Here the two components of the *chintamani* amulet motif beloved of Ottoman artists—pairs of tapered wavy stripes and groups of four circular eyelike spots—have been arranged to form a lattice pattern. Usually the spots appear in groups of three, but this artist has taken the unusual liberty of grouping them in fours.[1]

By the end of the sixteenth century, dishes such as this one were made in increasingly large numbers for the free market, where higher prices could more accurately reflect the new economic realities brought about by inflation, and the ceramic artisans could realize a decent profit from their labors. By contrast, the makers of tiles ordered by the royal court in Istanbul were compensated by a fixed price set at least as early as 1558, which eventually barely covered the cost of manufacture. A document sent in 1585 from Istanbul to an official in Iznik complains that the potters of Iznik "do not work for the State, but rather go away and prepare ceramic tablewares for the pottery merchants."[2] This brilliantly colored and technically flawless dish is therefore not only an example of great artistry but a document of a struggle for economic survival by its makers. WBD

1. On *chintamani*, see Paquin 1992, pp. 111ff. Another variation on this theme, almost certainly by the same artist but with the more conventional triple spots, is in the Museu Calouste Gulbenkian, Lisbon; Ribeiro 2009, p. 86, no. 48. See also Atasoy and Raby 1989, pls. 762, 763.
2. This document and many others on Iznik production were first collected, translated into German, and published by Robert Anhegger as an appendix in Otto-Dorn 1941.

PROVENANCE: W. B. Osgood Field, New York (until 1902)

216. Tile

Turkey, Bursa, early 15th century
Tempered earthenware; molded; polychrome glazed using the *cuerda seca* technique, gilded
11 ½ × 6¾ × 1 ½ in. (29 × 17.2 × 3.8 cm)
Purchase, Friends of Islamic Art Gifts, 1998 1998.246

Four deeply molded interlaces of foliated scrolls, which lie along a central axis, embellish this polychrome-glazed border tile. The sophisticated rendering of the design was achieved through the use of a contrasting palette of white, turquoise, and dark blue with yellow and gold accents that highlight the axis of the ogee-shaped vine scrolls.

This tile once belonged to a group that decorated a wall of the Green Tomb (Yeşil Türbe) in Bursa, the mausoleum of Sultan Mehmed I (r. 1413–21),[1] and matches the border friezes decorating the left side of the entrance portal of the tomb. Enriching the decorative program of the tomb, this interwoven pattern is used repeatedly along with tiles bearing similar patterns that cover other surfaces, such as the outer border friezes of the exterior windows and the columnar borders of the tomb's *mihrab*. Tiles in this technique are among the earliest produced under Ottoman patronage. The decorative program of the Yeşil Türbe in Bursa was supervised by the designer Nakkaş 'Ali, a native of Bursa who was trained in Timurid Samarqand (Transoxiana).[2] The tilework has been attributed to the Masters of Tabriz based on an inscription on the mosque's *mihrab*. The vertical arabesque design of the tiles as well as the entire decorative repertoire of the tomb exhibit affinities with Iranian tilework of the same period.[3]

Tilework techniques used in the complex built for Mehmed I include tile mosaic, monochrome tiles, polychrome tiles in the *cuerda seca* technique, and carved and molded tiles. Such a rich variety of techniques and patterns—including polygonal, vegetal, calligraphic, and three-dimensional decorations—provides the tomb complex with a unique and somewhat eclectic character that exploits the full range of contemporaneous tilework. Furthermore, the tile's deeply molded decoration, which parallels that of tiles from fourteenth-century Kashan and Timurid Central Asia, demonstrates the complexity and universality of the decorative repertoire. The connection to Iran and Central Asia can be explained by the fact that either foreign ceramic artisans were brought to Bursa, where they worked in their native idioms, or local artists such as Nakkaş 'Ali went there and learned new techniques, enriching the production in Bursa. Other tiles and tile elements from this tomb complex with the same technical and stylistic characteristics as the Metropolitan's example are preserved at the Victoria and Albert Museum in London[4] and the Los Angeles County Museum of Art.[5] ME/PG

1. The tomb was a part of larger complex of a mosque and other buildings (an *imarethane* and a *medrese*) that were built between 1419 and 1424 to commemorate the revival of the Ottoman Empire right after Timur's defeat of Bayezid I in 1401.
2. According to Tashköprüzade, a sixteenth-century Ottoman biographer, 'Ali ibn Ilyas 'Ali was a native of Bursa and was carried off to Transoxiana by Timur. See Tashköprüzade 1985, p. 437, as cited in Necipoğlu 1990, p. 136.
3. For more on the *mihrab* inscriptions of the Yeşil Mosque, see Riefstahl 1937. For more on the Timurid connections with the tilework of the Yeşil Mosque and Yeşil Türbe, see Carswell 1998; Denny 2004; Necipoğlu 1990; and O'Kane 1987, pp. 64–72.
4. Victoria and Albert Museum, London (nos. 1617–1892, 1620–1892, and 1621:1-2-3).
5. The lower part of a *muqarnas* panel is in the collection of the Los Angeles County Museum of Art (no. M.85.237.79). The technique of this tile's molded relief decoration is similar to that of another tile in the same collection (no. M.73.5.1), probably from Kashan and assigned to the early fourteenth century.

PROVENANCE: Yeşil Türbe, tomb of Sultan Mehmed I, Bursa (until at least 1855); [Momtaz Islamic Art, London, until 1998; sold to MMA]

217. Ceramic Tile with Saz Leaves

Turkey, Iznik, ca. 1545–55
Stonepaste; polychrome painted under a transparent glaze
11 7/8 × 11 7/8 in. (30.2 × 30.2 cm)
Gift of Richard Ettinghausen, 1978 1978.350

In the mid-sixteenth century Iznik tile makers were still developing both the artistry and the technological capacities that were to result in the large-scale production of high-quality polychrome ceramics in the last four decades of the century. Crucially, tile makers abandoned the hexagonal format that had previously dominated their output in favor of square tiles such as this superb example. They also adopted a black line to outline artistic motifs and developed repeating modular patterns such as this one, which flowed smoothly from tile to tile both vertically and horizontally. Made before a standard square format approximately 10 3/8 inches (26.5 cm) on a side became the norm at Iznik, this tile is slightly larger and grander than tiles from later in the century.

The design, incorporating the complex floral palmettes and curved, decorated leaves of the Ottoman *saz* style, is deceptively simple. A complete panel of these tiles could not be made from identical examples, because the right and left half palmettes (as illustrated) are not identical: one has an edge of round lobes, whereas the other is deeply serrated. Thus, there must be a second mass-produced pattern to complete the design, an exact mirror image of this tile (indeed, examples of both designs are found in various museum collections). Providing us with an example of the overall effect is a group of similarly patterned tiles that was at some later time placed together on the exterior wall of the Rüstem Pasha Mosque in Istanbul (completed about 1561).[1] Shortly after this tile was made, in about 1550, the underglaze red color made its debut at Iznik, and although Iznik artists repeatedly returned to the earlier palette of blue and turquoise on white for ceramic wares, tiles in this coloration and size were not to be made again in the sixteenth century. Larger and rarer than the bulk of Iznik modular tile production and striking in their simplicity, tiles such as this mark a crucial phase in the ever-changing and dynamic relation between designer and tile maker, Istanbul and Iznik. WBD

1. Illustrated in Denny 1977, fig. 113.

PROVENANCE: [Charles D. Kelekian, New York]; Richard Ettinghausen, Princeton, N.J. (until 1978)

218A, B. Two Ceramic Tiles

Turkey, Iznik, ca. 1578
Stonepaste; polychrome painted under a transparent glaze
A. 9⅞ × 9⅞ × ¾ in. (24.9 × 25.1 × 1.7 cm)
Gift of William B. Osgood Field, 1902 02.5.91

B. 5 × 9½ × ⅝ in. (12.7 × 24.1 × 1.6 cm)
Fletcher Fund, 1971 1971.235.2

Major renovations undertaken about 1578 in the private quarters (or harem) of Istanbul's Topkapı Palace during the reign of Sultan Murad III (r. 1574–95) spurred extensive orders for the production of tiles by the ceramic ateliers of Iznik. Some of the new decorations were unified-field panels—works with a single design executed from a large paper cartoon over a field of many tiles—but the majority, used in the private bedroom of the sultan, consisted of repeating designs based on a single tile. The tiles for the royal bedroom appear to have been produced in numbers more than sufficient for the original project, and some of the extras were used in a small Istanbul mosque built by Hajji Hüsrev, the palace's chief procurement officer (many others are today found in museums all over the globe). A quarter century later, the Iznik ateliers were commissioned to make more tiles using the same design; these can be identified by their noticeably lower technical quality.[1]

The repeating-field tiles commissioned for the sultan's bedroom, stemming from the most splendid period of ceramic production in Iznik in the 1570s, are archetypically represented by the Metropolitan's square tile (cat. 218A): a central double-curved cloud band of Chinese origin in brilliant red relief under the clear glaze is flanked by two serrated leaves, while half palmettes are centered on each of the four sides, forming whole palmettes when placed next to the identical forms on the adjacent tiles. Similarly, four halves of red cloud bands radiate from the corners, to be continued on neighboring tiles. As a complement to these brilliant white-ground tiles that covered the walls of the sultan's private quarters, the Iznik artisans created a highly original border consisting of split-leaf forms known as *rumi*, executed in reserve white and blue on a rich tomato-red ground (cat. 218B). Border tiles from this production run, the first such tiles from Iznik to use bright red as a ground color, were also dispersed widely, and the Metropolitan's example has parallels in many other museum collections. WBD

A

B

1. Other examples of both field and border tiles are found in, among others, the Museu Calouste Gulbenkian, Lisbon; the Benaki Museum, Athens; the Victoria and Albert Museum, London; and the Musée du Louvre, Paris. Unpublished examples of the later copies are found in several collections, including the Harvard Art Museums, Cambridge, Mass. See Denny 1998, pp. 146–47, 150; and Denny 2004, pp. 109, 113.

PROVENANCE
Cat. 218A: W. B. Osgood Field, New York (until 1902)
Cat. 218B: [Charles D. Kelekian, New York, until 1971; sold to MMA]

219. *Panel of Underglaze-Painted Tiles*

Syria, probably Damascus, 16th–17th century
Stonepaste; polychrome painted under a transparent glaze
22 × 33 in. (55.9 × 83.8 cm)
Rogers Fund, 1922 22.185.13a–f

As demand for the ceramic production of Iznik increased by the end of the sixteenth century, especially in the area of tile decorations for public and private monuments, Iznik itself fell victim to a series of calamities, including catastrophic fires, the debilitating effects of silicosis (from the dust of the ground flint used for the white ceramic body), lead poisoning (lead is the flux used in the clear glaze that covers Iznik ceramics), the malaria endemic to the Iznik lakeshore that affected the ceramic artisans, and, as we have seen (cat. 215), a price structure that forced Iznik artists to sell tiles at a price that did not cover the costs of labor and raw materials. As Iznik declined, however, new manufactories in the Ottoman Empire sprang up to meet the continuing demand for tiles. One of these, at Diyarbakir in southern Turkey, was briefly active at the end of the sixteenth century.[1] Another arose in the sixteenth century in the provincial Ottoman city of Damascus in Syria, where tiles were produced for over a century.[2]

The Metropolitan Museum's Damascus tile panel utilizes a distinctive palette of dark blue, light blue, turquoise, and touches of pale green, with a black line, painted on a white slip and covered with a transparent glaze. The size of the six individual tiles, each almost a foot square, is slightly larger than the standard square tile used at Iznik. The panel combines two tile designs, each effectively a mirror image of the other, to create a repeating design of parallel undulating grapevines ornamented with distinctive dark-blue grape leaves, vine tendrils, and small bunches of grapes. Differences in the individual tiles suggest that the overall design may have been executed freehand over a large field of tiles, rather than each individual tile having been painted from the same paper template. Such variations, almost never found in Iznik production, are a common feature of Damascus tiles in the seventeenth century. Virtually identical tiles are found in the Darwishiyya Mosque in Damascus, erected in 1571. WBD

1. See Raby 1977–78.
2. Porter, V. 1995, pp. 116–19.

Provenance: Lockwood de Forest, Santa Barbara, Calif. (until 1922; sale, American Art Association, New York, November 24–25, 1922, lot 443, to MMA)

220. *Metal Mirror with Gilded Ornamentation*

Probably Bursa or Istanbul, early 16th century
Iron, inlaid with gold; ivory
H. 9 3/8 in. (23.8 cm); Diam. 4 3/4 in. (12.1 cm)
Fletcher Fund, 1972 1972.24

The austerity and puritanism of early Islam have left an enduring and recurring impact on Islamic art, just as that of early Christianity has returned again and again in Europe to affect art over the centuries. The tension between the intrinsic sensual appeal of beautiful things, epitomized in the luxury objects created for royal courts, and a religion focused on the eternal life of the Hereafter is shared among all of the cultures dominated by the Abrahamic religious tradition. An ivory-handled hand mirror such as this one is the perfect expression of visual sensuality. Created about 1500 for a patron in the Ottoman court, its two circular surfaces—the back covered with a cast-and-gilded *rumi* split-leaf arabesque, and the front, once highly polished—served the end of visual delight.

The tradition in Islam of creating beautiful mirrors, first from cast-and-polished bronze and later from other metals, or of materials such as ivory or jade to which polished metal panels were added, can be considered from a number of perspectives.[1] In early Islamic courts, where royal power and splendor were projected through luxurious costumes, a hand mirror such as this was, apart from looking into a pool of water, the sole means then available for any person in the court to view the end result of an extremely costly investment in wearable symbols of power.

In addition to this practical function, the mirror is also a powerful symbol in Islamic religious prose and poetry, and the concept of reflection is found in many different art forms. Bilateral symmetry in textile design, mirror-image calligraphy, the idea of a carpet as a pool reflecting the medallion-like sunburst of the heavens, and countless poetic tropes about the Beloved, all demonstrate that the concept of the mirror occupies an important place in Islamic thought as well as in Islamic art. The Metropolitan's iron mirror, taking its shape from a thirteenth-century Seljuq steel example now in the Topkapı Palace, Istanbul, is probably one of the earliest such mirrors to survive from Ottoman times.[2] The austere split-leaf or *rumi* decoration is typical of the period. WBD

1. See Denny 1996; on Ottoman mirrors (in Turkish), see Istanbul 1998b.
2. The early steel mirror is discussed in Istanbul 1998b, pp. 74–75.

Provenance: [Charles Ratton, Paris, until 1972; sold to MMA]

221. *Short Sword (Yatagan)*

Attributed to Ahmed Tekelü
Turkey, Istanbul, ca. 1525–30
Blade: crucible steel; forged and inlaid with gold, pearl, and rubies
Hilt: ivory; inlaid with gold, turquoise, and ruby; gold collar, chased and punched
L. overall 23⅜ in. (59.4 cm); L. of blade: 18⅜ in. (46.7 cm)
Purchase, Lila Acheson Wallace Gift, 1993 1993.14

An outstanding example of the luxury arts created at the court of Sultan Süleyman I the Magnificent (r. 1520–66), this *yatagan*, or short sword, is an opulent work incorporating rare and precious materials fashioned according to a sophisticated design. It bespeaks the talents of inspired and inventive artists as well as the demanding taste of a wealthy and indulgent patron. Though designed as a weapon, this *yatagan* can also be appreciated as an object of personal adornment and symbol of wealth and rank for one of the world's most powerful rulers.

The hilt consists of a grip and pommel carved from a single piece of walrus ivory, the surface inlaid flush with cloud bands of gold and, near the top, with foliate tendrils set with rubies and turquoise. The gold ferrule at the base of the grip is worked in relief with tiny foliate arabesques. Fashioned from crucible steel (also called watered or Damascus steel), the recurved blade with its distinctive downward-arched back edge is typical of the Ottoman *yatagan*, which was worn thrust through the waist sash. The blade is decorated on each side near the hilt with a panel of raised gold ornament consisting of dense foliate scrolls inhabited by a battling dragon and a *simurgh* (a mythical Iranian bird, like a phoenix). Both creatures have ruby eyes, and the dragon has silver teeth, while the *simurgh* has a seed pearl set into its head. A gold-inlaid Persian inscription, worn and still undeciphered, is inlaid flush along the back edge of the blade.

The Museum's *yatagan* compares closely with a famous example in the Topkapı Palace Museum in Istanbul, which was made for Sultan Süleyman by Ahmed Tekelü in 1526–27. Indeed, the Metropolitan's *yatagan* was surely made by the same master and for the same patron. Little is known about Ahmed Tekelü other than that he was recorded in a court document as having been rewarded with a substantial payment and a robe of honor, suggesting that he was particularly esteemed among Süleyman's court artists. It has been speculated that his name may derive from that of a Turkmen tribe called Tekelü, which was eventually conquered by the Safavids; Ahmed thus may originally have served in the Persian court at Tabriz before it fell to the Ottomans in 1514 and subsequently followed other Persian artists to the Ottoman court at Istanbul. The appearance of the dragon-and-*simurgh* motif and cloud-band ornament, design elements of Chinese and Central Asian origin that were incorporated first into Persian art and later into the Ottoman decorative vocabulary, tends to support this

theory. Having signed his name in gold on Süleyman's *yatagan*, Ahmed Tekelü can probably be identified as the goldsmith who fashioned the precious metal mounts and who coordinated the work of the bladesmith, ivory carver, and jeweler in the creation of both *yatagans*. Signed Ottoman goldsmiths' work of this period is extremely rare. DGA / SWP

PROVENANCE: Rex Ingram, Los Angeles; his estate sale, A. N. Abel Auction Company, Los Angeles, 1989; Rifaat Sheikh el-Ard, Riyyadh

222. Saber

Turkey, mid-16th century
Blade: steel; forged and inlaid with gold
Guard: iron; forged, chiseled, damascened in gold
Grip: wood overlaid with fish skin, gold nails
L. overall 37⅞ in. (96.2 cm); L. of blade 30¾ in. (78.1 cm); L. of quillons 6⅛ in. (15.6 cm)
Bequest of George C. Stone, 1935 36.25.1297

This saber is fitted with one of the most beautiful and best-preserved Ottoman blades in existence. Long and gently curved, the blade of dark steel is single-edged, with a wide, double-edged point. Both sides are covered overall with Arabic inscriptions within cartouches, which are arranged in two rows down the blade's length. The decorative technique is an unusual one: the inscriptions are left in dark steel, whereas the background is cut away and inlaid in gold flush with the surface. Between the cartouches the surfaces are inlaid with gold tendrils and flowers. The opulence of the blade was originally matched by that of the hilt, of which only the guard survives (the green-dyed fish-skin grip is a nineteenth-century replacement). The cruciform guard of blackened iron has straight quillons with cut-and-pierced palmette-shaped tips, the surfaces chiseled in low relief and damascened in gold with petaled rosettes and meandering stems. This raised ornament is set against a secondary design of floral scrolls in gold, inlaid flush with the surface. The rosettes were originally inlaid with rubies, of which only one fragmentary example remains. Several mid-sixteenth-century swords in the Topkapı Palace Museum, Istanbul, have comparably decorated guards. Judging from these examples, the grip of the Museum's sword would have been of leather-covered wood capped with an angled pommel decorated to match the guard.

While Qur'anic inscriptions are a commonplace embellishment on Islamic sword blades, the extensive and exquisitely rendered

verses chosen for this blade must have had special significance for its owner. The inscriptions specially emphasize the sovereignty of God and the wisdom and power of his servant Solomon. Included are the "Throne" verse (*Surat al-Baqara*, 2:255) and "Victory" verse (*Surat al-Fath*, 48:1–11), as well as the popular war cry "Help from Allah and a speedy victory" (*Surat al-Saf*, 61:13), all frequently encountered on Islamic arms. The references to Solomon (*Surat al-Naml*, 27:17–19, 29–31), the wise ruler, are, by contrast, unusual to find in this context and may be interpreted as allusions to Sultan Süleyman I the Magnificent (r. 1520–66), for whom such an exceptionally rich and sophisticated weapon was very likely made.

DGA / SWP

PROVENANCE: Haim, Istanbul; George C. Stone, New York (until d. 1936)

223. Helmet

Turkey, early 17th century
Copper; hammered, engraved, punched, and gilded
10⅞ × 9 in. (27.5 × 23 cm)
Gift of Mrs. Ruth Blumka, in memory of Leopold Blumka, 1974 1974.118

224. Shaffron

Turkey, 16th century
Copper; hammered and gided
23¼ × 8¾ in. (59.1 × 22.2 cm)
Bequest of George C. Stone, 1935 36.25.496

In the sixteenth century Ottoman metalworkers developed a novel class of wares fashioned from gilt copper, *tombak* in Turkish. Intended for use both in the mosque and the home, these wares included mosque lamps and incense burners, candlesticks, bowls, ewers, tankards, and rosewater bottles as well as door hinges and other decorative appliqués, all fashioned from cast or hammered copper often embellished with engraved, punched, or pierced decoration and richly gilt overall. Gleaming *tombak* vessels were widely used well into the nineteenth century.

In addition to being crafted into religious and domestic objects, *tombak* had an important military application. Ottoman armorers appreciated the visual appeal of the material, which was also much easier to work than iron, and so fashioned from it large numbers of helmets, shields, shaffrons, and standard finials (*'alam*). Although it provided no effective defense in battle, lightweight *tombak* armor was ideal for parades and other ceremonial use and effectively enhanced the pomp and colorful impression of the Ottoman army.

The Museum's helmet is an unusually elaborate *tombak* example. Its pointed bowl is divided into twelve tapering vertical panels, each slightly raised, with alternating panels engraved with a large split-leaf arabesque against a stippled ground; the panels are outlined with rivet holes, suggesting appliqués now lost. Also no longer extant are the horizontal brim, large cheek pieces, nape defense, and textile lining with which the helmet would originally have been fitted. The stylized foliate ornament points to an early seventeenth-century date.

The shaffron—armor for the horse's head—has a simple yet bold form that typifies the so-called plain style in sixteenth-century Ottoman decorative arts. Hammered from copper sheet, the shaffron's central plate is shaped around the eyes and expands down the nose with a decoratively scalloped edge; the surface is articulated by a single groove extending down each side and fanning out over the nose. The center is occupied by a large plume tube and a raised triangular plate placed horizontally across the forehead as a defense against glancing weapons, a feature carried over from iron shaffrons of war. Hinged at the sides by rings of iron are narrow

tombak plates to which were originally affixed the straps and buckles that secured the shaffron around the horse's head.

Both pieces are incised with the *tamga* mark applied to pieces stored in the Ottoman arsenals. DGA / SWP

Provenance

Cat. 223: Theron J. Damon, Istanbul (until 1925; sold to Dean); Bashford Dean, Riverdale, N.Y. (1925–28, sale, American Art Association, New York, November 23–24, 1928, lot 302, to Duveen for Mackay); Clarence Mackay, Roslyn, N.Y. (1928–d. 1938; his estate, from 1938); Leopold and Ruth Blumka, New York (until 1974)

Cat. 224: [Clapp and Graham, New York]; George C. Stone, New York (until d. 1935)

225. Fragment of a Kaftan Back

Turkey, probably Istanbul, mid-16th century
Silk, metal-wrapped thread; *taqueté (seraser)*
52 × 27 in. (132.1 × 68.6 cm)
Purchase, Joseph Pulitzer Bequest, 1952 52.20.15

Artists who, in the mid- to late sixteenth century, created the distinctive luxury silk fabrics with silver- or gold-colored grounds known in Turkish as *seraser* and in French (the standard textile terminology today) as *taqueté*, were a breed apart. They favored a repertoire of eccentric and even bizarre large-scale designs, such as this three-lobed form based on peacock feathers.

Used in the Ottoman Empire to produce silver- or gold-colored silk fabrics by wrapping white or yellow silk yarns with very thin strips of silver or gold foil, the *seraser* technique was practiced by a relatively limited number of weavers, and the earliest surviving examples show small-scale designs adorning narrow stripes (cat. 226A, B). By the middle of the sixteenth century Ottoman cloth-of-silver fabrics began to appear in unusual designs, such as the one seen here. By the mid-seventeenth century the scale of the designs had grown even larger, but the quality of the fabric seriously declined; the surviving *seraser* robes of honor given to foreign ambassadors by the Ottoman court during the eighteenth century are coarse in weave and artistically less than exciting. It appears that the periodic enforcement of legal restrictions on the use of gold and silver in luxury fabrics had an undue impact on *seraser* production and ultimately led to its decline.[1]

The Metropolitan's *seraser* fabric is the back panel from an Ottoman ceremonial kaftan that evidently survived in fine condition until entering the art market in the last century: the two panels constituting the halves of the front of the garment are in the Textile Museum in Washington, D.C., and the Museum of Fine Arts, Boston;[2] the sleeves are in a private collection; and the small diamond-shaped underarm gussets briefly appeared in private hands in the early 1990s, only to vanish again shortly thereafter. *Seraser* was favored for the vast baggy pants (*shalvar*) sometimes worn by the sultans, outstanding examples of which survive in Istanbul's Topkapı Palace Museum. The most remarkable surviving Ottoman *seraser* fabric, with designs depicting Christ Enthroned, was sent from Istanbul as a gift to a sixteenth-century Orthodox Metropolitan of Moscow.[3] WBD

1. See Atasoy et al. 2001, pp. 220–22, 260–63.
2. Textile Museum, Washington, D.C. (no. 1.60); Museum of Fine Arts, Boston (no. 08.387).
3. Atasoy et al. 2001, pl. 10.

PROVENANCE: Dikran G. Kelekian, New York (by 1908–d. 1951; his estate, until 1952; sold to MMA)

226A, B. Two Fragments of Ottoman Silk

A. Small Fragment of Ottoman Silk with Banded *Chintamani* Design
Turkey, probably Istanbul, early 16th century
Silk, metal-wrapped thread; *taqueté* (*seraser*)
16½ × 6¼ in. (41.9 × 15.9 cm)
Rogers Fund, 1915 15.125.7

B. Small Fragment of Ottoman Silk with Banded Design
Turkey, probably Istanbul, first half of 16th century
Silk, metal-wrapped thread; *taqueté* (*seraser*)
17⅞ × 5¾ in. (45.4 × 14.6 cm)
Purchase, Rogers Fund, Louise E. and Theresa S. Seley Purchase Fund for Islamic Art, and The Page and Otto Marx Jr. Foundation Gift, 2003 2003.519

A

B

The overwhelming majority of surviving early Ottoman silk fabrics are in one of two techniques, what the Ottomans called *kemha* (known today by the French term *lampas*) and velvet. Much rarer are Ottoman silk fabrics such as these, woven of metal-wrapped silk thread in an ancient technique called *seraser* (head-to-head) by the Ottomans and today known by the French term *taqueté*. Ottoman *seraser* usually features a silver-colored ground with decorative motifs in two (or rarely three or more) colors. The artists of Ottoman times who designed and wove this particular type of fabric seem to have been highly independent; their works are unusual in that they often do not follow the major stylistic trends in Ottoman art that appear in lampas and velvet fabrics. Most of the relatively few surviving early Ottoman *seraser* fabrics seem to have been made for ceremonial costumes and feature surprising, sometimes even peculiar designs on an enormous scale; the Metropolitan's famous kaftan back (cat. 225) with its huge peacock-feather design is typical.

Specimens of Ottoman *seraser* thought to date from the first half of the sixteenth century, all of which exhibit narrow horizontal bands of small-scale decoration, are extremely rare,[1] and they have survived only in very small vertical fragments. None remain in the Topkapı collections in Istanbul, which is quite exceptional, and no surviving pieces indicate by their cut that they were intended for garments. The characteristic large-scale designs and broad areas of silver ground of most Ottoman *seraser*, ideal for projecting an image of power in ceremonial robes, make the intended use of these small-scale *seraser* fabrics all the more enigmatic. The first of the Metropolitan fragments (cat. 226A) shows a design of tightly drawn *chintamani* forms, small crescentlike pearls in groups of three, in alternating rows of red, blue, green, and black on a gold ground. The fabric forming the ground is yellow thread wrapped with extremely thin strips of silver foil, known in Ottoman times as *sim*, giving it a shiny gold appearance.

The other fragment (cat. 226B) has a more elaborate design, composed of both broad and narrow horizontal bands. In the broader bands, blue diamondlike rectangles, each bearing eight-petaled silver blossoms, are framed by red borders composed of two intertwined silver ribbonlike forms. These wider bands alternate with narrower white-ground bands containing a blue undulating vine. The overall effect results from the richness of colored silk accented with the silvery sheen of the metal-wrapped thread. Only a few of these banded *seraser* fabrics exhibit designs showing the impact of the Ottoman floral style after 1550, which suggests that the majority may date from the first half of the sixteenth century.

We may never know why many of the most beautiful surviving sixteenth-century Ottoman fabrics in the Topkapı Palace collections have come down to us in the form of small fragments, the remainder of the bolts of silk from which they originally came having vanished, possibly due to a catastrophic fire.[2] This being the case, the surviving *seraser* fragments with banded layouts such as those in the Metropolitan constitute both an artistic treasure and an intriguing mystery. WBD

1. Doha 2004, pp. 26–31.
2. See Atasoy et al. 2001, pp. 217–19.

PROVENANCE:
Cat. 226A: [Indjoudjian Frères, Paris, until 1915; sold to MMA]
Cat. 226B: [Dikran G. Kelekian, New York; to Beshir]; [Karekin Beshir, Inc., New York, ?1952–87, to Textile Gallery]; [The Textile Gallery, London, 1987–88]; The Wher Collection, Lugano, Switzerland (1988–2001; sale, Christie's South Kensington, October 19, 2001, lot 156); [The Textile Gallery, London, 2001–3; sold to MMA]

227. Kaftan Back

Turkey, probably Istanbul, first half of 16th century
Silk, metal-wrapped thread; lampas (*kemha*)
50 × 25½ in. (127 × 64.8 cm)
Purchase, Joseph Pulitzer Bequest, 1952 52.20.18

A striking design of blue and yellow large-scale floral roundels in staggered rows on a red satin ground ornaments this loom-width piece of Ottoman brocaded silk fabric that probably served as the back of a ceremonial kaftan robe. The technique, a combination of two different weaves, is called *lampas* in French and *kemha* in Turkish. It combines a red shiny satin ground, whose surface is composed only of vertical warp threads, with vegetal and floral design motifs executed in variously colored supplementary wefts in twill weave, including metal-wrapped silk.[1] The layout allows the design to repeat both horizontally and vertically if the designs are matched when one loom-width is sewn to another loom width from the same bolt.

The tiny, upright, circular pomegranate forms on top of each floral roundel in this silk and metallic-thread textile indicate that the layout was designed with a definite top and bottom. Two networks of thick stems link the roundels and surround them—one stem pattern notionally on a level above the other—and are in turn ornamented with smaller roundels bearing flowers whose six petals are arranged in spirals. The complete absence in the design of the Ottoman stylized flowers that became popular in the second half of the sixteenth century, together with some Italianate features of the layout, suggests that this beautiful fabric was probably woven in Istanbul in the first half of the sixteenth century.

When he visited the Ottoman Empire in the late 1550s, Ogier Ghiselin de Busbecq, serving as ambassador for the Habsburg ruler of Vienna, wrote eloquently about the richness and beauty of the fabrics that he saw in ceremonial robes worn on the occasion of a great state audience. He noted the great dignity they conferred on their wearers and commented on the contrast between the complexity, color, and beauty of the fabrics themselves and the simplicity of the cut of each robe, a comment borne out by the minimal tailoring evident in this panel.[2] WBD

1. On lampas, see Atasoy et al. 2001, pp. 224–25.
2. See Busbecq 1927, p. 61.

PROVENANCE: Dikran G. Kelekian, New York (by 1908–d. 1951; his estate, until 1952; sold to MMA)

228. Length of Fabric

Turkey, probably Istanbul, ca. 1565–80
Silk, metal-wrapped thread; lampas (*kemha*)
48 × 26½ in. (121.9 × 67.3 cm)
Purchase, Joseph Pulitzer Bequest, 1952 52.20.21

One of the more popular layouts with Ottoman textile artists, and one that eventually found its way into other media such as ceramic tile decoration, the pattern on this fabric fragment features parallel undulating vines adorned with leaves and flowers. This example, almost certainly from the later 1560s and deservedly among the most famous Islamic textiles in the Metropolitan Museum, is a beautiful and early demonstration of Ottoman *kemha*, a complex brocaded silk weave. The design, featuring compound floral palmettes and leaves decorated with the newly invented motifs of stylized flowers—tulips and carnations (see detail)—as well as traditional stencil-effect lotus blossoms, is executed in gold twill on a brilliant red satin ground. The combination of superb drawing, the impression of animated movement, and the simplicity of color palette typifies the very best of Ottoman textile design at a time when the classical brilliance of the Ottoman floral style was at its peak, before it evolved into the more individualistic and often mannered style of the 1580s and beyond.

Several artistic decisions have resulted in the aesthetic success of this loom-width panel. The first involved visual texture: the decision to decorate the wide bands of swaying vines with a small pattern of zigzag lines (rather than executing them in white) makes them the basic structure of the design without overwhelming the two different kinds of palmettes growing from them. The second decision concerned scale: the new motifs, the stylized tulips and carnations, are subordinated to the large-scale palmettes that they decorate, with a single small tulip making a periodic solo appearance on the red ground. The third artistic decision was one of layout: how to make a horizontal connection between the vertical vines only once in every repetition of the design. This was accomplished by making a left-leaning leaf decorated with a single carnation and tulip overlap the adjacent vine. The result is the epitome of the Ottoman classical style: a combination of richness and simplicity, large-scale grandeur and subtle detail.[1] WBD

1. On the layout, and this textile, see Atasoy et al. 2001, pp. 282–85, and pl. 42.

PROVENANCE: Dikran G. Kelekian, New York (until d. 1951; his estate, until 1952; sold to MMA)

229A–C. Three Textile Fragments with Ogival Patterns

A. Loom-Width Fragment of Silk Fabric with Blue Ground
Turkey, probably Istanbul, mid-16th century
Silk, metal-wrapped thread; lampas (*kemha*)
24 × 26½ in. (61 × 67.3 cm)
Purchase, Joseph Pulitzer Bequest, 1952 52.20.22

B. Loom-Width Fragment of Silk Fabric with Red Ground
Turkey, probably Istanbul, ca. 1570–80
Silk, metal-wrapped thread; lampas (*kemha*)
123½ × 26½ in. (313.7 × 67.3 cm)
Rogers Fund, 1944 44.41.2

C. Loom-Width Fragment of Silk Fabric with Purple Ground
Turkey, probably Istanbul, ca. 1570–80
Silk, metal-wrapped thread; lampas (*kemha*)
56¼ × 26 in. (142.9 × 66 cm)
Anonymous Gift, 1949 49.32.79

Seen in these three colorful pieces of Ottoman silk from the sixteenth century, the ogival lattice became the most emblematic of all Ottoman design layouts for both lampas and velvet fabrics. Similar layouts were used first in Chinese silk cloth and later in fifteenth-century Mamluk silks from Egypt as well as European velvets, but throughout the second half of the sixteenth century the Ottomans produced an astonishing variety of ogival-design textiles utilizing the famous Ottoman stylized flowers as decorative motifs.

The blue-ground fragment (cat. 229A) with pale orange and gold ornamentation is both the smallest and the earliest of the three; its design consists of staggered rows of ogival medallions, each with a central tulip amid leaves that appear stencil-like in form, surrounded by a cusped collar decorated with small leaves, surrounded in turn by a more complex leafy margin decorated with honeysuckle blossoms. The blue ground between the medallions is ornamented with more orange and gold tulips and with round pomegranates, each decorated with a rosebud, on a network of thin, sinuous stems. Overall, the effect is restrained and elegant in its simplicity.

By the time Ottoman textile artists created the designs for the other two ogival-layout silk fragments seen here, more adventurous ideas had begun to prevail. The red-ground fabric (cat. 229B), with both selvages intact, is unusually long for a surviving piece of Ottoman silk and was probably used for furnishings, since it has not been cut in a shape to make a garment. Tightly drawn lotus blossoms and tulips in the gold medallions contrast with the size and boldness of the interlocking interstitial motifs, which are decorated with tiny jewel-like ornaments with a scalelike texture. Details of the design have been related to Italian damasks.[1]

The purple-ground fragment (cat. 229C), with its central leaf-edged medallions bearing sprays of tulips, carnations, and rosebuds on a rich gold ground, uses a more conventional ribbonlike device to delineate the ogival areas; the ribbon is decorated with tiny rosebuds and tulips. Relatively uncommon among Ottoman fabrics is the rich purple ground, and the use of a dark-brown silk warp lends a deeper and richer effect to the design.[2] The pattern of cuts at the top and bottom of this piece suggests it was used in a garment, probably an Ottoman ceremonial kaftan, where its rich colors, large areas of gold, and impressive scale would have made a striking effect. WBD

1. See Atasoy et al. 2001, pp. 104, 105, and 332, fig. 208, pl. 57.
2. Ibid., p. 332, pl. 58.

PROVENANCE
Cat. 229A: Dikran G. Kelekian, New York (until d. 1951; his estate, until 1952; sold to MMA)
Cat. 229B: [Dikran G. Kelekian, New York, until 1944; sold to MMA]
Cat. 229C: Anonymous (by 1935–49)

A

C

B

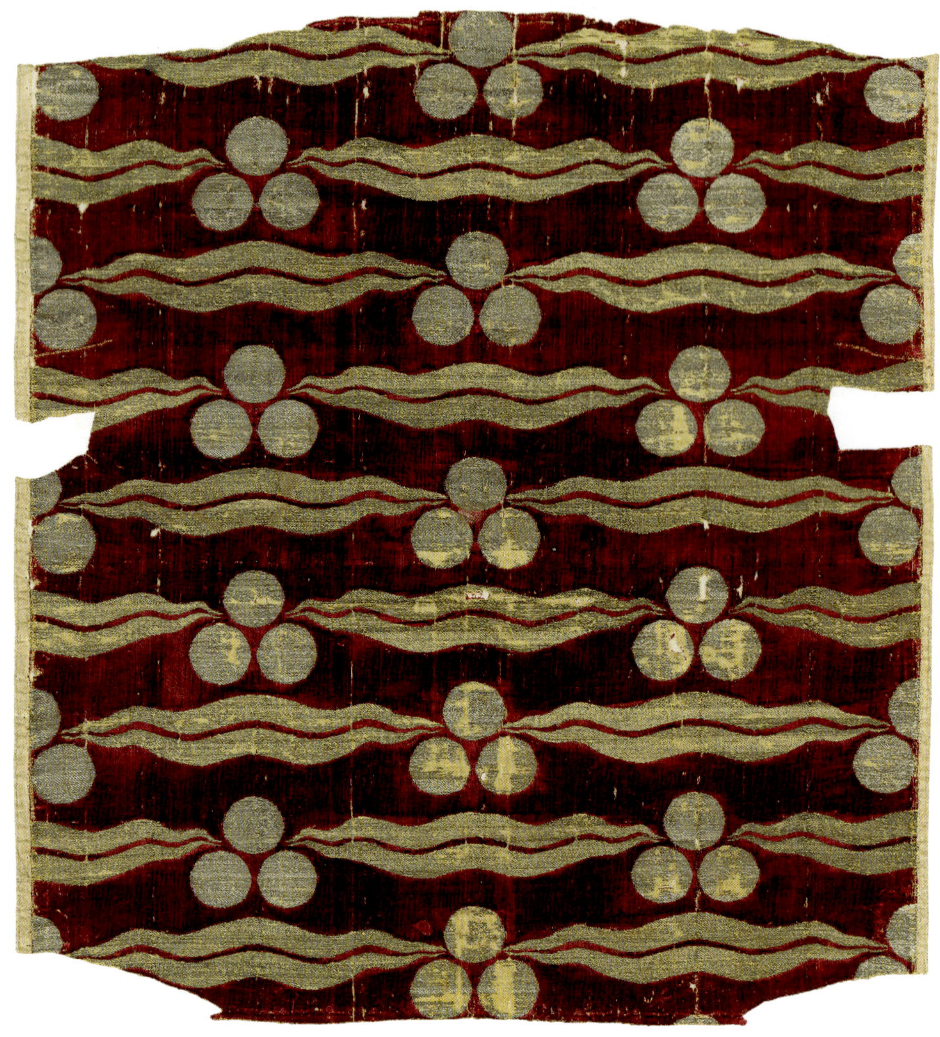

230. Velvet Fragment

Turkey, Bursa, second half of 15th century
Silk, metal-wrapped thread; cut and voided velvet (*çatma*), brocaded
29½ × 28 in. (74.9 × 71.1 cm)
Rogers Fund, 1908 08.109.23

Silk velvets woven in Bursa, the Ottoman Empire's first major capital city and its center for the trade in Iranian and domestic raw silk as well as for luxury silk weaving, reached their zenith in quality by the later fifteenth century. This small fragment, probably originally from the back of a garment, exhibits a dense silk velvet pile dyed dark purple-red with expensive insect-based dye. The areas without pile were originally densely brocaded with ivory silk yarns wrapped in very thin strips of silver, most of which has over time tarnished to a dark gray. Early Bursa velvets were woven on looms with a standard width of about twenty-nine and one half inches (75 cm), and this loom-width example has a selvage on both sides. Other examples from this bolt are found in many museums.[1]

The pattern is known as *chintamani*, a Sanskrit term translatable as "auspicious jewel." In an amazing design migration, the original Buddhist artistic form—three flaming pearls set in the headdress of a bodhisattva—entered the Islamic world as early as the ninth century, where it appeared in the Abbasid pottery of Samarra in Iraq. Recognized as a good-luck symbol of great power, it appeared again quite prominently around 1400 in Timurid coinage struck in Iran and Central Asia, and by the later fifteenth century the form began to appear in almost every medium of Ottoman art, from ceramics, manuscript binding and illumination, woven textiles, and carpets to metalware, carved stone architectural decoration, leatherwork, and embroidery.[2]

The three-spot design is often referred to in Ottoman sources as *benekli* (spotted) or *pelengi* (leopardlike).[3] Over time, the form appears to have gathered, in addition to its associations with good luck and the warding off of evil spirits, a distinctly masculine aura, probably because of its association with the spotted leopard-skin helmet and striped tiger-skin coat worn by the popular Persian epic hero Rustam. Ottoman art with this motif usually appears in the secular sphere, but by the later seventeenth century the *chintamani* motif was prominently used on the facade of an imperial house of prayer, the Yeni Valide Mosque, in Istanbul. WBD

1. Among others, the Textile Museum, Washington, D.C., and the Museum of Fine Arts, Boston.
2. See Paquin 1992.
3. Denny 1972; see also Washington, D.C. 1973, p. 21 and pl. 1.

PROVENANCE: [Dikran G. Kelekian, New York, until 1908; sold to MMA]

231. Velvet Cushion Cover (Yastık)

Turkey, Bursa, ca. 1600
Silk, cotton, metal-wrapped thread; cut and voided velvet (*çatma*), brocaded
Side a: 50 × 26½ in. (127 × 67.3 cm)
Side b: 50½ × 26½ in. (128.3 × 67.3 cm)
Mr. and Mrs. Isaac D. Fletcher Collection, Bequest of Isaac D. Fletcher, 1917 17.120.123

Standard furnishings of an Ottoman domestic interior included platforms around the edge of a room—called *sofa*, from the term *suf*, meaning wool, with which their upholstery was usually stuffed—that were upholstered with mattresslike cushions for seating. Flat bolster pillows known as *yastık* were placed against the wall to form a back to lean against. Such built-in furniture, common in both the *harem*, the private family quarters of an Ottoman residence, and the *selamlık*, or area where guests could be entertained, was commonly decorated with lavish textiles that proclaimed the prosperity, social standing, and good taste of the household. Often these textiles were made in matching sets. Some were covered with needlework (embroidery), especially in later Ottoman times; in the sixteenth and seventeenth centuries, however, the wealthiest households, up to and including the sultan's palace itself, frequently employed Bursa silk velvet fabrics, often enriched with metallic brocading, for upholstery and wall hangings.

The silk velvets woven in Ottoman Bursa were in the main destined for use as furnishing fabrics, and the Bursa weavers skillfully developed velvet patterns that were ideally suited for interior decoration. As can easily be seen, the design of this loom-width *yastık* bolster cover was adapted from a conventional bolt of velvet cloth with staggered rows of upright palmettes to incorporate a repeating series of identical cushion or bolster covers, with as many as eight or more such covers, or panels, that could be cut from a single bolt of cloth.[1] Each panel was a bit more than two feet wide (the width of a typical Bursa velvet loom during this period), and the length was usually about double the width. At both ends of the panel pattern, we see flaps or lappets consisting of an arcade of six small arched forms whose background color alternates between silver and white. WBD

1. Atasoy et al. 2001, pp. 212–13.

PROVENANCE: Isaac D. Fletcher, New York (until d. 1917)

232. *Silk Banner (Sanjak)*

Turkey, probably Istanbul, dated A.H. 1235/1819–20 A.D.
Silk, metal-wrapped thread; lampas, brocaded
115¾ × 85½ in. (294 × 217.2 cm)
Fletcher Fund, 1976 1976.312

Inscriptions in Arabic in *thuluth* script:

Around the edge, in green fabric, repeated several times: [Qur'an 112]

In the central roundel at top (upside down):
بسم الله الرحمن الرحيم يا حافظ
In the name of God, the Merciful, the Compassionate, O Guardian

In circles to left and right of the flag, repeated (read from right): [Qur'an 11:88]

On the handle of flag (read from right):
يا حضرت خالد
O your highness Khalid (Probably Khalid Ibn al-Walid, the leader of Muslims in battle)

On the field of the flag:
أبي أيوب انصاري
For Abu Ayyub Ansari ([in Turkish, Eyup] a companion of the Prophet who died in an unsuccessful Arab siege of Constantinople in 674 A.D.)

In the central crescent-moon arc, a hadith of the Prophet and a date:
رُوي عن أبي هريرة رض[الله عنه] قال رسول الله/ صلى الله عليه وسلم/ ١٢٣٥
It is reported by Abu Hurayra, [may God be] pleased [with him], that the messenger of God, blessings and peace be upon him, A.H.1235 [1819–20 A.D.]

Inside the moon arc continuing the hadith:
عدل ساعة خير من عبادة سبعين سنة
One hour of justice is better than seventy years of worship

In six circles to left and right of the sword, the name of God, the Prophet, and the first four caliphs:

Left side from top:	Right side from top
الله محمد ابو بكر	عمر عثمان علي
God/Muhammad/Abu Bakr	'Umar/'Uthman/'Ali

On the octofoil sword, appearing four times, two of which are in mirror image (*muthanna*) to the other two:
يا ديان يا برهان
O judge, O proof

On the sword (read from left, written backward in mirror writing):
[Qur'an 4:95–96]

Ottoman shield-shaped woven-silk banners such as this, known by the term *sanjak* (in Turkish, *sancak*), have long been used for military and religious purposes in the Ottoman Empire. A small example said to have been carried on the battlefield of Kosovo in 1389 is preserved in the Military Museum in Istanbul; a sixteenth-century French engraving depicts such banners carried by Muslim pilgrims; and a German account dating to about 1600 of an embassy to Istanbul presents a number of woodcuts showing *sanjak* banners being carried in various Ottoman processions.[1] Banners with dates woven into the fabric are known from as early as the later seventeenth century.[2] The Metropolitan's banner, dated to the early nineteenth century, thus represents the continuation of a long tradition, whose earlier examples have largely perished, doubtless through hard use.

Woven into the fabric is the representation of a double-bladed sword. It refers to Dhu'l faqar, a double-edged (misunderstood as double-bladed) weapon that, according to Muslim legend, belonged to 'Ali, cousin and son-in-law of the Prophet Muhammad, and the fourth "Rightly Guided Caliph" of the Muslim community after the death of the Prophet. The inscriptions on the Metropolitan's banner, found on many other such banners of this and earlier periods, show a self-conscious attempt both to stress the symbolism of the sword of 'Ali and to avoid any hint of Shiism, the sect of Islam that denies the legitimacy of the first three caliphs.

The sudden appearance of significant numbers of such traditional *sanjak* banners in early nineteenth-century Turkey is hard to explain. In a period of tension between traditional and modernizing factions before the violent suppression of the Janissaries in 1826, these banners may reflect one side of the coming confrontation between tradition and modernity in the Ottoman army. WBD

1. On Ottoman banners, see Denny 1974a.
2. Ibid.

PROVENANCE: Private collection, France (at least since before 1939); [Ahuan Islamic Art, until 1976; sold to MMA]

233. *Cover*

Probably Turkey, 16th–17th century
Linen, silk; plain weave, embroidered
73¾ × 59⅝ in. (187.3 × 151.4 cm)
Gift of George D. Pratt, 1929 29.39

With its fresh palette, bold patterning, and engaging asymmetries, this charming textile embodies characteristics common to a number of Ottoman embroideries in the Metropolian's collection. Embroideries were produced in many contexts throughout the far-reaching Ottoman Empire, from the imperial court ateliers of Istanbul to the provincial private sphere. Domestic embroideries such as this typically were made within the home for personal consumption, or for limited sale. It has been suggested that these large embroidered pieces may have served as coverlets or wall hangings.[1] Surviving examples date from as early as the sixteenth century, with production continuing well into the nineteenth century.

The pattern of this piece—a meandering red, yellow, and green garland lattice enclosing floral-filled medallions edged with blue flamelike borders—finds its echo on a similar textile in the Victoria and Albert Museum, London.[2] Such ogival designs were likely inspired by the patterning of more luxurious Ottoman silk lampas textiles of the sixteenth century.[3] Unlike the contemporary

silks, however, where the design was woven into the fabric through the use of a complex drawloom system, the patterns of these embroideries were created entirely by hand, stitch by stitch with needle and thread, worked in colored silk on a simple loosely woven plain-weave linen ground.

This cover is composed of three separate pieces; only a subtle color variation in the blue thread reveals the divisions. Since the linen foundation fabrics for these pieces often were woven on small looms, making larger covers required joining several loom widths to achieve the desired size.[4] Perhaps to enable a division of labor, the embroidery of the individual panels was completed separately before they were assembled. To ensure alignment of the final design, an underdrawing—still visible on this piece—was provided to guide the hand of the embroiderer. DMT

1. Washington, D.C. 2000, p. 71.
2. See Ellis, M., and Wearden 2001, pl. 3, p. 33, and entry on p. 16. See also what appears to be a third piece with similar pattern published in Wace 1935, pl. 109.
3. See, for example, cats. 229B and 229C in this catalogue. These, along with other ogival-pattern silks of the period, are published in Atasoy et al. 2001, pls. 57, 58.
4. Washington, D.C. 2000, p. 35.

Provenance: George D. Pratt, New York (until 1929)

234. *Early Animal Rug*

Turkey, 14th century
Wool (warp, weft, and pile); symmetrically knotted pile
65 × 54½ in. (165.1 × 138.4 cm.)
Purchase, Harris Brisbane Dick Fund, Joseph Pulitzer Bequest, Louis V. Bell Fund and Fletcher, Pfeiffer and Rogers Funds, 1990 1990.61

Early animal rugs of Anatolia have long held a special fascination for Western scholars, perhaps because the type has such strong historical ties to Europe as objects of high status. The two best-known examples are the Berlin dragon-and-phoenix rug, acquired by Wilhelm von Bode in 1886 in Rome but said to come from a church in central Italy, and the Marby rug, discovered in a small church in Marby, Sweden, in 1925, featuring pairs of birds confronting a central tree.[1] Numerous versions of animal rugs were depicted in European paintings (most notably Italian) dating from the fourteenth and fifteenth centuries, and usually shown in exalted circumstances.[2] There are also scattered fragmentary animal rugs lacking a specific European context but which add to the range of known pattern types.[3]

The picture changed considerably in 1990, when a series of animal rugs started to appear in the market, reportedly from Tibet.[4] This rug, acquired by the Metropolitan Museum, was the first. It features bold coloring and a highly stylized pattern consisting of two pairs of confronted quadrupeds of indeterminate type—forelegs are raised, jaws agape, and they seem to be performing a kind of dance. Each animal contains a smaller version of itself, in a play on the stock image of an animal within a compartment found in many ancient and medieval textiles. The existence of the Metropolitan's rug proved that two paintings, one from the great Ilkhanid *Shahnama* (Book of Kings) of about 1330, the other an Italian rendition of *The Marriage of the Virgin* dating from about 1410, showing representations of carpets featuring animals with raised forelegs, were based on actual rugs.[5] Furthermore, the distinctive *kufic* borders of at least two of the rugs in the group match up in specific details with the outer border of the rug represented in the Persian painting.[6]

Palette, materials, structural features, and certain design elements link this animal rug to material that is ascribed to Anatolian production in a generic rather than specific way, including the other "early" animal rugs. These pieces do not make up a homogeneous group and thus do not represent the production of a single weaving center. An attribution to Anatolia says little about the cultural context of production. In this regard, it has recently been proposed that the Museum's animal rug and its close relatives might well represent Ilkhanid production, given the very similar attributes seen in the Ilkhanid *Shahnama* painting of about 1330. It has also been posited that the trade network of the Ilkhanids can explain the simultaneous movement of the animal rugs between

Anatolia and Italy, on the one hand, as testified by representations in paintings, and between Anatolia and Tibet, on the other, as indicated by the rugs themselves.[7]

Although an earlier date of production cannot be ruled out altogether, assignment of all the animal rugs in the Tibetan group to the fourteenth century is consistent with the *Shahnama* date and also aligns with the very early fifteenth-century dating of the Italian painting. That dating also falls within the range of carbon-14 results for the "Tibetan" group of animal rugs.[8] Both the Marby rug and the Berlin dragon-and-phoenix rug represent somewhat later production, with the manufacture of the Berlin piece coming no earlier than 1486.[9] DW

1. Museum für Islamische Kunst, Staatliche Museen zu Berlin (no. 1–4); Statens Historiska Museet, Stockholm (no. 17786). Both were published in Sarre and Trenkwald 1926–29, vol. 2, pls. 1 and 2.
2. Mills 1978, with references to earlier studies.
3. See Ettinghausen 1959; see also Lamm 1985.
4. These are enumerated in Franses 1993b, pp. 266–69; and in Thompson 2010, p. 52 and n. 54.
5. Ettinghausen 1959, figs. 4 and 6; *Hali* 1990, p. 155.
6. The carpet in the Museum of Islamic Art, Doha, was published in Hamburg and Stuttgart 1993, p. 15. The rug in the Bruschettini Collection is unpublished.
7. Thompson 2010, pp. 52–54.
8. Franses 1993b, p. 373 n. 318.
9. Rageth 2004, pp. 106–8.

PROVENANCE: Fred Cagan, Nepal; [Lisbet Holmes Textiles, London, until 1990; sold to MMA]

235. *Star Ushak Carpet*

Turkey (western Anatolia), late 15th century
Wool (warp, weft, and pile); symmetrically knotted pile
13 ft. 10 in. × 91½ in. (421.6 × 232.4 cm)
Gift of Joseph V. McMullan, 1958 58.63

Of the many surviving fifeenth- and sixteenth-century carpets with the so-called star pattern woven in the western Anatolian district of Ushak (in Turkish, *Uşak*), this example from the McMullan collection is widely acknowledged to be the preeminent masterpiece because of its large size, good condition, and excellent draftsmanship and execution. Carpets of this type were at one time attributed exclusively to the sixteenth century; the earliest example illustrated in a European painting appears in Venice in a work by Paris Bordone from the year 1534.[1] Recent scholarship has made a strong case that the best and earliest Ushak carpets from two design groups—those with star medallions, such as the McMullan example, and those with ogival medallions—must in fact have been made in the fifteenth century.[2]

The McMullan Star Ushak carpet is probably one of the earliest Anatolian carpets to demonstrate the effect of what the German scholar Kurt Erdmann called the "carpet design revolution" of the fifteenth century.[3] Briefly stated, the design revolution marked a historical transition from carpets with relatively low knot density and highly geometric designs deeply rooted in traditional weaving traditions to carpets with higher knot density and curvilinear designs based on the arts of the book practiced in Islamic courts. The design of the Metropolitan's carpet is infinite: the Star Ushak pattern of eight-lobed stars and smaller diamonds, which closely resembles the tile wall decoration of contemporary buildings in northwestern Iran and Anatolia from which it is probably derived, is arbitrarily cut by the four borders of the carpet but could be repeated indefinitely. A carpet of this size, after all, is usually employed as an architectural decoration on a horizontal surface—a floor. Like all Ushak carpets, this one is woven with a wool warp, weft, and pile; the limited range of brilliant colors, the symmetrical knot, and the medium knot density are all characteristic of early western Anatolian carpet weaving. WBD

1. Denny 2006–7, p. 177.
2. See McMullan 1965, pp. 230–32, no. 67; the fifteenth-century dating is proposed by Walter B. Denny in Washington, D.C. 2002–3, pp. 38–43. Comparative material is found in Ölçer and Denny 1999, pp. 36–45 and pls. 71–74.
3. Erdmann 1976, pp. 31–33.

Provenance: Joseph V. McMullan, New York (by 1954–58)

236. Large Ottoman Court Carpet

Egypt, Cairo, last quarter of 16th century
Silk (warp), wool (weft and pile); asymmetrically knotted pile
164¾ × 95¼ (top)–102⅝ (bottom) in. (418.5 × 241.9–260.7 cm)
The James F. Ballard Collection, Gift of James F. Ballard, 1922 22.100.57

Carpets such as this splendid rug from the Ballard Collection document an unusual Ottoman artistic collaboration between the imperial design atelier in Istanbul and an Egyptian carpet-weaving tradition with roots in Mamluk times in pre-Ottoman Cairo. Known to art historians as Ottoman court carpets, these works occupy an artistic world of their own, far different from the indigenous carpet-weaving tradition of Anatolian Turkey itself. They reflect the Ottoman Empire's role as an artistic crossroads between three continents: Europe, Africa, and Asia.[1]

The Ballard carpet is crafted from expensive and luxurious materials: the warp and weft are made of silk; the red wool pile is dyed with expensive insect-derived lac dye; and the pile is finely knotted using an asymmetrical knot open to the left, a form of knotting virtually unknown in the Anatolian tradition, taken directly from the weaving tradition of Egypt. The palette of colors—including purple-red, dark and light blue, yellow, and green—is likewise one derived from Egyptian rather than Turkish tradition. In addition, white accents in the design utilize a pile yarn of bright white cotton, another departure from Turkish custom. The design of the carpet is the product of a template or knot plan created in the Ottoman court design atelier in Istanbul. One small round medallion in the center of the carpet is echoed by four quarter medallions in the same design in the corners of the field. The red-ground field and the red-ground areas of the border are covered with a complex vine network bearing stylized lotus flowers and other imaginary blossoms together with sinuous, featherlike, sawtooth-edged leaves. These motifs reflect the *saz* style popular in the Istanbul design atelier, named after a mythical enchanted forest from Turkish folklore. But in the blue-ground medallions and quarter medallions of the field there appear the double stripes of the *chintamani* amulet, together with fanlike carnations and Ottoman tulips, while in the blue-ground shieldlike cartouches of the border we also see the stylized tulips, hyacinths, and rosebuds that derive from the new floral style that emerged in Istanbul in the middle of the sixteenth century.[2] WBD

1. A thoughtful recent summary of the "Cairene" carpet question is given by Jon Thompson in Milan 2006, pp. 160–75.
2. See Washington, D.C. 2002–3, pp. 44–46.

Provenance: James F. Ballard, St. Louis, Mo. (until 1922)

237. The Ballard Ottoman Prayer Carpet

Probably Turkey, Istanbul, ca. 1575–90
Silk (warp and weft), wool (pile), cotton (pile); asymmetrically knotted pile
68 × 50 in. (172.7 × 127 cm)
The James F. Ballard Collection, Gift of James F. Ballard, 1922 22.100.51

One of the most famous *sajjada* (for prostration) prayer carpets in the world, the Ballard Ottoman prayer rug, with its design of a triple-arched gateway to paradise, was probably created in or near Istanbul in the later part of the sixteenth century. Woven in a technique that originated in Ottoman Cairo and was later transplanted to Istanbul, it was made with a silk warp and weft and an asymmetrically knotted pile of wool with accents in white cotton. Its perfect corner articulation, exquisite draftsmanship, fine weave, and expensive materials clearly indicate its origins in a workshop under court control, where luxury objects for royal consumption or royal gifts were made, following designs first created with pen on paper by artists in the royal Ottoman design workshop. Both size and design indicate that the carpet may have had two functions: first, as a wall hanging indicating the *qibla*, or direction of prayer toward Mecca in a palace or private residence; and, second, as a ritually clean place for the daily Islamic prayers, during which Muslims first stand, then bow, kneel, and briefly touch their foreheads to the ground in a gesture of humility before God.[1]

The carpet's design, which in the ensuing four centuries served as a prototype for countless hundreds if not thousands of Anatolian carpets, presents a number of intriguing questions. Depicted is a triple-arched gateway to paradise, with pairs of slender columns with faceted bases and foliated capitals separating the three portals. A lamp symbolizing divine light hangs from the central arch, and small Ottoman domes are clearly portrayed on the parapet above, while flowers at the base of the central arch also indicate that paradise awaits the pious Muslim who discharges the religious duties that include praying five times a day. Such slim coupled or paired columns that here separate the three portals do not occur in Ottoman architecture, and their origin has long been considered obscure. Recent scholarship suggests that the design of coupled columns may have originated in Islamic Spain and traveled east to Cairo and Istanbul along with the emigration of Sephardic Jews. These refugees from Spain, invited by the Ottoman sultan, settled in large numbers in Istanbul in the early sixteenth century and almost certainly used similar designs for *parokhet* (Torah curtains) employed as furnishings in Iberian synagogues.[2]

Although the Ballard prayer rug is the sole surviving example of a sixteenth-century carpet from the royal Ottoman manufactory that utilizes this design, several other carpets from the royal workshop with different designs are known in various museums. The triple-arched design, here appearing in a knotted-pile carpet for the first time, later enjoyed enormous popularity in carpets woven in towns, villages, and even in nomadic encampments throughout Anatolia. The Metropolitan also possesses a large number of these descendants of the Ballard rug, which from the seventeenth through the twentieth centuries show the evolution of the triple-arched design as it was passed from mother to daughter through many generations. WBD

1. Dimand and Mailey 1973, pp. 158–59, 233, no. 105.
2. Washington, D.C. 2002–3, p. 107, no. 44.

PROVENANCE: Félix Doistau, Paris; Edouard Chappey, Paris (until 1907; sale, Galerie Georges Petit, Paris, June 5–7, 1907); James F. Ballard, St. Louis, Mo. (until 1922)

238. Reception Room (Qa'a)

Syria, Damascus, dated A.H. 1119/1707 A.D.
Wood (poplar) with gesso relief, gold and tin leaf, glazes and paint; wood (cypress, poplar, and mulberry), mother-of-pearl, marble and other stones, stucco with glass, plaster ceramic tiles, iron, brass
H. Antechamber 22 ft. (6.7 m), seating area 19 ft. 11 in. (5.17 m); L. 26 ft. 2 in. (7.9 m); W. 16 ft. 8 in. (5 m)
Gift of The Hagop Kevorkian Fund, 1970 1970.170

This interior, a splendid example of a wood-paneled reception chamber (*qa'a*) from a private house in Damascus, is among the earliest extant, nearly complete interiors of its kind, dated by an inscription to A.H. 1119/1707 A.D.[1] Its refined decoration and large size indicate that it was once part of a house belonging to an important and affluent family. The exact residence from which this room came is unknown, but archival sources suggest that it was located within the walled city of Damascus, southwest of the Umayyad Mosque.[2] Judging from the layout of the room, it functioned as a winter reception salon, located on the north side of the building's internal courtyard, where it would have been warmed by its southern exposure.

In the early 1930s the room was removed from its setting and, along with another interior from a house in Damascus said to be owned by the Quwatli family, sold to Hagop Kevorkian. Both interiors were shipped to New York in 1934, but neither was installed until the 1970s, when the Hagop Kevorkian Fund donated one to the Metropolitan Museum and the other to New York University's Kevorkian Center for Near Eastern Studies. When the Museum installed the room in the new Islamic galleries in the mid-1970s, some of the features from the Quwatli house interior were incorporated. A few further architectural components from both interiors—including two vertical wall panels and the riser of the seating area originally belonging to the room's interior—were obtained by Doris Duke and installed at Shangri La, her villa in Honolulu.[3]

Characteristic of Ottoman-period reception rooms in Damascus, the space is divided by an imposing arch into two areas: a small antechamber (*'ataba*) with a fountain, accessed from the courtyard of the house, and a raised square seating area (*tazar*). Integrated within the wall paneling are several display niches with shelves, cupboards, shuttered window niches, the entryway with a pair of doors, and a large decorated niche (*masab*). The wall paneling is crowned by a concave cornice, above which is a plaster wall that incorporates pierced-stucco windows with colored glass. The rectangular ceiling in the *'ataba* is composed of exposed beams and coffers, framed by a cornice with a three-tiered *muqarnas* (honeycomb-like) frieze. The *tazar* ceiling comprises concentric squares of varied patterns, framed by a concave cornice. Carved and painted squinches extend down from the four corners of both ceilings.

As is typical for Syrian reception rooms, the woodwork is elaborately decorated in gesso relief, called *'ajami*, incorporating gold and tin leaf, transparent colored glazes, and bright egg tempera paints to create variously textured and richly patterned surfaces—most of which appear darkened today by layers of later varnish.[4] All the elements decorated in this *'ajami* technique are made of poplar wood, while the unpainted framework of the wall paneling is composed of cypress. The ornamentation consists mainly of floral designs, fruit arrangements, geometric patterns, and calligraphy. Tulips, carnations, hyacinths, roses, and other flowers are gathered in vases within cartouches or strewn over brightly colored backgrounds; bowls overflow with fruit and vegetables; and astral motifs and geometric patterns serve as frames and borders. An oversize fruit bowl flanked by small architectural vignettes appears on the panel above the entrance. On the *tazar* ceiling, the wall cornice, and the wall panels are poetic verses. Those on the two cornices contain an extended garden metaphor—especially apt in conjunction with the surrounding floral imagery—that leads into praises to the Prophet Muhammed. Aside from an independent couplet on the east side, the verses on the wall panels praise the strength of the house and the virtues of its anonymous owner and conclude with an inscription panel above the *masab* containing the date of the woodwork.[5] The presence of fruit-bowl and flower-vase motifs in this room clearly demonstrates the rapid appropriation in Damascus of iconography popular in early eighteenth-century Istanbul, while the execution of these motifs in the local *'ajami* technique gives it a distinctly Syrian character.[6]

Like many period rooms, this interior reflects changes that it underwent over time in its original historical context as well as adaptations to its museum setting, though the overall dimensions have been retained. Two sets of photographs taken in the early 1930s document the appearance of the room in its original house prior to its dismantling. The most dramatic change has been the gradual darkening of the layers of varnish that were applied periodically while the room was in situ; these now obscure the coloristic brilliance of the original palette and the exquisite nuance of the decoration.[7] Some elements of the room belong to restorations of the later eighteenth and early nineteenth centuries and reflect the shifting tastes of Damascene interior decoration: for example, the cupboard doors on the south wall of the *tazar* bear architectural vignettes in the Turkish Rococo style along with large central calligraphic medallions characterized by heavy gilding.[8] The *opus sectile* riser and *'ataba* dado documented in a historical photograph of the room in Damascus in the 1930s probably represent a modernization of the space in the late eighteenth or early nineteenth century. It was customary for wealthy Damascene homeowners to refurbish important reception rooms periodically, sometimes in honor of a special event.[9] The *'ataba* fountain, which also appears in the early 1930s photograph, may predate the woodwork, and the question of whether it came from the same reception room has been posed.[10] Comparable fountains from Syria and Egypt date to the sixteenth to seventeenth century and earlier.[11]

Other elements in the room relate to the pastiche of its installation in the 1970s. The square marble panels with red-and-white geometric patterns now placed orthogonally in the *tazar* floor actually come from the flooring of an *iwan*, or hall, in the Quwatli house courtyard, where they were arranged diagonally. Sections of two stone risers from the Quwatli interior were combined to replace the previous *tazar* riser, which was obtained by Doris Duke. The two *opus sectile* marble panels flanking the fountain in the *'ataba* floor once decorated the dado zone of the *'ataba* walls.[12] The tile ensemble on the back of the *masab* niche was selected from the Museum collection, while the lateral ceramic tiles in the niche appear to have come in with the Kevorkian Fund donation. The rectangular stained-glass windows on the north wall resemble those captured in the 1930s photograph but are not identical and come, like the other stained-glass windows, from an unidentified setting.

In 2008 the room was dismantled to be moved from its previous location off the introductory gallery to a new space adjoining the galleries devoted to Ottoman art. Its deinstallation presented an opportunity for in-depth study and conservation.[13] Investigation of the individual components of the dismantled room revealed aspects of the original joinery of the wooden elements, a painted numbering system applied in the 1930s that confirmed the historic arrangement of the architectural sections, and eighteenth-century notations that indicated the correct sequence of the calligraphic panels. This evidence, together with study of the two sets of photographs from the early 1930s, has allowed the layout in the new installation to be adjusted to better reflect the historic arrangement of the architectural elements and to correct the order of the calligraphy. The two missing panels now installed in Honolulu

were photographically reproduced, printed on fabric, and mounted in the new installation on boards of the original size and shape. One more missing element came to light during this investigation: a series of flat cornice boards, originally attached to the top of the entire wall cornice. These boards, which projected into the room with polychrome decoration on the visible underside, served both as shelves for the display of objects and as a visual framing element for the *'ataba* and *tazar* ceilings. They were recently discovered at the Kevorkian Center at New York University, where they now adorn the steel framework of the library's mezzanines. Although this reception room has undergone many changes, it still conveys the richness and profusion of decorative detail intended to welcome and impress guests of one of the grand residences of eighteenth-century Damascus. EK/MB

For the reading and translation of this inscription, we thank Dr. Abdullah Ghouchani and Dr. W. M. Thackston, respectively. A full translation was published for the first time in Daskalakis-Mathews 1997.

1. This room is published in Daskalakis-Mathews 1997 and in a chapter by Daskalakis-Mathews in Peck et al. 1996 (pp. 287–95). It is discussed extensively in her dissertation, Daskalakis-Mathews 2004.
2. The sales contract stated that the "Nourredin House" was located "in Soukel Harir and Soukel Kayatin, in the ancient quarters of the City of Damascus." The Arabic words *Nur al-Din jihat al-shamal* (Nur al-Din north side) are written on the reverse of one of a set of photographs taken of the room in the early 1930s, before it was disassembled (Shangri La Historical Archives, Doris Duke Foundation for Islamic Art, Honolulu). Since recent research reveals no house of this name in the old city, it most likely refers to the nearby tomb of Nur al-Din, the famous twelfth-century ruler. Previously called the Nur al-Din Room in the Museum's 1970s installation, the space is now referred to as the Damascus Room, better reflecting its unspecified provenance.
3. The two wall panels and the *opus sectile* stone riser of the elevated *tazar* of the Museum's room were installed in the late 1970s in the Baby Turkish Room, an architectural pastiche at Shangri La. The present riser in the Metropolitan Museum's room is composed of inlaid stone elements from the risers of the Quwatli house interior. One of the window grilles in the Museum installation is documented to have come from this interior as well (the others are matching reproductions).
4. On this technique and its conservation, see Scharrahs 2008, pp. 918–23, Scharrahs 2011, and Baumeister et al. 2010.
5. The independent couplet in the center of the eastern wall was composed by the fourteenth-century Moroccan poet Lisan al-Din ibn al-Khatib (identification made by Dr. Abdullah Ghouchani). The authorship of the other poetry has not yet been identified. It is possible that a large niche (*yuk*) used for the storage of bedding was originally present in the center of the east wall and that the current display niche with the couplet above and two flanking panels on each side were added during a modernization campaign.
6. For a study of Turkish and Syrian interiors, see Renda 2008.
7. Varnish was traditionally applied to treat the *'ajami*-decorated woodwork in Damascus. Although removing or reducing the varnish layers would be desirable, the technical challenge presented by the interaction of the original materials with the varnish layers, especially as they affected the colored glazes applied to the tin-leafed surfaces, requires further investigation before any steps are taken. However, given that the surface appearance of the decoration has been compromised by these darkened varnishes, a focus of the recent technical study of the room was to identify the original materials and techniques to understand better the original appearance of the decorated woodwork (see Baumeister et al. 2010 and Rizzo et al. forthcoming). Aspects of the scientific analysis of the surface decoration applied in the room are discussed in Arslanoglu and Schultz 2009, and Rizzo et al. 2010.
8. On the tastes that developed in later Ottoman Damascus, see Weber 2002. For the broader context of these residences, see Weber 2009.
9. Daskalakis-Mathews 1997, p. 133.
10. The fountain probably belonged to an earlier phase of the same room or residence from which the interior came. However, analysis of the ca. 1930 photograph raised speculation that the fountain in the *'ataba* may have been moved from another location, and a slightly earlier photograph of the fountain shows it with a different surround (Department of Islamic Art files).
11. For example, see Duda 1971, pl. 75, discussed pp. 63–65. See also Daskalakis-Mathews 2006.
12. The white marble lining the walls of the dado zone and surrounding the historic floor panels and fountain as well as the red marble strips forming the grid pattern on the floor are new.
13. See Baumeister et al. 2010 and Rizzo et al. forthcoming.

PROVENANCE: [Asfar and Sarkis, Damascus, Syria, early 1930s; sold to Kevorkian]; Hagop Kevorkian, New York (early 1930s–d. 1962); The Hagop Kevorkian Foundation, New York (1962–70)

Tazar Ceiling Text

رأى البرق تعبيس الدجا فتبسّما • و صافح ازهار الربا فتنسّما
The lightning saw the darkness frown and smiled. It skimmed and wafted over the flowers of the hills.

ولاح جبين الصبح في طرة الدجى • فخلت بياض الثغر في ثمرة اللّما
Dawn's forehead shone through the forelock of darkness, and it pierced the whiteness of the teeth in the fruit of red lips.

ورفّ لواء البرق لمّا تلاعبت • سوابق خيل الرّيح في حلية السّما
Lightning's banner fluttered when racing horses of the wind dallied in the sky.

وأفتر رامي الجوّ قوس سحابه • و أرسل نحو الأرض بالقطر سهما
The archer of the air loosened the bow of his cloud and sent toward the earth a downpour of sun rays.

وقد بلّ أردان الثرى دمع مزنه (؟) • تناثر في أسلاكها فتنظّما
The tears of the rain cloud have moistened the cuffs of the earth's sleeves—[the pearly tears] that were scattered on their threads were restrung.

وجرّ على هام الرُّبا ذيل زيله (؟) • فدبّج اثواب الربوع وسهّما
[The rain] dragged the skirt between its legs over the head of the hills and adorned the garments of spring encampments with stripes.

وشاب لجين الظلّ عسجد بارق • فدثر أزهار الربيع ودرهما
And the silver of the shade mixed with the gold of lightning, and it covered the spring flowers with a blanket and produced round leaves.

وشمّر كفّ الرّوض اكمام نوره • ووشّح اعطاف الغصون وعمّما
And the hand of the garden gathered up the sleeves of its blooms and embellished the shoulders of the branches and wrapped them in turbans.

وقبّل ثغر الزهر وجنة ورده • فأحسن به خدّا و أحبب به فما
The mouth of the flowers kissed the cheek of its rose. What a beautiful cheek! What a lovely mouth!

و . . . ق الغصن استحالة جدول • كما سوّر التجعيد للنهر معصما
. . . as the curling put bracelets on the river's wrist.

مآل قول (قوار؟) البان يرقص نشطة • لبرقٍ ترأّى او حمام ترنّما
Does the willow tree dance gaily because of lighting that became visible or because of warbling doves?

وعانق من خوط الأراكة معطفاً • وقبّل من زهر الأقاحة مبسما
It embraced a cloak of the thorn tree's green branches and kissed a mouth made of the blossoms of chamomile.

Wall Cornice Text

وخط بطرس الجوّ سطراً مذهّبا • ففضّضه قطر الغمام وعجّما
And it wrote on a palimpsest of air a gilded line and then drops of clouds dotted it with silver.

وكحّل بالياقوت جفناً و ناظراً • وخضّب بالحنّاء كفّاً ومعصما
It lined with ruby an eyelid and an eye, and it daubed with henna a hand and a wrist.

ولا حاجة في النفس إلا امتداحها • ابا القاسم الهادي النّبي المعظّما
The soul has no need but to praise him, Abu'l-Qasim, who guides aright, magnificent prophet.

بشيراً نذيراً صادق القول مرسلاً • حبيباً خليلاً هاشميًّا مقدّما
Bringer of glad tidings, warner of the hereafter, true in his words, emissary, beloved and friend [of God], of Hashimite descent, preferred by all.

تقيًّا نقيًّا أبطحيًّا مبجّلاً • سراجاً منيراً زمزميًّا مكرّما
Pious, pure, Abtahi [Meccan], revered, a shining lamp from Zamzam, honored.

نبي ترد المجد والبأس حلية • مفوّقة فيها الجمال تجسّما
A prophet who dons glory and power as striped finery in which beauty is embodied.

نبي هدى لولاه ما أشرق الدجى • ولا ازهر[1] الداجي ولا اغتسب الحما
A prophet who has guided aright. Were it not for him, the dark would not be illuminated, night would not blossom, and slime would not bring forth greenery.

هو المجتبى المبعوث للناس رحمةً • فللّه ما أحيا و أحمى وأرحما
He is the elect mercifully sent to the people. By God, how many are the lives he has given, how protective is he, and how merciful!

هو الذروة العلياء التي لا ترتقى • هو العروة الوثقة التي لن تفصما
He is the highest summit that cannot become higher. He is the firm bond that will never break.

ايا خاتم ارسال يا فاتح العلى • حنانيك قد وافيت بابك محرّما
O seal of prophecy, O opener of highest heaven, I beg mercy, coming to thy gate as a sinner.

فيا رب يا الله كن لي ولا تكن • عليّ فقد ضاق الفلا و أظلما
O Lord, O God, be for me, and be not against me, for the world has become narrow and dark.

سألتك بالهادي اجب دعوتي وجد • بما أرتجي يا مالك الأرض والسما
I ask Thee by him who guides aright, answer my prayer and be generous with what I hope for, O master of the earth and sky.

وسامح ونعّم والّذي تطولا (؟) • ولا تحرق اللهمّ بالنّار مسلما
And be tolerant, respond favorably, and he who . . ., and, O God, do not burn any Muslim in hellfire.

وصلّ على المختار و الصحب كلما • رأى البرق تعبيس الدجا فتبسّما
And pray for the Chosen One and his companions whenever lightning sees the darkness frown and smiles.

Wall Panels Text

بيت المحامد والمفاخر والنّدى • دامت بك الأفراح تهتّف سرمدا
House of praiseworthy and glorious deeds and generosity, may rejoicing in you be praised eternally.

شادتك ايد[ي] المجد في شرف العلى • للائذين حيّ يصون من الردى
Hands of nobility erected you in the highest dignity. Those seeking refuge have an abode that protects them from destruction.

وترنّمت ورق الحمائم بالهنا • بعلاك والداعي المثوّب غرّدا
Turtledoves sing congratulations on your sublimity, and the well rewarded summoner (?) warbles.

بشراك بالعليا فبانيك الذي • سامي الكواكب والدرار[ي] سوددا
Rejoice in your loftiness, for he who built you surpasses the planets and stars in glory.

ندب له في كلّ صعب راحة • تأتي لها الأسد الضراغم سجّدا
For it comfort is given in every difficulty: ferocious lions come to it prostrate.

ويدٌ تمدّ السّائلين بسيبها • ما البحر عند نوالها إن أزبدا
A hand that assists with gifts those who implore, as the sea yields when it froths.

فرعٌ نماه إلى الأكارم عصبةً • نالت من المجد المؤثّل مقصدا
A family branch which traces its root to the most noble of men derives more significance from high-born glory

من كلّ من لبس المعالي بردةً • وبكلّ عزّ في الأنام قد ارتدا
Than anyone who wears nobility as a cloak and is clothed in all splendor among mankind.

جعلوا الوزارة والصدارة خادماً • و الوقت قنًّا و المفاخر اعبدا
They have made the office of vizier and that of the comptroller subservient, time a slave, and the proud has been enslaved.

دُم بالمسرّة يا فريد زمانه • و اهنأ بما لك بالعناية شيّدا
Remain in happiness, O unique one of your time, and enjoy what has been erected with such care for you.

متنعّماً في ظلّ عيشٍ ارغد • تقتاد ما تبغي على رغم العدى
Luxuriating in the shadow of a life of easy, you achieve what you desire in spite of enemies.

ما جا[ء]نا تاريخ ما أحكمته • بيتاً يصيح له النّهى ان انشدا
What has come to us is the date of what you have built so strongly as a house for which wisdom cries out, "Recite!"

نادى البها و الجود في أبراجه • محمدٍ ربع المكارم اطّدا
سنة ١١١٩
In its towers are assembled splendor and generosity. Through Muhammad, the abode of noble qualities was established.
Year 1119 [A.D. 1707–8].

Independent Couplets

يا مصطفى من قبل نشأة آدم • والكون لم تفتح له اغلاق
أيروم مخلوقٌ ثناؤك[2] بعدما • اثنى على اخلاقك الخلاق
O you who were chosen before Adam sprouted, before the locks of existence were opened, Can a creature desire to praise you after the Creator has praised your qualities?

1. For sense, read ازهر *azhara* for the ازهد of the inscription.
2. The word appears thus on the panel, but it should be ثناءك, not ثناؤك.

Art of South Asia (14th to 19th Centuries)

NAVINA NAJAT HAIDAR

The spread of Islam in South Asia took place over a dynamic period of almost thirteen hundred years, extending across a vast territory containing what is arguably the most diverse ethnic, linguistic, and multireligious society in the world. Indo-Islamic cultural traditions within this context evolved not only through the establishment of a variety of Muslim courts and centers, but also through the interactions of artists, poets, writers, travelers, mystics, traders, craftsmen, and immigrants at every level. While the court arts and royal patronage form the principal context for the Indo-Islamic collections in the Metropolitan Museum, these objects must also be considered within the wider cultural framework of South Asia, which remained a multicultural society throughout its Islamic period.

The later arts of South Asia reflect the profound intermixing of traditions, tastes, techniques, and styles from a wide variety of sources. The resulting rich mosaic of artistic expression has become a hallmark of the subcontinent. Modern societies of South Asia, which include the countries of India, Pakistan, eastern Afghanistan, Bangladesh, Sri Lanka, the Maldives, and, farther north, Nepal and Bhutan, are inheritors of the hybrid art and culture of this Indo-Islamic age, and its deep impact continues to be seen in many spheres of life, from costume and cuisine to language, music, dance, and contemporary art.

The Arts of the Sultanate Period

The earliest appearance of Islam in South Asia came soon after the birth of the religion in seventh-century Arabia as traders and travelers plied ancient routes of the Indian Ocean to the Malabar coast. The subsequent conquest of Sind by the Arab general Muhammad bin Qasim in the early eighth century made India the easternmost frontier of the Umayyad caliphate.[1] This initial Islamic presence was later followed by invading armies of Turkic, Persian, and Afghan dynasties, whose successive inroads into northern India from the eleventh to the thirteenth century paved the way for the eventual establishment of its first major Islamic states. The main Sultanates founded were in Bengal (1198–1576), Delhi (1206–1555), Jaunpur (1394–1483), Malwa (1402–1562), Kashmir (1339–1588), and Gujarat (1403–1573).

Sultanate architecture is characterized by the combination of long-established northern Indian architectural forms and modes of ornament with those derived from the architecture of Iran and Central Asia, giving Indo-Islamic art its distinctive and evolving character. Architectural remains from Sultanate sites constitute some of the most exceptional in South Asia, notably Delhi's iconic Qutb Minar complex (1192), the imposing battered profile of the Tughlaqabad Fort (1321), the Sidi Sayyid Mosque of Ahmedabad in Gujarat with masterful pierced screens (1573), and the enchanting city of Mandu in central India with its elegant pools and inventive buildings. A pair of fifteenth-century tiles in the Metropolitan's collection from a sufi shrine in Multan, Sind, are examples of the Central Asian–derived tradition of glazed ceramic cladding (cat. 241A, B).[2] From the eastern Sultanate world is a carved calligraphic gabbro panel dated 1500 from a mosque in western Bengal, executed in the characteristic bow-and-arrow *tughra* script of the region (cat. 240).

There are fewer surviving paintings from the Sultanate period than there are contemporaneous objects from western Asia. Two folios from the *Khamsa* of Amir Khusrau Dihlavi show strong influences from the existing tradition of Gujarati Jain painting and the early Rajput palette, essential elements in the synthesis of art styles that emerged in this period (cat. 247A, B).[3] The contemporary Persianate tastes of this early era are reflected in the folios of a *Shahnama* (Book of Kings) manuscript illustrating the Iranian epic in a Shiraz idiom but with a brighter color scheme and bolder style that indicate its local origins (cat. 239A, B).[4]

The Age of the Mughals

The sixteenth century saw the dawn of a new and magnificent era in northern India, with the emergence of a branch of the Central Asian Timurid dynasty, the Mughals (derived from the word *Mongols*, reflecting the origins of this widespread clan). Displacing the Lodis (1451–1526), the last of the Sultanate rulers who had governed the area for almost three centuries, the Mughals by 1555 had established themselves at Delhi. Under the rule of a brilliant succession of leaders the empire grew to encompass much of the northern and central subcontinent during the rule of Akbar (1556–1605), reaching new pinnacles in the mid-seventeenth century. The constant movement of the court led to shifting capitals—Delhi, Lahore, and Agra—with royal reach into centers in Kashmir, Gujarat, Rajasthan, and Bengal, all of which came into the cultural fold. Mughal power diminished during the eighteenth and nineteenth centuries, independent regional and provincial states rose to prominence, and colonial rule took hold. The Mughals remained the nominal rulers of India until the displacement of Bahadur Shah Zafar in 1857 by the British.

Under Mughal patronage the arts flowered in almost all media, leaving behind a great wealth of objects that are well represented in the Museum's holdings. Court workshops drew talent from all backgrounds and assimilated the many vibrant cultural and artistic streams of South Asia, creating a distinct and influential Mughal idiom. Artists from Europe and Iran (famously, the painters Mir Sayyid ʿAli and ʿAbd al-Samad, who joined the Mughal emperor Humayun's atelier from the Safavid court in the 1550s) were also included in the mix, and the period saw the integration of many artistic styles and techniques as a result.[5] As with many Islamic rulers, the Mughals placed a high value on the arts of the book and the enrichment of the imperial library. The illustration of classic Persian texts began at the very outset of the Mughal period, with Akbar commissioning the dynamic *Hamzanama* (Story of Hamza) project in the late 1550s, of which the Metropolitan has five pages (cat. 244).[6] Of particular cultural significance and artistic importance were the translation and illustration of Hindu epics at the Mughal court, represented in the Metropolitan's collection by pages from the *Harivamsa* (cat. 245) of the 1590s and the subimperial *Ramayana* (cat. 249A–D) of the same period.[7] Deluxe manuscripts of the 1590s reflect the appropriation of Europeanizing elements by painters such as Basawan, many of whom were now in their mature prime and whose paintings can be seen in the Museum's *Khamsa* of Amir Khusrau Dihlavi (cat. 247A, B). Patronage and workshop practice in the production of such varied and complex works are now better understood in the light of recent scholarship.[8]

The art of portraiture, an innovation that emerged in the time of Akbar under his personal encouragement, is exemplified in the folios of the so-called Emperors' Album, made for his son Jahangir and grandson Shah Jahan (cat. 250A–D).[9] These portraits include studies of powerful Rajput rulers who were part of the Mughal court and administration and with whom the Mughal family was intermarried. This imperial album (*muraqqa'*) also contains celebrated bird and animal studies by the famed naturalist painters Mansur and Abu'l Hasan; formal floral borders, several signed by the illuminator Daulat; and calligraphy by the Persian master Mir 'Ali Haravi. The court arts of the Mughal period included as well the production of precious objects for which the royals had a particular appreciation and which also held great dynastic meaning. A jeweled dagger in the Museum's collection shows stylistic and technical characteristics indicating that it was likely to have been made in the workshop of Jahangir (cat. 255). A slightly later rock-crystal mango-shaped flask combines a quintessentially Indian form with Persianate arabesque inlay decoration in gold and gems (cat. 257).[10] A rare hunting portrait of Aurangzeb from a later album by the painter Bhavanidas (cat. 252) demonstrates the continuing strength of the high Mughal tradition into the early eighteenth century, a period that also witnessed the rise and further development of styles of painting (*qalams*) at regional courts in Rajasthan and the Punjab Hills.

The glories of Mughal architecture are well known, from the great red sandstone palace city of Fatehpur Sikri built by Akbar (about 1571) to the Taj Mahal commissioned by Shah Jahan (about 1632) as a mausoleum for his wife, in addition to many other forts, hunting lodges, palaces, pavilions, public buildings, and gardens.[11] Forts and palaces in all parts of Rajasthan and central India were in a state of continual inhabitation and growth during the Mughal period. These spaces were richly furnished with a variety of objects and textiles, of which only a fraction survive. A pictorial carpet probably woven in Lahore in the late sixteenth or early seventeenth century might have been made for a great *durbar* (royal assembly) hall, judging from its notable length of twenty-seven feet (cat. 262).[12] While deriving inspiration, in terms of both design and technique, from Safavid precedents, Mughal carpets introduced their own distinctive palette, motifs, and technical features. Their painterly and lyrical style can be seen in the drawing and shading of the leaves of a tree in the Metropolitan's fragment of the famous Frick Carpet (cat. 263). Fine fixtures such as a late seventeenth-century carved floral-style door further indicate the shared artistic vocabulary across media, as similar motifs appear in manuscript illustrations, carpet designs, and border illuminations, and most famously in the *pietra dura* inlay and carved marble dadoes of the Taj Mahal and Red Fort in Agra (cat. 259).

Fig. 34 Window and calligraphic screen, Ibrahim Rauza tomb, Bijapur, ca. 1627. Photo: Amit Pasricha

Trade and Travel

The accounts of travelers to the Indian subcontinent from the fifteenth century onward reveal existing intercultural and trade links, particularly around the Indian Ocean, and include descriptions from the Russian merchant Afanasii Nikitin, the Timurid ambassador 'Abd al-Razzaq, and the Ottoman admiral Seydi 'Ali Reis.[13] Surviving works of art, particularly textiles and furniture, similarly illustrate ties with Europe, western Asia, and Southeast Asia. Gujarati *kalamkaris*, cotton textiles painted and printed with wooded landscape designs as well as figural motifs, were traded from Fustat to Indonesia, where examples in the Museum's collections date from as early as the fourteenth century up until the nineteenth century (cat. 242A, B).

Europe and Turkey offered markets for luxury furniture, which was also produced for local consumption. An Indo-Portuguese ivory inlaid box was almost certainly intended for a buyer in Lisbon, the Metropolitan's example being a particularly charming member of a larger group of such objects made in late sixteenth-century Gujarat (cat. 267). Another type of production from Gujarat is seen in a *sadeli* box that shows a decoration involving the gluing of geometrically shaped strips made of various materials that are sliced transversely and assembled to create repeating geometric patterns (cat. 268). Such surface decoration had connections stretching westward toward the Mediterranean, where this masterful technique originated in antiquity and was still being practiced.[14]

The Europeanized decoration on a seventeenth-century Goa stone and gold container exemplifies the influences that came inland through western coastal sites such as Goa, where the Portuguese were stationed through the course of the sixteenth century (cat. 277).[15] The magnificent gold outer case, which is worked, chased, and layered, encloses a talismanic object much sought after in Europe for its protective and medicinal powers. In the same period goods from India's eastern coast went in other directions, such as the Deccan carpets carried by Dutch traders to Japan, where they continue to be exhibited on floats during festivals.[16]

The Deccan

The Deccan plateau of India, an area bound by the Vindhya Mountains to the north and bordered by mountain ranges on each side, had a markedly separate cultural character from that of the north and the south, but showed influences from each. The ruling Bahmanids of the region, who flourished alongside the Vijayanagara Empire farther south, splintered into five successor states in the early sixteenth century.[17] These dynasties, the 'Adil Shahis of Bijapur, the Barid Shahis of Bidar, the Qutb Shahis of Golconda, the Nizam Shahis of Ahmadnagar, and the 'Imad Shahis of Berar, although mostly engaged in internecine fighting, were able to form a coalition to overthrow Vijayanagara in 1565. While these two hundred years in the Deccan were characterized by battles over territory between the Sultanates and Vijayanagara as well as skirmishes with the Portuguese off the western coast and the ever-looming Mughal threat of the north, there remained significant cultural exchanges during this period between all sides.[18]

The unique character of Deccan art combines influences from Iran, Turkey, Europe, and East Africa with long-standing Indian traditions of the region.[19] New interpretations of the opulent decoration on the seventeenth-century tomb of Ibrahim 'Adil Shah of Bijapur examine this multiplicity of sources and their meaning.[20] Portraits from the Deccan courts picture the ruling nobility, who were drawn from various ethnic groups and whose factional politics were a feature of Deccan life. A dynastic composition from seventeenth-century Bijapur expresses the strong Shiism of the region and the ruling family's claim of legitimacy drawn from the Safavids of Iran (cat. 269).

The Deccan states were overthrown in the late seventeenth century by the Mughals of the north, who had from the middle of the century established themselves at northern Deccan centers such as Burhanpur and Aurangabad. These centers became the meeting ground for Mughal, Deccan, and Rajput traditions, and the production of textiles flourished, among other arts. *Kalamkaris*, painted and printed textiles made in the region and also on the eastern coast, were precursors of the later popular export to Europe of chintzes, of which the Museum has a notable collection (cats. 279, 281).[21] A portable *bidri* ware writing box with gilt-copper and silver overlay was probably made in the northern Deccan under strong Mughal influence (cat. 276). Objects in this technique often show the pervasive influence of the Mughal flower style, as seen in a *huqqa* base in the Metropolitan's collection (cat. 274).[22]

The Eighteenth Century

Despite the realization of the Mughal dream of Deccan conquest, the eighteenth century saw the weakening of the Mughal state, as its overreaching embrace over large parts of the subcontinent depleted its power. While the later Mughal rulers continued the traditional support of art and culture, they were politically ineffective, opening the door to outside attacks, such as the decisive strike by the Persian Afsharid Nadir Shah in 1739. Muhammad Shah's court survived the blow, but great Mughal treasures were lost to Iran, including the famous jeweled imperial Peacock Throne. While the Delhi court was increasingly mired in political instability, centers in Avadh, chiefly Lucknow, rose to take the cultural mantle from the imperial center.[23] From late Delhi and Lucknow, a fine group of paintings in the Metropolitan's collections show the work of Mir Kalan Khan (cat. 253), Chitarman II, and Nidhamal.[24] In the south the newly powerful Deccan court of Hyderabad, evolving from the remains of the earlier Sultanates, became famed as one of the richest Islamic states in the world.[25].

Concurrently at the northern Rajput and Pahari courts in the eighteenth century, the arts flowered, infused in some part with Mughal- and Deccan-trained artists looking for employ elsewhere. Dating back to the pre-Mughal period, their arts provide evidence of the earliest traditions of Indian painting and represent an essential element in the formation of the Mughal style with which they shared constant exchanges. In the new installation, later Indian art from both the Asian and the Arms and Armor departments, which include Rajput and Pahari painting, Gujarati trade textiles, and some later South Asian arms and armor, are presented in an adjoining gallery, thus uniting the Museum's holdings of later South Asian art in one interconnected area.

The Colonial Period

Although British presence in India dated back to the seventeenth-century traders and officials of the East India Company, British colonial power was decisively established by the second half of the eighteenth century in Bengal, from where it continued to grow.[26] For many artists, musicians, dancers, and poets, the consequent effect on the court system that had sustained them for centuries was significant, although some found new support in British patronage. Painting provided certain opportunities, particularly as British patrons introduced several new genres to which Mughal-trained artists and others were able to adapt, assimilating fresh techniques and working on a much larger scale. The illustration of local fauna, flora, craftsmen, and buildings was one such development of the late eighteenth and nineteenth centuries, as demonstrated by a famous series of natural studies produced for Lady Impey of Calcutta. Painted about 1780, the depiction of a fruit bat with folded wing in the Museum's collection is probably by an artist in this circle (cat. 285).[27] From a later period of about 1840 at Kolkata (formerly Calcutta), a city that recently marked the tercentenary of its British phase, came Shaikh Muhammad Amir of Karraya's study of a groom holding two horses (cat. 287).[28] Sita Ram's evocative series of views on the river Ganges, documented for Francis Rawdon in the 1820s, shows the degree to which Indian artists at this time had learned English watercolor techniques (cat. 286).[29]

The nineteenth century also saw continuities and revivals of styles of the past within the context of great social and cultural changes in South Asia. Jewelers and lapidaries in nineteenth-century Jaipur and Delhi left examples of painting and decorative arts, such as an enameled ram's-head dagger (cat. 288), that were descended from an earlier and more distinguished Mughal tradition of such forms in weapon making. Kashmiri textiles in particular flourished under Afghan and Sikh patronage, with high standards achieved in double-twill tapestry weaving, as in the case of a hanging depicting weeping willow branches within a niche (cat. 283).[30] Such works were possibly among the final expression of an artistic vocabulary and sensibility whose roots go back to the dynamic and creative idioms of the Mughal period.

While modernization and globalization have redefined the visual and cultural landscape of South Asia today, the region continues to preserve aspects of the arts of its premodern past—perhaps more so than many other parts of the developing world—as contemporary artists usher in a new phase of artistic expression.

1. Flood 2009, pp. 15–59, offers recent perspectives on the period and region; see also Shokoohy 2003.
2. Khan 1983.
3. Brend 2002, pp. 79–81, 84–89.
4. See Adamjee forthcoming; Shovelton 2009.
5. Literature on individual Mughal artists goes back to the early contributions of Welch, Skelton, and Beach (see bibliography) and two compilations by *Marg* (Pal, ed. 1991a, b, and Das, ed. 1998a, b). More recent work includes Beach, Fischer, and Goswamy, eds. 2011.
6. Washington, D.C. 2002 gathers together most folios in a recent exhibition.
7. Skelton 1970; Seyller 1999, pp. 33–34, 43.
8. Brend 2002; Baltimore 2001.
9. New York 1987–88, pp. 81–83, 108, 122–23, 202–3; Leach 1995; Washington, D.C., and other cities 2008–9, pp. 107–39, 366–411.
10. London and other cities 2001 publishes a major private collection of Mughal jeweled arts.
11. Koch 2006.
12. New York 1997–98, pp. 42–43, no. 4, fig. 31.
13. Alam and Subrahmanyam 2007.
14. London 2004; Jaffer 2002.
15. Lisbon 2004.
16. Kamada 2011.
17. Philon, ed. 2010, pp. 14–16.
18. Gilmartin and Lawrence, eds. 2000.
19. Deccan art was the focus of a recent symposium at the Metropolitan Museum, the proceedings of which are published as Haidar and Sardar, eds. 2011. For other recent scholarship on Deccan art, see Parodi forthcoming; Ali forthcoming; see also Robbins and McLeod, eds. 2006.
20. Michell 2011 and Wannell 2011.
21. Guy 1998, pp. 22, 171–72.
22. Zebrowski 1997, pp. 234–35.
23. Llewellyn-Jones, ed. 2003.
24. Losty 2002, pp. 49–51.
25. London 2009–10.
26. London 1990–91.
27. Archer, M. 1992, p. 97.
28. New York and other cities 1978–79, pp. 69, 71.
29. Losty 1996; see also Losty 1995, p. 84 n. 2.
30. New York and Cincinnati 2007–8, pp. 202–5.

239A, B. Two Folios from an Illustrated Manuscript of the Shahnama (Book of Kings)

A. "Kai Kavus Attempts to Fly to Heaven"
India, mid-15th century
Image: Ink, opaque watercolor, and gold on paper; margins: ink and gold on dyed paper
Image: 6½ × 7½ in. (16.5 × 19.1 cm)
The Grinnell Collection, Bequest of William Milne Grinnell, 1920 20.120.239

B. "Kai Khusrau, Farangis, and Giv Crossing the River"
India, mid-15th century
Image: Ink, opaque watercolor, silver, and gold on paper; margins: ink and gold on dyed paper
Image: 7⅜ × 7⅝ in. (18.7 × 19.4 cm)
The Grinnell Collection, Bequest of William Milne Grinnell, 1920 20.120.241

These two folios belong to a set of twelve paintings that were detached from a *Shahnama* (Book of Kings) manuscript and remounted in an almost square format on heavy paper with no text on either side. The size and quality of the two paintings suggest that the original manuscript was large and impressive. In the first (cat. 239A), the skyward flight of Kai Kavus is depicted as he is lifted on the wing strength of four hungry eagles that have been enticed by chunks of meat suspended out of their reach. Identified by a title, the painting shows the confident Kai Kavus seated on a gold-domed throne at the center and holding a hunk of meat attached to a rope. Four large birds, resembling parrots rather than eagles, are arranged below the throne in energetic poses. A human-faced sun appears near the upper-left corner, and the swirling cloud forms that fill the picture give the painting its movement and dynamism.

The second painting (cat. 239B) illustrates a later episode in the epic: the escape from Turan of Farangis, widow of Siyavush, and her son Kai Khusrau, the future king of Iran, under the protection of the hero Giv. They are shown crossing the river Oxus in flight from the Turanian army. Identified by his princely robes, Kai Khusrau leads the group; Farangis rides behind him, and Giv, with his warrior's armor, brings up the rear. The composition is divided into two nearly equal zones so that the river, in now-oxidized silver, occupies the lower half. The upper half is marked by a horizon with undulating hills dominated by a prominent tree, with branches that terminate in large, stylized flowers. In departures from the textual description, Kai Khusrau's horse, formerly Siyavush's black steed, is shown here as white, and Farangis, said to be dressed in armor so as to escape notice, is depicted veiled.

The attribution of these paintings has long been the subject of scholarly debate. Based on stylistic comparisons with fifteenth-century Timurid manuscripts, opinions have varied from Mazandaran,[1] Herat, or Shiraz,[2] to India.[3] Historical evidence suggests that India

A

B

during the fifteenth century had several flourishing centers of learning,[4] even if securely attributable illustrated manuscripts from the pre-Mughal period are relatively scarce. Yet, important cosmopolitan centers in India, including Bidar in the Deccan, that had strong cultural, social, and political connections with Iran, could be possible places of production for a manuscript such as this decontextualized *Shahnama*.[5] QA

1. Basil Robinson compared them with the Dunimarle *Shahnama* (Robinson, B. 1993).
2. Maurice Dimand changed his opinion from Herat to Shiraz (curatorial records, Department of Islamic Art, dated April 1956).
3. Fraad and Ettinghausen 1971; Swietochowski 1978; Welch, S. C., et al. 1987, p. 130. See also Brac de la Perrière 2008, p. 367.
4. Eaton 2005, pp. 33–77; Welch, A. 1996; Melikian-Chirvani 1969; Titley 1983; Brend 1986; Robinson, B. 1991, pp. 61–75.
5. Brend 1986, p. 91; Eaton 2005, pp. 33–77.

PROVENANCE: William Milne Grinnell, New York (until d. 1920)

240. Dedicatory Inscription from a Mosque

India, Bengal, dated A.H. 905/1500 A.D.
Gabbro; carved
16 1/8 × 45 3/8 × 2 3/4 in. (41 × 115.1 × 7 cm)
Purchase, Gift of Mrs. Nelson Doubleday and Bequest of Charles R. Gerth, by exchange, 1981 1981.320

Inscribed in Arabic in Bengali *tughra*-style script:
قال النبي صلى الله عليه وسلم
من بنى مسجداً لله بنى الله له
قصراً مثله في الجنة في عهد السلطان علاء و الدنيا و الدين
ابو المظفر حسين شاه السلطان خلد الله ملكه وسلطانه
بنى هذا المسجد الجامع شاهزاده دانيال دام عزه في العشر من ذي الحجة
سنة خمس و تسعمائة
The Prophet—God's blessings and peace be upon him—said: "He who builds a mosque for God, God builds a palace the like of it in paradise." In the reign of the Sultan 'Ala' al-Dunya wa'l din Abu'l-Muzaffar Husain Shah al-Sultan, may God perpetuate his dominion and sovereignty. Shahzada Daniyal, may his glory endure, built this congregational mosque on the tenth of Dhu'l-Hijja in the year A.H. 905 [July 7, 1500].[1]

This inscription panel, made of grayish-black speckled stone (gabbro), is written in the distinctive Bengali *tughra*-style script, frequently described as "bow and arrow." The body of the text appears at the base of the panel, the sixty vertical shafts of the letters occupy approximately the upper two-thirds of it, and the arrangement of the rounded forms of select words near the top completes the elegant pattern. Elaborate interlacing of letters in the lower register makes the inscription seem difficult to read, but the similarity of its content to epigraphs across the Bengal region facilitates the task. The inscription, a hadith (saying) of the Prophet Muhammad, is found fairly commonly on mosque dedicatory panels in India, especially among those from the fifteenth and sixteenth centuries in Bengal and elsewhere in the Islamic world.[2]

Stone sculpture from the pre-Islamic Buddhist Pala and Hindu Sena dynasties of Bengal is well known for its workmanship. It is likely that inscriptions were first designed by calligraphers, then carved by skilled local craftsmen who outlined them on stone either in charcoal or as lightly incised marks.[3] Numerous inscription panels in variations of the Bengali *tughra* style are found from the Sultanate period during the fifteenth and sixteenth centuries.[4] This calligraphic style is largely replaced with *nasta'liq*-script inscriptions during the Mughal period, which follow the types seen elsewhere in north India. *Tughra*-style inscriptions appear later in the Deccan.[5]

Very little is known about Prince Daniyal, who is commemorated here. His name appears on another inscription, dated A.H. 903/1497–98 A.D., on the tomb of Shah Nafa in the fort of Monghyr (Munger), Bihar. He is also reported in medieval Persian histories as representing his father, 'Ala' al-Din Husain Shah of Bengal (r. 1493–1519), during negotiations with Sultan Sikandar Lodi of Delhi (r. 1489–1571) held about 1495 on the Bengal-Bihar frontier, which forestalled a possible invasion.[6] Husain Shah is

reported as having eighteen sons, but only two others—Nusrat Shah (r. 1519–31) and Ghiyath al-Din Mahmud Shah (r. 1532–38)—are known by name, as they later attained the throne. QA

1. A variation of the translation found in Digby 1973, p. 589.
2. Hasan 2007, pp. 60–61.
3. Siddiq 2009, pp. 36, 39 nn. 22–23.
4. See ibid., chapter 6, pp. 107–90, and appendix 2, pp. 250–59, for dated examples of Sultanate-period inscriptions from Bengal.
5. One such example is in the Metropolitan Museum (acc. no. 1985.240.1).
6. Digby 1973, p. 592.

PROVENANCE: Possibly Thomas Hope of Deepdene, England; [David Drey, London, before 1962; sold to Hodgkin]; Howard Hodgkin, London (from before 1962–81); [Terence McInerney, New York, 1981; sold to MMA]

A

241A, B. Two Tiles from Multan

A. Present-day Pakistan, Multan, late 15th century
Stonepaste; polychrome painted under transparent glaze
7⅞ × 7⅞ in. (20 × 20 cm)
Purchase, Elizabeth S. Ettinghausen Gift, in memory of Richard Ettinghausen, 2008 2008.461

B. Present-day Pakistan, Multan, 18th century
Earthenware; molded decoration and glazed
14½ × 10¼ × 2 in. (36.8 × 26 × 5.1 cm)
Purchase, Friends of Islamic Art Gifts, 2007 2007.291

Together, these two works represent the continuing tradition of architectural tile production in the area of Multan, in present-day Pakistan. Although they were made over a span of centuries and incorporate different techniques, they both hew to a unified aesthetic that identifies them as having come from this particular area, where tiles glazed white, cobalt, and turquoise were once a common feature of architectural decoration. Tiles such as these would have been arranged in horizontal bands that alternated with bands of plain brick to create a striking visual effect, heightened by the undulating surfaces and varying shapes of the tiles. While the square tile may have belonged to an interior,[1] the larger, vertical tile may have been part of a frieze either at the base or along the top of an exterior wall, as seen in photographs of the Multani tombs of Yusuf Gardizi (twelfth century; date of revetment unknown) and Rukn-i 'Alam (fourteenth century).[2]

The square tile here was crafted with a clever detail: the central cross is actually the unglazed clay body of the tile, which contrasts with the white slip that covers the rest of the flat surface.[3]

B

B

The rectangular tile, on the other hand, has molded decoration in the form of a cusped arch enclosing a smaller foliate motif.

Ceramic tiles are relatively rare in architectural decoration in the Indian subcontinent, but the region of present-day Pakistan is known for consistently using them. This is partly because brick, which has a surface compatible with the application of tiles, was the most common building material there, as opposed to the ashlar masonry or stucco-covered rubble stone employed elsewhere on the subcontinent. Within Pakistan there were at least two distinctive regional traditions of tile making, one based in the area around Sind and the other near Multan. The one based in Multan seems to derive from Central Asian (rather than Iranian) traditions of tile decoration, both in the choice of colors and in the sparing use of tiles in combination with another material, such as brick.[4]

MS

1. Tiles with the same design have been dispersed across many collections. Identical examples can be found in the Los Angeles County Museum of Art (no. M.86.339.2–b) and in a private collection in California (purchased at the same time as the LACMA tiles); in the Keir Collection; and in the David Collection, Copenhagen (see Folsach 2001, p. 197, no. 291). An additional tile was offered for sale in 2003 (present whereabouts unknown; see Simon Ray, London, catalogue, April 4–May 17, 2002, pp. 46–47). In discussing the Keir Collection tile, Oliver Watson suggested that it came "from the tomb of a Sufi family dated c. 1480, twenty miles outside Multan" (Watson in Robinson, B., ed. 1988, p. 232, no. C91, pl. 52). Subsequent publications of this group of tiles all follow Watson's attribution, although there does not seem to be any definitive documentation linking them to such a source. Other architectural elements said to have come from this building are a *mihrab* in the Linden-Museum, Stuttgart (see Kalter and Pavaloi 1987, p. 39), and a tile spandrel sold at Christie's London (April 27, 2004, lot 150).
2. As suggested by the reconstruction of the *mihrab* in the Linden-Museum, Stuttgart; see note 1 above.
3. See Gaube 1994, pp. 345–46, although it should be noted that the tilework on the Yusuf Gardizi tomb has been repaired and/or changed in several historical and recent campaigns of restoration.
4. See illustrations in Degeorge and Porter 2002, p. 131.

Provenance

Cat. 241A: Private collection, Europe (1992–2007); [art market, England, 2007]; [Alexis Renard, Paris, 2007–8; sold to MMA]
Cat. 241B: Private collection, New York (from 1970s); [Paul Anavian, New York, until 2007; sold to MMA]

A

242A, B. Two Textile Fragments

A. India, Gujarat, 14th century
Cotton; block-printed and resist-dyed
16 × 12¼ in. (40.6 × 31.1 cm)
Gift of V. Everit Macy, 1930 30.112.42

B. India, Gujarat, 14th century
Cotton; plain weave, block-printed and resist-dyed
38⅞ in. × 16 ft. 2⅝ in. (98.7 × 494.5 cm)
Purchase, Friends of Asian Art Gifts, 2005 2005.407

Western India has been supplying dyed and painted cotton textiles to the world since antiquity, as witnessed by the first-century Greek geography *The Periplus of the Erythraean Sea*. The Gujarati trade in dyed cotton textiles to the Red Sea markets of western Asia can be traced archaeologically to the ninth and tenth centuries. The largest finds have been at Fustat, the first capital of Egypt under Arab rule, which was established in 641. The city prospered until the conquering Fatimids replaced it in 969 with Cairo, immediately north of Fustat. In the thirteenth and fourteenth centuries, under the Mamluks, the early Red Sea port of Qusair al-Qadim was revived and linked to trade centers such as Qasr Ibrim and Gebel Adda in Nubia. That these sites have all yielded fragments of Indian cotton confirms an active trading system that linked the ports of Egypt with western India. The additional excavation at Qusair al-Qadim of shards of burnished earthenware inscribed in Tamil points to early commercial links with southern India, the principal source of the world's black pepper.

The largest corpus of Gujarati textiles abroad has been recorded from the two extremities of the Indian Ocean trading system—Fustat in Lower Egypt and the islands of eastern Indonesia engaged in the Moluccan spice trade. Tomé Pires, the Portuguese writer and diplomat, reported that this trade was still prospering in the early sixteenth century.[1] Such an extraordinary geographical distribution of a single trading commodity was achieved through the agency of Muslim Gujarati merchants, who traded systematically across the Indian Ocean, exchanging Indian cotton goods for the Indonesian spices so in demand. These spices were in turn traded on to the great marts of the Arab and Mediterranean worlds, as well as to China.

The first textile fragment from Fustat (cat. 242A) once formed a burial shroud, along with numerous other such fragments retrieved from the Fatimid-period burial grounds of Old Cairo early in the twentieth century. The second example (cat. 242B), measuring a spectacular sixteen feet in length, was collected in eastern Indonesia, where it served an entirely different function, as an exhibition cloth to be displayed at ceremonies marking rites of passage.

Both works can be dated to the fourteenth century on the basis of associated radiocarbon-14 dating,[2] a dating compatible with stylistically analogous art forms from Gujarat. Contemporaneous dated manuscript paintings, principally Jain, share the stylization conventions for trees and leaves, the clearly differentiated species, and the white-pearl frames. The textiles are limited in their color range, with (mordant-dyed) madder red and (resist-dyed) indigo, combined with resist-reserved white, completing the designs. JG

1. "Cambay [Gujarat] chiefly stretches out her two arms, with her right arm she reaches out towards Aden, and with the other towards Malacca . . . the trade of Cambay is extensive and comprises cloth of many kinds." Pires 1944, pp. 42, 46.
2. Guy 1998, appendix p. 186.

PROVENANCE
Cat. 242A: V. Everit Macy, New York (until 1930)
Cat. 242B: [Thomas Murray, Mill Valley, Calif., 1993–2005; sold to MMA]

243. Textile Fragments

India, 15th–16th century
Silk; samite
Largest fragment 11½ × 7 in. (29.3 × 17.8 cm)
Gift of Michael and Jacqueline Franses, 1993 1993.2a–m

Fifteen fragments of varying sizes constitute what once would have been a fairly large textile. The design, woven in the warp direction, shows two alternating forms of the mythical beast *vyala* (or *yali*), a composite winged creature with a leonine body. Rendered in yellow against a dark blue background, they are enclosed within rectangular compartments and surrounded by a pearl border. A narrow band of floral design separates the compartments. The two largest fragments retain a selvage, much of their surrounding borders, and enough of the central figure to indicate that the original design consisted of at least two parallel registers with a continuously repeated lattice pattern. Of the other

thirteen fragments, five are portions of the *vyala* design and the remaining eight are from borders that run parallel to the warps.

The *vyala*, depicted with heads in various animal forms, has enjoyed longevity in Indian art.[1] One of the creatures here has a lion's head with snarling fangs and a small deerlike quadruped perched on its raised foreleg. The other, with a head terminating in an elephant's snout, exhibits a gentler aspect. Both have taut, sinuous bodies pinched near the middle, flaming wings and manes, and long tails terminating in a lotus or stylized leaf.

Several aspects of these textile fragments are unusual. It is more typical to see the *vyala* motif organized within pearl-bordered roundels or ogives—a layout similar to those of Islamic textiles in this technique—than within the pearl-bordered rectangular compartments seen here.[2] Another uncommon feature is the dark blue background, rather than the red usually found in Indian textiles of this type.[3]

Little is yet known about complex silk draw-loom weaving in India before the Mughal period, and such textiles appeared on the international art market from Tibetan sources only in the 1980s and 1990s. This silk, a rare example of its type, is among the earliest in a small group of medieval silks from India, the production of which has been attributed to the important textile centers of Gujarat, the Deccan, and the Assam–North Bengal region.[4]

QA

1. For sculpture, see Dhaky 1965; for metalwork, see Zebrowski 1997, pls. 106–13; for textiles, see Galloway 2009, nos. 2–5, and Riboud et al. 1998, pp. 66, 71, 75, 79. See also New York 1985–86 and Rahul Jain 2011, pp. 22–25, no. 3A.
2. Galloway 2009, nos. 2–6. This layout in rectangular compartments also recalls the form of the square tiles with molded animal designs and pearl borders attributed to the late twelfth and early thirteenth century from Ghazni, Afghanistan (Metropolitan Museum, acc. nos. 1975.193.4–.6).
3. Crill 1995, p. 41; Riboud et al. 1998; Galloway 2009; Dye 2001, p. 458.
4. Cohen 1995, pp. 29, 31; Rahul Jain in Galloway 2009, p. 6; Galloway 2011, no. 1.

Provenance: [Jeremy Pine Fine Arts, Hong Kong]; Michael and Jacqueline Franses, London (until 1993)

244. Folio from the Hamzanama (Story of Hamza)

"'Umar Walks around Fulad Castle, Meets a Foot Soldier, and Kicks Him to the Ground"
Painters: Attributed to Keshav Das (active ca. 1570–1604) and Mah Muhammad (active 1570s)
India, ca. 1570
Ink, opaque watercolor, and gold on cloth; mounted on paper
28¾ × 22¼ in. (73 × 56.5 cm)
Rogers Fund, 1923 23.264.2

Inscription in Persian in *nasta'liq* script at bottom:
سیر کردن عمر بر گرد حصار فولاد و پیاده دیدن و جفت لگدی برو زدن و افتادن پیاده که او عیّار فولاد بود
'Umar walks around Fulad castle, meets a foot soldier, and kicks him to the ground . . .

The illustrated *Hamzanama* (Story of Hamza) made for the Mughal emperor Akbar (r. 1556–1605) has been noted for several remarkable qualities. The original number of painted leaves—1,400, of which about 140 survive—is far greater than for most projects; the size of each folio is almost three times that of any other manuscript of the Mughal period; the illustrations have text on the reverse, stimulating yet-unanswered questions about the manuscript's practical use; and, finally, the dynamic hybrid painting style indicates the variety and number of talented artists in the royal workshop at this early date.

Although Akbar is believed to have been unable to read, he is known to have enjoyed being read to, and he maintained a library of more than twenty-eight thousand volumes. This folio from the *Hamzanama* illustrates an episode involving 'Umar, a spy loyal to the Prophet Muhammad's uncle Hamza, who learns of a secret tunnel into the castle of Fulad from a foot soldier whom he has knocked down. A caption below the image identifies the subject and the characters depicted. The painting of the figures has been attributed to the artist Keshav Das, while the upper part of the work is thought to have been executed by another artist, Mah Muhammad; such collaborations were typical of the Mughal workshop practice.[1] The fallen soldier's staring eyes, undone turban, and sprawling body illustrate the expressive energy that characterizes the entire manuscript. In contrast, the spry figure of 'Umar is more classically restrained, representing another stylistic thread woven through the paintings. As in other folios,

nature—denoted here by birds, lush foliage, and a lively flowing stream—is a strong element of the composition. The thickly applied paint has worn off in some places, exposing the woven cotton support below. Recent scholarship on the extensive palette has found that a variety of sources were used to achieve the color gradations, which can be seen here particularly in the many tones of green and the shading of the modeled areas.[2]

The Museum für Angewandte Kunst in Vienna has the greatest concentration of surviving *Hamzanama* folios, with many others dispersed in major museum collections around the world. The Metropolitan Museum holds five.[3] NNH

1. Washington, D.C. 2002, pp. 171–72, no. 55.
2. Owen 2002, p. 284.
3. Acc. nos. 18.44.1, 18.44.2, 23.264.1, 23.264.2, and 24.48.1.

PROVENANCE: [sale, Anderson Galleries, New York, December 17–23, 1923, lot 242; sold to MMA]

245. Folio from the Harivamsa (Legend of Hari)

"Krishna Holds Up Mount Govardhan to Shelter the Villagers of Braj"
Present-day Pakistan, probably Lahore, ca. 1590–95
Ink, opaque watercolor, and gold on paper
11 3/8 × 7 7/8 in. (28.9 × 20 cm)
Purchase, Edward C. Moore Jr. Gift, 1928 28.63.1

The translation of historical and mythological texts from various languages into Persian for Emperor Akbar (r. 1556–1605) was an established practice by 1574 at his capital, Fatehpur Sikri, and involved leading nobles whose contributions reflected the high literary culture of the court. Among the major projects undertaken were the translation and illustration of the Hindu classics the *Mahabharata*—known in Persian as the *Razmnama* (Book of Wars)—and the *Ramayana*. The surviving paintings represent the first known illustrated versions of works of Hindu epic literature on paper, an innovation that was brought about by the Mughal love of the arts of the book. The new translations were virgin territory for the Mughal court artists, who, in most previous painting projects, worked within an inherited tradition of iconography, subject matter, and even style. Remarkably, rather than the tentative first steps that one might have expected, the illustrated Hindu texts are among the most powerful of Mughal works.

The *Harivamsa* (Legend of Hari) is, in large part, a chronicle of the exploits of Krishna, an incarnation of Vishnu; Hari is one of Vishnu's many names. The translation into Persian was undertaken in 1585 by Maulana Shiri (d. 1586) during Akbar's last year at Fatehpur Sikri. Thirty-three miniatures survive from the dispersed manuscript.[1] The present folio shows Krishna holding up Mount Govardhan to protect the villagers of Braj from destructive rains sent by the god Indra. Most later versions of the same scene in painting and sculpture depict the deity lifting up the mountain (sometimes reduced in scale to a symbolic hillock) on his little finger, but early Indian sculpture shows the mountain resting on the flat palm of his hand, as in this image.[2]

The anonymous artist has largely drawn on a Persian landscape style to depict the mountain, although here the multicolored crags are filled with wildlife native to the subcontinent. Below, the assembly of villagers evokes the timelessness of rural life, present even to this day in parts of India, with almost as much attention paid to the characterful depiction of the animals as to the human subjects. The central figure of Krishna bears the attributes of the deity, including his peacock crown, floral garland (*vanamala*), and draped *dhoti*; the brilliant color of his garment is derived from so-called Indian yellow, an early use in Mughal painting of a traditional Indian pigment.[3] A subtle but distinct reddening of the corners of Krishna's eyes, which later became common in paintings of the deity, reflects a convention seen in enameled eye inlays in devotional sculpture.[4] NNH

1. Several other pages in the Museum's collection are associated with this manuscript (acc. nos. 28.63.2–.3; 67.266.5). The group is discussed in Skelton 1970.
2. Hawley 1979, pp. 206–7, fig. 2, discusses the Govardhan motif in sculpture.
3. Chandra, M. 1949, p. 27.
4. New York 1997b, p. 85, no. 49, shows a later Pahari-school Krishna image with this feature.

PROVENANCE: [Hagop Kevorkian, New York, until 1928; sold to MMA]

246. Folio from the Chingiznama (Book of Genghis Khan)

"Tumanba Khan, His Wife, and His Nine Sons"
Painters: Basawan (active ca. 1565–98), Bhim Gujarati (active 1590s)
Present-day Pakistan, probably Lahore, ca. 1596
Ink, opaque watercolor, and gold on paper
15 × 10 in. (38.1 × 25.4 cm)
Purchase, Francis M. Weld Gift, 1948 48.144

Signature in Persian in *nasta'liq* script on border at lower right:
طرح و چهره بساون عمل بهیم گجراتی
Sketch and faces Basawan, work Bhim Gujarati

This late sixteenth-century Mughal painting comes from a copy of the *Chingiznama*[1] (Book of Genghis Khan; also known as the *Genghisnama*), the text of which is an extract from Rashid al-Din's fourteenth-century *Jami' al-tawarikh* (Compendium of Chronicles) that describes the life of Genghis Khan and his descendants. The *Chingiznama* was one of a group of historical manuscripts that the Mughal emperor Akbar (r. 1556–1605) commissioned in the 1590s with the intention of situating his dynasty in the course of world history.

This particular illustration depicts the ruler Tumanba Khan and his wife enthroned in the courtyard of a palace.[2] As an ancestor of both Genghis Khan (through his sixth son, Qabal Khan) and Timur (through his third son, Qajuli), Tumanba Khan was also an illustrious forebear of the Mughals. He is shown in an anachronistic Mughal-inspired palace with his nine sons (five from one wife, four from another),[3] but the adjacent text does not mention why they were gathered together. The artists appear to have

taken the liberty of composing a scene of their own imagination to accompany the text, which simply lists each of the nine sons and their descendants. Perhaps some deeper meaning is intended by the woman at the right who points at one of the sons, or the woman at the left who holds a glass model of a building, but the significance of these details is unclear.

An inscription in red ink at the bottom ascribes the painting to two of the most accomplished early Mughal painters. Basawan was a master portraitist of Akbar's time; here he has carefully shown the descending age of the nine sons, from fully bearded to mustachioed to bare-cheeked. Bhim Gujarati, who is also known from other Akbar-period works (which he usually signed *'amal*), completed approximately four of the sixteen folios Basawan designed in the *Chingiznama*.[4] MS

1. This folio comes from a copy of the *Chingiznama* in the Gulistan Library, Tehran. The manuscript once had a colophon (now apparently missing) stating that the calligraphy was completed on A.H. 27 Ramadan 1004/ May 25, 1596 A.D. See Marek and Knizková 1963, p. 29. There are 304 folios with 98 paintings remaining in Tehran, but several additional pages are known in outside collections, as identified in Washington, D.C. 1981–82, pp. 101–2.
2. The subject of this painting had previously been identified as "Genghis Khan Dividing His Empire among His Sons." Philippa Vaughan first suggested the identification supported here in 1994 (letter, curatorial file, Department of Islamic Art), although the painting continued to be published with the earlier title.
3. Abu'l Fazl's *Akbarnama* (Book of Akbar) includes an account of these Mughal ancestors but, in contradiction to the text here, states that seven of Tumanba Khan's sons were from one wife and that Qajuli and Qabal were twins, born to a second wife.
4. See Verma 1994, pp. 100–101, and Washington, D.C. 1981–82, p. 224.

PROVENANCE: [Heeramaneck Galleries, New York, until 1948]

247A, B. Two Folios from the Khamsa (Quintet) of Amir Khusrau Dihlavi

A. "A Muslim Pilgrim Learns a Lesson in Piety from a Brahman"
Calligrapher: Muhammad Husain Kashmiri (active ca. 1560–1611)
Painter: Basawan (active ca. 1565–98)
India, 1597–98
Ink, opaque watercolor, and gold on paper
$9\frac{7}{8} \times 6\frac{1}{4}$ in. (25.1 × 15.9 cm)
Gift of Alexander Smith Cochran, 1913 13.228.29

Inscribed in Persian in *nasta'liq* script:
گفت چو دل در ره بت باختم
پا برهش نیز ز دل ساختم
[He] said his heart is lost to his idol, my heart took a step on his path

Signature in Persian in *nasta'liq* script at bottom left-hand corner of frame:
عمل پساون
Work of Basawan

B. "Bahram Gur and the Princess of the Blue Pavilion"
Calligrapher: Muhammad Husain Kashmiri (active ca. 1560–1611)
Painter: Manohar (active ca. 1582–1624)
India, 1597–98
Ink, opaque watercolor, and gold on paper
$9\frac{3}{4} \times 6\frac{1}{4}$ in. (24.8 × 15.9 cm)
Gift of Alexander Smith Cochran, 1913 13.228.33

Signature in Persian in *nasta'liq* script at bottom right-hand side of frame:
عمل منوهر
Work of Manohar

Among the many splendid manuscripts produced during the 1590s in the court workshops of Emperor Akbar (r. 1556–1605) was an illustrated version of the *Khamsa* (Quintet) of the medieval sufi poet Amir Khusrau Dihlavi. Twenty-nine illustrated folios,

RABO CON JAMÓN Y CHAMPIÑONES AL JEREZ

INGREDIENTES (4 P.)

1 rabo de ternera (troceado)
125 g de jamón serrano
300 g de champiñones
150 ml de vino de Jerez seco
harina (para rebozar)
4 dientes de ajo
3 cebollas blancas
aceite de oliva virgen extra
perejil
1 hoja de romero
1 rama de tomillo
1 rama de laurel
pimienta
sal

ELABORACIÓN

Calienta 4-6 cucharadas de aceite en una sartén grande. Salpimienta los trozos de rabo, enharínalos, añádelos a la sartén y dóralos bien. Retíralos e introdúcelos en una olla rápida.

Pela los dientes de ajo y las cebollas, corta los ajos en láminas y las cebollas en dados e incorpóralos a la sartén donde has dorado el rabo. Sazona las hortalizas y rehógalas durante 25-30 minutos a fuego medio hasta que estén bien doradas (casi caramelizadas). Vierte encima el vino y dale un hervor fuerte.

Pasa también las hortalizas a la olla rápida, cubre todo con 600 ml de agua y sazona. Haz un atadito *(bouquet garni)* con la hoja de laurel, la rama de romero, la de tomillo y 2 ramas de perejil e introdúcelo en la olla. Ciérrala y cocina el rabo durante 30-35 minutos.

Retira el rabo y ponlo en una tartera (cazuela amplia y baja). Retira el atadillo de la olla, desgrasa un poco la salsa, tritúrala y viértela en la tartera.

Calienta una sartén con 1 cucharada de aceite. Corta el jamón en dados, añádelo a la sartén, saltéalo brevemente y agrégalo a la tartera.

Limpia los champiñones (enjuágalos en un bol con agua y sécalos bien), córtalos en cuartos, incorpóralos a la sartén, sazónalos, saltéalos durante 4-5 minutos y espolvoréalos con un poco de perejil picado. Añádelos a la tartera y cocina todo a fuego suave durante 4-5 minutos.

Sirve y adorna los platos con unas hojas de perejil.

CONSEJO

Si el rabo es de vaca o de buey en lugar de ternera, tendrás que cocinarlo durante mucho más tiempo, aproximadamente el doble.

RABO DE TERNERA A LA SIDRA

INGREDIENTES (4 P.)

2 kg de rabo de ternera troceado
750 ml de sidra natural
3 dientes de ajo
1 cebolla
2 puerros
1 pimiento verde
2 zanahorias
300 g de champiñones
aceite de oliva virgen extra
1 cucharadita de orégano
1 hoja de laurel
perejil
20 granos de pimienta
1 cucharadita de *curry*
sal

ELABORACIÓN

Calienta 3-4 cucharadas de aceite en una olla rápida. Sazona los trozos de rabo, introdúcelos en la olla y dóralos bien.

Pela los dientes de ajo y la cebolla y córtalos en dados. Limpia los puerros (retirándoles la parte superior, la inferior y 2 capas de hojas), lávalos bien y córtalos en medias lunas finas. Retira el tallo y las semillas del pimiento y córtalo en dados. Pela las zanahorias y córtalas en medias lunas finas. Incorpora las hortalizas a la olla, sazónalas y rehógalas a fuego medio durante 10 minutos.

Añade los granos de pimienta, el *curry*, el orégano, el laurel y la sidra. Mezcla bien, pon a punto de sal, cierra la olla y guisa el rabo durante 30 minutos.

Retira la carne de la olla y pásala a una tartera. Retira la hoja de laurel, desgrasa un poco la salsa, tritúrala con una batidora eléctrica y cuélala sobre la carne.

Enjuaga los champiñones en un bol con agua. Retíralos, sécalos y córtalos en láminas finas. Calienta 2-3 cucharadas de aceite en una sartén, introduce en ella los champiñones, sazónalos, cocínalos a fuego fuerte durante 4-5 minutos y espolvoréalos con un poco de perejil picado.

Reparte el rabo y los champiñones en 4 platos. Decora los platos con unas hojas de perejil.

CONSEJO

Si te sobra algo de salsa, puedes aprovecharla para salsear unos huevos o para preparar una pasta o un arroz.

REDONDO DE TERNERA CON NARANJA Y LIMÓN

INGREDIENTES (4 P.)

1 kg de redondo de ternera

3 naranjas

1 limón

125 ml de vino blanco dulce

50 ml de *brandy*

500 g de chalotas (o cebollitas francesas)

1 cucharada de harina de maíz refinada

aceite de oliva virgen extra

perejil

sal

ELABORACIÓN

Calienta la olla con 3-4 cucharadas de aceite. Sazona el redondo, introdúcelo en la olla y dóralo bien (5-6 minutos).

Exprime las naranjas y el limón y añade los zumos a la olla. Añade también el vino y el *brandy*, sazona y dale un hervor para que se evapore el alcohol. Cierra la olla y cocina el redondo durante 7 minutos.

Pela las chalotas. Quita la presión de la olla, ábrela e incorpora las chalotas. Cierra la olla de nuevo y cocina todo junto durante 2 minutos. Espera a que baje la válvula y abre la olla. Retira el redondo y deja que se temple. Una vez templado, córtalo en filetes finos.

Diluye la harina de maíz en un poco de agua fría, vierte un poco de la mezcla en la olla y dale un hervor hasta que ligue la salsa.

Sirve en cada plato 3-4 filetes de redondo y unas chalotas. Salsea y decora los platos con unas hojas de perejil.

CONSEJO

Si os gusta la carne más hecha, haz la primera cocción en la olla durante 12 minutos en lugar de 7.

ROLLO DE POLLO CON SALSA DE PIMIENTA

INGREDIENTES (4 P.)

2 pechugas de pollo (4 medias)
2 cucharadas grandes de paté de cerdo
4 lonchas de jamón cocido
100 ml de vino blanco
200 ml de nata líquida
250 ml de caldo de pollo
aceite de oliva virgen extra
perejil
30 granos de pimienta negra
sal

CONSEJO

Si quieres reducir la cantidad de grasa de esta receta, puedes sustituir la nata por leche evaporada, aunque no olvides que la nata dará mayor consistencia a la salsa.

ELABORACIÓN

Abre las pechugas de pollo por la mitad sin soltarlas del todo (que queden como un libro) y sazónalas por la parte interior. Pon encima de cada una un poco de paté y una loncha de jamón cocido, enróllalas y átalas con hilo de cocina. Sazónalas también por fuera.

Calienta 2 cucharadas de aceite en una sartén grande, introduce en ella las pechugas, dóralas bien y pásalas a una fuente apta para el horno.

Vierte el vino en la sartén, dale un hervor fuerte y rocía con él las pechugas. Hornéalas a 200 °C durante 15 minutos.

Pon la pimienta en un mortero y májala bien, hasta que quede prácticamente reducida a polvo.

Para preparar la salsa, pon la nata a calentar en un cazo y añádele el caldo de pollo y la pimienta majada. Sazona y cocina conjuntamente durante 15 minutos a fuego suave-medio. Añade un poco del jugo que han soltado las pechugas en el horno y mezcla bien.

Retira el hilo de los rollitos de pollo y corta cada uno en 4-5 rodajas gruesas. Sirve 1 rollito en cada plato, salséalos y decóralos con unas hojas de perejil.

ROLLITOS DE PAVO CON SALSA DE OPORTO

INGREDIENTES (4 P.)

8 filetes finos de pechuga de pavo

8 espárragos verdes

4 lonchas de jamón cocido

1 cucharada de pan rallado

1 cucharada de semillas de sésamo (sin tostar)

aceite de oliva virgen extra

perejil

pimienta

sal

Para la salsa de oporto:

200 ml de vino de Oporto

200 ml de caldo de carne o de verdura

50 g de pasas

1 cucharada de harina de maíz refinada

ELABORACIÓN

Calienta 3-4 cucharadas de aceite en una sartén. Retira la parte inferior de los espárragos, córtalos por la mitad a lo largo, introdúcelos en la sartén, sazónalos y fríelos a fuego medio durante 3-4 minutos. Retíralos de la sartén y resérvalos. Reserva también, aparte, el aceite.

Para preparar la salsa de oporto, pon a calentar en un cazo el oporto, el caldo y las pasas y deja que reduzcan a fuego medio durante 15 minutos. Diluye la harina de maíz en un poco de agua fría, agrega un poco a la reducción y dale un hervor (removiéndola con una varilla) hasta que ligue la salsa. Resérvala.

Salpimienta los filetes de pavo, pon ½ loncha de jamón cocido encima de cada uno y coloca en el centro 1 espárrago (2 mitades). Enróllalos y, para que no se desmonten, ensarta 2 palillos en cada uno. Colócalos en una bandeja apta para el horno, riégalos con el aceite resultante de freír los espárragos y hornéalos a 200 °C durante 12 minutos. Saca los rollitos del horno y retírales los palillos. Mezcla el pan rallado con las semillas de sésamo y espolvorea los rollitos con la mezcla. Cambia la posición del horno a la de gratinar, introduce los rollitos de nuevo en el horno y gratínalos durante 2-3 minutos, hasta que se doren.

Sirve en cada plato 2 rollitos (uno entero y el otro cortado por la mitad). Salséalos alrededor y decora los platos con unas hojas de perejil.

CONSEJO

Es importante que emplees las semillas de sésamo sin tostar, porque si se usan ya tostadas, podrían quemarse al gratinar los rollitos de pavo.

SOLOMILLO DE CERDO CON PURÉ DE OREJONES

INGREDIENTES (4 P.)

2 solomillos de cerdo
16 orejones de albaricoque
100 ml de vino blanco seco
50 ml de ron
1 manzana
aceite de oliva virgen extra
perejil
pimienta
sal

ELABORACIÓN

La víspera, pon los orejones en un bol, cúbrelos con el vino y el ron y déjalos macerando durante toda la noche.

Pon los orejones con el vino y el ron en un cazo, agrega 200 ml de agua, sazónalos y cuécelos a fuego suave durante 30 minutos (si se consume el líquido, puedes agregar un poco más de agua). Pasa los orejones a un vaso batidor, añade un poco del líquido de la cocción y tritúralos hasta conseguir un puré homogéneo.

Calienta una sartén con 1 cucharada de aceite. Lava la manzana, corta 16 gajos finos, colócalos en la sartén y cocínalos a fuego suave hasta que se doren por los dos lados.

Calienta una plancha con 2 cucharadas de aceite. Corta los solomillos en filetes, salpimiéntalos, extiéndelos sobre la plancha y cocínalos durante 1 minuto por cada lado.

Sirve el puré de orejones en la base de los platos, coloca encima 4-5 filetes de solomillo y acompáñalos con los gajos de manzana. Decora los platos con unas hojas de perejil.

CONSEJO

El solomillo de cerdo es una carne con poca grasa, por lo que puedes consumirlo incluso si estás llevando una dieta baja en calorías.

TERNERA DE LA ABUELA

INGREDIENTES (4 P.)

750 g de filetes de aguja de ternera

2-3 huevos y harina (para rebozar)

5 dientes de ajo

1 cebolla grande

500 ml de caldo de verduras o de carne

2 patatas

aceite de oliva virgen extra

perejil

pimienta

1 rama de canela

sal

ELABORACIÓN

Calienta una sartén con 10 cucharadas de aceite.

Casca los huevos, pásalos a un bol, sazónalos y bátelos bien con una varilla manual.

Salpimienta los filetes de ternera, pásalos por harina y por el huevo batido, introduce 2 o 3 en la sartén, fríelos brevemente por los dos lados, retíralos y pásalos a una tartera (cazuela amplia y baja). Fríe el resto de los filetes de la misma manera y resérvalos.

Pela los dientes de ajo y la cebolla, córtalos en daditos y agrégalos a la sartén donde has frito la carne. Sazona las hortalizas y rehógalas a fuego medio durante 20 minutos. Añade la rama de canela y el caldo de verduras, dale un hervor y vierte todo en la tartera con los filetes. Pon a punto de sal, tapa la tartera y cocina la carne a fuego suave durante 20 minutos.

Pela las patatas, córtalas en láminas finas y déjalas a remojo en un bol con agua durante 30 minutos. Retíralas, sécalas, junta 4 o 5 láminas y córtalas en tiras finas (tipo patata paja). Calienta una sartén con abundante aceite, introduce en ella la mitad de las patatas, fríelas hasta que se doren y escúrrelas sobre un plato cubierto con papel absorbente. Fríe el resto de la misma manera.

Sirve 2 filetes y 1 porción de patatas en cada plato y decóralos con unas hojas de perejil.

CONSEJOS

1. En este tipo de recetas, el sellado de la carne es clave para que conserve todos sus jugos en el interior y no se seque.
2. El uso de canela u otras especias reduce la cantidad de sal necesaria para sazonar la comida, ya que estas también potencian el sabor de los alimentos.

SOLOMILLO DE CERDO EN SALSA CREMOSA DE ENELDO

INGREDIENTES (4 P.)

2 solomillos de cerdo pequeños

1 cucharadita de ajo en polvo

2 dientes de ajo

1 cebolla

1 zanahoria

250 ml de caldo de carne

100 ml de nata líquida

200 g de arroz

aceite de oliva virgen extra

1 cucharada de eneldo fresco picado

perejil

pimienta

sal

ELABORACIÓN

Limpia los solomillos retirándoles la grasa. Córtalos en filetes gruesos (medallones), salpimiéntalos y espolvoréalos con el ajo en polvo.

Calienta una sartén grande con 3 cucharadas de aceite, introduce en ella la mitad de los medallones y dóralos a fuego vivo por los dos lados. Retíralos a un plato y resérvalos. Dora el resto de los medallones de la misma manera.

Para preparar la salsa, añade 2 cucharadas de aceite a la sartén donde has dorado el solomillo. Pela 1 diente de ajo, pícalo y agrégalo a la sartén. Pela la cebolla, córtala en dados y agrégala también. Pela la zanahoria, córtala en cuartos de luna finos e incorpórala. Sazona las hortalizas y rehógalas a fuego medio durante 10-15 minutos. Vierte encima el caldo y la nata y cocina la salsa a fuego suave-medio durante 20 minutos. Pasa la salsa a una batidora de vaso, tritúrala y ponla de nuevo en la sartén.

Calienta 1 cucharada de aceite en una cazuela. Aplasta el otro diente de ajo (con piel) e introdúcelo en la cazuela. Agrega el arroz, cúbrelo con agua (el doble y un poco más que de arroz), sazónalo y cocínalo a fuego medio durante 18-20 minutos.

Introduce los medallones de solomillo en la sartén con la salsa y cocínalos a fuego lento durante 2-3 minutos. Espolvorea todo con el eneldo picado.

Para servir el arroz, unta un cuenco con un poco de aceite, coloca en el fondo una hoja de perejil y llénalo con arroz. Desmóldalo (dándole la vuelta) sobre un plato. Repite el proceso y monta otros 3 platos de la misma manera. Coloca 4 medallones de solomillo en cada plato y decóralos con unas hojas de perejil.

CONSEJOS

1. Procura no cocinar demasiado los medallones de solomillo para evitar que se sequen.
2. Si la salsa quedara muy ligera, diluye un poco de harina de maíz refinada en un poco de agua fría, añade un poco de la mezcla a la tartera, dale un hervor y remueve la cazuela hasta que la salsa espese.

TERNERA CON CALABAZA

INGREDIENTES (4 P.)

500 g de brazuelo de ternera (en filetes)

300 g de calabaza

1 cebolla

4 dientes de ajo

1 cucharada de azúcar moreno

1 cucharada de mostaza

300 ml de cerveza negra

25 g de pasas (sin pepitas)

40 ml de *brandy*

aceite de oliva virgen extra

perejil

sal

ELABORACIÓN

Calienta 3-4 cucharadas de aceite en una tartera (cazuela amplia y baja). Pela la cebolla, córtala en juliana fina e introdúcela en la tartera. Pela los dientes de ajo, córtalos en daditos y agrégalos. Sazona las hortalizas y rehógalas a fuego suave-medio durante unos 10 minutos. Pásalas a una fuente y resérvalas.

Añade 3-4 cucharadas de aceite a la tartera donde has rehogado las hortalizas. Sazona los filetes, introdúcelos (en tandas) en la tartera y dóralos brevemente por los dos lados. Incorpora las hortalizas rehogadas, el azúcar, la mostaza y la cerveza y mezcla bien. Tapa la tartera y cocina la carne a fuego suave durante unos 30 minutos.

Pon las pasas en un bol, viérteles encima el *brandy*, deja que se hidraten durante unos 30 minutos y escúrrelas.

Pela la calabaza y córtala en dados.

Calienta 2-3 cucharadas de aceite en una sartén, añade las pasas y los dados de calabaza y saltéalos a fuego medio durante 3-4 minutos. Espolvoréalos con un poco de perejil picado.

Incorpora la mezcla de calabaza y pasas a la tartera con la carne y mezcla bien. Tapa la tartera y guisa todo junto durante 5 minutos.

Sirve y decora los platos con unas hojas de perejil.

CONSEJO

El brazuelo es una carne bastante dura cuando está cruda. Sin embargo, al cocinarla se convierte en una carne gelatinosa, por lo que es recomendable para caldos, guisos y estofados.

ASADO DE TIRA CON ENSALADA

INGREDIENTES (4 P.)

2 kg de asado de tira (costilla de ternera)

1 lechuga

1 cebolleta

2 dientes de ajo

aceite de oliva virgen extra

1 cucharada de vinagre

perejil

sal

ELABORACIÓN

Pela los dientes de ajo, trocéalos, ponlos en el mortero con una pizca de sal y májalos bien. Agrega 2 cucharadas de aceite y un poco de perejil picado y mezcla bien.

Calienta la plancha con 1-2 cucharadas de aceite. Coloca encima las tiras de costilla y cocínalas a fuego medio-fuerte durante 2-3 minutos. Dales la vuelta, úntalas con el majado, sazónalas y cocínalas durante otros 2-3 minutos.

Suelta las hojas de la lechuga, lávalas bajo el grifo, sécalas, trocéalas y ponlas en una ensaladera. Corta la cebolleta en juliana fina y añádela. Sazona, aliña con el vinagre y 3-4 cucharadas de aceite y mezcla bien.

Sirve en cada plato 2 tiras de costilla y 1 porción de ensalada y decóralos con unas hojas de perejil.

CONSEJO

La tira es un corte clásico del asado argentino y tiene la particularidad de que el hueso y las grasas aportan a la carne un sabor único durante su cocción.

CONEJO CON AJETES Y BATATA

INGREDIENTES (4 P.)

1 conejo troceado
14 ajos frescos (ajetes)
2 batatas
125 ml de *txakoli*
aceite de oliva virgen extra
perejil
pimienta
sal

ELABORACIÓN

Calienta una sartén grande con 6 cucharadas de aceite. Salpimienta los trozos de conejo, introdúcelos en la sartén y fríelos hasta que se hagan por dentro y se doren por fuera. Retira el aceite de la sartén, vierte encima del conejo el *txakoli* y deja que hierva durante 3-4 minutos.

Pela las batatas y córtalas (cascándolas). Calienta otra sartén con abundante aceite, introduce en ella los trozos de batata y fríelos hasta que empiecen a dorarse. Limpia los ajos frescos, córtalos en trozos de 1 cm y agrégalos a la sartén donde están las batatas. Fríe conjuntamente durante 2-3 minutos, hasta que los ajos estén hechos.

Incorpora las batatas con los ajetes a la sartén del conejo, mezcla bien y sirve. Decora los platos con unas hojas de perejil.

CONSEJO

La batata o boniato recibe también los nombres, entre otros, de *camote, moniato, papa dulce* o *patata dulce.*

CONEJO CON MOSTAZA

INGREDIENTES (4 P.)

16 paletillas de conejo
140 g de mostaza
1 cebolla grande
125 ml de vino blanco
200 ml de nata líquida
4 patatas
aceite de oliva virgen extra
perejil
pimienta
4 clavos de olor
sal

CONSEJO

Si te sobra algo de conejo, puedes aprovecharlo para hacer unas croquetas o para rellenar unos pimientos.

ELABORACIÓN

Pon las paletillas en un bol, salpimiéntalas y úntalas con la mostaza.

Calienta 4-5 cucharadas de aceite en una sartén grande, introduce en ella las paletillas y fríelas (en tandas) hasta que se doren. Pásalas a una tartera (cazuela amplia y baja) y resérvalas.

Agrega 2 cucharadas de aceite a la sartén donde has frito el conejo. Pela la cebolla, córtala en daditos, añádela a la sartén, sazónala y rehógala a fuego medio durante 10-15 minutos. Incorpora los clavos y el vino y dale un hervor. Vierte encima 300-350 ml de agua, remueve los ingredientes, pasa todo a la tartera con las paletillas de conejo, tapa y cocina durante 30 minutos. Agrega la nata y cocina todo durante 5 minutos más.

Calienta abundante agua en una cazuela. Pela las patatas, trocéalas (cascándolas), introdúcelas en la cazuela y sazónalas. Cuécelas durante 18-20 minutos. Retíralas, escúrrelas y ponlas en un bol. Añádeles un poco de perejil picado, una pizca de sal y 2 cucharadas de aceite y májalas bien.

Sirve 4 paletillas por persona y acompáñalas con el puré de patata. Decora los platos con unas hojas de perejil.

ESCALOPINES DE POLLO CON SALSA DE QUESO

INGREDIENTES (4 P.)

1 pechuga de pollo (500 g)
200 g de queso manchego curado
20 g de mantequilla
1 cucharada de harina
700 ml de leche entera
100 g de palomitas de maíz
2-3 huevos batidos
10 g de brotes de rúcula
aceite de oliva virgen extra
perejil
pimienta
sal

CONSEJO

Después de cada fritura de los escalopines de pollo, conviene colar el aceite, pues siempre quedan residuos que, si continúan en la sartén, acabarían quemándose.

ELABORACIÓN

Funde la mantequilla en una cazuela, agrega la harina y cocínala un poco (hasta que forme burbujas) sin que llegue a dorarse. Vierte encima la leche, sazona y mezcla bien con una varilla de mano. Cocina los ingredientes a fuego suave, removiéndolos de vez en cuando, durante 5 minutos.

Ralla el queso, incorpóralo a la cazuela, pon a punto de sal y cocina la salsa (removiéndola a menudo) a fuego suave durante unos 8 minutos.

Pon las palomitas (en tandas) en una picadora, tritúralas hasta que queden reducidas a polvo y pásalas a una fuente.

Calienta una sartén con abundante aceite. Corta la pechuga de pollo en filetes pequeños, salpimiéntalos, pásalos primero por el huevo batido y luego por las palomitas picadas e introdúcelos en la sartén. Fríelos (en tandas) por los dos lados hasta que se hagan por dentro y se doren por fuera. Retira los escalopines y escúrrelos sobre una fuente cubierta con papel absorbente.

Sirve la salsa de queso en el fondo de 4 platos y reparte encima los escalopines. Decora los platos con los brotes de rúcula y unas hojas de perejil.

POLLO MARINADO CRUJIENTE CON *CHUTNEY* DE FRESAS

INGREDIENTES (4 P.)

1 pechuga de pollo (2 medias)

50 g de queso parmesano rallado

50 g de pan rallado

50 g de almendra molida o harina de almendra

50 g de jamón ibérico picado

100 g de harina

2 huevos batidos

aceite de oliva virgen extra

perejil

Para el marinado del pollo:

150 ml de vinagre de Jerez

100 ml de agua

3 dientes de ajo

1 cucharada de pimentón

1 cucharada de comino

sal

Para el chutney de fresas:

600 g de fresas

60 g de mantequilla

1 cebolla roja

100 g de azúcar

50 ml de vinagre de Jerez

sal

ELABORACIÓN

Para marinar el pollo, pon el vinagre y el agua en un bol grande. Pela los dientes de ajo, aplástalos con la hoja del cuchillo cebollero, pícalos e incorpóralos al bol. Añade el pimentón, el comino y una pizca de sal y mezcla bien. Filetea el pollo e introduce los filetes en el bol. Cubre el bol con film transparente, introdúcelo en el frigorífico y deja que el pollo se marine durante 2-3 horas.

Para preparar el *chutney* de fresas, funde la mantequilla en una sartén grande. Pela la cebolla, córtala en daditos, agrégala a la sartén y rehógala a fuego suave durante 10 minutos. Lava las fresas, retírales el tallo, córtalas por la mitad e incorpóralas. Añade el azúcar, el vinagre y una pizca de sal y cocina todo durante 20 minutos a fuego suave-medio. Pasa el chutney de fresas a un bol y deja que se enfríe.

Introduce el queso rallado, el pan rallado, la almendra molida y el jamón picado en una picadora, tritura los ingredientes y extiende la mezcla sobre una fuente.

Calienta una sartén con abundante aceite. Retira los filetes de pollo del bol, sécalos con papel absorbente y pásalos primero por la harina, después por el huevo batido y, por último, por la mezcla de queso, pan rallado, almendra y jamón. Introduce los filetes de pollo en la sartén (en tandas) y fríelos hasta que se hagan por dentro y se doren por fuera. Retíralos y escúrrelos sobre una fuente cubierta con papel absorbente.

Sirve 3-4 filetes de pollo en cada plato, acompáñalos con el *chutney* de fresas y decóralos con unas hojas de perejil.

CONSEJO

Si quieres que la carne de pollo adquiera un sabor más intenso, puedes dejarla marinando en el frigorífico durante toda la noche.

LOMO DE CERDO CON SALSA DE CHAMPIÑONES

INGREDIENTES (4 P.)

750 g de lomo de cerdo
200 g de champiñones
1 cebolla
50 ml de vino blanco
250 ml de caldo de ave
50 ml de nata líquida
12 espárragos verdes
aceite de oliva virgen extra
2 ramas de tomillo (fresco)
perejil
pimienta
sal

CONSEJO

Si no tienes mucho tiempo, puedes comprar los champiñones en láminas y listos para consumir.

ELABORACIÓN

Calienta 3 cucharadas de aceite en una sartén. Pela la cebolla, córtala en daditos, agrégala a la sartén, sazónala y rehógala a fuego-medio durante unos 8 minutos.

Lava los champiñones en un bol con agua. Retíralos, sécalos, córtalos en láminas, incorpóralos a la sartén, sazónalos y cocínalos a fuego medio durante 4-5 minutos. Vierte encima el vino y dale un hervor fuerte. Incorpora el caldo y cocina todo a fuego medio durante 10-12 minutos. Añade la nata, mezcla bien y cocina conjuntamente a fuego suave durante 3-4 minutos más. Reserva la salsa.

Calienta agua en una cazuela. Cuando empiece a hervir, introduce en ella los espárragos, sazónalos y cuécelos durante 10-12 minutos.

Calienta una plancha grande. Pon 6 cucharadas de aceite en una fuente y salpimiéntalo. Corta el lomo en 8 filetes, colócalos sobre el aceite y salpimiéntalos por la parte superior. Extiende los filetes sobre la plancha y cocínalos durante 30-40 segundos por cada lado.

Reparte la salsa de champiñones en 4 platos y salpícalos con el tomillo picado. Pon 2 filetes y 3 espárragos en cada plato y decóralos con unas hojas de perejil.

PAVO CON ESPÁRRAGOS Y SETAS

INGREDIENTES (4 P.)

600 g de pechuga de pavo
12 espárragos verdes
300 g de setas shitake
1 diente de ajo
2 cucharadas de salsa de soja
aceite de oliva virgen extra
perejil
1 guindilla cayena
pimienta
sal

CONSEJO

Si no consigues setas shitake frescas, puedes emplearlas secas. En ese caso, tendrás que dejarlas a remojo en agua templada por lo menos durante 5 horas.

ELABORACIÓN

Calienta el wok con 3-4 cucharadas de aceite. Pela el diente de ajo, córtalo en láminas e introdúcelo junto con la guindilla en el wok.

Retira a los espárragos la parte más dura del tallo, córtalos por la mitad (a lo ancho), deja entera la parte de las puntas y corta los tallos por la mitad a lo largo. Agrégalos al wok, sazónalos y rehógalos a fuego medio durante 5-6 minutos.

Corta las setas en 4, incorpóralas al wok y cocina todo durante 5-6 minutos más. Vierte encima la salsa de soja, tapa el wok y cocina conjuntamente a fuego suave durante otros 3-4 minutos.

Corta la carne de pavo en filetes pequeños, salpimiéntalos y rocíalos con un poco de aceite.

Calienta una plancha, coloca encima los filetes de pavo y cocínalos durante 1-2 minutos por cada lado.

Sirve 4-5 filetes en cada plato y acompáñalos con la guarnición de espárragos y setas. Decora los platos con unas hojas de perejil.

MANITAS DE CORDERO EN SALSA PICANTE CON PATATAS

INGREDIENTES (4 P.)

16 manitas de cordero

3 cebollas

1 puerro

2 patatas

2 dientes de ajo

1 cucharada de harina

2 cucharadas de carne de pimiento choricero

300 ml de salsa de tomate

aceite de oliva virgen extra

1 hoja de laurel

perejil

2 guindillas cayenas

sal

ELABORACIÓN

Llena una olla rápida con agua, introduce en ella las manitas y sazónalas. Pela 1 cebolla, córtala por la mitad y agrégala. Limpia el puerro (retirándole la parte inferior, la superior y 2-3 hojas), lávalo bien, córtalo en 3-4 trozos y añádelo. Añade también la hoja de laurel. Cierra la olla y cuece las manitas durante 30 minutos. Abre la olla, escurre las manitas, ponlas en una tartera (cazuela amplia y baja) y resérvalas. Cuela y reserva también 150 ml del caldo de la cocción.

Calienta 3-4 cucharadas de aceite en una cazuela. Pela los dientes de ajo, córtalos en dados e introdúcelos en la cazuela. Pela las otras 2 cebollas, córtalas en dados y agrégalas. Sazona las hortalizas y rehógalas a fuego medio durante 10-12 minutos.

Incorpora las guindillas y la harina y cocínala un poco. Añade la carne de pimiento choricero, la salsa de tomate y 150 ml de agua, sazona y cocina la salsa a fuego medio durante 20 minutos. Retira 1 de las guindillas. Pasa la salsa a una batidora de vaso y tritúrala. Vierte la salsa y 150 ml del caldo de la cocción reservado a la tartera donde están las manitas y ponlas a calentar a fuego suave.

Calienta una sartén con aceite. Pela las patatas, córtalas en daditos, introdúcelas en la sartén y fríelas hasta que estén hechas por dentro y un poco doradas por fuera. Retíralas, escúrrelas sobre una fuente cubierta con papel absorbente, sazónalas y espolvoréalas con un poco de perejil picado.

Sirve 4 manitas en cada plato y acompáñalas con 1 porción de patatas. Decora los platos con unas hojas de perejil.

CONSEJO

Si quieres que las manitas no queden muy picantes, retira las 2 guindillas cayenas antes de triturar la salsa de tomate.

POLLO AL CHILINDRÓN

INGREDIENTES (4 P.)

1 pollo grande troceado
2 cebollas
1 pimiento verde
1 pimiento rojo
1 loncha gruesa de jamón serrano (125 g)
2 tomates
200 ml de salsa de tomate
2 dientes de ajo
200 g de arroz
aceite de oliva virgen extra
1 rama de romero
1 rama de tomillo
perejil
pimienta
sal

ELABORACIÓN

Calienta una tartera (cazuela amplia y baja) con 4 cucharadas de aceite. Salpimienta el pollo, introdúcelo (en tandas) en la tartera y fríelo hasta que se dore. Retíralo a una fuente y resérvalo.

Pela las cebollas, córtalas en dados y añádelas a la tartera donde has frito el pollo. Retira el tallo y las semillas de los pimientos, pela el rojo, córtalos en dados e incorpóralos. Sazona las hortalizas y rehógalas a fuego medio durante 15-20 minutos.

Corta el jamón en dados, agrégalo a la tartera y rehógalo brevemente.

Pela los tomates, córtalos en dados y añádelos. Cocina los ingredientes durante 5 minutos.

Incorpora a la tartera la salsa de tomate, la rama de romero y la de tomillo y el pollo. Tápalo, guísalo a fuego medio durante 30 minutos y desgrásalo. (Si quieres que la salsa quede más espesa, puedes ligarla agregándole un poco de harina de maíz refinada diluida en agua fría y dándole un hervor hasta que consigas el punto de espesor deseado.)

Calienta 1 cucharada de aceite en una cazuela. Aplasta los dientes de ajo (sin pelar), añádelos a la cazuela y rehógalos brevemente. Incorpora el arroz, rehógalo durante 1 minuto, vierte encima el agua (el doble y un poco más), sazónalo y cocínalo a fuego medio durante 18-20 minutos.

Reparte el pollo y el arroz en 4 platos y decóralos con unas hojas de perejil.

CONSEJO

Si quieres eliminar algo de grasa del plato, puedes retirar la piel del pollo (que es donde se encuentra la mayor parte de la grasa) antes de freírlo.

POLLO Y CONEJO CON GAMBAS

INGREDIENTES (4 P.)

1 pollo (troceado)
½ conejo (troceado)
8 gambas
4 dientes de ajo
1 cebolla
1 pimiento verde
1 tomate grande
125 ml de vino blanco
500 ml de caldo de pollo
aceite de oliva virgen extra
2 hojas de laurel
perejil
pimienta
sal

ELABORACIÓN

Calienta 4 cucharadas de aceite en una cazuela. Sazona las gambas, agrégalas en la cazuela y dóralas brevemente por los dos lados. Retíralas a un plato y resérvalas.

Salpimienta el pollo y el conejo, introdúcelos en la cazuela y rehógalos hasta que se doren un poco. Retíralos a una fuente y resérvalos.

Pela los dientes de ajo, córtalos por la mitad a lo largo y después en láminas. Pela la cebolla y córtala en dados. Retira el tallo y las semillas del pimiento y córtalo en dados. Pela el tomate y córtalo de la misma manera. Incorpora las hortalizas a la cazuela, sazónalas y rehógalas a fuego medio durante 8-10 minutos.

Añade las hojas de laurel, el vino (dale un hervor) y el caldo. Cuando empiece a hervir, añade también el conejo y el pollo, remueve la cazuela, tápala y cocina los ingredientes a fuego medio durante 30-35 minutos. Agrega las gambas y mantenlas en la cazuela durante 1 minuto.

Sirve y decora los platos con unas hojas de perejil.

CONSEJO

Una vez cocinado el conejo y el pollo, te recomiendo desgrasar el guiso retirándole con un cacillo parte de la grasa que haya subido a la superficie.

PRESA IBÉRICA CON PURÉ DE NABOS

INGREDIENTES (4 P.)

2 presas de cerdo ibérico (de unos 400 g cada una)

4 nabos medianos

1 cucharada de mantequilla

1 yogur griego

25 g de azúcar

50 ml de vinagre de Módena

aceite de oliva virgen extra

10 hojas de cebollino

perejil

pimienta

sal

ELABORACIÓN

Calienta abundante agua en una cazuela. Pela los nabos, córtalos en dados, introdúcelos en la cazuela, sazónalos y cuécelos durante 20 minutos. Retíralos, escúrrelos y pásalos a una jarra. Agrega la mantequilla y tritúralos con una batidora eléctrica. Incorpora el yogur, tritura todo hasta conseguir un puré homogéneo y pon a punto de sal. Pica las hojas de cebollino finamente agrégalas y mezcla bien. Reserva el puré.

Calienta una sartén con 2 cucharadas de aceite, salpimienta las 2 piezas de presa, introdúcelas en la sartén y dóralas bien. Pásalas a un recipiente apto para el horno y hornéalas a 180 °C durante 10-15 minutos.

Pon el azúcar y el vinagre en un cazo y deja que reduzcan a fuego suave durante 4-5 minutos. Retira la reducción del fuego y deja que se enfríe.

Corta la presa en filetes y sirve 4-5 en cada plato. Acompáñalos con el puré de nabos y salpica todo con la reducción de vinagre. Decora los platos con unas hojas de perejil.

CONSEJO

La presa es una de las piezas más apreciadas del cerdo ibérico. Se puede preparar tanto fileteada como entera.

ALITAS A LA COREANA

INGREDIENTES (4 P.)

16 alitas de pollo (sin puntas)
1 huevo
100 g de harina de trigo
100 g de harina de maíz refinada
1 cucharada de bicarbonato
2 cucharadas de semillas de sésamo
aceite de oliva virgen extra
10 hojas de cebollino picadas
perejil
pimienta
sal

Para la salsa:

2 cucharadas de aceite de oliva suave
1 diente de ajo
1 cucharada de jengibre fresco rallado
4 cucharadas de salsa de soja
4 cucharadas de kétchup
2 cucharadas de vinagre de arroz
1 cucharada de miel
1 cucharada de salsa sriracha
1 cucharada de ají en polvo

ELABORACIÓN

Casca el huevo, ponlo en un bol y bátelo con una varilla manual. Agrega la harina de trigo, la harina de maíz refinada, el bicarbonato, ½ cucharadita de sal y 120 ml de agua y bate todo bien hasta que consigas una mezcla homogénea.

Corta las alitas por la mitad, salpimiéntalas, introdúcelas en el bol y remuévelas hasta que queden bien impregnadas con la mezcla.

Calienta abundante aceite en una sartén y fríe en ella las alitas (en tandas) hasta que se hagan por dentro y se doren por fuera. Retíralas y escúrrelas sobre una fuente cubierta con papel absorbente.

Para preparar la salsa, calienta el aceite en un wok. Pela el diente de ajo, pícalo finamente e introdúcelo en el wok. Agrega el jengibre rallado, la salsa de soja, el kétchup, el vinagre de arroz, la miel, la salsa sriracha y el ají, mezcla bien y cocina la salsa durante 4-5 minutos.

Incorpora las alitas fritas al wok y mezcla hasta que queden bien impregnadas con la salsa.

Sirve 4 alitas (8 medias) en cada plato y espolvoréalas con las semillas de sésamo y el cebollino picado. Decora los platos con unas hojas de perejil.

CONSEJO

Si hay alguien que no tolera el picante, puedes omitirlo o bien preparar la salsa sin añadir el picante y, en el último momento, incorporarlo solo a la mitad de la salsa e impregnar en ella la mitad de las alitas.

CONFIT DE PATO CON SALSA DE FRESAS

INGREDIENTES (4 P.)

4 muslos de pato confitados en su grasa

3 patatas

aceite de oliva virgen extra

perejil

pimienta

sal

Para la salsa de fresas:

200 g de fresas

350 ml de vino dulce (Pedro Ximénez)

20 g de mantequilla

ELABORACIÓN

Pon las patatas en una olla rápida, cúbrelas con agua, sazónalas, cierra la olla y cuécelas durante 5-7 minutos (según el tamaño de las patatas). Abre la olla, retíralas, deja que se templen un poco, pélalas, trocéalas y ponlas en un bol. Maja bien las patatas, salpimiéntalas, espolvoréalas con un poco de perejil, riégalas con 2 cucharadas de aceite y mezcla bien. Reserva el puré.

Para preparar la salsa de fresas, pon el vino en una sartén y caliéntalo a fuego medio hasta que reduzca a la mitad. Añade la mantequilla y mezcla bien. Lava las fresas, retírales el tallo, trocéalas, incorpóralas a la sartén y cocínalas a fuego suave durante 8 minutos. Pasa la salsa a un vaso batidor y tritúrala con una batidora eléctrica. Resérvala.

Coloca los muslos confitados de pato en una fuente apta para el horno y hornéalos a 200 °C durante 10-12 minutos. Retíralos del horno.

Con ayuda de un aro de emplatar, sirve 1 porción de puré de patata en cada plato. Coloca 1 confit encima de cada una y salséalos con la salsa de fresas. Decora los platos con unas hojas de perejil.

CONSEJO

Si se queda frío el puré de patatas, puedes recalentarlo dándole 1 minuto en el microondas.

CORDERO A LA CAZUELA

INGREDIENTES (4 P.)

1.200 g de cordero (troceado)

4 dientes de ajo

125 ml de vinagre de vino blanco

250 ml de vino blanco

500 ml de caldo de verduras

60 g de tomate concentrado

1 cucharadita de harina de maíz refinada diluida en agua fría

½ hogaza de pan

aceite de oliva virgen extra

6 ramas de romero fresco

perejil

1 cucharadita de pimentón

½ cucharadita de pimienta negra

sal

ELABORACIÓN

Calienta 3-4 cucharadas de aceite en una tartera (cazuela amplia y baja). Pela los dientes de ajo, agrégalos a la tartera junto con 4 ramas de romero y rehógalos a fuego suave hasta que se doren un poco. Retira los ajos y las ramas de romero a un plato y resérvalos.

Sazona los trozos de cordero, introdúcelos en la tartera y dóralos bien (8-10 minutos).

Vierte el vinagre en la tartera y dale un hervor. Incorpora el vino, los ajos y las ramas de romero reservados, el pimentón, la pimienta negra y 250 ml del caldo, mezcla bien, tapa la tartera y cocina todo a fuego suave-medio durante 20 minutos.

Agrega el tomate concentrado y el resto del caldo (250 ml) a la tartera y cocina todo a fuego suave-medio durante 20 minutos más. Añade un poco de la harina de maíz refinada diluida en agua fría y dale un hervor hasta que ligue la salsa.

Corta el pan en 4 trozos (gajos) y tuéstalos en el horno o en una tostadora.

Sirve el cordero y decora los platos con unas hojas de perejil y ½ ramita de romero.

CONSEJO

El intenso sabor del tomate concentrado se logra gracias a la reducción de un puré de tomate. Es perfecto para dar profundidad y complejidad a los guisos.

COSTILLA DE CERDO AL AJILLO

INGREDIENTES (4 P.)

1.500 g de costillar de cerdo (en 2 tiras)
12 dientes de ajo
200 ml de *txakoli*
1 lechuga
1 cebolleta
aceite de oliva virgen extra
vinagre
1 rama de tomillo
perejil
pimienta
sal

ELABORACIÓN

Corta el costillar en trozos (entre hueso y hueso) y salpimiéntalos.

Calienta 3 cucharadas de aceite en una sartén grande y dora en ella las costillas a fuego medio-alto durante 10-12 minutos. Pela los ajos, córtalos por la mitad, agrégalos a la sartén y rehoga todo durante 5 minutos. Retira la grasa de la sartén, vierte encima el *txakoli* y cocina las costillas a fuego fuerte durante 6-8 minutos, hasta que se evapore el alcohol. Espolvorea las costillas con el tomillo (picado) y cocínalas durante 3-4 minutos más.

Suelta las hojas de la lechuga, lávalas, sécalas, trocéalas y ponlas en un bol grande. Corta la cebolleta en juliana fina y añádela al bol. Aliña la ensalada con aceite, vinagre y sal.

Reparte la costilla en 4 platos y acompáñala con la ensalada. Decora los platos con unas hojas de perejil.

CONSEJO

Cuando hagas esta receta ten mucho cuidado de que no se te quemen los ajos, pues aportarían un sabor muy desagradable al plato.

SOLOMILLO DE CERDO AL *WHISKY*

INGREDIENTES (4 P.)

2 solomillos de cerdo

150 ml de *whisky*

4 dientes de ajo

200 ml de caldo de carne

20 g de mantequilla

zumo de ½ limón

1 cucharadita de harina de maíz refinada diluida en agua fría

aceite de oliva virgen extra

perejil

pimienta

½ cucharadita de comino molido

sal

ELABORACIÓN

Calienta una sartén grande con 4-5 cucharadas de aceite. Corta cada solomillo en 8 medallones, salpimiéntalos, introdúcelos en la sartén, dóralos a fuego fuerte por los dos lados y retíralos a una fuente.

Pela los dientes de ajo, pícalos finamente, añádelos a la sartén y rehógalos brevemente. Vierte encima el *whisky* y dale un hervor para que se evapore el alcohol. Añade el caldo, la mantequilla, el zumo de limón y el comino. Pon a punto de sal y cocina la salsa a fuego medio durante 4-5 minutos.

Introduce los medallones en la sartén y cocínalos en la salsa durante 2-3 minutos. Para ligar la salsa, agrega un poco de la harina de maíz diluida en agua fría y dale un hervor hasta que espese. Espolvorea la carne con un poco de perejil picado.

Sirve y decora los platos con unas hojas de perejil.

CONSEJO

Si te sobra algo de carne, puedes reservarla para hacer un montadito en cualquier otro momento. En Sevilla, a este montadito le añaden patatas fritas y se conoce como *mantecaíto*.

CREPES DE RABO

INGREDIENTES (4 P.)

1 rabo de ternera (troceado)
3 dientes de ajo
1 zanahoria
1 cebolla
1 puerro
1 tomate
175 ml de vino tinto
aceite de oliva virgen extra
1 rama de tomillo
1 rama de romero
1 hoja de laurel
10-12 granos de pimienta negra
perejil
sal

Para la masa de los crepes:

3 huevos
100 g de harina tamizada
250 ml de leche
1 ½ cucharada de aceite de oliva virgen extra
1 pizca de sal

ELABORACIÓN

Calienta 3-4 cucharadas de aceite en una olla rápida. Sazona los trozos de rabo, introdúcelos en la olla y fríelos a fuego medio-alto hasta que se doren.

Pela los ajos, la zanahoria y la cebolla, y corta la cebolla y los ajos en dados y la zanahoria, en medias lunas. Limpia el puerro (retirándole la parte inferior, la superior y 2 capas de hojas), lávalo y córtalo en medias lunas. Agrega las hortalizas a la olla y rehógalas a fuego medio durante 12-15 minutos. Corta el tomate por la mitad, rállalo, incorpóralo a la olla y cocina todo junto durante 3-4 minutos. Añade el tomillo, el laurel, el romero y los granos de pimienta. Vierte encima el vino y dale un hervor fuerte. Cubre con 250 ml de agua, sazona, cierra la olla y guisa el rabo durante 35 minutos.

Abre la olla, retira la carne a una fuente, desmígala y resérvala. Pasa la salsa a una jarra y tritúrala con una batidora eléctrica hasta conseguir una salsa homogénea. Vierte la salsa en un cazo y deja que reduzca a fuego medio durante 10 minutos.

Para preparar la masa de los crepes, pon los huevos, la harina, la leche, el aceite y la sal en un vaso batidor y tritúralos con la batidora eléctrica hasta conseguir una crema fina. Deja que la masa repose durante 15 minutos.

Calienta una sartén con ½ cucharada de aceite. Vierte en la sartén un cacillo de masa y extiéndela bien. Cuando cuaje, dale la vuelta, cocínala por el otro lado y sácala a un plato. Repite el proceso (sin agregar más aceite a la sartén) con el resto de la masa hasta terminarla.

Pon la carne y 150-175 ml de la salsa en una sartén (puedes aprovechar la que has utilizado para hacer los crepes) y calienta la mezcla. Extiende los crepes sobre la tabla, rellénalos con la farsa y enróllalos.

Sirve 2 crepes en cada plato y acompáñalos con una buena porción de salsa. Decora los platos con unas hojas de perejil.

CONSEJO

Si te sobra algún crepe sin rellenar, puedes envolverlos bien con film transparente y congelarlos para utilizarlos en cualquier otra ocasión.

GUISO DE POLLO CON JUDÍAS VERDES

INGREDIENTES (4 P.)

4 muslos de pollo troceados
300 g de judías verdes
1 cebolleta
1 tomate maduro
125 ml de vino blanco
300 ml de caldo de verduras
2 dientes de ajo
12 almendras
1 rebanada de pan
aceite de oliva virgen extra
perejil
pimienta
sal

ELABORACIÓN

Retira las puntas de las judías, córtalas en trozos de 3 cm y resérvalas.

Calienta 4-5 cucharadas de aceite en una tartera (cazuela amplia y baja). Salpimienta los trozos de pollo y dóralos bien en la tartera. Retíralos a una fuente y resérvalos.

Corta la cebolleta en daditos, introdúcela en la tartera, sazónala y rehógala a fuego medio durante 5-6 minutos.

Corta el tomate por la mitad, rállalo y añádelo a la tartera. Cocina la mezcla a fuego medio durante 4-5 minutos. Vierte encima el vino blanco y dale un hervor fuerte para que se evapore el alcohol. Incorpora el pollo (con los jugos que haya soltado) y las judías. Agrega el caldo, pon a punto de sal, tapa la tartera y guisa el pollo a fuego medio durante 20 minutos.

Calienta una sartén con 2 cucharadas de aceite. Pela los dientes de ajo, córtalos en láminas y añádelos a la sartén. Incorpora las almendras y el pan cortado en dados y fríe los ingredientes hasta que se tuesten. Escúrrelos, ponlos en el mortero y májalos hasta que queden reducidos a una pasta. Añade la pasta al guiso, tapa la tartera y guisa todo junto durante 5-10 minutos más.

Sirve y decora los platos con unas hojas de perejil.

CONSEJO

Este guiso sin el majado estaría muy rico, pero si le agregas el majado, conseguirás que su sabor se intensifique y que espese el caldo.

PESCADOS Y MARISCOS

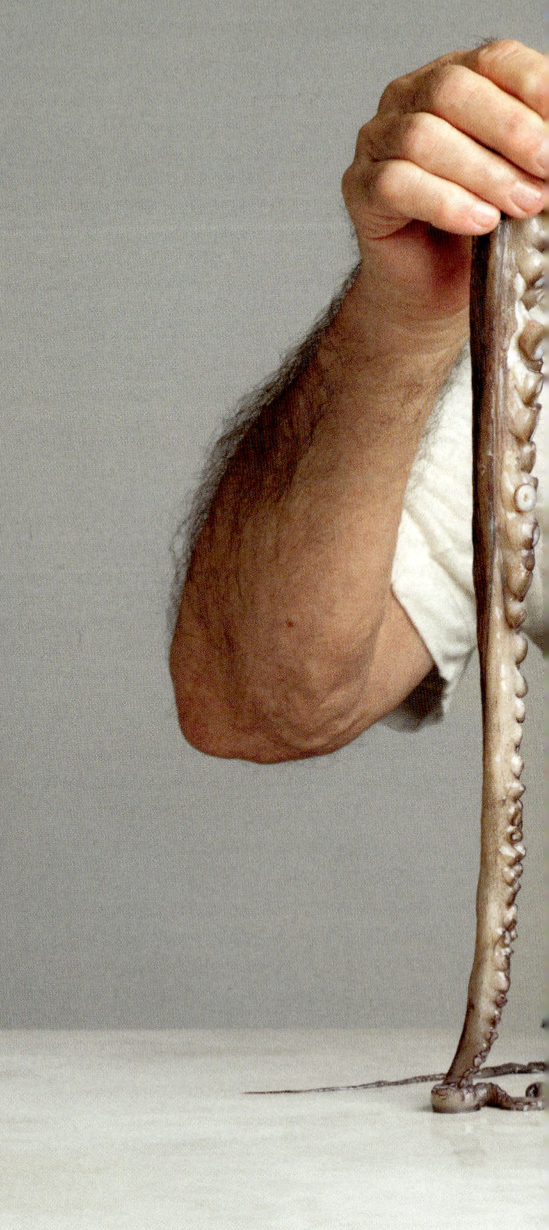

BACALAO FRESCO CON PATATAS Y MERMELADA DE PIMIENTO

INGREDIENTES (4 P.)

4 filetes de bacalao fresco (700 g)

2-3 patatas

4 dientes de ajo

huevo batido y harina (para rebozar)

aceite de oliva virgen extra

perejil

pimienta

sal

Para la mermelada de pimiento:

4 pimientos morrones

150 g de azúcar

aceite de oliva virgen extra

sal

ELABORACIÓN

Para preparar la mermelada de pimiento, lava los pimientos morrones, colócalos en la placa de horno, riégalos con un chorrito de aceite, sazónalos y hornéalos a 190 °C durante 30 minutos. Retíralos del horno, deja que se templen, pélalos y córtalos en tiras. Calienta una cazuela con 2-3 cucharadas de aceite, añádele los pimientos, el azúcar y una pizca de sal y cocínalos durante 20-25 minutos a fuego suave. Pásalos por el pasapurés y reserva la mermelada.

Calienta una sartén con abundante aceite. Pela las patatas, córtalas en daditos, introdúcelas en la sartén y fríelas hasta que queden blandas por dentro y se doren por fuera. Retíralas, escúrrelas sobre una fuente cubierta con papel absorbente y sazónalas.

Pon a calentar la misma sartén con el aceite donde has frito las patatas. Aplasta los dientes de ajo y añádelos a la sartén. Corta los filetes de bacalao por la mitad, salpiméntalos, pásalos por harina y huevo batido, introdúcelos en la sartén y fríelos durante 1-2 minutos por cada lado. Retíralos y escúrrelos.

Sirve en cada plato 1 filete de bacalao, 1 diente de ajo, 1 porción de patatas y un poco de mermelada de pimiento. Adorna los platos con unas hojas de perejil.

BRICKS DE SALMÓN Y PIMIENTO VERDE

INGREDIENTES (4 P.)

800 g de salmón

4 pimientos verdes

4 láminas de pasta *brick*

125 ml de salsa de tomate

aceite de oliva virgen extra

15-20 hojas de cebollino

perejil

pimienta

sal

ELABORACIÓN

Calienta una cazuela con agua y sazónala. Retira el tallo y las semillas de los pimientos, introdúcelos en la cazuela y cuécelos a fuego suave durante 18-20 minutos. Escúrrelos, deja que se templen un poco, pélalos y ábrelos por la mitad a lo largo.

Corta el salmón en 4 trozos, salpiméntalos y envuelve cada uno con 1 pimiento verde. Coloca cada trozo de salmón (envuelto con pimiento) en el centro de 1 lámina de pasta *brick* y ciérralas formando 4 paquetes. Colócalos en una bandeja apta para el horno y hornéalos a 200 °C durante unos 10 minutos.

Pica las hojas de cebollino, introdúcelas en un vaso batidor, agrega 100 ml de aceite y tritura todo. Cuela el aceite.

Sirve 1 *brick* de salmón en cada plato y riégalos con el aceite de cebollino. Decora los platos con la salsa de tomate y unas hojas de perejil.

CONSEJO

El cebollino es una hierba aromática con unos tallos muy finos y huecos. Pertenece al mismo género que la cebolla, pero su sabor es mucho más delicado.

ALBÓNDIGAS DE MERLUZA CON GUISANTES

INGREDIENTES (4 P.)

600 g de merluza (limpia)

300 g de guisantes frescos desgranados

60 g de miga de pan

80 ml de leche

3 dientes de ajo

2 cebolletas

50 ml de vino de Jerez

1 cucharada de pasta de tomate concentrado

500 ml de caldo de pescado

1 huevo

harina (para rebozar)

aceite de oliva virgen extra

perejil

sal

ELABORACIÓN

Trocea la miga de pan y ponla en un bol con la leche. Déjala reposar hasta que quede bien blanda.

Calienta agua en una cazuela. Cuando empiece a hervir, introduce en ella los guisantes, sazónalos y cuécelos a fuego medio durante 15-20 minutos (según tamaño). Escúrrelos y resérvalos.

Pela 2 dientes de ajo y pícalos finamente. Corta las cebolletas en daditos. Calienta una cazuela con 4 cucharadas de aceite, añade los dientes de ajo y las cebolletas, sazónalos y rehoga las hortalizas a fuego medio durante 8-10 minutos. Vierte encima el jerez y dale un hervor fuerte. Agrega la pasta de tomate y el caldo de pescado y cocina los ingredientes a fuego medio durante 15-20 minutos. Pasa todo a una jarra y tritúralo con una batidora eléctrica hasta conseguir una salsa homogénea. Reserva la salsa.

Corta la merluza en dados y ponla en una picadora (en caso de no tener picadora, pícala finamente con el cuchillo). Agrega la miga de pan escurrida, el huevo, el otro diente de ajo (pelado y cortado en láminas), un poco de perejil picado y una pizca de sal. Tritura los ingredientes hasta conseguir una pasta homogénea.

Toma pequeñas porciones de masa, redondéalas y pásalas por harina. Calienta abundante aceite en una sartén, introduce en ella las albóndigas (en tandas) y fríelas hasta que se doren por fuera. Pasa las albóndigas a una tartera (cazuela amplia y baja), añade la salsa y los guisantes y cocina conjuntamente a fuego suave durante 8-10 minutos.

Sirve 4-5 albóndigas en cada plato y decóralos con unas hojas de perejil.

CONSEJO

Como sucede con todos los guisos, si preparas las albóndigas la víspera, mejorará su textura y se intensificará su sabor.

CABALLA AGRIDULCE CON CHIPS DE YUCA

INGREDIENTES (4 P.)

4 caballas

1 yuca

aceite de oliva virgen extra

perejil

sal

pimienta

Para la salsa teriyaki:

4 cucharadas de salsa de soja

4 cucharadas de sake

4 cucharadas de mirin

2 cucharadas de azúcar moreno

½ cucharada de harina de maíz refinada

1 trozo de jengibre (3 cm)

ELABORACIÓN

Limpia las caballas, sácales los lomos y córtalos por la mitad a lo largo eliminándoles las espinas que tienen en la parte central. Córtalos en tacos y resérvalos.

Para preparar la salsa teriyaki, pon en un cazo la salsa de soja, el sake, el mirin, el azúcar y la harina de maíz y mezcla bien hasta que los ingredientes queden bien integrados. Pela el jengibre, corta 6 rodajas finas y agrégalas. Cocina los ingredientes durante 4-5 minutos. Cuela la salsa sobre un bol y resérvala.

Pela la yuca y, con ayuda de una mandolina, córtala en láminas finas. Colócalas en un bol, salpimiéntalas y fríelas en una sartén con abundante aceite. Cuando se doren, retíralas y escúrrelas sobre una fuente cubierta con papel absorbente.

Calienta una sartén grande con 2 cucharadas de aceite. Salpimienta los tacos de caballa, introdúcelos en la sartén y saltéalos brevemente (1-2 minutos).

Sirve la caballa, salséala con la salsa teriyaki y acompáñala con los chips de yuca. Adorna los platos con unas hojas de perejil.

DORADA REBOZADA CON SETAS Y PIMIENTOS

INGREDIENTES (4 P.)

2 lomos limpios de dorada (800 g)

300 g de setas de cultivo

2-3 pimientos verdes

1 pimiento rojo

4 dientes de ajo

harina y huevo batido (para rebozar)

200 g de copos de maíz *(corn flakes)* sin azúcar

aceite de oliva virgen extra

perejil

sal

ELABORACIÓN

Calienta una sartén grande con 4 cucharadas de aceite. Pela los dientes de ajo e introdúcelos en la sartén. Retira el tallo y las semillas a los pimientos verdes, córtalos en dados grandes (2 x 2 cm) y añádelos. Pela el pimiento rojo, córtalo de la misma manera y agrégalo. Rehoga las hortalizas a fuego medio durante 10-15 minutos.

Limpia las setas, córtalas en tiras e incorpóralas a la sartén. Sube el fuego un poco, sazona y saltea el conjunto durante 5 minutos. Reserva las hortalizas.

Aplasta los copos de maíz hasta dejarlos reducidos a polvo.

Calienta una sartén con abundante aceite. Corta cada lomo de dorada en 4 trozos y sazónalos. Pásalos por la harina, el huevo batido y el polvo de copos de maíz, introdúcelos en la sartén y fríelos por los dos lados. Retíralos y escúrrelos sobre un plato cubierto con papel absorbente.

Reparte la dorada y las hortalizas en 4 platos y adórnalos con unas hojas de perejil.

ALMEJAS AL JEREZ

INGREDIENTES (4 P.)

750 g de almejas

75 ml de vino de Jerez

3 dientes de ajo

1 cucharadita de harina

aceite de oliva virgen extra

perejil

1 cucharadita de pimentón

ELABORACIÓN

Pela los dientes de ajo y pícalos finamente.

Calienta 3 cucharadas de aceite en un wok (o sartén). Añade los dientes de ajo picados y rehógalos brevemente. Agrega la harina y rehógala brevemente. Incorpora las almejas, el vino, 75 ml de agua y el pimentón. Espolvoréalas con un poco de perejil picado, tápalas y espera a que se abran.

Retira la tapa, espolvoréalas con otro poco de perejil picado y sirve.

CONSEJO

Si durante la cocción alguna almeja no se abre, retírala para evitar que te estropee el plato.

CALAMARES EN SALSA CON ARROZ

INGREDIENTES (4 P.)

2-3 calamares (1 kg)
100 g de arroz
2 cebollas
3 dientes de ajo
1 kg de tomate
100 ml de vino blanco
aceite de oliva virgen extra
perejil
pimienta
sal
azúcar

ELABORACIÓN

Limpia los calamares (reserva las tintas), córtalos en trozos de bocado y resérvalos.

Pela las cebollas y 2 dientes de ajo, córtalos en dados y rehógalos durante 20-25 minutos a fuego suave en una cazuela grande con 2-3 cucharadas de aceite. Lava los tomates, retírales el pedúnculo, trocéalos e incorpóralos a la cazuela. Diluye las tintas de los calamares en el vino y cuela la mezcla sobre la cazuela. Agrega una pizca de sal y otra de azúcar y cocina la salsa a fuego suave durante 30 minutos. Pasa la salsa por un pasapurés y ponla a calentar en una tartera (cazuela amplia y baja).

Salpimienta los calamares, saltéalos en una sartén con 2-3 cucharadas de aceite e incorpóralos a la tartera. Tápalos y cocínalos a fuego suave durante 30 minutos.

Calienta una cazuela pequeña con 1-2 cucharadas de aceite. Pela el otro diente de ajo, introdúcelo en la cazuela y dóralo un poco. Añade el arroz, cúbrelo con agua (el doble y un poco más que de arroz), sazónalo y cocínalo a fuego medio durante 18 minutos.

Reparte los calamares en 4 platos y acompáñalos con una porción de arroz. Adorna los platos con unas hojas de perejil.

CAZUELA DE SEPIA, ARROZ Y HABAS

INGREDIENTES (4 P.)

2 sepias limpias (800 g)
150 g de arroz
200 g de habas frescas (desgranadas)
3 dientes de ajo
1 cebolla
1 pimiento verde
1 tomate
100 ml de vino blanco
aceite de oliva virgen extra
perejil
sal

ELABORACIÓN

Calienta una olla rápida con 3 cucharadas de aceite. Pela los dientes de ajo y la cebolla, córtalos en daditos y añádelos. Retira el tallo y las semillas del pimiento, córtalo de la misma manera y agrégalo. Cocina las hortalizas a fuego medio durante 10 minutos. Pela el tomate, córtalo en dados e incorpóralo. Sazona y cocina todo durante 6-8 minutos más.

Corta las sepias en trozos de bocado y añádelas a la olla. Vierte encima el vino, pon a punto de sal, cierra la olla y cuece todo durante 10 minutos.

Abre la olla, agrega el arroz y 600 ml de agua y pon a punto de sal. Cocina todo a fuego suave-medio durante 10 minutos. Incorpora las habas y cocina conjuntamente durante 6-8 minutos más.

Reparte el guiso en 4 platos hondos y decóralos con unas hojas de perejil.

CONSEJO

La sepia se puede congelar perfectamente, así que, cuando veas unas buenas sepias, cómpralas, prepáralas y congélalas. De esta manera, cuando te apetezcan, lo único que tendrás que hacer será descongelarlas y calentarlas.

BACALAO CON PIMIENTOS

INGREDIENTES (4 P.)

4 lomos de bacalao desalado
4 pimientos verdes
2 pimientos morrones
4 dientes de ajo
harina (para rebozar)
aceite de oliva virgen extra
perejil
sal

CONSEJO

El aceite resultante de la fritura del bacalao puedes aprovecharlo para guisar unas patatas con bacalao o para aderezar una ensalada que lleve bacalao.

ELABORACIÓN

Calienta a fuego suave una tartera (cazuela amplia y baja) con 4-5 cucharadas de aceite. Pela los dientes de ajo, córtalos en láminas y añádelos.

Retira el tallo y las semillas de los pimientos y pela los rojos. Corta los pimientos en 3, y después en tiras gruesas, y agrégalos a la tartera. Sazónalos y cocínalos a fuego medio durante 18-20 minutos.

Corta los lomos de bacalao por la mitad, pásalos por harina y sacúdelos un poco para retirarles el exceso. Calienta una sartén con bastante aceite, introduce en ella 4 trozos de bacalao y fríelos por los dos lados hasta que se doren. Retíralos y resérvalos en una fuente. Fríe los otros 4 trozos de la misma manera.

Vierte el jugo que hayan soltado en la fuente los trozos de bacalao a la tartera de los pimientos, mezcla y reparte los pimientos en 4 platos. Coloca 2 trozos de bacalao frito en cada uno y decóralos con unas hojas de perejil.

CONGRIO CON MEJILLONES A LA CERVEZA

INGREDIENTES (4 P.)

4 lomos de congrio (800 g)
16 mejillones pequeños
250 ml de cerveza
3 patatas
2 dientes de ajo
2 cebollas
1 cucharada de harina
2 cucharadas de pulpa de pimiento choricero
250 ml de salsa de tomate
aceite de oliva virgen extra
perejil
sal

ELABORACIÓN

Calienta una sartén con abundante aceite. Pela las patatas, córtalas en rodajas de 1 cm de grosor, sazónalas, introdúcelas en la sartén y fríelas durante 15 minutos. Retíralas, escúrrelas y resérvalas.

Calienta una tartera (cazuela amplia y baja) con 4 cucharadas de aceite. Pela los dientes de ajo, córtalos en láminas y añádelos a la tartera. Pela las cebollas, córtalas en daditos y agrégalas. Sazona las hortalizas y rehógalas a fuego suave durante unos 20 minutos. Incorpora la harina y rehógala un poco. Añade la pulpa de pimiento choricero, la salsa de tomate y la cerveza y mezcla bien. Agrega las patatas y cocínalas durante 8-10 minutos. Incorpora los mejillones y el congrio (sazonado), tapa la tartera y cocina todo durante 2-3 minutos. Da la vuelta a los trozos de congrio y cocínalos durante 2-3 minutos más.

Reparte el congrio con patatas y mejillones en 4 platos y adórnalos con unas hojas de perejil.

CONSEJO

La cabeza del congrio, además de sabrosa, es muy barata. Por su sabor y su textura es excelente para preparar deliciosos caldos de pescado.

CAZUELA PICANTE DE MEJILLONES Y PATATAS

INGREDIENTES (4 P.)

36 mejillones limpios
4 patatas
1 cebolla
3 dientes de ajo
1 cebolleta
1 pimiento verde
150 ml de salsa de tomate
50 ml de vermut rojo
100 g de guisantes frescos desgranados
aceite de oliva virgen extra
perejil
1-2 guindillas cayena
sal

ELABORACIÓN

Calienta 750-1.000 ml de agua en una cazuela, introduce en ella la cebolla (pelada y cortada en 4) y unas ramas de perejil y cuece los ingredientes durante 10 minutos. Limpia los mejillones, incorpóralos a la cazuela y cuécelos hasta que se abran.

Saca los mejillones, retírales las cáscaras y resérvalos. Cuela el caldo y resérvalo.

Calienta 4 cucharadas de aceite en una tartera (cazuela amplia y baja). Pela los dientes de ajo, pícalos finamente y agrégalos a la tartera. Pica la cebolleta en dados y añádela. Retira el tallo y las semillas al pimiento verde, córtalo en dados e incorpóralo. Sazona las hortalizas y rehógalas a fuego medio durante 10 minutos. Añade la salsa de tomate y la guindilla y mezcla bien. Vierte encima el vermut y dale un breve hervor.

Agrega a la tartera los guisantes y el caldo resultante de cocer los mejillones. Pela las patatas, trocéalas (cascándolas) e incorpóralas. Sazona y cuece todo durante 35 minutos. Introduce los mejillones en la tartera y espolvorea todo con un poco de perejil picado.

Sirve y adorna los platos con unas hojas de perejil.

BACALAO CON SALSA DE NARANJA Y MOSTAZA

INGREDIENTES (4 P.)

800 g de bacalao fresco (2 lomos limpios)

3 naranjas

1 cucharada de mostaza a la antigua

4 dientes de ajo

200 ml de caldo de pollo

1 cucharada de miel

1 cucharada de harina de maíz refinada

harina y huevo batido (para rebozar)

aceite de oliva virgen extra

1 rama de romero

perejil

sal

ELABORACIÓN

Lava las naranjas, corta 3 láminas finas de la corteza de una de ellas y resérvalas. Corta las naranjas por la mitad, exprímelas y reserva el zumo.

Calienta una cazuela con 2 cucharadas de aceite. Pela 2 dientes de ajo, córtalos en láminas, agrégalos a la cazuela y rehógalos brevemente (sin que lleguen a tomar color). Añade a la cazuela las láminas de corteza de naranja, el zumo de naranja, el caldo, la miel, la mostaza y la rama de romero (cortada por la mitad). Sazona y deja que la salsa reduzca a fuego medio durante 10 minutos. Agrega la harina de maíz refinada diluida en agua fría y remueve la salsa hasta que espese. Reserva.

Calienta bastante aceite en una sartén grande. Aplasta 1 diente de ajo y añádelo a la sartén. Corta cada lomo de bacalao en 4 trozos, sazónalos, pásalos por harina y huevo batido y fríelos por los dos lados. Retíralos y escúrrelos sobre una fuente cubierta con papel absorbente. Repite el proceso con el otro diente de ajo y el resto de los trozos de bacalao.

Sirve la salsa de naranja en el fondo de los platos, coloca 2 trozos de bacalao encima y decóralos con unas hojas de perejil.

CONSEJO

Si en alguna ocasión quieres variar un poco el sabor de la salsa, puedes sustituir las naranjas por mandarinas.

GUISO DE PULPO CON ARROZ Y PATATAS

INGREDIENTES (4 P.)

600 g de pulpo
150 g de arroz
2 patatas medianas
3 dientes de ajo
1 cebolla
1 pimiento verde
1 cucharadita de pimentón
aceite de oliva virgen extra
perejil
sal

ELABORACIÓN

Pon el pulpo en una olla rápida con 600 ml de agua y una pizca de sal. Tapa la olla y cuécelo durante 5 minutos. Retira el pulpo a un plato, trocéalo y resérvalo. Reserva también el caldo.

Pela los ajos y la cebolla, córtalos en daditos y ponlos a rehogar en una cazuela con 3 cucharadas de aceite. Retira el tallo y las semillas del pimiento, córtalo de la misma manera y agrégalo. Sazona las hortalizas y cocínalas a fuego medio durante 10 minutos.

Pela las patatas, trocéalas (cascándolas) e incorpóralas a la cazuela.

Añade el arroz, el pulpo (troceado) y el pimentón. Vierte encima el caldo, pon a punto de sal y cuece todo durante unos 20 minutos.

Reparte el guiso en 4 platos y adórnalos con unas hojas de perejil.

BACALAO FRESCO RELLENO AL CAVA

INGREDIENTES (4 P.)

1 bacalao fresco de 1.200 g
100 ml de cava blanco
24 gambas
4 patatas
1 cucharadita de harina de maíz refinada
aceite de oliva virgen extra
perejil
pimienta
sal

CONSEJO

Los cubiertos y utensilios que hayas utilizado para preparar y cocinar el pescado se limpian mejor con agua fría.

ELABORACIÓN

Retira la cabeza del bacalao y la espina central hasta conseguir 2 lomos. Pela las gambas y reserva, por separado, las colas y las cabezas con las cáscaras.

Para preparar el caldo de pescado, calienta 500 ml de agua en una cazuela, añade la espina del bacalao, las cabezas y las cáscaras de las gambas, 1 manojo de perejil y una pizca de sal y cuece todo durante 15 minutos. Cuela y reserva el caldo.

Calienta una sartén con abundante aceite. Pela las patatas, córtalas en rodajas de 1 centímetro de grosor, sazónalas, introdúcelas en la sartén y cocínalas durante 10-15 minutos, hasta que se doren un poco. Retíralas, escúrrelas y extiéndelas sobre una bandeja de horno.

Vierte sobre las patatas un poco del caldo de pescado y hornéalas a 200 °C durante 10-15 minutos.

Salpimienta los 2 lomos de bacalao. Extiende uno de ellos sobre la tabla (dejando la parte de la piel hacia abajo), cúbrelo con las gambas y tápalas con el otro lomo de bacalao (dejando la parte de la piel hacia arriba). Ata el bacalao relleno con cuerda de cocina, colócalo sobre las patatas y riégalo con el cava y 2-3 cucharadas de aceite (puedes aprovechar el resultante de freír las patatas). Hornea todo a 200 °C durante unos 20 minutos, hasta que el bacalao esté en su punto. Retira el bacalao y quítale la cuerda. Retira las patatas y repártelas en 4 platos. Corta el bacalao en 4 porciones y colócalas sobre las patatas.

Pasa el jugo de la bandeja de horno a una sartén, agrega 150 ml del caldo de pescado y dale un hervor fuerte durante 3-5 minutos. Diluye la harina de maíz en un poco de agua fría, añádela a la sartén y deja que hierva la salsa hasta que espese un poco. Espolvoréala con un poco de perejil picado.

Salsea los platos y adórnalos con unas hojas de perejil.

BACALAO FRESCO CON TOMATES CHERRY

INGREDIENTES (4 P.)

4 lomos de bacalao fresco
24 tomates cherry
1 limón
2 dientes de ajo
aceite de oliva virgen extra
1-2 ramas de tomillo
perejil
pimienta
sal

ELABORACIÓN

Corta el limón en rodajas y extiéndelas sobre una bandeja de horno.

Lava los tomates cherry y espárcelos sobre la bandeja.

Salpimienta los filetes de bacalao, riégalos con un chorrito de aceite, colócalos en la bandeja y riégalos por el otro lado con otro poco de aceite.

Pela los dientes de ajo y agrégalos. Corta el tomillo finamente con unas tijeras y espolvorea con él los filetes de bacalao.

Hornéalos a 230 °C durante 8 minutos.

Sirve en cada plato 1 lomo de bacalao y 6 tomates cherry. Saléalos y decóralos con unas hojas de perejil.

CONSEJO

El tomillo potencia el sabor de los alimentos, por lo que si lo añadimos a nuestros platos, podremos reducir un poco el consumo de sal.

MEDIANA CON PIPERRADA AL VINO BLANCO

INGREDIENTES (4 P.)

1 mediana (de 1 kg aprox.)
2 dientes de ajo
1 cebolleta
4 pimientos verdes
1 pimiento rojo
1 tomate maduro
100 ml de vino blanco
aceite de oliva virgen extra
perejil
pimienta
sal

ELABORACIÓN

Pela los dientes de ajo, córtalos en daditos y ponlos a rehogar en una sartén grande con 4 cucharadas de aceite. Corta la cebolleta de la misma manera y agrégala. Sazona las hortalizas y rehógalas durante 10 minutos.

Retira los tallos y las semillas a los pimientos, pela el rojo, córtalos en dados de 2 x 2 cm y añádelos a la sartén. Sazona las hortalizas y cocínalas a fuego suave-medio durante 10-15 minutos más.

Pela el tomate, córtalo en dados e incorpóralo a la sartén. Cocina todo junto durante 5 minutos y pasa la fritada a una bandeja de horno.

Limpia la mediana y ábrela como si fuera un libro (dejando la cabeza unida), salpimiéntala y colócala sobre la fritada dejando la parte de la piel en contacto con las hortalizas. Riégala con un chorrito de aceite y el vino blanco y hornéala a 220 °C durante 6-10 minutos (según os guste el punto).

Retírala del horno, sirve y adorna los platos con unas hojas de perejil.

LENGUADO CON PATATAS PANADERA Y REFRITO

INGREDIENTES (4 P.)

1 lenguado de 1.200 g
3-4 patatas
5 dientes de ajo
1 cebolleta
1 pimiento verde
100 ml de vino blanco
aceite de oliva virgen extra
vinagre de Jerez
perejil
1 guindilla cayena
sal

ELABORACIÓN

Pela las patatas y córtalas en rodajas finas (½ cm). Pela 3 dientes de ajo y córtalos por la mitad. Corta la cebolleta en juliana fina. Retira el tallo y las semillas del pimiento y córtalo en juliana fina.

Calienta 150 ml de aceite en una sartén e introduce en ella las patatas y los dientes de ajo. A los 3-4 minutos, incorpora la cebolleta y el pimiento.

Sazona las hortalizas y cocínalas a fuego medio durante unos 20 minutos.

Engrasa una bandeja de horno con 2 cucharadas de aceite.

Sazona el lenguado, colócalo en la bandeja, riégalo con otras 2 cucharadas de aceite y hornéalo a 220 °C durante 10 minutos. Vierte el vino blanco sobre el lenguado y hornéalo durante 10 minutos más. Retira el lenguado del horno y salpícalo con unas gotas de vinagre.

Pela los otros 2 dientes de ajo, córtalos en láminas y dóralos junto a la guindilla en una sartén con 4 cucharadas de aceite. Espolvorea el refrito con un poco de perejil picado y riega con él el lenguado.

Reparte el lenguado y las patatas panadera en 4 platos y adórnalos con unas hojas de perejil.

CONSEJO

Si quieres acortar el tiempo de horneado, puedes retirar la cabeza y las espinas del lenguado y asar solamente los lomos.

BOLINHOS DE BACALAO

INGREDIENTES (4 P.)

500 g de bacalao desalado
2 patatas (400 g)
1 cebolla
1 diente de ajo
1 huevo
1 yema de huevo
1 lima
aceite de oliva virgen extra
perejil
sal

CONSEJO

Los *bolinhos* se pueden comer fríos, templados o calientes, pero están más sabrosos si se consumen en caliente, mientras conservan su textura crujiente.

ELABORACIÓN

Pon agua a calentar en un cazo, introduce en él las patatas (lavadas y con piel) y cuécelas durante 40 minutos. Retíralas y deja que se templen.

Calienta agua en un cazo hasta que empiece a hervir. Corta el bacalao en dados y escáldalo en la cazuela durante 1 minuto. Escúrrelo, pásalo a un plato y resérvalo.

Calienta una sartén con 2 cucharadas de aceite. Pela la cebolla y el diente de ajo, córtalos en daditos, agrégalos a la sartén y rehógalos a fuego medio durante 10 minutos. Incorpora el bacalao a la sartén y saltéalo brevemente.

Pela las patatas y pásalas por el pasapurés sobre un bol. Añade el salteado de bacalao, 1 cucharada de perejil picado, el huevo y la yema, pon a punto de sal y mezcla bien. Con 2 cucharas, toma pequeñas porciones de la masa y dales forma de croqueta.

Calienta abundante aceite en una sartén, introduce en ella 6 *bolinhos* y fríelos hasta que se doren. Retíralos y escúrrelos sobre una fuente cubierta con papel absorbente. Fríe el resto de los *bolinhos* de la misma manera.

Sirve 5 *bolinhos* en cada plato. Corta la lima en 4 gajos, pon 1 en cada plato y decóralos con unas hojas de perejil.

RAPE CON PATATAS AL PIMENTÓN

INGREDIENTES (4 P.)

4 lomos de rape (800 g)
3 patatas
½ puerro
1 cebolla
4 dientes de ajo
aceite de oliva virgen extra
1 cucharada de vinagre
2 hojas de laurel
perejil
1 cucharada de pimentón dulce
sal

ELABORACIÓN

Pon abundante agua a calentar en una cazuela y sazónala. Pela las patatas, córtalas en rodajas de 2-3 centímetros, introdúcelas en la cazuela y cuécelas durante 20-25 minutos. Resérvalas en el agua.

Pon a calentar agua en una tartera (cazuela amplia y baja). Limpia el puerro y pela la cebolla, córtalos en juliana fina y agrégalos a la tartera junto con las hojas de laurel. Sazona, incorpora los lomos de rape y cuécelos durante 3-5 minutos.

Pela los dientes de ajo, córtalos en láminas y dóralos en una sartén con 4 cucharadas de aceite. Retira la sartén del fuego, agrega el pimentón y el vinagre y remueve bien.

Sirve las patatas en 4 platos, pon 1 lomo de rape en cada uno y riégalos con el refrito de ajos. Adorna los platos con unas hojas de perejil.

CONSEJO

También puedes probar a hacer esta receta mezclando a partes iguales pimentón dulce y picante.

RAPE ALANGOSTADO EN ENSALADA

INGREDIENTES (4 P.)

2 lomos de rape (800 g)
2 patatas
1 diente de ajo
½ pimiento morrón
1 escarola
aceite de oliva virgen extra
1 cucharada de vinagre
perejil
4 cucharadas de pimentón dulce
sal

ELABORACIÓN

Calienta una cazuela con abundante agua, introduce en ella las patatas (lavadas y con piel) y cuécelas durante 30-35 minutos. Retíralas y deja que se templen. Pélalas, córtalas en láminas y resérvalas.

Sazona los lomos de rape. Corta 2 trozos grandes de papel de aluminio y extiende sobre ellos el pimentón. Coloca 1 lomo de rape sobre uno de los trozos de papel de aluminio, rebózalo con el pimentón hasta que quede bien impregnado y envuélvelo bien con el papel. Repite el proceso con el otro lomo.

Pon a calentar abundante agua en una cazuela. Cuando hierva, introduce en ella los lomos de rape envueltos y cuécelos a fuego suave durante 12 minutos. Retira los lomos de rape, quítales el papel de aluminio, córtalos en rodajas y resérvalas.

Pela el diente de ajo, córtalo en láminas y ponlo en un vaso batidor. Pela el pimiento rojo, trocéalo y añádelo. Agrega el vinagre y 100 ml de aceite, sazona y tritura los ingredientes con una batidora eléctrica hasta conseguir una salsa homogénea. Si hiciera falta, cuela el aliño.

Suelta las hojas de escarola, lávalas, sécalas, trocéalas y ponlas en un bol. Sazona la escarola, riégala con el aliño y mezcla bien.

Reparte las láminas de patata en la base de 4 platos, coloca encima las rodajas de rape y acompáñalas con la ensalada. Espolvorea con perejil picado y sirve.

BONITO CON PISTO PICANTITO

INGREDIENTES (4 P.)

500 g de bonito (limpio)
2 dientes de ajo
1 cebolla
2 pimientos verdes
1 pimiento rojo
1 calabacín
2 tomates
aceite de oliva virgen extra
perejil
1 guindilla cayena
pimienta
sal

ELABORACIÓN

Calienta 4 cucharadas de aceite en una tartera (cazuela amplia y baja). Pela los dientes de ajo, córtalos en láminas y añádelos. Pela la cebolla, córtala en dados y agrégala. Retira el tallo y las semillas de los pimientos, pela el rojo, córtalos en dados e incorpóralos. Sazona las hortalizas y rehógalas a fuego medio durante 10-15 minutos.

Lava el calabacín, córtalo en cuartos de luna finos, añádelo a la tartera y cocina conjuntamente durante 6-8 minutos. Pela los tomates, córtalos en dados y agrégalos a la tartera junto con la cayena. Pon a punto de sal y cocina las hortalizas a fuego medio durante 25-30 minutos.

Calienta 2-3 cucharadas de aceite en una sartén grande.

Corta el bonito en dados grandes, salpimiéntalos, introdúcelos en la sartén y saltéalos a fuego vivo durante 1-2 minutos. Espolvoréalos con un poco de perejil picado.

Retira la cayena, reparte el pisto en 4 platos y coloca los dados de bonito encima. Decora los platos con unas hojas de perejil.

CONSEJO

Si no os gusta el picante, no añadas la guindilla al guiso. El resultado seguirá siendo estupendo.

MOJARRA CON SETAS Y SALSA ROMESCO

INGREDIENTES (4 P.)

1 mojarra de 1.200 g
300 g de setas de cultivo
aceite de oliva virgen extra
perejil
sal

Para la salsa romesco:

4 ñoras
2 tomates
1 cabeza de ajos
1 rebanada de pan frito
10 avellanas tostadas
12 almendras tostadas
1 trozo de guindilla picante
aceite de oliva virgen extra
4 cucharadas de vinagre
sal

ELABORACIÓN

Para preparar la salsa romesco, coloca las ñoras, los tomates y la cabeza de ajos en un recipiente apto para el horno, rocíalos con un chorrito de aceite y hornéalos a 180 °C. A los 5 minutos, retira las ñoras, y a los 30, la cabeza de ajos y los tomates.

Pela los ajos y los tomates y colócalos en un vaso batidor junto con las ñoras, el pan, las avellanas, las almendras y la guindilla. Sazona y tritura los ingredientes un poco. Agrega el vinagre y 8 cucharadas de aceite y vuelve a triturar. Reserva la salsa.

Retira la cabeza de la mojarra, sácale los lomos, sazónalos y colócalos en una bandeja de horno untada con 2 cucharadas de aceite. Riégalos con otras 2 cucharadas de aceite y hornéalos a 200 °C durante 10-12 minutos.

Calienta una sartén con 3 cucharadas de aceite. Limpia las setas, córtalas en tiras, añádelas a la sartén, sazónalas y cocínalas durante unos 5-6 minutos. Espolvoréalas con un poco de perejil picado.

Sirve la mojarra y acompáñala con las setas y la salsa romesco. Decora los platos con unas hojas de perejil.

CONSEJO

Es mejor elaborar la salsa romesco el día anterior, porque queda más sabrosa. La guindilla es opcional, así que, si no os gusta el picante, no la añadáis.

POPIETAS DE GALLO CON SALSA DE ALMENDRAS

INGREDIENTES (4 P.)

2 gallos grandes
8 espárragos verdes
1 zanahoria grande
aceite de oliva virgen extra
perejil
pimienta
sal

Para la salsa de almendras:

50 g de almendra molida
2 huevos
1 diente de ajo
250 ml de caldo de verduras
perejil
pimentón
sal

ELABORACIÓN

Para preparar la salsa de almendras, cuece los huevos en una cazuela con agua y sal durante 10 minutos. Refréscalos y pélalos. Pica las claras, mézclalas con un poco de perejil picado y resérvalas en un platillo. Maja el diente de ajo en el mortero, agrega las yemas cocidas y la almendra molida y maja de nuevo. Añade el caldo y un poco de pimentón y mezcla bien. Pasa la salsa a un cazo y déjala reducir durante 5-10 minutos. Pon a punto de sal y resérvala.

Calienta agua en una cazuela. Retira la parte inferior de los espárragos y añádelos. Pela la zanahoria, córtala en 8 bastones y agrégalos. Sazona las hortalizas y cuécelas durante 10-15 minutos. Retíralas y escúrrelas.

Limpia los gallos, sácales los filetes (8 en total) y salpiméntalos. Extiende los filetes de gallo sobre la tabla, coloca 1 espárrago y 1 bastón de zanahoria en un lado de los filetes y enróllalos hasta conseguir las popietas (8). Pon las popietas en una fuente apta para el horno, riégalas con un chorrito de aceite y hornéalas a 210 °C durante 8-10 minutos. Retíralas del horno.

Reparte la salsa de almendras en el fondo de 4 platos y coloca 2 popietas en cada uno. Espolvorea los platos con las claras picadas y adórnalos con unas hojas de perejil.

CALAMARES CON PIMIENTOS ROJOS

INGREDIENTES (4 P.)

3 calamares limpios (750 g)
3 pimientos rojos grandes
1 cebolla
aceite de oliva virgen extra
perejil
sal

CONSEJO

Si quieres conseguir un guiso maravilloso, puedes añadir 100 g de arroz y 200 ml de agua al mismo tiempo que incorporas los calamares a la olla.

ELABORACIÓN

Calienta una tartera (cazuela amplia y baja) con 3-4 cucharadas de aceite. Pela la cebolla, córtala en juliana gruesa y añádela a la tartera. Pela los pimientos (con un pelador de verduras estriado), córtalos de la misma manera y agrégalos. Sazona las hortalizas y rehógalas a fuego medio durante unos 20-25 minutos, hasta que queden bien caramelizadas.

Pasa las hortalizas a una olla rápida. Corta los tubos de los calamares en aros, las aletas en tiras y los tentáculos en 2-3 trozos, sazónalos e introdúcelos en la olla. Mezcla bien, cierra la olla y cocínalos durante 7 minutos.

Reparte los calamares en 4 platos y decóralos con unas hojas de perejil.

POPIETAS DE GALLO Y SALMÓN AHUMADO AL *TXAKOLI*

INGREDIENTES (4 P.)

3 gallos (500 g cada uno)

6 filetes finos de salmón ahumado

150 ml de *txakoli*

3 chalotas

32 uvas blancas

aceite de oliva virgen extra

perejil

25 hebras de azafrán

pimienta

sal

CONSEJO

El gallo suele tener muy buena acogida entre los niños y quienes prefieren pescados menos intensos, más equilibrados y que no den tanto trabajo a la hora de cocinarlos y degustarlos.

ELABORACIÓN

Calienta agua en una cazuela grande. Saca los filetes de los gallos (resérvalos), pon las cabezas y las espinas en la cazuela, sazona, agrega unas ramas de perejil y cuece todo durante 15-20 minutos. Durante la cocción, retira la espuma del caldo.

Calienta 2-3 cucharadas de aceite en una cazuela. Pela las chalotas, añádelas a la cazuela y rehógalas a fuego suave durante 5 minutos. Agrega las hebras de azafrán, el *txakoli* y 250 ml del caldo y deja que la salsa reduzca a fuego medio durante 15 minutos. Pasa la salsa a un vaso batidor, tritúrala con una batidora eléctrica y resérvala.

Corta los filetes de salmón por la mitad, de manera que consigas 12 filetes del mismo tamaño que los de gallo. Salpimienta los filetes de gallo, extiéndelos sobre la tabla (dejando la parte de la piel hacia arriba), pon 1 trozo de salmón encima de cada uno y enróllalos formando las popietas. Coloca las popietas y las uvas en una fuente apta para el horno (para evitar que las popietas se desmonten, puedes pincharlas con un palillo antes de colocarlas en la fuente).

Vierte la salsa sobre las popietas y las uvas y hornea todo a 200-220 °C durante 10-12 minutos.

Sirve 3 popietas y 8 uvas en cada plato, salséalos y decóralos con unas hojas de perejil.

RODABALLO CON SALSA DE LANGOSTINOS

INGREDIENTES (4 P.)

1 rodaballo de 1.200 g
8 langostinos (pelados)
6 chalotas
2 dientes de ajo
2 puerros
100 ml de *brandy*
2 tomates
12 espárragos verdes
aceite de oliva virgen extra
1 rama de estragón
perejil
sal

ELABORACIÓN

Pela las chalotas y los dientes de ajo. Limpia los puerros (retirándoles la parte inferior, la superior y 2-3 hojas) y lávalos bien. Corta las hortalizas en dados, ponlas en una cazuela con 4 cucharadas de aceite, sazónalas y rehógalas durante 15-20 minutos a fuego medio.

Trocea los langostinos, añádelos a la cazuela y rehógalos un poco. Incorpora la rama de estragón y el *brandy* y flambea. Corta los tomates en dados y agrégalos. Añade 500 ml de agua y cocina todo a fuego suave durante 15-20 minutos. Tritura con una batidora, cuela y reserva la salsa.

Limpia los espárragos, retírales la parte inferior y cuécelos durante 10-12 minutos en una cazuela con agua hirviendo y una pizca de sal. Retíralos, escúrrelos y resérvalos.

Limpia el rodaballo, sácale los lomos, sazónalos, riégalos con un poco de aceite y cocínalos a la plancha hasta que estén a tu gusto.

Reparte la salsa en la base de 4 platos y pon en cada uno 1 lomo de rodaballo y 3 espárragos. Adorna los platos con unas hojas de perejil.

CONSEJO

En esta receta se han empleado espárragos verdes, pero si la preparas en temporada de espárragos blancos, no dudes en utilizarlos.

SALMÓN CON PURÉ DE PATATA, ESPINACAS Y PANCETA

INGREDIENTES (4 P.)

4 rodajas de salmón
4 patatas
100 g de espinacas
100 g de panceta (4 lonchas)
50 g de mantequilla
50 ml de leche
aceite de oliva virgen extra
perejil
pimienta
sal

ELABORACIÓN

Calienta agua en una cazuela, introduce en ella las patatas (lavadas y con piel) y cuécelas durante 35 minutos. Retíralas, deja que se templen un poco, pélalas y pásalas por un pasapurés. Salpimienta, agrega la mantequilla y la leche y mezcla bien.

Calienta una sartén con 2 cucharadas de aceite. Corta la panceta en tiras, añádelas y saltéalas hasta que se doren un poco. Retíralas e incorpóralas al puré de patata.

Lava las espinacas, pícalas finamente, agrégalas a la sartén donde has frito la panceta y saltéalas brevemente (hasta que mermen). Escúrrelas bien y añádelas al bol del puré. Mezcla bien y reserva.

Calienta una plancha con 1 cucharada de aceite. Salpimienta las rodajas de salmón y cocínalas 2 minutos por cada lado.

Sirve en cada plato 1 rodaja de salmón y 1 porción de puré. Adorna los platos con unas hojas de perejil.

TRUCHA ASALMONADA CON ENSALADA DE JUDÍAS VERDES

INGREDIENTES (4 P.)

2 filetes de trucha asalmonada
500 g de judías verdes
2 patatas medianas
100 g de panceta
aceite de oliva virgen extra
perejil
pimienta
sal

Para el aliño:

1 tomate
1 cucharada de mostaza
1 cucharada de vinagre
4 cucharadas de aceite de oliva virgen extra
sal

ELABORACIÓN

Calienta una cazuela con agua. Limpia las judías verdes, córtalas por la mitad a lo largo y después en trozos de 3-4 centímetros. Introdúcelas en la cazuela, sazónalas y cuécelas durante 15-20 minutos. Retíralas, escúrrelas y extiéndelas en una fuente.

Lava las patatas, ponlas en un plato, tápalas con film transparente y pincha el film. Cocina las patatas en el microondas durante 8-10 minutos (4-5 minutos por patata). Retíralas, pélalas y trocéalas en cuartos de luna finos. Repártelas sobre las judías y sazónalas.

Para preparar el aliño, pela el tomate, córtalo en dados y ponlo en un bol. Añade la mostaza, el vinagre y el aceite, sazona y mezcla bien. En el momento de servir, aliña con él la ensalada.

Unta una bandeja de horno con un poco de aceite. Corta los lomos de la trucha por la mitad, salpimiéntalos, colócalos en la bandeja y hornéalos a 210 °C durante 10 minutos. Retíralos.

Corta la panceta en daditos, rehógalos en una sartén con 2-3 cucharadas de aceite y repártela sobre la trucha.

Sirve 1 trozo de trucha en cada plato y acompáñalos con 1 porción de ensalada de judías verdes. Adorna los platos con unas hojas de perejil.

SARDINAS FRITAS CON PATATAS AL PIMENTÓN

INGREDIENTES (4 P.)

24 sardinas
2-3 patatas
1 cebolleta
8 rebanadas de pan de hogaza
5 dientes de ajo
harina de garbanzo (para rebozar)
aceite de oliva virgen extra
perejil
1 cucharadita de pimentón
sal

ELABORACIÓN

Calienta agua en una cazuela, introduce en ella las patatas (lavadas y con piel) y cuécelas durante 30-35 minutos. Deja que se templen un poco, pélalas, córtalas en trozos irregulares y pásalas a una fuente. Corta la cebolleta en juliana y añádela. Sazónalas y riégalas con un buen chorro de aceite. Pon el pimentón en un colador y espolvorea con él las patatas.

Tuesta las rebanadas de pan en una tostadora y úntalas con 1 diente de ajo.

Limpia las sardinas, retirándoles la cabeza y las tripas.

Calienta una sartén grande con 150 ml de aceite. Aplasta 2 dientes de ajo y agrégalos a la sartén. Sazona las sardinas, pásalas por la harina de garbanzo y fríe brevemente la mitad de ellas en la sartén. Escúrrelas sobre un plato cubierto con papel absorbente. Repite el proceso con los otros 2 dientes de ajo y el resto de las sardinas.

Sirve en cada plato 6 sardinas, 1 porción de patatas y 2 rebanadas de pan tostado. Adorna los platos con unas hojas de perejil.

CHICHARRO AL HORNO CON REFRITO DE TOMATE

INGREDIENTES (4 P.)

2 chicharros (grandes)

1 kg de tomate pera (en conserva con su jugo)

4 dientes de ajo

2 cebollas

50 ml de *txakoli*

aceite de oliva virgen extra

perejil

pimienta

sal

1 cucharadita de azúcar

CONSEJO

El chicharro tiene un alto contenido en ácidos grasos poliinsaturados omega 3, muy beneficiosos para proteger nuestra salud cardiovascular.

ELABORACIÓN

Calienta una sartén grande con 4-5 cucharadas de aceite de oliva. Pela los dientes de ajo, córtalos en daditos y agrégalos. Pela las cebollas, córtalas en dados y añádelas. Sazona las hortalizas y rehógalas a fuego medio durante 12-15 minutos. Trocea los tomates e incorpóralos a la sartén con su jugo. Sazona, agrega el azúcar y cocina a fuego medio durante 30 minutos.

Corta las colas, las cabezas y las ijadas de los chicharros y sácales los lomos retirándoles la espina central.

Extiende el tomate en una bandeja de horno. Salpimienta los lomos de los chicharros y colócalos encima dejando la parte de la piel en contacto con el tomate. Riégalos con el *txakoli* y con 2 cucharadas de aceite y hornéalos a 220 °C durante 10 minutos.

Sirve 1 lomo y un poco de refrito de tomate en cada plato y decóralos con unas hojas de perejil.

DORADA A LA PLANCHA CON MAYONESA DE AGUACATE

INGREDIENTES (4 P.)

4 doradas de ración
aceite de oliva virgen extra
perejil
pimienta
sal

Para la mayonesa de aguacate:
1 aguacate
1 huevo
175 ml de aceite de girasol
1 cucharadita de zumo de limón
unas gotas de salsa picante
sal

ELABORACIÓN

Para preparar la mayonesa de aguacate, casca el huevo, ponlo en un vaso batidor junto con el zumo de limón, el aceite, la salsa picante y una pizca de sal y tritura los ingredientes con una batidora hasta que emulsionen. Corta el aguacate por la mitad, retírale el hueso, trocea la pulpa y añádela al vaso. Tritura los ingredientes hasta que el aguacate quede bien integrado y reserva la mayonesa.

Limpia las doradas, sácales los lomos, salpimiéntalos y rocíalos con un poco de aceite. Calienta una plancha, pon encima los lomos de las doradas y cocínalos durante 1 minuto y medio por cada lado.

Sirve 2 lomos de dorada en cada plato y acompáñalos con un poco de mayonesa de aguacate. Decora los platos con unas hojas de perejil.

CONSEJO

Si quieres una alternativa a la mayonesa de aguacate apta para veganos o intolerantes al huevo, puedes preparar una salsa triturando la pulpa de 2 aguacates con el zumo de limón, la salsa picante y una pizca de sal.

FILETES DE GALLO CON PIMIENTOS

INGREDIENTES (4 P.)

3 gallos (1.500 g)

3-4 pimientos morrones en conserva

2 dientes de ajo

harina y huevo (para rebozar)

aceite de oliva virgen extra

perejil

pimienta

sal

azúcar

ELABORACIÓN

Calienta 2-3 cucharadas de aceite en una sartén. Pela los dientes de ajo, córtalos en láminas, añádelos y rehógalos brevemente. Corta los pimientos en tiras finas, incorpóralos a la sartén, condiméntalos con una pizca de sal y otra de azúcar y cocínalos a fuego suave durante 20 minutos.

Limpia los gallos y sácales los filetes. Salpimiéntalos, pásalos por harina y después por huevo batido.

Calienta bastante aceite en una sartén grande y fríe en ella (en tandas) los filetes de gallo por los dos lados. Escúrrelos sobre una fuente cubierta con papel absorbente.

Sirve en cada plato 3 filetes de gallo y acompáñalos con 1 porción de pimientos. Decora los platos con unas hojas de perejil.

CONSEJO

Las espinas y cabezas de los gallos tienen un alto contenido en gelatina, por lo que son perfectas para preparar caldos y sopas.

GALLO AL HORNO CON PATATAS PANADERA

INGREDIENTES (4 P.)

4 gallos de ración (limpios)
3 patatas
2 cebolletas
2 pimientos verdes
2 dientes de ajo
100 ml de *txakoli*
aceite de oliva virgen extra
perejil
sal

Para la vinagreta:

100 ml de aceite de oliva virgen extra
2 cucharadas soperas de vinagre de manzana
1 cucharada de salsa inglesa (Worcester)
1 cucharadita de mostaza a la antigua
1 cucharadita de ajo en polvo
20 g de pistachos (pelados)
1 cucharadita de orégano
sal

ELABORACIÓN

Pela las patatas, córtalas en medias lunas y extiéndelas sobre una bandeja de horno. Corta las cebolletas en juliana y agrégalas. Retira los tallos y las semillas de los pimientos, córtalos en trozos (1,5 cm x 3 cm) y añádelos. Pela los dientes de ajo, córtalos en láminas e incorpóralos. Sazona las hortalizas, riégalas con 2-3 cucharadas de aceite y mezcla bien. Riégalas con el *txakoli* y hornéalas a 200 °C durante 30 minutos.

Retira la bandeja del horno y sube la temperatura a 240 °C.

Sazona los gallos, colócalos sobre las patatas y riégalos con 2 cucharadas de aceite. Introduce de nuevo la bandeja en el horno y hornea todo durante 6 minutos.

Para preparar la vinagreta, pon en un bote el aceite, el vinagre, la salsa inglesa, la mostaza, el ajo en polvo, el orégano y una pizca de sal. Pica un poco los pistachos y añádelos. Tapa el bote y agítalo hasta conseguir una vinagreta emulsionada.

Sirve 1 porción de patatas y 1 gallo en cada plato. Adereza los gallos con un poco de vinagreta y decora los platos con unas hojas de perejil.

CONSEJO

Para preparar la vinagreta, puedes sustituir el orégano por otra hierba aromática, como tomillo, albahaca o, cómo no, perejil.

GAMBAS AL AJILLO

INGREDIENTES (4 P.)

800 g de gambas

4 dientes de ajo

½ guindilla

aceite de oliva virgen extra

perejil

sal

ELABORACIÓN

Pela las gambas, sazona las colas y resérvalas. (Reserva las cabezas y las cáscaras para hacer un caldo en otra ocasión.)

Calienta 6 cucharadas de aceite en una sartén. Pela los dientes de ajo, córtalos en láminas y añádelos. Corta la guindilla en rodajas finas y agrégala. Rehoga todo brevemente hasta que los ajos empiecen a dorarse.

Sube el fuego, incorpora las gambas a la sartén y saltéalas brevemente. Espolvoréalas con un poco de perejil picado y sirve en 4 cuencos. Decora los cuencos con unas hojas de perejil.

CONSEJO

Para preparar esta receta también puedes utilizar gambones o langostinos congelados.

GUISO DE PATATAS Y MERLUZA

INGREDIENTES (4 P.)

750 g de merluza (cola)
3 patatas grandes
3 dientes de ajo
1 cebolleta
¼ de pimiento rojo
50 ml de *txakoli*
800 ml de caldo de pescado
aceite de oliva virgen extra
perejil
sal

ELABORACIÓN

Calienta una cazuela con 4 cucharadas de aceite. Pela los dientes de ajo, córtalos en dados y agrégalos. Corta la cebolleta en daditos y añádela. Pela el trozo de pimiento, córtalo de la misma manera e incorpóralo. Sazona las hortalizas y rehógalas a fuego suave durante 10 minutos. Vierte encima el *txakoli* y dale un hervor.

Pela las patatas, trocéalas (cascándolas), añádelas a la cazuela y rehógalas brevemente. Cúbrelas con el caldo, pon a punto de sal y cocina todo a fuego medio durante 20-22 minutos.

Retira las espinas de la cola de la merluza, córtala en dados grandes, sazónalos, incorpóralos a la cazuela y cocínalos durante 2 minutos. Espolvorea con un poco de perejil picado.

Sirve el guiso en 4 platos y decóralos con unas hojas de perejil.

CONSEJO

Si tienes la suerte de encontrar la merluza a buen precio, no lo dudes, compra la pieza entera, trocéala a tu gusto y congélala en bolsas. Cuando la necesites, bastará con descongelarla en el frigorífico de un día para otro.

LUBINA A LA PLANCHA CON ESPÁRRAGOS

INGREDIENTES (4 P.)

2 lubinas (de 450 g cada una)
16 espárragos verdes
30 g de arroz
aceite de oliva virgen extra
perejil
sal

CONSEJO

Si os gusta el sabor del ajo, puedes preparar un aliño con ajo, aceite, vinagre y perejil para aderezar la lubina.

ELABORACIÓN

Calienta 2 cucharadas de aceite en una cazuela. Retira la parte inferior a los espárragos, córtales las puntas y resérvalas. Corta los tallos en rodajas, añádelos a la cazuela y rehógalos durante 2 minutos. Agrega el arroz, cubre con agua (2 dedos por encima), sazona y cocina los espárragos con el arroz a fuego medio durante 18-20 minutos. Pasa todo a una batidora de vaso y tritura hasta conseguir una crema homogénea. Resérvala.

Corta las cabezas de las lubinas y sácales los lomos.

Calienta una plancha. Sazona los lomos de las lubinas, riégalos con un poco de aceite, colócalos sobre la plancha (dejando la parte de la piel hacia arriba) y cocínalos durante 5 minutos (2 minutos y medio por cada lado).

Riega las puntas de espárrago reservadas con un poco de aceite y sazónalas. Colócalas al lado del pescado y cocínalas a la vez que el pescado.

Reparte la crema de espárragos en la base de 4 platos, coloca 1 lomo de lubina y 4 puntas de espárrago encima de cada uno y decóralos con unas hojas de perejil.

PULPO A LA MUGARDESA

INGREDIENTES (6-8 P.)

Para cocer el pulpo:

1 pulpo de 2 kg
1 cebolla grande
8 patatas
2 hojas de laurel
sal

Para guisar el pulpo:

2-3 dientes de ajo
1 cebolla grande
1 pimiento verde
2 pimientos rojos
3-4 cacillos del caldo de la cocción del pulpo
aceite de oliva virgen extra
1 hoja de laurel
1 cucharadita de pimentón dulce
perejil
sal

ELABORACIÓN

Para cocer el pulpo:

Enjuaga el pulpo bajo el grifo de agua fría, quitándole cualquier impureza que pueda tener en los tentáculos.

Calienta abundante agua en una cazuela grande hasta que hierva a borbotones.

Pela 1 cebolla, córtala en 4 e introdúcela en la cazuela. Sazona el agua y añade 2 hojas de laurel.

Pela 1 patata e introdúcela dentro de la cabeza del pulpo.

Mete el pulpo en la cazuela y sácalo (asústalo) tres veces. Intenta acomodar el pulpo en la cazuela con la cabeza hacia abajo (incluida la patata que tiene dentro), las patas invertidas y la boca hacia arriba.

Pela el resto de las patatas.

Cuando el agua recupere la ebullición, introduce las patatas en la cazuela de manera que el pulpo mantenga la posición y no se dé la vuelta.

Cuando el agua vuelva a hervir, cuécelo a fuego medio durante 30 minutos. Apaga el fuego, tapa la cazuela y deja que repose durante 20 minutos.

Retira el pulpo de la cazuela (reserva el caldo), pásalo a un plato (con la cabeza hacia abajo) y deja que se temple. Corta las patas en rodajas y la cabeza en trozos de bocado.

Para guisar el pulpo:

Calienta 3-4 cucharadas de aceite en una cazuela. Pela los dientes de ajo, córtalos en daditos y añádelos. Corta la cebolla en juliana fina, incorpórala y rehógala hasta que quede caramelizada.

Retira el tallo y las semillas a los pimientos, pela los rojos, córtalos en dados, agrégalos a la cazuela, sazónalos y rehoga las hortalizas a fuego suave-medio durante 10-15 minutos. Añade la hoja de laurel, el pimentón, el pulpo y 2-3 cacillos del caldo de la cocción del pulpo.

Corta las patatas en 4 trozos e incorpóralas a la cazuela. Vierte encima otro cacillo de caldo, remueve la cazuela para que los ingredientes se mezclen, tápalos y cocínalos a fuego suave durante 5 minutos.

Sirve y adorna los platos con unas hojas de perejil.

CONSEJO

Cuando el pulpo lleve cociendo 20 minutos, para comprobar si está hecho, clávale un pincho de acero (tipo brocheta) en la parte más gruesa de las patas (justo al lado de la boca) cada dos o tres minutos hasta que el pincho entre y salga suavemente. El tiempo puede variar en función del peso y tamaño del pulpo.

MEJILLONES TIGRE PICANTES

INGREDIENTES (4 P.)

1 kg de mejillones
150 ml de vino blanco
3 dientes de ajo
1 cebolleta
1 pimiento verde
1 cucharadita de salsa picante
6 cucharadas de salsa de tomate
80 g de harina
700 ml de leche
harina, pan rallado y huevo batido (para rebozar)
aceite de oliva virgen extra
1 hoja de laurel
perejil
pimienta
sal

ELABORACIÓN

Limpia los mejillones, raspándoles las conchas con una puntilla. Lávalos bajo el grifo de agua.

Pon a calentar el vino en una tartera (cazuela amplia y baja) e introduce en ella la hoja de laurel y los mejillones. Tapa la tartera y espera a que se abran los mejillones. Retíralos, quítales las conchas y resérvalas. Retira las hebras que tienen los mejillones en el interior, pícalos finamente y resérvalos.

Calienta 3 cucharadas de aceite en una sartén. Pela los dientes de ajo, córtalos finamente y agrégalos. Corta la cebolleta en daditos y añádela. Retira el tallo y las semillas del pimento, córtalo de la misma manera e incorpóralo. Sazona las hortalizas y rehógalas a fuego suave-medio durante 10 minutos. Agrega a la sartén los mejillones, la salsa picante y la salsa de tomate y cocina conjuntamente durante 2-3 minutos.

Para preparar la bechamel, pon a calentar 4 cucharadas de aceite en una cazuela. Añade la harina, rehógala un poco y agrega la leche poco a poco hasta que se integre. Cocina la bechamel a fuego suave durante 6-8 minutos sin dejar de remover. Salpimiéntala, espolvoréala con un poco de perejil picado, mezcla y añádela a la sartén con los mejillones. Mezcla bien y cocina todo junto durante 3-4 minutos. Pasa la farsa a un bol y deja que se enfríe.

Rellena las conchas de los mejillones con la farsa y pásalos por harina, huevo y pan rallado.

Calienta abundante aceite en una sartén, introduce en ella una tanda de mejillones y fríelos (primero dejando la parte de la concha hacia arriba) hasta que se doren. Retíralos y escúrrelos sobre una fuente cubierta con papel absorbente. Repite el proceso con el resto de los mejillones.

Sirve y decora los platos con unas hojas de perejil.

CONSEJO

Cuando compres mejillones, es importante que estén cerrados, que huelan a mar y que no estén rotos. Que estén cerrados y pesen mucho indica que todavía retienen dentro agua de mar, señal de que están vivos y de que no se han abierto durante el transporte.

MERLUZA AL VAPOR CON SALSA DE YOGUR Y LIMÓN

INGREDIENTES (4 P.)

1 cola de merluza (900 g)

1 yogur natural (tipo griego)

1 limón

1 yema de huevo

½ cucharadita de harina de maíz refinada

perejil

pimienta

sal

CONSEJO

La cocina al vapor ayuda a preservar el sabor, la textura y el aroma original de los alimentos. Además, no es necesario agregar ningún tipo de grasa.

ELABORACIÓN

Limpia bien la corteza del limón, rállale la piel, ponla en un plato y resérvala. Corta el limón por la mitad, exprímelo, pon el zumo en una jarra y añádele la misma cantidad de agua.

Pon la yema de huevo en un bol, agrega la harina de maíz refinada y bate los ingredientes con una varilla manual hasta que queden integrados. Vierte encima la mezcla de zumo de limón y agua y bate de nuevo hasta conseguir una crema homogénea. Pasa la mezcla a un cazo, sazónala y cocínala a fuego suave-medio hasta que espese. Retírala del fuego, pásala a un bol y deja que se enfríe. Agrega al bol el yogur y la ralladura de limón y bate los ingredientes con una varilla manual. Reserva la salsa.

Retira la espina de la cola de merluza y córtala en 8 trozos.

Pon a calentar una sartén (que se adapte al tamaño de la vaporera) con agua, unas ramas de perejil y una pizca de sal. Cubre la base de la vaporera con un trozo grande de papel de hornear y hazle unos agujeritos. Salpimienta los trozos de merluza, extiéndelos dentro de la vaporera, tápala y ponla sobre la sartén. Cocina la merluza al vapor durante 5 minutos.

Sirve la salsa en el fondo de los platos, pon 2 trozos de merluza encima de cada uno y decóralos con unas hojas de perejil.

MERLUZA CON PURÉ DE ZANAHORIAS Y VINAGRETA DE GUINDILLAS

INGREDIENTES (4 P.)

4 lomos de merluza (175 g cada uno)

4 zanahorias

aceite de oliva virgen extra

perejil

1 cucharadita de *curry*

pimienta

sal

Para la vinagreta de guindillas:

8 guindillas en vinagre

½ cebolleta

2 cucharadas de vinagre de Jerez

6 cucharadas de aceite de oliva virgen extra

20 hojas de cebollino

ELABORACIÓN

Calienta 2 cucharadas de aceite en una cazuela. Pela las zanahorias, córtalas en rodajas finas, añádelas, sazónalas y rehógalas durante 2 minutos. Agrega el *curry*, cubre las zanahorias con agua y cuécelas durante 15-20 minutos. Escúrrelas (reserva el agua de la cocción por si hiciera falta aligerar el puré), pásalas a un vaso batidor y tritúralas con una batidora eléctrica hasta conseguir un puré homogéneo. Resérvalo.

Para preparar la vinagreta, corta las guindillas en rodajas finas y ponlas en un bol. Pica finamente las hojas de cebollino e incorpóralas. Corta la cebolleta en daditos y agrégala. Vierte encima el vinagre y el aceite, mezcla bien y resérvala.

Calienta 2 cucharadas de aceite en una sartén, salpimienta los lomos de merluza y cocínalos durante 2 minutos y medio por cada lado.

Sirve la crema de zanahoria en la base de los platos, coloca encima los lomos de merluza y alíñalos con la vinagreta. Decora los platos con unas hojas de perejil.

CONSEJO

Si quieres reducir considerablemente el tiempo de cocción de las zanahorias puedes utilizar la olla rápida; las tendrás listas en 5 minutos.

MERLUZA RELLENA DE LANGOSTINOS

INGREDIENTES (4 P.)

1 cola de merluza (de 1.200 g en 2 lomos)
12 langostinos pelados
2 cebolletas
3 dientes de ajo
3 patatas
100 ml de *txakoli*
aceite de oliva virgen extra
perejil
pimienta
sal

ELABORACIÓN

Calienta una sartén grande con 125-150 ml de aceite. Corta las cebolletas en juliana gruesa. Pela 2 dientes de ajo y córtalos en láminas. Introduce las hortalizas en la sartén. Pela las patatas, córtalas en rodajas de ½ centímetro de grosor y agrégalas a la sartén. Sazona las hortalizas y rehógalas a fuego medio durante 15-20 minutos. Escúrrelas bien y reserva, por separado, las patatas y el aceite.

Calienta la misma sartén con 1 cucharada del aceite de freír las patatas. Pela el otro diente de ajo, córtalo en daditos y añádelo a la sartén. Sazona los langostinos, incorpóralos, espolvoréalos con un poco de perejil picado y saltéalos brevemente.

Extiende (en fila) 4 trozos de hilo de cocina sobre la tabla. Coloca 1 lomo de merluza (dejando la parte de la piel hacia abajo) sobre los trozos de hilo de cocina, salpimiéntalo y coloca encima los langostinos. Salpimienta el interior del otro lomo de merluza y ponlo sobre los langostinos (dejando la parte de la piel hacia arriba). Junta los extremos de los hilos y átalos.

Extiende las patatas sobre una bandeja de horno. Pon la cola de merluza rellena sobre las patatas, sazónala y riégala con un poco del aceite resultante de freír las patatas y el *txakoli*. Hornéala a 220 °C durante 15 minutos.

Retira los hilos y sirve la merluza en una fuente grande. Coloca alrededor las patatas y decórala con unas hojas de perejil.

CONSEJO

Si te manejas bien con el pescado, puedes sacarle los lomos a la merluza. Basta con que tengas un buen cuchillo para escamarla y retirarle la cabeza, las tripas y la espina central.

PESCADILLA A LA BORDELESA

INGREDIENTES (4 P.)

2 pescadillas (800 g)
25 g de mantequilla
6 chalotas
1 diente de ajo
100 ml de vino blanco
zumo de ½ limón
1-2 cucharadas de pan rallado
2 patatas
aceite de oliva virgen extra
perejil
pimienta
sal

ELABORACIÓN

Calienta la mantequilla en una sartén hasta que se funda.

Pela las chalotas, córtalas en daditos, agrégalas a la sartén y cocínalas a fuego suave durante 10 minutos. Pela el diente de ajo, pícalo finamente, incorpóralo y cocínalo durante 1-2 minutos. Vierte encima el vino blanco y cocínalo hasta que se evapore el alcohol (4-5 minutos). Añade el zumo de limón y un poco de perejil picado y mezcla bien. Agrega un poco de pan rallado (poco a poco) y mezcla bien hasta conseguir una pasta (no demasiado densa). Reserva la bordelesa.

Calienta una cazuela con agua. Pela las patatas, córtalas en dados, introdúcelas en la cazuela y sazónalas. Tápalas y cuécelas durante 12-15 minutos. Retíralas y escúrrelas bien.

Calienta una sartén con 2 cucharadas de aceite. Añade las patatas cocidas, ponlas a punto de sal, espolvoréalas con un poco de perejil picado y saltéalas durante 2 minutos. Resérvalas.

Unta una bandeja de horno con un poco de aceite. Corta las cabezas de las pescadillas, sácales los lomos y salpimiéntalos. Coloca los lomos sobre la bandeja de horno dejando la parte de la piel en contacto con la bandeja, cúbrelos con la bordelesa y espolvoréalos con un poco de pan rallado. Hornéalos a 230 °C durante 4-5 minutos

Sirve 1 lomo de pescadilla y 1 porción de patatas en cada plato y decóralos con unas hojas de perejil.

CONSEJO

Si no se te da muy bien picar el ajo finamente, puedes trocearlo, ponerlo en el mortero y majarlo hasta que quede prácticamente reducido a puré.

CENTOLLO RELLENO

INGREDIENTES (4 P.)

2 centollos cocidos
2 cebollas
1 puerro
1 zanahoria
2 dientes de ajo
75 ml de *brandy*
½ cucharadita de salsa picante
175 ml de salsa de tomate
2 cucharadas de pan rallado
50 g de mantequilla
aceite de oliva virgen extra
perejil
sal

ELABORACIÓN

Retira las patas de los centollos, ponlas en una fuente y resérvalas. Abre los centollos, separando los cuerpos de los caparazones, y retira las branquias. Corta los cuerpos por la mitad y corta cada mitad en 3 trozos. Con un palillo de brocheta, retírales la carne y pásala a un bol. Vacía también los caparazones y las patas y añádelo al bol. Repasa la carne a mano por si hubiera quedado algún trozo de cáscara.

Pela las cebollas y córtalas en daditos. Limpia el puerro (retirándole la parte inferior, la superior y 2-3 hojas), lávalo bien y córtalo de la misma manera. Pela la zanahoria y córtala en daditos. Pela los ajos y pícalos finamente.

Calienta 4 cucharadas de aceite en una cazuela, agrega las hortalizas, sazónalas y rehógalas a fuego medio durante 15-20 minutos. Incorpora a la cazuela la carne de los centollos, mezcla bien y caliéntala durante 2 minutos. Vierte encima el *brandy* y flambéalo. Añade la salsa picante, la salsa de tomate y un poco de perejil picado, mezcla los ingredientes y cocínalos durante otros 2 minutos.

Rellena los caparazones con la mezcla y espolvoréalos con el pan rallado. Trocea la mantequilla y pon unos trocitos encima de cada uno. Colócalos en una bandeja de horno y gratínalos hasta que la parte superior se dore (2-3 minutos).

Sirve y adorna con unas hojas de perejil.

CONSEJO

El tiempo de cocción dependerá del tamaño del centollo (aproximadamente, 12 minutos por kilo). Recuerda también que si el centollo está vivo deberás introducirlo en el agua cuando esta está fría. En cuanto a la sal que debe tener el agua de cocción, calcula 60 g de sal por cada litro de agua.

VIEIRAS RELLENAS CON COSTRA DE HOJALDRE

INGREDIENTES (4 P.)

4 vieiras
1 lámina de hojaldre
4 langostinos pelados
1 puerro limpio
1 cebolleta
30 g de harina
300 ml de leche
1 huevo batido
aceite de oliva virgen extra
perejil
nuez moscada
sal

ELABORACIÓN

Abre las vieiras, retírales las membranas y las partes oscuras y reserva los callos (el músculo blanco) y los corales. Reserva también las conchas hondas. Corta los langostinos en rodajas y resérvalos. Corta los corales de las vieiras de la misma manera y resérvalos.

Calienta 2 cucharadas de aceite en una sartén grande. Corta el puerro en 4 trozos y después en juliana fina, añádelo a la sartén, sazónalo y rehógalo a fuego suave durante 5-6 minutos.

Corta cada callo en 3 rodajas, incorpóralos a la sartén, cocínalos brevemente (30 segundos por cada lado), apaga el fuego y resérvalos.

Calienta una cazuela con 2-3 cucharadas de aceite. Corta la cebolleta en daditos y agrégala, sazónala y rehógala a fuego suave durante 6-8 minutos. Sazona los langostinos y los corales, incorpóralos a la cazuela y rehógalos brevemente.

Añade a la cazuela la harina y cocínala durante 1-2 minutos. Agrega la leche poco a poco, sazona la bechamel y cocínala a fuego suave durante 8-10 minutos sin dejar de remover. Ralla encima un poco de nuez moscada, mezcla bien, pasa la farsa a un plato y deja que se temple un poco.

Extiende el hojaldre sobre la encimera y, utilizando una de las conchas reservadas a modo de cortapastas, corta 4 tapas.

Reparte el puerro y los callos de las vieiras en las 4 conchas hondas. Cúbrelas con la farsa y tápalas con el hojaldre hasta cubrir bien todo el relleno (si hiciera falta estirar el hojaldre para cubrirlo, hazlo suavemente con las manos). Colócalas sobre una bandeja de horno, píntalas con el huevo batido y hornéalas a 180 °C durante 20 minutos.

Sirve 1 vieira rellena en cada plato y decóralos con unas hojas de perejil.

CONSEJO

Es muy importante limpiar bien las vieiras antes de cocinarlas. Para ello, introduce un cuchillo por la parte plana de la vieira y ábrela. Retira la vieira con cuidado y elimina las telillas y partes oscuras, de manera que te quede simplemente la parte comestible (callo y coral). Finalmente, enjuágalas bien con agua fría y... ¡a cocinar!

RAYA CON MEJILLONES EN SALSA

INGREDIENTES (4 P.)

3-4 aletas de raya (según tamaño)

16-20 mejillones

8 patatas mini

50 ml de vino blanco

120 ml de caldo de pescado

1 cucharada de harina de maíz refinada

aceite de oliva virgen extra

perejil

pimienta

sal

ELABORACIÓN

Lava las patatas, ponlas en un bol, tápalas con film transparente, introdúcelas en el microondas y cocínalas durante 8-10 minutos. Retíralas, deja que se templen, pélalas, córtalas por la mitad y resérvalas.

Corta las aletas de raya en 2-3 trozos. Limpia los mejillones, retirándoles las barbas y cualquier adherencia que puedan tener pegadas a las conchas.

Calienta 4-5 cucharadas de aceite en una tartera (cazuela amplia y baja). Salpimienta los trozos de raya, introdúcelos en la tartera y cocínalos durante 2 minutos por cada lado. Agrega los mejillones, el vino blanco y el caldo, tapa la tartera y espera a que se abran los mejillones.

Reparte la raya y los mejillones en 4 platos.

Corta las patatas por la mitad e introdúcelas en la tartera. Agrega un poco de perejil picado y un poco de la harina de maíz refinada diluida en agua fría. Remueve la cazuela y dale un hervor hasta que la salsa espese.

Reparte las patatas en los 4 platos, salséalos y decóralos con unas hojas de perejil.

CONSEJO

Si quieres intensificar un poco el sabor del guiso, puedes rehogar en la tartera 2 dientes de ajo y 1 cebolleta antes de introducir en ella la raya.

SALMÓN ASADO CON ESPÁRRAGOS

INGREDIENTES (4 P.)

2 lomos de salmón limpios (800 g)

20 espárragos verdes

2 dientes de ajo

1 cucharada de miel

1 cucharada de mostaza a la antigua

aceite de oliva virgen extra

perejil

pimienta

sal

CONSEJO

Una de las ventajas de asar los alimentos es que se evita añadir mucho aceite o cualquier otro tipo de grasa en su elaboración.

ELABORACIÓN

Calienta una sartén con 1 vaso de agua. Retira la parte inferior de los espárragos, introdúcelos en la sartén y cocínalos a fuego medio hasta que se evapore el agua. Sazónalos, riégalos con 1-2 cucharadas de aceite y cocínalos un poco más hasta que se doren.

Para preparar la salsa, pela los dientes de ajo, trocéalos, ponlos en un mortero, añade un poco de sal y májalos bien. Incorpora la miel, la mostaza y 2 cucharadas de aceite y mezcla bien. Resérvala.

Corta 4 trozos grandes de papel de hornear. Pliégalos (como si fueras a hacer un acordeón) y ata los 2 extremos de cada uno con cuerda de cocina. Abre la parte interior de cada uno hasta que queden con forma de barca y colócalos en una bandeja de horno.

Corta cada lomo de salmón por la mitad. Corta cada medio lomo a lo largo (sin llegar a cortarlos del todo), ábrelos a modo de mariposa y salpimiéntalos. Pon 1 dentro de cada *barca* de papel y aderézalos con la salsa. Introduce también 5 espárragos en cada *barca* y hornea a 230 °C durante 4-5 minutos.

Sirve y adorna los platos con unas hojas de perejil.

SALMONETES ASADOS CON PURÉ DE COLIFLOR

INGREDIENTES (4 P.)

4 salmonetes (de ración)
1 coliflor pequeña (600 g)
400 ml de leche
20 g de mantequilla
1 diente de ajo
aceite de oliva virgen extra
perejil
½ vaina de vainilla
pimienta
sal

Para la vinagreta:

20 g de dulce de manzana
2-3 cucharadas de aceite de oliva virgen extra
1 cucharada de vinagre
10 hojas de cebollino
sal

ELABORACIÓN

Calienta la leche y 200 ml de agua en una cazuela. Agrega la mantequilla y la vainilla. Separa la coliflor en ramilletes, introdúcela en la cazuela, sazónala, tápala y cuécela a fuego medio durante 15 minutos.

Retira la vainilla de la cazuela, cuela la coliflor (reserva el caldo de cocción por si tuvieras que aligerar el puré), ponla en una jarra y tritúrala hasta conseguir un puré homogéneo.

Calienta una sartén con 2 cucharadas de aceite. Pela el diente de ajo, pícalo finamente, agrégalo a la sartén y fríelo hasta que empiece a dorarse. Agrega un poco de perejil picado a la sartén y remuévela. Añade el refrito de ajo y perejil (sin el aceite) a la jarra y vuelve a triturar. Reserva el puré.

Riega una bandeja de horno con un poco de aceite. Saca los filetes de los salmonetes, salpiméntalos, ponlos sobre la bandeja (dejando la parte de la piel hacia arriba) y riégalos con otro poco de aceite. Hornéalos a 230 °C durante 4 minutos.

Para preparar la vinagreta, pon el dulce de manzana en un bol e introdúcelo en el microondas hasta que se funda. Retíralo y añádele el aceite, el vinagre, una pizca de sal y el cebollino picado finamente y mezcla bien.

Sirve 2 porciones de puré de coliflor en cada plato, coloca encima de ellas los filetes de salmonete y aderézalos con la vinagreta. Decora los platos con unas hojas de perejil.

CONSEJO

Si queréis quitar las espinas a los filetes de salmonete, puedes eliminarlas con paciencia y con la ayuda de unas pinzas.

SARDINAS CON ACEITE DE AJO Y PEREJIL

INGREDIENTES (4 P.)

24 sardinas
2 dientes de ajo
1 limón
aceite de oliva virgen extra
perejil
sal

CONSEJO

El aceite aromatizado con ajo y perejil, además de ser muy sencillo y rápido de preparar, os servirá para muchas preparaciones; va muy bien para pincelar unas tostas de pan, para añadir a algún plato de pasta o para aderezar carnes y pescados.

ELABORACIÓN

Limpia las sardinas de escamas y vísceras (si quieres, puedes quitarles también las cabezas, pero quedan más bonitas con ellas).

Pela los ajos, córtalos un poco, ponlos en el mortero y májalos bien. Añade una pizca de sal, 6-8 cucharadas de aceite y un poco de perejil picado y mezcla.

Junta 6 sardinas (colocando las cabezas en el mismo sentido) sobre la tabla de cocina y ensártalas con 2 palillos de brocheta (de esta manera resultará mucho más fácil darles la vuelta). Repite el proceso con el resto de las sardinas.

Calienta una plancha. Sazona las sardinas (mejor con sal gruesa) y úntalas, con la ayuda de una brocha de cocina, con el aceite de ajo y perejil. Coloca 12 sardinas (por el lado que tiene el aceite de ajo y perejil) sobre la plancha. Sazónalas y úntalas con otro poco de aceite de ajo y perejil. Ásalas durante 1-2 minutos por cada lado. Retíralas a un plato y asa las otras 12 sardinas de la misma manera.

Sirve un espeto en cada plato. Corta el limón en 4 y pon un trozo en cada uno. Adorna los platos con unas hojas de perejil.

SEPIA A LA PLANCHA CON TOMATE

INGREDIENTES (4 P.)

2 sepias limpias (de unos 500 g cada una)

2 tomates

2 dientes de ajo

aceite de oliva virgen extra

10 g de hojas de perejil

10 g de hojas de cilantro fresco

¼ de cucharadita de orégano seco

hojas de perejil (para decorar)

¼ de cucharadita de comino molido

sal (fina y gruesa)

ELABORACIÓN

Corta los cuerpos de las sepias en 2 trozos, hazles unos cortes superficiales cruzados en diagonal (de manera que queden marcadas con unos rombos) y ponlos en un bol grande. Trocea los tentáculos y agrégalos.

Pela los dientes de ajo, córtalos en láminas y agrégalos al bol de las sepias. Riégalas con 1 cucharada de aceite y déjalas macerando durante 30 minutos.

Introduce las hojas de perejil (10 g) y las de cilantro en una batidora de vaso junto con el orégano, el comino y 6 cucharadas de aceite. Sazona, tritura bien y reserva el aceite verde.

Calienta una plancha, coloca encima los cuerpos de las sepias (primero por la parte de los cortes superficiales) y los tentáculos, sazónalos y cocina las sepias durante 2-3 minutos por cada lado. Para que se mantengan calientes, retíralas un poco y déjalas a un lado de la plancha.

Corta los tomates por la mitad (en horizontal), sazónalos, riégalos con un chorrito de aceite, colócalos sobre la plancha y cocínalos durante 2-3 minutos por cada lado. Retírales la piel.

Sirve en cada plato ½ tomate y ½ sepia con sus tentáculos correspondientes. Sazona las sepias con un poco de sal gruesa. Adereza los platos con el aceite verde y decóralos con unas hojas de perejil.

CONSEJO

La cocción de las sepias debe ser rápida, ya que si las dejamos en la plancha durante mucho tiempo, quedarán duras y correosas.

SUQUET DE RAPE

INGREDIENTES (4 P.)

1 rape limpio (1.750 g)
2 pimientos choriceros
3 patatas
2 dientes de ajo
2 rebanadas de pan
aceite de oliva virgen extra
perejil
15 hebras de azafrán
sal

CONSEJO

Esta receta de rape es perfecta para consumir en cualquier fecha señalada con la familia o los amigos.

ELABORACIÓN

Retira los tallos y las semillas de los pimientos choriceros, cúbrelos con agua caliente y déjalos a remojo por lo menos durante 30 minutos. Retíralos del bol, ábrelos, retírales la pulpa con una puntilla (cuchillo pequeño), pícala finamente y resérvala.

Calienta 2 litros de agua en una cazuela junto con 1 ramillete de perejil. Corta la cabeza del rape, introdúcela en la cazuela, sazónala y cuécela a fuego suave durante 20 minutos. Retira la cabeza del rape, sácale la carne que tenga y resérvala. Reserva la cazuela con el caldo.

Calienta 3 cucharadas de aceite en una tartera (cazuela amplia y baja). Corta el rape en rodajas, sazónalas, incorpóralas a la tartera y séllalas brevemente por los dos lados. Retíralas y resérvalas en una fuente.

Pela las patatas, trocéalas (cascándolas) y añádelas a la tartera donde has sellado el rape. Cuela el caldo encima (1 ½ l aproximadamente) y ponlas a cocer. Agrega la pulpa de los pimientos choriceros, mezcla bien y cuece durante 10-15 minutos.

Calienta una sartén pequeña con 2 cucharadas de aceite. Pela los dientes de ajo, córtalos en dados y añádelos. Corta las rebanadas de pan en dados e incorpóralos. Fríelos hasta que se doren. Agrega unas ramas de perejil y fríelo brevemente. Pasa todo al mortero, incorpora las hebras de azafrán y maja todo bien.

Añade el majado a la tartera y cocina todo durante 15 minutos más. Introduce el rape (las rodajas y la carne de la cabeza reservada) en la tartera y mezcla suavemente.

Sirve y adorna los platos con unas hojas de perejil.

SEPIA A LA TABARQUINA

INGREDIENTES (4 P.)

2 sepias limpias (600 g)
3 cebolletas
1 pimiento verde
1 pimiento rojo
2 patatas grandes
100 ml de vino blanco
2 cucharadas de salsa de tomate
2 dientes de ajo
aceite de oliva virgen extra
1 hoja de laurel
perejil
sal

ELABORACIÓN

Calienta una olla rápida con 3 cucharadas de aceite. Corta las cebolletas en dados y agrégalas. Retira el tallo y las semillas de los pimientos, pela el rojo, córtalos de la misma manera y añádelos. Sazona las hortalizas y rehógalas a fuego medio durante 6-8 minutos.

Corta la sepia en dados grandes e incorpórala a la olla.

Pela las patatas, trocéalas (cascándolas) y agrégalas a la olla. Vierte encima el vino y dale un hervor. Añade la salsa de tomate y la hoja de laurel y sazona. Cierra la olla y cocina todo durante 15 minutos. Abre la olla.

Pela los ajos, trocéalos y ponlos en un mortero. Agrega 1 cucharada de perejil picado y maja todo bien. Incorpora el majado a la olla y guisa la sepia durante 2-3 minutos más.

Reparte el guiso en 4 platos y decóralos con unas hojas de perejil.

CONSEJO

Si no quieres añadir vino al guiso, puedes sustituirlo por agua. No hace falta añadir demasiada, porque la sepia soltará bastante agua durante la cocción.

VERDEL CON PIMIENTOS VERDES

INGREDIENTES (4 P.)

4 verdeles (o caballas)
4-6 pimientos verdes
2 dientes de ajo
1 trozo de guindilla
aceite de oliva virgen extra
perejil
pimienta
1 cucharadita de pimentón
sal

CONSEJO

El verdel es un pescado que tiene bastantes espinas, pero si los preparas como en esta receta, conseguirás unos filetes perfectos para comer sin tener que preocuparos por ellas.

ELABORACIÓN

Calienta una sartén con 4 cucharadas de aceite. Lava los pimientos, retírales los tallos y las semillas, córtalos en tiras y añádelos a la sartén. Sazónalos y cocínalos a fuego suave-medio durante 15 minutos.

Corta las cabezas y las colas de los verdeles y sácales los lomos. Corta cada lomo por la mitad a lo largo eliminándoles las espinas centrales. Riega los filetes de verdel con un poco de aceite, salpimiéntalos, extiéndelos sobre una bandeja de horno y hornéalos a 220 °C durante 5 minutos.

Calienta 6 cucharadas de aceite en una sartén. Pela los dientes de ajo, córtalos en láminas y agrégalos a la sartén. Corta la guindilla en cilindros e incorpórala. Rehoga todo brevemente hasta que los ajos empiecen a dorarse.

Riega los filetes de verdel con el refrito y espolvoréalos con el pimentón.

Sirve 4 filetes en cada plato, riégalos con un poco del jugo que ha quedado en la bandeja de horno y acompáñalos con los pimientos. Decora los platos con unas hojas de perejil.

MEJILLONES A LA MOSTAZA

INGREDIENTES (4 P.)

1.500 g de mejillones

1 cucharada de mostaza de Dijon

1 diente de ajo

3 chalotas

1 cucharada de harina

100 ml de *txakoli*

aceite de oliva virgen extra

10 hojas de cebollino

perejil

sal

ELABORACIÓN

Limpia los mejillones, eliminándoles las barbas y cualquier adherencia que puedan tener pegada a las conchas.

Calienta una cazuela con 4 cucharadas de aceite. Pela el diente de ajo y las chalotas, pícalos finamente y añádelos a la cazuela. Sazona las hortalizas y rehógalas a fuego suave durante 6-8 minutos.

Agrega la harina a la cazuela y rehógala un poco. Vierte encima el *txakoli* y dale un hervor. Añade la mostaza y remueve hasta que quede bien integrada. Introduce los mejillones en la cazuela, tápalos y cocínalos hasta que se abran (5-6 minutos).

Pica finamente las hojas de cebollino y espolvorea con ellas los mejillones. Sirve y decora los platos con unas hojas de perejil.

CONSEJO

Para conservar los mejillones (no más de 2 días) es recomendable envolverlos con un trapo húmedo y colocarlos en la parte más baja del frigorífico, ya que es la parte menos fría.

ACEDÍAS CON SALSA DE MARACUYÁ

INGREDIENTES (4 P.)

24 acedías (o soldaditos)
4 maracuyás
2 limones
2 cucharadas de azúcar
100 g de harina de trigo
100 g de harina de garbanzo
15 g de mantequilla
aceite de oliva virgen extra
perejil
pimienta
1 trozo de jengibre fresco (5 cm)
sal

ELABORACIÓN

Corta las maracuyás por la mitad, sácales la pulpa, ponlas en un recipiente y resérvalas.

Exprime los limones, pon el zumo en un cazo y ponlo a calentar. Pela el jengibre, lamínalo y añádelo. Agrega también el azúcar. Cocina la mezcla a fuego suave hasta que el azúcar se disuelva (4-5 minutos), cuélala, pásala de nuevo al cazo y ponla a calentar. Añade la mantequilla y cuando se funda, agrega la pulpa de las maracuyás. Mezcla bien y reserva la salsa.

Calienta una sartén grande con abundante aceite. Mezcla la harina de garbanzo con la de trigo y extiéndela en una fuente.

Salpimienta las acedías, pásalas por la mezcla de harinas, introdúcelas en la sartén y fríelas a tandas. Retíralas y escúrrelas sobre una fuente cubierta con papel absorbente de cocina.

Sirve la salsa en el fondo de 4 platos (pon lo que te sobre en una salsera) y coloca 6 acedías en cada uno. Decora los platos con unas hojas de perejil.

CONSEJO

Por si no lo sabéis, la maracuyá también se conoce como fruta de la pasión, pasionaria, granadilla o parchita.

BOQUERONES REBOZADOS CON MAYONESA DE PIQUILLOS

INGREDIENTES (4 P.)

24 boquerones

4 pimientos del piquillo

2 dientes de ajo

1 huevo

harina y huevo batido (para rebozar)

aceite de oliva virgen extra

1 cucharada de vinagre

perejil

sal

ELABORACIÓN

Para preparar la mayonesa de piquillos, calienta una sartén con 2 cucharadas de aceite. Pela 1 diente de ajo, córtalo en láminas y agrégalo a la sartén. Corta los pimientos en tiras, incorpóralos, sazónalos y cocínalos a fuego medio durante 8-10 minutos. Deja que se templen, pásalos a un vaso batidor y tritúralos con una batidora eléctrica. Añade el huevo, el vinagre, una pizca de sal y 175 ml de aceite y tritura los ingredientes hasta conseguir una mayonesa homogénea. Resérvala.

Retira las cabezas y las vísceras de los boquerones y retira la espina central de 8 de ellos para que queden abiertos.

Calienta abundante aceite en una sartén. Aplasta el otro diente de ajo y agrégalo (con piel) a la sartén. Sazona los boquerones abiertos, pásalos por harina y huevo batido, introdúcelos en la sartén y fríelos brevemente por los dos lados. Retíralos y escúrrelos sobre una fuente cubierta con papel absorbente. Sazona el resto de los boquerones, tómalos de 2 en 2, pásalos por huevo y harina y fríelos brevemente por los dos lados. Retíralos y escúrrelos sobre una fuente cubierta con papel absorbente.

Sirve 6 boquerones en cada plato (2 de ellos abiertos) y acompáñalos con la mayonesa de piquillos. Decora los platos con unas hojas de perejil.

CONSEJO

Los boquerones se pueden comer tanto fríos como calientes. Son perfectos para llevarlos a cualquier reunión familiar o de amigos, porque aguantan muy bien aunque se hayan cocinado con mucho tiempo de antelación.

BOQUERONES AL VAPOR CON VINAGRETA TEMPLADA

INGREDIENTES (4 P.)

40 boquerones
½ barra de pan
10 ajos frescos
¼ de pimiento rojo
½ pimiento verde
6 pepinillos en vinagre
100 ml de vinagre
aceite de oliva virgen extra
perejil
sal

ELABORACIÓN

Corta el pan en rebanadas, tuéstalas y resérvalas.

Calienta 8 cucharadas de aceite en una sartén. Limpia los ajos frescos (retirándoles la parte inferior, la superior y 1-2 capas de hojas), córtalos en cilindros e introdúcelos en la sartén. Pela el pimiento rojo, córtalo en daditos y añádelo. Corta el pimiento verde de la misma manera y agrégalo. Sazona las hortalizas y rehógalas a fuego suave durante 6-8 minutos. Corta los pepinillos en rodajas finas e incorpóralos. Vierte encima el vinagre y cocina los ingredientes durante 5 minutos más. Reserva la vinagreta.

Retira las cabezas y las vísceras de los boquerones, sin retirarles la espina central.

Cubre una vaporera con un trozo grande de papel de hornear, pínchalo con una puntilla (para que el vapor pueda subir) y úntalo con un poco de aceite. Coloca encima los boquerones, sazónalos, pon la vaporera sobre una cazuela con agua, tápala y cocínalos durante 5 minutos.

Sirve 10 boquerones en cada plato, riégalos con la vinagreta y acompáñalos con las tostadas. Decora los platos con unas hojas de perejil.

CONSEJO

El vinagre, ingrediente fundamental en la dieta mediterránea, tiene la capacidad de potenciar el aroma y el sabor de todo tipo de platos, tanto fríos como calientes.

BACALAO DE LA ABUELA JUANA

INGREDIENTES (4 P.)

4 lomos de bacalao desalado

4 patatas

2 cebollas

2 dientes de ajo

2 pimientos morrones asados (pelados)

500 ml de salsa de tomate

1-2 cucharadas de pan rallado

aceite de oliva virgen extra

perejil

sal

ELABORACIÓN

Calienta agua en una tartera (cazuela amplia y baja). Cuando empiece a hervir, introduce en ella los lomos de bacalao y cuécelos hasta el momento en que el agua vuelva a hervir. Retíralos, deja que se templen, desmígalos y resérvalos.

Pela las patatas y córtalas en rodajas de ½ cm de grosor. Pela las cebollas y córtalas en juliana fina. Pela los dientes de ajo y córtalos en láminas.

Calienta una sartén grande con abundante aceite. Agrega los ajos, las cebollas y las patatas, sazónalos y fríelos a fuego medio durante unos 20 minutos. Retira las hortalizas, escúrrelas y resérvalas.

Retira casi todo el aceite de la sartén (resérvalo para otra ocasión), introduce en ella el bacalao desmigado y saltéalo durante 3-4 minutos. Retíralo y resérvalo.

Corta los pimientos asados en tiras.

Extiende la mitad de la salsa de tomate en una fuente apta para el horno. Reparte sobre ella la mitad de las tiras de pimiento y sazónalas. Extiende encima la mitad de las patatas y, sobre ellas, la mitad del bacalao. Repite el proceso con el resto de los ingredientes (salsa de tomate, pimiento, patatas y bacalao). Espolvorea todo con el pan rallado y un poco de perejil picado y hornéalo a 180 °C durante 8-10 minutos.

Sirve y decora los platos con unas hojas de perejil.

CONSEJO

Para asar los pimientos, tan solo tienes que hornearlos a 190 °C durante 30-35 minutos. Si, tras retirarlos del horno, los tapas y los dejas reposar para que *suden*, después será mucho más fácil pelarlos.

CABALLA ADOBADA Y FRITA CON SALTEADO DE HORTALIZAS

INGREDIENTES (4 P.)

4 caballas

2 patatas

200 g de guisantes frescos desgranados

8 ajos frescos

8 tomates cherry

harina de garbanzo (para rebozar)

aceite de oliva virgen extra

perejil

sal

Para el adobo:

3 dientes de ajo

1 cucharada de orégano

1 cucharada de pimentón

½ cucharada de comino

20-30 granos de pimienta

150 ml de vinagre

150 ml de agua

½ cucharada de sal

2 hojas de laurel

ELABORACIÓN

Para preparar el adobo, pela los dientes de ajo, pícalos un poco y ponlos en una jarra. Añade el orégano, el pimentón, el comino, los granos de pimienta, el vinagre, el agua y la sal y tritura los ingredientes con una batidora eléctrica. Vierte todo en un bol grande y añade las hojas de laurel.

Corta las caballas en rodajas gruesas (4-5 cm), introdúcelas en el bol con el adobo y mezcla bien, hasta que queden bien impregnadas. Tapa el bol con film transparente y deja que repose en el frigorífico de un día para otro. Retira la caballa del bol y deja que escurra sobre una fuente cubierta con papel absorbente.

Calienta una cazuela con agua. Pela las patatas, córtalas en dados e introdúcelas en la cazuela. Agrega los guisantes, sazona y cuece todo a fuego suave-medio durante 15 minutos.

Calienta un wok (o sartén) con 3-4 cucharadas de aceite. Limpia los ajos frescos (retirándoles la parte inferior, la superior y 1-2 capas de hojas), córtalos en trozos de 2 cm y añádelos al wok. Añade también los tomates cherry y saltea todo durante 2-3 minutos. Incorpora los guisantes y las patatas, pon a punto de sal y saltea conjuntamente durante 4-5 minutos.

Calienta una sartén grande con bastante aceite. Pasa los trozos de caballa por la harina de garbanzo, introdúcelos en la sartén y fríelos por los dos lados. Retíralos y escúrrelos sobre una fuente cubierta con papel absorbente.

Reparte la caballa y las hortalizas en 4 platos y decóralos con unas hojas de perejil.

CONSEJO

Lo mejor es consumir las caballas al momento, pero si las quieres conservar 1 o 2 días es importante que las guardes en la parte más fría del frigorífico envueltas en un paño húmedo.

VOLANDEIRAS AL HORNO

INGREDIENTES (4 P.)

16 volandeiras limpias
2 dientes de ajo
1 cebolla
100 ml de vino blanco
½ limón
2 cucharadas de pan rallado
aceite de oliva virgen extra
perejil
sal

ELABORACIÓN

Calienta una sartén con 3 cucharadas de aceite. Pela los dientes de ajo, pícalos finamente y agrégalos a la sartén. Pela la cebolla, córtala en juliana fina y añádela. Sazona las hortalizas y rehógalas a fuego suave durante 10 minutos. Vierte encima el vino y dale un hervor fuerte para que se evapore el alcohol.

Pon la carne de las volandeiras en un plato y resérvala.

Extiende las conchas de las volandeiras (boca arriba) sobre una bandeja de horno. Reparte el ajo y la cebolla rehogados en las conchas, sazona las volandeiras y pon 1 sobre cada concha.

Adereza las volandeiras con unas gotas de limón, espolvoréalas con el pan rallado y gratínalas en el horno hasta que se dore el pan rallado (unos 3 minutos).

Sirve y decora los platos con unas hojas de perejil.

CONSEJO

Para limpiar las volandeiras, retírales las membranas que las cubren, aclaralas y reserva los callos y los corales.

LUBINA A LA SAL CON SALSA TÁRTARA

INGREDIENTES (4 P.)

2 lubinas de 600 g (sin desescamar)

2.500 g de sal gruesa

200 g de mayonesa

1 huevo

1 cucharada de alcaparras

3 pepinillos

2 ramas de tomillo

2 ramas de romero

5 g de hojas de cilantro

perejil

CONSEJO

Para que te resulte más fácil cubrir el pescado con la sal, humedécete primero un poco las manos.

ELABORACIÓN

Pon la sal en un bol grande, pica finamente las ramas de tomillo y las de romero y mézclalas con la sal. Agrega un poco de agua (para que la sal quede húmeda) y mezcla de nuevo.

Cubre la base de una bandeja honda de horno con una capa gruesa de sal. Coloca encima las lubinas, cúbrelas con el resto de la sal, presionándola sobre ellas, y hornéalas a 200 °C durante 12-15 minutos.

Pon el huevo en un cazo con agua y cuécelo durante 10 minutos (contados a partir del momento en que el agua empiece a hervir). Retíralo, refréscalo, pélalo, pícalo finamente y pásalo a un bol.

Pica las alcaparras finamente y añádelas al bol. Corta los pepinillos en daditos y agrégalos. Pica finamente el cilantro e incorpóralo al bol junto con la mayonesa. Mezcla bien y reserva la salsa tártara.

Retira las lubinas del horno y retírales la sal. Con mucho cuidado, quítales la piel y sácales los lomos.

Sirve los lomos de lubina, acompáñalos con la salsa tartera y decóralos con unas hojas de perejil.

RODABALLO ASADO CON MOJO VERDE

INGREDIENTES (4 P.)

1 rodaballo de 1.600 g (de cultivo)

150 ml de *txakoli*

aceite de oliva virgen extra

flores comestibles (pensamientos, cebollino, tomillo...)

perejil

sal

Para el mojo verde:

3 dientes de ajo

1 pimiento verde

zumo de 1 ½ limón

150 ml de aceite de oliva virgen extra

25 g de hojas de cilantro

½ cucharadita de comino en polvo

sal

ELABORACIÓN

Unta una bandeja de horno con 2 cucharadas de aceite.

Corta el rodaballo en 4 trozos y sazónalos. Riégalos con otro poco de aceite y el *txakoli* y hornéalo a 230 °C durante 15 minutos.

Para preparar el mojo, pon el aceite en un vaso batidor. Pela los ajos, trocéalos y añádelos. Añade también el comino y una pizca de sal. Retira el tallo y las semillas del pimiento verde, trocéalo e incorpóralo. Agrega el zumo de limón y las hojas de cilantro y tritura todo bien con una batidora eléctrica hasta conseguir una salsa homogénea.

Sirve 1 trozo de rodaballo en cada plato y acompáñalos con el mojo. Vierte un poco de agua en la bandeja donde has horneado el pescado y remuévela. Calienta una sartén pequeña, vierte en ella la mezcla y dale un hervor. Agrega un poco de perejil picado y salsea el rodaballo.

Decora los platos con las flores comestibles y unas hojas de perejil.

CONSEJO

Cada cual elabora el mojo a su manera, pero, además de los ingredientes básicos, puedes añadir otros que sean de vuestro gusto, como frutos secos, queso, hierbas aromáticas o incluso frutas.

SALMÓN MARINADO CON ENCURTIDOS

INGREDIENTES (4 P.)

800 g de salmón (con su piel)
½ cebolla roja
4 pepinillos grandes
1 cucharada de alcaparras
40 g de canónigos
aceite de oliva virgen extra
perejil

Para el marinado:

300 g de sal gruesa
150 g de azúcar
4 cucharadas de eneldo fresco picado
2 cucharadas de pimienta blanca molida

ELABORACIÓN

Congela la pieza de salmón durante 4 días. Sácala del congelador, pásala al frigorífico y deja que se descongele. Saca los 2 lomos, retirando la espina central, pálpalos y, con ayuda de unas pinzas, retírales las espinas que puedan tener.

Para preparar el marinado, mezcla en un bol la sal, el azúcar, el eneldo y la pimienta blanca. Cubre la base de un recipiente hondo rectangular (tipo bizcocho) con parte de la mezcla, coloca encima el salmón y cúbrelo bien con el resto. Tápalo con film transparente, colócale algo de peso encima y déjalo marinando en el frigorífico durante 12 horas (como mínimo).

Saca el salmón del frigorífico, retírale la mezcla del marinado, enjuaga los lomos en un bol grande con agua y sécalos bien con papel absorbente.

Pela la cebolla, córtala en juliana fina y ponla en un bol. Corta los pepinillos en rodajas finas y añádelos. Añade también las alcaparras y 4 cucharadas de aceite y mezcla bien.

Corta cada lomo por la mitad y corta después cada mitad en filetes eliminándoles la piel. Sirve 4-5 filetes de salmón 5 en cada plato y aderézalos con los encurtidos. Coloca al lado las hojas de canónigo y decora los platos con unas hojas de perejil.

CONSEJO

Cuanto más tiempo pase el pescado en contacto con la mezcla del marinado, más seco y salado quedará. Si la pieza es muy fina, puede dejarse unas 12 horas, y si fuera muy gruesa, hasta 48. De todas formas, antes de retirar la mezcla es recomendable cortar un trozo de salmón, lavarlo y probarlo para comprobar que esté suficientemente curado.

MEJILLONES EN SALSA DIABLA CON DADOS DE PATATA

INGREDIENTES (4 P.)

1 kg de mejillones

3 patatas

4 dientes de ajo

2 cebollas

50 ml de vino blanco (manzanilla)

500 g de tomate triturado

25 g de pulpa de pimiento choricero

8 rebanadas de pan tostado

aceite de oliva virgen extra

perejil

1 guindilla cayena

sal

ELABORACIÓN

Pon 1 vaso de agua (200 ml) en una cazuela grande. Lava los mejillones, retírales las barbas e introdúcelos en la cazuela. Tápala y cuece los mejillones hasta que se abran. Retira las conchas y reserva la carne. Cuela el agua de la cocción de los mejillones y resérvala.

Calienta 3 cucharadas de aceite en una cazuela. Pela los dientes de ajo, córtalos en láminas e introdúcelos en la cazuela. Pela las cebollas, córtalas en dados e incorpóralas. Sazona las hortalizas y rehógalas a fuego medio durante 15 minutos. Añade la cayena y la manzanilla y dale un hervor fuerte para que se evapore el alcohol. Agrega el tomate triturado y la pulpa de pimiento choricero y cocina los ingredientes a fuego medio durante 20 minutos. Pasa la salsa a una batidora de vaso, añádele 1 cacillo del caldo resultante de cocer los mejillones y tritúrala bien. Resérvala.

Calienta abundante aceite en una sartén grande. Pela las patatas, córtalas en dados, introdúcelas en la sartén y fríelas hasta que estén hechas por dentro y doraditas por fuera. Retíralas y escúrrelas sobre una fuente cubierta con papel absorbente. Sazónalas y espolvoréalas con un poco de perejil picado.

Pon los mejillones en una sartén grande, viérteles encima la salsa y caliéntalos.

Reparte los mejillones y las patatas en 4 platos, pon 2 rebanadas de pan tostado en cada uno y decóralos con unas hojas de perejil.

CONSEJO

Es muy importante que los mejillones que compres estén frescos. Cómpralos en lugares de confianza, donde sea posible revisar un etiquetado que indique su procedencia y fecha de captura. Con esos datos aseguraremos el producto y el calibre deseados.

BACALAO DE LA TÍA LEO

INGREDIENTES (4 P.)

1 kg de bacalao desalado
harina (para rebozar)
4 patatas
1 cebolla grande
300 ml de leche
aceite de oliva virgen extra
perejil
1 cucharada de pimentón
sal

ELABORACIÓN

Calienta 4 cucharadas de aceite en una sartén grande. Corta el bacalao en tiras anchas, pásalas por harina e introdúcelas (dejando la parte de la piel hacia arriba) en la sartén. Fríelas durante 1-2 minutos por cada lado y déjalas reposando en la sartén.

Calienta 12 cucharadas de aceite en otra sartén. Pela las patatas, córtalas en rodajas de ½ cm de grosor, sazónalas, introdúcelas en la sartén y fríelas hasta que estén hechas por dentro y doradas por fuera. Retíralas, escúrrelas y repártelas sobre el bacalao.

Retira casi todo el aceite (deja 2 cucharadas) de la sartén donde has frito las patatas. Pela la cebolla, córtala en dados, introdúcela en la sartén, sazónala y rehógala a fuego medio durante 10-12 minutos. Añade el pimentón y mezcla bien.

Extiende la cebolla sobre las patatas. Vierte la leche encima y cocina los ingredientes (sin dejar de remover la sartén) a fuego medio durante 10-12 minutos, hasta conseguir una salsa cremosa.

Sirve y decora los platos con unas hojas de perejil.

CONSEJO

Si quieres que la salsa ligue más rápido, puedes sustituir la mitad de la leche por nata.

BONITO CON CEBOLLA CARAMELIZADA

INGREDIENTES (4 P.)

600 g de bonito fresco (limpio)
3 cebollas rojas
80 g de azúcar
100 ml de vino tinto
aceite de oliva virgen extra
perejil
pimienta
sal

ELABORACIÓN

Calienta una sartén grande con 4 cucharadas de aceite. Pela las cebollas, córtalas en juliana fina, introdúcelas en la sartén, sazónalas y rehógalas a fuego medio durante 15 minutos. Añade el azúcar y el vino y cocina todo a fuego suave-medio durante 10-15 minutos.

Calienta una sartén con 1-2 cucharadas de aceite. Corta el bonito en filetes finos, salpimiéntalos, colócalos en la sartén y cocínalos brevemente por los dos lados.

Reparte la cebolla en la base de 4 platos y coloca encima los filetes de bonito. Decora los platos con unas hojas de perejil.

CONSEJO

Para dar un toque diferente a la cebolla, algunos cocineros prefieren usar azúcar moreno. También hay quien añade un chorrito de vino dulce (oporto o jerez) durante el proceso de caramelización, lo que le otorga más sabor.

BONITO CON SALSA VIZCAÍNA Y TOMATITOS

INGREDIENTES (4 P.)

700 g de bonito fresco (limpio)
20 tomates cherry
6 pimientos choriceros
2 dientes de ajo
1 cebolla roja
1 manzana
250 ml de caldo de verduras
aceite de oliva virgen extra
10-12 hojas de albahaca
perejil
pimienta
sal

ELABORACIÓN

Retira el tallo y las semillas de los pimientos choriceros, ponlos en un bol grande, cúbrelos con agua caliente y deja que se hidraten bien (2 horas). Ábrelos, retírales la pulpa, pícala bien y resérvala.

Calienta 3 cucharadas de aceite en una cazuela. Pela los dientes de ajo y la cebolla. Corta los ajos en láminas y la cebolla en dados e introdúcelos en la cazuela. Pela la manzana, córtala en dados e incorpórala. Sazona y cocina los ingredientes a fuego suave durante 10 minutos. Agrega la pulpa de los pimientos choriceros y el caldo de verduras y cocina los ingredientes a fuego suave durante 20-25 minutos. Pasa todo a una batidora de vaso y tritúralo bien. Reserva la salsa vizcaína.

Calienta una sartén con 2 cucharadas de aceite. Corta los tomates por la mitad, introdúcelos en la sartén y saltéalos durante 4-5 minutos. Corta las hojas de albahaca en juliana e incorpóralas a la sartén. Sazona y saltea todo brevemente (30-45 segundos).

Calienta bien una plancha. Corta el bonito en 8 filetes, salpimiéntalos y riégalos con un poco de aceite. Ponlos sobre la plancha y cocínalos durante 1-2 minutos.

Reparte la salsa vizcaína en el fondo de 4 platos y coloca encima 2 filetes de bonito y 5 tomates cherry en cada uno. Decora los platos con unas hojas de perejil.

CONSEJO

Cuando prepares salsa vizcaína, te recomiendo hacer el doble de la cantidad que necesites; así podrás envasar la que te sobre en botes de cristal y congelarla para cualquier otra ocasión.

HAMBURGUESAS DE SALMÓN CON SALSA VERDE

INGREDIENTES (4 P.)

700 g de salmón fresco

1 rebanada de pan de molde (sin corteza)

125 ml de leche

1 ½ cebolletas

1 huevo

2 dientes de ajo

1 cucharada de harina

75 ml de vino blanco

350-400 ml de caldo de pescado o de verduras

8 cebollitas en vinagre

4 pepinillos en vinagre

aceite de oliva virgen extra

perejil

pimienta

1 guindilla cayena

sal

ELABORACIÓN

Trocea el pan, ponlo en un bol, cúbrelo con la leche y déjalo a remojo hasta que se hidrate.

Corta ½ cebolleta en daditos y ponla en un bol grande.

Corta el salmón en dados e introdúcelo (en dos tandas) en una picadora, tritúralo e incorpóralo al bol de la cebolleta. Añade la miga de pan bien escurrida y el huevo. Salpimienta, mezcla bien hasta conseguir una masa homogénea y deja que repose durante 15-20 minutos.

Calienta 3 cucharadas de aceite en una cazuela. Pela los dientes de ajo, pícalos finamente y agrégalos. Corta la otra cebolleta en dados y añádela. Sazona las hortalizas y rehógalas a fuego suave durante 5-6 minutos. Añade la cayena y la harina y cocínala un poco. Vierte encima el vino blanco y dale un hervor. Incorpora el caldo y cocina los ingredientes a fuego suave durante 15-20 minutos. Retira la guindilla, pasa los ingredientes a una jarra, agrega una cucharada de perejil picado y tritura todo bien hasta conseguir una salsa homogénea. Reserva la salsa verde.

Corta 8 trozos cuadrados (15 cm x 15 cm) de papel de hornear.

Pon un aro de emplatar (10 cm de diámetro) sobre un trozo de papel, rellénalo con ⅛ parte de la masa de salmón y presiónala con una cuchara para que quede compacta. Retira el aro y repite el proceso hasta formar las otras 7 hamburguesas.

Calienta una plancha con 1 cucharada de aceite. Coloca las hamburguesas encima y cocínalas durante 1-2 minutos por cada lado.

Vierte un poco de salsa verde en cada plato, coloca encima 2 hamburguesas en cada uno y acompáñalas con las cebollitas (2 por plato) y los pepinillos (1 por plato). Decora con unas hojas de perejil.

CONSEJO

Puedes dar a estas hamburguesas tu toque personal mezclando diferentes tipos de pescado y aromatizando la mezcla con eneldo fresco, mostaza o especias.

MERLUZA CON PATATAS A LA IMPORTANCIA

INGREDIENTES (4 P.)

4 rodajas gruesas de merluza
4 patatas
2 dientes de ajo
1 cebolla
1 cucharada de harina
125 ml de vino blanco
500 ml de caldo de pescado
harina y 3 huevos batidos (para rebozar)
aceite de oliva virgen extra
perejil
20 hebras de azafrán
pimienta
sal

ELABORACIÓN

Calienta 3 cucharadas de aceite en una cazuela. Pela los dientes de ajo, pícalos un poco y añádelos a la cazuela. Pela la cebolla, córtala en dados e incorpórala. Sazona las hortalizas y rehógalas a fuego suave durante 8-10 minutos. Agrega la cucharada de harina y rehógala un poco. Vierte encima el vino y dale un hervor. Añade el caldo de pescado y las hebras de azafrán. Cocina los ingredientes de la salsa a fuego medio durante 15 minutos. Tritura la salsa con una batidora eléctrica y resérvala.

Calienta abundante aceite en una sartén. Pela las patatas, córtalas en rodajas de 1 cm de grosor, sazónalas y pásalas por harina y huevo batido. Introdúcelas en la sartén, fríelas (en tandas) por los dos lados y colócalas en una tartera (cazuela amplia y baja). Cúbrelas con la salsa, ponlas a punto de sal, tápalas y cocínalas (sin moverlas) a fuego suave durante 25 minutos. Espolvoréalas con un poco de perejil picado.

Calienta una plancha con un poco de aceite. Salpimienta las rodajas de merluza, colócalas sobre la plancha y cocínalas durante 2 minutos por cada lado.

Sirve 1 rodaja de merluza y 1 porción de patatas en cada plato y decora los platos con unas hojas de perejil.

CONSEJO

Si las rodajas de merluza son muy gruesas, puedes hacerles un corte superficial en la piel.

LAS RECETAS DE JOSEBA

ABIERTA
ARGUIÑANO
CLEMENT

PATÉ DE MEJILLÓN CON *CRACKERS* DE AMAPOLA

INGREDIENTES (4 P.)

125 g de mejillones en escabeche

6 langostinos cocidos

100 g de bonito en aceite

2 pimientos del piquillo

4 quesitos

150 g de mayonesa

perejil

Para los crackers de amapola:

160 g de harina

80 g de semillas de amapola

3 g de sal

150 ml de leche

25 g de mantequilla

CONSEJO

También puedes elaborar este paté con 500 g de mejillones frescos. Para prepararlos, límpialos bien y cuécelos con 25 ml de vino blanco hasta que se abran. Después solo tendrás que retirarles las cáscaras y proceder de la misma manera.

ELABORACIÓN

Para los preparar los *crackers*, pon la harina, las semillas de amapola y la sal en un bol. Calienta en un cazo la leche con la mantequilla hasta que la mantequilla se funda, añádela al bol y mezcla con una lengua hasta conseguir una masa homogénea.

Corta 4 trozos grandes (tamaño folio) de papel de hornear y extiende 2 sobre la encimera. Pon, sobre cada uno, una mitad de la masa y cúbrelas con los otros 2 trozos de papel. Aplasta las masas un poco y estíralas con un rodillo (del centro hacia fuera) hasta conseguir 2 láminas finas.

Introduce las láminas de masa en el congelador y déjalas en él durante unos 30 minutos, hasta que estén bien congeladas.

Retira las masas del congelador, quítales los papeles de la parte superior y córtalas (a tu gusto) en porciones. Reparte las porciones de masa en 2 bandejas de horno (cubiertas con papel de hornear) y hornéalas a 160 °C durante unos 30 minutos (hasta que se doren un poco). Retíralas del horno y deja que se enfríen sobre una rejilla.

Para preparar el paté, pon los mejillones, los langostinos, el bonito, los pimientos, los quesitos y la mayonesa en una batidora de vaso (o en una picadora) y tritúralos bien hasta conseguir una masa homogénea.

Reparte el paté en 4 cuencos y acompáñalos con los *crackers* de amapola. Decóralos con unas hojas de perejil.

POLENTA AL PARMESANO

INGREDIENTES (4 P.)

250 g de polenta precocida
75 g de parmesano rallado
500 ml de leche
500 ml de caldo de pollo
75 g de mantequilla
50 g de nueces (peladas)
10 g de sal
perejil

ELABORACIÓN

Pon a calentar la leche, el caldo y la mantequilla en una cazuela. Agrega la sal, mezcla bien y cocina hasta que la mantequilla se funda y el líquido hierva.

Incorpora la polenta a la cazuela, mezcla los ingredientes con una varilla manual y remueve hasta conseguir una masa homogénea.

Cambia la varilla por una cuchara de madera y cocina la polenta (removiéndola) durante 2-3 minutos. Incorpora la mitad del queso y sigue removiéndola hasta que quede integrado.

Sirve la polenta en 4 recipientes aptos para el horno, alísala y reparte por encima las nueces y el resto del queso. Introduce los recipientes en el horno y gratina la polenta hasta que se funda el queso y se tuesten las nueces.

Sirve y decora con unas hojas de perejil.

CONSEJO

La polenta tiene muchos usos en la cocina, entre ellos, sirve para crear bases de tartas, lasañas o *pizzas*.

ENSALADA DE ENDIBIAS ASADAS Y CREMOSO DE GORGONZOLA

INGREDIENTES (4 P.)

8 endibias

40 g de mantequilla

150 g de nueces peladas

150 ml de aceite de oliva virgen extra

perejil

sal

Para el cremoso de gorgonzola:

225 g de queso gorgonzola

100 ml de aceite de girasol aromatizado con ajo

ELABORACIÓN

Para preparar el cremoso de gorgonzola, pon en un vaso batidor el queso gorgonzola y la mitad del aceite aromatizado con ajo y tritura bien con una batidora eléctrica. Añade el resto del aceite (ajos incluidos) y sigue triturando hasta que los ingredientes queden bien integrados. Resérvalo.

Calienta una sartén con la mitad del aceite de oliva (75 ml) y fríe en ella las nueces durante 4-5 minutos. Sazónalas y reserva 16 medias nueces para decorar. Pasa el resto de las nueces con el aceite de la fritura a un vaso batidor y tritúralas con una batidora eléctrica. Añade el resto del aceite de oliva (75 ml) y sigue triturando hasta conseguir una pasta homogénea. Resérvala.

Pon a calentar abundante agua en una cazuela y sazónala. Introduce en ella las endibias y cuécelas a fuego medio durante 5 minutos. Escúrrelas bien (apretándolas, de una en una, con un trozo de papel absorbente) y córtalas por la mitad.

Calienta en una sartén grande la mitad de la mantequilla. Añade (con cuidado) la mitad de las endibias a la sartén y dóralas por los dos lados. Retíralas a un plato y resérvalas. Repite el proceso con el resto de la mantequilla y de las endibias.

Sirve 4 medias endibias en cada plato. Salséalas con la salsa de nuez y con el cremoso de gorgonzola. Espolvoréalas con un poco de perejil picado y decóralas con las nueces fritas reservadas anteriormente. Adorna los platos con unas hojas de perejil.

CONSEJO

Para preparar el aceite aromatizado con ajo, pela 2-3 dientes de ajo, aplástalos y ponlos en una jarra. Añade 100 ml de aceite de girasol y deja que repose durante 2-3 horas, hasta que quede bien aromatizado.

ENSALADA TEMPLADA DE TUBÉRCULOS, GARBANZOS Y PATO

INGREDIENTES (4 P.)

1 boniato

2 patatas

1 apio nabo (500 g)

600 g de garbanzos cocidos

2 muslos de pato confitados (desmigados)

150 g de anacardos

8 champiñones portobello

2 dientes de ajo

1 aguacate

zumo de ½ lima

100 g de rúcula

aceite de oliva virgen extra

1 cucharada de vinagre de manzana

perejil

pimienta

sal

ELABORACIÓN

La víspera, pon a remojo los anacardos en un bol con agua.

Calienta abundante agua en una cazuela. Lava las patatas y el boniato e introdúcelos en la cazuela. Lava el apio nabo, córtalo por la mitad y añádelo. Tapa la cazuela y cuece los tubérculos durante 20-25 minutos. Retíralos, deja que se templen un poco, pélalos, córtalos en rodajas y resérvalos.

Calienta 2 cucharadas de aceite en una sartén grande. Limpia los champiñones, córtalos en cuartos, agrégalos a la sartén y saltéalos durante 3-4 minutos. Pela los dientes de ajo, aplástalos, pícalos finamente e incorpóralos a la sartén. Riega los champiñones con 1 cucharada de aceite y salpimiéntalos. Saltéalos durante 1-2 minutos más. Incorpora los garbanzos (escurridos) y la carne de los muslos de pato y cocina conjuntamente durante 3-4 minutos.

Para preparar el aliño, pela el aguacate y pasa la pulpa a una picadora. Añade los anacardos (escurridos), el zumo de lima, el vinagre, 1 cucharada de aceite y 1 pizca de sal y tritura los ingredientes hasta conseguir una pasta homogénea. (Si ves que la mezcla queda muy espesa, puedes aligerarla añadiendo un poco de agua.)

Calienta una sartén con 2 cucharadas de aceite. Añade las rodajas de los tubérculos (en tandas), sazónalas y cocínalas brevemente por los dos lados. Retíralas y resérvalas en una fuente.

Distribuye los tubérculos en 4 platos alternando los colores y formando un círculo. Coloca en el centro de cada círculo ¼ de la mezcla de garbanzos, champiñones y pato. Adereza los tubérculos con un poco del aliño de aguacate. Reparte las hojas de rúcula encima y aderézalas también con el aliño. Decora los platos con unas hojas de perejil.

CONSEJO

Si la víspera no has podido poner los anacardos a remojo, puedes acelerar el proceso cociéndolos en una cazuela con abundante agua durante 30 minutos.

VERDURAS SALTEADAS CON COSTILLITAS DE CONEJO

INGREDIENTES (4 P.)

4 costillares de conejo
1-2 brócolis (500 g)
1 calabacín
2 zanahorias
2 cucharadas de maíz dulce
2 cucharadas de almendra fileteada
aceite de oliva virgen extra
2 ramas de romero
perejil
pimienta
sal

ELABORACIÓN

Lava el brócoli y el calabacín y pela las zanahorias. Corta el brócoli en ramilletes (si son muy grandes, puedes cortarlos en 4). Corta el calabacín en bastones y las zanahorias en rodajas.

Calienta abundante agua con una pizca de sal en una cazuela grande. Cuando empiece a hervir, introduce en ella las hortalizas y escáldalas durante 2-3 minutos (contados desde el momento en que el agua empiece a hervir de nuevo). Retíralas y pásalas a un bol con agua fría con hielo para detener la cocción.

Calienta una sartén sin aceite y tuesta en ella las almendras fileteadas hasta que se doren. Retíralas a un plato y resérvalas.

Corta las costillas de conejo de 2 en 2 y salpimiéntalas.

Calienta en una sartén 6 cucharadas de aceite con 1 rama de romero a fuego suave. Cuando el aceite esté aromatizado, retira la rama de romero, añade la mitad de las costillas de conejo y fríelas a fuego fuerte hasta que se doren. Retíralas a un plato y fríe el resto de las costillas de la misma manera.

Calienta un wok con 4 cucharadas de aceite y la otra rama de romero, introduce en él la mitad de las hortalizas (escurridas), sazónalas y saltéalas a fuego fuerte hasta que se doren un poco. Incorpora 1 cucharada de maíz, saltéala brevemente y pasa todo a una fuente. Saltea el resto de las hortalizas y la otra cucharada de maíz de la misma forma y pásalos a la misma fuente.

Reparte las hortalizas en 4 platos, coloca las costillas de conejo encima y espolvorea con la almendra tostada. Decora los platos con unas hojas de perejil.

CONSEJO

Cuando saltees las hortalizas, es importante que la temperatura del fuego sea alta, por lo que, para evitar que se quemen, deberás tenerlas en continuo movimiento.

COLIFLOR EMPANADA CON SETAS SALTEADAS

INGREDIENTES (4 P.)

1 coliflor

2 huevos batidos, harina y pan rallado (para rebozar)

1 cucharada de ajo en polvo

aceite de oliva virgen extra

perejil

sal

Para la salsa de piquillo:

12 pimientos del piquillo

1 diente de ajo

150 ml de nata líquida

2 cucharadas de aceite de oliva virgen extra

sal

Para saltear las setas:

150 g de setas de cultivo (ostra, champiñón y shitake)

2 dientes de ajo

aceite de oliva virgen extra

1 cucharadita de perejil picado

sal

ELABORACIÓN

Para preparar la salsa de piquillo, calienta una sartén con el aceite, pela el diente de ajo, córtalo en láminas y añádelo. Introduce los pimientos en la sartén y dóralos durante 4-5 minutos por cada lado. Sazónalos, vierte encima la nata y cocínalos a fuego suave durante 10 minutos. Pasa todo a un vaso batidor y tritúralo con una batidora eléctrica hasta conseguir una salsa homogénea. Reserva la salsa y, en el momento de servir, caliéntala.

Calienta una cazuela con abundante agua y sazónala. Introduce en ella la coliflor, tápala y cuécela a fuego medio durante 25 minutos. Retírala, refréscala y escúrrela bien.

Separa la coliflor en ramilletes y córtalos por la mitad. Mezcla en un bol el pan rallado con el ajo en polvo y 1 cucharada de perejil picado. Pasa los ramilletes de coliflor por la harina, los huevos batidos y la mezcla de pan, ajo y perejil.

Calienta abundante aceite en un wok o sartén honda, introduce en ella ¼ parte de los ramilletes y fríelos hasta que se doren. Retíralos y escúrrelos sobre una fuente cubierta con papel absorbente. Repite el proceso con el resto de la coliflor. Resérvala.

Calienta una sartén con 2 cucharadas de aceite. Limpia las setas, córtalas en láminas, añádelas a la sartén, sazónalas y saltéalas brevemente. Pela los dientes de ajo, córtalos por la mitad, aplástalos bien, pícalos finamente, agrégalos a la sartén y saltea todo durante 2-3 minutos. Espolvorea las setas con un poco de perejil picado.

Reparte la salsa en el fondo de 4 platos y pon encima la coliflor rebozada y 1 cucharada de setas. Decora los platos con unas hojas de perejil.

CONSEJO

Para mantener la temperatura del aceite estable durante la fritura, es importante que esta se haga en tandas, ya que si llenamos demasiado la sartén, el aceite se enfriará y el rebozado absorberá mucho aceite.

ROSQUILLAS DE BERENJENA FRITAS CON SALSA DE TOMATE ASADO

INGREDIENTES (4 P.)

2 berenjenas grandes

250 ml de leche

½ cucharada de ajo seco granulado

harina, 2 huevos batidos y pan rallado (para rebozar)

aceite de oliva virgen extra

½ cucharada de pimentón dulce

perejil

sal

Para la salsa de tomate asado:

500 g de tomates maduros

1 cabeza de ajos

1 manzana reineta

aceite de oliva virgen extra

1 cucharada de vinagre de Jerez

1 cucharadita de pimentón dulce

1 cucharadita de comino

1 cucharadita de orégano seco

sal

ELABORACIÓN

Lava las berenjenas y córtalas en rodajas de 1 centímetro y medio. Con 1 aro cortapastas (de 3-4 cm), corta la parte central de las rodajas dándoles forma de rosquilla. Colócalas en un recipiente amplio y hondo, vierte la leche encima y déjalas reposar durante 15 minutos. Dales la vuelta cambiándolas de posición (las que están arriba, abajo, y las que están abajo, arriba) y déjalas reposar durante 15 minutos más.

Para preparar la salsa de tomate asado, lava los tomates, hazles un corte en cruz en la base y ponlos, junto con la cabeza de ajos y la manzana (lavada), en un recipiente apto para el horno. Sazona, riega con 2 cucharadas de aceite y hornea todo a 200 °C durante 30-40 minutos.

Retira el corazón de la manzana y ponla en una batidora de vaso. Extrae la pulpa de los ajos y añádela a la batidora junto con los tomates, el vinagre, el pimentón, el comino y el orégano y tritura todo bien. Cuela la salsa y resérvala.

Retira las berenjenas de la leche y pásalas a una fuente. Sazónalas y espolvoréalas por los dos lados con el ajo y el pimentón. Calienta abundante aceite en una sartén, pasa las rosquillas de berenjena por harina, huevo batido y pan rallado, introdúcelas en la sartén y fríelas por los dos lados hasta que se hagan por dentro y se doren por fuera. Retíralas y escúrrelas sobre una fuente grande cubierta con papel absorbente.

Sirve en cada plato un poco de la salsa de tomate y 4 rosquillas de berenjena. Espolvorea con un poco de perejil picado y decora los platos con unas hojas de perejil.

CONSEJO

Si quieres preparar esta salsa de tomate para hacerla en conserva o congelarla, lo mejor es que la adereces al momento de usarla según le convenga a la receta donde la quieras emplear (sal, orégano, albahaca, tomillo, pimienta...).

CREMA DE CALABAZA CON MUESLI IBÉRICO

INGREDIENTES (4 P.)

1 kg de calabaza
2 cebolletas
cáscara de ¼ de naranja
500 ml de caldo de verduras
50 g de mantequilla
50 ml de nata líquida
aceite de oliva virgen extra
perejil
sal

Para el muesli ibérico:

200 g de chistorra
200 g de morcilla
8 lonchas finas de jamón serrano (125 g)
6 lonchas gruesas de panceta fresca (200 g)
1 oreja de cerdo cocida
pimienta
sal

Para la vinagreta de cilantro:

1 chalota
4 tomates deshidratados en aceite
4-6 cucharadas de aceite de oliva virgen extra
1 cucharada de vinagre de Jerez
30 hojas de cilantro
sal

ELABORACIÓN

Pela la calabaza, córtala en dados y ponla en un bol. Riégala con 1 cucharada de aceite y sazónala. Mezcla bien y pásala a una bandeja de horno.

Cubre otra bandeja de horno con papel de hornear. Corta la chistorra en 8 trozos y extiéndelos sobre la bandeja. Pela la morcilla, córtala en 10 rodajas y extiéndelas al lado de la chistorra.

Cubre otra bandeja de horno con un trozo de papel de hornear y extiende sobre ella las lonchas de jamón.

Introduce en el horno las bandejas colocando la del jamón abajo, la de la chistorra y la morcilla en el medio y la de la calabaza arriba y hornea todo a 180 °C durante 20 minutos. Retira y reserva.

Calienta una cazuela con 2 cucharadas de aceite. Corta las cebolletas en dados, agrégalas a la cazuela, sazónalas y rehógalas a fuego suave durante 10 minutos. Incorpora la calabaza horneada, la cáscara de naranja y el caldo y cocina todo a fuego suave durante 10 minutos. Pasa los ingredientes a una batidora de vaso, añade la mantequilla y la nata y tritura bien hasta conseguir una crema homogénea. Pasa la crema a la cazuela y cocínala durante 2-3 minutos.

Calienta una sartén sin aceite, corta la panceta en dados, introdúcela en la sartén, salpimiéntala y cocínala hasta que se dore. Corta la oreja en dados, incorpórala y cocínala hasta que se dore. Resérvala.

Para preparar la vinagreta, pon en un bol el aceite. Pica finamente las hojas de cilantro y añádelas al bol. Pela la chalota, córtala en daditos e incorpórala. Corta los tomates de la misma manera y añádelos. Vierte encima el vinagre, sazona y mezcla bien.

Reparte la crema de calabaza en 4 platos. Sirve encima el muesli ibérico, aderézalos con un poco de la vinagreta y decóralos con unas hojas de perejil.

CONSEJO

Al añadir la oreja a la sartén es posible que suelte bastante agua. Para que quede bien dorada, cuando haya soltado el agua, cuela la panceta y la oreja, pásalas de nuevo a la sartén y cocínalas hasta que terminen de dorarse.

HUEVO «JA» CON MIGAS DE MORCILLA

INGREDIENTES (4 P.)

4 huevos
2 morcillas de arroz
2 patatas
1 cebolla grande
2 dientes de ajo
2 pimientos verdes
4 lonchas de panceta (75 g)
25-30 uvas blancas (moscatel)
aceite de girasol
aceite de oliva virgen extra
perejil
sal

CONSEJO

Para que los huevos queden perfectos, es importante no superar los 35-40 segundos de fritura.

ELABORACIÓN

Calienta abundante aceite de girasol en una sartén. Pela las patatas, córtalas en dados, introdúcelas en la sartén, sazónalas y fríelas hasta que se doren. Retíralas, escúrrelas y resérvalas. Pasa el aceite de la fritura a un cazo y resérvalo.

Calienta otra sartén con 3 cucharadas de aceite de oliva. Pela la cebolla, córtala en daditos e incorpórala a la sartén. Pela los dientes de ajo, córtalos por la mitad y después en láminas y agrégalos. Retira el tallo y las semillas de los pimientos, córtalos en dados e incorpóralos. Sazona las hortalizas y rehógalas a fuego medio durante 8-10 minutos.

Corta la panceta en dados y agrégala a la sartén. Elimina la piel de las morcillas, añádelas a la sartén, desmenúzalas y cocina conjuntamente hasta que queden bien integradas, sueltas y crujientes. Incorpora las patatas y saltéalas brevemente. Reparte la mezcla en 4 platos.

Calienta el cazo con el aceite. Cuando esté muy caliente, casca un huevo encima y fríelo durante 35-40 segundos. Retíralo y ponlo en el centro de uno de los platos. Fríe los otros 3 huevos de la misma manera y colócalos en los otros 3 platos. Agrega unas uvas a cada plato y decóralos con unas hojas de perejil.

ENSALADILLA IBÉRICA

INGREDIENTES (4 P.)

3 patatas
3 zanahorias
3 huevos
4 lonchas de queso havarti
150 g de fuet
150 g de mayonesa
4 lonchas finas de cecina
4 lonchas finas de jamón ibérico
8 lonchas finas de lomo ibérico
picos de pan
perejil
sal

ELABORACIÓN

La víspera, cuece las patatas (lavadas) con piel (30-35 minutos), las zanahorias peladas (20 minutos) y los huevos (10 minutos). Deja que se templen, introdúcelos en el frigorífico y resérvalos hasta el día siguiente.

Pela las patatas y los huevos y rállalos (con la parte más ancha del rallador) sobre un bol. Ralla también las zanahorias.

Corta las lonchas de queso en daditos y añádelo al bol. Retira la piel del fuet, córtalo en cuartos de luna finos e incorpóralo. Agrega la mayonesa y una pizca de sal y mezcla bien.

Coloca un aro de emplatar en un plato, llénalo con la ensaladilla y retíralo. Monta otros 3 platos de la misma manera.

Decora cada plato con 1 loncha de cecina, 1 de jamón y 2 de lomo. Pincha las ensaladillas con unos picos y decóralas con unas hojas de perejil.

CONSEJO

En esta receta se utiliza mayonesa para ligar los ingredientes, pero puedes probar a hacerlo con yogur, salsa de tomate o un aderezo de aceite, vinagre y mostaza.

MENESTRA DE VERDURAS EN TEMPURA CON *BABA GANUSH*

INGREDIENTES (4 P.)

3 alcachofas
2 zanahorias
12 judías verdes
8 espárragos verdes
1 calabacín
1 pimiento rojo
2 pimientos verdes
250 g de harina de tempura
200 ml (aprox.) de agua muy fría
aceite de girasol
1 cucharada sopera de cilantro fresco picado
perejil
sal

Para el baba ganush:

3 berenjenas
2 dientes de ajo
2 cucharadas soperas de tahín tostado
ralladura y zumo de 1 limón pequeño
4 lonchas finas de jamón serrano
1 cucharada de perejil picado
1 cucharadita de comino en polvo
1 cucharadita de pimentón ahumado dulce
1 cucharadita de pimentón ahumado picante
aceite de oliva virgen extra
sal

ELABORACIÓN

Para preparar el *baba ganush*, pon las berenjenas en una fuente apta para el horno, riégalas con un chorrito de aceite, sazónalas y hornéalas a 180 °C durante 25-30 minutos. Retíralas, deja que se templen un poco, córtalas a la mitad, sácales la pulpa con la ayuda de una cuchara y pásala a una jarra. Agrega a la jarra los dientes de ajo (pelados y troceados), el comino, el pimentón dulce y el picante, el tahín y la ralladura y el zumo de limón. Tritura los ingredientes con una batidora eléctrica hasta conseguir una pasta. Sazona la mezcla, añade 1-2 cucharadas de aceite y vuelve a triturar hasta que los ingredientes queden bien integrados. Incorpora el perejil picado, mezcla bien y reserva el *baba ganush*.

Calienta una sartén sin aceite. Retira la grasa de las lonchas de jamón, colócalas en la sartén, tuéstalas a fuego medio hasta que se sequen y resérvalas.

Para preparar la menestra, calienta agua en una olla rápida, introduce en ella las alcachofas (enteras, sin tallo y sin pelar) y sazónalas. Cierra la olla y cuécelas durante 3-4 minutos. Abre la olla, retira las alcachofas, deja que se enfríen, pélalas y córtalas en cuartos. Resérvalas.

Calienta una tartera (cazuela amplia y baja) con agua. Pela las zanahorias y córtalas en bastones. Retira las puntas de las judías y córtalas también en bastones. Retira la parte inferior del tallo de los espárragos y córtalos por la mitad a lo largo. Introduce en la tartera las zanahorias, las judías y los espárragos y escáldalos durante 2-3 minutos. Retira las hortalizas, escúrrelas bien y resérvalas.

Corta el calabacín en bastones, ponlos en un bol, sazónalos y deja que reposen un poco para que vayan soltando parte del agua que contienen.

Pela el pimiento rojo y córtalo en bastones. Corta los pimientos verdes de la misma manera.

Para hacer la tempura, pon la harina de tempura en un bol, sazónala un poco y vete añadiendo el agua fría poco a poco, sin dejar de remover con una varilla, hasta conseguir una masa ligera y sin grumos. Agrega el cilantro picado y mezcla bien.

Calienta abundante aceite de girasol en una sartén grande.

Introduce los bastones de hortaliza (en tandas) en la tempura, incorpóralos a la sartén y fríelos hasta que se doren un poco. Retíralos y escúrrelos sobre una fuente cubierta con papel absorbente.

Reparte las hortalizas en 4 platos y acompáñalas con el *baba ganush*. Pica el jamón finamente y salpica con él el *baba ganush*. Decora los platos con unas hojas de perejil.

CONSEJO

Para realizar una buena tempura es importante que el agua que utilicemos esté muy fría. Para asegurarte de ello, puedes introducir una botella de agua en el congelador una hora antes de empezar a preparar la tempura.

PALITOS DE QUESO Y PATATA CON ALIOLI DE AJO Y TOMATE

INGREDIENTES (4 P.)

50 g de queso *mozzarella* rallado

30 g de queso Idiazábal ahumado rallado

4 patatas

1 cucharada grande de harina de maíz refinada

2 huevos

½ cucharadita de orégano seco

perejil

¼ de cucharadita de pimienta negra molida

½ cucharadita de pimentón dulce

sal

Para el alioli de ajo y tomate:

1 cabeza de ajos asada

6 tomates deshidratados (en aceite)

1 huevo

1 cucharada de vinagre de Módena

100 ml de aceite de girasol

50 ml de aceite de oliva suave

sal

ELABORACIÓN

Pon a calentar agua en una cazuela. Pela las patatas, introdúcelas en la cazuela, tápalas y cuécelas durante 25-30 minutos. Retíralas, escúrrelas, pásalas a un bol y májalas un poco. Agrega la pimienta, el orégano, el pimentón, los quesos, la harina de maíz, los huevos y sal (al gusto) y maja y mezcla los ingredientes hasta que queden bien integrados. Introduce la mezcla en una manga pastelera.

Cubre 2 bandejas de horno con papel de hornear. Corta la punta de la manga pastelera, forma unos bastones (tipo lenguas de gato) sobre las bandejas y hornéalos a 200-215 °C durante 15 minutos.

Para preparar el alioli, introduce la pulpa de la cabeza de ajos asada en un vaso batidor junto con los tomates deshidratados, el vinagre, el huevo y una pizca de sal y tritura los ingredientes un poco. Vierte encima los aceites y tritura de nuevo hasta conseguir una salsa homogénea.

Reparte los palitos en 4 platos, acompáñalos con el alioli de ajo y tomate y decóralos con unas hojas de perejil.

CONSEJO

Para que las puntas de los palitos no se quemen, os recomiendo que los redondeéis un poco con una cuchara humedecida.

GALLETAS DE QUESO, ORÉGANO Y AJO CON SALSA *TZATZIKI*

INGREDIENTES (4 P.)

200 g de harina

125 g de mantequilla a punto de pomada

1 cucharadita de ajo en polvo

1 huevo

50 g de queso rallado (curado)

1 cucharadita de orégano seco

perejil y menta (para decorar)

sal gruesa

Para la salsa tzatziki:

1 pepino

350 g de yogur griego natural

1 diente de ajo

100 g de aceitunas negras (sin hueso)

zumo de ¼ de limón

25 hojas de menta

25 hojas de cilantro

½ cucharadita de cayena en polvo

ELABORACIÓN

Para hacer las galletas, pon la mantequilla en un bol junto con el ajo en polvo y el orégano y mezcla los ingredientes con una varilla manual. Incorpora el huevo y mezcla hasta conseguir una masa homogénea. Agrega la harina y mezcla todo (amasando a mano) un poco. Añade el queso y mezcla de nuevo hasta conseguir una masa homogénea. Redondéala y después dale forma rectangular.

Extiende un trozo grande de papel de hornear sobre la encimera, pon el rectángulo de masa encima, cúbrelo con otro trozo de papel de hornear y estira la masa, pasándole un rodillo por encima, hasta dejarla con 1 centímetro de grosor. Retírale el papel de hornear que cubre la masa, espolvoréala con una pizca de sal gruesa y córtala en bastones. Cubre una bandeja de horno con un trozo de papel de hornear, coloca encima las galletas (sin que se toquen entre sí) y hornéalas a 170-180 °C durante unos 15 minutos. Retíralas y deja que se enfríen.

Para preparar la salsa *tzatziki*, pela el pepino, córtalo por la mitad a lo largo y, con ayuda de una cucharilla, retírale las semillas. Rállalo, ponlo en un bol y sécalo presionándolo con un trozo de papel absorbente. Incorpora el yogur al bol. Pica finamente las hojas de menta y de cilantro y añádelas. Pela el diente de ajo, pícalo finamente y agrégalo. Corta las aceitunas en rodajas finas e incorpóralas. Añade la cayena en polvo y el zumo de limón y mezcla bien.

Reparte la salsa y las galletas en 4 platos y decóralos con unas hojas de menta y unas hojas de perejil.

CONSEJO

Si quieres que la salsa *tzatziki* quede más suave, puedes blanquear el ajo, es decir, cocerlo durante 3 minutos, antes de picarlo y agregarlo a la salsa.

BERENJENA MILANESA

INGREDIENTES (4 P.)

2 berenjenas
10-12 tomates cherry
2 dientes de ajo
300 g de *mozzarella* de búfala
125 g de pan rallado
125 g de panko
100 g de harina
2 huevos
aceite de oliva virgen extra
1 cucharadita de orégano seco
perejil
pimienta
sal

ELABORACIÓN

Calienta aceite en una sartén pequeña. Lava los tomates cherry, hazles un corte en cruz muy superficial por la parte superior (donde estaba el tallo), introdúcelos en la sartén y fríelos brevemente (hasta que la piel empiece a soltarse). Retíralos, deja que se templen un poco, pélalos y resérvalos.

Baja el fuego de la sartén. Pela los ajos, córtalos en dados, y confítalos en la sartén a fuego suave durante 2-3 minutos. Incorpora los tomates y confítalos durante 3-4 minutos más.

Corta la *mozzarella* en rodajas. Pela las berenjenas, córtalas en rodajas gruesas y después por la mitad (dejándolas como si fueran un bollo de pan abierto por la mitad sin llegar al fondo), hasta que queden 2 rodajas más finas unidas por un lado, e introduce en medio de cada una de ellas 1 rodaja de *mozzarella.*

Mezcla en una fuente el pan rallado con el panko, extiende la harina en otra fuente y bate los huevos en un bol.

Calienta una sartén grande con aceite. Salpimienta los montaditos de berenjena y *mozzarella* y pásalos por la harina, el huevo batido y la mezcla de pan rallado y panko. Introdúcelos en la sartén y fríelos a fuego suave-medio hasta que se hagan por dentro y se doren por fuera. Retíralos y escúrrelos sobre una fuente cubierta con papel absorbente.

Sirve 2-3 montaditos de berenjena y *mozzarella* en cada plato y ponles encima unos daditos de ajo y 1 tomate confitado. Sazónalos y espolvoréalos con el orégano seco. Decora los platos con unas hojas de perejil.

CONSEJO

Para saber que la berenjena está en el punto para consumirla podemos presionarla con los dedos: si queda una ligera huella, está madura; si se hunde demasiado, está empezando a pasarse.

NUGGETS DE GARBANZOS CON MAYONESA DE MOSTAZA

INGREDIENTES (4 P.)

600 g de garbanzos cocidos

175 g de espinacas frescas

1 huevo

80 g de queso cremoso (de untar)

1 diente de ajo

50 g de copos de avena

harina, huevo batido y pan rallado (para rebozar)

aceite de oliva (suave y virgen extra)

perejil

1 cucharadita de pimentón

sal

Para la mayonesa de mostaza:

1 huevo

2 cucharadas de mostaza

200 ml de aceite de oliva suave

sal

ELABORACIÓN

Calienta 2 cucharadas de aceite de oliva virgen extra en una sartén grande, introduce en ella las espinacas y rehógalas brevemente (2-3 minutos). Pícalas finamente y resérvalas.

Pon los garbanzos en un bol, aplástalos con un majador de patatas y agrega el huevo, el queso cremoso, el diente de ajo finamente picado, las espinacas y el pimentón. Maja los ingredientes hasta que queden bien integrados. Incorpora los copos de avena, mezcla, sazona y deja que la farsa repose durante unos 10 minutos

Calienta abundante aceite de oliva suave en un cazo.

Toma pequeñas porciones de masa y forma con ellas los *nuggets* (forma primero unas *quenelles* y aplástalas un poco). Pásalos por harina, huevo y pan rallado, introdúcelos en el cazo y fríelos por los dos lados hasta que se doren. Retíralos y escúrrelos sobre una fuente cubierta con papel absorbente.

Para preparar la mayonesa, pon la mostaza en un vaso batidor, añade el huevo, una pizca de sal y el aceite y tritura los ingredientes con una batidora eléctrica hasta que liguen bien.

Sirve los *nuggets* y acompáñalos con la mayonesa de mostaza. Decora los platos con unas hojas de perejil.

CONSEJO

Para que la farsa tenga una consistencia adecuada para poder manipularla es importante añadir los copos de avena y dejarla reposar durante unos 10 minutos. De esta manera, los copos de avena absorberán el exceso de humedad que pueda tener la masa.

TORTILLA DE PATATA CREMOSA

INGREDIENTES (4 P.)

4 patatas

1 cebolla dulce

1 puerro pequeño limpio

3 yemas

7 huevos

4 lonchas finas de jamón ibérico

aceite de girasol

aceite de oliva virgen extra

perejil

sal

Para la crema de patata trufada:

265 g de patata cocida y 60 ml del agua de su cocción

150 ml de nata líquida

5 g de paté de trufa

pimienta

sal

ELABORACIÓN

Calienta abundante aceite de girasol en un wok (o una sartén grande). Pela la cebolla, córtala en daditos e introdúcela en el wok. Corta el puerro de la misma manera y añádelo. Rehoga las hortalizas a fuego suave durante 5-6 minutos.

Pela las patatas, córtalas en cuadraditos finos, incorpóralas al wok y rehoga conjuntamente a fuego suave durante 15 minutos. Sube la temperatura del fuego y cocina las hortalizas durante unos 3 minutos, hasta que se doren un poco. Coloca un colador sobre un bol grande, pasa las hortalizas al colador y escúrrelas. (Reserva el aceite para aprovecharlo en otra ocasión.)

Pon las yemas y los huevos en un bol, sazónalos y bátelos bien con una varilla manual. Agrega las hortalizas escurridas y mezcla bien. Deja reposar la mezcla durante 3-4 minutos.

Calienta una sartén pequeña con 1 cucharadita de aceite de oliva, vierte en ella ¼ parte de la mezcla de patatas y huevo y cuájala brevemente (removiendo la sartén). Cúbrela con un plato, dale la vuelta y cuájala (brevemente) por el otro lado. Repite el proceso hasta conseguir otras 3 tortillas. Resérvalas.

Para preparar la crema de patata trufada, calienta en el microondas la patata cocida y troceada durante 30 segundos y pásala a una jarra. Añade la nata, el paté de trufa y el caldo de la cocción de las patatas, salpimienta y tritura los ingredientes con una batidora eléctrica hasta conseguir una crema. Introduce la crema en una manga pastelera con boquilla lisa.

Inyecta en cada tortilla (en 3 puntos) un poco de la crema de patata trufada y coloca 1 loncha de jamón sobre cada una formando una especie de flor. Decora los platos con unas hojas de perejil.

CONSEJO

Si cuajas demasiado las tortillas, será imposible inyectarles la crema de patata trufada, que debe quedar dentro de las tortillas.

ÑOQUIS A LA BOLOÑESA

INGREDIENTES (4 P.)

2 patatas (350 g de pulpa de patata)

1 yema de huevo

70 g de queso parmesano rallado fino

70 g de harina tamizada + 10 g para espolvorear

40 g de queso parmesano (en 1 trozo)

nuez moscada

sal

Para la boloñesa:

500 g de carne de ternera

2 cebollas rojas

2 zanahorias

3 dientes de ajo

1 rama de apio

400 ml de vino tinto

250 g de salsa de tomate

aceite de oliva virgen extra

1 cucharada de orégano

1 hoja de laurel

perejil

pimienta

sal

ELABORACIÓN

Lava las patatas, ponlas en una olla rápida, cúbrelas con agua, sazónalas y cuécelas durante 5 minutos. Espera a que baje la válvula, abre la olla, retira las patatas y deja que se templen un poco. Pélalas, trocéalas, pásalas a un bol grande, sazónalas y aplástalas con un majador de patatas. Ralla encima un poco de nuez moscada, agrega la yema, el queso rallado y la harina tamizada y sigue majando hasta que los ingredientes queden bien integrados (hasta que, al tocar la masa, esta ya no se pegue a los dedos).

Espolvorea la encimera con un poco de harina, pon encima la masa de los ñoquis y córtala en 4 trozos. Forma 4 cilindros largos (churro) y córtalos en trocitos de 1 cm. Rueda los trocitos de masa sobre la encimera pasándoles un tenedor por encima tres veces, de manera que queden marcados con unas estrías. Reserva los ñoquis.

Para preparar la boloñesa, calienta 3-4 cucharadas de aceite en una tartera (cazuela amplia y baja). Pela las cebollas, córtalas en daditos y agrégalas a la cazuela. Pela las zanahorias y los dientes de ajo, córtalos de la misma manera y añádelos. Corta la rama de apio en daditos e incorpórala. Sazona las hortalizas y rehógalas a fuego medio durante 15 minutos.

Corta la carne en filetes y, después, en daditos. Añade a la tartera la carne, el orégano, la hoja de laurel y una pizca de sal y otra de pimienta. Rehoga la carne (removiéndola muy de vez en cuando) hasta que se dore. Vierte encima el vino y dale un hervor hasta que se reduzca bien. Retira la hoja de laurel, añade la salsa de tomate y mezcla bien.

Calienta una cazuela grande con agua y sazónala. Cuando empiece a hervir, introduce en ella ⅓ de los ñoquis y cuécelos hasta que empiecen a subir (unos 3 minutos). Escúrrelos y añádelos a la boloñesa. Repite el proceso otras dos veces hasta cocer todos los ñoquis. Remueve la cazuela para que los ñoquis se integren en la salsa y espolvoréalos con un poco de perejil picado.

Sirve en 4 platos, ralla el trozo de queso parmesano encima y decóralos con unas hojas de perejil.

CONSEJO

Es recomendable cocer los ñoquis en tandas, porque si se introducen todos a la vez en la cazuela, el agua perdería temperatura y los ñoquis correrían el riesgo de pegarse entre sí.

ESPAGUETIS AL PESTO DE LIMÓN

INGREDIENTES (4 P.)

400 g de espaguetis
4 limones
2 dientes de ajo
90 g de nueces peladas
150 g de queso parmesano rallado
200 ml de aceite de oliva virgen extra
unas hojas de albahaca
perejil
pimienta
sal

ELABORACIÓN

Lava bien los limones y rállalos (solo la parte amarilla) con un rallador fino.

Corta 2 limones por la mitad, exprímelos y reserva el zumo. Pela (en vivo) los otros 2 limones y sácales los gajos.

Pela los dientes de ajo, córtalos por la mitad y retírales el germen.

Pica las nueces a cuchillo, en trozos ni muy grandes ni muy pequeños.

Coloca en una picadora la ralladura, los gajos y el zumo de limón, los ajos, ⅔ de las nueces, el queso y el aceite y tritura los ingredientes hasta obtener una pasta. Reserva el pesto.

Calienta abundante agua en una cazuela grande. Cuando empiece a hervir, introduce en ella los espaguetis y cuécelos durante unos 6 minutos.

Pon a calentar el pesto en un wok, incorpora la pasta escurrida, salpimienta y mezcla hasta que los ingredientes queden bien integrados (si hiciera falta aligerar el pesto, agrega un poco del agua de la cocción de la pasta). Cocina los espaguetis en la salsa durante 1-2 minutos.

Sirve los espaguetis y salpica los platos con el resto de las nueces y las hojas de albahaca picadas. Decora los platos con unas hojas de perejil.

CONSEJO

Si quieres intensificar el color del pesto, puedes añadirle unas gotas de colorante amarillo.

FALSO *RISOTTO* DE SETAS CON LÁMINAS DE *ROAST BEEF*

INGREDIENTES (4 P.)

Para el roast beef:

1 kg de lomo alto de ternera deshuesado

1 diente de ajo

1 cucharada de mostaza de Dijon

1 cucharada de orégano seco

sal

Para el falso risotto:

300 g de *puntalette* (pasta)

1 cebolleta

300 g de setas

125 ml de vino blanco

500-600 ml de caldo de ave

1 cucharada de queso mascarpone

40 g de mantequilla

80 g de parmesano rallado

aceite de oliva virgen extra

perejil

sal

Para la vinagreta:

1 diente de ajo

1 cucharada de vinagre de Jerez

125 ml de aceite de oliva virgen extra

1 cucharadita de perejil picado

sal

ELABORACIÓN

Para preparar el *roast beef,* pela el diente de ajo y május en un mortero. Añade la mostaza y el orégano y mezcla bien. Ata la carne (para que no se abra) con hilo de cocina, sazónala y úntala con la mezcla de ajo, mostaza y orégano. Ponla en un recipiente apto para el horno y hornéala (con aire) a 180 °C durante 15 minutos. Dale la vuelta y hornéala durante 5 minutos más. Retírala del horno y deja que el *roast beef* se enfríe. En el momento de servir, córtalo en lonchas finas.

Para preparar el *risotto,* calienta 3 cucharadas de aceite en una tartera (cazuela amplia y baja). Corta la cebolleta en daditos, introdúcela en la tartera y rehógala a fuego suave durante 4-5 minutos. Limpia las setas, córtalas en daditos, agrégalas y cocínalas a fuego suave durante 5-6 minutos. Incorpora la pasta, rehógala brevemente y sazónala. Vierte encima el vino y dale un hervor fuerte. Añade el caldo poco a poco y cocina la pasta durante 7-8 minutos sin dejar de remover. Agrega el queso mascarpone y la mantequilla, y mezcla hasta que se fundan. Incorpora el parmesano rallado y remueve bien hasta que quede bien integrado. Añade 1 cucharada de perejil picado y mezcla bien.

Para preparar la vinagreta, pela el diente de ajo, pícalo y ponlo en un vaso batidor. Vierte encima el vinagre y el aceite y tritúralos con una batidora eléctrica. Añade 1 cucharadita de perejil picado y una pizca de sal y tritura de nuevo.

Reparte el falso *risotto* en 4 platos, coloca encima unas lonchas de *roast beef* y aderézalas con la vinagreta. Decora los platos con unas hojas de perejil.

CONSEJOS

1. Para cortar las setas, puedes trocearlas primero en tiras con la mano y cortarlas después en daditos con un cuchillo.
2. Puedes utilizar el *roast beef* que sobre para hacer una buena tosta o un buen bocadillo.

RISOTTO DE CALAMAR

INGREDIENTES (4 P.)

Para el risotto*:*

350 g de arroz redondo (bomba, carnaroli...)

400 g de calamar (2 cuerpos limpios)

90 g de mantequilla (50 g + 40 g para mantecar)

1 cebolleta

75 g de tuétano

100 ml de vino blanco

700 ml de caldo de pescado

3 yemas de huevo (para mantecar)

1 diente de ajo

aceite de oliva virgen extra

perejil

sal

Para la salsa:

2 cebollas

2 puerros

2 dientes de ajo

200 g de recortes de calamar (aletas y tentáculos)

1 cucharada de tinta de calamar

50 ml de vino blanco

300 ml de caldo de pescado

aceite de oliva virgen extra

sal

ELABORACIÓN

Para preparar la salsa, calienta 3-4 cucharadas de aceite en una cazuela. Pela las cebollas y córtalas en dados. Limpia los puerros (retirándoles la parte inferior, la superior y 2-3 capas de hojas), lávalos bien y córtalos en cuartos de luna finos. Pela los dientes de ajo, aplástalos y pícalos un poco. Incorpora las hortalizas a la cazuela, sazónalas y rehógalas a fuego medio durante unos 10 minutos.

Corta los recortes de calamar en dados e introdúcelos en la cazuela. Añade la tinta de calamar, el vino y el caldo de pescado, pon a punto de sal y cocina todo junto a fuego suave-medio durante 15-20 minutos. Pasa los ingredientes a una batidora de vaso y tritúralos hasta conseguir una salsa homogénea. Cuela la salsa y resérvala.

Para preparar el *risotto*, calienta una tartera (cazuela grande y baja) con 50 g de mantequilla. Corta la cebolleta en daditos, agrégala a la tartera y rehógala a fuego suave (sin que llegue casi a tomar color) durante 4-5 minutos.

Corta 1 de los cuerpos de calamar (reserva el otro) y el tuétano en daditos, incorpóralos a la tartera y rehógalos a fuego suave durante 4-5 minutos. Vierte encima el vino y dale un hervor (3-4 minutos) a fuego fuerte para que se evapore el alcohol.

Añade el arroz a la tartera, rehógalo un poco, sazónalo, vierte encima unos 200 ml del caldo de pescado y cocínalo (removiéndolo a menudo) hasta que absorba el caldo. Repite el proceso agregando el caldo en dos o tres veces más hasta que esté listo (unos 16 minutos).

Retira la tartera del fuego, incorpora las yemas y remuévelas hasta que se integren con el arroz. Trocea el resto de la mantequilla (40 g), añádela y sigue removiendo hasta que el arroz quede bien mantecado (cremoso).

Pela el diente de ajo y pícalo finamente. Corta en aros el otro cuerpo de calamar en aros y sazónalo. Calienta 2 cucharadas de aceite en una sartén, saltea en ella brevemente el ajo y los aros de calamar y espolvoréalos con un poco de perejil picado.

Pon 1 cucharada de salsa en 4 platos, sirve sobre ella el *risotto* y decóralo con unos botones de salsa. Reparte encima los calamares salteados y decora los platos con unas hojas de perejil.

CONSEJO

El *risotto*, al igual que sucede con otras recetas de arroz, debe consumirse recién hecho. Si tus comensales se retrasan, puedes detener la cocción justo antes de añadir la última parte del caldo. Cuando ya vayas a servirlo, vuelve a ponerlo al fuego, añádele la última parte de caldo y continúa a partir de ahí con el resto del proceso.

MUSLOS DE POLLO CON MOLE ROJO Y ARROZ MEXICANO

INGREDIENTES (4 P.)

4 muslos de pollo

100 g de mole rojo (en pasta)

2 cucharadas de sésamo blanco tostado

10 g de hojas de cilantro

sal

Para el arroz mexicano:

300 g de arroz

2 cebolletas

700 ml del caldo de la cocción de los muslos de pollo

120 g de maíz dulce en conserva

15 g de mantequilla

aceite de oliva virgen extra

10 g de hojas de cilantro + 1 cucharada de cilantro picado

perejil

sal

ELABORACIÓN

Calienta 2 litros de agua en una cazuela grande, introduce en ella los muslos y sazona el agua. Incorpora los 10 g de hojas de cilantro, tapa la cazuela y cuece los muslos durante 25-30 minutos. Retíralos y extiéndelos sobre una bandeja de horno. Reserva el caldo de la cocción en la cazuela.

Pon el mole a calentar en una sartén, aligéralo agregándole unos 200 ml del caldo de la cocción de los muslos y mezcla bien. Cocina la mezcla durante 2-3 minutos sin dejar de remover. Napa los muslos de pollo con el mole y hornéalos a 175 °C durante 20 minutos. Retíralos del horno y espolvoréalos con el sésamo blanco tostado. Resérvalos.

Para preparar el arroz mexicano, corta las cebolletas en 4-6 trozos, ponlas en una picadora junto con los 10 g de hojas de cilantro y tritura los ingredientes hasta que queden bien picados.

Calienta una tartera (cazuela amplia y baja) con 2-3 cucharadas de aceite, agrega el arroz y rehógalo brevemente. Añade la mezcla de cebolleta y cilantro y mezcla bien. Vierte encima el caldo de la cocción de los muslos (el doble y un poco más que de arroz), sazona, remuévelo bien y cocínalo a fuego fuerte durante 5 minutos. Baja la potencia del fuego y cocínalo a fuego suave durante otros 5 minutos. Sube de nuevo la potencia del fuego y cocínalo durante 5 minutos a fuego fuerte. Incorpora el maíz a la tartera y remueve hasta que quede integrado.

Apaga el fuego y deja que el arroz repose durante 5 minutos. Añade la mantequilla troceada y el cilantro picado y mezcla bien.

Sirve en cada plato 1 muslo y 1 porción de arroz y decóralos con unas hojas de perejil.

CONSEJO

Para conservar el cilantro lo mejor es guardarlo en un envase que cierre herméticamente e introducirlo en el frigorífico. Además, hay que consumirlo en pocos días, ya que se marchita rápidamente.

ROLLITOS DE POLLO Y BERENJENA CON SALSA DE TOMATE ASADO

INGREDIENTES (4 P.)

300 g de picadillo de pollo
2 berenjenas
12 lonchas de jamón serrano
6 lonchas de queso
½ cucharadita de ajo seco granulado
aceite de oliva virgen extra
perejil
½ cucharadita de comino en polvo
½ cucharadita de pimentón
pimienta
sal

Para la salsa de tomate asado:

3 tomates pera (300 g)
1 cabeza de ajos
aceite de oliva virgen extra
1 cucharadita de orégano seco
½ cucharadita de comino
½ cucharadita de pimentón picante
sal

ELABORACIÓN

Para preparar la salsa de tomate asado, lava los tomates, hazles un corte en forma de cruz en la parte inferior, pásalos a una fuente apta para el horno y coloca al lado la cabeza de ajos. Hornea las hortalizas a 180 °C durante 30-35 minutos. Pela los tomates, retírales las semillas, trocéalos y ponlos en un vaso americano. Pela los ajos y agrégalos. Añade el comino, el pimentón, el orégano, sal (al gusto) y 2 cucharadas de aceite y tritura los ingredientes con una batidora eléctrica. Reserva la salsa.

Corta las berenjenas en 12 lonchas finas. Calienta una plancha con 1 cucharada de aceite, extiende encima 4 lonchas de berenjena, sazónalas y cocínalas brevemente por los dos lados (45 segundos por cada lado). Retíralas a una fuente. Repite el proceso con el resto de las lonchas de berenjena. Resérvalas.

Pon el pollo en un bol, añade el comino, el ajo granulado y el pimentón, salpimienta y mezcla bien.

Para montar los rollitos, extiende una loncha de berenjena sobre la tabla de cocina, pon encima 1 loncha de jamón, ½ loncha de queso y 1 cucharada de carne de pollo. Envuelve los ingredientes formando un rollito y pínchalo con un palillo de brocheta. Repite el proceso con el resto de los ingredientes (berenjena, jamón, queso y pollo). Cubre una bandeja de horno con un trozo grande de papel de hornear, coloca encima los rollitos y hornéalos a 180 °C durante 7 minutos.

Sirve un poco de la salsa de tomate en la base de 4 platos y coloca 3 rollitos encima de cada uno. Espolvoréalos con un poco de perejil picado, muéleles encima un poco de pimienta y decóralos con unas hojas de perejil.

CONSEJO

La carne de pollo es una de las más consumidas en el mundo, no solo porque sea barata y muy saludable, sino porque su sabor nos permite crear con otros ingredientes muchas combinaciones diferentes que dan lugar a grandes platos, como estos deliciosos rollitos de pollo y berenjena.

CHICHARRONES DE CERDO CON MAYONESA DE AJO NEGRO

INGREDIENTES (4 P.)

600 g de panceta fresca

750 g de manteca de cerdo ibérico

1 hoja de laurel

1 cucharada de orégano seco

perejil

1 cucharada de pimentón dulce

1 cucharadita de comino

sal

Para la mayonesa de ajo negro:

1 huevo

2 dientes de ajo negro

1-2 cucharadas de aceite de oliva virgen extra

150 ml de aceite de girasol

1 cucharada de vinagre

sal

ELABORACIÓN

Pon la manteca de cerdo en una cazuela grande y fúndela a fuego suave.

Corta la panceta en trozos de bocado, introdúcelos en la cazuela y agrega la hoja de laurel. Confita la carne a fuego suave durante 35 minutos, removiéndola a menudo.

Sube el fuego y fríe los chicharrones a fuego medio-alto (sin dejar de remover y vigilando para que no se peguen entre sí) hasta que se doren (3-4 minutos). Retíralos y escúrrelos.

Pon en un bol grande el pimentón, el comino, el orégano y sal (al gusto). Añade los chicharrones y mézclalos con las especias hasta que queden bien impregnados. Agrega un poco de perejil picado y vuelve a mezclar.

Para preparar la mayonesa, pon el huevo en un vaso batidor, agrega el vinagre, los dientes de ajo (pelados), 1-2 cucharadas de aceite de oliva virgen extra, 50 ml de aceite de girasol y 1 pizca de sal. Tritura los ingredientes con una batidora eléctrica hasta que liguen. Añade el resto del aceite de girasol, poco a poco, y sigue triturando hasta conseguir una buena mayonesa.

Sirve los chicharrones con la mayonesa y adorna los platos con unas hojas de perejil.

CONSEJO

El ajo negro se puede consumir de muchas maneras: crudo, untado sobre pan como si fuera mantequilla o cocinado de la misma manera que si usáramos ajo normal.

BUÑUELOS DE COCIDO

INGREDIENTES (6 P.)

250 g de garbanzos cocidos
100 g de falda de ternera cocida
100 g de morcillo cocido
100 g de chorizo cocido
80 g de morcilla de cebolla cocida
1 muslo de pollo cocido
100 g de jamón serrano cocido
100 g de tocino fresco cocido
aceite de oliva suave
perejil

Para la tempura:

230 g de harina
8 g de levadura prensada
300 ml de agua
1 huevo
5 g de sal
10 g de azúcar

Para la salsa:

2 zanahorias cocidas
1 diente de ajo
aceite de oliva virgen extra
perejil picado
sal

ELABORACIÓN

Para preparar la tempura, desmenuza la levadura en un bol, vierte encima un poco del agua y remuévela con una varilla manual hasta que se disuelva. Añade el huevo y bátelo un poco. Agrega la sal, el azúcar, el resto del agua y la harina y mezcla bien. Deja que repose a temperatura ambiente durante 6 horas. Tras el reposo, guarda la masa en el frigorífico hasta que se enfríe.

Para preparar la salsa, trocea las zanahorias y ponlas en un vaso batidor. Pela el diente de ajo, pícalo un poco y agrégalo. Sazona y añade 4 cucharadas de aceite. Tritura los ingredientes con una batidora eléctrica hasta conseguir una salsa homogénea. Espolvoréala con un poco de perejil picado y resérvala.

Pon los garbanzos en un bol grande y aplástalos con un majador de patatas. Desmenuza las carnes (frías), incorpóralas al bol y mezcla bien. Deja que la masa repose durante 30 minutos. Toma pequeñas porciones de masa y redondéalas.

Calienta abundante aceite en un cazo. Introduce las bolitas de cocido en la tempura, rebózalas y fríelas en la sartén (en tandas) hasta que se calienten por dentro y se doren por fuera. Retíralas y escúrrelas sobre una fuente cubierta con papel absorbente.

Sirve 4 buñuelos en cada plato, acompáñalos con un poco de salsa de zanahoria y decóralos con unas hojas de perejil.

CONSEJO

Cuando hagas cocido, merece la pena añadir más carnes y garbanzos; así, con lo que te sobre, podrás preparar canelones, empanadillas, croquetas o, como en este caso, buñuelos.

TOSTADA DE COCHINITA PIBIL CON CEBOLLA ROJA ENCURTIDA

INGREDIENTES (8 P.)

1.500 g de cabezada de cerdo
5 dientes de ajo
¼ de cebolla
350 ml de zumo de naranja
125 ml de vinagre de manzana
3 cucharadas de achiote en pasta
1 cucharada de orégano
15 g de hojas de cilantro
1 hoja de laurel
1 cucharada de comino
9 granos de pimienta
1 clavo de olor
½ rama de canela
sal

Para la cebolla roja encurtida:

1 cebolla roja
100 ml de vinagre blanco o de manzana
50 ml de agua
4 g de azúcar
4 g de sal

Para emplatar:

4 rebanadas de pan de maíz
aceite de oliva virgen extra
cilantro
perejil

ELABORACIÓN

Para preparar la cebolla roja encurtida, la víspera, pela la cebolla, córtala en juliana y colócala en un bol. Pon a calentar en un cazo el vinagre, el agua, el azúcar y la sal. Cuando el azúcar y la sal se hayan diluido, vierte la mezcla sobre la cebolla. Tapa el bol con film transparente y déjalo en el frigorífico hasta el día siguiente.

Para preparar el marinado para la carne, pon en una picadora los dientes de ajo (pelados), la cebolla (troceada), el zumo de naranja, el vinagre, el achiote, el orégano, el cilantro, el comino, los granos de pimienta y el clavo y tritura todo bien. Pasa la mezcla a un bol grande, rompe la rama de canela y la hoja de laurel y agrégalas al bol. Corta la carne en filetes de 2-3 cm de grosor, introdúcelos en el bol y déjalos marinando durante 2 horas como mínimo.

Introduce la carne y el líquido del marinado en una olla rápida y sazona. Cierra la olla y cocina la carne durante 1 hora.

Abre la olla, pasa la carne a un bol y deja que la salsa reduzca a fuego fuerte durante 6-8 minutos. Desmiga la carne con 2 tenedores, vierte sobre ella la salsa reducida y mezcla bien. Resérvala.

Calienta una plancha con un poco de aceite, extiende encima las rebanadas de pan y tuéstalas un poco por los dos lados.

Sirve la cochinita pibil sobre las tostadas y reparte por encima la cebolla encurtida y unas hojas de cilantro. Decora los platos con unas hojas de perejil.

CONSEJO

Las cantidades de esta receta de cochinita pibil son para 8 personas con la idea de que nos quede para otro día. Puedes guardar el resto en el frigorífico durante cinco días o bien introducirlo en un recipiente hermético y congelarlo.

MILANESA *CAPRESE*

INGREDIENTES (4 P.)

4 filetes de ternera
2 huevos batidos
100 g de pan rallado
100 g de panko
1 diente de ajo
30 g de piñones tostados
100 g de queso curado rallado (parmesano, Idiazábal...)
2 tomates de rama
200 g de *mozzarella* fresca (2 bolitas)
aceite de oliva virgen extra
25 hojas de albahaca
perejil
pimienta
sal

ELABORACIÓN

Pela el diente de ajo, córtalo en láminas e introdúcelo en una picadora. Añade los piñones, el queso rallado, 20 hojas de albahaca y 5-6 cucharadas de aceite y tritura bien. Reserva el pesto

Salpimienta los filetes. Mezcla en una fuente, amplia y plana, el pan rallado con el panko. Pasa los filetes por los huevos batidos y después por la fuente con la mezcla de pan rallado y panko.

Calienta una sartén con bastante aceite. Cuando esté bien caliente, introduce en ella 2 filetes, fríelos brevemente por los dos lados, retíralos a una fuente y resérvalos. Fríe los otros 2 filetes de la misma manera. Resérvalos.

Calienta una plancha sin aceite, corta cada tomate en 4 rodajas, ponlas sobre la plancha, dóralas un poco y dales la vuelta.

Corta la *mozzarella* en lonchas, pon 1 loncha sobre cada rodaja de tomate y cocina las rodajas de tomate un poco más, hasta que se doren por el otro lado y el queso se caliente un poco.

Sirve en cada plato 1 milanesa y coloca, encima de cada una, 2 rodajas de tomate con queso. Salséalas con el pesto y decora los platos con unas hojas de perejil.

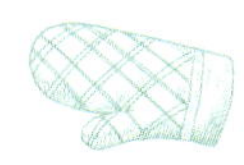

SABIRONES *EN-PANADOS* CON ROMESCO

INGREDIENTES (4 P.)

6 sabirones (pez escorpión) en filetes y sin piel

1 barra de pan precocido congelado

4 lonchas de jamón serrano

aceite de oliva virgen extra

perejil

Para la salsa romesco:

1 tomate maduro (200 g)

1 cabeza de ajos

25 g de pulpa de pimiento choricero

25 g de almendras enteras fritas

80 ml de aceite de oliva virgen extra

20 ml de vinagre de Jerez

sal

ELABORACIÓN

Para preparar la salsa romesco, pon el tomate y la cabeza de ajos en un recipiente apto para el horno y hornéalos a 200 °C durante 20 minutos.

Pela el tomate, retírale el corazón y ponlo en un vaso batidor. Pela los ajos y agrégalos. Sazona, incorpora la pulpa de pimiento choricero, las almendras y el vinagre y tritura los ingredientes con una batidora eléctrica. Añade el aceite poco a poco y sigue triturando hasta que emulsionen. Reserva la salsa.

Corta la barra de pan con una cortadora de fiambre hasta conseguir 8 láminas finas. Corta las lonchas de jamón a la mitad. Extiende 4 rebanadas sobre un plato o fuente, coloca 3 filetes de sabirón sobre cada una y, encima de estos, 2 medias lonchas de jamón. Cubre las lonchas de jamón con las otras 4 láminas finas de pan.

Calienta una plancha, extiende sobre ella 1 cucharada de aceite, coloca encima los emparedados con la parte del pescado debajo y cocínalos durante 1 minuto o 1 minuto y medio. Dales la vuelta y cocínalos durante el mismo tiempo por el otro lado.

Sirve los sabirones *en-panados* y acompáñalos con la salsa romesco. Decora los platos con unas hojas de perejil.

CONSEJO

Si no tienes cortadora de fiambre, puedes cortar el pan con un cuchillo de sierra. Si te resulta complicado hacerlo, prueba a preparar unas tostas de pan con sabirón y jamón a la manera tradicional.

ESCALIVADA CON SALMÓN ASADO

INGREDIENTES (4 P.)

3 cebolletas
1 cabeza de ajos
2 berenjenas
3 tomates de rama
1 pimiento rojo
600 g de salmón fresco
25 g de pistachos (pelados)
30 g de pasas
1 cucharada de mostaza a la antigua
aceite de oliva virgen extra
perejil
pimienta blanca
sal

ELABORACIÓN

Envuelve las cebolletas (de una en una) y la cabeza de ajos con papel de aluminio y ponlas sobre una bandeja de horno. Coloca al lado las berenjenas, los tomates y el pimiento, riégalos con un chorrito de aceite y sazónalos.

Introduce la bandeja en el horno y hornea las hortalizas a 180 °C durante 30 minutos. Retíralas del horno y deja que se templen un poco.

Retira la punta superior de las berenjenas, córtalas en cuartos a lo largo, retírales la piel, córtalas en tiras y ponlas en una fuente grande. Retira el tallo y las semillas del pimiento, pélalo, córtalo en tiras y añádelo a la fuente. Retira el papel de aluminio de las cebolletas, quítales la primera capa, córtalas en cuartos a lo largo y agrégalas a la fuente. Pela los tomates, retírales el corazón y las semillas, córtalos en tiras e incorpóralos a la fuente.

Retira el papel de aluminio de la cabeza de ajos, extrae la pulpa de los ajos, reserva la mitad para la vinagreta y pica bien el resto. Pon la pulpa de ajo picada en una esquina de la fuente, sazónala, riégala con 2 cucharadas de aceite, remuévela bien con un tenedor hasta que los ingredientes se integren y mézclala con el resto de las hortalizas.

Reparte la escalivada en 8 montoncitos sobre una bandeja de horno. Corta el salmón en lonchas finas, coloca 3 lonchas sobre cada montoncito de escalivada y muele encima un poco de pimienta blanca. Introduce la bandeja en el horno y hornea las hortalizas con el salmón a 210 °C durante 3-4 minutos.

Para preparar la vinagreta, pica los pistachos finamente y ponlos en un bol. Pica las pasas de la misma manera y agrégalas al bol. Añade la pulpa de los ajos reservada, la mostaza, 1 pizca de sal y 4 cucharadas de aceite y mezcla bien hasta que los ingredientes queden bien integrados.

Rocía los montaditos de escalivada y salmón con la vinagreta y adorna los platos con unas hojas de perejil.

CONSEJO

Antes de envolver en papel de aluminio la cabeza de ajos, puedes cortarle la parte superior, de manera que los ajos queden visibles. Así, una vez horneada, al presionar los ajos, la pulpa saldrá más fácilmente.

CALAMARES BRAVOS

INGREDIENTES (4-6 P.)

2 calamares frescos grandes (limpios)

1 huevo

9 cucharadas de harina de garbanzo (6 + 3)

1 cucharada de levadura química

aceite de girasol

25 g de hojas de albahaca

25 g de hojas de perejil + perejil para decorar

sal

Para la salsa brava:

1 huevo

zumo de ½ lima

1 cucharada de salsa sriracha

1 cucharada de mostaza

6-8 guindillas en vinagre (sin tallo ni semillas)

1 cucharadita de ajo en polvo

1 cucharada de aceite de oliva virgen extra

1 cucharadita de perejil picado

sal

ELABORACIÓN

Para preparar la salsa, pon en un vaso batidor el huevo, el zumo de lima, la salsa sriracha, la mostaza, las guindillas picadas, el ajo en polvo, 1 cucharada de aceite, el perejil picado y 1 pizca de sal. Tritura los ingredientes con una batidora eléctrica y reserva la salsa.

Para preparar el rebozado, pon en un vaso batidor el huevo, 6 cucharadas de harina de garbanzo, el perejil, la albahaca, la levadura, 100 ml de agua y 1 pizca de sal. Tritura los ingredientes con una batidora eléctrica hasta conseguir una masa homogénea.

Corta los cuerpos de los calamares en aros y los tentáculos en 4. Coloca en un bol el resto de la harina de garbanzo (las otras 3 cucharadas) y sazónala. Reboza los calamares pasándolos primero por la harina y luego por la masa del rebozado.

Calienta abundante aceite de girasol en una sartén. Cuando esté bien caliente, introduce en ella los calamares (en tandas) y fríelos hasta que se doren. Retíralos y escúrrelos sobre un plato cubierto con papel absorbente. Repite el proceso con el resto de los calamares.

Sirve los calamares, acompáñalos con la salsa brava y decóralos con unas hojas de perejil.

CONSEJO

La harina de garbanzo es perfecta para las frituras y, además, es apta para celiacos. En la cocina vegana se mezcla con agua y se utiliza como sustituto del huevo.

MEJILLONES CON SALSA BEARNESA

INGREDIENTES (4 P.)

1 kg de mejillones medianos

100 ml de vino blanco o *txakoli*

4 chalotas

10 ml de zumo de limón

6 yemas de huevo

250 g de mantequilla (clarificada)

1 manzana Granny Smith

1 rama de estragón fresco

perejil

Para las chalotas encurtidas:

3 chalotas

30 ml de vinagre de vino blanco

30 ml de zumo de limón

sal

ELABORACIÓN

Para preparar las chalotas encurtidas, pela las chalotas, córtalas en rodajas finas y ponlas en un bol. Sazónalas y vierte encima el vinagre y el zumo de limón. Tapa el bol con film transparente, introdúcelo en el frigorífico y déjalo en él durante 24 horas.

Limpia los mejillones y retírales las barbas.

Calienta una tartera (cazuela amplia y baja), introduce en ella los mejillones y agrega el vino. Tapa la tartera, cocina los mejillones hasta que se abran, pásalos a una fuente y resérvalos. Cuela el jugo (con un colador cubierto con una tela fina) que hayan soltado y ponlo en una sartén.

Pela las 4 chalotas, córtalas en medias lunas y añádelas a la sartén con el jugo de los mejillones. Añade también el estragón y el zumo de limón y deja que reduzca todo a fuego fuerte hasta dejarlo en 1-2 cucharadas.

Retira a los mejillones una de sus conchas (la que no tiene carne), extiéndelos en una fuente y resérvalos.

Para preparar la salsa bearnesa, pon las yemas en un bol junto con las 2 cucharadas de la reducción (líquido y chalotas). Vierte encima, poco a poco, la mantequilla clarificada y móntalas con una batidora de varillas eléctrica.

Corta la manzana en 8 gajos y después en láminas finas.

Reparte los mejillones en 4 platos y aderézalos con la salsa bearnesa. Pon 1 lámina de manzana y un poco de chalota encurtida encima de cada uno y decora los platos con unas hojas de perejil.

CONSEJO

Si no encuentras estragón fresco, puedes sustituirlo por 1 cucharadita de estragón seco.

NUGGETS DE BONITO CON TÁRTARA DE ALBAHACA

INGREDIENTES (4 P.)

300 g de bonito (limpio)

125 g de harina de trigo

25 g de harina de maíz refinada

1 cucharadita de ajo en polvo

1 cucharadita de cebolla en polvo

aceite de oliva virgen extra

aceite de girasol

perejil

sal

Para la salsa tártara de albahaca:

6 cucharadas de mayonesa

12 aceitunas verdes picadas

5 pepinillos picados

10 alcaparras

2 cucharadas de mostaza de Dijon

1 huevo cocido

20-25 hojas de albahaca

ELABORACIÓN

Mezcla las harinas (de trigo y de maíz) en un bol y resérvalas.

Con un cuchillo bien afilado, corta el bonito en daditos y ponlos en un bol. Añade el ajo en polvo, la cebolla en polvo, 1 cucharadita de perejil picado, 1 pizca de sal y 1 cucharadita de aceite de oliva virgen extra. Mezcla bien hasta que los ingredientes queden bien integrados y la masa quede compacta.

Toma una pequeña porción de la mezcla, redondéala, introdúcela en el bol de las harinas, aplástala un poco y pásala a un plato. Repite el proceso con el resto de la mezcla hasta conseguir 16 *nuggets*.

Calienta una sartén con abundante aceite de girasol.

Agrega unos 80 ml de agua fría al bol de las harinas, mezcla bien con una varilla manual, añade un poco de perejil picado y remueve los ingredientes. Introduce 4 *nuggets* en la masa, pásalos a la sartén y fríelos por los dos lados hasta que se doren un poco. Retíralos y escúrrelos sobre un plato cubierto con papel absorbente. Reboza y fríe el resto de los *nuggets* de la misma manera.

Para preparar la salsa tártara, pon la mayonesa en un bol junto con las aceitunas, los pepinillos, las alcaparras y la mostaza. Corta el huevo cocido en daditos, pica finamente las hojas de albahaca, incorpóralos y mezcla todo bien.

Sirve en cada plato un poco de salsa tártara y 4 *nuggets* y decóralos con unas hojas de perejil.

CONSEJO

En el mercado hay diferentes tipos de pepinillos. Para elaborar la salsa tártara, lo mejor es emplear pepinillos sin azúcar.

BOMBONES DE BACALAO Y MORCILLA

INGREDIENTES (4 P.)

300 g de bacalao desalado
1 morcilla de arroz (300 g)
4 hojas de pasta *brick*
25 g de harina de maíz refinada
15-20 ml de agua
3 cucharadas de mayonesa
6 pimientos del piquillo asados
aceite de oliva virgen extra
aceite de girasol
perejil

ELABORACIÓN

Calienta 2 cucharadas de aceite de oliva en una sartén. Retira la piel de la morcilla, introdúcela en la sartén, desmenúzala con la ayuda de una cuchara de madera y fríela bien.

Corta el bacalao en daditos y ponlo en un bol. Incorpora la morcilla frita y mezcla bien.

Pon la harina de maíz en un bol, agrega el agua poco a poco y mezcla bien hasta que consigas una pasta espesa.

Corta las hojas de pasta *brick* en 4 cuartos y úntales los bordes con la mezcla de harina de maíz y agua. Pon un poco de la farsa de bacalao y morcilla en el centro de cada trozo y envuelve la pasta alrededor de la farsa hasta que consigas 16 bombones.

Calienta abundante aceite de girasol en una sartén grande. Introduce en ella 8 bombones en la sartén (primero por la parte del pliegue) y fríelos por los dos lados hasta que se doren. Retíralos y escúrrelos sobre una fuente cubierta con papel absorbente. Fríe el resto de los bombones de la misma manera.

Pica los pimientos del piquillo finamente y ponlos en un bol. Añade la mayonesa y mezcla bien.

Sirve un poco de la mayonesa de piquillos y 4 bombones en cada plato y decóralos con unas hojas de perejil.

CONSEJO

Aunque la mezcla os pueda parecer un tanto extraña, probadla: os daréis cuenta de lo bien que funciona.

PALITOS DE MERLUZA CON MAYONESA DE AGUACATE

INGREDIENTES (4 P.)

800 g de merluza limpia (sin espinas ni piel)

120 g de miga de pan

120 ml de bebida de avena

2 huevos

ralladura de 1 limón

4 g de jengibre rallado

harina y huevo batido (para rebozar)

1 tomate de rama

aceite de oliva virgen extra

perejil

pimienta blanca

sal

Para la mayonesa de aguacate:

2 aguacates

2 huevos cocidos

ralladura de ½ lima

150 g de yogur griego natural

15 g de hojas de cilantro + unas hojas para decorar

sal

ELABORACIÓN

Trocea la miga de pan, ponla en un bol con la bebida de avena y deja que se hidrate.

Trocea la merluza.

Introduce en una picadora la miga de pan hidratada y escurrida, los huevos, la ralladura de limón, el jengibre, la merluza troceada, un poco de sal y una pizca de pimienta blanca molida. Tritura hasta conseguir una pasta espesa. Añade 1 cucharada de perejil picado y mezcla bien. Pasa la farsa a una manga pastelera.

Calienta una sartén con aceite.

Extiende harina en una fuente y, con la ayuda de la manga pastelera, vete formando los palitos de merluza (en tandas) sobre la harina. Rebózalos, introdúcelos en el huevo batido y pásalos a la sartén. Fríelos por los dos lados y escúrrelos sobre una fuente cubierta con papel absorbente. Resérvalos.

Para preparar la mayonesa de aguacate, pela los aguacates y pon la pulpa en una jarra. Pela los huevos (reserva la yema de uno de ellos) e introdúcelos en la jarra. Agrega la ralladura de lima, el yogur, los 15 g de hojas de cilantro y una pizca de sal y tritura los ingredientes con una batidora eléctrica hasta conseguir una crema homogénea. Resérvala.

Pela el tomate, retírale las pepitas y córtalo en daditos.

Reparte la mayonesa de aguacate en 4 platos, salpícala con los daditos de tomate, ralla sobre ella un poco de la yema reservada y pon encima unas hojas de cilantro. Coloca al lado los palitos de merluza y decora los platos con unas hojas de perejil.

TIRADITO DE CORVINA

INGREDIENTES (4 P.)

600 g de corvina limpia
25 g de pistachos pelados
2 limas
½ cebolla roja
½ mango
50 g de aceitunas verdes sin hueso
90 ml de aceite de oliva virgen extra
12 ramas de cilantro fresco
perejil
sal

ELABORACIÓN

Calienta una sartén y tuesta en ella los pistachos (removiéndolos de vez en cuando) a fuego suave durante 6-8 minutos. Retíralos a un plato y deja que se enfríen.

Ralla la piel de ½ lima y ponla en un bol. Exprime las limas y vierte el zumo en el bol. Corta la cebolla en juliana fina y agrégala. Añade, poco a poco, el aceite, sin dejar de remover, hasta que emulsione ligeramente. Reserva el aliño.

Pela el mango, córtalo en daditos y resérvalo. Corta las aceitunas en rodajas y resérvalas. Pica el cilantro finamente y resérvalo.

Corta el lomo de pescado (sin piel ni espinas) en filetes finos y extiéndelos (10-12 filetitos por ración) en 4 platos.

Reparte por encima los dados de mango, los pistachos y las rodajas de aceituna y aderézalos con el aliño de aceite, lima y cebolla. Espolvoréalos con el cilantro picado y sazónalos. Decora los platos con unas hojas de perejil.

CONSEJO

Este plato es perfecto para el verano. Es nutritivo y poco calórico. Para triunfar basta con tener un pescado fresco y un buen cuchillo.

TORTILLA DE *KOKOTXAS* DE BACALAO AL PILPIL

INGREDIENTES (4 P.)

8 huevos

600 g de *kokotxas* de bacalao desaladas

1 cebolla

1 pimiento verde

1 puerro

4 dientes de ajo

1 punta de guindilla (2 cm)

aceite de oliva virgen extra

perejil

sal

ELABORACIÓN

Calienta 4 cucharadas de aceite en una sartén. Pela la cebolla y córtala en juliana fina. Retira el tallo y las semillas del pimiento y córtalo de la misma manera. Limpia el puerro (retirándole la parte inferior, la superior y 2-3 capas de hojas), lávalo y córtalo en rodajas finas. Introduce las hortalizas en la sartén, sazónalas y rehógalas a fuego medio durante 10-12 minutos. Baja el fuego al mínimo y resérvalas.

Calienta a fuego suave 250 ml de aceite en una sartén grande. Pela los ajos, córtalos en láminas (es importante que todas las láminas sean del mismo tamaño) y fríelos en la sartén a fuego suave, junto con la guindilla, hasta que se doren un poco. Corta las *kokotxas* por la mitad, añádelas a la sartén y cocínalas durante 2-4 minutos. Apaga el fuego y deja que se templen.

Retira la mayor parte del aceite de la sartén de las *kokotxas* a un bol y resérvalo. Remueve la sartén con las *kokotxas* con movimientos circulares hasta que el aceite empiece a ligar. Agrega, poco a poco, el aceite reservado y sigue removiendo la sartén hasta que ligue todo el aceite.

Retira las hortalizas rehogadas de la sartén y resérvalas. Calienta la sartén donde las has rehogado con 1 cucharadita de aceite. Bate 2 huevos con una pizca de sal en un bol, viértelos en la sartén y cuájalos como si fuera una crepe. Repite el proceso con el resto de los huevos hasta conseguir otras 3 tortillas.

Extiende 1 tortilla en la base de un plato, cubre la parte central (a lo largo) con ¼ parte de las hortalizas rehogadas y reparte encima ¼ parte de las *kokotxas.* Monta las otras 3 tortillas de la misma manera.

Espolvorea las tortillas con un poco de perejil picado, ciérralas y vuelve a espolvorearlas con otro poco de perejil picado. Salsea los platos con el pilpil y decóralos con unas hojas de perejil.

CONSEJO

Para ligar el aceite del pilpil es importante que esté templado. Para comprobar el punto, puedes levantar la sartén y tocar la parte inferior con la mano. Si no quema, es el momento de empezar a ligarlo.

CACHOPO DE RAPE, MOJAMA Y QUESO DE CABRA

INGREDIENTES (4 P.)

700 g de rape (limpio)

8 filetes de mojama de atún

1 rulo de queso de cabra (pequeño)

harina, huevo batido y 200 g de pan rallado (para empanar)

1 cucharadita de ajo granulado

aceite de oliva suave

perejil

1 cucharadita de cúrcuma

pimienta

sal

Para la guarnición:

2 patatas grandes

12 pimientos del piquillo

4 dientes de ajo

aceite de oliva (suave y virgen extra)

perejil picado

sal

ELABORACIÓN

Calienta abundante aceite de oliva suave (175 ml) en una sartén. Aplasta 2 dientes de ajo (con piel) e introdúcelos en la sartén. Lava las patatas, corta cada una en 8 gajos, introdúcelas en la sartén y fríelas a fuego suave-medio. Cuando estén casi a punto, sube el fuego y fríelas hasta que se doren. Retíralas, escúrrelas sobre una fuente cubierta con papel absorbente, sazónalas y espolvoréalas con un poco de perejil picado. Resérvalas. Reserva también la sartén con el aceite.

Calienta 3-4 cucharadas de aceite de oliva virgen extra en otra sartén. Pela los otros 2 dientes de ajo, córtalos en láminas, introdúcelos en la sartén y rehógalos un poco. Incorpora los pimientos y cocínalos (dándoles la vuelta de vez en cuando) a fuego suave durante 15 minutos. Añade 2 cucharadas de agua y cocínalos (removiendo la sartén de vez en cuando) a fuego suave durante 3-4 minutos más, hasta que ligue la salsa. Resérvalos.

Corta el rape (en oblicuo) en 8 filetes, aplástalos con un cuchillo y sazónalos. Corta el rulo de queso en 8 rodajas. Extiende 4 filetes de rape sobre la tabla de cocina, cubre cada uno con 2 filetes de mojama y 2 rodajas de queso, tápalos con los otros 4 filetes de rape y aplástalos un poco para que no se abran.

Salpimienta el pan rallado, agrégale el ajo granulado, la cúrcuma y un poco de perejil picado y mezcla bien.

Pasa los cachopos por harina, huevo batido y el pan rallado especiado, introdúcelos (en tandas) en la misma sartén donde has frito las patatas y fríelos por los dos lados (2 minutos por cada lado). Retíralos y escúrrelos sobre una fuente cubierta con papel absorbente.

Sirve 1 cachopo en cada plato y acompáñalos con los pimientos y las patatas. Decora los platos con unas hojas de perejil.

CONSEJO

Al aplastar los filetes de rape, por un lado, obtendremos unos filetes más grandes y finos y, por otro, conseguiremos romper las fibras, lo que facilitará su fritura.

VENTRESCA DE BONITO CON ESPÁRRAGOS Y COCO

INGREDIENTES (4 P.)

1 ventresca de bonito (1.100 g)
20 espárragos trigueros
½ coco fresco
150 ml de leche de coco
aceite de oliva virgen extra
10 hojas de menta
perejil
sal

CONSEJO

Para aprovechar la parte de la ventresca que no se usa en esta receta puedes hacerla al horno con unas patatas panadera: cuando las patatas panadera estén casi listas, coloca encima la ventresca y hornea conjuntamente durante unos 5 minutos.

ELABORACIÓN

Corta la parte superior de la ventresca (unos 500 g), la que tiene las espinas, y resérvala para otra ocasión. Corta la parte inferior en dos y retírale la piel. Corta cada trozo en rectángulos de 2-3 centímetros y resérvalos.

Retira a los espárragos la parte más dura del tallo, colócalos en una sartén, vierte encima ½ vaso de agua y sazónalos. Cuando se evapore el agua, riégalos con 1-2 cucharadas de aceite y cocínalos durante 4-5 minutos.

Pon la leche en un vaso batidor y sazónala. Añade 150 ml de aceite y tritura los ingredientes con una batidora eléctrica hasta que emulsionen. En el momento se servir, pica las hojas de menta, añádelas y mezcla bien.

Calienta una sartén con 1 cucharada de aceite, sazona la ventresca, introduce la mitad en la sartén, cocínala brevemente por los dos lados a fuego fuerte y retírala a un plato. Cocina el resto de la ventresca de la misma manera.

Reparte los espárragos en 4 platos. Coloca encima los trozos de ventresca y aderézalos con la emulsión de coco. Pela el coco y, con la ayuda de un pelador, sácale unas tiras y adorna con ellas los platos. Decóralos con unas hojas de perejil.

TRENZA DE PAN DE LECHE

INGREDIENTES (4 P.)

500 g de harina de media fuerza + 20 g para espolvorear

320 ml de leche

15 g de azúcar

4 g de sal

15 g de levadura de panadero

1 huevo batido

60 g de mantequilla (a punto de pomada)

perejil

CONSEJO

Si quieres conservar el pan de leche durante más tiempo, puedes congelarlo, ya que su miga se mantendrá tierna. Para descongelarlos, déjalos a temperatura ambiente.

ELABORACIÓN

Pon la harina, la leche, el azúcar, la sal, la levadura desmenuzada y la mitad del huevo batido (reserva el resto) en un bol grande y mezcla los ingredientes hasta que la harina se integre. Tapa el bol con film transparente y deja que la masa repose a temperatura ambiente durante 30 minutos (autólisis).

Espolvorea la encimera con un poco de harina, coloca sobre ella la masa, incorpórale poco a poco la mantequilla y amasa hasta que consigas una masa fina y homogénea. Introduce la masa en un bol grande, tápala con el film y deja que fermente durante 2 horas a temperatura ambiente.

Saca la masa del bol y divídela en 3 porciones. Estíralas formando 3 cilindros (churritos) que sean lo más parecidos posible, tápalos con un paño limpio y déjalos reposar durante 10 minutos.

Retira el paño, forma una trenza con los cilindros de masa, une y aplasta las puntas y ponla sobre una bandeja de horno cubierta con papel de hornear. Tápala con un paño limpio y deja que fermente a temperatura ambiente hasta que doble su volumen (1-2 horas). Unta la trenza con el huevo batido reservado, introdúcela en el horno y hornéala a 200 °C durante 25 minutos.

Retírala del horno y deja que se enfríe sobre una rejilla.

Sirve y decora con una ramita de perejil.

TOSTA DE LENTEJAS CON JAMÓN Y CHAMPIÑONES

INGREDIENTES (4 P.)

400 g de lentejas
8 lonchas finas de jamón ibérico
8 champiñones
400 ml de agua
24 tomates cherry
200 g de *mozzarella* de búfala (2 bolas)
6 cucharadas de tomate frito
aceite de oliva virgen extra
1 cucharadita de orégano seco
perejil

ELABORACIÓN

Pon las lentejas en un bol grande, cúbrelas con agua caliente y déjalas a remojo durante 1 hora. Retírales el agua y enjuágalas bien.

Pon la mitad de las lentejas en una picadora, añádeles un poco del agua (menos de la mitad) y tritúralas bien (si notas que la mezcla está quedando muy espesa, añádeles otro poco de agua y tritura de nuevo). Cubre una bandeja de horno con papel de hornear, vierte en ella la mezcla y, con ayuda de una lengua, extiéndela bien. Repite el proceso con el resto de las lentejas y del agua.

Introduce las bandejas con la mezcla en el horno y hornéala a 200 °C durante 15 minutos. Retira las 2 tostas de lentejas y deja que se templen.

Lava los champiñones, sécalos y córtalos en láminas finas. Corta los tomates por la mitad y el queso en rodajas.

Unta las 2 tostas de lentejas con el tomate frito y reparte encima las lonchas de jamón (troceadas), los champiñones, los tomates y la *mozzarella*. Espolvoréalas con el orégano y hornéalas a 220 °C durante 10 minutos (a los 5 minutos, cambia las bandejas de posición). Sácalas del horno y córtalas en cuartos.

Sirve 2 cuartos de tosta en cada plato y riégalas con un chorrito de aceite. Decora los platos con unas hojas de perejil.

CONSEJO

También puedes utilizar agua fría para el remojo de las lentejas, pero, en ese caso, tendrás que dejarlas hidratando durante 3 horas.

BRIOCHE RELLENO DE GAMBAS AL AJILLO

INGREDIENTES (4 P.)

½ *brioche* de mantequilla
24 gambas frescas
1 cabeza de ajos
65 g de mantequilla
1 cebolleta
30 ml de *txakoli*
30 ml de nata líquida
aceite de oliva virgen extra
perejil
1 cucharadita de pimentón dulce
sal

ELABORACIÓN

Envuelve la cabeza de ajos con papel de aluminio, colócala en una fuente apta para el horno y hornéala a 180 °C durante 1 hora.

Pela las gambas. Calienta una sartén con 40 g de mantequilla (reserva el resto) y 1 cucharada de aceite. Sazona las gambas, introdúcelas en la sartén, cocínalas brevemente (vuelta y vuelta) y retíralas a un plato. Reserva también la sartén con su grasa.

Corta la cebolleta en daditos, agrégala a la sartén donde has cocinado las gambas, sazónala y rehógala a fuego suave durante 10 minutos. Corta la cabeza de ajos por la mitad y exprímela sobre la sartén hasta que salga la pulpa. Agrega el pimentón y mezcla bien. Vierte encima el *txakoli* y dale un hervor fuerte. Añade la nata, remueve, cocina brevemente y apaga el fuego.

Retira la esquina del *brioche*, corta 2 rebanadas gruesas (de 4-5 cm) y corta cada una por la mitad a lo ancho. Haz un corte en la parte central de cada trozo sin llegar a la base.

Calienta una sartén con el resto de la mantequilla, introduce en ella los trozos de *brioche* y dóralos por los cuatro lados. Retíralos y resérvalos.

En el momento de servir, pon la salsa a calentar. Si ves que está demasiado seca, añádele 2 cucharadas de agua y remuévela para que los ingredientes se integren bien. Introduce las gambas en la salsa.

Rellena cada corte de los trozos de *brioche* con un poco de salsa y 5 gambas. Salséalos, espolvoréalos con un poco de perejil picado y coloca 1 gamba en la parte superior de cada uno. Decóralos con unas hojas de perejil.

PAN DE ARROZ Y TRIGO

INGREDIENTES (2 UNIDADES)

55 g de harina de arroz + 10 g para espolvorear

275 g de harina de trigo

310 ml de agua (175 + 135)

75 g de masa madre

10 g de levadura fresca de panadero

10 g de sal

20 ml de aceite de oliva suave

ELABORACIÓN

Calienta 175 ml de agua en un cazo. Cuando esté hirviendo, añade la harina de arroz y mezcla bien con una cuchara de madera. Retira el cazo del fuego y sigue removiendo la mezcla durante 2-3 minutos. Pásala a un bol, deja que se temple, tápala con film transparente, introdúcela en el frigorífico y deja que enfríe durante 2 horas.

Pon la harina de trigo en un bol grande, añade la harina de arroz escaldada y el resto del agua (135 ml). Amasa los ingredientes hasta que la harina se integre. Tapa el bol con film transparente y deja que la masa repose a temperatura ambiente durante 30-40 minutos (autólisis).

Añade al bol la masa madre, la levadura desmenuzada, la sal y el aceite, mezcla bien y amasa los ingredientes durante 5 minutos en el bol. Pasa la masa a la encimera y amásala durante otros 5 minutos. Ponla en un bol limpio, tápala con film transparente y deja que fermente a temperatura ambiente durante unas 2 horas.

Espolvorea la masa con un poco de harina de arroz y pásala a la encimera. Divídela en 2, aplasta un poco cada trozo con las manos y dales forma de bollos grandes. Cubre una bandeja con papel de hornear y coloca los bollos encima, dejando el pliegue hacia la parte inferior. Tápalos con un paño limpio y deja que reposen a temperatura ambiente hasta que la masa se relaje y empiecen a crecer (unas 2 horas). Retira el paño y gréñalos (hazles un corte superficial) con el cuchillo en un ángulo de 45°.

Precalienta el horno a 220 °C. Coloca una bandeja honda en la parte inferior del horno y viértele dentro 1 vaso de agua. Introduce en el horno la bandeja con los panes y hornéalos durante 10 minutos. Abre el horno y comprueba si queda agua en la bandeja inferior (si quedara, retírala). Cierra el horno de nuevo, baja la temperatura a 200 °C y hornea los bollos durante 20 minutos más.

Retira el pan del horno, deja que se enfríe sobre una rejilla y sirve.

CONSEJO

La masa escaldada se puede hacer la víspera y mantenerla en el frigorífico hasta que la vayas a usar.

PAN DE ACEITE

INGREDIENTES (2 UNIDADES)

500 g de harina de fuerza

10 g de sal

15 g de levadura fresca

300 ml de agua

aceite de oliva virgen extra

Para la salmuera:

40 ml de agua

40 ml de aceite de oliva virgen extra

5 g de sal

ELABORACIÓN

Pon la harina en un bol grande. Agrega la sal, la levadura (desmenuzada) y el agua y mezcla bien hasta que la harina se integre. Tapa el bol con film transparente y deja que la masa repose a temperatura ambiente durante 30 minutos (autólisis).

Retira el film, incorpora a la masa 40 ml de aceite poco a poco y mezcla bien hasta que los ingredientes se integren. Forma con ella una bola, pásala a la encimera y amásala durante 4-5 minutos. Pon un poco de aceite en el bol, coloca la masa dentro y riégala con otro poco de aceite. Tápala con film transparente y deja que fermente a temperatura ambiente durante 2-3 horas (o en el frigorífico de un día para otro).

Cubre una bandeja de horno con papel de hornear y échale un poco de aceite.

Saca la masa del bol, divídela en 2 y forma 2 bolas. Colócalas (dejando el pliegue hacia abajo) sobre la bandeja de horno y cúbrelas con un paño limpio. Deja que fermenten durante 1-2 horas (hasta que se relaje la masa).

Extiende sobre la encimera 2 trozos grandes de papel de hornear. Pon 1 bola de masa encima de cada uno y riégalas con un poco de aceite. Estira un poco la primera bola con los dedos hasta conseguir una torta. Repite el proceso con la segunda bola de masa. Vuelve a estirarlas con los dedos un par de veces más.

Coloca cada bola de masa (con su papel) sobre una bandeja de horno, tápalas con un paño limpio y deja que fermenten durante 90 minutos. A media fermentación, vuelve a estirarlas con los dedos. Retira el trapo e introduce los dedos en la masa para que queden unos agujeros.

Para preparar la salmuera, mezcla la sal y el agua en un biberón, añade el aceite y bate bien los ingredientes. Salpica los panes con la mezcla y hornéalos a 200 °C durante 25 minutos (a media cocción, puedes cambiar las bandejas de posición).

Retira los panes del horno y deja que se enfríen.

CONSEJO

Para que estos panes queden perfectos, solo tienes que respetar las cantidades y los tiempos de reposo.

PAN DE CRISTAL

INGREDIENTES (8 MEDIAS BARRAS)

500 g de harina de mucha fuerza + 500 g para estirar

4 g de levadura deshidratada

100 g de masa madre

12 g de sal

450 ml de agua fría

aceite oliva virgen extra

ELABORACIÓN

Pon la harina (500 g) en un bol. Agrega la levadura, la masa madre, la sal y el agua y mezcla los ingredientes hasta que se integre la harina. Tapa el bol con film transparente y deja que la masa repose durante 1 hora a temperatura ambiente (autólisis).

Retira el film del bol. Pon agua fría en un bol y mójate en ella las manos. Haz unos pliegues (4-5) a la masa dentro del bol. Tápala de nuevo con el film y deja que repose a temperatura ambiente durante 30 minutos. Repite el proceso otras tres veces más (el reposo de las dos primeras veces será de 30 minutos y el último, de 1 hora).

Retira el film del bol. Vierte un poco de aceite de oliva en un recipiente cuadrado y hondo de 25 cm de lado. Hazle a la masa unos pliegues en el bol (si tienes mucha habilidad, puedes hacerlos en las manos) y pásala al recipiente. Tápala con un paño limpio y deja que fermente (en bloque) a temperatura ambiente durante unas 2 horas.

Extiende abundante harina sobre la encimera, da la vuelta al recipiente con la masa para pasarla a la encimera y cúbrela con más harina. Extiéndela un poco presionándola con los dedos y, con ayuda de una espátula de panadero, córtala (en vertical) en 4 porciones. A continuación, corta cada porción por la mitad.

Cubre 2 bandejas con papel de hornear, toma una de las porciones de masa y colócala (alargando la masa un poco) en una de las bandejas. Repite el proceso hasta colocar 4 porciones de masa en cada una de las bandejas.

Introduce las bandejas en el horno y hornea los panes a 250 °C durante 10 minutos. Baja la temperatura del horno y hornéalos a 200 °C durante 20 minutos más. Retíralos del horno.

Antes de consumirlos conviene darles otro horneado a 200 °C durante 10 minutos para que vuelvan a adquirir un punto crujiente. Con un pincel, elimínales el exceso de harina.

CONSEJOS

1. Si vais a consumirlos en el momento, el tiempo de horneado variará un poco: los primeros 10 minutos a 250 °C y después 30 minutos a 200 °C.
2. Si no tienes masa madre, puedes hacer el pan añadiendo 2 gramos más de levadura deshidratada.
3. Si la masa queda pegada al paño durante la fermentación, no pasa nada: retira el paño con cuidado y sigue adelante con el proceso de elaboración.

TRAINERILLA PARA BOCATA

INGREDIENTES (4 UNIDADES)

250 g de harina de fuerza +25 g para espolvorear

200 g de harina de trigo molido a la piedra

225 ml de agua

100 g de masa madre blanca

2 g de levadura liofilizada de panadería

10 g de sal

ELABORACIÓN

Pon los dos tipos de harina en un bol grande junto con el agua, la masa madre, la levadura y la sal y mezcla los ingredientes hasta que la harina se integre. Tapa la masa con film transparente y deja que repose a temperatura ambiente durante 40 minutos (autólisis).

Pasa la masa a la encimera y amásala durante 2 minutos. Redondéala, ponla de nuevo en el bol, tápala con el film y deja que fermente durante 2 horas a temperatura ambiente hasta que doble su volumen.

Coloca de nuevo la masa en la encimera, espolvoréala con un poco de harina y pásale el rodillo hasta conseguir un rectángulo. Dóblala en 3 (pliegues), tápala con un paño limpio y deja que repose durante 5-8 minutos. Repite este proceso dos veces más (la segunda vez, deja que repose durante 10 minutos, y la tercera, 15).

Corta la masa en 4 porciones, desgasifícalas, redondéalas, tápalas con el paño limpio y deja que reposen durante 20 minutos.

Pasa el rodillo sobre cada porción de masa hasta formar 4 círculos, enróllalas y, a cada vuelta, aplasta un poco la masa con los dedos (de esta manera conseguirás que la miga quede tupida). Rueda cada barra sobre la encimera y sácales las puntas.

Coloca las trainerillas sobre 2 bandejas de horno cubiertas con papel de hornear, tápalas con un paño limpio, introdúcelas en el frigorífico y deja que reposen de un día para otro (si las dejas reposando a temperatura ambiente, necesitarán unas 2 horas). Gréñalas a lo largo, de punta a punta, y pulverízalas con un poco de agua.

Calienta el horno a 230 °C (sin ventilador), introduce en él las trainerillas y hornéalas durante 15 minutos. Baja la temperatura del horno a 180 °C, con ventilador, y hornéalas durante 15 minutos más.

Retira las trainerillas del horno y deja que se enfríen sobre una rejilla.

CONSEJO

Cuando tengas que espolvorear harina sobre la encimera o la masa, intenta hacerlo de lado y *al vuelo* para que caiga de forma más ligera.

PAN DE LINO

INGREDIENTES (1 PAN)

100 g de semillas de lino

1 g de sal

300 g de claras de huevo (8 huevos aprox.)

aceite de oliva virgen extra

perejil

CONSEJO

Para aprovechar todas las propiedades del lino es preferible moler las semillas en casa y utilizarlas lo antes posible para evitar la oxidación.

ELABORACIÓN

Pon las semillas de lino (reserva 1 cucharadita para decorar) en una picadora y tritúralas bien hasta conseguir una harina fina. Añade la sal y mezcla bien.

Pon las claras en un bol grande y móntalas con una batidora de varillas eléctrica.

Agrega al bol la harina de lino, poco a poco, y sigue montando suavemente hasta que los ingredientes queden integrados.

Pincela un molde rectangular con un poco de aceite.

Vierte la masa, con ayuda de una lengua, en el molde, espolvoréala con las semillas de lino reservadas, introdúcela en el horno y hornéala a 180 °C durante 30 minutos.

Retira el pan del horno, deja que se enfríe y desmóldalo. Sirve y decora la fuente con unas hojas de perejil.

PAN DE PITA

INGREDIENTES (8 BOLLOS)

375 g de harina de fuerza

25 g de harina integral + 20 g para estirar

5 g de levadura fresca de panadero

10 g de azúcar

5 g de sal

250 ml de agua

CONSEJO

Para que los panes se conserven durante 3-4 días, puedes introducirlos en una bolsa de plástico con cierre hermético y guardarla en el frigorífico. El día que los vayáis a consumir, caliéntalos en una sartén, en una tostadora o en el horno.

ELABORACIÓN

Pon la harina de fuerza en un bol grande. Añade la harina integral (25 g), la levadura desmenuzada, el azúcar, la sal y el agua y mezcla hasta que la harina se integre. Tapa el bol con film transparente y deja que la masa repose a temperatura ambiente durante 30 minutos (autólisis).

Pasa la masa a la encimera, espolvoréala con un poco de harina integral, amásala durante 2-3 minutos, forma con ella una bola y ponla en un bol. Tapa el bol con film transparente y deja que la masa fermente a temperatura ambiente durante 2 horas (o de un día para otro en el frigorífico).

Retira el film, espolvorea la masa con otro poco de harina integral y pásala a la encimera. Aplástala un poco (desgasifícala) y córtala en 8 porciones. Espolvorea la encimera con otro poco de harina integral y forma 8 bolitas con las porciones de masa. Tápalas con un paño limpio y deja que reposen a temperatura ambiente durante 15-20 minutos.

Corta 8 trozos cuadrados de papel de hornear y repártelos en 2 bandejas de horno. Espolvorea las bolitas con más harina integral, coloca una bolita sobre cada papel y aplástalas estirándolas hasta formar unos discos de 15 cm. Tápalas con un paño limpio y deja que reposen durante 15 minutos. Aplasta un poco de nuevo los círculos de masa con las manos.

Precalienta el horno a 280 °C (arriba y abajo y con aire). Introduce las bandejas en el horno, baja la temperatura a 250 °C y hornea los panes durante 10-12 minutos.

Sirve.

PAN FABIOLA

INGREDIENTES (2 BARRAS)

500 g de harina de media fuerza + 10 g para estirar

250 ml de agua

25 g de levadura fresca

10 g de sal

perejil

ELABORACIÓN

Pon la harina en un bol, añade el agua y desmenuza encima la levadura. Mezcla los ingredientes con la mano hasta que se integre la harina. Incorpora la sal y mezcla un poco más. Tapa el bol con film transparente y deja que la masa repose a temperatura ambiente durante 30 minutos (autólisis).

Retira el film del bol, pasa la masa a la encimera y amásala durante 5 minutos, hasta que quede lisa. Ponla de nuevo en el bol, tápala con el film y deja que fermente a temperatura ambiente hasta que empiece a moverse (1 hora aproximadamente).

Espolvorea la encimera con un poco de harina.

Pasa la masa del bol a la encimera, divídela en 2 y aplasta cada trozo, pasándole el rodillo por encima, hasta conseguir 2 tortas.

Enrolla cada torta (aplastándola en cada vuelta) hasta formar 2 barras y colócalas sobre una bandeja de horno (cubierta con papel de hornear) dejando la parte de los pliegues hacia abajo.

Con un cuchillo de sierra, haz unos cortes oblicuos en las barras, primero en un sentido y luego en el otro (cruzándolos) hasta conseguir una especie de rejilla. Tapa las barras con un paño limpio y deja que fermenten a temperatura ambiente hasta que doblen su volumen (unas 2 horas).

Humedece las barras pulverizándolas con un poco de agua. Pon un par de cucharas a los lados de las barras para que no se mueva el papel durante el horneado. Introduce las barras en el horno y hornéalas a 190 °C durante 30-35 minutos.

Retira las barras del horno y deja que se enfríen sobre una rejilla. Sirve y adorna con unas hojas de perejil.

CONSEJO

Si quieres empezar a hacer pan, este sería perfecto. Como su miga es densa y compacta, no tendrás que preocuparte demasiado por las fermentaciones.

PAN INTEGRAL DE CENTENO

INGREDIENTES (1 HOGAZA)

500 g de harina de centeno + 25 g para espolvorear

150 g de masa madre de centeno (75 g de harina de centeno y 75 ml de agua)

325 ml de agua

12 g de sal

perejil

CONSEJO

La cesta de fermentación o levado *(banneton)* es un recipiente que utilizan los panaderos en la segunda fermentación del pan para que la masa tienda a subir en lugar de expandirse hacia los lados. Si no tienes una, puedes emplear un bol que tenga la base pequeña.

ELABORACIÓN

Calienta el agua en un cazo. Pon la harina en un bol, agrega la masa madre, el agua y la sal, mezcla y amasa hasta que la harina se integre. Tapa el bol con film transparente y deja que repose la masa (autólisis) durante 30 minutos.

Retira la masa del bol, ponla en la encimera y amásala brevemente hasta formar una bola. Pon un poco de harina de centeno en un bol, coloca la bola de masa dentro, tápala con un paño limpio de cocina y deja que fermente durante 3 horas a temperatura ambiente (o de un día para otro en el frigorífico).

Espolvorea la masa con un poco de harina, sácala del bol con la ayuda de una espátula de panadero y hazle unos pliegues.

Espolvorea con un poco de harina una cesta de fermentación *(banneton)* redonda, de un tamaño similar al de la masa, coloca dentro la masa y espolvoréala con otro poco de harina. Tapa la masa con un paño limpio de cocina y deja que fermente durante 1 hora a temperatura ambiente. Retira el paño.

Cubre la base de una bandeja de horno con un trozo de papel de hornear, coloca la masa encima y hornéala a 190 °C durante 40 minutos.

Retira el pan del horno y deja que se enfríe sobre una rejilla. Corta la hogaza en rebanadas y sirve. Adorna con unas hojas de perejil.

ROSCA DE PAN DE SEMILLAS

INGREDIENTES (3 ROSCAS)

200 g de mezcla de semillas (sésamo, pipas de calabaza y de girasol, lino...)

750 g de harina de trigo de fuerza + 10 g para espolvorear

175 g de masa madre

2 g de harina de malta tostada

12 g de levadura fresca de panadero

15 g de sal

475 ml de agua (425 + 50 + 25)

ELABORACIÓN

Calienta una sartén sin aceite y tuesta en ella la mitad de las semillas (100 g) a fuego muy suave durante 10 minutos. Pásalas a un bol, vierte encima 50 ml de agua y deja que se hidraten durante 1 hora.

Pon la harina en un bol grande, agrega la masa madre (si no tienes masa madre, puedes sustituirla por 8 g de levadura fresca), la harina de malta tostada, la levadura fresca (desmenuzada), la sal, las semillas tostadas hidratadas y 425 ml de agua y mezcla los ingredientes hasta que la harina se integre. Tapa el bol con film transparente y deja que la masa repose a temperatura ambiente (autólisis) durante 40 minutos.

Retira el film, pasa la masa a la encimera y amásala durante unos 5 minutos, hasta conseguir una masa lisa y homogénea. Forma con ella una bola, ponla de nuevo en el bol, tápala con el film y deja que repose a temperatura ambiente hasta que doble su volumen (1 hora y media aproximadamente).

Pasa la masa a la encimera, córtala en 3 trozos y boléalos un poco hasta conseguir 3 bolas de masa. Introduce el dedo índice en el centro de una de ellas hasta hacerle un agujero y ábrelo un poco. Haz lo mismo con las otras 2 bolas de masa y espolvoréalas con un poco de harina. Estira la primera masa (abriendo el agujero) hasta conseguir una rosca de pan. Haz lo mismo con las otras 2 masas.

Extiende los otros 100 g de semillas sobre un plato grande y cubre 2 bandejas de horno con papel de hornear.

Humedece un paño limpio con agua (escúrrele bien el exceso), extiéndelo sobre la encimera, coloca encima 1 rosca de masa para que se humedezca y coloca la parte humedecida sobre las semillas hasta que se queden pegadas. Da la vuelta a la rosca y colócala sobre una bandeja de horno dejando las semillas hacia arriba. Repite el proceso con las otras 2 roscas y colócalas en la otra bandeja de horno.

Tapa las roscas con un paño limpio y deja que fermenten hasta que doblen su volumen (entre 2 y 2 ½ horas).

Precalienta el horno a 200 °C.

Retira el paño, haz unos cortes superficiales en la masa con un cuchillo de sierra y pulveriza las roscas y los papeles de hornear con 25 ml de agua.

Baja la temperatura del horno a 170 °C, introduce en él las roscas (pon la bandeja que tiene 2 roscas en la parte superior del horno, ya que es donde se concentra más calor) y hornéalas durante 40 minutos. Retíralas, deja que se enfríen sobre una rejilla y sirve.

CONSEJO

Si después de la autólisis la masa estuviera demasiado blanda, déjala reposar durante 15 minutos más antes de empezar a amasarla.

PAN PARA HAMBURGUESAS

INGREDIENTES
(10 UNIDADES DE 80 G)

- 550 g de harina de fuerza + 15 g para espolvorear
- 2 huevos
- 20 g de levadura fresca
- 100 g de masa madre
- 20 g de azúcar
- 15 g de sal
- 100 ml de agua
- 250 g de yogur natural
- 100 g de mantequilla (a punto de pomada)

ELABORACIÓN

Casca los huevos, separa las yemas de las claras y resérvalas.

Pon la harina en un bol grande. Añade las yemas, la levadura (desmenuzada), la masa madre, el azúcar, la sal, el agua y el yogur y mezcla los ingredientes (primero con una lengua y después a mano) hasta que queden integrados. Tapa el bol con film transparente y deja que repose la masa a temperatura ambiente durante 40 minutos (autólisis).

Retira el film, pasa la masa a la encimera, agrega la mitad de la mantequilla a la masa y amasa a mano hasta que quede integrada. Añade el resto de la mantequilla y sigue amasando hasta que se integre (unos 5 minutos). Coloca de nuevo la masa en el bol, tápalo con el film y deja que la masa repose en el frigorífico durante 24 horas o a temperatura ambiente durante 2-3 horas (hasta que doble su volumen).

Cubre 2 bandejas de horno con papel de hornear.

Espolvorea la encimera con un poco de harina, pon la masa encima y desgasifícala (aplastándola) un poco. Divide la masa en 10 porciones y forma con ellas 10 bollos dándoles un poco de tensión (para ello, lleva las puntas de cada porción hacia el centro, tensionando la masa, y redondéala). Coloca 5 bollos en cada bandeja (dejando el pliegue hacia abajo), tápalos con un paño limpio y deja que fermenten a temperatura ambiente hasta que doblen su volumen (unas 2 horas).

Bate las claras suavemente y, con ayuda de un pincel, pinta con ellas los bollos. Hornéalos a 200 °C durante 20 minutos. A media cocción, puedes cambiar las bandejas de lugar para que los bollos se horneen uniformemente.

Retira las bandejas del horno, pasa los bollos a una rejilla y deja que se enfríen.

Sirve.

CONSEJO

Para preparar la masa madre partiendo de cero, mezcla en un recipiente la misma cantidad de harina que de agua (50 g y 50 ml) y deja que fermente a temperatura ambiente durante 24 horas. Al día siguiente, retira la mitad de la masa, añádele a la masa restante 25 g de harina y 25 ml de agua y vuelve a dejar que repose a temperatura ambiente durante 24 horas. Repite el proceso cada día durante 6-7 días. Estará a punto cuando dejes la masa reposar y doble su volumen en 2 horas.

CHUSCO DE *CURRY*

INGREDIENTES (2 UNIDADES)

375 g de harina de fuerza + 10 g para espolvorear

185 ml de agua + 20 ml para pulverizar

5 g de *curry* en polvo

8 g de sal

1 g de levadura seca

125 g de masa madre líquida

aceite de oliva virgen extra

ELABORACIÓN

Pon el agua en un bol grande, agrega el *curry*, la sal, la levadura seca, la masa madre y la harina. Mezcla los ingredientes con una lengua hasta que la harina quede bien integrada. Tapa el bol con film transparente y deja que repose a temperatura ambiente durante 40 minutos (autólisis).

Retira el film, pasa la masa a la encimera y amásala durante 5 minutos, hasta que quede lisa y homogénea. Pon 1 cucharadita de aceite en el bol, introduce en ella la masa, dale unas vueltas para que quede bien untada, tápala con film transparente y deja que fermente a temperatura ambiente hasta que doble su volumen (unas 2 horas).

Retira el film y espolvorea la masa y la encimera con un poco de harina. Pasa la masa a la encimera y córtala en dos. Da a cada porción de masa forma de barra doblando las puntas hacia dentro, aplánalas un poco y enrolla cada una (apretándola un poco en cada vuelta) hasta formar los 2 chuscos.

Coloca los chuscos (dejando el pliegue hacia abajo) sobre una bandeja de horno cubierta con papel de hornear. Tápalos con un paño limpio y deja que fermenten hasta que doblen su volumen (unas 2 horas).

Precalienta el horno a 220 °C.

Con un cuchillo de sierra, haz un corte (inclinado) a lo largo de cada uno de los chuscos. Pulverízalos con agua, introdúcelos en el horno y baja la temperatura del horno a 200 °C. Hornéalos durante 40 minutos.

Retíralos del horno, colócalos sobre una rejilla, deja que se templen y sirve.

PAN RELLENO DE QUESO Y HUEVO

INGREDIENTES (4 P.)

- 300 g de harina de fuerza + 25 g para espolvorear
- 200 g de yogur natural
- 100 ml de leche tibia
- 10 g de sal
- 15 g de azúcar
- 10 g de levadura fresca
- 1 cucharada de aceite de oliva
- 1 huevo batido
- perejil (para decorar)

Para el relleno:

- 75 g de *mozzarella* rallada
- 75 g de queso Idiazábal rallado
- 100 g de queso feta
- 4 yemas de huevo
- 1 cucharadita de hierbas provenzales
- 10 g de mantequilla

ELABORACIÓN

Pon en un bol grande la harina, el yogur, la leche, la sal, el azúcar, la levadura desmenuzada y el aceite y mezcla los ingredientes con una lengua hasta que la harina se integre. Tapa el bol con film transparente y deja que la masa repose a temperatura ambiente durante 30-40 minutos (autólisis).

Retira el film del bol, espolvorea la encimera y la masa con un poco de harina, pon la masa sobre la encimera y amásala durante 5-10 minutos.

Espolvorea el bol con un poco de harina, pon dentro la masa, cúbrela con el film y deja que fermente a temperatura ambiente hasta que doble su volumen (2-3 horas). Si prefieres que fermente en el frigorífico, déjala de un día para otro.

Cubre 2 bandejas de horno con papel de hornear.

Espolvorea la masa y la encimera con un poco de harina. Saca la masa del bol, colócala sobre la encimera y divídela en 2 porciones. Pasa el rodillo sobre una de las porciones hasta conseguir un rectángulo grande de 1 cm de grosor. Enrolla un poco el borde izquierdo (del lado más largo) de la masa dándole dos o tres vueltas, haz lo mismo con el lado derecho, junta las puntas de los dos bordes, dales un par de vueltas y pellízcalas un poco para que no se abran (la forma de la masa debe parecerse a una barca). Pasa la masa a una de las bandejas de horno. Repite el proceso con la otra porción de masa. Tapa las bandejas con un paño limpio y deja que las masas doblen su volumen (1-2 horas).

Para preparar el relleno, pon los quesos rallados en un bol, pica el queso feta y agrégalo. Incorpora las hierbas provenzales y mezcla todo bien.

Rellena la parte interior de las dos masas con la mezcla.

Unta los bordes de los panes con el huevo batido, introdúcelos en el horno y hornéalos a 220 °C (con aire) durante 12-13 minutos (a los 6 minutos, cambia las bandejas de posición). Retira las bandejas del horno y coloca 2 yemas y unos trocitos de mantequilla en cada uno de los panes. Hornéalos durante 2 minutos más a la misma temperatura.

Retira los panes rellenos del horno, sirve y decora con unas hojas de perejil.

CONSEJO

Este pan relleno está mucho mejor si se consume caliente. Si no puedes servirlo inmediatamente, solo tienes que darle un golpe de calor en el horno para que quede como si estuviera recién hecho.

PAN MARMOLADO

INGREDIENTES (2 BARRAS)

harina para estirar
perejil

Para la masa blanca:

350 g de harina de panadería
220 ml de agua
12 g de levadura fresca
7 g de sal

Para la masa de cacao:

150 g de harina de panadería
100 ml de agua
6 g de levadura fresca
3 g de sal
20 g de cacao en polvo
20 g de miel

ELABORACIÓN

Para preparar la masa blanca, pon la harina en un bol, agrega el agua, la levadura desmenuzada y la sal y mezcla los ingredientes con una lengua hasta que la harina se integre. Tapa el bol con film transparente y deja que la masa repose a temperatura ambiente durante 30 minutos (autólisis). Retira el film, espolvorea la masa con un poco de harina, ponla sobre la encimera y amásala durante 3-5 minutos. Tapa el bol con el film y deja que repose la masa a temperatura ambiente hasta que doble su volumen (unas 2 horas).

Para preparar la masa de cacao, pon la harina en un bol, agrega el agua, la levadura desmenuzada, la sal, el cacao y la miel y mezcla los ingredientes con una lengua hasta que la harina se integre. Tapa el bol con film transparente y deja que repose la masa a temperatura ambiente durante 30 minutos (autólisis). Retira el film, espolvorea la masa con un poco de harina, ponla sobre la encimera y amásala durante 3-5 minutos. Tapa el bol con el film y deja que repose la masa a temperatura ambiente hasta que doble su volumen (unas 2 horas).

Divide la masa blanca en 2, espolvoréalas con un poco de harina y estíralas por separado con un rodillo hasta dejarlas en 1 cm de grosor. Déjalas extendidas sobre la encimera.

Divide la masa de cacao en 2, espolvoréalas con un poco de harina y estíralas por separado con un rodillo hasta dejarlas en 1 cm de grosor. Ponlas sobre las masas blancas y enróllalas hasta conseguir 2 barras marmoladas.

Cubre la base de una bandeja de horno con papel de hornear. Coloca encima las barras de pan (dejando el pliegue hacia abajo), tápalas con un paño limpio y déjalas fermentar a temperatura ambiente hasta que doblen su volumen (unas 2 horas).

Con una puntilla, haz 3 cortes oblicuos (superficiales) en la parte superior de cada barra.

Precalienta el horno a 200 °C. Introduce en el horno la bandeja con las barras de pan, baja la temperatura a 180 °C y hornéalas durante 30 minutos. Retira las barras del horno y deja que se enfríen sobre una rejilla.

Sirve y adorna la fuente con unas hojas de perejil.

CONSEJO

En vez de fermentar las barras de pan a temperatura ambiente durante 2 horas, puedes introducirlas (tapadas con el paño) en el frigorífico y dejarlas fermentar durante 24 horas.

MINIBOMBAS DE CREMA

INGREDIENTES (10 PIEZAS)

250 g de harina tamizada + 10 g para espolvorear

8 g de levadura de panadero

4 g de sal

7 g de azúcar

130 ml de leche

1 huevo pequeño

ralladura de ½ limón

50 g de mantequilla (a punto de pomada)

400 g de crema pastelera

aceite

azúcar glas

hojas de menta

ELABORACIÓN

Pon la harina tamizada (reserva 50 g) en un bol grande. Agrega la levadura desmenuzada, la sal, el azúcar, la leche, el huevo y la ralladura de limón y mezcla los ingredientes hasta que se integre la harina. Tapa el bol con film transparente y deja que repose a temperatura ambiente durante 30 minutos (autólisis).

Pon la harina reservada anteriormente sobre la encimera. Retira la masa del bol, ponla sobre la harina, agrégale un trocito de mantequilla y amasa con 2 espátulas de repostería. Vete incorporando el resto de la mantequilla (a trocitos) y sigue amasando durante unos 5 minutos.

Espolvorea la masa con un poco de harina y pásala a un bol. Tapa el bol con film transparente y deja que la masa repose a temperatura ambiente hasta que quede más lisa (unos 30 minutos).

Saca la masa del bol, pásala a la encimera y prénsala un poco. Vierte un poco de aceite en el bol, coloca la masa encima, tápala con un paño limpio y deja que fermente hasta que doble su volumen (unas 2 horas).

Saca la masa del bol, desgasifícala un poco, forma con ella un cilindro y córtalo en 10 trocitos.

Cubre una bandeja de horno con un trozo de papel de hornear, vierte encima 1 cucharada de aceite y extiéndelo con un pincel por toda la superficie. Forma bolitas con la masa y colócalas en la bandeja. Tápalas con un paño limpio y deja que fermenten a temperatura ambiente hasta que doblen su volumen (1 hora aproximadamente).

Calienta abundante aceite en un cazo. Cuando alcance los 130 °C, introduce en él las bolitas (en tandas) y fríelas suavemente. Escúrrelas sobre una fuente cubierta con papel absorbente y deja que se enfríen.

Introduce la crema pastelera en una manga pastelera, rellena con ella las bombas y espolvoréalas con el azúcar glas. Sirve y decora con unas hojas de menta.

CONSEJO

Para manipular las bombas lo menos posible, podéis cortar el papel de hornear alrededor de cada una y trasladarlas ayudándoos del papel para pasarlas directamente al aceite.

PANETONE

INGREDIENTES (3 UNIDADES)

Para la primera masa:

140 g de masa madre dura (biga)

12 g de levadura de panadero

130 ml de agua tibia

90 g de azúcar

270 g de harina de fuerza

6 yemas (80 g)

100 g de mantequilla (a temperatura ambiente)

Para la segunda masa:

85 g de azúcar

7 g de sal

1 rama de vainilla

85 g de harina

8 yemas (115 g)

140 g de mantequilla

200 g de chocolate de cobertura (en daditos)

175 g de corteza de naranja confitada (en daditos)

Para glasear y decorar:

100 g de clara de huevo

100 g de azúcar glas

100 g de almendra molida

azúcar perlado

hojas de menta

CONSEJOS

1. La masa madre que se utiliza en esta receta es una masa madre dura, también llamada biga. Para elaborarla, se parte de 50 g de masa madre que tendremos que alimentar tres veces cada 4 horas agregando cada vez 20 ml de agua y 10 g de harina, de modo que conseguiremos tenerla lista en 12 horas.
2. Si no tienes masa madre para preparar la biga, puedes elaborar la receta del panetone empleando el doble de levadura de panadero, es decir, 24 gramos en vez de 12.

ELABORACIÓN

Para preparar la primera masa, pon en un bol grande la masa madre, la levadura de panadero desmenuzada, el agua y el azúcar, mezcla un poco (con la mano) e incorpora la harina. Sigue mezclando hasta que la harina se integre. Agrega las yemas de una en una (no añadas la siguiente hasta que la anterior no esté bien integrada) y amasa hasta que las yemas queden integradas. Añade la mantequilla y vuelve a amasar hasta que quede integrada. Tapa el bol con film transparente y deja que la masa repose a temperatura ambiente durante 40 minutos (1.ª autólisis).

Retira el film del bol, pasa la masa a la encimera y trabájala durante 10 minutos con 2 espátulas de repostería. Ponla de nuevo en el bol, tápala con el film y déjala fermentar a temperatura ambiente hasta que doble su volumen (unas 2 horas).

Para la segunda masa, retira el film, agrega el azúcar, la sal, las semillas de la vainilla y la harina y amasa hasta que los ingredientes queden integrados. Incorpora las yemas de una en una (sin añadir la siguiente hasta que la anterior no esté bien integrada) y sigue amasando hasta conseguir una masa homogénea. Agrega la mantequilla y sigue amasando hasta que se integre. Añade el chocolate y la corteza de naranja y mezcla bien. Tapa el bol con el film y deja que la masa repose a temperatura ambiente durante 40 minutos (2.ª autólisis).

Retira el film del bol, pasa la masa a la encimera y trabájala con 2 espátulas de repostería durante 15 minutos.

Ponla de nuevo en el bol, tápala con el film y deja que fermente hasta que doble su volumen (unas 2 horas).

Retira el film del bol, pasa la masa a la encimera, divídela en 3 porciones y haz a cada una 4-5 pliegues. Introduce cada una de las tres porciones de masa en un molde de papel especial para panetones y colócalos sobre una bandeja de horno. Tapa los moldes con un paño limpio y deja que fermenten hasta que doblen su volumen (unas 2 horas).

Para preparar el glaseado, por en un bol las claras, el azúcar y la almendra molida y mézclalos con una varilla manual hasta que queden bien integrados. Introduce la mezcla en una manga pastelera y cubre con ella la parte superior de los panetones (en círculo desde dentro hacia fuera). Espolvoréalos con el azúcar perlado.

Introduce los panetones en el horno y hornéalos a 170 °C durante 40 minutos.

Retíralos del horno. Atraviesa cada panetone (por la parte de la base) con 2 pinchos de brocheta. Apoya los pinchos de los panetones en un bol grande (u otro recipiente similar) de modo que los panetones queden colgando boca abajo y deja que se enfríen. (Es importante que se enfríen boca abajo, porque si se dejan boca arriba, tenderán a desinflarse y a caer.)

ENSAIMADA CASERA

INGREDIENTES (2 UNIDADES)

300 g de harina de fuerza
1 huevo
140 ml de agua
30 g de masa madre
5 g de levadura de panadero
90 g de azúcar
6 g de sal
100 g de manteca de cerdo
azúcar glas
aceite de oliva virgen extra
hojas de menta

ELABORACIÓN

Pon la harina en un bol grande. Añade el huevo, el agua, la masa madre, la levadura, el azúcar y la sal y mezcla bien hasta que se integre la harina. Tapa la mezcla con film transparente y deja que repose durante 30 minutos a temperatura ambiente (autólisis).

Pasa la mezcla (que estará muy pegajosa) a la encimera y amásala (con paciencia) durante 2 minutos. Deja que repose sobre la encimera durante otros 5 minutos y vuelve a amasarla durante 2 minutos. Repite el proceso las veces que haga falta (unas cinco veces) hasta que notes que la masa queda homogénea y elástica.

Pon un poco de aceite en un bol, coloca dentro la masa, tápala con film transparente y deja que fermente a temperatura ambiente hasta que doble su volumen (2-3 horas) o en el frigorífico durante 12 horas.

Extiende un trozo grande de papel de hornear sobre la encimera y riégalo con un poco de aceite.

Divide la masa en 2, redondea cada porción, colócalas sobre el papel de hornear con aceite y cúbrelas con film transparente. Deja que reposen a temperatura ambiente hasta que se relajen (15 minutos).

Unta la encimera con un poco de aceite, coge una de las bolas de masa y estírala un poco presionándola con los dedos. A continuación, pásale el rodillo por encima hasta que quede bien fina. Ábrela con las manos hasta conseguir que quede más grande y más fina. Mezcla la manteca con 30 g de azúcar glas y extiende la mitad de la mezcla sobre la lámina de masa. Enróllala formando un rulo y deja que repose durante 10 minutos a temperatura ambiente. Repite el proceso con la otra bola de masa.

Cubre 2 bandejas de horno con papel de hornear. Toma 1 rulo de masa y enróscalo sobre una de las bandejas formando una caracola y dejando un espacio libre de 1 centímetro en cada vuelta. Repite el proceso con el otro rulo. Tápalos con film transparente y deja que reposen a temperatura ambiente hasta que doblen su volumen (unas 2 horas).

Introduce las ensaimadas en el horno y hornéalas a 200 °C durante 20 minutos. A los 15 minutos, intercambia las bandejas de posición.

Retira las ensaimadas del horno, deja que se enfríen sobre una rejilla, espolvoréalas con el azúcar glas y decóralas con unas hojas de menta.

CONSEJO

Si te resulta muy difícil trabajar la masa, después de un par de reposos y amasados puedes espolvorearla con un poco de harina.

COCA DE SAN JUAN

INGREDIENTES (2 UNIDADES)

Prefermento (100 ml de leche, 100 g de harina de fuerza, 15 g de levadura de panadería)

300 g de harina de fuerza + 25 g para estirar

125 g de azúcar

2 huevos

1 yema

30 g de miel

5 g de sal

2 cucharadas de anís

25 ml de leche

ralladura de 1 naranja

60 g de mantequilla (a punto de pomada)

Para cubrir y decorar:

400 g de crema pastelera

30 g de piñones (pelados)

1 huevo batido

50 ml de leche y 50 g de azúcar

azúcar perlado

hojas de menta

CONSEJO

Las cocas de San Juan se pueden hacer de muchas maneras. Algunas incluyen algo de fruta, una capa fina de mazapán rebajado con clara de huevo, almendras, yogur, nata, chocolate... Así que os animo a experimentar hasta que encontréis la vuestra.

ELABORACIÓN

La víspera prepara el prefermento juntando la leche, la harina y la levadura en un bol y mezclándolos con una espátula hasta que se integren. Tápalo con film transparente y deja que repose en el frigorífico durante 24 horas.

Pon la harina en un bol grande, agrega el prefermento, el azúcar, los huevos y la yema, la miel, la sal, el anís, la leche y la ralladura de naranja y mezcla hasta que la harina se integre. Tapa la mezcla con film transparente y deja que repose a temperatura ambiente durante 40 minutos.

Espolvorea la encimera con un poco de harina, pasa la mezcla a la encimera, incorpora la mantequilla en dos veces y amasa bien hasta que se integre (tiene que quedar una masa homogénea y elástica). Deja que la masa repose durante 10 minutos y amásala de nuevo durante 3-4 minutos más.

Forma una bola con la masa, introdúcela en el bol, tápala con film transparente y deja que fermente a temperatura ambiente hasta que doble su volumen (unas 2 horas).

Espolvorea la encimera y la masa con un poco de harina, pasa la masa a la encimera y divídela en dos. Para quitar parte del gas, aplasta un poco cada una y dales forma de chapata.

Corta un trozo grande de papel de hornear y extiéndelo sobre la encimera. Coloca encima las masas, cúbrelas con un paño limpio y deja que reposen durante 15 minutos.

Espolvorea la encimera con otro poco de harina, toma una de las masas, espolvoréala por encima con otro poco de harina y estírala con un rodillo hasta darle la forma ovalada deseada. Haz lo mismo con la otra masa. Vuelve a estirar la primera masa y, después, la segunda (para evitar que las masas se rompan, es conveniente estirarlas en dos veces).

Cubre 2 bandejas de horno con papel de hornear, pon una masa sobre cada una, tápalas con un paño limpio y deja que fermenten durante unas 2 horas.

Unta las masas con el huevo batido, cúbrelas (en forma de red) con la crema pastelera y salpícalas con los piñones.

Introduce las bandejas en el horno (con aire) y hornea las masas durante 15 minutos a 190 °C. A los 10 minutos, puedes cambiar las bandejas de sitio para que se hagan por igual (nunca está de más ir controlando cómo van). Retira las cocas del horno.

Mezcla los 50 g de azúcar con los 50 ml de leche en un bol hasta que se integren. Unta las cocas (en caliente) con el baño de leche y azúcar y decóralas con el azúcar perlado y con unas hojas de menta.

CUERNO DE CHOCOLATE

INGREDIENTES (4 P.)

Para la masa:

275 g de harina de fuerza + 25 g para estirar

2 huevos

80 ml de leche entera

3 g de sal

10 g de levadura de panadero

45 g de azúcar

1 cucharada de extracto de vainilla

50 g de mantequilla (a temperatura ambiente)

Para rellenar y cubrir:

350 g de crema pastelera o crema de chocolate

200 g de chocolate negro (70 % de cacao)

100 g de chocolate con leche

50 g de chocolate blanco

CONSEJO

Para poder trabajar con el chocolate es importante que, al fundirlo, no le entre agua ni hierva.

ELABORACIÓN

Bate los huevos en un bol, reserva 3 cucharadas de huevo batido y pasa el resto a un bol grande. Incorpora la harina, la leche, la sal, la levadura desmenuzada, el azúcar y el extracto de vainilla y mezcla bien hasta que la harina se integre. Cubre el bol con film transparente y deja que la masa repose a temperatura ambiente durante 30-40 minutos (autólisis).

Pasa la masa a la encimera, espolvoréala con un poco de harina, agrega ⅓ de la mantequilla y amasa hasta que quede integrada. Agrega el resto de la mantequilla en dos veces y repite el proceso hasta que consigas una masa homogénea, elástica, suave y lisa.

Redondea la masa, ponla en un bol, cúbrela con film transparente y deja que fermente a temperatura ambiente durante 3 horas.

Espolvorea la masa con un poco de harina, pásala a la encimera y aplástala un poco para quitarle el aire. Córtala en 4 porciones, redondéalas y colócalas sobre un trozo de papel de hornear. Tápalas con un paño limpio y deja que reposen a temperatura ambiente durante 10 minutos.

Estira las bolitas de masa con un rodillo y forma con ellas unos triángulos. Ponlos sobre un trozo grande de papel de hornear, tápalos con un paño limpio y deja que reposen a temperatura ambiente durante 10 minutos.

Espolvorea la encimera con otro poco de harina, toma 1 triángulo de masa y ponlo sobre la encimera. Estíralo con un rodillo y enróllalo hasta formar una especie de cruasán. Ponlo sobre una bandeja de horno cubierta con papel de hornear. Repite el proceso con los otros 3 triángulos. Tapa los cuernos con un paño limpio y deja que fermenten a temperatura ambiente durante 2 horas.

Pinta los cuernos con el huevo batido reservado y hornéalos a 165 °C durante 20 minutos. Retíralos y deja que se enfríen sobre una rejilla.

Introduce la crema pastelera en una manga con boquilla metálica larga. Agujerea los cuernos en 2-3 puntos con la boquilla y rellénalos bien.

Separa unos trocitos de los 3 tipos de chocolate y resérvalos. Funde los chocolates (el blanco, solo; y el negro y el chocolate con leche, juntos) al baño maría o en el microondas. Una vez fundidos (no deben superar los 50 °C), para bajar la temperatura a 30 °C, añade los trocitos de chocolate reservados a sus boles correspondientes y remueve las mezclas hasta que se integren (de esta manera, la temperatura de los chocolates bajará rápidamente para poder bañar los cuernos).

Baña los cuernos con la mezcla de chocolate negro y chocolate con leche. Forma un cucurucho pequeño con papel de hornear, rellénalo con el chocolate blanco y forma con él unos hilos sobre los cuernos.

POSTRES

BUÑUELOS DE SEMANA SANTA

INGREDIENTES (6 P.)

150 ml de leche
30 g de mantequilla
1 cucharada de azúcar
1 cucharada de vino dulce (tipo moscatel)
ralladura de 1 naranja
1 cucharadita de anís verde en grano
80 g de harina
1 huevo
azúcar y canela (para rebozar)
500 ml de natillas
aceite de girasol
hojas de menta

ELABORACIÓN

Pon la leche a calentar en un cazo, agrega la mantequilla, el azúcar, el vino dulce, la ralladura de naranja y el anís en grano. Cuando los ingredientes se integren y la leche empiece a hervir, aparta el cazo del fuego e incorpora la harina de golpe. Mezcla bien hasta que la masa se despegue de las paredes (si no se despega, puedes volver a poner el cazo al fuego y cocinar la masa hasta que lo haga). Pasa la masa a un bol y deja que se enfríe.

Casca el huevo, pásalo a otro bol, bátelo, incorpóralo a la masa y mezcla bien hasta que se integre con la masa.

Calienta una sartén con abundante aceite. Con ayuda de 2 cucharillas, toma pequeñas porciones de masa, añádelas a la sartén y fríelas hasta que se inflen y se doren. Retira los buñuelos y escúrrelos sobre un plato cubierto con papel absorbente.

Mezcla en un plato el azúcar con la canela y reboza en ellos los buñuelos.

Sirve las natillas en 4 platos y coloca encima 4-5 buñuelos. Decora los platos con unas hojas de menta.

CONSEJO

Es importante que la masa esté fría antes de agregar el huevo, pues, si no lo está, podría cuajar y estropear toda la masa.

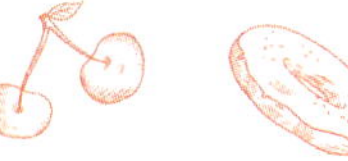

CAFÉ HELADO CON NATA Y CARAMELO

INGREDIENTES (4 P.)

150 ml de café expreso frío
150 g de nata montada
1 cucharada de sirope de caramelo
20 cubitos de hielo
200 ml de leche
50 g de azúcar
1 cucharada de sirope de chocolate
hojas de menta

ELABORACIÓN

Coloca los cubitos de hielo en una batidora de vaso. Añade el café (frío), la leche, el azúcar y 1 cucharada de sirope de chocolate y tritura los ingredientes hasta que queden bien integrados.

Sirve el café helado en 4 vasos y decóralos con la nata montada, el sirope de caramelo y unas hojas de menta.

CONSEJO

Para decorar los cafés helados, introduce la nata montada en una manga pastelera con boquilla rizada.

CANUTILLOS CON CHOCOLATE

INGREDIENTES (4 P.)

100 g de harina

60 g de harina de maíz refinada

60 g de azúcar

1 pizca de sal

1 huevo

15 g de mantequilla fundida

90 ml de leche

1 cucharadita de esencia de vainilla

600 ml de chocolate a la taza

hojas de menta

ELABORACIÓN

Tamiza las harinas y ponlas en un bol.

Pon en otro bol el azúcar, la sal, el huevo, la mantequilla fundida, la leche y la esencia de vainilla, bate todo bien con una varilla manual y agrega la mezcla al bol donde están las harinas. Remueve los ingredientes hasta que queden bien integrados. Introduce la crema en una manga pastelera y córtale la punta (es importante que el agujero quede pequeño).

Calienta una sartén (sin aceite) a fuego suave y vierte encima de ella hilos de masa hasta formar una rejilla redonda. Cocínala a fuego moderado hasta que empiece a tostarse y enróllala formando un canutillo. Retíralo y resérvalo. Repite el proceso hasta terminar toda la masa (o formar 16 canutillos).

Calienta el chocolate y sírvelo en 4 recipientes.

Sirve en cada plato 4 canutillos y 1 recipiente con chocolate. Decóralos con unas hojas de menta.

CONSEJO

Puedes variar el sabor de la masa agregando otros ingredientes, como, por ejemplo, cacao en polvo, café soluble, zumo de fruta (naranja, limón...) o licor.

CARQUIÑOLES

INGREDIENTES (8 P.)

300 g de harina

215 g de azúcar

125 g de almendras enteras (con piel)

6 g de levadura (impulsor) en polvo

2 huevos

60 g de mantequilla fundida

aceite de oliva virgen extra

hojas de menta

ELABORACIÓN

Pon la harina, el azúcar, las almendras, la levadura, los huevos y la mantequilla fundida en un bol. Mezcla los ingredientes con una cuchara hasta que la harina se integre. Pasa la masa a la encimera y amasa a mano hasta conseguir que quede homogénea y lisa.

Unta la encimera con un poco de aceite. Corta la masa en 4 trozos y amásalos formando 4 cilindros.

Cubre una bandeja de horno con papel de hornear y extiende los cilindros de masa encima (sin que se toquen entre sí). Hornéalos a 180 °C durante 30 minutos.

Retira la bandeja del horno y deja que los cilindros se templen. Córtalos (al bies) en rodajas de 1-2 cm de grosor y ponlas de nuevo sobre la bandeja de horno. Hornea los carquiñoles a 180 °C durante 10 minutos.

Sírvelos en una fuente y decórala con unas hojas de menta.

CONSEJO

Los carquiñoles se pueden comer solos, pero están mucho mejor si los acompañáis con leche, café, chocolate, vino dulce o ratafía.

CASTAÑAS PILONGAS CON LECHE Y ARROZ

INGREDIENTES (4 P.)

300 g de castañas pilongas (castañas secas)

400 ml de leche

½ rama de canela

1-2 cucharadas de azúcar

1 ½ cucharadas de arroz

2 cucharadas de leche condensada

hojas de menta

ELABORACIÓN

La víspera, pon las castañas en un bol, cúbrelas con abundante agua y déjalas a remojo (mínimo 12 horas).

Calienta abundante agua en una cazuela grande, introduce en ella las castañas (escurridas) y cuécelas durante 40 minutos.

Pon a calentar en un cazo la leche, la canela y el azúcar. Cuando empiece a hervir, añade el arroz y las castañas (escurridas) y cuece todo a fuego suave durante 18 minutos. Retira la canela, agrega la leche condensada y cocina los ingredientes durante 2-3 minutos más.

Sirve en 4 copas y adorna las copas con unas hojas de menta.

CONSEJO

Las castañas pilongas vienen peladas, por lo que, si las utilizas en tus postres, te ahorrarás bastante trabajo.

SALAMI DE CHOCOLATE

INGREDIENTES (4 P.)

150 g de mantequilla (a punto de pomada)

50 g de cacao amargo en polvo

60 g de azúcar

40 galletas maría troceadas

100 ml de leche

3 cucharadas de azúcar glas

hojas de menta

ELABORACIÓN

Pon la mantequilla en un bol junto con el cacao y el azúcar y mezcla todo bien. Incorpora las galletas y mezcla un poco. Agrega la leche y sigue mezclando hasta que los ingredientes queden bien integrados.

Extiende un trozo de papel de hornear sobre la encimera, coloca encima la mezcla, forma con ella un rulo grueso enrollando el papel de hornear y cierra las puntas del papel enroscándolas como si fuera un caramelo. Introdúcelo en el frigorífico y deja que se endurezca (4 horas como mínimo).

Saca el salami de chocolate del frigorífico y retírale el papel.

Pon el azúcar glas en una fuente, coloca encima el salami de chocolate y rebózalo bien con él. Córtalo en rodajas y sirve. Adorna los platos con unas hojas de perejil.

COMENTARIO

El nombre de este postre se debe a su parecido con el salami, no solamente por su forma, sino también porque, una vez cortado, las galletas en su interior simulan la grasa del embutido.

COQUITOS DE CALABAZA

INGREDIENTES (6 P.)

600 g de calabaza (160 g de calabaza cocida y escurrida)

300 g de coco rallado

2 huevos

350 g de leche condensada

hojas de menta

CONSEJO

Si quieres que los coquitos queden perfectos, redondéalos primero un poco con la mano, introdúcelos (de 1 en 1) en un vaso y muévelo en círculo hasta conseguir una bolita uniforme.

ELABORACIÓN

Pela la calabaza, trocéala y cuécela a fuego medio en una cazuela con agua durante 15 minutos. Escúrrela y ponla en un bol. Aplástala bien con un majador y cuela el puré para quitarle toda el agua.

Casca los huevos y ponlos en un bol grande. Agrega la leche condensada poco a poco y bátelos con una batidora de varillas eléctrica hasta que queden esponjosos. Añade el coco, poco a poco y sin dejar de remover con una varilla manual.

Incorpora el puré de calabaza y sigue mezclando hasta conseguir una masa homogénea.

Cubre la base de una bandeja de horno con papel de hornear.

Toma pequeñas porciones de la masa, redondéalas y ponlas sobre la bandeja. Hornéalas a 180 °C durante 15 minutos. Retíralas del horno y deja que se enfríen.

Sirve y adorna los platos con unas hojas de menta.

CREPES CARAMELIZADOS A LA NARANJA

INGREDIENTES (4 P.)

250 ml de leche
80 g de mantequilla
2 huevos
125 g de harina
80 g de azúcar
50 ml de licor de naranja
zumo de 2 naranjas
hojas de menta

CONSEJO

Cuando vayas a flambear algún licor, es importante que, además de tener apagado el extractor, tengas siempre a mano una tapa por si tuvieras que apagar la llama.

ELABORACIÓN

Funde 50 g de mantequilla (reserva el resto). Pon la leche, la mantequilla fundida, los huevos y la harina en una jarra y tritura todo con una batidora eléctrica hasta conseguir una crema homogénea.

Calienta una sartén con 50 g de azúcar (reserva el resto) y espera a que se funda y empiece a dorarse. Vierte encima el licor de naranja y flambéalo. Agrega el zumo de naranja y deja que la salsa reduzca a fuego medio durante 6-8 minutos. Resérvala.

Calienta una sartén con ½ cucharadita de azúcar y 1 cucharadita de mantequilla y deja que se fundan. Vierte encima un poco de la crema de los crepes, extiéndela bien y espera a que cuaje. Con una espátula pequeña, dobla el crepe por la mitad hasta conseguir medio círculo. Vuelve a doblarlo por la mitad de manera que quede con la forma de un cuarto de círculo. Repite el proceso siete veces más hasta conseguir 8 crepes.

Sirve 2 crepes en cada plato, salséalos y decóralos con unas hojas de menta.

PASTELITOS DE CREMA DE HUEVO

INGREDIENTES (4 P.)

1 lámina rectangular de hojaldre

2 yemas

20 g de mantequilla fundida

1 cucharada de canela en polvo

15 g de harina de maíz refinada

20 g de harina de trigo + 10 g para espolvorear

100 g de azúcar

200 ml de leche

hojas de menta

ELABORACIÓN

Enrolla el hojaldre (sobre su papel) y córtalo en trozos de unos 3 cm. Espolvorea la encimera con un poco de harina, coloca los trozos de hojaldre encima (de manera que se vean los círculos concéntricos que forma al ser enrollado), aplástalos y estíralos con un rodillo hasta darles forma de círculos.

Unta 8 moldes redondos individuales con un poco de mantequilla fundida, introduce 1 círculo de hojaldre dentro de cada uno, súbeles los bordes por las paredes de los moldes (a modo de tartaleta) y colócalos sobre una bandeja de horno.

Pon las yemas, la canela, la harina de maíz refinada, la harina de trigo, el azúcar y la leche en un vaso batidor y tritúralos con una batidora eléctrica.

Reparte la mezcla en los moldes (sin que sobrepase el hojaldre) y hornea los pastelitos a 200 °C durante 18-20 minutos. Retíralos, deja que se templen y desmóldalos.

Sirve y decora los pastelitos con unas hojas de perejil.

CONSEJO

En lugar de moldes individuales, también puedes utilizar una bandeja para preparar magdalenas.

CROQUETAS DE ARROZ CON LECHE

INGREDIENTES (4 P.)

90 g de arroz redondo

500 ml de leche entera (400 + 100)

1 tira de corteza de limón

1 rama de canela pequeña

75 g de azúcar

20 g de harina de maíz refinada

harina de maíz refinada y huevo batido (para rebozar)

3 cucharadas de azúcar con canela (para espolvorear)

aceite de girasol

hojas de menta

ELABORACIÓN

Pon el arroz en un cazo, añade de 400 ml de leche, la corteza de limón y la rama de canela y cuece los ingredientes a fuego suave durante 30-35 minutos. Retira la canela y la corteza de limón, añade el azúcar y mezcla bien.

Diluye los 20 g de harina de maíz en el resto de la leche (100 ml), incorpórala al cazo del arroz con leche, mezcla bien y cocina durante 2-3 minutos sin dejar de remover. Pasa el arroz con leche a una fuente, deja que se temple, tápalo con film transparente e introdúcelo en el frigorífico hasta que esté bien frío (3-4 horas).

Calienta abundante aceite en una sartén. Toma pequeñas porciones de arroz con leche, redondéalas, pásalas por la harina de maíz y el huevo batido, introdúcelas en la sartén y fríelas hasta que se doren. Retíralas y escúrrelas sobre un plato cubierto con papel absorbente.

Reboza las croquetas en la mezcla de azúcar con canela.

Sirve y decora los platos con una hojita de menta.

CRUMBLE DE SEMILLAS DE AMAPOLA

INGREDIENTES (8 P.)

Para la base:

500 g de harina

200 g de azúcar

250 g de mantequilla (a punto de pomada)

1 huevo

Para el relleno y para decorar:

500 ml de leche

1 cucharada de esencia de vainilla

125 g de azúcar

80 g de sémola fina o polenta

175 g de semillas de amapola

50 g de mantequilla

arándanos

hojas de menta

ELABORACIÓN

Para preparar la base, pon la harina, el azúcar, la mantequilla y el huevo en un bol y amasa los ingredientes a mano hasta que queden semiintegrados (como migas cuarteadas).

Para que después sea más fácil desmoldar el *crumble*, forra un molde cuadrado (20 cm) por la parte interior con papel de hornear, dejando unas pestañas que sobresalgan por cada lado. Cubre la base del molde con ¼ parte de la mezcla y resérvalo. Tapa el bol con el resto de la preparación con film transparente, introdúcelo en el frigorífico y deja que se enfríe bien (al menos durante 1 hora).

Para preparar el relleno, pon la leche, la esencia de vainilla y el azúcar en un cazo y caliéntalos a fuego suave durante 5-6 minutos. Incorpora la sémola (a modo de lluvia) y cocínala durante 3 minutos removiéndola con una varilla manual. Agrega las semillas de amapola del mismo modo y sigue cocinado los ingredientes, removiéndolos, hasta que espesen (8-9 minutos). Pasa la mezcla a un bol, incorpora la mantequilla y mezcla con una lengua hasta que la mantequilla se funda y quede integrada. Vierte el relleno en el molde, reparte por encima la mezcla reservada en el frigorífico y hornea el *crumble* a 180 °C durante 40 minutos. Retíralo del horno, deja que se temple y desmóldalo.

Decóralo con unos arándanos y unas hojas de menta y sirve.

CONSEJO

Como más se disfruta el *crumble* es recién hecho, caliente, o templado.

CUAJADA CON SÉSAMO, NUECES Y MIEL

INGREDIENTES (4 P.)

800 ml de leche de oveja

24 gotas de cuajo

4 cucharaditas de semillas de sésamo tostado

16 nueces (peladas)

4 cucharadas de miel

hojas de menta

ELABORACIÓN

Para presentar las cuajadas de una forma especial, coloca 4 vasos bonitos inclinados (por ejemplo, sobre unos moldes de magdalenas).

Pon la leche a calentar en una cazuela. Cuando empiece a humear, retírala del fuego, deja que se temple un poco (debe estar entre 55-60 °C) y pásala a una jarra.

Pon 6 gotas de cuajo en cada vaso, reparte la leche en los vasos y espera a que cuaje.

Coloca los vasos sobre la encimera y pon 1 cucharadita de sésamo, 1 cucharada de miel y 4 nueces en cada uno. Decora los vasos con unas hojas de menta y sirve.

CONSEJO

Si prefieres hacer la cuajada con leche de vaca, a la hora de calentar la leche habría que añadirle 2 cucharadas de leche en polvo.

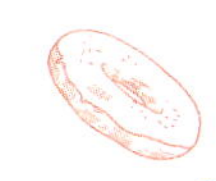

EMPANADILLAS DE MANZANA ASADA

INGREDIENTES (4 P.)

12 obleas grandes para empanadillas

4 manzanas reineta

4 cucharaditas de azúcar

40 g de mantequilla

2 ramas de canela

200 ml de vino dulce

aceite de girasol

1 cucharada de azúcar y canela (para espolvorear)

hojas de menta

CONSEJO

Las empanadillas se pueden freír u hornear. Si decides hornearlas y quieres que queden brillantes, pincélalas con huevo batido o leche.

ELABORACIÓN

Limpia las manzanas, descorazónalas y hazles un corte superficial con una puntilla alrededor del contorno. Colócalas en una fuente apta para el horno e introduce 1 cucharadita de azúcar, 10 g de mantequilla y ½ rama de canela dentro de cada una. Vierte el vino en la fuente y hornea las manzanas a 190-200 °C durante 20-25 minutos. Retíralas del horno y deja que se enfríen. Reserva el jugo de la fuente.

Retira las ramas de canela, pela las manzanas y aplástalas con un tenedor.

Extiende las obleas de empanadilla y reparte encima la pulpa de las manzanas. Dobla las empanadillas y ciérralas presionando el borde con un tenedor.

Calienta abundante aceite en una sartén, introduce en ella las empanadillas (en tandas) y fríelas por los dos lados hasta que se doren. Retíralas y escúrrelas sobre una fuente cubierta con papel absorbente. Espolvoréalas con la mezcla de azúcar y canela.

Sirve 3 empanadillas en cada plato. Reparte el jugo reservado en 4 vasos de chupito y sirve 1 en cada plato. Decóralos con unas hojas de menta.

FLAN DE NUECES

INGREDIENTES (4 P.)

80 g de nueces peladas

6 yemas

4 cucharadas de leche condensada

100 g de azúcar (para hacer el caramelo)

1 pizca de sal

Para decorar:

2 nueces peladas

4 frambuesas

hojas de menta

ELABORACIÓN

Para preparar la leche de nueces, introduce las nueces en el filtro de un vaso *milker* (utensilio especial para hacer bebidas vegetales), agrega 500 ml de agua y una pizca de sal, introduce en el filtro una batidora eléctrica y tritura todo bien. Retira la batidora, introduce el mazo y presiona la mezcla de nueces y leche de manera que suelte todo el líquido. Resérvala.

Para preparar el caramelo, pon el azúcar a calentar en una sartén y espera a que se funda y se tueste un poco. Repártelo en 4 flaneras, espárcelo un poco y deja que se enfríe.

Pon las yemas en un bol, añade la leche condensada y mezcla bien con una varilla manual. Agrega la leche de nueces y sigue removiendo la mezcla hasta que los ingredientes queden bien integrados. Reparte la mezcla en las flaneras y hornéalas al baño maría a 180 °C durante 30 minutos.

Retira los flanes del horno y deja que se enfríen. Desmóldalos y decóralos con las frambuesas, las nueces y las hojas de menta.

CONSEJO

Si no tienes el utensilio para hacer bebidas vegetales, puedes preparar la leche de nueces triturando las nueces con el agua en una batidora de vaso y colando después la mezcla.

GRANIZADO DE SANDÍA

INGREDIENTES (4 P.)

800 g de sandía

25 ml de zumo de limón

30 g de azúcar

250 g de hielo (en cubos pequeños)

hojas de menta

ELABORACIÓN

Coloca un trozo de papel de hornear sobre una fuente.

Retira la corteza y las pepitas de la sandía, trocéala y colócala en la fuente. Tápala con film transparente, introdúcela en el congelador y espera a que se congele.

Pon el zumo de limón en una batidora de vaso, añade la sandía, el azúcar y los hielos y tritura hasta conseguir un granizado homogéneo.

Sirve y decora las copas con unas hojas de menta.

CONSEJO

Puedes hacer este granizado con cualquier otra fruta que sea de vuestro agrado, pero las frutas más apropiadas son las que contienen mucha agua.

HOJALDRE DE PERA

INGREDIENTES (6 P.)

1 lámina de hojaldre redonda

4 peras

300 g de crema pastelera

3 cucharadas de mermelada de albaricoque

hojas de menta

CONSEJO

Puedes elaborar esta tarta con cualquier fruta que no contenga demasiada agua (manzanas, fresas, melocotones, ciruelas...).

ELABORACIÓN

Coloca la lámina de hojaldre dentro de un molde redondo (24 cm) y recorta las partes sobrantes con la parte roma de un cuchillo. Cubre la base del hojaldre con la crema pastelera.

Pela las peras, córtalas por la mitad, descorazónalas, córtalas en láminas finas y distribúyelas (superponiéndolas) en círculo sobre la crema. Coloca el molde sobre una bandeja de horno y hornea la tarta a 180 °C durante 20-22 minutos. Retírala del horno, deja que se temple y desmóldala.

Unta las peras con la mermelada de albaricoque, corta la tarta en porciones y sirve. Adorna los platos con unas hojas de menta.

MANZANAS CON CREMA ASADAS

INGREDIENTES (4 P.)

4 manzanas reineta

8-12 cucharadas de crema pastelera (350-400 g)

20 g de mantequilla

2 cucharadas de azúcar

hojas de menta

CONSEJO

Puedes sustituir las manzanas reineta por las de la variedad Fuji, que también da muy buen resultado.

ELABORACIÓN

Lava las manzanas, sécalas, córtales la parte superior y, con una cuchara parisién (sacabolas), vacíalas con cuidado de no romperles la piel. Retírales las pepitas y pica la pulpa con un cuchillo.

Funde la mantequilla en una sartén grande, agrega la pulpa de las manzanas y saltéala durante 4-5 minutos. Pásala a un bol, deja que se temple un poco, agrega la crema pastelera y mezcla bien.

Rellena las manzanas, colócalas sobre un recipiente apto para el horno y hornéalas a 180 °C durante 15-18 minutos.

Retira las manzanas del horno, ponles un poco de azúcar en la parte superior y caramelízalas utilizando un soplete de cocina.

Sirve 1 manzana en cada plato y adórnalas con unas hojas de menta.

MOUSSE DE PLÁTANO

INGREDIENTES (4 P.)

3 plátanos

1 limón

75 g de leche condensada

200 ml de nata líquida para montar

8 frambuesas

8 rodajas de plátano deshidratado

hojas de menta

ELABORACIÓN

Pela los plátanos, córtalos en rodajas y ponlos en un vaso batidor. Exprime el limón y vierte el zumo en el vaso. Añade la leche consensada y tritura los ingredientes con una batidora eléctrica hasta que obtengas una crema fina. Introduce la crema de plátano en el frigorífico.

Pon la nata en un bol y móntala con una batidora de varillas eléctrica.

Añade la crema de plátano al bol de la nata montada y mezcla los ingredientes con movimientos suaves y envolventes. Pasa la *mousse* a una manga pastelera y córtale la punta.

Reparte la *mousse* en 4 copas y decora cada una con 2 frambuesas, 2 rodajas de plátano deshidratado y unas hojas de menta.

CONSEJO

Si quieres servir la *mousse* bien fría, una vez que la hayas introducido en la manga pastelera, puedes volver a dejarla en el frigorífico hasta el momento de servirla.

TARTA SERRADURA

INGREDIENTES (6 P.)

225 g de galletas trituradas

75 g de mantequilla fundida

300 ml de nata (muy fría) para montar

200 g de leche condensada

6 g de gelatina neutra en polvo

3 fresas

hojas de menta

CONSEJO

Esta tarta, además de fácil de hacer, es rica y vistosa, por lo que es perfecta para llevarla a cualquier comida o cena de compromiso que tengas. Si la preparas la víspera, métela en una caja especial para tartas y guárdala en el frigorífico.

ELABORACIÓN

Hidrata la gelatina en 50 ml de agua fría hasta que se forme una especie de gel. Agrégale 50 ml de agua caliente y mezcla bien. Resérvala.

Mezcla en un bol 150 g de galletas trituradas con la mantequilla hasta que los ingredientes queden bien integrados. Forra la parte interior de un molde de fondo desmontable (de 18 cm de diámetro) con papel de hornear y cubre la base con la mezcla de galletas y mantequilla. Para que quede bien compacta, presiónala con la mano (cubierta con un trozo de film transparente).

Pon la nata en un bol y bátela con una batidora de varillas eléctrica hasta que monte bien. Vierte encima la leche condensada poco a poco y bate de nuevo. Añade la gelatina y vuelve a batir. Vierte la mezcla sobre la base de galleta y mantequilla. Tapa la tarta con film transparente, introdúcela en el frigorífico y deja que se endurezca (2 horas como mínimo).

Retira la tarta del frigorífico y cúbrela con el resto de las galletas trituradas (75 g).

Introduce unas hojas de menta en la parte superior de cada fresa y decora con ellas la tarta.

PAVLOVA DE FRESAS Y NATA

INGREDIENTES (6 P.)

500 g de fresas

300 ml de nata líquida fría (35 % de materia grasa)

6 claras de huevo (a temperatura ambiente)

1 pizca de sal

250 g de azúcar glas

1-2 cucharadas de vinagre blanco

45 g de harina de maíz refinada

60 g de azúcar (en grano)

hojas de menta

ELABORACIÓN

Pon las claras y la sal en un bol grande y móntalas con una batidora de varillas eléctrica. Incorpora el azúcar glas poco a poco y termina de montarlas. Añade el vinagre y bate brevemente hasta que quede integrado.

Tamiza la harina de maíz sobre el bol y mezcla bien con una lengua de cocina o una cuchara de madera.

Corta un trozo grande de papel de hornear y marca un círculo de 20 cm en la parte central. Da la vuelta al papel (para que el dibujo quede hacia abajo) y colócalo sobre una bandeja de horno.

Vierte el merengue sobre el papel, extiéndelo siguiendo la marca del papel y deja una hondonada en la parte central. Hornéalo a 100 °C durante 2 horas. Apaga el horno y mantenlo dentro del horno durante 24 horas. Pasa el merengue horneado a una fuente.

Lava las fresas y retírales los tallos. Corta la mitad en dados e introduce en el resto, donde estaban los tallos, unas hojas de menta. Resérvalas.

Pon la nata con el azúcar en grano en un bol y móntala bien con una batidora de varillas eléctrica. Agrega al bol las fresas cortadas en dados y mezcla. Coloca la mezcla de nata y fresas en la parte central del merengue.

Decora la tarta con el resto de las fresas y sirve.

CONSEJO

Para que las claras se monten bien, es importante que no tengan nada de grasa, es decir, nada de yema, y que estén a temperatura ambiente.

PERAS DE HOJALDRE

INGREDIENTES (4 P.)

4 peras

2 láminas de hojaldre

30 g de pasas (sin semillas)

40 g de nueces peladas y picadas

1 cucharada de miel

1 cucharadita de canela en polvo

1 huevo batido

8 bolas de helado

hojas de menta

CONSEJO

Si lo prefieres, en lugar de emplear helado para acompañar las peras, puedes utilizar natillas, crema inglesa, salsa de chocolate o un poco de nata montada.

ELABORACIÓN

Pon las pasas, las nueces, la miel y la canela en un bol y mezcla todo bien.

Corta la parte inferior de las peras y vacíalas con una cuchara parisién, retirándoles el corazón y las semillas. Pélalas y rellénalas con la mezcla anterior.

Marca y corta las láminas de hojaldre de la siguiente manera: 4 piezas cuadradas (que servirán de base), 8 tiras del largo de la lámina y de 1 cm de grosor y 4 piezas con forma de hoja (puedes marcarlas también con el dibujo interior de una hoja para que tengan mejor apariencia).

Cubre la parte inferior de las peras con las bases cuadradas de hojaldre y presiona la masa contra ellas de manera que las bases queden bien cerradas. Enrosca (de abajo a arriba) las tiras de hojaldre (2 por pera) alrededor de las peras hasta cubrirlas, dejando los tallos sin cubrir, y pega 1 hoja de hojaldre en cada pera.

Pinta el hojaldre con el huevo batido y hornea las peras a 180 °C durante 20-25 minutos.

Sirve 1 pera en cada plato y acompáñalas con el helado. Decora los platos con unas hojas de menta.

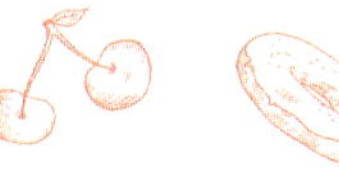

PUCHES

INGREDIENTES (4 P.)

500 ml de leche

15 g de anís en grano

50 g de harina de trigo

50 g de azúcar

50 g de pan de pueblo (de víspera)

1 cucharada de miel

1 cucharadita de canela en polvo

aceite de oliva virgen extra

hojas de menta

ELABORACIÓN

Pon la leche y el anís a calentar en una cazuela y tápala. Cuando empiece a hervir, apaga el fuego y deja que infusione durante 10 minutos.

Calienta 4 cucharadas de aceite en otra cazuela. Incorpora la harina y rehógala un poco. Cuela la leche encima, agrega el azúcar y cocina la mezcla a fuego suave (sin dejar de remover) hasta conseguir una crema homogénea (5-6 minutos).

Calienta 6-8 cucharadas de aceite en una sartén. Corta el pan en daditos y fríelos en la sartén hasta que se doren. Retíralos y escúrrelos sobre una fuente cubierta con papel absorbente.

Reparte los puches en 4 cuencos. Riega 2 de ellos con un poco de miel y espolvorea los otros 2 con un poco de canela en polvo. Salpícalos con los dados de pan frito y decóralos con unas hojas de menta.

CONSEJO

Es importante cocinar los puches a fuego suave para que la leche no se agarre a la cazuela.

ROLLO DE MERENGUE CON MELOCOTÓN

INGREDIENTES (6 P.)

3 melocotones

150 g de azúcar moreno

20 g de harina de maíz refinada

5 claras de huevo

1 cucharadita de esencia de vainilla

50 g de almendra fileteada cruda

300 ml de nata líquida (38 % de materia grasa)

100 g de azúcar blanco

hojas de menta

ELABORACIÓN

Pela los melocotones. Corta 2 de ellos en daditos, ponlos en una sartén con 2 cucharaditas de azúcar moreno y cocínalos a fuego medio durante 5 minutos. Retíralos a un plato y resérvalos.

Corta el otro melocotón en trozos más grandes, ponlos en otra sartén con 1 cucharadita de azúcar moreno y cocínalos a fuego fuerte durante 5 minutos. Retíralos a un plato y resérvalos.

Mezcla en un bol la harina de maíz con el resto del azúcar moreno.

Pon las claras en un bol grande y empieza a montarlas con una batidora de varillas eléctrica. Cuando estén casi montadas, añade poco a poco la mezcla de azúcar moreno y harina de maíz y termina de montarlas. Incorpora la esencia de vainilla y bate hasta que quede bien integrada.

Cubre una bandeja de horno con papel de hornear, coloca sobre ella el merengue y extiéndelo bien con ayuda de una espátula. Espolvorea encima la almendra fileteada y hornéalo a 200 °C durante 12 minutos. Retira el merengue del horno, pásalo a la encimera y deja que se enfríe. Cúbrelo con otro trozo de papel de hornear y dale la vuelta. Retira con cuidado el papel que queda en la parte superior.

Coloca la nata y el azúcar blanco en un bol, móntala con una batidora de varillas eléctrica e introdúcela en una manga pastelera con boquilla rizada.

Cubre con la nata montada medio merengue (dejando los bordes sin cubrir) y coloca encima los daditos de melocotón. Enróllalo (ayudándote del papel) partiendo del trozo relleno de melocotón y nata.

Para servir, córtale las esquinas, colócalo en una fuente alargada y adórnalo con unos botones de nata, los trozos de melocotón reservados y unas hojas de menta.

CONSEJO

Para que se pegue mejor cuando lo enrolles, añade un hilo de nata en cada vuelta.

TARTA ALASKA DE TURRÓN

INGREDIENTES (6 P.)

2 huevos
60 g de azúcar
60 g de harina
500 g de helado de turrón
350 g de helado de nata
aceite de oliva virgen extra
frambuesas
hojas de menta

Para el merengue italiano:

125 g de clara de huevo
250 g de azúcar
100 ml de agua
unas gotas de zumo de limón

ELABORACIÓN

Para preparar el bizcocho, casca los huevos, ponlos en un bol, agrega el azúcar y bátelos bien con una batidora de varillas eléctrica. Tamiza la harina encima y mezcla suavemente con movimientos envolventes.

Cubre la base de un molde redondo de 22 cm de diámetro (de fondo desmontable) con un trozo de papel de hornear. Unta la base y los bordes con un poco de aceite, vierte dentro la mezcla del bizcocho y hornéalo a 200 °C durante unos 15 minutos.

Cruza 2 trozos grandes de film transparente sobre la encimera. Trocea la mitad del helado de turrón y colócalo sobre la parte central del film. Introduce el film con el helado en un molde redondo de 20 cm de diámetro, dobla los bordes del film sobre el helado y presiona con las manos hasta conseguir una placa homogénea. Retírala e introdúcela en el congelador. Repite el proceso para montar otras 2 placas, una con el resto del helado de turrón y otra con el helado de nata. Mantén las placas de helado en el congelador hasta el momento de montar la tarta.

Para preparar el merengue italiano, bate las claras en un bol con una batidora de varillas eléctrica hasta que queden bien montadas. Resérvalas.

Pon a calentar en un cazo el agua, las gotas de zumo de limón y el azúcar. Cuando los ingredientes alcancen una temperatura de 118 °C, apaga el fuego (si no tienes termómetro, fíjate en que el almíbar haya alcanzado el punto de hebra: cuando la mezcla esté hirviendo, al introducir en ella una espátula, sacarla y dejar que el almíbar caiga en el cazo, deberá caer como si fuera un hilo).

Vierte el almíbar poco a poco sobre las claras mientras las bates con la batidora de varillas eléctrica hasta que queden bien montadas y el merengue se enfríe (hasta que esté a temperatura ambiente).

Saca las placas de helado del congelador, retírales el film y pon una sobre otra (turrón, nata y turrón).

Para montar la tarta, pon la plancha de bizcocho en un plato grande. Coloca encima las placas de helado y cúbrelas con el merengue italiano. Saca picos al merengue y dora toda la superficie con un soplete de cocina. Decora la tarta con unas frambuesas y unas hojas de menta.

CONSEJO

Para hacer este postre es importante que los helados que utilices sean de calidad.

TARTA CAPRESE

INGREDIENTES (6 P.)

3 huevos

1 naranja

125 g de azúcar

125 g de mantequilla

125 g de chocolate negro

1 cucharada de licor de naranja

185 g de harina de almendra

2 cucharadas de azúcar glas

2 cucharadas de cacao en polvo

hojas de menta

ELABORACIÓN

Casca los huevos y ponlos en un bol. Ralla encima la piel de la naranja. Agrega el azúcar en grano y monta con una batidora eléctrica de varillas (unos 5 minutos).

Pon la mantequilla y el chocolate en un bol y caliéntalos en el microondas durante 30 segundos. Retira el bol, remueve los ingredientes y, si fuera necesario, caliéntalos de nuevo en el microondas durante otros 30 segundos. Retira el bol del microondas y mezcla bien hasta que los ingredientes queden bien integrados. Añade el licor de naranja y vuelve a mezclar.

Vierte la mezcla de chocolate, mantequilla y licor en el bol de los huevos y bate todo. Incorpora la harina de almendra y mezcla suavemente hasta que se integre.

Cubre por dentro (base y contorno) con papel de hornear un molde de fondo desmontable de 20 cm de diámetro. Vierte en él la mezcla del bizcocho y hornéalo a 180 °C (calor arriba y abajo, sin ventilador) durante 30 minutos. Apaga el horno, abre la puerta y déjalo reposando durante 10 minutos. Sácalo, deja que se enfríe y desmóldalo. Con ayuda de un plato, da la vuelta al bizcocho.

Pon el azúcar glas en un colador y el cacao en otro. Espolvorea la superficie del bizcocho con el azúcar glas, coloca encima una plantilla y espolvorea el cacao por encima.

Decora la tarta con unas hojas de menta.

CONSEJO

Esta tarta necesita asentarse tras la cocción, por lo que hay que evitar los cambios bruscos de temperatura y desmoldarla demasiado pronto.

TARTA CREMOSA DE MASCARPONE

INGREDIENTES (6 P.)

500 g de mascarpone (a temperatura ambiente)

3 huevos

80 g de azúcar

100 ml de nata líquida

1 cucharada de azúcar glas

hojas de menta

Para la compota:

350 g de membrillo

500 g de manzanas

50 g de azúcar

1 rama de canela

125 g de frambuesas

ELABORACIÓN

Cubre la parte interior de un molde redondo de 22 cm con papel de hornear.

Casca los huevos y ponlos en un bol grande. Añade el azúcar y móntalos con una batidora eléctrica de varillas. Agrega el queso (poco a poco) y sigue montando la mezcla hasta que el queso quede bien integrado. Incorpora poco a poco la nata y termina de montar.

Vierte la mezcla en el molde y hornéala a 170 °C durante 40-45 minutos. Retira la tarta del horno, deja que se enfríe y desmóldala.

Para preparar la compota, pela los membrillos (con un pelador de verduras estriado), córtalos en gajos, retírales las semillas y ponlos en una cazuela. Añade el azúcar y la rama de canela, cúbrelos con agua fría (a ras), tapa la cazuela y cuécelos a fuego suave durante 30 minutos.

Pela las manzanas, retírales los corazones, córtalas en dados, incorpóralas a la cazuela y cuécelas (junto a los membrillos) a fuego muy suave durante 15 minutos más. Introduce las frambuesas (reserva 6) en la cazuela y mezcla suavemente.

Espolvorea la tarta con un poco de azúcar glas y córtala en 6 porciones. Sirve 1 porción en cada plato, pon 1 frambuesa encima de cada una y acompáñalas con un poco de compota de membrillo y manzana. Decora los platos con unas hojas de menta.

CONSEJO

Si no tienes queso mascarpone, puedes sustituirlo por un queso crema.

TARTA DE QUESO FRESCO CON HIGOS

INGREDIENTES (6 P.)

400 g de queso fresco de cabra

9 higos frescos

3 huevos

300 ml de nata líquida

160 g de azúcar

50 g de harina

1 cucharadita de esencia de vainilla

3 cucharadas de mermelada de higo

hojas de menta

ELABORACIÓN

Casca los huevos y ponlos en un bol grande. Añade la nata, el azúcar, la harina y la esencia de vainilla. Trocea el queso e incorpóralo. Bate los ingredientes con una varilla eléctrica hasta que queden bien integrados.

Cubre un molde redondo de fondo desmontable con un trozo de papel de hornear (para que el papel se asiente bien, puedes colocar un plato en la base durante 5 minutos).

Vierte la mezcla de la tarta dentro del molde y horneála a 180 °C durante 30-35 minutos. Retira la tarta del horno y deja que se enfríe.

Pela los higos y córtalos por la mitad a lo ancho.

Añade 2 cucharadas de agua a la mermelada y remuévela con una cuchara para mezclarla y que quede un poco más ligera.

Corta la tarta en 6 porciones. Sirve 1 porción en cada plato y acompáñalas con los higos frescos (3 mitades en cada plato). Salpica los platos con la mermelada y decóralos con unas hojas de menta.

CONSEJO

Si lo prefieres, puedes sustituir el queso fresco de cabra por un queso fresco de vaca (tipo queso de Burgos).

TARTA DE PIÑA CARAMELIZADA

INGREDIENTES (4 P.)

- 1 lámina de hojaldre rectangular
- ½ piña
- 1 huevo
- 50 g de mantequilla
- 25 g de azúcar moreno
- 4 cucharadas de queso mascarpone
- 40 g de azúcar blanco
- hojas de menta

CONSEJO

El proceso de elaboración del hojaldre es muy largo, pero en el mercado se puede encontrar una gran variedad de marcas que lo hacen muy bien.

ELABORACIÓN

Casca el huevo, ponlo en un bol y bátelo bien.

Corta la masa de hojaldre en 4 y, con ayuda de un pincel, unta los bordes de cada trozo con un poco de huevo batido y dóblalos hacia dentro, formando un marco alrededor de todo el borde. Píntalos con huevo batido y pincha las bases con un tenedor.

Cubre una bandeja de horno con papel de hornear, coloca encima los 4 hojaldres y hornéalos a 190 °C durante 18-20 minutos. Retíralos del horno y deja que se enfríen.

Corta la media piña en 4 gajos a lo largo, retírales la parte dura del centro y la corteza y corta los gajos en triángulos de 1 centímetro de grosor.

Calienta la mantequilla en una sartén grande, agrega el azúcar moreno, mezcla bien e incorpora los trozos de piña. Cocínala a fuego suave-medio durante 4-5 minutos. Retírala a una fuente y resérvala.

Pon 1 cucharada de queso mascarpone en la parte central de cada hojaldre y extiéndelo con una espátula. Reparte encima los trozos de piña, espolvoréalos con un poco de azúcar y caramelízalos con un soplete.

Sirve y decora con unas hojas de menta.

TARTA DE CACAO Y REQUESÓN

INGREDIENTES (6 P.)

Para la base:

- 180 g de harina + 25 g para espolvorear
- 20 g de cacao
- 90 g de azúcar
- 16 g de levadura en polvo
- 1 pizca de sal
- 90 g de mantequilla (a punto de pomada)
- 1 huevo pequeño

Para el relleno y para decorar:

- 400 g de requesón
- 160 g de azúcar
- 2 huevos grandes
- 1 cucharadita de esencia de vainilla
- 200 g de mantequilla (a punto de pomada)
- 20 g de preparado para flan
- hojas de menta

ELABORACIÓN

Para preparar la base, pon en un bol la harina, el cacao, el azúcar, la levadura y la sal y mezcla suavemente. Incorpora la mantequilla y el huevo y amasa los ingredientes un poco. Pasa la mezcla a la encimera y amásala hasta que quede una masa compacta. Envuélvela con film transparente, introdúcela en el frigorífico y deja que se enfríe durante 30 minutos.

Para preparar el relleno, pon el requesón y el azúcar en un bol grande y bátelos con una batidora de varillas eléctrica hasta que queden integrados. Sin dejar de batir, incorpora los huevos (de uno en uno), la esencia de vainilla y la mantequilla en trozos (es importante no agregar el siguiente ingrediente hasta que el anterior quede bien integrado). Añade el preparado para flan y mezcla suavemente con una cuchara hasta que se integre en la mezcla.

Espolvorea la encimera con un poco de harina, coloca encima la masa, espolvoréala con otro poco de harina y estírala con un rodillo (no te preocupes si se rompe, ya que es una masa que se quiebra con facilidad).

Cubre la base y el contorno de un molde redondo (de 20 cm de diámetro) con la masa (si se rompe, pon un trozo de masa en el hueco y aplástala hasta que se una). Vierte dentro el relleno y coloca sobre él unos recortes de la masa. Hornea la tarta a 170 °C durante 45 minutos.

Retírala y deja que se enfríe. Adórnala con unas hojas de menta y sirve.

CONSEJO

Si en vez de utilizar un molde de 20 cm utilizas uno de 24, en lugar de hornearla durante 45 minutos será suficiente con hacerlo durante 25-30 minutos.

TARTA DE ZANAHORIA Y NUECES

INGREDIENTES (8 P.)

Para un molde desmontable de 24 cm de diámetro:

135 g de zanahorias ralladas
75 g de nueces molidas
45 g de pasas
2 cucharadas de ron
½ plátano maduro aplastado
150 g de azúcar
ralladura de 1 limón
1 pizca de sal
4 huevos
70 g de harina de trigo
135 g de harina de almendra

Para la crema de mantequilla:

400 g de mantequilla (a punto de pomada)
3 yemas de huevo
150 g de azúcar glas

Para decorar:

200 g de nueces picadas
8 medias nueces
3 cucharadas de zanahoria rallada (mezcladas con 1 cucharadita de zumo de limón)
hojas de menta

ELABORACIÓN

Pon las pasas con el ron en un bol y deja que se hidraten durante unos 30 minutos. Escúrrelas, pícalas un poco y pásalas a otro bol. Agrega las zanahorias ralladas (135 g) y el plátano, mezcla bien y reserva.

Mezcla el azúcar con la ralladura de limón y la sal en otro bol.

Separa las claras de las yemas y ponlas en 2 boles separados. Agrega al bol de las 4 yemas ⅓ de la mezcla de azúcar, limón y sal y bátelas con una batidora de varillas hasta que queden espumosas. Incorpora la mezcla de zanahoria, plátano y pasas y mezcla bien.

Bate las claras con una batidora de varillas hasta que formen picos suaves. Agrega el resto de la mezcla de azúcar, ralladura y sal (⅔) y sigue batiéndolas hasta que queden firmes.

Mezcla las claras montadas con la mezcla de yemas montadas, zanahoria, plátano y pasas y remueve los ingredientes con movimientos suaves y envolventes hasta que queden integrados.

Mezcla en un bol grande las nueces molidas con la harina de trigo y la de almendra. Incorpora al bol la mezcla de las yemas y las claras y vuelve a mezclar.

Cubre el molde por la parte interior (base y contorno) con papel de hornear, vierte dentro la mezcla y hornéala a 180 °C durante 40-45 minutos. Retira el bizcocho del horno y deja que se enfríe.

Para preparar la crema de mantequilla, pon las yemas en un bol y bátelas con una batidora de varillas eléctrica. Vete agregando el azúcar glas poco a poco y sigue montándolas hasta que quede integrado. Incorpora la mantequilla poco a poco y sigue batiendo hasta conseguir una crema homogénea. Introduce la crema de mantequilla en una manga pastelera con boquilla redonda y resérvala.

Para montar la tarta, corta el bizcocho en 3 planchas. Coloca 1 plancha de bizcocho sobre un plato, ponle un poco de la crema de mantequilla en el centro y extiéndela con una espátula. Coloca encima otra plancha de bizcocho y vuelve a cubrirla con más crema de mantequilla. Finalmente, pon encima la última plancha y cúbrela con la crema de mantequilla, extendiéndola con la espátula. Extiende también crema de mantequilla por todo el contorno de la tarta y cubre este con las nueces picadas.

Decora la parte superior de la tarta con el resto de la crema de mantequilla, las medias nueces, la zanahoria rallada (mezclada con zumo de limón) y unas hojas de menta.

CONSEJO

Para cubrir el contorno de la tarta con las nueces, vete tomando con la mano puñados de nueces picadas y presionándolas contra la tarta suavemente.

TARTA FRANCHIPÁN

INGREDIENTES (6-8 P.)

2 láminas de hojaldre

1 huevo batido (para pintar)

Para el franchipán:

200 g de harina de almendra

50 g de harina de trigo

200 g de azúcar glas

200 g de mantequilla (a punto de pomada)

2 huevos

Para decorar:

75 g de almendra cruda fileteada

hojas de menta

ELABORACIÓN

Pon las almendras fileteadas en un bol, cúbrelas con agua y deja que se hidraten durante unos 30 minutos.

Mezcla en un bol grande la harina de almendra, la harina de trigo y el azúcar glas. Añade la mantequilla y los 2 huevos y mezcla los ingredientes con una lengua hasta conseguir una crema homogénea.

Extiende 1 lámina de hojaldre (con el papel con el que viene envuelta) sobre una bandeja de horno. Pon encima de ella la crema, extiéndela dejando el contorno del hojaldre sin cubrir y dobla este hacia dentro.

Enrolla la otra lámina de hojaldre y córtala en rodajas de 1 centímetro de grosor. Desenróscala y coloca las tiras de hojaldre resultantes encima de la crema formando una rejilla. Pega las tiras a la base untándoles las puntas (por la parte inferior) con un poco de agua. Pinta el hojaldre con el huevo batido.

Escurre las almendras fileteadas y repártelas sobre la tarta.

Hornea la tarta a 180 °C durante unos 30 minutos.

Sirve y decora con unas hojas de menta.

CONSEJO

La tarta se puede consumir fría, pero si la coméis templada, los sabores tostados de la almendra serán más intensos.

TARTA FRÍA DE CHOCOLATE

INGREDIENTES (6 P.)

Para la base:

200 g de galletas de cereales y cacao

60 g de mantequilla fundida

Para el relleno:

250 g de chocolate negro

150 ml de nata líquida (38 % de materia grasa)

2 hojas de gelatina (3,3 g)

500 g de queso mascarpone (o queso cremoso de untar)

110 g de azúcar glas

Para decorar:

chocolate negro rallado

frambuesas

hojas de menta

ELABORACIÓN

Pon la gelatina en un bol con agua fría y déjala a remojo hasta que se ablande.

Para preparar la base, tritura las galletas en una picadora hasta que queden reducidas a polvo. Agrega la mantequilla fundida y vuelve a triturar hasta que todo quede bien integrado.

Cubre un molde redondo de fondo desmontable (22 cm de diámetro) con papel de hornear, introduce en él la mezcla de galletas y mantequilla y extiéndela bien (aplastándola con una cuchara) por toda la base del molde.

Trocea el chocolate, colócalo en un bol, fúndelo al baño maría (es muy importante que el chocolate no se moje) y resérvalo.

Pon la nata a calentar en un cazo, añade las hojas de gelatina (escurridas) y remuévelas hasta que se disuelvan. Aparta el cazo del fuego.

Pon el queso en un bol grande, incorpora el azúcar glas y mezcla un poco. Introduce la batidora de varillas eléctrica en el bol y empieza a montar los dos ingredientes. Vierte encima, poco a poco, la mezcla de nata y gelatina sin dejar de batir. Incorpora el chocolate fundido y remueve los ingredientes con una lengua (o cuchara de madera) hasta que queden bien integrados.

Vierte la mezcla en el molde y golpéalo contra la encimera para que se asiente y quede nivelada. Introduce el molde en el frigorífico y espera a que este frío y cuajado (2-3 horas).

Desmolda la tarta, decórala con chocolate rallado, unas frambuesas y unas hojas de menta y sirve.

CONSEJO

El chocolate se puede fundir en el microondas. Basta con trocearlo, introducirlo en el microondas a máxima potencia durante 30 segundos, removerlo y repetir el proceso hasta que se funda del todo. Hay que tener cuidado de que no se queme.

TARTA FRÍA DE LIMÓN

INGREDIENTES (6 P.)

Para la base de un molde de 20 cm de diámetro:

200 g de galletas

100 g de mantequilla fundida

Para la crema de limón:

2 huevos pequeños

60 ml de zumo de limón

100 g de azúcar

4 g de hojas de gelatina

50 g de mantequilla

ralladura de ½ limón

250 ml de nata muy fría (35 % de materia grasa)

Para la cobertura de limón:

30 g de harina de maíz refinada

50 g de azúcar

225 ml de agua

100 ml de zumo de limón

unas gotas de colorante amarillo

Para decorar:

1 cucharada de caramelitos explosivos

1 cucharadita de ralladura de limón

1 cucharada de azúcar

hojas de menta

ELABORACIÓN

Pon la gelatina en un bol con agua fría y déjala a remojo hasta que se ablande.

Para preparar la base, pon la mantequilla fundida en una picadora, trocea las galletas, añádelas y tritura todo bien. Cubre la base del molde con un trozo de papel de hornear, introduce en él la mezcla de galleta y mantequilla, cúbrete la mano con film transparente y aplasta con ella la mezcla hasta extenderla por toda la base.

Para preparar la crema de limón, casca los huevos, ponlos en un bol y bátelos un poco. Agrega el zumo de limón y el azúcar y mezcla bien. Pasa la mezcla a una cazuela y caliéntala (sin dejar de remover con una varilla) a fuego bajo hasta que cuaje. Apaga el fuego, incorpora las hojas de gelatina (escurridas) y remueve los ingredientes hasta que la gelatina se funda. Añade la mantequilla y remueve todo hasta que se funda. Finalmente, agrega la ralladura de limón, mezcla bien y deja que se temple (a temperatura ambiente). Pon la nata en otro bol y móntala con una batidora de varillas eléctrica. Incorpora la crema templada a la nata montada, mezcla bien, hasta conseguir una crema homogénea, viértela sobre la base de galleta y mantequilla y extiéndela con una espátula. Introduce la tarta en el frigorífico y deja que se enfríe durante 2 horas como mínimo.

Para preparar la cobertura de limón, pon la harina de maíz refinada y el azúcar en un bol y mezcla bien. Vierte encima el agua (poco a poco) sin dejar de remover hasta que los ingredientes queden bien integrados. Añade el zumo de limón y remueve de nuevo. Pasa la mezcla a un cazo y cocínala a fuego medio hasta que espese un poco. Apaga el fuego y pasa la mezcla a un bol. Añade 4-5 gotas de colorante y remueve los ingredientes hasta que queden integrados. Deja que se enfríe.

Retira la tarta del frigorífico, desmóldala y nápala con la cobertura de limón.

Mezcla los caramelitos explosivos con la ralladura de limón y el azúcar y decora la tarta con la mezcla. Adórnala con unas hojas de menta.

CONSEJO

No es necesario hornear la base de galleta y mantequilla, sobre todo en el caso de tartas frías. No obstante, al hornearla, conseguiremos una base más compacta que no se desmoronará a la hora de cortarla.

TARTA REGINA

INGREDIENTES (8 P.)

2 láminas de hojaldre redondas

1 huevo batido

400 ml de nata líquida (muy fría) para montar

40 g de azúcar glas

40 g de almendra laminada tostada

hojas de menta

Para la crema pastelera:

50 g de harina de maíz refinada

50 g de azúcar

500 ml de leche

1 cucharada de esencia de vainilla

2 huevos

50 g de mantequilla

ELABORACIÓN

Extiende las lámina de hojaldre (con el papel que traen) sobre la encimera. Con ayuda de un plato (un poco más pequeño que el hojaldre), marca un aro en una de las láminas y córtalo. Dobla el aro en 4 (para que no se deforme al trasladarlo) y colócalo sobre el contorno de la otra lámina de hojaldre, de manera que tengamos una base con un borde exterior. Reserva el hojaldre sobrante para otra ocasión.

Coloca la base de hojaldre (con su papel) sobre una bandeja de horno. Pincha la parte central con un tenedor y cúbrela con un trozo grande de papel de hornear. Para que el hojaldre no suba, colócale en la parte central de la base unas legumbres secas (destinadas a este fin). Pinta el borde con huevo batido. Hornea el hojaldre a 200 °C (a media altura, calor arriba y abajo) durante 10 minutos. Abre el horno, retira las legumbres y hornéalo durante 10 minutos más. Retíralo y deja que se enfríe.

Para preparar la crema pastelera, pon la harina de maíz, el azúcar y 150 ml de leche en un bol y mezcla bien con una varilla manual. Incorpora la vainilla y los huevos y bate los ingredientes hasta que se integren bien.

Pasa la mezcla a una cazuela, añade el resto de la leche, mezcla bien y cocina los ingredientes a fuego suave hasta que espese la crema (unos 5 minutos). Aparta la cazuela del fuego, agrega la mantequilla y mezcla todo con una lengua hasta que se disuelva la mantequilla. Pasa la crema pastelera a un bol, cúbrela a piel con film transparente y deja que se enfríe.

Cubre la parte interior del hojaldre con la crema pastelera.

Pon la nata (importante que este bien fría) en un bol, agrega el azúcar glas y móntala con una batidora de varillas eléctrica. Introdúcela en una manga pastelera con boquilla rizada y cubre la crema pastelera con botones de nata.

Decora la tarta con las almendras tostadas y unas hojas de menta.

CONSEJO

Para tostar las almendras lo mejor es calentar primero una sartén sin nada de grasa y agregar después las almendras. Para que no se quemen, es conveniente tostarlas a fuego suave y vigilarlas en todo momento.

PASTELITOS DE LIMÓN Y ARÁNDANOS

INGREDIENTES (4 P.)

16 hojas de pasta filo
ralladura de 2 limones
40 arándanos frescos
100 g de mantequilla fundida
500 ml de nata líquida
3 huevos
100 g de azúcar glas (75 g + 25 g)
hojas de menta

ELABORACIÓN

Extiende 2 hojas de pasta filo sobre la encimera (colocando el lado corto de las hojas hacia ti), úntalas con mantequilla y pliégalas (como si fueras a hacer un acordeón). Unta 1 molde individual con un poco de mantequilla y ponle encima una tira larga de papel de hornear a lo largo del molde, de manera que cuelgue una pestaña por cada lado. Coloca dentro las hojas de pasta filo plegadas contorneando el molde. Pliega otras 2 hojas de pasta filo de la misma manera y colócalas en la parte central del molde. Monta los otros 3 moldes del mismo modo. Úntalos por la parte superior con otro poco de mantequilla, colócalos en una bandeja de horno y hornéalos a 180 °C durante 10 minutos.

Pon la nata, los huevos, la ralladura de los limones y 75 g de azúcar glas en un vaso batidor y tritúralos con una batidora eléctrica hasta conseguir una crema homogénea.

Retira los moldes del horno y reparte por encima la crema y los arándanos.

Vuelve a colocar la bandeja en el horno y hornea los pastelitos a 180 °C durante 30 minutos. Retíralos del horno, deja que se templen y desmóldalos.

Sirve 1 pastelito en cada plato, espolvoréalos con el resto del azúcar glas (25 g) y decóralos con unas hojas de menta.

CONSEJO

Para que sea más fácil desmoldar los pastelillos, pasa una puntilla (cuchillo pequeño) por los lados donde no hay pestaña de papel.

TORRIJAS AL HORNO

INGREDIENTES (6 P.)

6 rebanadas gruesas de pan de molde

3 huevos

400 ml de leche

3 cucharadas de azúcar

1 cucharadita de esencia de vainilla

500 ml de helado de vainilla

azúcar glas

hojas de menta

CONSEJO

Las torrijas son perfectas para cualquier momento del día, pero si las acompañas con un chocolate caliente, se convertirán en las reinas de la merienda.

ELABORACIÓN

Casca los huevos y ponlos en una jarra junto con la leche, el azúcar y la esencia de vainilla y tritura todo con una batidora eléctrica hasta que los ingredientes queden bien integrados.

Extiende las rebanadas de pan en un recipiente grande. Riégalas con la mezcla anterior y déjalas reposar durante 3 minutos. Dales la vuelta y déjalas otros 3 minutos, hasta que queden bien empapadas.

Coloca las rebanadas de pan remojadas de pie en un recipiente (apto para el horno) que se adapte al tamaño de las rebanadas. Vierte encima los restos del líquido donde las has remojado y hornéalas a 190 °C durante 15 minutos.

Retira las torrijas del horno, deja que se templen y espolvoréalas con un poco de azúcar glas.

Sirve 1 torrija en cada plato, espolvoréalas con otro poco de azúcar glas y acompáñalas con 1 bolita de helado. Decora los platos con unas hojas de menta.

BOCADOS DE TIRAMISÚ

INGREDIENTES (4 P.)

300 g de bizcocho

1 café expreso (60 ml)

3 cucharadas de queso mascarpone (65 g)

100 g de cacao en polvo

hojas de menta

ELABORACIÓN

Desmenuza el bizcocho y ponlo en un bol. Agrega el café y el queso y mezcla bien hasta conseguir que los ingredientes queden bien integrados.

Toma pequeñas porciones de la mezcla, redondéalas hasta conseguir unas bolitas y pásalas por el cacao.

Sirve y decora los platos con unas hojas de menta.

CONSEJO

Si los bocaditos los van a comer solo adultos, puedes agregar a la mezcla un poco de vino marsala o de licor *amaretto*.

CANUTILLOS FRITOS CON CREMA Y PISTACHOS

INGREDIENTES (4 P.)

200 g de harina + 25 g para estirar

80 ml de leche

50 ml de aceite de girasol

500 g de crema pastelera

100 g de pistachos (pelados y picados)

aceite de oliva suave

hojas de menta

CONSEJO

Si cuando frías los canutillos, el aceite no los cubre, es mejor introducirlos en la sartén dejando la parte de la junta en contacto con la sartén.

ELABORACIÓN

Pon la harina, la leche y el aceite de girasol en un bol grande. Mezcla bien y amasa hasta que los ingredientes queden bien integrados. Forma una bola, ponla de nuevo en el bol, cúbrela con un paño limpio y deja que repose durante 10 minutos.

Espolvorea la encimera con un poco de harina. Pon la masa sobre la encimera, ruédala hasta formar un cilindro y córtala en 8 porciones. Con ayuda de un rodillo, estira una de las porciones hasta formar un cuadrado fino, enróllalo alrededor de un canutillo (especial de repostería) de acero inoxidable, unta la punta de la masa con un poco de agua, presiónala un poco y sella la junta. Repite el proceso con las otras 7 porciones de masa.

Calienta abundante aceite de oliva en una sartén, introduce en ella los canutillos (en tandas) y fríelos (con molde incluido) hasta que se doren. Retíralos, escúrrelos sobre una fuente cubierta con papel absorbente y desmóldalos (retírales el canutillo de metal).

Pon la crema pastelera en una manga y rellena con ella los canutillos. Reboza las puntas con el pistacho picado.

Sirve 2 canutillos en cada plato y adórnalos con unas hojas de menta.

CARLOTA DE LIMÓN

INGREDIENTES (6-8 P.)

21 galletas redondas
1 hoja de gelatina
300 ml de leche evaporada
2 limas
300 g de leche condensada
300 g de queso crema
2 limones
35 arándanos
hojas de menta

CONSEJO

El acetato se puede comprar en papelerías o en tiendas especializadas en artículos de repostería.

ELABORACIÓN

Cubre la base interior de un molde de fondo desmontable (18 cm) con papel de hornear, y el contorno interior, con acetato.

Pon la gelatina a remojar en un bol con agua fría. Calienta un poco de la leche evaporada en un cazo. Escurre la gelatina, agrégala al cazo, mezcla hasta que se disuelva y resérvala.

Ralla la cáscara de 1 lima y exprime 1 lima y los limones. Introduce en una batidora de vaso la ralladura de lima, la leche condensada, el queso crema, el resto de la leche evaporada fría y el zumo de los limones y de la lima y tritura los ingredientes un poco. Agrega la leche evaporada con la gelatina y vuelve a triturar brevemente.

Para montar la carlota, cubre el fondo del molde con un poco de la crema de limón y cúbrela con 7 galletas. Repite el proceso con el resto de las galletas y la crema (finalizando con una capa de crema). Tapa el molde con film transparente, introduce la tarta en el frigorífico y refrigérala durante 4-6 horas. Si quieres que te quede como una tarta helada, puedes congelarla de un día para otro.

Desmolda la carlota, retírale el acetato y rállale encima un poco de la piel de la otra lima. Decórala con unos arándanos y unas hojas de menta.

FLORES DE HOJALDRE CON CHOCOLATE BLANCO

INGREDIENTES (4 P.)

2 láminas de hojaldre (rectangulares)

125 g de chocolate blanco

60 g de azúcar moreno

1 huevo

8 frambuesas

hojas de menta

CONSEJO

Si lo prefieres, en lugar de chocolate blanco, puedes usar chocolate negro, chocolate con leche o dulce de leche.

ELABORACIÓN

Desenrosca las láminas de hojaldre (sobre el papel con el que vienen) y espolvoréalas con el azúcar. Enróllalas de nuevo y recórtales las puntas para igualarlas.

Corta cada rollo de hojaldre en 4 porciones y realiza 4 cortes a cada porción sin llegar a la base. Separa los cortes formando un círculo y gíralos hasta que formen una flor. Repite el proceso hasta conseguir 8 flores.

Cubre una bandeja de horno con papel de hornear y coloca encima las flores de hojaldre. Bate el huevo en un bol y pinta con él las flores. Hornea las flores a 180 °C durante 20 minutos. Retíralas del horno y deja que se templen.

Funde el chocolate en el microondas, deja que se temple un poco e introdúcelo en una manga pastelera. Decora las flores con unos hilos de chocolate, unas hojas de menta y las frambuesas.

Sirve 2 flores por ración.

FRESAS EN ALMÍBAR CON HELADO

INGREDIENTES (4 P.)

1 kg de fresas

4 bolas de helado de yogur

185 g de azúcar

370 ml de agua

¼ de cucharadita de vainilla en polvo

hojas de menta

ELABORACIÓN

Pon el azúcar en un cazo grande junto con el agua y la vainilla. Retira el tallo de 2 de las fresas, májalas con un tenedor e introdúcelas en el cazo. Cuece todo durante 7 minutos.

Limpia el resto de las fresas y retírales los tallos. Incorpora las fresas al cazo y cuécelas durante 1 minuto. Cuela la mezcla, pon el almíbar de nuevo en el cazo y extiende las fresas en una fuente. Reduce el almíbar durante 15-20 minutos a fuego suave y deja que se enfríe.

Reparte las 4 bolas de helado en 4 copas, reparte por encima las fresas y riégalas con un poco de almíbar. Decóralas con unas hojas de menta.

CONSEJO

Puedes aromatizar el almíbar a vuestro gusto agregando cáscaras o zumo de cítricos, anís estrellado, cardamomo o canela.

HELADO DE PLÁTANO Y CAFÉ

INGREDIENTES (4 P.)

6 plátanos

100 ml de café frío

2 cucharadas de crocanti de almendra

hojas de menta

ELABORACIÓN

Pela los plátanos, córtalos en dados y extiéndelos sobre una fuente cubierta con papel de hornear. Tápalos con film transparente y congélalos.

Introduce los plátanos congelados en una picadora, vierte encima el café y tritúralos bien hasta conseguir una crema homogénea.

Sirve el helado de plátano y café en 4 copas, espolvoréalas con el crocanti de almendra y decóralas con unas hojas de menta.

CONSEJO

Si prefieres endulzar el helado, puedes añadirle azúcar, melaza o miel.

MOUSSE DE CEREZAS

INGREDIENTES (4 P.)

250 g de cerezas + 8 para decorar

zumo de ½ limón

2 claras de huevo

90 g de azúcar glas

200 g de nata montada

hojas de menta

ELABORACIÓN

Lava bien las cerezas (250 g), deshuésalas, introdúcelas en un vaso batidor junto con el zumo de limón y tritúralas bien con una batidora eléctrica. Cuela el puré de cereza y resérvalo.

Pon las claras en un bol grande y móntalas con una batidora eléctrica de varillas. Cuando estén un poco montadas, agrega (poco a poco) el azúcar glas y sigue montándolas. Incorpora la nata montada y mezcla suavemente con movimientos envolventes. Agrega el puré de cereza y mezcla suavemente.

Introduce la *mousse* en una manga pastelera con boquilla rizada y rellena con ella 4 copas. Decóralas con las cerezas y unas hojas de menta

CONSEJO

Si quieres que la *mousse* quede más estable, puedes añadirle un poco de gelatina. Solo tendrás que remojarla en agua fría, calentarla en 2 cucharadas de agua hasta que se disuelva y añadirla a las claras antes de empezar a montarlas.

MOUSSE DE MANGO

INGREDIENTES (4 P.)

2 mangos
2 hojas de gelatina
1 lima
2 cucharadas de azúcar
3 claras de huevo
16 frambuesas
hojas de menta

ELABORACIÓN

Pon las hojas de gelatina en un bol con agua fría para que se hidraten.

Pela los mangos, trocéalos y colócalos en un vaso batidor. Lava la lima, ralla la mitad y añádela al vaso. Corta la lima por la mitad, exprímela y vierte el zumo en el vaso. Tritura los ingredientes con una batidora eléctrica.

Calienta 50 ml de agua en un cazo, introduce en él las gelatinas (escurridas) y caliéntalas hasta que se disuelvan. Incorpóralas junto con el azúcar al vaso batidor y vuelve a triturar la mezcla con la batidora eléctrica.

Pon las claras en un bol y móntalas con una batidora de varillas eléctrica.

Vierte el puré de mango sobre las claras y mezcla suavemente con movimientos envolventes. Pasa la *mousse* a una jarra limpia, repártela en 4 vasos e introdúcelos en el frigorífico durante 1 hora para que la *mousse* cuaje y se refresque.

Decora con las frambuesas y unas hojas de menta.

CONSEJO

La *mousse* de mango es un postre fresco, ligero y digestivo, perfecto para tomar después de una comida consistente.

TARTA DE QUESO CON ARÁNDANOS Y NUECES

INGREDIENTES (8 P.)

Para la base:

160 g de galletas de cacao

50 g de mantequilla (fundida)

Para la mermelada de arándanos:

250 g de arándanos frescos

50 ml de zumo de lima

75 g de azúcar de caña

Para la tarta de queso:

750 g de queso fresco (tipo Burgos)

3 huevos

90 g de azúcar glas

200 ml de nata líquida (35 % de materia grasa)

1 cucharadita de preparado para flan

ralladura de 1 naranja

80 g de arándanos frescos

10 nueces pacanas

hojas de menta

ELABORACIÓN

Para preparar la base, trocea las galletas, ponlas en una picadora y tritúralas un poco. Añade la mantequilla y tritura los ingredientes hasta que queden bien integrados.

Forra un molde redondo (de 22 cm de diámetro y fondo desmontable) con papel de hornear, introduce en él la mezcla de galletas y mantequilla, cúbrete la mano con film transparente y extiende y aplasta la mezcla por toda la base del molde. Introduce el molde en el frigorífico y deja que la base endurezca.

Para preparar la mermelada, pon los arándanos, el azúcar de caña y el zumo de lima en una sartén y cocina los ingredientes durante 6-8 minutos, hasta que los arándanos y el azúcar se deshagan y espesen un poco. Pasa la mezcla a un bol y deja que se temple.

Para preparar la tarta, casca los huevos y ponlos en una batidora de vaso. Añade el azúcar glas, la nata, el queso fresco (con el suero que haya soltado), el preparado para flan y la ralladura de naranja y tritura los ingredientes hasta que se integren (no hace falta batirlo demasiado). Vierte parte de la mezcla en el molde cubriendo la base, distribuye encima la mitad de la mermelada de arándanos y la mitad de los arándanos frescos (40 g) y cubre con el resto de la crema de queso.

Hornea la tarta a 180 °C durante 20 minutos. Baja la temperatura a 140 °C y hornéala durante 20 minutos más. Apaga el horno, deja que la tarta repose hasta que se enfríe y desmóldala.

Mezcla el resto de los arándanos (40 g) con el resto de la mermelada y cubre con la mezcla la parte superior de la tarta. Reparte por encima las nueces pacanas y decórala con unas hojas de menta.

CONSEJO

Esta tarta, como postre, es demasiado potente, pero sería perfecta para tomar con un café o una infusión a la hora del desayuno o de la merienda.

TARTA SARA

INGREDIENTES (6-8 P.)

Para el bizcocho genovés:

4 huevos (a temperatura ambiente)

120 g de azúcar

1 cucharada de mantequilla fundida

130 g de harina

½ sobre de levadura química (8 g)

1 pizca de sal

Para el jarabe:

150 g de azúcar

200 ml de agua

30 ml de ron

Para la crema de mantequilla:

300 g de mantequilla a temperatura ambiente

150 g de azúcar glas

Para decorar:

200 g de almendra laminada tostada

azúcar glas

5 frambuesas

hojas de menta

ELABORACIÓN

Para preparar el bizcocho, casca los huevos, ponlos en un bol grande junto con el azúcar y bate los ingredientes con una batidora eléctrica de varillas. Agrega la mantequilla y sigue montándolos. Tamiza encima la harina, la levadura y la sal y mezcla con movimientos envolventes hasta que los ingredientes se integren. Cubre un molde de fondo desmontable con papel de hornear y vierte dentro la mezcla. Introduce el molde en el horno y hornea la masa a 180 °C durante 20-25 minutos. Retira el bizcocho del horno y deja que se enfríe.

Para preparar el jarabe, pon el azúcar, el agua y el ron en una cazuela y caliéntalos a fuego suave-medio durante 6-8 minutos, hasta conseguir un almíbar flojo.

Para preparar la crema de mantequilla, pon la mantequilla en un bol e introdúcela en el microondas durante 15 segundos (es importante que la mantequilla no llegue a fundirse). Retira el bol del microondas, agrega el azúcar glas, mezcla los ingredientes con una batidora de varillas eléctrica poco a poco (para que el azúcar glas no salga volando) y móntalos.

Corta el bizcocho por la mitad, de manera que consigas 2 capas, y emborráchalas (generosamente) por la parte interior con el jarabe. Coloca la capa superior del bizcocho sobre el plato que elijas para servirla (dejando la parte interior hacia arriba), cúbrela con un poco de crema de mantequilla y extiéndela bien. Coloca encima la otra capa de bizcocho (dejando la parte interior hacia abajo). Cubre la parte superior y el contorno del bizcocho con el resto de la crema de mantequilla y extiéndela bien.

Cubre la tarta (parte superior y contorno) con las almendras laminadas, espolvoréala con un poco de azúcar glas y decórala con las frambuesas y las hojas de menta. Sirve.

CONSEJO

Si guardas la tarta en el frigorífico, procura sacarla 15 minutos antes de consumirla; así se templará la mantequilla y será mucho más agradable al paladar.

TARTA TENERINA

INGREDIENTES (6 P.)

200 g de chocolate para fundir
100 g de mantequilla
3 huevos
150 g de azúcar
3 cucharadas de leche
60 g de harina
1 pizca de sal
grosellas
hojas de menta

CONSEJO

Si quieres que la tarta sea apta para alguien que tenga intolerancia al gluten, puedes sustituir la harina de trigo por harina de almendra.

ELABORACIÓN

Pon el chocolate y la mantequilla en un bol, introdúcelo en el microondas y calienta los ingredientes durante 1 minuto. Retira el bol, remueve los ingredientes y deja que la mezcla se temple.

Casca los huevos, separa las claras de las yemas y ponlas (separadas) en 2 boles grandes.

Monta las claras con una batidora de varillas eléctrica hasta que empiecen a esponjar. Añade la mitad del azúcar, poco a poco, y sigue montándolas hasta que estén bien densas.

Agrega a las yemas el resto del azúcar y móntalas con una batidora eléctrica de varillas hasta que estén bien esponjosas. Vierte encima la leche y sigue montando hasta que quede integrada.

Incorpora la mezcla de chocolate y mantequilla al bol de las yemas, añade la harina (tamizada) y la sal y mezcla suavemente. Cuando quede todo bien integrado, agrega al bol ⅓ parte de las claras montadas y mezcla hasta que se integren. Repite el proceso dos veces más hasta integrar todas las claras.

Cubre un molde redondo con papel de hornear. Vierte dentro la mezcla de la tarta y hornéala a 180 °C durante 25 minutos.

Sirve y decórala con unas hojas de menta y unas grosellas.

TARTALETAS DE FRESA

INGREDIENTES (4 P.)

240 g de pasta quebrada

16 fresas

4 cucharadas de crema pastelera

3 cucharadas de mermelada de arándanos

harina (para estirar)

hojas de menta

CONSEJO

Si lo prefieres, puedes sustituir la mermelada de arándanos por una mermelada de fresa.

ELABORACIÓN

Espolvorea la encimera con un poco de harina y cubre una bandeja de horno con papel de hornear.

Divide la masa en 4 porciones, redondéalas y colócalas sobre la encimera. Pasa el rodillo por encima de cada una para darles forma ovalada. Pellizca el contorno de las 4 láminas de masa de manera que les quede el borde rizado, colócalas en la bandeja de horno y hornéalas a 180 °C durante 14-15 minutos. Retira las tartaletas del horno y deja que se enfríen.

Lava las fresas, retírales el tallo, córtalas por la mitad y extiéndelas sobre otra bandeja de horno cubierta con papel de hornear. Introdúcelas en el horno (puedes hacerlas a la vez que se hornean las tartaletas) y hornéalas durante 4 minutos a 180 °C. Retira las fresas del horno y úntalas con la mermelada de arándanos.

Extiende la crema pastelera sobre las tartaletas, cúbrelas (en filas) con las fresas y decóralas con unas hojas de menta.

COULANT DE CHOCOLATE

INGREDIENTES (4 P.)

100 g de chocolate negro para repostería

20 g de mantequilla

25 g de cacao

75 g de harina

2 huevos pequeños

100 g de leche condensada

2 g de café soluble

1 cucharadita de extracto de vainilla

mantequilla y cacao en polvo para untar los moldes

azúcar glas

hojas de menta

ELABORACIÓN

Unta 4 recipientes individuales, aptos para el horno, con mantequilla, espolvoréalos con el cacao en polvo y resérvalos.

Pon el chocolate y la mantequilla en un bol, introdúcelo en el microondas y calienta la mezcla durante 30 segundos. Remuévelo un poco, caliéntalo durante otros 30 segundos y remuévelo de nuevo. Si no se han fundido, repite el proceso.

En un bol grande, mezcla el cacao, la harina, los huevos, la leche condensada, el café soluble y el extracto de vainilla con una varilla manual hasta que queden integrados. Incorpora la mezcla de chocolate negro y mantequilla y vuelve a mezclar.

Reparte la mezcla en los 4 recipientes y hornéalos a 200 °C durante 6 minutos.

Retíralos del horno, deja que reposen durante 1-2 minutos, desmóldalos, espolvoréalos con un poco de azúcar glas y sirve. Decora los platos con unas hojas de menta.

CONSEJO

Puedes acompañar los *coulants* con unas bolitas de helado de vainilla. El contraste de sabores y de temperaturas os encantará.

GRANIZADO DE YOGUR Y NARANJA

INGREDIENTES (6 P.)

2 yogures naturales
500 ml de zumo de naranja
ralladura de ½ naranja
30 g de azúcar glas
20 g de gelatina neutra en polvo
2 claras de huevo
12 frambuesas
hojas de menta

ELABORACIÓN

Pon los yogures en un bol grande junto con el zumo de naranja, la ralladura y el azúcar glas y mezcla los ingredientes con una varilla manual hasta que queden bien integrados.

Mezcla bien la gelatina y 80 ml de agua en un bol pequeño, introdúcelo en el microondas y caliéntalo durante 15 segundos.

Incorpora la mezcla de gelatina y agua al bol grande y vuelve a mezclar.

Pon las claras en otro bol y móntalas (a punto de nieve) con una batidora de varillas eléctrica. Incorpóralas (suavemente) al bol grande.

Vierte la mezcla en un recipiente amplio (20 x 30 cm), introdúcelo en el congelador y espera a que se congele (unas 3 horas).

Saca el recipiente del congelador y desmenuza el granizado con un tenedor. Repártelo en 6 copas y decóralas con las frambuesas y unas hojas de menta

CONSEJO

El granizado es un postre refrescante y nutritivo para cualquier día de verano y al que puedes darle el sabor que más os guste.

NATILLAS DE FRESA CON NATA

INGREDIENTES (4 P.)

300 g de fresas
100 g de azúcar
20 g de harina de maíz refinada
500 ml de leche
3 huevos
150 g de nata montada
hojas de menta

ELABORACIÓN

Limpia las fresas, retírales los tallos y reserva 4 para decorar. Trocea el resto, ponlas en un vaso batidor, tritúralas con una batidora eléctrica y reserva el puré.

Mezcla el azúcar y la harina de maíz en un bol grande. Vierte encima 100 ml de leche y mezcla bien con una varilla manual.

Bate los huevos en otro bol, incorpóralos al bol con el azúcar, la harina y la leche y vuelve a mezclar. Incorpora el resto de la leche y el puré de fresas (colado) y mezcla todo bien.

Vierte la crema en un cazo y cocínala a fuego suave (sin dejar de remover), hasta que espese. Reparte las natillas en 4 copas y deja que se templen.

Introduce la nata montada en una manga pastelera con boquilla rizada y decora con ella las copas. Introduce un ramillete de menta en las 4 fresas reservadas, colócalas encima de la nata y sirve.

CONSEJO

Como todas las recetas tradicionales, las natillas se pueden adaptar al gusto de cada uno. En esta receta se hacen con fresas, pero podéis experimentar con otras frutas, hierbas aromáticas o especias.

POSTRE HELADO DE YOGUR CON FRUTAS

INGREDIENTES (6 P.)

3 yogures naturales (griegos)
1 albaricoque grande
70 g de frambuesas
6 g de hojas de gelatina
zumo de ½ limón
100 ml de nata (35 % de materia grasa)
60 g de azúcar
80 g de leche condensada
12 cigarrillos (de galleta o de barquillo)
hojas de menta

ELABORACIÓN

Pon las hojas de gelatina en un bol, cúbrelas con agua fría y déjalas a remojo hasta que se ablanden. Escúrrelas, introdúcelas en un bol con 2-3 cucharadas de agua caliente y mezcla bien hasta que se disuelvan. Resérvalas.

Pela el albaricoque, retírale el hueso, córtalo en daditos y pásalo a un bol. Vierte el zumo de limón encima y mantenlo así hasta el momento de utilizarlo.

Pon la nata en un bol, agrega el azúcar y móntala un poco (semimontada) con una batidora de varillas eléctrica.

Pon los yogures en un bol grande. Añade la leche condensada y mezcla bien. Incorpora la nata semimontada y la gelatina disuelta en agua y mezcla bien.

Agrega al bol los daditos de albaricoque (escurridos) y las frambuesas, mezcla suavemente y pasa todo a un molde de silicona rectangular (tipo bizcocho). Cubre la mezcla a piel con film transparente, introdúcela en el congelador y deja que se congele durante 4-6 horas.

Retira el molde del congelador, desmolda el helado, córtalo en porciones y sirve. Acompaña el helado con los cigarrillos y decora los platos con unas hojas de menta.

CONSEJO

Puedes sustituir el albaricoque y las frambuesas por cualquier otra fruta que sea de vuestro agrado.

TARTA DE CHOCOLATE BLANCO Y FRAMBUESAS

INGREDIENTES (6 P.)

200 g de pasta quebrada
150 g de chocolate blanco
400 g de frambuesas
15 g de harina (para estirar)
2 hojas de gelatina
40 g de mantequilla
100 ml de leche
12 granos de pimienta rosa
hojas de menta

ELABORACIÓN

Espolvorea la encimera con un poco de harina. Coloca encima la pasta quebrada, estírala con un rodillo y cubre con ella un molde redondo (de fondo desmontable) de 20 cm. Para que no suba, puedes pinchar la base con un tenedor. Hornea la tartaleta a 180 °C durante 10 minutos, hasta que quede tostada como una galleta. Retírala del horno y deja que se enfríe bien.

Pon la gelatina en un bol con agua fría y deja que se hidrate.

Pon el chocolate en un bol, agrega la mantequilla, introdúcelo en el microondas y caliéntalo durante 30 segundos. Abre el microondas, remueve la mezcla y repite el proceso hasta que se funda.

Desmenuza la pimienta rosa de manera que se separen las cáscaras y los granos.

Pon la leche a calentar en un cazo, agrega los granos de pimienta rosa y las hojas de gelatina (escurridas). Mezcla bien hasta que la gelatina se funda en la leche. Calienta la mezcla durante 2 minutos a fuego suave y cuélala sobre el bol del chocolate con mantequilla. Añade también las cáscaras de la pimienta y mezcla bien.

Coloca las frambuesas sobre la tartaleta y vierte encima (suavemente) la mezcla de chocolate. Introduce la tarta en el frigorífico y deja que se enfríe durante 1 hora.

Decora la tarta con unas hojas de menta.

CONSEJO

Si lo prefieres, puedes sustituir la pasta quebrada por hojaldre.

TARTA DE QUESO CON ALBARICOQUES

INGREDIENTES (6 P.)

80 g de chocolate negro fundido

20 ml de aceite de girasol

50 g de galletas

100 g de copos de maíz tostado

1 albaricoque

hojas de menta

Para la mousse *de queso:*

250 g de queso crema o de untar

50 g de azúcar

8 g de hojas de gelatina

150 ml de nata líquida

Para la gelatina de albaricoque:

350 g de albaricoques frescos

8 g de hojas de gelatina

20 g de azúcar

20 ml de zumo de limón

ELABORACIÓN

Para preparar la base de la tarta, mezcla en un bol el chocolate fundido con el aceite. Pon las galletas y los copos de maíz en una picadora, tritúralos un poco (de manera que queden algunos trocitos), pásalos a un bol grande, incorpórales la mezcla de chocolate y aceite y mezcla bien.

Cubre la base de un molde redondo de fondo desmontable con papel de hornear y el contorno interior, con una tira de acetato. Coloca en el molde la mezcla de chocolate, galletas y maíz y aplástala contra el molde hasta conseguir una base compacta. Introduce el molde en el frigorífico y deja que la base se enfríe durante 15 minutos.

Pon todas las hojas de gelatina (las de la *mousse* y las de la gelatina de albaricoque) a remojo en un bol grande con agua fría.

Para preparar la *mousse* de queso, calienta un poco de la nata en un cazo, agrega la mitad de las hojas de gelatina (escurridas) y mezcla hasta que se fundan. Pon el queso y el azúcar en un bol grande y bátelos con una batidora eléctrica. Incorpora la nata y la mezcla de nata y gelatina y bate de nuevo.

Vierte la *mousse* de queso sobre la base de galletas, maíz y chocolate, introduce la tarta en el congelador y déjala en él durante unos 15 minutos.

Para preparar la gelatina de albaricoque, corta los albaricoques por la mitad, retírales los huesos, trocéalos y ponlos en un cazo. Añade el azúcar y el zumo de limón y cocínalos a fuego medio durante unos 10 minutos. Agrega el resto de las hojas de gelatina (escurridas) y disuélvelas. Pasa todo a un vaso batidor y tritúralo con una batidora eléctrica.

Vierte la gelatina de albaricoque sobre la *mousse* de queso y deja que se temple. Introduce la tarta en el frigorífico y deja que se enfríe durante 3-4 horas.

Corta el albaricoque en láminas finas. Desmolda la tarta y decórala con las láminas de albaricoque y unas hojas de menta.

CONSEJO

Si no tienes picadora, puedes triturar las galletas y los copos de maíz a mano con la ayuda de un rodillo de repostería o una maza de mortero de madera. Para que te resulte más fácil, introduce las galletas y los copos de maíz en una bolsa de plástico pequeña y golpéalas con el utensilio de cocina elegido.

ÍNDICES

Rico
Rico

ÍNDICE DE RECETAS

ENTRANTES....................10

ENSALADAS.................... 44

SOPAS Y CREMAS..........70

VERDURAS Y HORTALIZAS................106

LEGUMBRES 182

ARROCES 246

PASTAS Y MASAS 274

CARNES Y AVES.......... 322

PESCADOS Y MARISCOS 420

LAS RECETAS DE JOSEBA 494

POSTRES ... 600

ÍNDICE ALFABÉTICO DE RECETAS